政府采购实务操作

常见问题与案例分析

第二版

吴华 ◎ 著

中国法制出版社
CHINA LEGAL PUBLISHING HOUSE

前 言

2018年，中国法制出版社出版了本书第一版，当时我国《政府采购法》[①]实施15周年。这些年来，各地区、各部门认真贯彻实施《政府采购法》，推动政府采购从易到难渐次突破、蹄疾步稳不断深化，走出了一条从无到有、从点到面、从小到大的改革创业之路。全国政府采购规模从2002年的1009亿元增加到2020年的36970.6亿元，建立健全了与《政府采购法》相配套的行政法规、部门规章、规范性文件和地方性法规等一整套法律制度体系，在政府采购体制机制、执行操作、政策功能、基础管理、监督检查及市场开放等具有"四梁八柱"性质的关键环节实施了一系列具有里程碑意义的重要改革举措。政府采购队伍建设不断加强，集中采购机构组织架构、人才资源、专业能力等方面长足发展。这些年来，政府采购的改革是基础性的，发展是全方位的。实践表明，《政府采购法》确立的政府采购管理基本制度，顺应了我国社会主义市场经济体制建设的客观要求，不仅节约了大量财政资金，而且对于创造公平竞争的市场环境、促进反腐倡廉以及推动实现国家经济社会目标发挥了积极的作用，为社会主义市场经济体制、政府治理、财税改革贡献了力量，充分彰显了政府采购制度的先进性和生命力。[②]

政府采购是公共财政支出的重要组成部分，它不仅是国家机关、事业单位和团体组织的一种采购行为，更重要的是，国家通过政府采购可以对宏观经济起到调控作用。

我国政府采购自1996年开始试点，1998年全面推开，2003年1月1日起施

[①] 全书法律文件名称中的"中华人民共和国"予以省略，后同。
[②] 见财政部副部长刘伟：《在全国政府采购工作会议上的讲话》，https://www.ccgp.gov.cn/ldjh/201712/t20171215_9346117.htm，最后访问日期2024年2月2日。

行《政府采购法》正式建立政府采购制度。从财政部的统计数字来看，政府采购规模十多年间呈现逐年大幅上涨的趋势。1998年只有31亿元[①]，2002年为1009.6亿元[②]，2004年为2135.7亿元[③]，2011年为11300亿元[④]，2016年是31089.8亿元[⑤]，2018年是35861.4亿元[⑥]，2019年是33067亿元[⑦]，2020年是36970.6亿元[⑧]。2020年是1998年的1192倍。

在政府采购逐渐受到人们关注的同时，政府采购涉及的法律问题也逐渐受到财政部门和其他监管部门、采购人、供应商的重视。从2005年北京现代沃尔公司诉财政部不履行政府采购监管职能的"政府采购第一案"[⑨]，到2009年媒体关注的"格力空调诉广州市财政局政府采购案"[⑩]，以及媒体曝光的一些地方政府采购存在质次价高等问题，都可以看出政府采购是媒体及老百姓非常关注的领域，政府采购中涉及的法律问题也逐渐进入人们的视野。

从政府采购制度诞生之日起，对这一制度不乏褒贬之音；而对构建这一制度的法律规范也有不少商榷的声音。笔者认为，任何制度和法律规范都有其优点和不足。但在讨论问题之前，对制度和法律规范本身的理解和把握是更重要的问题。一些文章在争论政府采购涉及的法律问题时，往往连法律规定的基本含义都

[①] 《国家体育总局政府采购工作研究》，https://www.sport.gov.cn/n322/n3407/n3414/c564733/content.html，最后访问日期2024年3月30日。
[②] 《国家体育总局政府采购工作研究》，https://www.sport.gov.cn/n322/n3407/n3414/c564733/content.html，最后访问日期2024年3月30日。
[③] 《国家体育总局政府采购工作研究》，https://www.sport.gov.cn/n322/n3407/n3414/c564733/content.html，最后访问日期2024年3月30日。
[④] 《财政部：政府采购增长10倍与节约6600亿不矛盾》，https://www.chinacourt.org/article/detail/2012/07/id/532124.shtml，最后访问日期2024年3月30日。
[⑤] 《2016年全国政府采购简要情况》，https://gks.mof.gov.cn/ztztz/zhengfucaigouguanli/201708/t20170824_2683523.htm，最后访问日期2024年3月30日。
[⑥] 《2018年全国政府采购简要情况》，https://gks.mof.gov.cn/tongjishuju/201909/t20190903_3379360.htm，最后访问日期2024年3月30日。
[⑦] 《2019年全国政府采购规模较上年减少2794.4亿元——把每一分钱都花在"刀刃"上》，https://www.cs.com.cn/xwzx/hg/202008/t20200828_6089621.html，最后访问日期2024年3月30日。
[⑧] 《2020年全国政府采购简要情况》，https://gks.mof.gov.cn/tongjishuju/202109/t20210903_3750619.htm，最后访问日期2024年3月30日。
[⑨] 《"政府采购第一案"终审 财政部被判须履行职责》，中国法院网，https://www.chinacourt.org/article/detail/2012/11/id/790179.shtml，最后访问日期2024年2月22日。
[⑩] 《格力空调诉广州市财政局案二审开庭》，中国法院网，https://www.chinacourt.org/article/detail/2010/03/id/400881.shtml，最后访问日期2024年2月2日。

前 言

没有搞明白，其结果是"你说你的，我说我的"，失去讨论的意义。

笔者自 2005 年开始接触《政府采购法》，十年多的时间中，曾经担任财政部、北京市财政局、北京市部分区县财政局的法律顾问，为行政机关提供政府采购法律咨询，并参与过行政机关对政府采购代理机构的专项检查；常年担任过政府采购代理机构的法律顾问，提供法律咨询；代理过供应商针对政府采购项目的质疑、投诉、行政复议；为采购人解答过相关法律问题等。对政府采购的监管部门、政府采购代理机构、供应商等在政府采购活动中的法律地位、权利义务及存在的问题等深有体会。在对政府采购代理机构进行政府采购法律知识培训时，有机会对这些问题进行整理和归纳，并引发了更多的思考。

在多年的律师工作中，笔者发现，我国有关政府采购的书籍很多，但这些书籍要么与法律关系不大，要么过于理论，与实务距离太远，缺少一部将法律与实务工作紧密结合又通俗易懂的书籍。于是，萌生了将自己对法律的理解和实践的体会撰写成书的想法，并历经多年的积累和修改，终于将此书呈现给读者，希望它能为参与政府采购的人员提供一些参考。

需要说明的是，本书仅是笔者个人结合多年的工作实践、经验的总结，对政府采购法的理解和体会，难免会有偏颇、不对之处，欢迎大家批评指正。

本书适用于行政监管部门、采购代理机构、采购人以及经常参与政府采购活动的供应商，对于国有企业也有一定的借鉴意义。

目 录

第一章 政府采购制度与政府采购法 ………………………………… 1

第一节 政府采购概述 ………………………………………………… 1

一、政府采购的含义 ……………………………………………… 1

二、我国政府采购的历史沿革 …………………………………… 12

第二节 政府采购的基本制度 ………………………………………… 18

一、我国政府采购的管理体制 …………………………………… 18

二、政府采购的模式 ……………………………………………… 34

三、政府采购限额标准 …………………………………………… 39

第三节 政府采购的立法目的 ………………………………………… 42

一、规范政府采购行为 …………………………………………… 42

二、提高政府采购资金的使用效益 ……………………………… 42

三、维护国家利益和社会公共利益 ……………………………… 43

四、保护政府采购当事人的合法权益 …………………………… 44

五、促进廉政建设 ………………………………………………… 45

第四节 政府采购的规范依据 ………………………………………… 46

一、规范依据的含义 ……………………………………………… 46

二、政府采购货物和服务的规范依据 …………………………… 46

三、政府采购工程进行招标的法律依据 ………………………… 53

四、政府采购机电产品国际招标的规范依据 …………………… 55

五、适用法律依据时应注意的问题 ……………………………… 56

1

第二章 政府采购的基本原则和政策导向 ………………… 60
第一节 政府采购的基本原则 ………………………………… 60
一、公开透明原则 …………………………………………… 60
二、公平竞争原则 …………………………………………… 62
三、公正原则 ………………………………………………… 64
四、诚实信用原则 …………………………………………… 65
第二节 政府采购的政策导向 ………………………………… 66
一、政府采购政策的制定主体 ……………………………… 67
二、采购本国货物、工程和服务 …………………………… 67
三、有助于实现国家的经济和社会发展政策目标，包括保护环境，扶持不发达地区和少数民族地区，促进中小企业发展等 ……………………………………………………… 69
四、禁止进行地区和行业限制 ……………………………… 72
五、政府采购应当严格按照批准的预算执行 ……………… 73

第三章 政府采购当事人的权利和义务 …………………… 75
第一节 《政府采购法》中当事人的权利和义务 ……………… 75
一、采购人的权利和义务 …………………………………… 76
二、供应商的权利和义务 …………………………………… 80
三、政府采购代理机构的权利和义务 ……………………… 97
四、政府采购当事人的禁止事项 …………………………… 104
第二节 《招标投标法》中当事人的权利和义务 ……………… 106
一、招标人的权利和义务 …………………………………… 106
二、投标人的权利和义务 …………………………………… 108
三、招标代理机构的权利和义务 …………………………… 109

第四章 政府采购的方式和程序 …………………………… 112
第一节 政府采购的方式 ……………………………………… 112
一、工程的政府采购方式 …………………………………… 112

  二、货物和服务的政府采购方式 …………………………… 113
  三、采购文件的保存 ………………………………………… 114
 第二节 招标适用的条件和程序 ………………………………… 114
  一、政府采购货物和服务的公开招标的条件和程序 ……… 115
  二、政府采购货物和服务的邀请招标的条件和程序 ……… 145
  三、政府采购工程项目招标的条件和程序 ………………… 149
  四、机电产品国际招标的范围和程序 ……………………… 178
 第三节 竞争性谈判的适用条件和程序 ………………………… 188
  一、竞争性谈判的条件 ……………………………………… 188
  二、竞争性谈判的程序 ……………………………………… 191
  三、实践中的常见问题 ……………………………………… 200
 第四节 单一来源采购适用的条件和程序 ……………………… 201
  一、政府采购货物和服务单一来源的条件 ………………… 201
  二、单一来源采购的程序 …………………………………… 202
  三、实践中的常见问题 ……………………………………… 203
 第五节 询价的适用条件和程序 ………………………………… 204
  一、政府采购货物和服务询价适用的条件 ………………… 204
  二、询价的程序 ……………………………………………… 204
 第六节 竞争性磋商适用的条件和程序 ………………………… 208
  一、竞争性磋商适用的条件 ………………………………… 209
  二、竞争性磋商的程序 ……………………………………… 209
  三、竞争性谈判与竞争性磋商的主要区别 ………………… 217
 第七节 框架协议采购适用的条件和程序 ……………………… 218
  一、框架协议采购的含义及方式 …………………………… 218
  二、框架协议采购的程序 …………………………………… 219
 第八节 政府采购实务中的常见问题 …………………………… 228
  一、政府采购各方当事人在政府采购活动中的突出问题 …… 228
  二、评标中的常见问题 ……………………………………… 232
  三、供应商常见的问题 ……………………………………… 238

第九节　如何编制招标文件 ················· 240
一、招标文件的性质和作用 ················· 240
二、招标文件应当具备的具体内容 ··········· 242
三、编制招标文件应注意的几个问题 ········· 261

第十节　供应商如何准备投标更易中标 ········· 265
一、认真研究招标文件，确定是否参与投标 ···· 265
二、根据招标文件的要求编制投标文件 ······· 268
三、准时递交投标文件，参加开标，决定是否质疑（异议）、投诉 ··································· 271

第五章　政府采购合同的订立及履行 ············· 272
第一节　政府采购合同概述 ··················· 272
一、政府采购合同的含义及特点 ············· 272
二、政府采购合同的属性 ··················· 274

第二节　政府采购合同的订立及内容 ··········· 280
一、《政府采购法》与《民法典》有关合同内容的关系 ······· 280
二、政府采购合同的订立 ··················· 281
三、政府采购合同的内容 ··················· 283

第三节　政府采购合同的履行中常见问题 ······· 287
一、政府采购合同的分包与再分包、转包 ····· 287
二、政府采购合同履行中签订补充协议 ······· 289
三、政府采购合同的验收 ··················· 289
四、政府采购合同的变更、中止和终止 ······· 291
五、加强履约管理，及时追究供应商的违约责任 ··· 292

第六章　政府采购质疑（异议）与投诉 ··········· 293
第一节　政府采购工程非招标的项目及货物、服务项目的质疑和投诉 ································ 293
一、政府采购工程非招标的项目及货物、服务项目的询问 ··· 294

目 录

　　　　二、政府采购工程非招标的项目及货物、服务项目的质疑 … 294

　　　　三、政府采购工程非招标的项目及货物、服务项目的投诉
　　　　　　与处理 …………………………………………………… 306

　　　　四、质疑、投诉中的法律责任 ………………………………… 333

　　第二节　政府采购工程招标项目的异议和投诉 ………………… 341

　　　　一、政府采购工程招标项目的异议 ………………………… 341

　　　　二、政府采购工程招标项目的投诉与处理 ………………… 342

　　　　三、异议、投诉中的法律责任 ………………………………… 347

　　第三节　机电产品国际招标项目的异议和投诉 ………………… 348

　　　　一、机电产品国际招标项目的异议 ………………………… 348

　　　　二、机电产品国际招标项目的投诉与处理 ………………… 349

　　　　三、异议、投诉处理中的法律责任 …………………………… 352

第七章　政府采购执法检查 …………………………………………… 354

　　第一节　政府采购执法检查的含义及方式 ……………………… 354

　　　　一、政府采购执法检查的含义与内容 ……………………… 354

　　　　二、执法检查的方式 ………………………………………… 355

　　　　三、执法检查的最终形式 …………………………………… 360

　　第二节　财政部门的执法检查的对象 …………………………… 360

　　　　一、对采购人的执法检查 …………………………………… 360

　　　　二、对采购代理机构的执法检查 …………………………… 361

　　　　三、对评标委员会的执法检查 ……………………………… 363

　　　　四、对供应商的执法检查 …………………………………… 363

　　第三节　执法检查中的常见问题 ………………………………… 363

　　　　一、采购人容易出现的问题 ………………………………… 363

　　　　二、政府采购代理机构容易出现的问题 …………………… 367

　　　　三、评标委员会容易出现的问题 …………………………… 375

第八章　政府采购中的行政处罚 ... **377**

第一节　政府采购中的行政处罚概述 ... **377**
一、基本概念 ... 377
二、政府采购行政处罚的主体和法律依据 ... 380
三、政府采购行政处罚的种类 ... 381

第二节　政府采购中的各种违法行为及行政处罚 ... **385**
一、政府采购工程非招标项目、货物和服务项目中的违法行为及行政处罚 ... 385
二、政府采购工程招标项目中的违法行为及行政处罚 ... 420
三、机电产品国际招标项目中的违法行为及行政处罚 ... 429

第三节　政府采购行政处罚的程序 ... **432**
一、对政府采购违法行为的监管由县级以上行政机关实施 ... 432
二、政府采购行政处罚的程序 ... 433
三、行政处罚的执行和供应商信用管理 ... 436

第九章　政府采购当事人的权利保障 ... **448**

第一节　政府采购行政复议 ... **448**
一、政府采购行政复议 ... 448
二、政府采购行政复议的范围 ... 449
三、政府采购行政复议的申请 ... 450
四、政府采购行政复议的受理和决定 ... 452

第二节　政府采购行政诉讼 ... **462**
一、政府采购行政诉讼 ... 462
二、政府采购行政诉讼的受案范围 ... 463
三、政府采购行政诉讼的管辖 ... 463
四、政府采购行政诉讼的诉讼参加人 ... 463
五、政府采购行政诉讼的起诉和受理 ... 469
六、政府采购行政诉讼的审理与判决 ... 470

第三节　政府采购行政赔偿 …………………………… 476
　一、政府采购行政赔偿 ………………………………… 476
　二、政府采购行政赔偿的当事人 ……………………… 477
　三、政府采购行政赔偿程序 …………………………… 477
第四节　政府采购民事诉讼 …………………………… 484
　一、合同之诉 …………………………………………… 484
　二、侵权之诉 …………………………………………… 495
第五节　律师在政府采购中的法律服务 ……………… 500
　一、律师为行政监管部门提供法律服务 ……………… 501
　二、律师为采购代理机构提供法律服务 ……………… 505
　三、律师为供应商提供法律服务 ……………………… 510

第一章　政府采购制度与政府采购法

【本章导读】

在《政府采购法》施行前，我国已经建立政府采购制度。

2000年1月1日起施行的《招标投标法》、2012年2月1日起施行的《招标投标法实施条例》及国家发展和改革委员会（原国家计划委员会）等颁布的相关规章；2003年1月1日起施行的《政府采购法》、2015年3月1日起施行的《政府采购法实施条例》及财政部颁布的配套规章；商务部有关机电产品国际招标的规章等构成中国政府采购法律制度的框架。

本章主要介绍政府采购的含义与历史沿革、基本制度、立法目的及规范依据等问题。

第一节　政府采购概述

一、政府采购的含义

（一）政府采购的含义

关于政府采购，有两种定义：一种是学理定义，另一种是法律定义。

学术研究上，通常认为，政府采购即公共采购，是指一国使用财政性资金或公共资金的国家机关、社会团体、企业、事业单位以及其他社会组织为了开展日常政务活动，实现其行政、社会管理职能或提供公共服务，取得公共利益等需要，依法定方式和程序，使用财政性资金或公共资金获得货物、工程、服务的交易行为。①

在法律上，《政府采购法》第二条对政府采购所下的定义为："本法所称政府采购，是指各级国家机关、事业单位和团体组织，使用财政性资金采购依法制定的集中采购目录以内的或者采购限额标准以上的货物、工程和服务的行为。"该条从地域、采购主体、采购资金、采购形式、采购项目以及采购对象等方面，明确规定了《政府采购法》的适用范围。

比较而言，学术上政府采购的定义比《政府采购法》的定义内涵宽泛。从法律适用的角度来看，法律定义更有利于实务中的运用。

（二）《政府采购法》的适用范围

根据《政府采购法》第二条的规定，同时具备下列要素的采购项目，属于政府采购项目，必须根据《政府采购法》的相关规定开展政府采购活动。

1. 地域范围

一般情况下，凡在中华人民共和国境内发生的政府采购活动，统一按照《政府采购法》的规定进行。

根据《香港特别行政区基本法》第十八条、《澳门特别行政区基本法》第十八条的规定，全国性法律除列入"基本法"附件三外，不在特别行政区实施，《政府采购法》不在"基本法"附件三之内，故香港、澳门两个特别行政区的政府采购不适用《政府采购法》。

2. 采购主体范围

根据《政府采购法》的规定，政府采购的采购人是指各级国家机关、事业单位和团体组织，不包括国有企业。

根据我国宪法的规定，国家机关包括国家权力机关、国家行政机关、国家监察机关、国家审判机关、国家检察机关等。因而，各级人民代表大会及其常务委员会、各级政府及其职能部门、各级监委、各级人民法院及检察院均应适用《政府采购法》。

根据《事业单位登记管理暂行条例》（国务院令第411号）第二条，事业单

---

① 参见王亚琴编著：《政府采购与行政权利救济》，人民法院出版社2004年7月第1版，第2页。

位是指国家为了社会公益目的,由国家机关举办或者其他组织利用国有资产举办的,从事教育、科技、文化、卫生等活动的社会服务组织。事业单位是法人。事业单位的经费来源分为财政补助和非财政补助两类。政府采购法上的事业单位是纳入预算管理的事业单位,非财政补助的事业单位不属于政府采购主体。

团体组织有很多种,但《政府采购法》所称的团体组织是指纳入预算管理的各民主党派及政府批准的社会团体等,团体组织中不属于预算单位的,不是政府采购的主体。

3. 采购资金范围

(1) 财政性资金。

政府采购与民间采购的一个重要区别是,采购资金的来源不同。按照《政府采购法》的规定,采购人按照该法规定开展采购活动的采购项目,其项目资金应当为财政性资金。

《政府采购法实施条例》第二条规定财政性资金是指纳入预算管理的资金。同时规定,以财政性资金作为还款来源的借贷资金视同财政性资金。

在《政府采购法》制定时,根据当时的财政管理制度,《政府采购法》的释义将财政性资金解释为包括财政预算资金和预算外资金。财政预算资金是指年初预算安排的资金和预算执行中财政追加的资金;预算外资金是指政府批准的各类收费或基金等。非财政性资金主要是指事业单位和团体组织的自有收入,包括经营收入、捐助收入、不用财政性资金偿还的借款等。随着行政事业性收费等政府非税收入实行"收支两条线"管理改革的深入,财政部逐步将未纳入财政预算管理的行政事业性收费纳入财政预算管理,进一步缩小预算外资金规模。2010年,财政部发布《关于将按预算外资金管理的收入纳入预算管理的通知》(财预〔2010〕88号),规定自2011年1月起,中央各部门各单位的预算外收入全部上缴中央国库,支出通过一般预算或政府性基金预算安排。地方各级财政部门要按照国务院关于把政府所有收支全部纳入预算管理的规定,在2011年1月1日前将全部预算外收支纳入预算管理。相应修订《政府收支分类科目》,取消全部预算外收支科目,全面取消了预算外资金。

2018年12月30日修订的《预算法》,一大亮点是实行全口径预算管理,第四条明确规定"预算由预算收入和预算支出组成。政府的全部收入和支出都应当纳入预算"。预算包括一般公共预算、政府性基金预算、国有资本经营预算、社会保险基金预算。各部门预算由本部门及其所属各单位预算组成。各级政府、各部门、各单位应当依照《预算法》的规定，将所有政府收入全部列入预算，不得隐瞒、少列，并对预算收入、支出的范围等作出规定。

在执行中，应当将纳入预算管理作为是否为财政性资金的标准，从而判断是否纳入政府采购管理。在政府采购管理中，凡使用纳入部门预算管理的资金，不论来源，包括部分事业收入、经营性收入和其他收入等"自有收入"，都应当纳入政府采购管理范畴。即只要有预算单位进行的采购活动，都应依法纳入政府采购范围。

（2）混合资金。

对实践中既使用财政性资金又使用非财政性资金进行采购的，应首先判断采购项目是否能够按资金来源不同进行分割。能够分割的，即采购项目可以分成不同的独立的子项目的，使用财政性资金采购的部分，适用《政府采购法》的规定；使用非财政性资金的部分，则可以不适用《政府采购法》。不能分割的，则无论财政性资金与非财政性资金的比例如何，整个采购项目必须适用《政府采购法》的相关规定。在所有收支全部纳入部门预算管理后，混合资金的情况将越来越少。

4. 采购项目范围

根据《政府采购法》的规定，只有纳入集中采购目录内或者达到限额标准以上的项目，才必须实行政府采购。采购人使用财政性资金采购集中采购目录以外且限额标准以下的采购项目，可以不执行《政府采购法》的规定。

由于政府购买的项目品种多、范围广，大到工程项目，小到办公用纸，既有采购公务用车，又有因公临时和随时购买支出，在这种情况下，《政府采购法》不可能将所有购买性支出项目列入其适用范围。因此，《政府采购法》规定了两个标准：一是纳入集中采购目录内的采购项目；二是虽未列入集中采购目录，但在规定的采购限额标准以上的采购项目。通常来讲，前者实行集中采购，后者实行分散采购。根据《政府采购法实施条例》第三条的规定，集中采购目录包括集中采购机构采购项目和部门集中采购项目。技术、服务等标准统一，采购人普遍使用的项目，列为集中采购机构采购项目；采购人本部门、本系统基于业务需要有特殊要求，可以统一采购的项目，列为部门集中采购项目。

根据《政府采购法》第七条的规定，属于中央预算的政府采购项目，其集中采购目录由国务院确定并公布；属于地方预算的政府采购项目，其集中采购目录由省、自治区和直辖市人民政府或者其授权的机构确定并公布。第八条规定了限额标准的确定方法，即属于中央预算的政府采购项目，由国务院确定并颁布；属于地方预算的政府采购项目，由省、自治区、直辖市人民政府或者其授权的机构确定并公布。《政府采购货物和服务招标投标管理办法》第四条规定，属于地方预算的政府采购项目，省、自治区、直辖市人民政府根据实际情况，可以确定分别适用于本行政区域省级、设区的市级、县级公开招标数额标准。

例如，2019年12月26日国务院办公厅作出《关于印发中央预算单位政府集中采购目录及标准（2020年版）的通知》（国办发〔2019〕55号），规定了集中采购机构采购项目的适用范围，这些项目必须按规定委托集中采购机构代理采购；部门集中采购项目，各中央预算单位可按实际工作需要确定，报财政部备案后组织实施采购；分散采购，除集中采购机构采购项目和部门集中采购项目外，各部门自行采购单项或批量金额达到100万元以上的货物和服务的项目、120万元以上的工程项目应按《政府采购法》和《招标投标法》有关规定执行。公开招标数额标准为，政府采购货物或服务项目，单项采购金额达到200万元以上的，必须采用公开招标方式。政府采购工程以及与工程建设有关的货物、服务公开招标数额标准按照国务院有关规定执行。[①] 该文规定不再设定具体执行期限，今后根据工作需要适时进行修订。

北京市的做法是北京市政府授权北京市财政局制定政府采购集中采购目录和限额标准。2022年12月8日，北京市财政局作出《关于印发北京市政府采购集中采购目录及标准（2023年版）的通知》（京财采购〔2022〕2510号）规定了集中采购目录品目，部门集中采购由各主管预算单位结合自身业务特点，自行确定本部门集中采购目录范围，报财政部门备案通过后实施。除集中采购目录品目和部门集中采购项目外，各预算单位采购货物、服务和工程且单项或批量金额达到100万元（含）以上的，按照《中华人民共和国政府采购法》和《中华人民共和国招标投标法》有关规定，实行分散采购。货物和服务达到400万元（含）以

[①] 指《招标投标法》《招标投标法实施条例》《必须招标的工程项目规定》（国家发展和改革委员会令第16号）等规定。

上的，必须进行公开招标；工程类的公开招标的采购金额按照国家招标投标有关规定执行。北京市各区共享该目录及标准。①

5. 采购形式范围

《政府采购法》所称采购是指以合同方式有偿取得货物、工程和服务的行为，包括购买、租赁、委托、雇用等。此规定有三个要点：一是采购活动必须是能够以签订合同形式来体现。二是采购活动必须是有偿的，确切地讲就是实现等价交换原则的所有方式，不包括赠送、采购人之间无偿调剂等行为。三是采购的方式不仅是购买，还包括租赁、委托、雇用等。

因此，采购人接受赠送、采购人之间无偿调剂等无偿获得货物、工程和服务的行为，不属政府采购法调整的范围。

6. 采购对象范围

《政府采购法》的采购对象包括货物、工程和服务。根据财政部的统计数字，2022年全国政府采购规模为34993.1亿元，较上年减少1405.9亿元，下降3.9%，占全国财政支出和GDP的比重分别为9.4%和2.9%。从结构来看，货物、工程、服务政府采购规模分别为9027.5亿元、15664.1亿元和10301.5亿元，占全国政府采购规模比例为25.8%、44.8%和29.4%。从组织形式来看，政府集中采购、部门集中采购、分散采购规模分别为7676.8亿元、2609.7亿元和24706.5亿元，占全国政府采购规模的21.9%、7.5%和70.6%。从采购方式来看，公开招标、邀请招标、竞争性谈判、竞争性磋商、询价、单一来源采购规模分别占全国政府采购规模的77.2%、0.8%、2.2%、11.0%和3.3%。②

（1）货物。

《政府采购法》所称货物，是指各种形态和种类的物品，包括有形物和无形物。商标专用权、著作权、专利权等知识产权视同货物。

（2）工程。

《政府采购法》所称工程，是指建设工程，包括建筑物和构筑物的新建、改

---

① https://www.beijing.gov.cn/zhengce/zhengcefagui/202301/t20230103_2890663.html，最后访问日期2024年3月30日。

② 参见《2022年全国政府采购简要情况》，http://gks.mof.gov.cn/tongjishuju/202312/t20231225_3923771.htm，最后访问日期2024年2月4日。

建、扩建及其相关的装修、拆除、修缮等；所称与工程建设有关的货物，是指构成工程不可分割的组成部分，且为实现工程基本功能所必需的设备、材料等；所称与工程建设有关的服务，是指为完成工程所需的勘察、设计、施工、监理等服务。根据法律的规定，政府采购工程，不包括信息网络工程、环保工程等与土建无关的工程项目。工程的范围很广，涉及采购人因自身工作以及提供社会公共服务需要而采购的各类建设工程，包括适合人类居住的工程项目，即建筑物，以及非人类居住需要而建造的公共工程项目，即构筑物，如池、罐、槽、塔、烟囱、井、坑、台、站、码头、道路、隧道、沟、洞、航道、水利管道、市政管道、车位，等等。工程的采购行为不仅指新建，还包括改建、扩建、装修、修缮、拆除等。

《政府采购法》第四条规定："政府采购工程进行招标投标的，适用招标投标法。"《政府采购法实施条例》第七条规定："政府采购工程以及与工程建设有关的货物、服务，采用招标方式采购的，适用《中华人民共和国招标投标法》及其实施条例；采用其他方式采购的，适用政府采购法及本条例。……政府采购工程以及与工程建设有关的货物、服务，应当执行政府采购政策。"政府采购工程项目进行招标的，适用招标投标法及其实施条例等；非招标的项目，可以采用竞争性谈判、单一来源等方式采购。

（3）服务。

《政府采购法》所称服务，是指除货物和工程以外的其他政府采购对象，包括各类专业服务、信息网络开发服务、金融保险服务、运输服务，以及维修与维护服务等，包括政府机构及其工作人员自身消费的服务和政府向社会公众提供的公共服务。其范围的规定采用了排除法的方式，主要考虑到服务的内容繁多，很难用简要的法律语言表述，这也是国际通行做法。

2003年《政府采购法》实施时，政府采购法所称的"服务"主要指政府自身需要的服务。2013年7月31日，时任国务院总理李克强主持召开国务院常务会议，要求推进政府向社会力量购买公共服务。会议明确，将适合市场化方式提供的公共服务事项，交由具备条件、信誉良好的社会组织、机构和企业等承担。一是各地要在准确把握公众需求的基础上，制定政府购买服务指导性目录，明确政府购买服务的种类、性质和内容，并试点推广。二是政府可通过委托、承包、采购等方式购买公共服务。要按照公开、公平、公正原则，严格程序，竞争择优，确定承接主体，并严禁转包。三是严格政府购买服务资金管理，在既有预算中统筹安排，以事定费，规范透明，强化审计，把有限的资金用到群众最需要的地方，用到"刀刃"上。四是建立严格的监督评价机制，全面公开购买服务的信息，建立由购买主体、服务对象及第三方组成的评审机制，评价结果向社会公布。五是对购买服务项目进行动态调整，对承接主体实行优胜劣汰，使群众享受到丰富、优质高效的公共服务。[①]

2013年9月26日，国务院办公厅印发《关于政府向社会力量购买服务的指导意见》（国办发〔2013〕96号）。2014年12月15日，财政部、民政部、国家工商总局发布《关于印发〈政府购买服务管理办法（暂行）〉的通知》（财综〔2014〕96号，已失效），对政府购买服务的主体、对象、内容、程序、预算管理、绩效和监督管理作出了制度规范。

2014年12月31日，财政部发布《关于印发〈政府和社会资本合作项目政府采购管理办法〉的通知》明确，《政府采购法》适用于政府和社会资本合作项目（即PPP项目）。

2015年3月1日实施的《政府采购法实施条例》第二条第四款明确规定："政府采购法第二条所称服务，包括政府自身需要的服务和政府向社会公众提供的公共服务。"至此，《政府采购法》所称的"服务"由"政府自身需要的服务"扩大到"政府向社会公众提供的公共服务"。

2020年3月1日，《政府购买服务管理办法》（财政部令第102号）实施。财政部将原来的规范性文件上升为具有法律效力的部门规章，《关于印发〈政府购买服务管理办法（暂行）〉的通知》（财综〔2014〕96号）废止。

从《政府购买服务管理办法》的内容看，与《政府采购法》规定的"政府自身需要的服务"内容仍有较大差异。政府购买服务，是指各级国家机关将属于自身职责范围且适合通过市场化方式提供的服务事项，按照政府采购方式和程序，交由符合条件的服务供应商承担，并根据服务数量和质量等因素向其支付费用的行为。

---

① 来源：中国政府网，https://www.gov.cn/guowuyuan/2013-07/31/content_2591067.htm，最后访问日期2024年2月2日。

第一章　政府采购制度与政府采购法

《政府购买服务管理办法》规定的政府购买服务与《政府采购法》规定的购买服务的区别，可以用下表表示：

	政府自身需要的服务	政府向社会公众提供的公共服务
购买主体	国家机关	国家机关
	事业单位［包括承担行政职能、从事生产经营活动和从事公益服务（公益一类、二类）］	事业单位（包括从事生产经营活动和公益二类，不含公益一类） 承担行政职能的事业单位参照
	团体组织（纳入预算管理的团体组织）	使用行政编制的群团组织参照 不含使用事业编制且由财政拨款保障的群团组织（类似公益一类事业单位）
		党的机关、政协机关、民主党派机关参照
承接主体	法人	企业、事业单位（从事生产经营活动、公益二类），社会组织（不含由财政拨款保障的群团组织）
	其他组织	农村集体经济组织，基层群众性自治组织
	自然人	具备条件的个人
采购对象	政府自身需要的服务	政府履职所需辅助性服务
	社会公众提供的公共服务	政府向社会公众提供的公共服务
		不得纳入政府购买服务范围：（一）不属于政府职责范围的服务事项；（二）应当由政府直接履职的事项；（三）政府采购法律、行政法规规定的货物和工程，以及将工程和服务打包的项目；（四）融资行为；（五）购买主体的人员招、聘用，以劳务派遣方式用工，以及设置公益性岗位等事项；（六）法律、行政法规以及国务院规定的其他不得作为政府购买服务内容的事项
具体范围和内容	集中采购目录和限额标准	指导性目录（各部委制定）
绩效管理	法律未明确规定，规范性文件要求进行绩效评价	购买主体实施政府购买服务项目绩效管理，应当开展事前绩效评估，定期对所购服务实施情况开展绩效评价，具备条件的项目可以运用第三方评价评估

说明：根据职责任务、服务对象和资源配置方式等情况，将从事公益服务的事业单位细分为两类：承担义务教育、基础性科研、公共文化、公共卫生及基层的基本医疗服务等基本公益服务，不能或不宜由市场配置资源的，划入公益一类；承担高等教育、非营利医疗等公益服务，可部分由市场配置资源的，划入公益二类。

政府购买服务、政府和社会资本合作等相关改革，实际上都是将原本由政府直接提供的公共服务，转为向社会力量购买或者合作提供。这既形成了政府采购面扩量增的新格局，也要求政府采购积极探索与之相适应的管理制度和执行机制，进一步提高执行和监管的专业化水平，保障采购过程顺畅、高效和公共服务有效提供。

（4）混合项目。

有些政府采购项目，涉及货物和服务，如网络建设，既涉及采购电脑等货物，又涉及开发软件、售后等服务内容；有些项目还可能会涉及工程、货物和服务三个方面。对此种混合项目，如何确定项目性质是一个非常重要的问题，因为涉及《招标投标法》和《政府采购法》的法律适用问题。对此类问题，《政府采购法实施条例》未做规定。实践中通常的做法是，采购项目中含不同采购对象的，以占项目资金比例最高的采购对象确定项目属性。《政府采购货物和服务招标投标管理办法》第七条规定，采购人应当按照财政部制定的《政府采购品目分类目录》确定采购项目属性。按照《政府采购品目分类目录》无法确定的，按照有利于采购项目实施的原则确定。该规定简化了对政府采购项目属性的判断，将权利赋予采购人，由采购人判断项目属性。

7. 不适用政府采购法的例外情形

（1）军事采购。由于我国各级军事机关使用财政性资金采购武器装备和军用物资往往涉及国家的安全和机密，因而《政府采购法》第八十六条规定："军事采购法规由中央军事委员会另行制定"。《国防法》规定，国家依法实行军事采购制度，保障武装力量所需武器装备和物资、工程、服务的采购供应。但因目前中央军事委员会制定的军事采购法规不多，例如《武器装备质量管理条例》，所以在军队采购的实践中，多参照《政府采购法》、《招标投标法》的相关规定。

（2）采购人使用国际组织和外国政府贷款进行的政府采购，如果贷款方、资金提供方与中方达成的协议对采购的具体条件另有规定的，可以适用其规定，而不适用《政府采购法》。

（3）对因严重自然灾害和其他不可抗力事件所实施的紧急采购和涉及国家安全和秘密的采购，不适用《政府采购法》。由于《政府采购法》规定的审批和期限要求较为严格，因而难以满足紧急情况下的需要；政府采购的几种方式，特别是公开招标比较公开，难以适应涉及国家安全和秘密的采购，因而，法律将这两种情形排除。

例如，2008年发生汶川大地震后，救灾物资的采购属于因其他不可抗力事件所实施的紧急采购，因而可以不适用《政府采购法》的规定直接进行采购；而党和国家灾后慰问购买的物资则不应属于紧急采购，应当按照政府采购程序进行采购。对于这种情形的采购，采购人在采购时，可以参照《政府采购法》规定的有关程序。

涉及国家安全和秘密的采购，是指由同级国家保密机关认定的涉密政府采购项目。通常是由财政部、国家保密局联合下发文件规范此类项目的采购活动。

（三）有关《政府采购法》适用范围的几个问题

1. 网络工程、信息工程等与土建无关的工程项目的实务操作问题

《招标投标法实施条例》第五条规定，设区的市级以上地方人民政府可以根据实际需要，建立统一规范的招标投标交易场所，为招标投标活动提供服务。根据《政府采购法》第四条的规定，政府采购建筑工程进行招标投标的，适用招标投标法。各地纷纷建立公共资源交易中心，因而建设工程在公共资源交易中心进行公开招标，政府采购建设工程进行招标投标的，也应在公共资源交易中心进行。

由于《政府采购法》明确规定该法所称的工程是指建设工程，包括建筑物和构筑物的新建、改建、扩建及其相关的装修、拆除、修缮等。因而网络工程、信息工程等非建设工程的"工程"（其实质为"服务"）不属于《政府采购法》所称的"工程"，不能进入公共资源交易中心进行招标，只能由政府采购代理机构依据《招标投标法》、《政府采购法》的有关规定进行招标。

2. 建设工程能否采取其他非招标方式进行政府采购的问题

关于政府采购工程能否采用非招标方式的竞争性谈判、单一来源、询价等方式的问题，在《政府采购法实施条例》未施行前，法律没有明确的规定。从《政府采购法》的规定来看，并没有排斥政府采购工程适用竞争性谈判、单一来源、询价等方式。《政府采购法》第二十六条规定了六种采购方式，财政部的规章增加了第七种采购方式，而《政府采购法》第四条规定的"政府采购工程进行招标

投标的，适用招标投标法"，仅是规定采购人以招标方式采购工程的情形适用招标投标法的规定，《政府采购法》并没有排除政府采购工程适用竞争性谈判、单一来源、询价等方式进行采购。

《政府采购法实施条例》的实施，将此问题予以明确。《政府采购法实施条例》第七条第一款规定："政府采购工程以及与工程建设有关的货物、服务，采用招标方式采购的，适用《中华人民共和国招标投标法》及其实施条例；采用其他方式采购的，适用政府采购法及本条例。"第二十五条规定："政府采购工程依法不进行招标的，应当依照政府采购法和本条例规定的竞争性谈判或者单一来源采购方式采购。"《政府采购法》第三十条、第三十一条、第三十二条分别规定了竞争性谈判、单一来源采购、询价三种方式的适用条件，第三十八条、第三十九条、第四十条分别规定了这三种方式的具体程序。《政府采购法实施条例》第四章"政府采购程序"对竞争性谈判、单一来源采购等程序有所规定。因此，政府采购工程采取非招标方式时应以前述法律规定为依据。

《财政部关于印发〈政府采购竞争性磋商采购方式管理暂行办法〉的通知》（财库〔2014〕214号）第三条规定："符合下列情形的项目，可以采用竞争性磋商方式开展采购：……（五）按照招标投标法及其实施条例必须进行招标的工程建设项目以外的工程建设项目。"故政府采购工程建设项目不适用招标时，还可以采用竞争性磋商方式采购。

3. 协议供货采购、定点采购已被框架协议采购方式取代

为了规范多频次、小额度采购活动，提升政府采购项目绩效，2022年1月财政部制定《政府采购框架协议采购方式管理暂行办法》（财政部令第110号），自2022年3月1日起施行，取代《政府采购货物和服务招标投标管理办法》（财政部令第18号，以下简称18号令）规定的"协议供货采购和定点采购"。自《政府采购框架协议采购方式管理暂行办法》施行起，协议供货采购和定点采购方式将不再存在。

二、我国政府采购的历史沿革

有学者将1996年以来我国的政府采购划分为三个阶段：1996年至2002年为试点阶段，又划分为1996年至1997年的制度摸索期和1998年至2002年的制

度初创期；2003 年至 2007 年是全面推行阶段；2007 年起是政府采购市场开放阶段。①

笔者认为，根据我国政府采购的探索和法律制度的设立情况，可以将我国政府采购划分为政府采购的探索阶段、政府采购法律制度的建立阶段和政府采购法律制度的发展阶段三个阶段。

（一）政府采购的探索阶段（1994—2003 年）

改革开放之前，我国一直处于计划经济时代。1994 年起，国家将财政体制改革的重点逐渐转移到财政支出领域。1995 年，上海市财政局对部分行政事业单位大额财政拨款的设备购置实行集中采购，并在市级卫生系统试行招标采购，还制定了我国第一个《政府采购管理办法》，揭开了我国政府采购试点的序幕。②

在 1996 年至 1997 年的制度摸索期，上海市又将试点扩大到教育、科研等系统和区、县级政府。行政事业单位使用财政专项资金购置设备开始实行招标制度，并取得了良好的效果。深圳市在 1997 年 1 月采用邀请招标及服务竞争的方式，并于 1998 年首次以立法的形式发布并实施了《深圳经济特区政府采购条例》，这也是我国第一部政府采购地方性法规。1997 年 11 月，重庆市对市级行政事业单位的 65 辆机关公务车，采取向社会公开招标的方式由政府统一采购，比原来的财政安排节省了约 350 万元。③

在 1998 年至 2002 年的制度初创期，1998 年，全国实行公开竞争采购方式的采购规模达 31 亿元。中央和地方财政部门大多也建立了专门机构，负责履行政府采购的管理职责。到 1998 年底，全国共有 29 个省、自治区、直辖市和计划单列市不同程度地开始了政府采购试点工作，取得了较为明显的效果。财政部颁布了《政府采购管理暂行办法》《政府采购招标投标管理暂行办法》《政府采购资金财政直接拨付管理暂行办法》等一系列规定。全国各地根据地方政府采购工

---

① 见白志远：《中国政府采购制度的演进》，载《经济管理》2009 年第 08 期（总第 464 期）。
② 郭晋：《新时代健全政府采购管理的思考》，中国政府采购新闻网，http://www.cgpnews.cn/articles/62547，最后访问日期 2024 年 2 月 2 日。
③ 李逢春：《试论政府采购在市场经济中的作用》，内蒙古自治区人民政府官网，https://www.nmg.gov.cn/zwgk/zfgb/2000n_5210/200009/200009/t20000901_308789.html，最后访问日期 2024 年 2 月 2 日。

作的需要，制定了大量有关政府采购地方性规定。到 1999 年底，全国共有 28 个省、自治区、直辖市和计划单列市建立了政府采购机构，中央机关的政府采购工作也选择了卫生部、民政部、海关等部门作为试点。2000 年，我国政府采购试点工作已经在全国范围内铺开，各地政府采购机构建设也已基本完成，绝大多数地方政府设立了政府采购管理机构和执行机构。此外，2001 年我国加入了世界贸易组织（WTO），承诺尽快启动 WTO《政府采购协议》（GPA）的谈判。在此背景下，我国开始政府采购相关立法的准备工作。[①]

（二）政府采购法律制度的建立阶段（2003—2013 年）

在 2003 年至 2007 年政府采购制度的全面推行阶段，法律体系建立。2003 年 1 月 1 日，《政府采购法》正式施行，表明我国政府采购活动走上规范化和法制化管理的轨道。财政部又相继颁布了《政府采购货物和服务招标投标管理办法》（财政部令第 18 号，2004 年 9 月 11 日施行）、《政府采购信息公告管理办法》（财政部令第 19 号，2004 年 9 月 11 日施行）、《政府采购供应商投诉处理办法》（财政部令第 20 号，2004 年 9 月 11 日施行）等规章，并发布了不少有关政府采购业务管理的规范性文件。地方各级人民代表大会及地方各级人民政府也根据《政府采购法》、财政部的规章等制定了地方性法规和地方政府规章。随着从中央到地方政府采购法律法规的逐步完善，我国初步形成了以《政府采购法》为基本法的政府采购法律体系。在这个阶段，集中采购稳步运行，政府采购信息披露增多，管采相互分离并形成制约，人员管理更加规范，电子化已经成为趋势。我国逐步形成了具有本国特色的现代政府采购的制度框架，即统一政策、分级管理；集中采购与分散采购相结合；公开招标为主，其他采购方式为辅；管采分离、职能分设。

自 2007 年起政府采购进入开放阶段。2007 年我国启动加入 GPA 谈判。加入 GPA 谈判分为两方面：一是出价谈判，明确我国加入 GPA 的市场开放范围。截至 2019 年 10 月，我国已向 WTO 提交了 7 份出价。二是法律调整谈判，明确我国政府采购法律如何与 GPA 规则协调一致。我国于 2008 年向 WTO 提交了《中

---

① 裴育：《中国政府采购发展简史（上）》，载《中国政府采购报》第 977 期第 3 版。

国政府采购国情报告》。2020年5月29日，财政部经由我国常驻世界贸易组织代表团向WTO提交了《中国政府采购国情报告》（2020年更新版），主要是针对WTO政府采购委员会规定的"加入《政府采购协定》（GPA）有关信息的问题清单"，从法律框架、政府采购范围、非歧视政策、避免利益冲突和预防腐败的措施、采购程序、信息发布情况、国内审查程序等方面对我国政府采购情况作出全面答复。只有两个谈判都与参加方达成共识，我国才能加入GPA。[1]

（三）政府采购法律制度的发展阶段

党的十四大以来的三十多年间，对政府和市场关系的定位，一直在朝着建立和完善社会主义市场经济体制的方向深化。2014年以来，各级政府采购监管部门和集中采购机构围绕"放管服"改革要求，既完成了取消政府采购代理机构资质认定、开展"双随机、一公开"监督检查等规定动作，也研究采取了提高政府采购相关标准、扩大采购单位自主采购比例和采购自主权、限时办结承诺等自选动作，取得了积极效果。各级财政部门将"放管服"作为一个政府采购新的改革理念持续推进。一是要通过推进"放管服"改革进一步优化政府采购工作自身的运行机制，从赋权增能做起，扩大采购人的自主权，为预算部门按其公共服务职能需要实施采购决策权和提高采购效率打开"天花板"，同步健全预算部门在采购活动全过程中的主体责任，加大信息公开力度，努力实现放管结合、并重。二是要通过推进"放管服"改革构建采购领域政府和市场关系的基础保障，激发市场活力，为政府采购供应商"松绑减负"，降低政府采购制度性交易成本。三是要通过推进"放管服"改革，转变监管理念，从加强事前审批向加强事中事后监管转变，创新监管方式，依托信息化手段和大数据，加强对政府采购关键环节的动态监管，增强政府采购监管的公信力和权威性。[2] 在此背景下，财政部出台《政府采购非招标采购方式管理办法》（财政部令第74号），2014年2月1日起实施。特别是，2015年国务院出台《政府采购法实施条例》，弥补了过去政府采

---

[1] 来源：中国政府采购新闻网，http://www.cgpnews.cn/articles/52754，最后访问日期2024年2月2日。
[2] 见财政部副部长刘伟：《在全国政府采购工作会议上的讲话》，http://gks.mof.gov.cn/zhengfuxinxi/lingdaojianghua/201712/t20171215_2777535.html，最后访问日期2024年2月2日。

购法律体系缺乏行政法规的空白，使政府采购法律体系更加健全。《政府采购法实施条例》制定过程中，主要把握了四个原则：一是严格依据《政府采购法》制定，同时也注意与《预算法》及其实施条例、《招标投标法》及其实施条例、《合同法》等法律、行政法规做好衔接；二是按照推进国家治理体系和治理能力现代化的要求，发挥政府采购的调控作用，保障政府目的的实现；三是创新政府采购管理理念和方式，在严格采购程序管理的同时，强化采购需求和结果管理；四是提高政府采购的透明度，加强社会监督。

2017年7月，为落实《政府采购法实施条例》的相关规定，财政部修改《政府采购货物和服务招标投标管理办法》，同时发布多部规范性文件。2017年12月26日，财政部将《政府采购供应投诉处理办法》修订为《政府采购质疑和投诉办法》（财政部令第94号），自2018年3月1日起实施。2019年11月27日，财政部将《政府采购信息公告管理办法》修订为《政府采购信息发布管理办法》（财政部令第101号），自2020年3月1日起施行。2020年1月3日，财政部公布《政府购买服务管理办法》（财政部令第102号），自2020年3月1日起施行。2022年1月14日，财政部公布《政府采购框架协议采购方式管理暂行办法》（财政部令第110号）。政府采购法律体系日益健全。

2018年11月，党中央全面深化改革委员会第五次会议召开，会议审议通过了《深化政府采购制度改革方案》。会议指出，深化政府采购制度改革要坚持问题导向，强化采购人主体责任，建立集中采购机构竞争机制，改进政府采购代理和评审机制，健全科学高效的采购交易机制，强化政府采购政策功能措施，健全政府采购监督管理机制，加快形成采购主体职责清晰、交易规则科学高效、监管机制健全、政策功能完备、法律制度完善、技术支撑先进的现代政府采购制度。财政部在政府采购各项工作中逐步落实以上政策。例如，2019年7月30日，财政部发布《关于促进政府采购公平竞争优化营商环境的通知》（财库〔2019〕38号）。2019年12月5日，全国政府采购改革工作会议召开，会议以习近平新时代中国特色社会主义思想和党的十九届四中全会精神为指引，贯彻落实党中央深改委审议通过的《深化政府采购制度改革方案》，研究部署深化政府采购制度改

第一章 政府采购制度与政府采购法

革的主要任务和具体措施。[①]

2019年12月31日,财政部公布《地方预算单位政府集中采购目录及标准指引(2020年版)》,对集中采购机构采购项目、分散采购限额标准和公开招标数额标准设置等作了明确规定,要求各地逐步规范集中采购范围,取消市、县级集中采购目录,为建立集中采购机构竞争机制提供基础和保障。

2018年11月通过的《深化政府采购制度改革方案》,对完善政府采购法律制度提出明确要求。财政部已将修订《政府采购法》列入财政部2019年立法工作计划中的研究项目。2019年12月3日,国家发展和改革委员会发布《关于〈中华人民共和国招标投标法(修订草案公开征求意见稿)〉公开征求意见的公告》,就《招标投标法(修订草案公开征求意见稿)》公开征求意见。《征求意见稿》共8章、94条,对现行《招标投标法》修改58条,增加28条,删除2条,维持8条不变。修订内容主要涉及以下八个方面:一是推进招投标领域简政放权;二是提高招投标公开透明度和规范化水平;三是落实招标人自主权;四是提高招投标效率;五是解决低质低价中标问题;六是充分发挥招投标促进高质量发展的政策功能;七是为招投标实践发展提供法治保障;八是加强和创新招投标监管。

2020年1月,财政部网站发布《政府采购法(修订草案征求意见稿)》。2022年7月,财政部网站再次发布《政府采购法(修订草案征求意见稿)》,向社会公开征求意见。

两部法律的修订草案经全国人民代表大会常务委员会通过后,政府采购的法律体系将迎来重大调整。

[①] 来源:财政部官网,https://www.mof.gov.cn/zhengwuxinxi/tupianxinwen1/201912/t20191206_3436966.htm,最后访问日期2024年2月2日。

第二节 政府采购的基本制度

一、我国政府采购的管理体制

《政府采购法》第十三条规定，各级人民政府财政部门是负责政府采购监督管理的部门，依法履行对政府采购活动的监督管理职责。各级人民政府其他有关部门依法履行与政府采购活动有关的监督管理职责。

根据该条规定，财政部门是政府采购的监督管理部门，而各级人民政府的其他有关部门，如住房和城乡建设部门、审计部门、监察部门等也依据法律规定负有相应的监督管理职责。

（一）政府采购的监督管理部门为各级人民政府财政部门

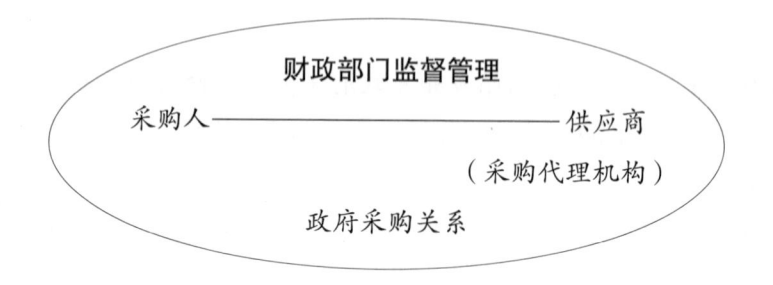

```
        财政部门监督管理
   采购人 ——————————— 供应商
                    （采购代理机构）
          政府采购关系
```

1. 财政部门作为监督管理部门具备的条件

法律将各级人民政府财政部门设定为政府采购的监督管理部门，主要考虑到财政部门具备相应的职能和监督管理条件。

第一，政府赋予的职能。在1998年的机构改革中，国务院赋予了财政部"拟定和执行政府采购政策"的职能，确立了财政部门作为政府采购监督管理部门的地位。

第二，财政部门应有的职能。政府采购管理是财政支出管理的一项制度。政府采购资金主要来源于财政支出，可以说没有财政支出就没有政府采购行为；政府采购行为是财政支出由货币形态向实物形态的转变过程。因此，实行政府采购制度是财政管理职能由预算分配延伸到支出使用的过程。由货币形态延伸到实物和其他形态，通过采购资金的管理规范采购行为，通过对采购行为的规范促进采购资金的管理，以提高采购资金的使用效益。政府采购与财政支出管理是一个事物的两个方面，不可分割，也不可替代，是财政部门的内在职能。

第三，其他部门不能替代财政部门在政府采购管理方面的职能。政府采购管理是对采购项目的全过程管理，包括编制采购预算、选择采购方式、执行采购程序、拨付采购资金等。其中，预算编制、采购资金拨付等事务是财政部门的职能，其他部门不可替代。

第四，财政部门具有推动政府采购工作的手段。其中，最有力的手段是采购资金的支付。采购单位不按《政府采购法》规定开展采购活动，财政部门可以拒绝支付采购资金，从而促进政府采购工作全面、规范地开展。

2. 财政部门的监督管理职责

根据《政府采购法》的相关规定，财政部门的监督管理职责主要有以下九项：

（1）预算管理。如编制政府采购预算、支付采购资金等。

（2）政府采购的信息管理。如指定政府采购信息发布媒体等。

（3）政府采购方式管理。主要是审批采购人因特殊情况需要采用招标以外的采购方式，如竞争性谈判、单一来源、询价等。财政部门还可以在《政府采购法》规定的五种方式之外，认定其他采购方式，如竞争性磋商、框架协议采购。

（4）政府采购合同管理。包括制定合同必备条款和合同备案。

（5）受理和处理供应商投诉。供应商提出投诉的，受理并及时作出处理。

（6）规定政府采购专业岗位任职要求。包括对政府采购人员的任职要求、业务培训等。

（7）监督检查。包括对政府采购活动及集中采购机构的监督检查。监督检查的主要内容有：有关政府采购的法律、行政法规和规章的执行情况；采购范围、采购方式和采购程序的执行情况；政府采购人员的职业素质和专业技能等方面。

（8）处理违法违规行为。对采购人、采购代理机构和供应商的违法违规行为进行处理。当事人对监督管理部门的处理不服申请复议的，还应办理行政复议事项。当事人对监督管理部门的处罚不服到人民法院起诉的，还应办理应诉事项。

（9）依法参与制定或单独制定有关实施或监督管理办法。

近两年来，财政部门对政府采购活动的监管正加快从程序导向型向结果导向型转型，通过推进"放管服"改革，转变监管理念，从加强事前审批向加强事中事后监管转变，行政监管部门重点完善采购方式审批、进口产品审核、投诉处理、监督检查等内部管理制度和工作规程。

【案例】A 服装有限公司诉 B 市人民政府行政监督纠纷案[1]

基本案情

B 市政府采购中心（以下简称采购中心）受 B 市教育局（以下简称招标人）的委托，采用公开招标方式对 2012 年度 B 市市直中小学校学生校服定点生产企业资格项目（以下简称本项目）进行采购，并于 2012 年 8 月 3 日发布本项目招标文件。A 服装有限公司（以下简称 A 公司）、广东省 C 羽绒制品有限公司（以下简称 C 公司）及其他公司参与竞标。

2012 年 8 月 24 日，采购中心向 C 公司发出《中标通知书》。8 月 24 日和 27 日，A 公司向招标人及采购中心发出质疑书，对本项目的中标结果提出质疑。8 月 30 日，招标人向采购中心发出《对 2012 年度 B 市市直中小学校学生校服定点生产企业资格采购结果有关问题的函》称，中标人即 C 公司提供的 12 个投标样品中，有 4 个样品不合格，不符合校服管理要求；投标人 A 公司质疑中标人在这次投标过程中存在恶性竞争行为，请采购中心根据有关法律法规和招标文件的规定对招标结果作出相应处理。

9 月 10 日，B 市中小学学生统一着装工作协调小组（以下简称着装协调小组）向采购中心发出《对 2012 年度 B 市市直中小学校学生校服定点生产企业资格采购结果处理的建议函》称，根据采购中心《关于对 2012 年度 B 市市直中小学校学生校服定点生产企业资格采购结果有关问题的复函》，着装协调小组于 9 月 7 日召开会议进行研究。由于中标人提供的 12 个投标样品中，检验报告显示

---
[1] 详细内容请见中国裁判文书网：广东省高级人民法院（2014）粤高法行终字第 772 号行政判决书，最后访问日期 2024 年 5 月 6 日。

第一章　政府采购制度与政府采购法

4个样品不合格,这个招标结果不符合校服管理要求,着装协调小组建议采购中心对这次采购活动重新招标,以保证校服质量。

9月20日,招标人向采购中心发出《对2012年度B市市直中小学校学生校服定点生产企业资格招标结果处理要求的函》称,中标人即C公司提供的12个投标样品中,检验报告显示4个样品不合格,这个招标结果不符合校服管理要求,要求采购中心对本次中标结果作出废标处理,并对这次采购活动重新招标。

9月27日,采购中心组织评标委员会进行复审,复审结论建议本项目作废标处理。

9月28日,采购中心向着装协调小组发出《关于2012年度B市市直中小学校学生校服定点生产企业资格采购有关问题的函》称,评标委员会建议本项目作废标处理,请着装协调小组研究处理。

11月6日,招标人向B市人民政府(以下简称市政府)上报《关于在校服定点生产企业资格招投标活动的采购质疑阶段发现中标结果违法的问题由哪个部门处理的请示》,对于采购质疑阶段发现中标结果违法的问题由哪个部门处理,请湛江市人民政府予以明示,并敦促其尽快处理。

11月15日,B市法制局向B市人民政府办公室发出《对〈关于在校服定点生产企业资格招投标活动的采购质疑阶段发现中标结果违法的问题由哪个部门处理的请示〉的审查意见》,经审核提出如下意见:1.采购中心对本项目实行招投标,是受B市教育局(采购人)委托的,中标或废标都应明确复函委托单位湛江市教育局(采购人);2.根据《政府采购法》第三十六条第二项和第二款、第三十七条和《政府采购货物和服务招投标管理办法》(财政部令第18号)第五十七条的规定,采购中心明确废标后,招标人可根据采购中心的意见,将废标理由通知所有投标人,并依法重新组织招标。对于B市法制局的意见,市政府办公室拟办意见是:1.请市政府采购中心和市教育局按照市法制局意见办理。2.根据《关于B市政府采购机构编制等问题的批复》和该项目政府采购申报书的有关规定,请市财政局按规定监管市直中小学校学生校服定点生产企业资格招投标工作。11月23日,有关市政府领导对该拟办意见均批示同意。

12月18日,采购中心向招标人发出《关于2012年度B市市直中小学校学生校服定点生产企业资格采购有关问题的复函》称,采购中心作为政府采购平台,对于本项目的评委会复审的建议结论,亦无法作出认定,鉴于此,采购中心于 8 月 24 日发出的《采购结果通知书》和《中标通知书》有效,招标人若对此答复有异议,在接此复函后 15 个工作日内向相关监管部门提出处理。

2013 年 1 月 5 日,招标人向 A 公司发出《关于〈关于对 2012 年度 B 市市直中小学校学生校服定点生产企业资格采购中标结果的质疑书〉的答复》,告知 A 公司:1.C 公司投标报价明细见附件 1。2.按照 B 市教育局职能,该局不具有对中标人投标报价是否存在恶性竞争行为进行核实和确认其中标无效的权限。A 公司对此答复若有异议,在接此复函后 15 个工作日内可依法向相关监管部门投诉。附件:1.C 公司投标报价。2.《关于 2012 年度 B 市市直中小学校学生校服定点生产企业资格采购有关问题的函》(市政府采购中心,2012 年 9 月 28 日)。3.《对〈关于在校服定点生产企业资格招投标活动的采购质疑阶段发现中标结果违法的问题由哪个部门处理的请示〉的审查意见》。

1 月 30 日,市财政局向 A 公司作出《对 A 公司〈校服定点生产采购投诉书〉的答复函》称,A 公司送来的《校服定点生产采购投诉书》收悉,经研究答复如下:B 市市直中小学校学生校服采购使用的资金是各学校代收代支的资金,不属于财政性资金。根据《政府采购法》的有关规定,非财政性资金采购活动不属于政府采购范畴,政府采购监督部门也不受理此类投诉。因此,建议向有关部门反映。对于该答复函 A 公司申请市政府行政复议,请求撤销该函及确认本项目的采购违法无效。市政府受理该复议申请后通知 C 公司参加复议,但本案证据中并没有该复议的复议决定书。

2 月 22 日,市财政局向 C 公司发出《关于要求对校服投标报价成本构成作出说明的函》称,参加投标的某公司投诉 C 公司报价低于成本价,存在恶性竞争的行为,为此请 C 公司对该项目以下 8 项:冬运动服(初中)、冬运动服(高中)、夏运动服(初中)、夏运动服(高中)、冬校服(1—3 年级)、冬校服(4—6 年级)、夏校服(1—3 年级)、夏校服(4—6 年级)的每一项成本构成作出详细说明。C 公司于 2 月 28 日向 B 市财政局发出《关于我司对校服投标报价成本构成的说明函》,对上述市财政局的函作了相应的答复。

3 月 8 日,市财政局向市教育局作出《对 2012 年度 B 市市直中小学校学生

第一章　政府采购制度与政府采购法

校服采购有关问题调查处理的意见》(以下简称《处理意见》),内容为:"B市市直中小学校学生校服采购本不属于政府采购范围,但根据市政府2013年2月8日召开的校服采购问题会议作出'关于校服采购由市财政局作为采购监管部门'的决定和市领导批示,我局就此次采购活动的情况向采购当事人进行了全面的调查了解。综合调查了解的情况,并对照本次采购招标文件,我们的意见为:市政府采购中心受市教育局的委托,代理2012年度B市市直中小学校学生校服采购项目,整个采购程序是依规合法的,有关质疑、投诉的事实依据不足,认定市政府采购中心2012年8月24日发出的《采购结果通知书》和《中标通知书》为有效。请你局抓紧与C公司签订合同。"该函抄送单位并没有A公司及C公司。

A公司不服市人民政府指定市财政局作出的《处理意见》,向广东省人民政府申请行政复议。广东省人民政府受理后于2013年12月13日作出行政复议决定,维持市政府委托市财政局作出的《处理意见》。本案证据中并没有显示该复议决定书中的当事人有就此复议决定提起过行政诉讼。

A公司于12月30日向B市某区人民法院提起行政诉讼,请求判决撤销市财政局的《处理意见》,并将市财政局列为被告。该院于2014年1月3日作出行政裁定,认为A公司起诉的被告主体不适格,依照《行政诉讼法》第二十五条第二款、第四款的规定裁定驳回A公司的起诉。该份裁定并没有显示B市某区人民法院曾根据最高人民法院《关于执行〈中华人民共和国行政诉讼法〉若干问题的解释》第二十三条"原告所起诉的被告不适格,人民法院应当告知原告变更被告;原告不同意变更的,裁定驳回起诉。应当追加被告而原告不同意追加的,人民法院应当通知其以第三人的身份参加诉讼"的规定告知A公司变更被告。

A公司于2014年1月10日向B市中级人民法院提起诉讼,请求撤销市政府委托市财政局作出的《处理意见》。

一审审理情况:

庭审中,查明市政府及C公司均确认招标人已按招投标结果和C公司签订合同,但合同没有实际履行。

一审法院认为,本案系行政监督纠纷。根据《招标投标法》第六十五条"投标人和其他利害关系人认为招标投标活动不符合本法有关规定的,有权向招标人

23

提出异议或者依法向有关行政监督部门投诉"和《招标投标法实施条例》第六十条第一款"投标人或者其他利害关系人认为招标投标活动不符合法律、行政法规规定的，可以自知道或者应当知道之日起 10 日内向有关行政监督部门投诉。投诉应当有明确的请求和必要的证明材料"的规定，投标人或者其他利害关系人认为招标投标活动违法，其权利救济途径是在法定的 10 日期限内向有关行政监督部门投诉或者招标人提出异议。A 公司作为涉案投标人，在 2013 年 8 月 24 日涉案《中标通知书》作出之后的 2013 年 8 月 27 日向招标人委托的招标机构采购中心提出《质疑书》，对涉案招标投标活动的中标结果提出质疑，属于在法定的期限内向招标人提出异议。

根据《招标投标法》第七条"招标投标活动及其当事人应当接受依法实施的监督。有关行政监督部门依法对招标投标活动实施监督，依法查处招标投标活动中的违法行为。对招标投标活动的行政监督及有关部门的具体职权划分，由国务院规定"和《招标投标法实施条例》第四条第二款"县级以上地方人民政府发展改革部门指导和协调本行政区域的招标投标工作。县级以上地方人民政府有关部门按照规定的职责分工，对招标投标活动实施监督，依法查处招标投标活动中的违法行为。县级以上地方人民政府对其所属部门有关招标投标活动的监督职责分工另有规定的，从其规定"的规定，B 市人民政府有关部门按照规定的职责分工对招标投标活动实施监督，依法查处招标投标活动中的违法行为。由于 B 市人民政府对招标投标活动的监督职责分工没有具体规定，其有权根据《招标投标法实施条例》第四条第二款的规定，委托其工作部门 B 市财政局对涉案招标投标活动实施监督。

被诉的《处理意见》系 A 公司对涉案招标投标活动向招标人提出异议，招标人向市政府上报《关于在校服定点生产企业资格招投标活动的采购质疑阶段发现中标结果违法的问题由哪个部门处理的请示》后，市政府委托其工作部门市财政局于 2013 年 3 月 8 日作出的对涉案招投标活动履行监督职责的具体行政行为。

根据《行政诉讼法》第二条和《最高人民法院关于执行〈中华人民共和国行政诉讼法〉若干问题的解释》第十二条的规定，与具体行政行为有法律上利害关系的公民、法人或者其他组织对该行为不服的，可以依法提起行政诉讼。A 公司作为涉案投标人，对涉案招标投标活动向招标人提出异议后，市政府履行对招

第一章 政府采购制度与政府采购法

标投标活动的监督职责并作出被诉具体行政行为，故A公司与该被诉具体行政行为存在法律上的利害关系，其原告主体适格。根据《行政诉讼法》第二十五条的规定，市政府作为上述具体行政行为的作出机关，其被告主体适格。C公司作为涉案中标单位，与被诉的对涉案招投标活动履行监督职责的具体行政行为有法律上的利害关系，A公司在起诉状中将其列为第三人，一审法院根据《行政诉讼法》第二十七条的规定通知其参加诉讼，其第三人主体适格。

被诉具体行政行为作出的日期是2013年3月8日，该具体行政行为并未告知A公司诉权和起诉期限。被诉具体行政行为虽经过广东省人民政府复议决定予以维持，但A公司选择起诉被诉具体行政行为而不起诉广东省人民政府的复议决定。在庭审中A公司承认2013年3月18日申请复议时知道上述具体行政行为，A公司提起本案诉讼的时间是2014年1月10日。根据《行政诉讼法》第三十九条和《最高人民法院关于执行〈中华人民共和国行政诉讼法〉若干问题的解释》第四十一条的规定，A公司的起诉并未超过两年的法定期限。

A公司曾就被诉具体行政行为于2013年12月30日向B市赤坎区人民法院提起过行政诉讼，请求撤销被诉具体行政行为，并将B市财政局列为被告。对于该起诉，B市赤坎区人民法院于2014年1月3日作出行政裁定，认为A公司起诉的被告主体不适格，裁定驳回起诉。根据《最高人民法院关于执行〈中华人民共和国行政诉讼法〉若干问题的解释》第二十三条的规定，行政裁定并没有提到B市赤坎区人民法院曾告知A公司变更被告，故A公司于2014年1月10日提起本案诉讼并不属于重复起诉。

A公司申请停止执行被诉的具体行政行为，但由于市政府及C公司均确认招标人已经根据招投标结果与C公司签订了合同，但该合同没有实际履行，故被诉具体行政行为中可执行内容已经执行完毕。A公司的申请不符合《行政诉讼法》第四十四条规定的情形，一审法院决定对此申请不予准许。

根据《招标投标法》第三十七条、第四十条以及第四十四条的规定，评标由招标人组建的评标委员会负责。评标委员会完成评标后，向招标人提出书面评标报告，并推荐合格的中标候选人。招标人根据评标委员会提出的书面评标报告和推荐的中标候选人确定中标人，招标人也可以授权评标委员会直接确定中标人，评标委员会成员的评审意见属个人意见。据涉案的《中标通知书》，本案中，招

25

标人委托采购中心根据评标委员会评审和招标人的确认而确定中标人为C公司。

本项目使用的资金是各学校代收代支的资金，不属于财政性资金，根据《政府采购法》第二条第二款"本法所称政府采购，是指各级国家机关、事业单位和团体组织，使用财政性资金采购依法制定的集中采购目录以内的或者采购限额标准以上的货物、工程和服务的行为"的规定，非财政性资金采购活动不属于政府采购范畴，故涉案招标投标不属于政府采购范畴。

市财政局根据市政府的授权对涉案招标投标活动展开调查取证，履行监督职责，并依据事实作出了处理决定，A公司的质疑和投诉事实依据不足。综上所述，经审判委员会讨论决定，依照《最高人民法院关于执行〈中华人民共和国行政诉讼法〉若干问题的解释》第五十六条第四项之规定，判决：驳回原告A公司的诉讼请求。案件受理费50元由A公司负担。

A公司不服一审判决，提起上诉。

二审审理情况：

二审法院认为，本案是行政监督纠纷。A公司作为本案招标投标活动的投标人，就中标结果向招标人及其委托招标机构采购中心提出异议。招标人和着装协调小组亦多次致函采购中心，要求对A公司的异议作出处理。在未获得肯定答复的情况下，招标人又致函市政府、市财政局作出处理。市财政局系受市政府委托对招标投标活动实施监督的行政机关，故A公司不服市财政局作出的《处理意见》，有权以市政府为被告提起本案诉讼。

在A公司向招标人出具《质疑书》，对涉案招标投标活动的中标结果提出异议后，招标人、着装协调小组先后向采购中心发函，称中标人C公司提供的12个投标样品中，检验报告显示4个样品不合格，招标结果不符合校服管理要求，建议重新招标。评标委员会经复审，认为C公司提供的12个投标样品中有4个样品共6项检测项目判定为"不符合"，不完全符合承诺的"一等品"要求，只符合招标文件中规定的质量等级（合格品）的要求；三个投标人的报价均不符合相关法律、法规关于报价不得低于成本价的要求，建议本项目作废标处理。采购中心据此于2012年9月28日向着装协调小组发函，称其经组织评标委员会复审，三个投标人的报价均低于成本价，评标委员会建议本项目作废标处理。在市

第一章 政府采购制度与政府采购法

政府明确校服采购由市财政局作为监管部门后,该局虽然已要求C公司对校服投标报价成本构成作出了说明,并对照了本次采购招标文件,但其在作出的涉案《处理意见》中,对A公司提出的有关异议和投诉,以及评标委员会的复审结论等为何不能被采纳,未提供充分证据予以解释和说明,也未载明其作出该《处理意见》的事实依据和所适用的法律、法规。其关于采购中心于2012年8月24日发出的《采购结果通知书》和《中标通知书》有效的认定,事实不清,主要证据不足。根据《行政诉讼法》第五十四条第二项第一目、《最高人民法院关于执行〈中华人民共和国行政诉讼法〉若干问题的解释》第五十九条第一项、第六十条的规定,该《处理意见》应予撤销,并由市政府在指定期限内对A公司提出的异议和投诉重新作出处理。

综上所述,二审法院判决如下:一、撤销一审判决;二、撤销市政府委托市财政局作出的《处理意见》;三、限市政府在收到本判决之日起30个工作日内,对A公司提出的涉案异议和投诉重新做出处理。

案例评析

本案涉及以下几个重要问题:

1. 市财政局不是本项目法定的监管部门。由于本项目使用的资金是各学校代收代支的资金,不属于财政性资金,根据《政府采购法》第二条第二款"本法所称政府采购,是指各级国家机关、事业单位和团体组织,使用财政性资金采购依法制定的集中采购目录以内的或者采购限额标准以上的货物、工程和服务的行为"的规定,非财政性资金采购活动不属于政府采购范畴,故涉案招标投标不属于政府采购范畴,财政局不能对政府采购活动进行监管。但2018年12月《预算法》修订后,事业单位的收入也纳入预算管理,必须按照《政府采购法》实施。

2. 市政府是法定的监督部门。因本项目是在中国境内进行的招标,应适用《招标投标法》。根据《招标投标法》第七条"招标投标活动及其当事人应当接受依法实施的监督。有关行政监督部门依法对招标投标活动实施监督,依法查处招标投标活动中的违法行为。对招标投标活动的行政监督及有关部门的具体职权划分,由国务院规定"和《招标投标法实施条例》第四条第二款"县级以上地方人民政府发展改革部门指导和协调本行政区域的招标投标工作。县级以上地方人民政府有关部门按照规定的职责分工，对招标投标活动实施监督，依法查处招标投标活动中的违法行为。县级以上地方人民政府对其所属部门有关招标投标活动的监督职责分工另有规定的，从其规定"的规定，市政府有关部门按照规定的职责分工对招标投标活动实施监督，依法查处招标投标活动中的违法行为。

3. 市财政局是受市政府委托对本项目进行监管。由于市政府对招标投标活动的监督职责分工没有具体规定，故其根据《招标投标法实施条例》第四条第二款的规定，委托其所属工作部门市财政局对涉案招标投标活动实施监督。

4. 在委托执法的情况下，行政诉讼的被告应是委托行政机关。因此，本案的被告应为市政府。因 A 公司不懂法，其第一次起诉时以市财政局为被告，属于错列被告，被法院裁定驳回起诉。

5. 市财政局在对本项目进行监督时，对 A 公司提出的有关异议和投诉的理由以及评标委员会的复审结论等的说法和证据，未提供充分证据予以解释和说明，也未载明其作出该《处理意见》的事实依据和所适用的法律、法规，《处理意见》最终被二审法院撤销。

（二）其他有关部门负有对政府采购活动的监督管理职责

《政府采购法》第十三条第二款所称的其他有关部门主要是指国务院有关负责招投标活动行政监督部门以及审计机关和监察机关。

《招标投标法实施条例》第四条规定："国务院发展改革部门指导和协调全国招标投标工作，对国家重大建设项目的工程招标投标活动实施监督检查。国务院工业和信息化、住房城乡建设、交通运输、铁道、水利、商务等部门，按照规定的职责分工对有关招标投标活动实施监督。"中央机构编制委员会于 2000 年 3 月 4 日颁布的《关于国务院有关部门实施招标投标活动行政监督的职责分工的意见》(国办发〔2000〕34 号) 规定，国家发展计划委员会负责指导和协调全国招标投标工作，工业（含内贸）、水利、交通、铁道、民航、信息产业等行业和产业项目的招标投标活动的监督执法，分别由经贸、水利、交通、铁道、民航、信息产业等行政主管部门负责；各类房屋建筑及其附属设施的建造和与其配套的线路、管道设备的安装项目和市政工程项目的招投标活动的监督执法，由建设行政主管部门负责；进口机电设备采购项目的招标投标活动的监督执法，由外经贸行政主管部门负责，有关行政主管部门须将监督过程中发现的问题，及时通知项目审批部门，项目审批部门根据情况依法暂停项目执行或者暂停资金拨付。该意见还规定，国家发展计划委员会负责组织国家重大建设项目稽察特派员，对国家重大建设项目建设过程中的工程招投标进行监督检查。在政府采购领域，目前建设工程由住房城乡建设部门监管，机电产品国际招标由商务部门监管。

审计机关主要负责对政府采购监管部门、政府采购各当事人有关政府采购活动进行审计监督。政府采购监管部门、政府采购各当事人有关政府采购活动，应当接受审计机关的审计监督。审计监督属于事后监督，监督重点是采购资金使用的合法性及有关财经纪律问题。近年来，审计机关在进行审计时，发现一些政府采购项目中存在违法违规问题，及时将这些材料向财政部门移交，由财政部门对政府采购活动中的违法行政行为进行处罚处理。

监察机关主要负责对参与政府采购活动的国家机关、公务员和国家行政机关任命的其他人员实施监察。监察机关对政府采购活动中出现的公务员违法的情况及时进行查处。监察机关的监督也属于事后监督，监督重点是政府采购的公职人员的行为。

审计机关、监察机关以及对政府采购负有行政监督职责的有关部门，应当加强对政府采购活动的监督，与财政部门相互配合，及时通报有关情况。

【案例】A 经贸有限责任公司诉财政部行政不作为案（第一次诉讼）[①]

本案发生于 2004 年，因案件同时涉及国家发展和改革委员会、卫生部等国家部委，采购项目总额又高达 114 亿元，以其诉讼当事人的级别和规格之高、标的额之大，在我国行政诉讼史上属于"空前"，因此被称作《政府采购法》实施以来的"政府采购第一案"，该案反映出的一个问题是政府采购法相关监督部门职权划分的问题。

[①] 详细内容请见国家法官学院审判案例数据库，http://chncase.cn/case/case/2827392，最后访问日期 2024 年 2 月 2 日。

● 政府采购实务操作：常见问题与案例分析

基本案情

2003年"非典"之后，国家决定采购114亿元医疗救治设备，对我国薄弱的公共卫生救治体系进行规划和建设。采购人国家发展和改革委员会、卫生部分别委托中国远东国际贸易总公司、国信招标有限责任公司等中介机构，于2004年10月29日、11月19日对国家医疗救治体系项目（招标编号为：0722—FECT-04285、GXTC-0404038）进行公开招标。

招标编号0722—FECT-04285的项目共计12个包，其中第七包包括300台血气分析仪；招标编号GXTC-0404038的项目有11个包，其中D包包括286台血气分析仪。第七包和D包的血气分析仪总价值达3000多万元。A经贸有限责任公司（以下简称A公司）为美国B公司在中国的总代理，主要产品为便携式血气分析仪。A公司决定投标0722—FECT-04285项目的第七包便携式血气分析仪，投标价格为每台56800元。A公司事后了解到，在第七包竞标的四家供应商中，中标人广东C医疗设备有限公司的投标价格排在第二高位，每台8万元。而其投标的D包竞标的三家供应商中，中标人同样也是广东C医疗设备有限公司，其投标价格最高。

A公司认为招标过程存在"暗箱操作"，经向采购人、招标公司提出质疑后向财政部提出投诉，投诉事项为：1.投诉人所投产品是血气分析仪中最好的品牌之一，其以最低价投标而未中标，也得不到合理的解释；2.招标文件中无具体评标方法、打分标准、计算公示；3.中标公示应包括评标委员会成员名单而未包括，不符合法定标准；4.中标人在其他投标中相同产品的价格比本投标报价低，但财政部在法定的30日内未作出投诉处理决定，也未给予答复，从而引发行政诉讼。

2006年12月8日，北京市第一中级人民法院作出（2005）一中行初字第432号行政判决书，认为财政部行政不作为，判令财政部对A公司针对被投诉项目招投标的组织不合法问题所进行的投诉予以处理和答复。财政部不服一审判决，于2006年12月22日向北京市高级人民法院提出上诉，要求撤销一审判决。2007年6月7日，北京市高级人民法院公开审理了此案。2012年11月21日，历时五年之久，北京市高级人民法院作出（2007）高行终字第247号判决书，驳回上诉，维持一审判决。

第一章 政府采购制度与政府采购法

案例评析

本案的焦点之一是财政部是否不作为。原告认为，根据《政府采购法》，财政部是政府采购的监管部门，负有处理政府采购投诉的法定职责，而财政部不对其投诉予以答复即构成不作为；而被告认为，本案涉及的国家医疗救治体系项目是由国家发展和改革委员会审核并报国务院批准的重大建设项目，依据国务院划分的行政监督职责，由国家发展和改革委员会处理国家重大建设项目的投诉，并且，在接到A公司的投诉后，财政部已在法定的30天期限内联合卫生部、国家发展和改革委员会召开了协调会，把该投诉移交给了国家发展和改革委员会重大项目稽查特派员办公室处理，因此不构成不作为。并且提出，"每年数千亿元的采购资金均按上述模式分别管理，而一审判决否定了这一模式，将严重影响行政管理工作"。

笔者认为，判断财政部是否构成不作为的标准，在于财政部是否有作为的法定职责；在被告具有某项法定职责而不履行时构成行政不作为。

财政部根据《政府采购法》第十三条第二款、第六十七条，《招标投标法》《国家重大建设项目招标投标监督暂行办法》《关于国务院有关部门实施招标投标活动行政监督的职责分工的意见》等认为，对涉案项目的投诉应由国家发展和改革委员会负责处理，其已经将此案转交给国家发展和改革委员会处理，因而不存在不作为。而A公司认为根据新法优于旧法的原则，应适用《政府采购法》，而《政府采购法》第六十七条所称"其他监督部门"是指审计机关和监察机关，而非国家或地方的发展和改革委员会。

双方的焦点在于针对原告的投诉财政部是否有查处的职权。如果有，财政部是否履行了该职权？原告认为，财政部有这一职权但却未履行；而被告认为，根据国家相关规定，涉案项目的投诉应由国家发展和改革委员会处理，且其已向国家发展和改革委员会移交案件，因而不存在不作为。

最终，北京市高级人民法院认为根据《政府采购法》第五十六条的规定，并参照《政府采购供应商投诉处理办法》（财政部令第20号）第二十条的规定，财政部在受理投诉后的30个工作日内，应对投诉事项作出处理决定，并以书面形式通知投诉人和与投诉事项有关的当事人。尽管财政部受理后将投诉信及相关材料转交国家发展和改革委员会稽查办处理，并要求将结果抄送财政部，但由于财政部未将该情况书面通知A公司，故认定财政部就投诉事项未履行相关的法定职责。

这一案件反映出，对涉及政府采购的重大建设项目的监督，财政部和国家发展和改革委员会存在监督职责交叉的情况，而法律未明确规定如何处理。法院只是就案件涉及的法律问题进行审查、处理，而本案涉及的相关政府部门的职权交叉的问题，在案件审理中并未涉及。在行政诉讼期间出台的《招标投标法实施条例》对这些问题作出了规定。该条例第六十一条第一款规定："投诉人就同一事项向两个以上有权受理的行政监督部门投诉的，由最先收到投诉的行政监督部门负责处理。"对于类似案件，应当由最先收到投诉的行政监督部门处理。

（三）财政部门与建设工程监督部门的权限分工

根据《政府采购法》第四条的规定，政府采购工程进行招标投标的，适用招标投标法。《招标投标法实施条例》明确了有关政府采购工程项目的监督管理问题，具体表现为：

1. 与工程建设有关货物和服务的招标投标，适用招标投标法

《招标投标法实施条例》第二条第一款规定："招标投标法第三条所称工程建设项目，是指工程以及与工程建设有关的货物、服务。"第二款进而明确了"与工程建设有关的货物"，是指构成工程不可分割的组成部分，且为实现工程基本功能所必需的设备、材料等；"与工程建设有关的服务"，是指为完成工程所需的勘察、设计、监理等服务。

根据上述规定，在条例实施后，凡是与工程建设有关的货物和服务均应当适用《招标投标法》，而不再按照《政府采购货物和服务招标投标管理办法》规定的程序进行招标投标，厘清了实践中存在的与工程建设有关的货物、服务按照政府采购货物和服务进行招标投标的做法。

2. 对政府采购工程招标投标活动的监督管理，财政部门与住房和城乡建设部门等各司其职

《招标投标法实施条例》第四条第三款规定："财政部门依法对实行招标投

的政府采购工程建设项目的政府采购政策执行情况实施监督。"

根据现行相关规定，工程项目的立项和投资计划安排由发展和改革部门负责；项目确定后，财政部门据此编制采购预算；各部门按照确定的项目和批准的预算，根据现行工程管理规定组织实施；住房和城乡建设部门负责工程建设技术标准、定额标准、建设施工单位以及招标投标活动、质量监理和建材市场管理等。

因而，政府采购工程建设项目的监督管理，财政部门主要负责对编制采购预算，核拨采购资金，以及政府采购政策执行情况进行监督，而政府采购工程建设项目的招标投标活动（包括投诉的受理和处理）则应由住房和城乡建设部门等负责监督。

3. 政府采购涉及机电产品国际招标的，由商务部门进行监管

《机电产品国际招标投标实施办法（试行）》（商务部令2014年第1号）第四条规定："商务部负责管理和协调全国机电产品的国际招标投标工作，制定相关规定；根据国家有关规定，负责调整、公布机电产品国际招标范围；负责监督管理全国机电产品国际招标代理机构（以下简称招标机构）；负责利用国际组织和外国政府贷款、援助资金（以下简称国外贷款、援助资金）项目机电产品国际招标投标活动的行政监督；负责组建和管理机电产品国际招标评标专家库；负责建设和管理机电产品国际招标投标电子公共服务和行政监督平台。各省、自治区、直辖市、计划单列市、新疆生产建设兵团、沿海开放城市及经济特区商务主管部门、国务院有关部门机电产品进出口管理机构负责本地区、本部门的机电产品国际招标投标活动的行政监督和协调；负责本地区、本部门所属招标机构的监督和管理；负责本地区、本部门机电产品国际招标评标专家的日常管理。各级机电产品进出口管理机构（以下简称主管部门）及其工作人员应当依法履行职责，不得以任何方式非法干涉招标投标活动。主管部门的工作人员对监督检查过程中知悉的国家秘密、商业秘密，应当依法予以保密。"

根据上述规定，对于政府采购涉机电产品国际招标的项目，由商务部门负责监管。

根据《政府采购货物和服务招标投标管理办法》第八十三条规定，政府采购

货物中的进口机电产品招标投标有关特殊事宜，由财政部另行规定。意味着对于目前的进口机电产品招标投标，如果政府采购有特殊事宜，财政部可以另行规定。

二、政府采购的模式

从国际上看，政府采购的模式，按照组织政府采购活动的主体及其采购范围，一般分为集中采购、分散采购及集中采购与分散采购相结合等三种模式。根据《政府采购法》的规定，我国政府采购实行集中采购与分散采购的模式。

（一）集中采购的含义及其利弊

1. 集中采购的含义

根据《政府采购法实施条例》第四条的规定，集中采购是指采购人将列入集中采购目录的项目委托集中采购机构代理采购或者进行部门集中采购的行为。集中采购分为集中采购机构采购和部门集中采购。

（1）集中采购机构采购。

根据《政府采购法》第十八条第二款的规定，纳入集中采购目录属于通用的政府采购项目的，应当委托集中采购机构代理采购。《政府采购法实施条例》第三条将"通用项目"明确为"技术、服务等标准统一，采购人普遍使用的项目"。这些项目主要是跨部门的通用货物及日常服务项目，如计算机、计算机软件、打印机、复印机、扫描仪等办公设备，单独的装修、修缮、拆除等工程，车辆的维修、保养、加油、保险、会议、工程监理、物业管理等服务。不具备通用性的特殊项目不宜列入集中采购机构采购项目，如需要定制的或者二次开发的软件、专用打印机、专用扫描仪等。

集中采购机构采购，实践中比较常见的做法是在中央级、省级（含直辖市）、市级（含直辖市的区县）设置采购中心，由采购中心负责集中采购。根据财政部的统计数字，2022年全国政府采购规模为34993.1亿元，其中政府集中采购、部门集中采购、分散采购规模分别为7676.8亿元、2609.7亿元和24706.5亿元，占全国政府采购规模的21.9%、7.5%和70.6%。[①]

[①] 见《2022年全国政府采购简要情况》，中国政府采购网，http://www.ccgp.gov.cn/news/202312/t20231226_21337135.htm，最后访问日期2024年2月4日。

集中采购模式，一般是由使用单位向政府财政主管部门提出采购计划，经批准后由政府集中采购机构负责采购。

（2）部门集中采购。

部门集中采购是指部门或系统有特殊要求，需要由部门或系统统一配置的货物、工程和服务类专用项目进行采购。由部门自行组织，可以委托集中采购机构采购，也可以委托社会采购代理机构采购。根据《国务院办公厅关于印发中央预算单位2017—2018年政府集中采购目录及标准的通知》（国办发〔2016〕96号，已失效），中央预算单位的部门集中采购项目是指部门或系统有特殊要求，需要由部门或系统统一配置的货物、工程和服务类专用项目。外交部、公安部、水利部、文化部、国家卫生和计划委员会、中国人民银行、海关总署、国家税务总局、国家质量监督检验检疫总局、国家新闻出版广电总局、国家体育总局、地震局、气象局、国家测绘地理信息局、中国民用航空局、最高人民法院、最高人民检察院规定品目的采购应实行部门集中采购。而《国务院办公厅关于印发中央预算单位政府集中采购目录及标准（2020年版）的通知》（国办发〔2019〕55号）则规定各中央预算单位可按实际工作需要确定，报财政部备案后组织实施采购，不再规定具体的部门。

地方是否列部门集中采购项目，由各省、自治区、直辖市人民政府在确定集中采购目录时根据本省实际情况决定。例如，根据《北京市2018—2019年政府采购集中采购目录及标准》（已失效），救灾物资及服务（民政部门主责）、医疗设备及服务（卫计、医管部门主责）、警用设备及服务（公安部门主责）、教材和教学设备及服务（教育部门主责）、消防装备及服务（公安消防部门主责）、文化艺术活动（文化部门主责）、云计算服务（经信委主责）、特种专业技术用车可以实行部门集中采购，具体项目由主管部门确定。而《北京市财政局关于印发北京市政府采购集中采购目录及标准（2023年版）的通知》（京财采购〔2022〕2510号）则规定，各主管预算单位结合自身业务特点，自行确定本部门集中采购目录范围，报财政部门备案通过后实施。

部门集中采购分两种情况，由相关部门经编制管理部门批复同意设立有专门的部门集中采购机构的，应当由部门集中采购机构自行组织开展采购，不得将部门集中采购项目转委托；未设部门集中采购机构，具备自行组织开展采购条件的，可以自行组织开展采购，不具备自行组织开展采购条件的，可以委托社会采购代理机构代为采购。

2. 集中采购的利弊

实行集中采购有利有弊。其有利之处是，采购货物可以形成批量，取得规模效益；减少重复采购，降低采购成本；统一策划，统一采购，统一配置标准，便于维修和管理；容易培养一支专业化采购队伍，保证采购质量；方便管理和监督；有利于政府采购有关政策导向的贯彻落实。其弊端主要是，由于集中采购机构的工作人员多是事业单位编制，采购效率不高；难以满足用户多样性的需求；采购周期较长等。

实践中，有的地方设立的政府采购中心，最终因种种原因被撤销。有的地方不设立采购中心，直接由社会采购代理机构负责采购。

（二）分散采购的含义及其利弊

1. 分散采购的含义

根据《政府采购法实施条例》第四条的规定，分散采购是指采购人将采购限额标准以上的未列入集中采购目录的项目自行采购或者委托采购代理机构代理采购的行为。分散采购模式要求使用单位向财政主管部门上报采购预算计划，获得批准后按照规定自行采购。例如，根据《北京市财政局关于印发北京市政府采购集中采购目录及标准（2023年版）的通知》（京财采购〔2022〕2510号），除集中采购目录品目和部门集中采购项目外，各预算单位采购货物、服务和工程且单项或批量金额达到100万元（含）以上的，按照《政府采购法》和《招标投标法》有关规定，实行分散采购。

分散采购时，采购人可以依法委托采购代理机构办理采购事宜，也可以自行组织开展采购活动。

2. 分散采购的利弊

分散采购的组织主体是各采购人（即预算单位）。分散采购的有利之处在于，增强采购人自主权，能够满足采购人对及时性和多样性的需求。不利之处主要是失去了规模效益，无法形成规模购买的价格优势，加大了采购成本，不便于落实政府采购政策及监督管理等。

（三）集中采购与分散采购相结合

1. 集中采购与分散采购相结合的模式

集中采购与分散采购相结合的模式，是指一部分采购由政府集中采购部门统一负责，其他采购由使用单位自行采购的模式。这是当前国际上的主流采购形式。

财政部于 1999 年颁布的《政府采购管理暂行办法》中规定，我国的政府采购实行集中采购和分散采购两种组织实施形式，确立了我国政府采购试点期间的政府采购模式。采取这种模式主要考虑到，我国政府采购制度正处在一个建立和完善阶段，高度集中或者高度分散都不符合我国的实际情况。

根据《政府采购法》第十八条的规定，我国的集中采购分为集中采购和部门集中采购，目的是要赋予采购量较大的部门采购自主权，减轻单一集中采购的压力，支持更多供应商的发展。

2. 集中采购目录与采购限额标准的制定

根据法律的规定，只要是纳入集中采购目录的政府采购项目，都应当实行集中采购。集中采购的范围由省级以上人民政府公布的集中采购目录确定。属于中央预算的政府采购项目，其集中采购目录由国务院确定并公布；属于地方预算的政府采购项目，其集中采购目录由省、自治区和直辖市人民政府或者其授权的机构确定并公布。省、自治区、直辖市人民政府或者其授权的机构根据实际情况，可以确定分别适用于本行政区域省级、设区的市级、县级的集中采购目录和采购限额标准。

我国内地有 23 个省、5 个自治区、4 个直辖市，不仅各省级地方之间经济发展、政府采购规模等差别较大，在同一省级地域内，由于各级政府的职能不同，采购规模不同，采购对象结构不同，相应的采购范围也不尽一致。在确定集中采购目录和采购限额标准时，应当考虑我国各级地方政府采购的实际情况，既要有一定程度的统一性，又要有灵活性。因而《政府采购法》第七条第一款原则性规定，集中采购的范围由省级以上人民政府公布的集中采购目录确定。其中"省级以上人民政府"是指中央政府及各省、自治区、直辖市或者其授权的机构。第七条第二款对集中采购目录的确定权限作出了具体规定：属于中央预算的政府采购项目，其集中采购目录由国务院确定并公布；属于地方预算的政府采购项目，其集中采购目录由省、自治区、直辖市人民政府或者其授权的机构确定并公布。这里所称的授权机构，主要是指省级财政部门和下级政府，如省会城市、地级市等。具体的方式是将属于集中采购范围的采购项目或品目编制成集中采购目录，以政府文件或政府批转财政部门文件形式予以公布。《政府采购法实施条例》第五条进一步明确，省、自治区、直辖市人民政府或者其授权的机构根据实际情况，可以确定分别适用于本行政区域省级、设区的市级、县级的集中采购目录和采购限额标准。各省根据实际情况，可以全省地域范围内，不分级别，实行统一的集中采购目录和采购限额标准，也可以分省、设区的市、县三级分别实施不同的集中采购目录和采购限额标准。

例如，北京市的集中采购目录是由北京市人民政府委托北京市财政局制定，市人民政府同意后颁布执行。在《政府采购法实施条例》实施之前，北京市的各区县根据市级集中采购目录及限额标准，并结合各区县的实际情况制定各区县的集中采购目录及限额标准。条例出台后，采取的是由北京市财政局统一各区集中采购目录及标准的做法，各区不再自行制定集中采购目录及限额标准。

在确定集中采购目录上采取授权制度，体现了统一性与灵活性相结合的精神，增强了集中采购目录的可操作性。

3. 采购模式的确定

《政府采购法》第七条第三款规定，纳入集中采购目录的政府采购项目，应当实行集中采购。第十八条第一款规定，采购人采购纳入集中采购目录的政府采购项目，必须委托集中采购机构代理采购；采购未纳入集中采购目录的政府采购项目，可以自行采购，也可以委托集中采购机构在委托的范围内代理采购。该款规定是原则性规定。该条第二款对第一款做了进一步解释：纳入集中采购目录属于通用的政府采购项目的，应当委托集中采购机构代理采购；属于本部门、本系统有特殊要求的项目，应当实行部门集中采购；属于本单位有特殊要求的项目，经省级以上人民政府批准，可以自行采购。

《政府采购法实施条例》第三条规定，集中采购目录包括集中采购机构采购项目和部门集中采购项目。技术、服务等标准统一，采购人普遍使用的项目，列为集中采购机构采购项目；采购人本部门、本系统基于业务需要有特殊要求，可以统一采购的项目，列为部门集中采购项目。

对于技术、服务等标准统一，采购人普遍使用的货物、服务和工程，实行集中采购。对于本部门、本系统基于业务需要有特殊要求的货物、服务和工程，法律强调的是实行部门集中采购，但部门集中采购时是委托集中采购机构采购还是委托社会代理机构采购，法律并未明确。实践中的做法是，既有委托集中采购机构采购，也有委托社会代理机构采购。笔者认为，结合《政府采购法》第七条第三款、第十八条第一款以及第十七条的规定，对"实行部门集中采购"应理解为：（1）部门集中采购应由本部门、本系统统一组织实施；（2）部门集中采购的项目若属于集中采购目录内的，应委托集中采购机构采购；（3）部门集中采购的项目若属于集中采购目录外的，既可以委托集中采购机构采购，也可以委托社会代理机构采购。

根据上述规定，采购模式的确定应当遵守以下两点：

第一，采购人采购的政府采购项目不在集中采购目录内的，则采购人可以自行组织采购（自行组织开展招标活动的应符合《政府采购货物和服务招标投标管理办法》第九条规定的条件），可以委托集中采购机构采购，也可以委托社会代理机构采购。

第二，采购人采购的政府采购项目在集中采购目录内的，具体分为：

（1）政府采购项目属于通用的政府采购项目，采购人必须委托集中采购机构代理采购。

（2）政府采购项目属于本部门、本系统有特殊要求的，应由本部门、本系统统一组织部门集中采购或者委托集中采购机构代理采购。

（3）政府采购项目属于本单位有特殊要求的项目，经省级以上人民政府批准，可以自行采购，即采购人可以自行组织采购（公开招标的应符合《政府采购货物和服务招标投标管理办法》第九条规定的条件），可以委托集中采购机构代理采购，也可以委托社会采购代理机构代理采购。

三、政府采购限额标准

（一）政府采购限额标准的含义

《政府采购法》第二条界定政府采购的范围，是通过两个标准，一是集中采购目录，二是采购限额标准，即只要采购人采购集中采购目录以内的或者采购限额标准以上的货物、工程和服务，均应执行《政府采购法》。

政府采购限额标准，是界定采购项目是否适用《政府采购法》的依据，限额标准的高低直接关系到《政府采购法》适用范围的大小。

（二）政府采购限额标准的确定

根据《政府采购法》第八条的规定，政府采购限额标准，属于中央预算的政府采购项目，由国务院确定并公布；属于地方预算的政府采购项目，由省、自治区、直辖市人民政府或者其授权的机构确定并公布。

根据该条规定，我国政府采购限额标准实行中央与地方两级管理。政府采购限额标准的制定，同样需要考虑我国各级政府采购实际情况，既要有一定程度的统一性，又要有灵活性。与确定集中采购目录一样，由于各级政府的职能不同，采购规模不同，采购对象结构不同，采购范围也就不尽一致。如中央政府负有国家宏观调控职能，财力较为充足，机构规模大，大型投资项目多，限额标准可以定得高一些。但对于县级政府而言，财力非常有限，采购项目基本上都是政府日常办公用品，大型采购项目很少，限额标准不可能定得太高。因此，考虑到我国的实际情况，不宜对政府采购的限额标准作统一规定。《政府采购法实施条例》规定，省、自治区、直辖市人民政府或者其授权的机构根据实际情况，可以确定分别适用于本行政区域省级、设区的市级、县级的集中采购目录和采购限额标准。

实践中，各地及中央政府采购的限额标准及公开招标方式的限额标准每年或者每隔两三年就会公布一次。中央和地方可以根据本级政府采购的实际情况提高或者降低限额标准。

为推进统一全国集中采购目录及标准相关工作，2019年12月31日，财政部印发《地方预算单位政府集中采购目录及标准指引（2020年版）》，提出四项要求：

（1）充分认识统一全国集中采购目录的重要意义。规范并逐步在全国统一集中采购目录是建立集中采购机构竞争机制的基础和保障。各地应逐步规范集中采购范围，取消市、县级集中采购目录，实现集中采购目录省域范围相对统一，充分发挥集中采购制度优势，不断提升集中采购服务质量和专业水平。

（2）关于集中采购机构采购项目。各地应依据该地方目录及标准指引，结合本地区实际确定本地区货物、服务类集中采购机构采购项目，可在地方目录及标准指引基础上适当增加品目，原则上不超过10个。各地可结合本地区实际自行确定各品目具体执行范围、采购限额等。政府采购工程纳入集中采购机构采购的项目，由各地结合本地区实际确定。集中采购目录原则上不包含部门集中采购项目，部门集中采购项目由各主管预算单位结合自身业务特点自行确定，报省级财政部门备案后实施。

（3）关于分散采购限额标准和公开招标数额标准。为落实"放管服"改革精神，降低行政成本，提高采购效率，省级单位政府采购货物、服务项目分散采购限额标准不应低于50万元，市县级单位政府采购货物、服务项目分散采购限额标准不应低于30万元，政府采购工程项目分散采购限额标准不应低于60万元；政府采购货物、服务项目公开招标数额标准不应低于200万元，政府采购工程以及与工程建设有关的货物、服务公开招标数额标准按照国务院有关规定执行。

（4）关于该地方目录及标准指引执行要求。各地可依据地方目录及标准指引确定的品目范围、限额标准等，结合本地区实际，将本地区集中采购目录及标准逐步调整到位，确保2021年1月1日起按照本通知规定实施。

第三节 政府采购的立法目的

《政府采购法》第一条明确规定了政府采购法的立法目的，即规范政府采购行为，提高政府采购资金的使用效益，维护国家利益和社会公共利益，保护政府采购当事人的合法权益，促进廉政建设。

一、规范政府采购行为

在行政法学上，以是否使用行政权力为标准，将行政机关的行为划分为行政行为和民事行为。前者是行政机关行使行政权作出的行为，后者是行政机关以平等主体身份作出的行为。对于各种行政行为，分别由《立法法》《行政处罚法》《行政许可法》《行政复议法》等一般行政法和公安、财政、市场监管、税务等具体领域的部门行政法来调整和规范；而对于行政机关的民事行为，则由《民法典》等法律规范来调整。

《政府采购法》调整和规范的是国家机关、事业单位和团体组织的采购行为，由于政府采购所使用的是财政性资金，而财政性资金主要来源于税收和收费等，因而对政府采购行为的规范实际上关系到纳税人所缴纳的税款以及各种收费等是否合法使用的问题。《政府采购法》对政府采购主体制定采购计划、编制采购文件、进行采购的方式和程序，以及国家对政府采购的组织管理、预算和划拨采购资金、对采购活动进行监督等，均作出明确规定，使得政府采购行为有法可依。

二、提高政府采购资金的使用效益

制定《政府采购法》，除使政府采购行为依法进行外，还有一个目的就是提高政府采购资金的使用效益。花最少的钱尽可能办最多的事，花最少的钱尽可能购买更多、更好的货物、工程和服务。

为实现这一目的，《政府采购法》第十七条规定，"集中采购机构进行政府采购活动，应当符合采购价格低于市场平均价格、采购效率更高、采购质量优良和服务良好的要求"。《政府采购法实施条例》第三十四条规定了最低评标价法，即投标文件满足招标文件全部实质性要求且投标报价最低的供应商为中标候选人的评标方法。《政府采购货物和服务招标投标管理办法》第五十四条规定了最低评标价法，即投标文件满足招标文件全部实质性要求，且投标报价最低的投标人为中标候选人的评标方法。并且，在《财政部关于加强政府采购货物和服务项价格评审管理的通知》（财库〔2007〕2号）（已失效）中，明确"价格是政府采购货物和服务项目评审的重要因素，是评价采购资金使用效益的关键性指标之一，各地区、各部门在政府采购活动中，要严格执行《政府采购法》和《政府采购货物和服务招标投标管理办法》（财政部令第18号）的规定，科学选择评审方法，在满足需求的情况下，坚持低价优先、价廉物美的原则，加强价格评审管理，保护政府采购当事人的合法权益，切实提高采购资金的使用效益。"同时，规定《政府采购法》规定的综合评分法中的价格分统一采用低价优先法计算，即满足招标文件要求且投标价格最低投标报价为评标基准价，其价格分为满分。竞争性谈判方式和询价方式，应当比照最低评标价法确定成交供应商，即在符合采购需求、质量和服务相等的前提下，以提出最低报价的供应商作为成交供应商。

在财政部出台该通知之前，在政府采购公开招标实践中存在的价格分的计算方法形式多样，最常见的是平均价法，即以所有投标文件的报价的平均数为基准价，所有的投标报价与之进行比较，偏离越小价格分越高。这种做法导致报价最高者和最低者的价格分均较低，特别是报价低者价格分低是与《政府采购法》的立法精神相违背的，但由于当时法律没有明文规定，财政部门也没有要求，因而实践中的这一做法比较普遍。直至财政部出台该通知后，价格分的计算方法才得到统一。笔者认为，财政部的该通知符合《政府采购法》的立法精神。

三、维护国家利益和社会公共利益

政府采购与民间采购的一个重要区别，在于国家可以通过政府采购对宏观经济进行调控。同时，政府采购还担负着扶持民族企业等任务。它涉及国家利益和社会公共利益。政府采购活动，不但关系到相关企业的生存与发展，而且对于人民的社会生活环境，产业结构以及国家、社会的发展，都有十分重大的影响。

为实现这一目的，《政府采购法》第九条规定，政府采购应当有助于实现国家的经济和社会发展政策目标，包括保护环境，扶持不发达地区和少数民族地区，促进中小企业发展等。同时，第十条规定，政府采购应当采购本国货物、工程和服务，只有在需要采购的货物、工程或者服务在中国境内无法获取或者无法以合理的商业条件获取，为在中国境外使用而进行采购，以及其他法律、行政法规另有规定时，可以不必采购本国货物、工程和服务。为此，财政部于2007年12月27日发布《关于印发〈政府采购进口产品管理办法〉的通知》（财库〔2007〕119号），以规范政府采购进口产品。2008年7月9日发布《财政部办公厅关于政府采购进口产品管理有关问题的通知》（财办库〔2008〕248号），规范政府采购进口产品执行中出现的问题。

四、保护政府采购当事人的合法权益

根据《政府采购法》的规定，政府采购当事人是指在政府采购活动中享有权利和承担义务的各类主体，包括采购人、供应商及代理机构等。采购人是指依法进行政府采购的国家机关、事业单位和团体组织；供应商是向采购人提供货物、工程或者服务的法人、其他组织，以及自然人；采购代理机构是依法承担政府采购项目代理活动的机构。这些政府采购当事人具有不同的法律地位，享有各自的权利并承担相应的义务。在政府采购活动中，难免会出现摩擦和纠纷，《政府采购法》规定了质疑和投诉等制度，有利于保护政府采购活动中各方当事人的合法权益。特别是财政部制定的《政府采购供应商投诉处理办法》（财政部令第20号）详细规定了政府采购投诉的提起与受理、投诉处理与决定和法律责任等内容，使政府采购的投诉处理有法可依。并且，根据其第十八条、第十九的规定，对采购文件的投诉处理决定财政部门可以视情况作出"责令修改采购文件，并按修改后的采购文件开展采购活动""决定采购活动违法，责令重新开展采购活动""决定采购活动违法"等决定；对采购文件、采购过程的投诉处理决定财政部门可以视情况作出"决定全部或者部分采购行为违法，责令重新开展采购活动""决定撤销合同，责令重新开展采购活动""决定采购活动违法"等决定。同时,《政府采购法》第五十七条规定,政府采购监督管理部门在处理投诉事项期间,可以视具体情况书面通知采购人暂停采购活动,但暂停时间最长不得超过三十日。2015年3月1日施行的《政府采购法实施条例》第六章规定了"质疑与投诉"的基本内容。这些规定使财政部门能够为供应商提供较为有效的救济,至少可以给未中标的供应商重新参与政府采购活动一次机会,为保护供应商的合法权益提供有效的法律依据。2017年12月26日,财政部将《政府采购供应商投诉处理办法》修订为《政府采购质疑和投诉办法》(财政部令第94号),自2018年3月1日起实施,该办法增加了供应商质疑等内容。

五、促进廉政建设

政府采购由于涉及财政资金的使用,难免会出现利用权钱交易的腐败行为,因而反腐倡廉成为制定《政府采购法》的一个主要目的。

由于法律是公开的,因而有关政府采购的七种方式的实体内容和程序也都公开。俗语说"阳光是最好的防腐剂",因而按照法律规定实施的政府采购应该会比"暗箱操作"少些腐败。

同时,《政府采购法》也明确规定了政府采购当事人在预防腐败方面的一些义务,如第二十五条规定,政府采购当事人不得相互串通损害国家利益、社会公共利益和其他当事人的合法权益;不得以任何手段排斥其他供应商参与竞争。供应商不得以向采购人、采购代理机构、评标委员会的组成人员、竞争性谈判小组的组成人员、询价小组的组成人员行贿或者采取其他不正当手段谋取中标或者成交。采购代理机构不得以向采购人行贿或者其他不正当手段谋取非法利益。对违反这些义务的政府采购当事人法律规定了罚则。《政府采购法实施条例》第十一条第二款规定,采购人不得向供应商索要或者接受其给予的赠品、回扣或者与采购无关的其他商品、服务。

并且,《政府采购法》还规定了保障政府采购供应商合法权益的质疑和投诉制度。在质疑和投诉过程中,以及其后的行政复议、行政诉讼程序中,均可以防范或者处理政府采购过程中可能出现的腐败行为。

第四节　政府采购的规范依据

一、规范依据的含义

本书所称的政府采购的规范依据，既包括法律（广义），也包括财政部门依据法律制定的规范性文件。

法律，有狭义和广义之分。从狭义上讲，法律仅指全国人民代表大会及其常务委员会通过立法程序制定的规范性文件；从广义上讲，法律不但包括全国人民代表大会及其常务委员会制定的法律，还包括行政法规、监察法规和地方性法规，以及部门规章和地方政府规章。

本书所指的政府采购的法律依据指的是广义的法律，包括法律、法规和规章，但主要指法律、行政法规和部门规章。各地有关政府采购和工程项目招标投标的地方性法规和地方政府规章，由于范围过于广泛，本书略去。但地方的政府采购活动仍然应当依据当地的地方性法规或者地方政府规章以及当地财政部门发布的部门规范性文件。

根据现行法律体系，政府采购对象不同，适用的法律制度也有所不同：政府采购工程的招投标应适用招标投标法体系，政府采购货物和服务、政府采购工程非招标采购应适用政府采购法体系，政府采购货物中的机电产品的国际招标则应适用招标投标法体系及《机电产品国际招标投标实施办法（试行）》的规定。

二、政府采购货物和服务的规范依据

（一）法律

《政府采购法》于 2002 年 6 月 29 日由第九届全国人民代表大会常务委员会

第二十八次会议通过，自 2003 年 1 月 1 日起施行；2014 年 8 月 31 日第十二届全国人民代表大会常务委员会第十次会议修正。该法适用于货物和服务的政府采购活动，以及政府采购工程采取非招标方式采购。该法目前进入修订阶段。

（二）行政法规

《政府采购法实施条例》于 2014 年 12 月 31 日经国务院第 75 次常务会议通过，自 2015 年 3 月 1 日起施行。该条例分为总则、政府采购当事人、政府采购方式、政府采购程序、政府采购合同、质疑与投诉、监督检查、法律责任、附则九章，共 79 条。

（三）规章

1.《政府采购货物和服务招标投标管理办法》（财政部令第 87 号）

《政府采购法》第四章"政府采购程序"中详细规定了竞争性谈判、单一来源方式、询价方式的程序，而有关招标的具体程序未作明确规定，《政府采购货物和服务招标投标管理办法》是对这一内容的补充。《政府采购货物和服务招标投标管理办法》以《政府采购法》及其实施条例等上位法的制度框架为依托，修订了 2004 年的《政府采购货物和服务招标投标管理办法》与上位法存在冲突之处，并细化完善了《政府采购法》及其实施条例的有关规定，增强了制度的执行力和生命力。《政府采购货物和服务招标投标管理办法》共七章 88 条，与 2004 年版相比，删除 36 条，新增 34 条，修订 54 条。除总则和附则外，该办法按照政府采购货物、服务操作流程，对招标、投标、开标评标、中标和合同以及法律责任等内容分章作了规定。

2.《政府采购信息发布管理办法》（财政部令第 101 号）

《政府采购法》第十一条规定了政府采购信息公开，2004 年的《政府采购信息公告管理办法》（财政部令第 19 号）规定了总则、政府采购信息公告范围与内容、政府采购信息公告管理、政府采购信息指定媒体管理及法律责任等内容，有关政府采购信息公告的具体适用应依据该规章。

2019 年 11 月 27 日，财政部修订了《政府采购信息公告管理办法》，发布《政府采购信息发布管理办法》，自 2020 年 3 月 1 日起施行。该办法共 21 条，较

《政府采购信息公告管理办法》新增5条，删除20条，修改16条。主要修订内容包括：一是聚焦信息发布管理。为保持信息发布制度的稳定性，避免因相关法律、行政法规和部门规章的调整导致频繁修订，该办法删除了《政府采购信息公告管理办法》中有关政府采购信息公开范围和内容的具体规定，重点对政府采购信息发布行为进行规范。二是删除与上位法不一致的内容。比如依照《政府采购法》有关集中采购目录及标准由国务院和省级人民政府公布的规定，删除了《政府采购信息公告管理办法》第十九条关于集中采购目录及标准由财政部门公告的规定。三是明确财政部门的信息发布责任。规定除政府采购项目信息外，监督检查处理结果、集中采购机构考核结果等监管信息也应在指定媒体上公告。四是突出网络公开主渠道作用。该办法将中国政府采购网及其省级分网明确为政府采购信息的汇总平台，要求政府采购信息应当在中国政府采购网或其省级分网发布，同时删除了《政府采购信息公告管理办法》中明显指向报纸、杂志等纸质媒体的规定。

3.《政府采购质疑和投诉办法》（财政部令第94号）

《政府采购法》第六章规定了"质疑与投诉"，但这些规定比较原则。财政部发布的《政府采购供应商投诉处理办法》（财政部令第20号）第二条规定"供应商依法向财政部门提起投诉，财政部门受理投诉、作出处理决定，适用本办法。"该办法详细规定了总则、投诉提起与受理、投诉处理与决定和法律责任等内容。

自2018年3月1日起实施的《政府采购质疑和投诉办法》在《政府采购供应商投诉处理办法》对投诉规定的基础上增加了对政府采购质疑的提出和答复的内容。

4.《政府采购非招标采购方式管理办法》（财政部令第74号）

该办法第二条规定："采购人、采购代理机构采用非招标采购方式采购货物、工程和服务的，适用本办法。本办法所称非招标采购方式，是指竞争性谈判、单一来源采购和询价采购方式……"该办法分为总则、一般规定、竞争性谈判、单一来源采购、询价、法律责任、附则七章，共62条。

5.《政府购买服务管理办法》（财政部令第102号）

2020年1月3日，财政部公布该办法，自2020年3月1日起施行。该办法分为总则、购买主体和承接主体、购买内容和目录、购买活动的实施、合同及履行、监督管理和法律责任、附则七章，共35条。该办法专门针对政府购买服务进行规范。

6.《政府采购框架协议采购方式管理暂行办法》（财政部令第110号）

2022年1月14日，财政部发布该办法，自2022年3月1日起施行。该办法分为总则、一般规定、封闭式框架协议采购、开放式框架协议采购、法律责任、附则六章，共52条。该办法增加了政府采购的第七种采购方式。

（四）行政规范性文件（不属于法律，但在实践中起重要作用）

除上述规章外，各级财政部门还通过制定行政规范性文件规范政府采购活动。需要说明的是，根据《立法法》的规定，广义的法律包括法律（狭义的法律仅指全国人民代表大会及其常务委员会按照立法程序制定的规范性文件）、法规和规章。但由于行政规范性文件具有比较强的操作性，并且能够根据实践情况的变化随时更新，因而在实践中往往起着非常重要的作用。适用时，需要关注其是否有效。并且，行政规范性文件的制定应当以法律为依据，若发现与法律矛盾或者抵触之处，可以直接引用法律规定，而不执行行政规范性文件。

财政部现行有效的政府采购行政规范性文件中，比较重要的有：

1.《财政部关于加强政府采购供应商投诉受理审查工作的通知》（财库〔2007〕1号）

在这份文件中，比较重要的内容有：

（1）规定了无效投诉、财政部门不予受理的情形。主要有：投诉人不是参加投诉项目政府采购活动的当事人；被投诉人为采购人或采购代理机构之外的当事人；所有投诉事项未经过质疑；所有投诉事项超过投诉有效期；以具有法律效力的文书送达之外的方式提出的投诉；投诉事项处于保密阶段，不能应财政部门的要求提供信息来源或有效证据。

（2）规定了投诉书修改的情形及限定期限。投诉书修改的情形主要有：投诉书副本数量不足；投诉事项或投诉请求不清晰；相关证据或者证明材料不全；投诉书署名不符合规定等。修改投诉书时财政部门应限定期限，逾期不予受理。

2.《政府采购评审专家管理办法》(财库〔2016〕198号)

经省级以上人民政府财政部门选聘,以独立身份参加政府采购评审,纳入评审专家库管理的人员,为评审专家。评审专家选聘、解聘、抽取、使用、监管管理适用该办法。

3.《关于进一步规范政府采购评审工作有关问题的通知》(财库〔2012〕69号)

该文件对依法组织政府采购评审工作、切实履行政府采购评审职责、严肃政府采购评审工作纪律、妥善处理评审中的特殊情形做了规定。

财政部在《政府采购法实施条例》实施之前制定的规章及规范性文件,如果有与《政府采购法实施条例》矛盾或者抵触的地方,在条例施行后应进行修改。

4.《财政部关于印发〈政府和社会资本合作项目政府采购管理办法〉的通知》(财库〔2014〕215号)

政府和社会资本合作(PPP)项目采购,是指政府为达成权利义务平衡、物有所值的PPP项目合同,遵循公开、公平、公正和诚实信用原则,按照相关法规要求完成PPP项目识别和准备等前期工作后,依法选择社会资本合作者的过程。PPP项目实施机构(采购人)在项目实施过程中选择合作社会资本(供应商),适用该办法。

5.《关于印发〈政府采购代理机构管理暂行办法〉的通知》(财库〔2018〕2号)

政府采购代理机构资质认定取消后,财政部为加强对采购代理机构的管理,出台了该办法。办法适用于集中采购机构以外、受采购人委托从事政府采购代理业务的社会中介机构。主要对代理机构的名录登记、从业管理、信用评价及监督检查等问题进行了规定。

6.《财政部关于促进政府采购公平竞争优化营商环境的通知》(财库〔2019〕38号)

为贯彻落实中央深改委审议通过的《深化政府采购制度改革方案》和《国务院办公厅关于聚焦企业关切进一步推动优化营商环境政策落实的通知》(国办发〔2018〕104号)有关要求,构建统一开放、竞争有序的政府采购市场体系,

2019年7月26日财政部发布该文件,就促进政府采购领域公平竞争、优化营商环境相关事项作出通知。通知要求,全面清理政府采购领域妨碍公平竞争的规定和做法,重点清理和纠正十个方面的问题:(1)以供应商的所有制形式、组织形式或者股权结构,对供应商实施差别待遇或者歧视待遇,对民营企业设置不平等条款,对内资企业和外资企业在中国境内生产的产品、提供的服务区别对待;(2)除小额零星采购适用的协议供货、定点采购以及财政部另有规定的情形外,通过入围方式设置备选库、名录库、资格库作为参与政府采购活动的资格条件,妨碍供应商进入政府采购市场;(3)要求供应商在政府采购活动前进行不必要的登记、注册,或者要求设立分支机构,设置或者变相设置进入政府采购市场的障碍;(4)设置或者变相设置供应商规模、成立年限等门槛,限制供应商参与政府采购活动;(5)要求供应商购买指定软件,作为参加电子化政府采购活动的条件;(6)不依法及时、有效、完整发布或者提供采购项目信息,妨碍供应商参与政府采购活动;(7)强制要求采购人采用抓阄、摇号等随机方式或者比选方式选择采购代理机构,干预采购人自主选择采购代理机构;(8)设置没有法律法规依据的审批、备案、监管、处罚、收费等事项;(9)除《政府采购货物和服务招标投标管理办法》第六十八条规定的情形外,要求采购人采用随机方式确定中标、成交供应商;(10)违反法律法规相关规定的其他妨碍公平竞争的情形。同时,对严格执行公平竞争审查制度、加强政府采购执行管理、加快推进电子化政府采购、进一步提升政府采购透明度、完善政府采购质疑投诉和行政裁决机制等问题进行规定。[①]

7.《关于印发〈政府采购促进中小企业发展管理办法〉的通知》(财库〔2020〕46号)、《关于进一步加大政府采购支持中小企业力度的通知》(财库〔2022〕19号)

为贯彻落实《关于促进中小企业健康发展的指导意见》,发挥政府采购政策功能,促进中小企业发展,财政部制定《政府采购促进中小企业发展管理办法》。中小企业是指在中华人民共和国境内依法设立,依据国务院批准的中小企业划分

[①] 2019年8月20日,国家发展改革委办公厅、工业和信息化部办公厅、住房城乡建设部办公厅等发布《关于印发〈工程项目招投标领域营商环境专项整治工作方案〉的通知》(发改办法规〔2019〕862号)对工程项目招投标领域营商环境专项整治工作作出规定。

标准确定的中型企业、小型企业和微型企业，但与大企业的负责人为同一人，或者与大企业存在直接控股、管理关系的除外。符合中小企业划分标准的个体工商户，在政府采购活动中视同中小企业。该办法主要从以下四个方面进行了完善：（1）细化预留份额的规定。要求主管预算单位要组织评估本部门及所属单位政府采购项目，对适宜由中小企业提供的，预留采购份额专门面向中小企业采购。一是小额采购项目（200万元以下的货物、服务采购项目，400万元以下的工程采购项目）原则上全部预留给中小企业。二是对超过前述金额的采购项目，预留该部分采购项目预算总额的30%以上专门面向中小企业采购，其中，预留给小微企业的比例不低于60%。预留的采购份额在政府采购预算中单独列示，执行情况向社会公开。（2）完善政府采购项目价格评审优惠方法。采购代理机构对未预留份额的采购项目或者采购包评审时给予小微企业报价6%—10%（工程项目为3%—5%）的价格扣除。同时明确，政府采购工程项目采用综合评估法但未采用低价优先法计算价格分的，评标时应当在采用原报价进行评分的基础上增加其价格得分的3%—5%作为其价格分。（3）多措并举支持中小企业发展。该办法在资金支付、信用担保等方面对支持中小企业也作出了规定。一是鼓励采购人适当缩短对中小企业的支付期限，提高预付款比例；二是在政府采购活动中引导中小企业采用信用担保手段，为中小企业在投标（响应）保证、履约保证等方面提供专业化服务；三是鼓励中小企业依法合规通过政府采购合同融资。（4）增强可操作性。为推动预算单位更好地落实预留份额政策，该办法细化了预留份额四种具体方式，包括采购项目整体预留、设置专门采购包、采购人要求联合体参加或者要求供应商分包等；明确了不适宜由中小企业提供、可以不预留给中小企业的五种具体情形，便于采购人科学合理地预留采购项目。同时，根据法律法规的规定，明确了采购人、采购代理机构、供应商、主管部门等相关主体责任，增强了政策执行的刚性。

《关于进一步加大政府采购支持中小企业力度的通知》（财库〔2022〕19号）将上述货物服务采购项目给予小微企业的价格扣除优惠，由6%—10%提高至10%—20%。大中型企业与小微企业组成联合体或者大中型企业向小微企业分包的，评审优惠幅度由2%—3%提高至4%—6%。

8.《关于印发〈政府采购需求管理办法〉的通知》(财库〔2021〕22号)

政府采购需求管理,是指采购人组织确定采购需求和编制采购实施计划,并实施相关风险控制管理的活动。政府采购货物、工程和服务项目的需求管理适用该办法。

三、政府采购工程进行招标的法律依据

(一)法律

《招标投标法》于1999年8月30日由第九届全国人民代表大会常务委员会第十一次会议通过,自2000年1月1日起实施,根据2017年12月27日第十二届全国人民代表大会常务委员会第三十一次会议修正。根据《政府采购法》第四条的规定,政府采购工程进行招标投标活动,适用《招标投标法》。

(二)行政法规

《招标投标法实施条例》依据《招标投标法》制定,对招标投标活动中的许多具体问题做出规定。该条例于2011年11月30日经国务院第183次常务会议通过,国务院令第613号发布,自2012年2月1日起施行。根据2017年3月1日《国务院关于修改和废止部分行政法规的决定》第一次修订,根据2018年3月19日《国务院关于修改和废止部分行政法规的决定》第二次修订。该条例的施行弥补了《招标投标法》实施十二年以来行政法规细化相关内容的空白,使招标投标法领域的法律体系更为完善。

(三)规章

1.《必须招标的工程项目规定》(国家发展和改革委员会令第16号,自2018年6月1日起施行)

该规章只有六条,明确了"全部或者部分使用国有资金投资或者国家融资的项目""使用国际组织或者外国政府贷款、援助资金的项目"的具体情形;规定对于不属于前两种情形的大型基础设施、公用事业等关系社会公共利益、公众安全的项目,必须招标的具体范围由国务院发展改革部门会同国务院有关部门制定;规定了对依法必须招标的项目的标准。

与《工程建设项目招标范围和规模标准规定》(国家发展计划委员会令第3号)相比,本规章缩小了必须招标项目的范围,提高了必须招标项目的规模标准,明确了全国执行统一的规模标准。

2018年6月6日,国家发展和改革委员会发布《关于印发〈必须招标的基础设施和公用事业项目范围规定〉的通知》(发改法规规〔2018〕843号),明确不属于《必须招标的工程项目规定》第二条、第三条规定情形的大型基础设施、公用事业等关系社会公共利益、公众安全的项目必须招标的具体范围。

2.《招标公告和公示信息发布管理办法》(国家发展和改革委员会令第10号,自2018年1月1日起施行)

适用《招标投标法》进行招标的项目,有关招标项目的资格预审公告、招标公告、中标候选人公示、中标结果公示等信息,应当适用该办法。

3. 规范各种招标活动的规章

《工程建设项目勘察设计招标投标办法》(国家发展和改革委员会、建设部、铁道部、交通部、信息产业部、水利部、中国民用航空总局、国家广播电影电视总局令第2号),在我国境内进行工程建设项目勘察设计招标投标活动的,适用该办法。

《工程建设项目施工招标投标办法》(国家发展计划委员会、建设部、铁道部、交通部、信息产业部、水利部、中国民用航空总局令第30号),在我国境内进行工程施工招标投标活动的,适用该办法。

《工程建设项目货物招标投标办法》(国家发展和改革委员会、建设部、铁道部、交通部、信息产业部、水利部、中国民用航空总局令第27号),在我国境内依法必须进行招标的工程建设项目货物招标投标活动,适用该办法。

4. 规范评标活动的规章

《评标委员会和评标方法暂行规定》(国家发展计划委员会、国家经济贸易委员会、建设部、铁道部、交通部、信息产业部、水利部令第12号),该规定适用于依法必须招标项目的评标活动。

《评标专家和评标专家库管理暂行办法》(国家发展计划委员会令第29号),该办法适用于评标专家的资格认定、入库及评标专家库的组建、使用、管理活动。

5.《工程建设项目招标投标活动投诉处理办法》(国家发展和改革委员会、建设部、铁道部、交通部、信息产业部、水利部、中国民用航空总局令第11号)

该办法适用于工程建设项目招标投标活动(包括招标、投标、开标、评标、中标以及签订合同等各阶段)的投诉及其处理活动。

上述规章的实施日期早于《招标投标法实施条例》。在条例实施后，2013年3月，国家发展和改革委员会、工业和信息化部、财政部、住房和城乡建设部、交通运输部、铁道部、水利部、国家广播电影电视总局、中国民用航空总局发布23号令对上述规章与条例不符的地方进行了修改。

除上述部委规章外，地方也会制定相应的地方性法规和地方政府规章，这些也是地方政府采购应该遵守的法律规定。

四、政府采购机电产品国际招标的规范依据

机电产品国际招标投标活动，是指中国境内的招标人根据采购机电产品的条件和要求，在全球范围内以招标方式邀请潜在投标人参加投标，并按照规定程序从投标人中确定中标人的一种采购行为。本书称为"政府采购机电产品国际招标"。

机电产品，是指机械设备、电气设备、交通运输工具、电子产品、电器产品、仪器仪表、金属制品等及其零部件、元器件。实际上属于《政府采购法》规定的"货物"。

政府采购机电产品国际招标适用的法律依据主要是《招标投标法》及其实施条例，以及商务部的规章。

2004年的《政府采购货物和服务招标投标管理办法》第八十六条规定："政府采购货物中的进口机电产品进行招标投标的，按照国家有关办法执行。"这里所称的"国家有关办法"，在2014年4月1日之前是指《机电产品国际招标投标实施办法》(商务部令第13号)，在2014年4月1日之后是指《机电产品国际招标投标实施办法(试行)》(商务部令第1号)。2017年修订后的《政府采购货物和服务招标投标管理办法》第八十三条规定："政府采购货物服务电子招标投标、政府采购货物中的进口机电产品招标投标有关特殊事宜，由财政部另行规

定。"因此，财政部可以对政府采购货物中的进口机电产品招标投标特殊事宜作出规定。

商务部制定的有关机电产品国际招标的规章，2004年11月1日发布的是《机电产品国际招标投标实施办法》（商务部令第13号），后进行了修订，2014年2月21日发布《机电产品国际招标投标实施办法（试行）》（商务部令第1号）。该办法对招标文件、招标、投标、开标和评标、评标结果公示及中标、投诉与处理、法律责任等均有所规定，政府采购项目中进行国际采购的机电产品应适用该办法的有关规定。

五、适用法律依据时应注意的问题

（一）注意处理好《政府采购法》与《招标投标法》的关系

政府采购的对象包括工程、货物和服务，这三类采购对象适用不同的法律体系。《招标投标法实施条例》《政府采购法实施条例》的先后实施，厘清了之前在政府采购领域的许多法律问题，目前的法律体系下：

1. 政府采购工程项目进行招标的，适用招标投标法

《招标投标法》第三条规定："在中华人民共和国境内进行下列工程建设项目包括项目的勘察、设计、施工、监理以及与工程建设有关的重要设备、材料等的采购，必须进行招标：……（二）全部或者部分使用国有资金投资或者国家融资的项目……"因而，在《政府采购法》颁布实施前，政府采购工程应当按照《招标投标法》的规定进行招标。

《政府采购法》制定时，立法者考虑到《招标投标法》主要是适用于工程的招标投标活动，没有将与工程无关的货物和服务纳入强制招投标范围，故《政府采购法》第四条规定"政府采购工程进行招标投标的，适用招标投标法。"即政府采购工程项目的招标投标程序应依招标投标法的相关规定进行。

同时，根据《招标投标法实施条例》第二条第一款规定的"招标投标法第三条所称工程建设项目，是指工程以及与工程建设有关的货物、服务"，与工程建设有关的货物和服务也应当依据《招标投标法》的相关规定进行采购。《政府采购法实施条例》第七条也规定："政府采购工程以及与工程建设有关的货物、服

务，采用招标方式采购的，适用《中华人民共和国招标投标法》及其实施条例；采用其他方式采购的，适用政府采购法及本条例。前款所称工程，是指建设工程，包括建筑物和构筑物的新建、改建、扩建及其相关的装修、拆除、修缮等；所称与工程有关的货物，是指构成工程不可分割的组成部分，且为实现工程基本功所必需的设备、材料等；所称与工程建设有关的服务，是指为完成工程所需的勘察、设计、监理等服务。"

根据上述法律规定，政府采购工程及与工程有关的货物、服务进行招标的，应当适用《招标投标法》及其实施条例。

2. 政府采购工程采取非招标方式采购的，以及政府采购货物与服务的，适用政府采购法

根据《政府采购法实施条例》第二十五条的规定，政府采购工程依法不进行招标的，应当依照政府采购法和本条例规定的竞争性谈判或者单一来源采购方式采购。

政府采购货物和服务的采购活动，包括公开招标、邀请招标、竞争性谈判、单一来源采购、询价等方式，适用《政府采购法》及其实施条例。

虽然自《政府采购法》施行后，不断有呼声建议《招标投标法》与《政府采购法》合并，但从目前国家发展和改革委员会、财政部分别发布《招标投标法》、《政府采购法》修订草案稿征求意见来看，至少在未来几年这两部法很难合并。

（二）注意处理好下位法与上位法的关系

根据《立法法》第九十九条的规定，在法律效力上，法律高于行政法规，行政法规高于规章（包括部门规章和地方政府规章）。因此，规章的规定不得与法律、行政法规等上位法相冲突。若有冲突，在行政诉讼时，法院可以不参照违反法律、行政法规的规章，而直接适用法律和行政法规。因此，在规章与法律、行政法规一致时，可以适用规章；在规章与法律、行政法规有抵触或者冲突时，应当适用法律、行政法规。

（三）注意处理好同级别法律规范之间的关系

从效力等级来看，财政部的规章之间的效力等级是相同的，但有时各规章对同一事项的规定不完全相同，产生法律适用时具体应适用哪一条款的问题。

根据《立法法》第一百零三条的规定，同一机关制定的法律、行政法规、地方性法规、自治条例和单行条例、规章，特别规定与一般规定不一致的，适用特别规定；新的规定与旧的规定不一致的，适用新的规定。

例如，自2004年9月11日起施行的《政府采购货物和服务招标投标管理办法》（财政部令第18号），2017年7月经财政部修订，修改后为财政部令第87号，自2017年10月1日起施行。因此，2017年10月1日起，应当适用新的《政府采购货物和服务招标投标管理办法》，而不应再适用2004年的《政府采购货物和服务招标投标管理办法》。

笔者曾经参与处理的一个案例。2019年6月，某财政局收到王某的举报信，举报某政府采购项目的合同履行中中标人存在违法分包，要求财政局查处。财政局经过调查发现，投标时A公司与B公司组成联合体，B公司负责安装工作。但在合同履行过程中，B公司并未实施安装，A公司与不具备相应资质条件的C公司签订《建设工程施工合同》，将本项目的主体、关键部分的安装工作交由C公司。

2017年1月分包行为发生时，当时有效的是2004年的《政府采购货物和服务招标投标管理办法》，于2017年10月1日被废止，新的《政府采购货物和服务招标投标管理办法》施行。因此，分包行为发生在新的《政府采购货物和服务招标投标管理办法》实施前，但查处在实施后。

2004年的《政府采购货物和服务招标投标管理办法》第三十三条规定："投标人根据招标文件载明的标的采购项目实际情况，拟在中标后将中标项目的非主体、非关键性工作交由他人完成的，应当在投标文件中载明。"第七十五条规定："中标供应商有下列情形之一的，招标采购单位不予退还其交纳的投标保证金；情节严重的，由财政部门将其列入不良行为记录名单，在一至三年内禁止参加政府采购活动，并予以通报：……（二）将中标项目转让给他人，或者在投标文件中未说明，且未经采购招标机构同意，将中标项目分包给他人的……"

新的《政府采购货物和服务招标投标管理办法》第三十五条规定："投标人根据招标文件的规定和采购项目的实际情况，拟在中标后将中标项目的非主体、非关键性工作分包的，应当在投标文件中载明分包承担主体，分包承担主体应当具备相应资质条件且不得再次分包。"但在法律责任部分未对违法行为作出规定，

第一章　政府采购制度与政府采购法

即对违法分包没有规定罚则。

那么本案中，是应当适用 2004 年的《政府采购货物和服务招标投标管理办法》，还是应当适用新的《政府采购货物和服务招标投标管理办法》的规定处理？

《立法法》第一百零四条规定："法律、行政法规、地方性法规、自治条例和单行条例、规章不溯及既往，但为了更好地保护公民、法人和其他组织的权利和利益而作的特别规定除外。"

《最高人民法院关于印发〈关于审理行政案件适用法律规范问题的座谈会纪要〉的通知》（法〔2004〕96 号）（以下简称《纪要》）第三条规定："根据行政审判中的普遍认识和做法，行政相对人的行为发生在新法施行以前，具体行政行为作出在新法施行以后，人民法院审查具体行政行为的合法性时，实体问题适用旧法规定，程序问题适用新法规定，但下列情形除外：（一）法律、法规或规章另有规定的；（二）适用新法对保护行政相对人的合法权益更为有利的；（三）按照具体行政行为的性质应当适用新法的实体规定的。"

根据《立法法》的规定并参照《纪要》的精神，法律适用原则上不溯及既往，除非新法的规定对于行政相对人更有利。对于行政处罚而言，如新法规定不构成违法行为或者不规定罚则的，显然属于对行政相对人更有利的情形，决定是否进行行政处罚时应适用新法。

比较新、旧《政府采购货物和服务招标投标管理办法》的规定，因旧的规章规定了违法分包行为的认定、罚则，而新的规章仅规定了禁止违法分包但未规定罚则，显然新的规章的适用更有利于行政相对人 A 公司，故本案应适用新的规章进行处理。而新的规章并未规定违法分包行为的罚则，故财政局不能对 A 公司进行处罚。

第二章　政府采购的基本原则和政策导向

【本章导读】

法律的基本原则和政策导向是整个法律体系的基础和灵魂，法律体系是对法律基本原则和政策导向的细化和落实。实践中遇到法律没有规定的问题时，法律的基本原则和政策导向往往是做出决策时的出发点和归结点。

本章主要介绍《政府采购法》的基本原则和政策导向。

第一节　政府采购的基本原则

政府采购的基本原则是贯穿整个政府采购活动的始终，对政府采购活动起指导作用的主要规则和标准。

我国《政府采购法》第三条明确规定："政府采购应当遵循公开透明原则、公平竞争原则、公正原则和诚实信用原则。"因此，我国政府采购的法定基本原则为公开透明原则、公平竞争原则、公正原则和诚实信用原则。在这几个原则中，公平竞争是核心，公开透明是体现，公正和诚实信用是保障。

一、公开透明原则

政府采购的资金为财政性资金，公众有权利了解财政资金的使用状况。同时，政府采购活动只有公开透明，才能为参加政府采购活动的供应商提供公平竞争的环境,为公众对政府采购资金的使用情况进行有效的监督创造条件。

根据《政府采购法》的规定,公开透明原则是政府采购制度的一项基本原则,它贯穿所有政府采购活动的始终。根据该原则,有关政府采购的规则、活动方式和程序,每一个政府采购项目采购的数量、质量、规格、要求、结果,评标委员会的组成等都要依法公开,并接受法律规定的各项监督。只有贯彻公开透明原则,才能保证政府采购环境具有可预测性、稳定性,防止其因受其他因素的影响而导致的随意性或任意性,从而实现政府采购的目的。

《政府采购法》第十一条规定:"政府采购的信息应当在政府采购监督管理部门指定的媒体上及时向社会公开发布,但涉及商业秘密的除外。"

为进一步提高政府采购透明度,优化政府采购营商环境,财政部发布《关于开展政府采购意向公开工作的通知》(财库〔2020〕10号),明确除以协议供货、定点采购方式实施的小额零星采购和由集中采购机构统一组织的批量集中采购外,按项目实施的集中采购目录以内或者采购限额标准以上的货物、工程、服务采购均应当公开采购意向。在政府采购活动正式开始前,采购人做好采购意向公开工作有助于提高政府采购透明度,方便供应商提前了解政府采购信息,对于保障各类市场主体平等参与政府采购活动,提升采购绩效,防范抑制腐败具有重要作用。

为了规范政府采购信息发布行为,提高政府采购活动透明度,促进公平竞争,财政部于2019年11月27日发布了《政府采购信息发布管理办法》(财政部令第101号),于2020年3月1日施行。该办法第三条规定的政府采购信息,是指依照政府采购有关法律制度规定应予公开的公开招标公告、资格预审公告、单一来源采购公示、中标(成交)结果公告、政府采购合同公告等政府采购项目信息,以及投诉处理结果、监督检查处理结果、集中采购机构考核结果等政府采购监管信息。该办法将政府采购信息分为两类:一类是有关政府采购项目的信息,如公开招标公告、资格预审公告、单一来源采购公示、中标(成交)结果公告、政府采购合同公告等;另一类是政府采购监管信息,如投诉处理结果、监督检查处理结果、集中采购机构考核结果等。与该规章配套发布的《政府采购公告和公示信息格式规范(2020年版)》(财办库〔2020〕50号)进一步规范了各类政府采购项目信息及政府采购监管信息的格式。

此外,《政府采购需求管理办法》明确,政府向社会公众提供的公共服务项目,验收时应当邀请服务对象参与并出具意见,验收结果应当向社会公告。

为防止暗箱操作,遏制寻租腐败,保证政府采购公开、公平、公正,2015年3月1日施行的《政府采购法实施条例》按照政府采购全过程信息公开的目标导向,主要作了五项规定:一是采购信息须公开。政府采购项目信息应当在指定媒体上发布。采购项目预算金额应当在采购文件中公开。采用单一来源采购方式,只能从唯一供应商采购的,还应当将唯一供应商名称在指定媒体上公示。二是采购文件须公开。采购人或者采购代理机构应当在中标、成交结果公告的同时,将招标文件、竞争性谈判文件、询价通知书等采购文件同时公告。三是中标、成交结果须公开。中标、成交供应商确定后,应当在指定媒体上公告中标、成交结果。四是采购合同须公开。采购人应当在政府采购合同签订之日起2个工作日内,将政府采购合同在省级以上人民政府财政部门指定的媒体上公告。五是投诉处理结果须公开。财政部门对投诉事项作出的处理决定,应当在指定媒体上公告,并进一步扩大了公开的范围。《政府采购货物和服务招标投标管理办法》对这些规定更加细化。

例如,在某项目的政府采购公开招标过程中,招标代理机构在招标公告和招标文件指定的开标日期前先后四次修改招标文件,分别对投标报价表的格式等内容进行修改,招标代理机构将修改的内容以书面形式告知所有购买招标文件的供应商,但未在财政部门指定的政府采购信息发布媒体上发布更正公告。

当时有效的2004年《政府采购货物和服务招标投标管理办法》第二十七条规定,对招标文件作必要的澄清和修改应当在财政部门指定的政府采购信息发布媒体上发布更正公告,并以书面形式通知所有招标文件收受人。而本案例中招标代理机构的四次修改均未在财政部门指定的政府采购信息发布媒体上发布更正公告,违反该条规定,同时不符合《政府采购法》的公开透明原则。

二、公平竞争原则

公平竞争是市场经济运行的重要法则,没有竞争,政府采购制度就失去了其存在的基本依托。政府采购就是要通过公平竞争,实现优胜劣汰,让采购人通过优中选优的方式，获得价廉物美的货物、工程或者服务，提高财政性资金的使用效益。

政府采购的公平竞争原则要求采购人和采购代理机构严格按照规定的条件和程序办事，同等地对待每一个供应商竞争者，不得对不同的供应商竞争者采取不同的标准。采购人不得以任何方式限制或者排斥本地区、本系统以外的供应商参加竞争，并且不能设置妨碍充分竞争的不正当条件。《政府采购法》第五条规定，任何单位和个人不得采用任何方式，阻挠和限制供应商自由进入本地区和本行业的政府采购市场。第二十二条第二款规定，采购人可以根据采购项目的特殊要求，规定供应商的特定条件，但不得以不合理的条件对供应商实行差别待遇或者歧视待遇。《政府采购法实施条例》第二十条规定了八种以不合理条件对供应商实行差别待遇或者歧视待遇的情形。《政府采购货物和服务招标投标管理办法》第十七条规定，采购人、采购代理机构不得将投标人的注册资本、资产总额、营业收入、从业人员、利润、纳税额等规模条件作为资格要求或者评审因素，也不得通过将除进口货物以外的生产厂家授权、承诺、证明、背书等作为资格要求，对投标人实行差别待遇或者歧视待遇。为促进政府采购领域公平竞争、优化营商环境，财政部发布《关于促进政府采购公平竞争优化营商环境的通知》（财库〔2019〕38号），要求全面清理政府采购领域妨碍公平竞争的规定和做法、严格执行公平竞争审查制度、加强政府采购执行管理、加快推进电子化政府采购、进一步提升政府采购透明度、完善政府采购质疑投诉和行政裁决机制等。《政府采购法实施条例》第十八条第二款规定，除单一来源采购项目外，为采购项目提供整体设计、规范编制或者项目管理、监理、检测等服务的供应商，不得再参加该采购项目的其他采购活动。这些规定均是为了保障在政府采购领域实现公平竞争。

公平竞争将推进我国政府采购市场向竞争更为充分、运行更为规范、交易更为公平的方向发展，不仅使采购人获得价格低廉、质量有保证的货物、工程和服务，同时还有利于提高企业的竞争能力和自我发展能力。

例如，在《政府采购法实施条例》实施前，对注册资金作出要求是一些政府采购项目的招标文件限定投标人的资格条件之一，如要求注册资本金为人民币1000万元以上（含1000万元），或者要求投标供应商必须有本地经营业绩等，这种做法实际上排斥了部分供应商参加竞争，最终导致不公平竞争，不仅违反《政府采购法》第五条规定的"任何单位和个人不得采用任何方式，阻挠和限制供应商自由进入本地区和本行业的政府采购市场"，而且还违反了《政府采购法》规定的公平竞争原则。财政部及各地财政部门处罚了不少招标文件中以不合理条件对供应商实行差别待遇或者歧视待遇的违法行为。

三、公正原则

公正是公开、公平所追求的结果，公正原则既要求结果公正，也要求程序公正。公正原则是为确保采购人与供应商在政府采购活动中处于平等地位而确立的。

公正原则要求政府采购要按照事先约定的条件和程序进行，对所有供应商一视同仁，不得有歧视条件和行为，任何单位或个人无权干预采购活动的正常开展。《政府采购法》要求货物和服务项目实行招标方式采购的，自招标文件开始发出之日起至投标人提交投标文件截止之日止，不得少于20日。这一规定的目的就是要让潜在供应商均能够知晓招标活动的信息，平等地参加政府采购活动。《政府采购货物和服务招标投标管理办法》第二十七条规定，采购人或者采购代理机构可以对已发出的招标文件、资格预审文件、投标邀请进行必要的澄清或者修改，澄清或者修改的内容可能影响投标文件编制的，采购人或者采购代理机构应当在投标文件截止时间至少15日前，在财政部门指定的政府采购信息发布媒体上发布澄清公告，并以书面形式通知所有获取招标文件的潜在投标人；不足15日的，采购人或者采购代理机构应当顺延提交投标文件的截止时间。澄清或者修改的内容可能影响资格预审申请文件编制的，采购人或者采购代理机构应当在提交资格预审申请文件截止时间至少3日前，以书面形式通知所有获取资格预审文件的潜在投标人；不足3日的，采购人或者采购代理机构应当顺延提交资格预审申请文件的截止时间。

在评标活动中，评标委员会应当依法组成，评标委员会必须有一定数量的要求，要有采购人代表和评审专家组成，通常情况下成员人数应当为5个以上单数，其中评审专家不得少于成员总数的三分之二。特殊项目评标委员会成员人数为7人以上单数。评标委员会应当按照招标文件规定的评标方法和标准评定投标文件，不得存在任何主观倾向。评标中，不得改变招标文件中规定的评标标准、方法和中标条件。在政府采购活动中，采购人员及相关人员与供应商有利害关系的，应当回避。供应商认为采购人员及相关人员与其他供应商有利害关系的，可以向采购人或者采购代理机构书面提出回避申请，并说明理由。相关人员包括招标采购中评标委员会的组成、竞争性谈判小组的组成人员、询价采购中询价小组的组成人员等。同时法律规定了保护供应商合法权益的途径。

例如，在一个政府采购项目评标过程中，评标委员会对招标文件进行评审，认为招标文件要求的"具有国家保密局颁发的《国家秘密载体复制许可证》证书"的企业，应该已经具有印刷发票的资格，故无需要求发票准印证。评标委员会经讨论后将评分办法中"具有发票准印证10分"一项的分值分别加到其他的评分项中，并依据这一标准对所有的投标文件进行了评审。这种对参加投标的有发票准印证的供应商公平的做法，实际上对参加投标没有发票准印证的供应商是不公平的，违反当时有效的2004年《政府采购货物和服务招标投标管理办法》第五十五条规定的"在评标中，不得改变招标文件中规定的评标标准、方法和中标条件"。

四、诚实信用原则

诚实信用也称诚信原则，是民事活动的一项基本原则，政府采购是采购人以订立采购合同的方式采购货物、工程和服务的民事活动，当然也适用这一原则。诚实信用原则要求在政府采购活动中，无论是采购人、采购代理机构，还是供应商或者其他有关人员，从事采购、代理或者供货行为，传达信息、提交文件、评标审标、签订合同、履行合同等都应当真实，讲求信用，不得掺杂任何虚假成分，不得有任何欺诈行为。

对供应商而言，提交的投标文件中的资质，例如营业执照、资质证书、审计报告、业绩的证明材料等应当保证其真实性，不应提供虚假或者不实的材料。在投标文件中承诺的技术条款、商务条款等，在政府采购合同签订后应切实履行。

对采购人和采购代理机构而言，在发布招标公告、资格预审公告或者发出投标邀请书后，除因重大变故采购任务取消外，不得擅自终止招标活动。

在发布招标公告、发出中标通知书后，采购人不得违法改变中标结果，中标人无正当理由不得放弃中标。

例如，某文物局在采购锅炉的招标文件中要求投标供应商提供国家级文物保护单位的安装业绩，某供应商提交的投标文件的安装业绩部分将"自然博物馆"修改成"首都博物馆"，后采购人在审查时发现这一不实材料，依据招标文件的有关规定将其投标作无效投标处理。

需要说明的是，由于目前我国尚未签署 WTO《政府采购协议》，也未与其他任何国际组织或国家签署有关政府采购市场开放的多边或双边协议、协定或条约，因此我国《政府采购法》没有规定涉外性原则，包括国民待遇和非歧视性原则。国民待遇是指缔约国之间相互保证给对方的自然人、法人在本国境内享有与本国自然人、法人同等待遇。在政府采购领域，就是外国的供应商、货物等享受与本国供应商、货物同样的待遇。政府采购的公平竞争是指国内产品和国内供应商之间的竞争，公正是指采购人与国内供应商之间的交易要做到公正，都不涉及外国产品和外国供应商。非歧视原则就是无歧视待遇原则。政府采购的涉外性原则，只有在本国政府采购市场开放后才应当遵循。

第二节　政府采购的政策导向

政府采购与民间采购的不同之处在于，民间采购是平等的民事主体为进行经济活动而进行的采购，涉及的主要是采购主体之间的权利义务关系；而政府采购除满足采购人的需求外，还承担着一项更为重要的职能，即国家经济宏观调控的职能。在我国已经加入世界贸易组织，政府能够采取的贸易壁垒越来越有限的情况下，政府采购能够暂时起到促进和保护民族企业发展的作用。因此，《政府采购法》除规定政府采购活动应遵循的基本原则外，还规定了若干政府采购的政策导向。

一、政府采购政策的制定主体

根据《政府采购法实施条例》第六条规定，国务院财政部门会同国务院有关部门，应当根据国家的经济和社会发展政策制定政府采购政策。在条例实施前，各部门、各地方政府自行制定政府采购政策；在条例实施后，各部门、各地方政府不得自行制定政府采购政策，已经制定的需要进行清理。

二、采购本国货物、工程和服务

《政府采购法》第十条第一款规定："政府采购应当采购本国货物、工程和服务。但有下列情形之一的除外：（一）需要采购的货物、工程或者服务在中国境内无法获取或者无法以合理的商业条件获取的；（二）为在中国境外使用而进行采购的；（三）其他法律、行政法规另有规定的。"采购本国货物、工程和服务虽然没有作为政府采购的基本原则予以规定，但却是政府采购的一项极其重要的政策导向。

采购本国货物、工程和服务是政府采购制度的内在要求。政府采购资金来源于民，也应当用之于民，即通过采购本国货物、工程和服务，支持国内企业的发展，维护公共利益和国家利益。这也是国际通行做法。例如，澳大利亚悉尼市为举办2000年奥运会建设了大量的体育场馆，根据澳大利亚政府规定，所有场馆必须由本国企业承建。美国1933年颁布的《购买美国产品法》明确规定："扶持和保护美国工业、美国人和美国投资资本。"并规定联邦各政府机构除特殊情况外，必须购买国内产品，工程和服务必须由国内供应商提供。美国预算补充法案等法律都规定了执行《购买美国产品法》的义务。德国、挪威等欧盟国家的法律规定，采购金额达500万欧元以上的工程、20万欧元以上的货物和服务，都必须在欧盟范围内采购。

即使在不得已向外国供应商开放采购市场的情况下，国际上通行做法也会要求中标的外国货物、工程和服务供应商必须给予必要的补偿，即政府采购补偿交易。具体形式有，规定购买国内产品的比率、转移技术、在国内投资、协助本地产品外销或其他类似条件等。加拿大、澳大利亚等国都有类似的规定。

政府采购本国货物、工程和服务，其含义是政府采购原则上应当采购本国货物、工程和服务。即只要本国的货物、工程和服务能够满足基本需求的，就应当采购本国的货物、工程和服务。政府采购中的货物采购，通常只要求满足基本需求，不是要采购性能最好、价格最高的产品，工程和服务则质量要求较高。

在特殊情况下，政府采购可以采购外国货物、工程和服务。特殊情况有：一是为了实现采购目的，必须要进行采购，但国内无法提供，或者国内虽然能够提供但商业条件极不合理，只能采购外国产品。前者是迫不得已，后者则是无法承受，不利于资源的合理配置，通过对外采购，有利于促进国内供应商改善商业条件，缩小与国外供应商之间的差距。二是为在中国境外使用而进行的采购。这里涉及保密和运输成本等因素，对是否采购本国货物、工程和服务不作强制性规定，由采购人视具体情况决定。三是其他法律、行政法规另有规定的。这只能是由法律、行政法规予以规定，不能由规章规定。

2007年12月27日财政部发布的《政府采购进口产品管理办法》（财库〔2007〕119号）规定了"进口产品是指通过中国海关报关验放进入中国境内且产自关境外的产品"。对确需采购进口产品的，实行审核管理。应由设区的市、自治州以上人民政府财政部门开展政府采购进口产品审核，并进行监督管理。因而，自该规定实施后，采购人若需要购买进口产品的，就必须报财政部门审核。该规定解决了在其施行之前，政府采购实务中经常遇到的如何判断进口产品以及采购进口产品的具体程序等问题。2008年7月9日财政部办公厅发布《关于政府采购进口产品管理有关问题的通知》（财办库〔2008〕248号），进一步规范政府采购进口产品执行中出现的问题。

【案例】[①]

2004年下半年，在北京、上海、天津引起不小轰动的微软软件中标政府采购的事件，是围绕政府采购国货的问题展开的。在这次事件中，政府官员、科技专家、业内人士等纷纷质疑北京市政府采购，其结果是北京原定采购微软软件的2925万元订单被取消。这次事件引发的一个最重要的争论是，政府采购的目的

[①] https://www.chinacourt.org/article/detail/2004/11/id/141620.shtml，最后访问日期2024年4月13日。

是采购本国货物,保护民族工业的发展,还是软件好用、符合WTO规则。虽然结论上很难评判对错,但至少在观念上引起人们的反思。

三、有助于实现国家的经济和社会发展政策目标,包括保护环境,扶持不发达地区和少数民族地区,促进中小企业发展等

《政府采购法》第九条规定,政府采购应当有助于实现国家的经济和社会发展政策目标,包括保护环境,扶持不发达地区和少数民族地区,促进中小企业发展等。

根据《政府采购法实施条例》第六条的规定,实现节约能源、保护环境、扶持不发达地区和少数民族地区、促进中小企业发展等目标的具体措施主要有制定采购需求标准、预留采购份额、价格评审优惠、优先采购等措施。

在节约能源、保护环境方面,政府采购的政策导向主要表现在对节能产品、环境标志产品的认定和采购方面。2019年2月,财政部、国家发展和改革委员会、生态环境部、国家市场监督管理总局发布《关于调整优化节能产品、环境标志产品政府采购执行机制的通知》(财库〔2019〕9号),对政府采购节能产品、环境标志产品实施品目清单管理,不再发布"节能产品政府采购清单"和"环境标志产品政府采购清单";采购人拟采购产品属于品目清单范围的,应当依据节能产品、环境标志产品认证证书实施政府优先采购或强制采购;对于未列入品目清单的产品类别,鼓励采购人在采购需求中提出相关绿色采购要求。3月29日,财政部、生态环境部发布《关于印发环境标志产品政府采购品目清单的通知》(财库〔2019〕18号);4月2日,财政部、国家发展和改革委员会发布《关于印发节能产品政府采购品目清单的通知》(财库〔2019〕19号)。历经15年实践,中国环境标志产品政府采购规模已达1.3万亿元。2020年政府采购的环境标志产品达813.5亿元,占同类产品采购的85.5%。[①]

我国曾经出台鼓励自主创新产品的开发和采购的政策。国务院2006年2月发布的《实施〈国家中长期科学和技术发展规划纲要(2006—2020年)〉若干配

[①] 2006年,《关于环境标志产品政府采购实施的意见》和《中国环境标志产品政府采购清单》印发,要求在政府采购中优先采购中国环境标志产品。到2021年,中国环境标志产品政府采购已实施15年。见《中国环境标志产品政府采购规模已达1.3万亿》,http://www.ccgp.gov.cn/jdjc/fxyj/202112/t20211201_17290441.htm,最后访问日期2022年11月15日。

套政策》中明确指出,建立财政性资金采购自主创新产品制度。配套政策要求,要建立自主创新产品认证制度,建立认定标准和评价体系。由科技部门会同综合经济部门按照公开、公正的程序对自主创新产品进行认定,并向全社会公告。2006年12月31日,科技部、国家发展和改革委员会、财政部联合发布《国家自主创新产品认定管理办法(试行)》(已停止执行)规定,经认定的国家自主创新产品将在政府采购、国家重大工程采购等财政性资金采购中优先购买。为此,财政部于2007年4月3日发布《自主创新产品政府采购预算管理办法》《自主创新产品政府采购评审办法》《自主创新产品政府采购合同管理办法》(已停止执行)。2009年11月6日,科技部、国家发展和改革委员会、财政部联合下发了《关于开展2009年国家自主创新产品认定工作的通知》,正式开展2009年自主创新产品的相关认定工作。此次国家自主创新产品认定主要选择六个高新技术领域中进入市场销售环节、符合相关行业发展方向的产品,此举被称为是政府采购自主创新目录出台的标志。后因中国加入世贸组织的《政府采购协定》(GPA),财政部于2011年7月1日起停止执行三份有关自主创新产品的文件。

  为鼓励中小企业的发展,《政府采购法》允许联合体参加政府采购,一个重要的原因是为了照顾中小企业的发展。政府采购的项目通常为批量性的项目,规模较大,一般情况下,一个供应商难以独立完成。有些复合型采购项目,即一个采购项目往往含有货物、工程或者服务中的两个或三个对象,如网络系统建设,既有服务内容,如软件开发、维护等,也有货物内容,如购买硬件等,都需要多个供应商联合完成。中小企业往往不具备承接这些项目的实力,在竞争中处于不利的地位。为此,为了照顾中小企业,《政府采购法》允许它们组成一个联合体,壮大实力,在能力上互补,从而提高竞争力。在具体措施上,2011年9月5日,财政部发布《关于开展政府采购信用担保试点工作方案》(财库〔2011〕124号,已失效),决定自2012年1月1日起至2013年12月31日止,在中央本级和北京、黑龙江、广东、江苏、湖南、河南、山东、陕西等省(市)开展政府采购信用担保试点工作,具体内容涉及投标担保、履约担保、融资担保,以减轻中小企业参加政府采购的资金压力。2011年12月29日,财政部、工业和信息化部发布《关于印发〈政府采购促进中小企业发展暂行办法〉的通知》(财库〔2011〕181号,已失效)。该办法规定了中小企业参与政府采购的法定比例或者比例幅度,并在价格扣除、鼓励联合体投标、鼓励分包及其他扶持措施方面给予中小企业适当支持。各地纷纷出台各种政策,扶持中小企业参与政府采购活动。自2017年10月1日起施行的《政府采购货物和服务招标投标管理办法》第十七条明确规定,采购人、采购代理机构不得将投标人的注册资本、资产总额、营业收入、从业人员、利润、纳税额等规模条件作为资格要求或者评审因素,也不得通过将除进口货物以外的生产厂家授权、承诺、证明、背书等作为资格要求,对投标人实行差别待遇或者歧视待遇。这实际上是鼓励和扶持中小企业参与政府采购活动并获得更多的中标、成交机会。2020年12月,财政部发布《政府采购促进中小企业发展管理办法》(财库〔2020〕46号),明确采购人应落实预留采购份额、价格评审优惠、优先采购等措施。

根据财政部统计的数据,2022年全国政府采购规模为34993.1亿元。在支持绿色发展方面,2022年全国强制采购、优先采购节能节水产品520.4亿元,占同类产品采购规模的89.7%;优先采购环保产品847.6亿元,占同类产品采购规模的87.1%。在支持中小企业发展方面,全国政府采购授予中小企业合同金额为25884.2亿元,占全国政府采购规模的74.0%;其中,授予小微企业合同金额15148亿元,占全国政府采购规模的43.3%。在支持乡村振兴方面,各级预算单位通过脱贫地区农副产品网络销售平台("832"平台)采购贫困地区农副产品超过120亿元,有效带动贫困农户增收,促进乡村产业发展。[1]

为了发挥政府采购促进残疾人就业的作用,进一步保障残疾人的权益,财政部、民政部、中国残疾人联合会于2017年8月22日发布《关于促进残疾人就业政府采购政策的通知》(财库〔2017〕141号),明确了残疾人福利性单位需要具备的条件:一是安置的残疾人占本单位在职职工人数的比例不低于25%(含25%),并且安置的残疾人人数不少于10人(含10人);二是依法与安置的每位残疾人签订了一年以上(含一年)的劳动合同或服务协议;三是为安置的每位残疾人按月足额缴纳了基本养老保险、基本医疗保险、失业保险、工伤保险和生育保险等社会保险费;四是通过银行等金融机构向安置的每位残疾人,按月支付了不低于单位所在区县适用的经省级人民政府批准的月最低工资标准的工资。同

---

[1] 见《2022年全国政府采购简要情况》,https://gks.mof.gov.cn/tongjishuju/202312/t20231225_3923771.htm,最后访问日期2024年2月29日。

时，要求提供本单位制造的货物、承担的工程或者服务，或者提供其他残疾人福利性单位制造的货物。这些条件需要同时满足。按照"放管服"改革精神，为了切实减轻相关供应商重复提交证明材料的负担，该通知规定，在政府采购活动中，残疾人福利性单位提交《残疾人福利性单位声明函》即可，无须出具证明声明函内容的其他材料，采购人和采购代理机构不对其资格进行审核和认定。供应商提供的《残疾人福利性单位声明函》与事实不符的，将承担相应的法律责任。残疾人福利性单位享受政府采购促进中小企业发展相关政策，在政府采购活动中，残疾人福利性单位视同小型、微型企业，享受预留份额、评审中价格扣除、鼓励联合体投标、鼓励分包等促进中小企业发展的政府采购政策。但残疾人福利性单位本身属于小型、微型企业的，不重复享受政策。残疾人福利性单位的产品满足协议供货或者定点采购要求的，可直接入围。政府采购电子卖场、电子商城、网上超市等设立残疾人福利性单位产品专栏。

四、禁止进行地区和行业限制

创造和维持一个良好的竞争环境，不仅关系到我国政府采购制度的健全和完善，而且关系到社会主义市场经济体制的健康发展。《政府采购法》第五条规定，任何单位和个人不得采用任何方式，阻挠和限制供应商自由进入本地区和本行业的政府采购市场。这是针对某些地方存在的地方保护主义和行业保护主义等严重影响建立全国统一市场的不良倾向而作出的一项规定，其目的在于营造一个公平竞争、健康有序的全国统一的政府采购市场，培养和建立全国统一的政府采购市场竞争秩序。它要求政府采购活动中，任何单位和个人不得违法进行行业或地方封锁，不得以任何方式阻挠或限制外地或其他行业的供应商进入本地本行业政府采购市场参与竞争，包括各级地方政府不得制定实行地区封锁或者含有地区封锁内容的政策、规定，不得对进入参与竞争的供应商以及产品给予歧视待遇，等等。具体到每个政府采购项目时，采购人提出的供应商的资格要求，不能有地区和行业的限制；招标文件中的业绩等内容也不得有限制性和歧视性的内容，不得阻挠外地或其他行业的供应商进行本地区或本行业的政府采购活动。加入世界贸易组织后，中国的市场已经向外国供应商开放，政府采购市场更不应对本国的供应商采取歧视性待遇。

五、政府采购应当严格按照批准的预算执行

《政府采购法》第六条规定，政府采购应当严格按照批准的预算执行。该条明确了政府采购要纳入预算，政府采购活动应当严格按照预算规定的用途和核定的金额执行。

依照批准的预算进行采购是政府采购制度的基础。我国实行政府采购的一个主要目的在于加强采购的计划性管理，解决过去随意采购、缺乏监督、采购效益低下等问题。

政府采购应严格按照批准的预算执行，其内容包括：（1）政府采购项目必须列入财政预算。政府采购资金主要来源于财政性资金，部门预算中就包含政府采购预算内容。按照市场经济条件下公共财政管理要求，没有列入预算的活动，政府不得拨款；没有资金保证的项目不能开展采购活动。因此，采购人拟采购的项目，首先要编入本部门预算，报财政部门审核，最后报同级人大审批。只有经批准后的采购项目，才有资金保障，具有履行采购合同的支付能力。目前，我国正在改革预算编制方法，细化预算项目，实行部门预算制度，科学核定预算定额，实现资源的合理配置。在部门预算改革到位之前，中央及一些地区推行了政府采购预算，作为部门预算的一部分，要求各预算单位按政府采购预算的要求，将支出预算中的有关项目或品目在政府采购预算表中单列。这一措施弥补了现行预算不细的缺陷，增强了采购的计划性，推动了政府采购工作的深入开展。（2）政府采购项目必须按规定用途使用和拨付采购资金。经人大批准的预算采购项目，都明确了用途，政府采购项目必须按照人大批准的预算执行。政府采购支付方式改革以前，我国对财政支出使用监管不够，通常情况是，预算批复后，预算单位按预算申请拨款，财政部门按照预算单位的拨款申请书拨款，库款拨出后，采购资金的使用权完全由预算单位支配。因此，截留、挪用采购资金，无预算采购、重复采购、盲目采购、超标准采购等现象也时有发生。政府采购资金支付方式改革后，政府采购资金支付部门在收到拨款申请书后，将采购资金直接拨付给供应商，不再拨给预算单位，很好地杜绝了前述情况的发生。（3）采购项目不得超过预算定额。批准的采购预算通常已经考虑了确保该

采购项目质量的各项费用，故在执行中通常不应突破。否则，采购人应当调整采购需求，或者调整本部门的支出预算，按照采购合同约定履行付款义务。超过预算部分采购人欲使用预算外资金的，必须按照法定的程序经过财政部门的批准。

第三章　政府采购当事人的权利和义务

【本章导读】

政府采购当事人的含义有广义和狭义之分。广义上的政府采购当事人指任何参与政府采购活动并在其中享有权利、承担义务的人，除采购人和供应商之外，还包括政府采购代理机构（包含集中采购机构、社会代理机构）。狭义上的政府采购当事人仅指政府采购的采购人和供应商，不包括政府采购代理机构。持狭义说的学者认为，政府采购代理机构只是采购人的代理人，不是政府采购法律关系的当事人。[①]《政府采购法》采用了广义上的政府采购当事人的概念。该法第十四条规定："政府采购当事人是指在政府采购活动中享有权利和承担义务的各类主体，包括采购人、供应商和采购代理机构等。"这种规定主要是由于我国政府采购采用的是集中采购与分散采购相结合的模式，政府采购代理机构在政府采购特别是在集中采购过程中，对政府采购目标的实现，起着极其重要的作用。

本章主要介绍《政府采购法》《招标投标法》中当事人的权利和义务。

第一节　《政府采购法》中当事人的权利和义务

《政府采购法》第二章、第七章以及《政府采购货物和服务招标投标管理办法》对政府采购当事人及其权利义务、应具备的条件等做了具体规定。根据相关

---

① 李学军：《政府采购中的法律问题》，《中国政府采购》2002年第1期。

规定，政府采购当事人是指在政府采购活动中享有权利和承担义务的各类主体，包括采购人、供应商和采购代理机构等。

一、采购人的权利和义务

根据《政府采购法》第十五条的规定，采购人是指依法进行政府采购的国家机关、事业单位、团体组织。

随着我国政府职能向公共职能的转变，政府采购的主体不仅包括国家机关，还扩展到事业单位和团体组织。

2021年1月1日起实施的《民法典》规定了自然人、法人和非法人组织三类民事主体。根据《民法典》的规定，结合《政府采购法》第十五条"采购人是指依法进行政府采购的国家机关、事业单位、团体组织"的规定，政府采购的采购人包括特别法人中的机关法人、非营利法人中的事业单位法人和社会团体法人等，但不包括营利法人，以及非法人组织。

（一）采购人的权利

根据《政府采购法》的规定，在政府采购活动中，采购人依法主要享有以下权利：

1. 对未纳入集中采购目录的政府采购项目，有自行进行采购的权利

采购人自行组织开展招标活动的，应当符合以下条件：(1) 有编制招标文件、组织招标的能力和条件；(2) 有与采购项目专业性相适应的专业人员。

2. 对未纳入集中采购目录的政府采购项目，有权自行选择采购代理机构

选择集中采购机构以外的代理机构，是采购人的权利，但实践中有的地方的政府采购监督管理部门为防止采购人与熟悉的采购代理机构串通让其中意的供应商中标，强制要求采购人采取摇号、抽签等随机方式或者比选方式选择采购代理机构，限制采购人选择代理机构权利的行使。这种做法不符合《政府采购法》的规定。

3. 有根据采购项目的特殊要求规定供应商条件的权利，有要求参与政府采购的供应商提供有关资质证明文件和业绩情况的权利，并有根据法定条件和采购项目对供应商的特定要求对供应商进行资格审查的权利

采购人是采购的需求方，是政府采购合同的签订方，有权根据项目的特点规

定供应商的条件,有权要求和审查供应商提供的资质证明文件和业绩等。

4. 有委托采购代理机构与供应商签订政府采购合同的权利

委托他人代理民事行为是法律赋予行为人的一项权利,因而采购人既可以自行签订政府采购合同,也可以委托采购代理机构签订政府采购合同,但在此情况下,采购人应当向采购代理机构出具书面的授权委托书,代理事项应明确采购代理机构受委托签订政府采购合同。

5. 有组织对供应商履约进行验收的权利

验收合同的履行情况是《民法典》赋予合同当事人的权利,采购人作为政府采购合同的一方当事人,依法有权组织对供应商履约情况进行验收。若采购代理机构同意,采购人可以书面委托采购代理机构组织验收。实践中,有些地方的财政部门强制采购代理机构对政府采购合同履行情况进行验收,实际上是剥夺了采购人的权利,同时也对采购代理机构课予额外的义务,不符合《政府采购法》。

6. 依法享有的其他权利

此外,采购人依法享有确认采购文件,确认中标、成交结果等权利。

(二)采购人的义务

根据《政府采购法实施条例》第十一条的规定,采购人在政府采购活动中应当维护国家利益和社会公共利益,公正廉洁,诚实守信,执行政府采购政策,建立政府采购内部管理制度,厉行节约,科学合理确定采购需求。采购人不得向供应商索要或者接受给予的赠品、回扣或者与采购无关的其他商品、服务。除此之外,采购人还须在政府采购活动中履行下列义务:

(1)公开政府采购项目的采购标准。采购标准,是指采购人进行项目采购所依据的国家关于财政支出的经费预算标准和资产配置标准等。(2)维护公平、公正的政府采购市场竞争秩序,及时公开政府采购信息,不得在采购文件中以不合理的条件对供应商实行差别待遇或者歧视待遇,不得非法干预代理采购活动和评审活动,采购人在采购活动完成后,应当将采购结果予以公布。(3)严格履行政府采购合同。(4)及时向财政部门反映政府采购活动中发现的违法违规行为。(5)建立政府采购内部管理制度,加强对所属单位的政府采购管理。

另外,根据《政府采购法》第十二条的规定,采购人员及相关人员与供应商有利害关系的必须回避。《政府采购法实施条例》第九条规定的"与供应商有利害关系"是指：（1）参加采购活动前3年内与供应商存在劳动关系；（2）参加采购活动前3年内担任供应商的董事、监事；（3）参加采购活动前3年内是供应商的控股股东或者实际控制人；（4）与供应商的法定代表人或者负责人有夫妻、直系血亲、三代以内旁系血亲或者近姻亲关系；（5）与供应商有其他影响或者可能影响政府采购活动公平、公正进行的关系。供应商认为采购人及其相关人员与其他供应商有利害关系的，可以向采购人或者采购代理机构书面提出回避申请，并说明理由。采购人或者采购代理机构应当及时询问被申请回避人员，有利害关系的被申请回避人员应当回避。

（三）财政部门对采购人的监管变化

由于现行政府采购制度在一定程度上剥离了预算单位作为采购主体的责任与自主权，造成采购问题和结果无人负责、不愿担责、难以追责。特别是2014年修改的《预算法》第五十三条第二款明确规定，"各部门、各单位是本部门、本单位的预算执行主体，负责本部门、本单位的预算执行，并对执行结果负责"。2018年12月29日第二次修改的《预算法》中，本条未作修改。实践中，预算单位采购权责不对等现象进一步加剧。为解决这一问题，财政部一直在研究解决强化预算单位采购主体地位的问题。

2016年6月29日，财政部发布《关于加强政府采购活动内部控制管理的指导意见》（财库〔2016〕99号）。该意见提出了四个方面的内控措施：一是明晰事权，依法履职。这要求采购人、集中采购机构和监管部门加强内部归口管理和内部监督；采购人与采购代理机构之间要明确委托代理的权利义务；强化内部监督，采购人应当发挥内部审计、纪检监察等机构的监督作用，加强对采购执行和监管工作的常规审计和专项审计。二是合理设岗，权责对应。合理界定岗位职责和责任主体，梳理风险事项；采购需求制定与内部审核、合同签订与验收等不相容岗位要分开设置；评审现场组织、单一来源采购项目议价等相关业务原则上应由2人以上共同办理；采购及相关人员应当实行定期轮岗。三是分级授权，科学决策。主管预算单位应当加强所属预算单位管理；建立健全采购人、集中采购机构和监管部门采购事项内部政府采购事项集体研究、合法性审查和内部会签相结合的议事决策机制和内部审核制度。四是优化流程，重点管控。增强采购计划性，加强关键环节的控制，明确时限要求，强化利益冲突管理，健全档案管理。为了提高政府采购内部控制管理水平，该意见提出了四个方面的保障措施：一是加强组织领导。这要求采购人、集中采购机构和监管部门建立单位内部的领导、协调机制，严格执行岗位分离、轮岗交流等制度。二是加快建章立制。各部门、各单位要抓紧梳理和评估本部门、本单位的风险事项，明确标准化工作要求和防控措施，形成较为完备的内部控制体系。三是完善技术保障。各部门、各单位要充分发挥电子信息技术和大数据在政府采购内控管理中的作用，运用信息技术落实政府采购内部控制管理措施。四是强化运行监督。各部门、各单位要建立内控管理的激励约束机制，将内控制度的建设和执行情况纳入绩效考评体系。财政部门要将政府采购内部控制制度的建设和执行情况作为政府采购监督检查和对集中采购机构考核的重要内容，加强监督指导。明确采购人要重点做好内部归口管理和所属单位管理，加强对采购需求、政策落实、信息公开、履约验收、结果评价等的管理。

  财政部门将加强以下几方面的管理：一是加强采购需求管理。科学合理的采购需求既是采购活动的起点，也是保证采购结果满意度的前提。要研究制定相关管理办法，落实采购人的需求责任，引导采购人加强需求管理，进一步强化"先确定需求后竞争报价"的公平交易规则，推动实现"物有所值"的采购目标。二是加强采购结果管理。建立采购履约验收和结果评价机制，是实现采购闭环管理的重要步骤。要进一步完善采购结果管理的制度建设，规范采购履约验收行为，加强采购评价结果的利用，对采购预算、采购需求及采购评审形成有效反馈，为政府采购信用体系建设提供支撑。三是突出问题导向。根据改革实践需要，加快制定电子采购、涉密采购、代理机构管理、监督检查等急需的管理制度，研究完善政府购买服务、PPP采购等相关制度，加强针对性、指导性和可操作性，更好地解决实践中出现的问题。

  2021年4月30日，财政部发布《关于印发〈政府采购需求管理办法〉的通知》（财库〔2021〕22号），规定采购人对采购需求管理负有主体责任。政府采购需求的管理，是指采购人组织确定采购需求和编制采购实施计划，并实施相关风险控制的活动。明确了采购人确定政府采购需求的具体规定，围绕实现采购需求,制定采购实施计划,对合同订立和管理做出安排,并加强对采购需求的形成和实现过程的内部控制和风险管理。

二、供应商的权利和义务

(一)供应商的含义

根据《政府采购法》第二十一条的规定,供应商是指向采购人提供货物、工程或者服务的法人、其他组织或者自然人。供应商主要有法人、其他组织或者自然人。

根据《民法典》的规定,法人是具有民事权利能力和民事行为能力,依法独立享有民事权利和承担民事义务的组织。法人以其全部财产独立承担民事责任,因而法人可以参加招标投标活动。法人分为营利法人、非营利法人和特别法人。营利法人是以取得利润并分配给股东等出资人为目的成立的法人,包括有限责任公司、股份有限公司和其他企业法人等。营利法人参与招标投标活动比较普遍。为公益目的或者其他非营利目的成立,不向出资人、设立人或者会员分配所取得利润的法人,为非营利法人,包括事业单位、社会团体、基金会、社会服务机构等。有些招标投标活动,事业单位、社会团体、社会服务机构等会参与。机关法人、农村集体经济组织法人、城镇农村的合作经济组织法人、基层群众性自治组织法人,为特别法人。特别法人参与招标投标活动的较少。

其他组织,《民法典》规定的是非法人组织。非法人组织是不具有法人资格,但是能够依法以自己的名义从事民事活动的组织。与法人不同的是,非法人组织不具有法人资格。非法人组织的财产不足以清偿债务的,其出资人或者设立人承担无限责任(法律另有规定的,依照其规定)。非法人组织包括个人独资企业、合伙企业、不具有法人资格的专业服务机构,以及法人的分支机构等。根据《合伙企业法》规定,合伙企业是指自然人、法人和其他组织依法在中国境内设立的普通合伙企业和有限合伙企业。普通合伙企业由普通合伙人组成,合伙人对合伙企业债务承担无限连带责任;有限合伙企业由普通合伙人和有限合伙人组成,普通合伙人对合伙企业债务承担无限连带责任,有限合伙人以其认缴的出资额为限对合伙企业债务承担责任。以专业知识和专门技能为客户提供有偿服务的专业服务机构，可以设立为特殊的普通合伙企业，例如会计师事务所、律师事务所。

《民法典》规定，自然人从出生时起到死亡时止，具有民事权利能力，依法享有民事权利，承担民事义务。十八周岁以上的自然人为成年人，为完全民事行为能力人，可以独立实施民事法律行为。十六周岁以上不满十八周岁的未成年人，以自己的劳动收入为主要生活来源的，视为完全民事行为能力人。根据《促进个体工商户发展条例》（国务院令第755号）第二条的规定，有经营能力的公民在中华人民共和国境内从事工商业经营，依法登记为个体工商户的，适用该条例。个体工商户可以个人经营，也可以家庭经营。

根据《政府采购法》采购本国货物、工程和服务的要求，供应商通常应为在我国境内注册登记的法人和其他组织以及中国的自然人，不包括在我国境外注册登记的法人和其他组织以及外国公民。

（二）供应商的条件

规定供应商参加政府采购活动的资格条件是国际通行做法。联合国贸易法委员会《货物、工程和服务采购示范法》第六条要求参加政府采购活动的供应商必须具备一定的资格，主要包括：一是具有履行合同所需的专业和技术资格、专业和技术能力、财力资源、设备和其他物质设施、管理能力、可靠性、经验、声誉和人员；二是具有订立合同的法定权能；三是并非处于无清偿能力、财产被接管、破产或停业状态，其事务目前并非由法院或司法人员管理，其业务活动并未中止，而且也未因上述任何情况而成为法律诉讼的主体；四是履行了缴纳本国税款和社会保障款项的义务；五是在采购过程开始前若干年内，该企业或其董事包括主要工作人员未犯有与其职业行为有关的，或者与以假报或虚报资格等手段骗取采购合同有关的任何刑事犯罪，也未存在曾在其他方面被行政管理部门勒令停业或取消资格的问题。美国、韩国、意大利等国家都有关于供应商参加政府采购活动的资格规定。

《政府采购法》与联合国贸易法委员会《货物、工程和服务采购示范法》相衔接，在第二十二条规定了供应商参加政府采购活动应当具备的具体条件，这些条件主要有：

1. 具有独立承担民事责任的能力

独立承担民事责任，是指民事主体以自己独立的财产对其民事行为或者债务独立承担法律责任。《政府采购法》规定供应商要具备独立承担民事责任的能力，是供应商参加政府采购活动必须具备的最基本条件，目的是保护采购人的合法权益。如果供应商不具备独立承担民事责任的能力，很难保证采购合同的履行，而且一旦出现违约等问题，供应商不能承担违约责任，最终会损害采购人的利益。

《政府采购法》虽然规定供应商可以是法人、其他组织和自然人，但实践中最常见的是法人（主要是营利法人）。按照现行有关法律规定，营利法人必须具备以下条件：一是必须依法成立；二是法人的设立程序必须合法；三是有自己的名称、组织机构和场所；四是能够独立承担民事责任。在经济活动中发生纠纷或争议时，法人能以自己的名义起诉或应诉，并以自己的财产作为自己债务的担保手段。

实践中经常会遇到的一个问题是，其他组织中公司的分支机构（分公司）等不具有独立承担民事责任的能力。在此情况下，是否不能参加政府采购项目？此问题涉及法律条文的理解问题。《政府采购法》规定允许法人、其他组织和自然人参加政府采购活动。而其他组织中的公司的分支机构、合伙企业等是不具有独立承担民事责任的能力。第二十二条规定供应商参加政府采购活动应当具备的条件之一是具有独立承担民事责任的能力。这两条结合起来理解，其他组织中没有独立承担民事责任的主体是不能参加政府采购活动的。因此，通常情况下，分公司不能以其自己的名义参与政府采购活动。

证明供应商具有独立承担民事责任的能力的文件通常是法人或者其他组织的营业执照等资格文件，自然人为身份证明。

2. 具有良好的商业信誉和健全的财务会计制度

良好的商业信誉是指供应商在参加政府采购活动以前，在生产经营活动中始终能做到遵纪守法，诚实守信，有良好的履约业绩，通俗地讲就是用户信得过的企业。健全的财务会计制度，简单地说，是指供应商能够严格执行现行的财务会计管理制度，财务管理制度健全，账务清晰，能够按规定真实、全面地反映企业的生产经营活动。

证明供应商具有良好的商业信誉和健全的财务会计制度的文件通常是财务状况报告。实践中有银行出具的资信证明、会计师事务所的审计报告等。

3. 具有履行合同所必需的设备和专业技术能力

这是供应商保质保量完成政府采购项目必备的物质和技术基础。根据《政府采购法》的规定，政府采购合同不能转包，虽然允许分包，但中标或者成交的供应商要全面承担履约责任。即使分包，中标或者成交的供应商也应当承担合同的主体或者关键部分。因此参加政府采购的供应商必须具备履行合同所必需的设备和专业技术能力，以保证合同履行能够满足采购人的采购需求。

4. 具备依法纳税和缴纳社会保障资金的良好记录

依法缴纳税收和社会保障资金是供应商应尽的法律义务，是起码的社会道德要求，也是证明供应商信誉的方式。《政府采购法》的这种规定，目的是抑制一些供应商依靠偷逃税款、逃避缴纳社会保障资金等手段降低成本的行为，是从源头上促进公平竞争的措施之一。

5. 参加政府采购活动前三年内，在经营活动中没有重大违法记录

（1）关于"重大违法记录"的理解。

根据《政府采购法实施条例》第十九条第一款的规定，"重大违法记录"，是指供应商因违法经营受到刑事处罚或者责令停产停业、吊销许可证或者执照、较大数额的罚款等行政处罚。

我国法律通常将违法行为分为一般违法行为和严重违法行为。对于一般违法行为通常是行为人受到行政处罚，违法者承担行政责任；而严重违法行为则是行为人应依据刑法有关规定受到刑事处罚，违法者承担刑事责任。重大违法记录，仅从字面理解，似乎应包括严重违法记录和一般违法记录中的重大情况。

严重违法记录即刑事处罚，根据条例的规定，这种刑事处罚应针对供应商在经营活动中的犯罪行为，如《刑法》中的生产、销售伪劣商品罪、走私罪、破坏金融管理秩序罪、金融诈骗罪、危害税收征收管理、侵犯知识产权罪、扰乱市场秩序罪等各种破坏社会主义市场经济秩序罪。但是，供应商非因经营活动的犯罪或者供应商的员工因刑事犯罪而受到的刑事处罚不包括在内，如供应商的销售人员被判处行贿罪等。

一般违法中何为"重大"，责令停产停业、吊销许可证或者执照是该条例明

确规定的两种情形。关于"较大数额的罚款"的标准，自2022年2月8日起，《财政部关于〈中华人民共和国政府采购法实施条例〉第十九条第一款"较大数额罚款"具体适用问题的意见》（财库〔2022〕3号）规定"《中华人民共和国政府采购法实施条例》第十九条第一款规定的'较大数额罚款'认定为200万元以上的罚款，法律、行政法规以及国务院有关部门明确规定相关领域'较大数额罚款'标准高于200万元的，从其规定。"将原本由各部门、各地方自行认定的"较大数额罚款"的标准统一为200万元以上。至于该条例中规定的"等"，笔者认为，应当以《行政处罚法》第六十三条的规定为判断标准。即行政机关拟作出较大数额罚款、没收较大数额违法所得、没收较大价值非法财物、降低资质等级、吊销许可证、责令停产停业、责令关闭、限制从业、其他较重行政处罚等决定时，应当告知当事人有要求听证的权利，当事人要求听证的，行政机关应当组织听证。即除责令停产停业、吊销许可证或者执照、200万元以上的罚款外，对于行政机关告知当事人有要求举行听证权利的行政处罚种类，均应认定为"重大违法记录"。

（2）关于"参加政府采购活动前三年"的理解。

本项提出了"参加政府采购活动前三年"这一时间要求，对此应如何理解？特别是对设立不足三年的供应商，是否也要求其必须满足三年没有重大违法记录的条件？笔者认为，此项应理解为：若供应商设立三年以上，则只看该供应商在参加政府采购活动前三年内有无重大违法记录；若供应商设立不足三年的，应看供应商设立至参加政府采购活动时有无重大违法记录。对于设立时间不足三年的供应商，若片面强调要求审查其前三年有无重大违法记录，则许多新设立的企业无法参加政府采购活动，这与《政府采购法》规定的扶持中小企业的发展等政策导向是背道而驰的。

对于那些曾经有违法记录的供应商，《政府采购法》也只是看这些供应商在参加政府采购活动前三年内有无重大违法记录，给予这些供应商重新参加政府采购活动的机会，并不是永远禁止其参加政府采购活动。

（3）关于"供应商在参加政府采购活动前3年内因违法经营被禁止在一定期限内参加政府采购活动，期限届满的，可以参加政府采购活动"的理解。

对于《政府采购法》第二十二条第一款第五项规定的"参加政府采购活动前

三年内，在经营活动中没有重大违法记录"，《政府采购法实施条例》解释为"供应商在参加政府采购活动前3年内因违法经营被禁止在一定期限内参加政府采购活动，期限届满的，可以参加政府采购活动"。《〈中华人民共和国政府采购法实施条例〉释义》解释为，这句话是指供应商在参与政府采购活动中，因违法经营被政府采购监督管理部门禁止在一定期限内参加政府采购活动的，不纳入《政府采购法》第二十二条第一款第五项所称重大违法记录范围，处罚期限届满后，不受《政府采购法》第二十二条第一款第五项所称重大违法记录的限制。《政府采购法实施条例》作此规定，主要是考虑两者实际上都是限制供应商在一定期限内不得参加政府采购活动，实际法律后果产生了竞合，不宜叠加适用。政府采购监督管理部门明确禁止供应商在一定期限内参加政府采购活动的，已经对供应商的违法行为作出了惩戒，没有必要再次从供应商的资格上限制其参加政府采购活动。[①]但笔者认为，此规定虽然考虑了对某一供应商而言，为避免法律后果竞合而对其权益造成的影响，但却未考虑对不同供应商而言在某些情况下是不公平的。例如，A公司在参加政府采购活动前三年内在经营活动中受到过较大数额的罚款，而B公司在参加政府采购活动前三年内在经营活动中因提供虚假材料谋取中标而受到禁止一年内参加政府采购活动的处罚，但在参加该次政府采购活动前该一年期限已经届满，则根据法律规定，A公司不能参加此次政府采购活动，而B公司则可以。同为"重大违法记录"的A公司和B公司，A公司不能参加政府采购活动，而B公司则可以，显然对A公司不公平。并且，"禁止一定期限内参加政府采购活动"针对的是比较严重的违法行为，对有此类违法行为的供应商，不但在禁止期限内不能参加政府采购活动，而且在该期限结束后三年内也不能参加政府采购活动，才能真正起到惩戒作用。

（4）关于分公司的重大违法记录能否认为是总公司的重大违法记录的问题。

这个问题在实践中出现两种情况。一种是分公司被行政机关处以较大数额的罚款，另一种是分公司被吊销营业执照。第一种情况，有案例认为对分公司的行政处罚应及于总公司。

[①] 见财政部国库司、财政部政府采购管理办公室、财政部条法司、国务院法制办公室财金司编著：《〈中华人民共和国政府采购法实施条例〉释义》，中国财政经济出版社2015年6月第1版，第75、76页。

【案例】延边某客运集团有限公司诉某市财政局政府采购投诉处理决定案[①]（摘选）

某市客运站进行委托经营采购项目招标后，延边某客运集团有限公司（以下简称某客运公司）中标，后因供应商质疑、投诉，某市财政局（以下简称市财政局）作出投诉处理决定，以某客运公司参加本次政府采购活动前三年内在经营活动中有重大违法记录为由，确定某客运公司无投标资格，本次招标活动废标。某客运公司不服市财政局的处理决定，向法院提起行政诉讼。

本案中，市财政局的认定以某客运公司参加本次政府采购活动前三年内在经营活动中有重大违法记录为由，就涉及其分公司的行政处罚是否及于总公司的判定问题。

2014年9月9日，某客运公司所属吉H××号金龙大型客车由龙门村发往延吉，在行至头道收费站附近时发生侧翻，造成1人死亡、21人受伤的交通事故。2014年10月22日，延边州运输管理处（以下简称州运管处）作出《交通运输行政处罚决定书》，以吉H××号客车司机驾驶员使用失效的从业资格驾驶营运的行为违法为由，对某客运公司的分支机构某客运公司某公路客运总站（以下简称延边某客运总站）作出罚款15000元的处罚决定。

对于分公司的行政处罚能否及于总公司的问题，某客运公司主张，对某客运公司下设分公司的处罚不能视为某客运公司有"重大违法记录"，也不能等同于对某客运公司的处罚，否则处罚决定中就没有必要写明被处罚对象是某客运总站。法院认为，《公司法》第十四条规定："公司可以设立分公司。设立分公司，应当向公司登记机关申请登记，领取营业执照。分公司不具有法人资格，其民事责任由公司承担。公司可以设立子公司，子公司具有法人资格，依法独立承担民事责任。"2014年修订的《公司登记管理条例》（已失效）第四十五条规定："分公司是指公司在其住所以外设立的从事经营活动的机构。分公司不具有企业法人资格。"第四十六条第三款规定，分公司的经营范围不得超出公司的经营范围。依照以上规定，分公司自身不具备法人资格，经工商登记并领取营业执照的分公司可以在工商核准的营业范围内对外从事经营活动。分公司作为总公司的分支机

[①] 详细内容请见中国裁判文书网：延边朝鲜族自治州中级人民法院（2016）吉24行终138号行政判决书。

构,是总公司内部的一个组成部分,是总公司基于财税和经营便利等原因,根据总公司的意志所设立的对外从事总公司部分经营业务的机构,且分公司的经营范围不得超出总公司的经营范围。既然分公司经营的业务只是总公司经营业务的一部分,那么对总公司经营业务的总体评判,必然要包含对分公司经营业务的部分。就本案而言,某客运公司自认"某客运公司是拥有10个分公司、9个子公司的集团企业,仅具有单独营业执照的客运站就有11个,运输分公司6家"。由此可见,某客运公司的总体经营也是由各分公司和子公司来具体完成的。倘若法律允许总公司以自身名义获得行政许可,此后又将许可事项交由分公司来具体经营,一旦分公司在实施行政许可事项中因存在违规而被认定为存在"重大违法记录",而这种不利影响又不及于总公司,那么《政府采购法》及其他有关行政许可监督管理的法律、法规对行政相对人获取行政许可所设置的条件,必将流于形式。这不仅损害了其他行政许可申请人的公平竞争权,也必将使得行政执法无所适从,且有违立法本意。至于某客运公司提出的分公司可以单独成为被处罚的行政主体的问题。《行政处罚法》赋予分公司在行政执法程序中行政相对人的资格,分公司可以被列为被处罚人,《行政诉讼法》及司法解释也赋予分公司以其他组织的身份参加诉讼的资格。但是法律这种设定本身仅是从分公司具备一定的承担法定义务特别是财产给付能力,将其作为行政相对人或诉讼当事人,有利于纠纷的解决等角度考量,并不因此而使行政机关对分公司经营行政许可事项的行政处罚事实结果,完全独立于对总公司是否存在"重大违法记录"的评审之外。因此,对某客运公司提出的其下设分公司受到的行政处罚不能视为总公司有"重大违法记录",也不能等同于对总公司处罚的上诉主张,法院未予支持。

上述判决的观点,供应商应当重视。特别是银行、保险公司、通信公司等均有许多分支机构,若其分支机构受到各地方行政机关的较大数额罚款(200万元以上)的行政处罚,会影响到总公司的投标条件,甚至会导致总公司不能参加政府采购活动,影响公司的财产权益。

实践中出现的第二种情况,是吊销分公司营业执照是否及于总公司的问题。经汇总《公司法》及《市场主体登记管理条例》中吊销分公司营业执照的法定情形,主要有:提交虚假材料或者采取其他欺诈手段隐瞒重要事实取得市场主体登记情节严重的;实行注册资本实缴登记制的市场主体虚报注册资本取得市场主体登记情节严重的；市场主体未依照本条例办理变更登记情节严重的；市场主体伪造、涂改、出租、出借、转让营业执照情节严重的。

若基于上述案例所确立的认定标准"分公司经营的业务只是总公司经营业务的一部分，对总公司经营业务的总体评判，必然要包含对分公司经营业务的部分"，则分公司出现上述违法行为被行政机关吊销营业执照时，实际上反映的是总公司的分支机构经营业务中存在的违法情形，应视为总公司经营业务中存在的问题。因而，虽然吊销的是分公司而非总公司的营业执照，也会影响总公司在所参与的政府采购活动中的资格。但是，这种观点对总公司的影响会比较大。实际上，吊销分公司营业执照只影响分公司的经营活动能力，并不影响公司的经营活动能力。这个问题有待司法实践的进一步检验。

6. 法律、行政法规规定的其他条件

对于特殊行业的供应商，国家还有特别要求。这些特定条件，应当根据采购项目的特殊性而定，有的项目对供应商有资质要求，有的项目有特种设备要求，有的项目有财务状况要求或者特殊专业人才要求等。本条虽然赋予采购人对供应商提出特定条件的权利，但需要注意的是，采购人在行使该项权利时，不得通过设定特定资格要求来妨碍充分竞争和公平竞争，人为制造歧视。

需要特别注意的是，近年来，国务院进行行政审批制度改革，取消了一大批行政审批项目，对于已经取消的行政审批事项招标文件不得再作为资质条件。例如，2014年1月28日《国务院关于取消和下放一批行政审批项目的决定》中，明确取消了"计算机信息系统集成企业资质认定项目"条件，即该资质不再是法定资质，招标文件将这一资质作为资格性条款的行为，就违反《政府采购法》第二十二条、《政府采购法实施条例》第二十条第八项的规定，构成"对供应商实行差别待遇或者歧视待遇"的情形。财政部门对此类问题已经进行行政处罚。[①]

另一个问题是，实践中普遍存在的将供应商的信用查询记录直接作为供应商资格条件的问题。2014年12月19日，财政部发布并施行《关于在政府采购活动中查询及使用信用记录有关问题的通知》(财库〔2016〕125号)，要求各地区

---

① 见《政府采购指导案例》指导案例3号：XX注册与备案管理系统项目投诉案，http://www.ccgp.gov.cn/aljd/201711/t20171120_9187896.htm，最后访问日期2024年2月25日。

各部门应当按照社会信用体系建设有关要求，根据社会信用体系建设情况，创造条件将相关主体的信用记录作为供应商资格审查的重要依据。各级财政部门、采购人、采购代理机构应当通过"信用中国"网站（www.creditchina.gov.cn）、中国政府采购网（www.ccgp.gov.cn）等渠道查询相关主体信用记录，并采取必要方式做好信用信息查询记录和证据留存，信用信息查询记录及相关证据应当与其他采购文件一并保存。要求采购人或者采购代理机构应当在采购文件中明确信用信息的查询渠道及截止时点、信用信息查询记录和证据留存的具体方式、信用信息的使用规则等内容。采购人或者采购代理机构应当对供应商信用记录进行甄别，对列入失信被执行人、重大税收违法案件当事人名单、政府采购严重违法失信行为记录名单及其他不符合《政府采购法》第二十二条规定条件的供应商，应当拒绝其参与政府采购活动。实践中，政府采购项目的采购文件会将供应商的信用记录作为资格条件，将"未列入失信被执行人、重大税收违法案件当事人名单、政府采购严重违法失信行为记录名单"作为特定资格要求。规定在投标截止时间以后、资格审查阶段，采购人或者采购代理机构在"信用中国"网站（www.creditchina.gov.cn）和中国政府采购网站（www.ccgp.gov.cn）将查询结果网页打印页作为查询记录和证据，只要查询到供应商被列入失信被执行人、重大税收违法案件当事人名单、政府采购严重违法失信行为记录名单的，将按照无效投标处理。采购文件的这种规定，实际是对《关于在政府采购活动中查询及使用信用记录有关问题的通知》的误读。根据《政府采购法》第二十二条第一款第六项规定，只有法律、行政法规可以规定供应商的其他资格条件，该通知只是财政部制定的行政规范性文件，显然无权规定供应商的其他资格条件。对此，《财政部国库司有关负责人就〈关于在政府采购活动中查询及使用信用记录有关问题的通知〉答记者问》中已经明确"强调依法依规、合理使用。对失信主体既要惩戒到位，也要防止造成'误伤'。从具体失信记录来看，有的失信行为并未达到政府采购法律法规规定的禁止情形。因此，《通知》要求有关单位在使用信用信息过程中要严格按照《政府采购法》第二十二条的规定，对是否具有良好商业信誉、依法缴纳税收和社会保障资金的良好记录、重大违法记录等情形进行甄别，依法对失信供应商进行惩戒"。[①] 也就是说，对于通过"信用中国"网站、中国政府采购网站查询到的供应商有失信记录的，不能直接认定不满足供应商的资格条件，而是应当对具体情形进行甄别，要看供应商被列入失信记录的具体原因，即是否导致供应商不满足《政府采购法》第二十二条第一款规定的"具有良好的商业信誉、依法缴纳税收和社会保障资金的良好记录、没有重大违法记录"等资格条件，从而依据《政府采购法》第二十二条第一款规定的具体情形为由不通过资格审查，而不能直接以供应商有失信记录不通过资格审查。这个问题是实践中普遍存在且需要纠正的问题。目前，《社会信用体系建设法》向社会公开征求意见，相信该法实施后这个问题将会在法律上得到解决。

（三）供应商资格审查

根据《政府采购法》第二十三条的规定，采购人可以要求参加政府采购的供应商提供有关资质证明文件和业绩情况，并根据本法规定的供应商条件和采购项目对供应商的特定要求，对供应商的资格进行审查。

国际上对供应商的资格审查分为两种形式：一种是集中审查，主要是政府采购主管机构统一审查资格，合格供应商列入供应商库，供应商可以随时向主管机构申请审查。进入供应商库的供应商的有效期一般不超过三年，然后进行重新审查。在有效期内，违反有关规定的供应商将被除名，并禁止在一定时期内参加政府采购活动。另一种是分散审查，即由各采购单位自行审查。在一个采购单位审查合格的供应商，其他采购单位可予以免审，减轻审查工作负担。如果一个采购单位经审查发现供应商存在重大问题，其他采购单位都不得允许其参加政府采购活动。

在我国推行政府采购期间，财政部 1999 年颁布的《政府采购管理暂行办法》（已失效）第十七条规定，供应商参加政府采购活动的资格由财政部门负责审核。《政府采购法》在起草期间，对供应商资格审查主体曾有不同意见。一种意见认为，供应商资格应当由政府采购监督管理部门统一负责审查。理由是对供应商的资格审查属于政府采购的管理行为，应当由政府采购的监督管理部门负责。由政

[①] 见中国政府采购网，http://www.ccgp.gov.cn/zcfg/zcjd/201710/t20171009_8948297.htm，最后访问日期 2024 年 2 月 25 日。

第三章 政府采购当事人的权利和义务

府采购监督管理部门统一负责供应商资格审查工作，有利于减轻供应商的负担，有效缩短采购人的采购周期。另一种意见认为，应当由采购人负责供应商的资格审查事务。采购人是采购活动直接组织者，有长期开展采购活动的经验，了解采购项目的特殊性，对相关行业的供应商也比较了解，能够更好地确定供应商的特定条件，尤其是对供应商资格进行审查，有利于增强针对性，提高审查效率。该法最终采纳了后一种意见，第二十三条规定："采购人可以要求参加政府采购的供应商提供有关资质证明文件和业绩情况，并根据本法规定的供应商条件和采购项目对供应商的特定要求，对供应商的资格进行审查。"

2004 年的《政府采购货物和服务招标投标管理办法》第五十四条规定资格性检查是由评标委员会进行，该规定与《政府采购法》第二十三条的规定不符。2017 年修订后，该办法第四十四条第一款规定，公开招标采购项目开标结束后，采购人或者采购代理机构应当依法对投标人的资格进行审查。因而，对供应商资格审查应由采购人或者采购人委托采购代理机构进行。

《政府采购法实施条例》第十七条规定，证明参加政府采购活动的供应商具备政府采购法第二十二条第一款规定的条件的材料主要有：（1）法人或者其他组织的营业执照等证明文件，自然人的身份证明；（2）财务状况报告，依法缴纳税收和社会保障资金的相关材料；（3）具备履行合同所必需的设备和专业技术能力的证明材料；（4）参加政府采购活动前 3 年内在经营活动中没有重大违法记录的书面声明；（5）具备法律、行政法规规定的其他条件的证明材料。采购项目有特殊要求的，供应商还应当提供其符合特殊要求的证明材料或者情况说明。采购人或者采购代理机构重点对这些材料进行审查。同时需要注意的是，为防止因资格性审查出现的法律后果和法律责任，招标文件应对资格性材料、资格审查中出现的问题以及处理等问题进行明确规定，以便审查时有据可依。

（四）政府采购联合体

《政府采购法》允许联合体参加政府采购活动。在政府采购实践中，允许供应商以联合体形式参加政府采购活动，且十分必要。理由主要有：（1）政府采购项目通常为批量性的项目，规模较大，一般情况下，一个供应商难以独立完成。（2）分散市场压力，让更多的供应商获得政府采购的商业机会。政府采购项目特别是批量大的货物采购项目，少数供应商中标容易形成垄断，很不公平，也容易加重中标企业的工作负担。供应商组成联合体，可以适度分散商业机会，让更多的企业受益。（3）政府采购项目通常为复合型采购项目，一个采购项目往往含有货物、工程或者服务中两个或三个对象，如网络系统建设，既有服务内容，如软件开发、维护等，也有货物内容，如购买硬件等，需要多个供应商联合完成。（4）照顾中小企业。正是由于政府采购项目多为批量性项目或大型项目，对供应商的要求很高，单个中小企业一般没有参加资格。即使允许中小企业参加，由于企业规模有限，竞争能力不强，一般很难拿到采购合同。为此，为了照顾中小企业，允许它们成立一个联合体，壮大实力，在能力上可以互补，从而提高竞争能力。

但在实践中，采购人考虑到项目的实际情况，有时不愿意接受联合体投标，因此，有些项目的招标文件明确指出"本项目不接受联合体投标"。对此问题，由于目前法律并没有明确规定所有的政府采购项目均应当接受联合体投标，因而监管部门对此采取的是放任的态度，由采购人来决定是否允许联合体投标。因此，供应商能否组成联合体投标，还要看招标文件是否允许。《政府采购货物和服务招标投标管理办法》第十九条规定，采购人或者采购代理机构应当根据采购项目的实施要求，在招标公告、资格预审公告或者投标邀请书中载明是否接受联合体投标。如未载明，不得拒绝联合体投标。

联合体投标应注意的法律问题主要有：

1. 联合体各方均应具备政府采购法规定的一般供应商条件，至少有一方符合特定条件

《政府采购法》第二十四条规定，两个以上的自然人、法人或者其他组织可以组成一个联合体，以一个供应商的身份共同参加政府采购。以联合体形式进行政府采购的，参加联合体的供应商应当具备该法第二十二条规定的条件。《政府采购法》第二十二条规定了供应商参加政府采购活动必须具备的有关条件，如具有独立承担民事责任的能力；具有良好的商业信誉和健全的财务会计制度；具有履行合同所必需的设备和专业技术能力；有依法缴纳税收和社会保障资金的良好记录；参加政府采购活动前三年内，在经营活动中没有重大违法记录等。

《政府采购法实施条例》第二十二条规定，联合体中有同类资质的供应商按

照联合体分工承担相同工作的,应当按照资质等级较低的供应商确定资质等级。以联合体形式参加政府采购活动的,联合体各方不得再单独参加或者与其他供应商另外组成联合体参加同一合同项下的政府采购活动。

根据上述规定,以联合体形式参加投标的,联合体各方均应当符合《政府采购法》第二十二条第一款规定的条件。采购人根据采购项目的特殊要求规定投标人特定条件的,联合体各方中只要有一方符合采购人的特定条件就可以。

关于联合体的资质确定问题,根据《政府采购法实施条例》的规定,由同类资质的供应商组成的联合体,应当按照资质等级较低的供应商确定联合体的资质等级,这与《招标投标法》第三十一条第二款的规定相吻合。

2. 联合体应当向采购人提交联合协议

为了规范政府采购联合体各方的权利和义务,联合体各方在参加政府采购活动时,应当以书面形式向采购人提交由各方签字的联合协议,明确联合体各方应承担的工作以及各自的权利和义务。如果拿到采购合同后,联合体内部发生纠纷,可以依据共同签订的协议予以解决。在实践中,有时投标文件中的联合体协议并未明确联合体各自的权利和义务,导致政府采购合同履行中无法区分联合体各自的分工,无法判断违约责任等。对此问题应当特别注意。

3. 联合体各方应当共同与采购人订立合同并履约

以联合体中标或成交的,联合体各方应当共同与采购人签订采购合同,不能以联合体的一方代表其他各方与采购人签订合同。在履行合同时,联合体就合同约定的事项对采购人承担连带责任。也就是说,如果联合体的一方违反了合同约定,采购人有权要求其中的任何一方承担全部责任。

政府采购项目允许分公司参与的情况下,分公司与其他主体组成联合体参与,会让情况变得非常复杂,采购文件需要考虑各种情况并尽可能地进行规定。

(五)供应商的权利和义务

1. 供应商的权利

(1)有平等获得有关招标信息的权利。

《政府采购法实施条例》第二十条规定,就同一采购项目向供应商提供有差别的项目信息,为"以不合理的条件对供应商实行差别待遇或者歧视待遇"的一种情形。《政府采购法》第七十一条规定，对此种情形政府采购监管部门将责令限期改正，给予警告，可以并处罚款，对直接负责的主管人员和其他直接责任人员，由其行政主管部门或者有关机关给予处分，并予通报。实践中出现过采购代理机构对招标文件进行澄清或者修改后，未将澄清或者修改内容发送所有购买招标文件的供应商，未保障供应商平等获得有关招标信息的权利。

（2）在政府采购中享有平等进行竞争的权利，并有自愿组成联合体作为一个主体参与政府采购活动的权利。

《政府采购法实施条例》第二十条规定了八种"以不合理的条件对供应商实行差别待遇或者歧视待遇"的情形，就是保障供应商平等竞争的权利。在采购文件允许联合体参与时，供应商有权自行组成联合体参与政府采购活动。任何人无权干预或者阻挠。

（3）认为采购人员及相关人员与其他供应商有利害关系的，有申请回避的权利。

《政府采购法》第十二条规定，在政府采购活动中，采购人员及相关人员与供应商有利害关系的，必须回避。供应商认为采购人员及相关人员与其他供应商有利害关系的，可以申请其回避。这里的相关人员，包括招标采购中评标委员会的组成人员，竞争性谈判采购中谈判小组的组成人员，询价采购中询价小组的组成人员等。

《政府采购法实施条例》第九条规定了五种政府采购活动中，采购人员及相关人员与供应商有利害关系应当回避的情形，具体包括：

第一，参加采购活动前3年内与供应商存在劳动关系。

这里的"劳动关系"是指受我国《劳动法》调整的劳动法律关系。劳动关系是指企业、个体经济组织（统称用人单位）与劳动者之间，依法签订劳动合同，劳动者接受用人单位的管理，从事用人单位安排的工作，成为用人单位的成员，从用人单位领取劳动报酬和受劳动保护所产生的法律关系。国家机关、事业组织、社会团队和与之建立劳动合同关系的劳动者，依照该法执行。在实践中，有些用人单位没有与劳动者签订劳动合同，但只要双方实际履行上述权利和义务，就形成了事实上的劳动关系，这种事实上的劳动关系也属于劳动关系。

需要注意的是，劳务关系不是劳动关系。劳务关系是劳动者与用工者通过口头或者书面约定,由劳动者向用工者提供一次性的或者是特定的劳动服务,用工者依约向劳动者支付劳动报酬的一种有偿服务的法律关系。劳务关系本质上是合同关系。如果相关人员与供应商之间存在劳务关系,而这种劳务关系可能影响政府采购活动公平、公正进行,则属于第五种情形。

此外,根据《公司法》的规定,公司的高级管理人员是指公司经理、副经理、财务负责人,上市公司董事会秘书和公司章程规定的其他人员。高级管理人员由董事会聘任,代表公司履行职责,而非代表股东,与公司存在劳动关系。因此,如果相关人员是供应商的高级管理人员,则也属于本项规定的情形。

第二,参加采购活动前3年内担任供应商的董事、监事。

根据《公司法》的规定,董事、监事是由公司股东选出或者委派,代表股东利益,对公司的重大经营事项进行决策和监督。董事、监事产生的依据是股东的委派,而非公司本身的聘用。其任务是代表股东参与公司的管理和监督,而非在公司的管理下参与劳动。因此,董事、监事与其任职的公司之间建立的关系不属于"劳动关系"。

第三,参加采购活动前3年内是供应商的控股股东或者实际控制人。

根据《公司法》第二百六十五条规定,控股股东,是指其出资额占有限责任公司资本总额超过百分之五十或者其持有的股份占股份有限公司股本总额超过百分之五十的股东;出资额或者持有股份的比例虽然低于百分之五十,但依其出资额或者持有的股份所享有的表决权已足以对股东会的决议产生重大影响的股东。实践中,一般将前者称为绝对控股,后者称为相对控股,这两种均为控股股东。实际控制人是指虽不是公司的股东,但通过投资关系、协议或者其他安排,能够实际支配公司行为的人。实际控制人可以是控股股东的股东,或者是与公司无关的自然人、法人或者其他组织。上市公司的控股股东、未上市公司的股东均可以通过公开渠道获知,但实际控制人往往很难发现。

第四,与供应商的法定代表人或者负责人有夫妻、直系血亲、三代以内旁系血亲或者近姻亲关系。

直系血亲关系,包括祖父母、外祖父母、父母、子女、孙子女、外孙子女。三代以内旁系血亲关系,包括伯叔姑舅姨、兄弟姐妹、堂兄弟姐妹、表兄弟姐妹、侄子女、甥子女。近姻亲关系,包括配偶的父母、配偶的兄弟姐妹及其配偶、子女的配偶及子女配偶的父母、三代以内旁系血亲的配偶。

第五，与供应商有其他可能影响政府采购活动公平、公正进行的关系。

前四种关系比较明确，相对容易判断。第五种是兜底条款，相关人员与供应商虽然不存在前述四种关系，但与供应商有其他影响或者可能影响政府采购公平、公正进行的关系，如同学、老乡、战友、朋友等关系则也应当回避。实践中，笔者遇到过这样的问题：某政府采购项目中标公告发布后，采购人收到供应商质疑，称中标人是招标代理机构，本项目评标专家有3人参加过中标人之前组织的项目的评标，属于《政府采购法实施条例》第九条第一款第五项规定的"与供应商有其他可能影响政府采购活动公平、公正进行的关系"应予以回避而未回避的情形。对此问题，笔者认为，评标专家参加过中标人以前组织的项目的评标，是正常的工作关系，不属于法律规定的劳动关系，也不属于董事、监事、控股股东或者实际控制人、亲属关系等密切关系，不会影响评标的公正性。

供应商认为采购人员及相关人员与其他供应商有利害关系的，可以向采购人或者采购代理机构书面提出回避申请，并说明理由。采购人或者采购代理机构应当及时询问被申请回避人员，有利害关系的被申请回避人员应当回避。

（4）经采购人同意，有以分包方式履行合同的权利。

《政府采购法》第四十八条规定，经采购人同意，中标、成交供应商可以依法采取分包方式履行合同。政府采购合同分包履行的，中标、成交供应商就采购项目和分包项目向采购人负责，分包供应商就分包项目承担责任。

《政府采购货物和服务招标投标管理办法》第三十五条规定，投标人根据招标文件的规定和采购项目的实际情况，拟在中标后将中标项目的非主体、非关键性工作分包的，应当在投标文件中载明分包承担主体，分包承担主体应当具备相应资质条件且不得再次分包。

因此，供应商如果想分包履行政府采购合同，在招标方式采购时，就应在投标文件中载明分包承担主体；或者在非招标方式采购成交后，经采购人同意，就可以分包方式履行政府采购合同。

（5）对政府采购活动事项有疑问的，有向采购人或其采购代理机构提出询问的权利。

《政府采购法》第五十一条规定，供应商对政府采购活动事项有疑问的，可以向采购人提出询问，采购人应当及时作出答复，但答复的内容不得涉及商业秘密。《政府采购法实施条例》第五十二条规定，采购人或者采购代理机构应当在3个工作日内对供应商依法提出的询问作出答复。供应商提出的询问或者质疑超出采购人对采购代理机构委托授权范围的，采购代理机构应当告知供应商向采购人提出。

（6）认为自己的权益受到损害时，有在法定期限内向采购人或其采购代理机构提出质疑的权利；对其答复不满意或未得到答复的，有在法定期限内向法定部门投诉、申请行政复议或者提起行政诉讼的权利等。

根据《政府采购法》第五十二条、第五十五条规定，供应商认为采购文件、采购过程和中标、成交结果使自己的权益受到损害的，可以在知道或者应知其权益受到损害之日起七个工作日内，以书面形式向采购人提出质疑。质疑供应商对采购人、采购代理机构的答复不满意或者采购人、采购代理机构未在规定的时间内作出答复的，可以在答复期满后十五个工作日内向同级政府采购监督管理部门投诉。对投诉不服的，还可以针对投诉处理决定申请行政复议或者提起行政诉讼。

2. 供应商的义务

根据《政府采购法实施条例》的相关规定，供应商应当遵守政府采购制度和公平竞争交易规则，诚实守信，负有以下义务：

（1）不得与采购人、采购代理机构或者其他供应商串通；

（2）不得提供虚假材料；

（3）不得向采购人、采购代理机构或者评标委员会、竞争性谈判小组、询价小组组成人员行贿或者采取其他不正当手段谋取非法利益；

（4）不得以不正当手段诋毁、排斥其他供应商；

（5）中标并签订合同后，供应商应当按照约定全面履行自己的义务；分包供应商有依法履行分包合同的义务等。

供应商违反上述法定义务，可能会承担民事责任或者行政责任（行政处罚）。

三、政府采购代理机构的权利和义务

根据《政府采购法实施条例》第十二条的规定，政府采购代理机构分为集中采购机构和集中采购机构以外的采购代理机构。

实践中有"部门集中采购机构"之称，笔者认为，部门集中采购在《政府采购法》上没有法律地位，《政府采购法》仅规定了集中采购机构的法律地位，却没有规定部门集中采购机构。《政府采购法》第十六条规定，集中采购机构为采购代理机构。设区的市、自治州以上人民政府根据本级政府采购项目组织集中采购的需要设立集中采购机构。集中采购机构是非营利事业法人，根据采购人的委托办理采购事宜。从该条规定来看，集中采购机构是由设区的市、自治州以上人民政府设立，法律并未规定组成人民政府的部门可以设立集中采购机构，因此，集中采购机构只能由一级政府根据需要设立，而不能由政府组成部门设立。

（一）集中采购机构的权利和义务

根据《政府采购法》第十六条、《政府采购法实施条例》第十二条的规定，集中采购机构是设区的市级以上人民政府依法设立的非营利事业法人，是代理集中采购项目的执行机构。集中采购机构应当根据采购人委托制定集中采购项目的实施方案，明确采购规程，组织政府采购活动，不得将集中采购项目转委托。

1. 集中采购机构的性质

集中采购机构的职能主要是受采购人的委托代理组织采购活动，因此，法律规定其为采购代理机构。集中采购机构是非营利法人中的事业单位法人。

集中采购机构与其他采购代理机构的一个不同点在于，其业务范围有强制性的，也有非强制性的，而其他采购代理机构的业务范围都是非强制性的。所谓强制性业务，主要是指集中采购目录范围内的政府采购项目采购人必须委托集中采购机构组织政府采购活动。而集中采购目录范围之外的采购项目，是否委托集中采购机构组织采购，由采购人自行决定，集中采购机构不得干预。无论是强制性还是非强制性委托，集中采购机构都必须与采购人签署委托代理协议，明确委托采购事项及各自的权利和义务。委托代理协议具有法律效力，在采购活动中协议各方应当履行委托代理协议的权利和义务。

集中采购机构是非营利法人中的事业单位法人。事业单位是指国家为了社会公益目的，由国家机关举办或者其他组织利用国有资产举办的，从事教育、科技、文化、卫生等活动的社会服务组织。集中采购机构是非营利性的，这主要是因为集中采购机构或全额财政拨款，或财政差额补助，其收费等项收入都要上缴国库，实行"收支两条线"管理。

我国的集中采购机构没有设立为企业性质的经营实体，是因为企业是以营利为目的的组织，而政府采购是一种政府的采购活动，集中采购机构若以营利为目的，将影响政府采购活动的目标和效益，与设置政府采购制度的目的相违背。

2011年3月23日，中共中央、国务院发布《关于分类推进事业单位改革的指导意见》，首次开列了一张事业单位改革的时间表：用2011—2015年五年时间，在清理规范基础上完成事业单位分类；到2020年，我国形成新的事业单位管理体制和运行机制。根据该指导意见，事业单位按照社会功能划分为三类：承担行政职能的事业单位，逐步将其行政职能划归行政机构或转为行政机构；对从事生产经营活动的事业单位，逐步将其转为企业；对从事公益服务的事业单位，继续将其保留在事业单位序列、强化其公益属性。从事公益服务的事业单位又可细分为两类：承担义务教育、基础性科研、公共文化、公共卫生等基层的基本公益服务，不能或不宜由市场配置资源的，划入公益一类；承担高等教育、非营利医疗等公益服务，可部分由市场配置资源的，划入公益二类。因此，政府采购集中采购机构也将面临着改革，何去何从要看改革的最终结果。

2. 集中采购机构的设立原则

设置集中采购机构是政府职能，为此《政府采购法》第十六条提出了下列设置原则：一是地域性原则。设区的市、自治州以上的人民政府可以设立集中采购机构。二是非强制性原则。地级市以上的人民政府是否设立集中采购机构，应当根据集中采购规模具体确定。如果集中采购的规模不大，也可以不设立专门的集中采购机构。三是独立设置原则。结合《政府采购法》第六十条规定，集中采购机构不得设立在政府采购监督管理部门，同时规定采购代理机构与行政机关不得存在隶属关系或者其他利益关系。换句话说，集中采购机构不得设立在行政机关内，没有主管部门，应当独立设置。实践中，有些地方的集中采购机构设在财政部门，不符合《政府采购法》的规定。

3. 集中采购机构的权利和义务

根据《政府采购法》第二十条的规定，采购人依法委托采购代理机构办理采购事宜的，应当由采购人与采购代理机构签订委托代理协议，依法确定委托代理的事项，约定双方的权利义务。

采购人委托代理机构办理采购事宜是一种民事活动，双方通过签订委托代理协议明确约定各方的权利、义务和法律责任，双方应当按照委托代理协议履行各自的义务，采购代理机构在代理活动中不得超越代理权限。当发生纠纷时，双方将依据委托代理协议的内容来确定各自的法律责任。

通常来讲，采购代理机构是代理采购活动的机构，应对采购活动承担法律责任。但是，有关评标出现违法情形的法律责任问题，应由评标委员会的成员承担。《政府采购货物和服务招标投标管理办法》第四十六条规定了评标委员会在评标过程中履行的职责，第六十二条规定了评标委员会不得出现的违法行为，第八十一条规定了评标委员会成员违法行为的法律责任。对于评标过程中出现的违法情形，有关责任人应依法承担法律责任，而不是由采购代理机构来承担，采购代理机构只是评标的组织者。

根据《政府采购法实施条例》的规定，集中采购机构应当根据采购人委托制定采购项目的实施方案，明确采购规程，组织政府采购活动，不得将集中采购项目转委托。集中采购机构进行政府采购活动，应当符合采购价格低于市场平均价格、采购效率更高、采购质量优良和服务良好的要求。

集中采购机构应当建立健全内部监督管理制度。采购活动的决策和执行程序应当明确，并相互监督、相互制约。重点做好流程控制，围绕政府采购具体环节加强管理。经办采购的人员与负责采购合同审核、验收人员的职责权限应当明确，并相互分离。

集中采购机构的采购人员应当具有相关职业素质和专业技能，符合政府采购监督管理部门规定的专业岗位任职要求。

集中采购机构对其工作人员应当加强教育和培训；对采购人员的专业水平、工作实绩和职业道德状况定期进行考核。采购人员经考核不合格的，不得继续任职。

（二）集中采购机构以外的采购代理机构的权利和义务

根据《政府采购法实施条例》第十二条的规定，集中采购机构以外的采购代理机构（以下简称其他采购代理机构），是受采购人委托从事采购代理业务的社会中介机构。

2014年8月31日,第十二届全国人民代表大会常务委员会第十次会议通过修改《政府采购法》等五部法律的决定。其中明确,自2014年8月31日起取消政府采购代理机构资格认定行政许可事项。目前,任何公司从事政府采购项目的代理,只要办理营业执照,即可开展业务。

1. 其他采购代理机构的权利和义务

根据《政府采购法》第十八条规定,采购人对于分散采购项目,可以自行组织采购,也可以委托集中采购机构在委托的范围内代理采购。第十九条进一步规定,由采购人自行组织采购的分散采购项目,采购人可以将采购项目委托给集中采购机构以外的采购代理机构。

采购人依法委托其他采购代理机构办理采购事宜的,应当由采购人与采购代理机构签订委托代理协议,明确代理采购的范围、权限和期限等具体事项。采购人和采购代理机构应当按照委托代理协议履行各自的义务,采购代理机构不得超越代理权限。目前,不少地方的政府采购监督管理部门制定了委托代理协议的范本,供采购代理机构参考使用。实践中,有的采购人有一种错误认识,认为只要采购项目出现任何问题都应由采购代理机构处理,无论这些问题是评审委员会还是供应商造成的,甚至合同履行的违约问题。这种做法已经超越了采购代理机构的权限。

《政府采购法实施条例》规定,采购代理机构应当建立完善的政府采购内部监督管理制度,具备开展政府采购业务所需的评审条件和设施。采购代理机构应当提高确定采购需求,编制招标文件、谈判文件、询价通知书,拟订合同文本和优化采购程序的专业化服务水平,根据采购人委托在规定的时间内及时组织采购人与中标或者成交供应商签订政府采购合同,及时协助采购人对采购项目进行验收。

采购代理机构有权根据采购人的委托办理采购事宜,但采购人员及相关人员与供应商有利害关系的,必须回避;采购代理机构不得以向采购人行贿或采取其他不正当手段谋取非法利益,不得与其他采购当事人串通损害国家利益、社会公共利益和其他当事人的合法权益,不得以任何手段排斥其他供应商参与投标。集中采购机构进行政府采购活动,依法应当符合采购价格低于市场平均价格、采效率更高、采购质量优良和服务优良的要求。这三项要求是集中采购活动应当遵循的原则性规定，它不仅规范集中采购机构的采购活动，而且还有利于实现政府采购制度的宗旨，节约财政开支，杜绝政府采购环节中的腐败现象，从而达到保护国家利益、社会公共利益和采购人的合法权益的目的。

2. 财政部门对其他采购代理机构的管理

为加强对采购代理机构的监督管理，2018年1月4日，财政部发布《关于印发〈政府采购代理机构管理暂行办法〉的通知》（财库〔2018〕2号）。财政部门对其他采购代理机构的监督管理主要体现在以下四个方面：

（1）名录登记。

代理机构实行名录登记管理。省级财政部门依托中国政府采购网省级分网（以下简称省级分网）建立政府采购代理机构名录（以下简称名录）。名录信息全国共享并向社会公开。

代理机构应当通过工商登记注册地（以下简称注册地）省级分网填报以下信息申请进入名录，并承诺对信息真实性负责：第一，代理机构名称、统一社会信用代码、办公场所地址、联系电话等机构信息；第二，法定代表人及专职从业人员有效身份证明等个人信息；第三，内部监督管理制度；第四，在自有场所组织评审工作的，应当提供评审场所地址、监控设备设施情况；第五，省级财政部门要求提供的其他材料。

代理机构登记信息发生变更的，代理机构应当在信息变更之日起10个工作日内自行更新。

代理机构登记信息不完整的，财政部门应当及时告知其完善登记资料；代理机构登记信息完整清晰的，财政部门应当及时为其开通相关政府采购管理交易系统信息发布、专家抽取等操作权限。

代理机构在其注册地省级行政区划以外从业的，应当向从业地财政部门申请开通政府采购管理交易系统相关操作权限，从业地财政部门不得要求其重复提交登记材料，不得强制要求其在从业地设立分支机构。

代理机构注销时，应当向相关采购人移交档案，并及时向注册地所在省级财政部门办理名录注销手续。

（2）从业管理。

代理机构代理政府采购业务应当具备以下条件：第一，具有独立承担民事责任的能力；第二，建立完善的政府采购内部监督管理制度；第三，拥有不少于5名熟悉政府采购法律法规、具备编制采购文件和组织采购活动等相应能力的专职从业人员；第四，具备独立办公场所和代理政府采购业务所必需的办公条件；第五，在自有场所组织评审工作的，应当具备必要的评审场地和录音录像等监控设备设施并符合省级人民政府规定的标准。

采购人应当根据项目特点、代理机构专业领域和综合信用评价结果，从名录中自主择优选择代理机构。任何单位和个人不得以摇号、抽签、遴选等方式干预采购人自行选择代理机构。

代理机构受采购人委托办理采购事宜，应当与采购人签订委托代理协议，明确采购代理范围、权限、期限、档案保存、代理费用收取方式及标准、协议解除及终止、违约责任等具体事项，约定双方权利义务。

代理机构应当严格按照委托代理协议的约定依法依规开展政府采购代理业务，相关开标及评审活动应当全程录音录像，录音录像应当清晰可辨，音像资料作为采购文件一并存档。

代理费用可以由中标、成交供应商支付，也可由采购人支付。由中标、成交供应商支付的，供应商报价应当包含代理费用。代理费用超过分散采购限额标准的，原则上由中标、成交供应商支付。代理机构应当在采购文件中明示代理费用收取方式及标准，随中标、成交结果一并公开本项目收费情况，包括具体收费标准及收费金额等。

采购人和代理机构在委托代理协议中约定由代理机构负责保存采购文件的，代理机构应当妥善保存采购文件，不得伪造、变造、隐匿或者销毁采购文件。采购文件的保存期限为从采购结束之日起至少十五年。

采购文件可以采用电子档案方式保存。采用电子档案方式保存采购文件的，相关电子档案应当符合《档案法》《电子签名法》等法律法规的要求。

（3）信用评价。

财政部门负责组织开展代理机构综合信用评价工作。采购人、供应商和评审专家根据代理机构的从业情况对代理机构的代理活动进行综合信用评价。综合信用评价结果应当全国共享。

采购人、评审专家应当在采购活动或评审活动结束后五个工作日内,在政府采购信用评价系统中记录代理机构的职责履行情况。供应商可以在采购活动结束后五个工作日内,在政府采购信用评价系统中记录代理机构的职责履行情况。代理机构可以在政府采购信用评价系统中查询本机构的职责履行情况,并就有关情况作出说明。

(4)监督检查。

财政部门应当建立健全定向抽查和不定向抽查相结合的随机抽查机制。对存在违法违规线索的政府采购项目开展定向检查;对日常监管事项,通过随机抽取检查对象、随机选派执法检查人员(双随机)等方式开展不定向检查。

财政部门可以根据综合信用评价结果合理优化对代理机构的监督检查频次。

财政部门应当依法加强对代理机构的监督检查,监督检查包括以下内容:第一,代理机构名录信息的真实性;第二,委托代理协议的签订和执行情况;第三,采购文件编制与发售、评审组织、信息公告发布、评审专家抽取及评价情况;第四,保证金收取及退还情况,中标或者成交供应商的通知情况;第五,受托签订政府采购合同、协助采购人组织验收情况;第六,答复供应商质疑、配合财政部门处理投诉情况;第七,档案管理情况;第八,其他政府采购从业情况。

对代理机构的监督检查结果应当在省级以上财政部门指定的政府采购信息发布媒体向社会公开。

四、政府采购当事人的禁止事项

除上述有关当事人的权利义务外,《政府采购法》第二十五条还规定了政府采购各当事人的禁止事项(或称义务)。即政府采购当事人不得相互串通损害国家利益、社会公共利益和其他当事人的合法权益;不得以任何手段排斥其他供应商参与竞争。供应商不得以向采购人、采购代理机构、评标委员会的组成人员、竞争性谈判小组的组成人员、询价小组的组成人员行贿或者采取其他不正当手段谋取中标或者成交。采购代理机构不得以向采购人行贿或者采取其他不正当手段谋取非法利益。

政府采购是采购人与供应商进行的一种商业性交易活动,如果不加强管理,或者缺乏规范化规定，容易受利益的引诱，滋生腐败；并且，由于政府采购资金主要是财政性资金，是国家通过税收和收费等途径取得的，不是单位自有资金，也不是个人资金，必须有很强的责任心和制度做保障。否则，会对政府和社会，甚至国家造成不可估量的负面影响。另外，虽然政府采购的当事人是平等的民事主体，但采购人多为国家机关，掌握着商业机会的分配权，因此，容易发生寻租现象。为防止此类现象的发生，有必要对有关当事人在政府采购活动中的禁止性事项予以明确。

1. 政府采购当事人不得相互串通、排斥其他供应商参与竞争

政府采购中的当事人相互串通和排斥其他供应商的行为多种多样。《政府采购法实施条例》第七十四条规定的恶意串通行为有：(1)供应商直接或者间接从采购人或者采购代理机构处获得其他供应商的相关情况并修改其投标文件或者响应文件；(2)供应商按照采购人或者采购代理机构的授意撤换、修改投标文件或者响应文件；(3)供应商之间协商报价、技术方案等投标文件或者响应文件的实质性内容；(4)属于同一集团、协会、商会等组织成员的供应商按照该组织要求协同参加政府采购活动；(5)供应商之间事先约定由某一特定供应商中标、成交；(6)供应商之间商定部分供应商放弃参加政府采购活动或者放弃中标、成交；(7)供应商与采购人或者采购代理机构之间、供应商相互之间，为谋求特定供应商中标、成交或者排斥其他供应商的其他串通行为。《政府采购货物和服务招标投标管理办法》第三十七条规定的供应商串通投标的情形为：(1)不同投标人的投标文件由同一单位或者个人编制；(2)不同投标人委托同一单位或者个人办理投标事宜；(3)不同投标人的投标文件载明的项目管理成员或者联系人员为同一人；(4)不同投标人的投标文件异常一致或者投标报价呈规律性差异；(5)不同投标人的投标文件相互混装；(6)不同投标人的投标保证金从同一单位或者个人的账户转出。

2. 供应商不得以不正当手段谋取中标或成交

供应商是市场主体，以营利为目的，应当严格按照本法规定的正当渠道获得商业机会。对不择手段如"找关系""跑路子"，拉拢腐蚀直接影响政府采购合同授予的有关机构和人员的供应商和行为要坚决予以制止。为此，法律规定供应商不得向采购人、采购代理机构、评标委员会的组成人员、竞争性谈判小

组的组成人员、询价小组的组成人员行贿或者采取其他不正当手段谋取中标或者成交。

3. 采购代理机构不得以不正当手段谋取非法利益

这里的采购代理机构包括集中采购机构和集中采购机构以外的采购代理机构。集中采购机构以外的采购代理机构的收入来源于采购项目的代理服务费。由于市场竞争激烈，商业机会有限，而且采购委托事务容易受到行政干预，有些采购代理机构为了承揽代理业务，往往会采取行贿或者服务费分成等办法。另外，有的采购代理机构为了取得更多收入，容易出现与供应商串通的行为，通过各种方式帮助特定供应商中标，然后从中标供应商处获利。

为了规范采购代理机构的行为，保护采购当事人各方利益，法律规定采购代理机构的特别禁止性行为，即采购代理机构不得以不正当手段获取政府采购代理业务，不得与采购人、供应商恶意串通操纵政府采购活动。采购代理机构工作人员不得接受采购人或者供应商组织的宴请、旅游、娱乐，不得收受礼品、现金、有价证券等，不得向采购人或者供应商报销应当由个人承担的费用。

第二节 《招标投标法》中当事人的权利和义务

《招标投标法》第二章和第三章分别就招标人、投标人及招标代理机构的含义、权利义务、资格条件以及相互关系等内容作出规定。

一、招标人的权利和义务

（一）招标人的主体形式

根据《招标投标法》第八条的规定，招标人是指依照该法规定提出招标项目、进行招标的法人或者其他组织。该条规定的招标人的范围不包括自然人。

《招标投标法》中的招标人，主要包括《民法典》规定的法人和非法人组织两类民事主体。法人分为营利法人、非营利法人和特别法人。营利法人是以取得利润并分配给股东等出资人为目的成立的法人，包括有限责任公司、股份有限公司和其他企业法人等。为公益目的或者其他非营利目的成立，不向出资人、设立人或者会员分配所取得利润的法人，为非营利法人。非营利法人分为事业单位法人、社会团体法人、基金会法人、社会服务机构法人等。特别法人包括机关法人、农村集体经济组织法人、城镇农村的合作经济组织法人、基层群众性自治法人。因此，企业招标适用《招标投标法》。政府采购工程招标的招标人与第一节中的采购人范围相同。

（二）招标人的权利

招标人作为招标投标活动的当事人，既享有一定的权利，也负有一定的义务。根据《招标投标法》的规定，招标人主要享有以下权利：(1)有自行选择招标代理机构并委托其代办招标事宜的权利。若招标人有编制招标文件和组织评标能力的可以自行办理招标事宜。(2)有在招标公告或者招标邀请书中，根据招标项目，要求潜在的投标人提供有关其资质证明文件和业绩情况并进行审查的权利。(3)有在截止投标日期至少15日之前，以书面形式澄清或修改招标文件的权利。(4)有开标并根据评标委员会意见确定中标人或委托评标委员会确定中标人的权利。

（三）招标人的义务

与上述权利相对应，招标人主要负有下列义务：(1)委托招标代理机构代办招标事宜的，有向其提供所需资料以及支付委托费用的义务（也可在招标文件中约定由中标人支付招标代理服务费）；(2)有不得非法限制、排斥、歧视投标人或者在招标文件中标明特定的生产供应者以及含有倾向或者排斥潜在投标人的其他内容的义务；(3)有对已获得招标文件的潜在投标人的名称、数量、标底以及可能影响公平竞争的有关招标投标的其他情况予以保密的义务；(4)有确定投标人编制投标文件所需的合理时间的义务，对于依法必须进行招标的项目，自招标文件开始发出之日起至投标人提交投标文件截止之日止，最短不得少于20日；(5)有公开开标并保证评标是在严格保密的情况下进行以及在法定期限内按照招标文件和投标文件订立书面合同的义务；(6)有向中标人和未中标人分别发出中标通知书和宣布中标结果的义务。

二、投标人的权利和义务

（一）投标人的主体形式

根据《招标投标法》第二十五条第一款的规定，投标人是指响应招标、参加投标竞争的法人或者其他组织。目前，除科研项目招标允许自然人参加投标外，其他项目的投标人不包括自然人。这与《政府采购法》的规定不同，《政府采购法》允许自然人参加投标。

投标人主要是营利法人。关于介于法人和自然人之间的其他组织，《招标投标法》未做规定，《民法典》规定的是非法人组织。非法人组织是不具有法人资格，但是能够依法以自己的名义从事民事活动的组织，包括个人独资企业、合伙企业、不具有法人资格的专业服务机构等。在《民法典》实施前，《最高人民法院关于适用〈中华人民共和国民事诉讼法〉的解释》（2015年）第五十二条规定："民事诉讼法第四十八条规定的其他组织是指合法成立、有一定的组织机构和财产，但又不具备法人资格的组织，包括：（一）依法登记领取营业执照的个人独资企业；（二）依法登记领取营业执照的合伙企业；（三）依法登记领取我国营业执照的中外合作经营企业、外资企业；（四）依法成立的社会团体的分支机构、代表机构；（五）依法设立并领取营业执照的法人的分支机构；（六）依法设立并领取营业执照的商业银行、政策性银行和非银行金融机构的分支机构；（七）经依法登记领取营业执照的乡镇企业、街道企业；（八）其他符合本条规定条件的组织。"该解释对民事诉讼中"其他组织"作了较为广泛的界定。《民法典》中的非法人组织与民事诉讼中的其他组织的内涵和外延相似。

由于投标人关系到招标项目实施的质量，为保证招标投标活动达到经济有效的目的，《招标投标法》要求投标人应当具备承担招标项目的能力，国家有关规定对投标人资格条件或者招标文件对投标人资格条件有规定的，投标人应当具备规定的资格条件。这些资格条件一般包括投标人的人力、物力、财力、资质证书、相应的工作经验以及业绩证明等。如就建筑企业来讲，这种能力主要体现在不同的资质等级认定上。根据《建筑业企业资质管理规定》，建筑业企业资质分为施工总承包资质、专业承包资质和施工劳务资质三个序列。施工总承包资质、专业承包资质按照工程性质和技术特点分别划分为若干资质类别，各资质类别按照规定的条件划分为若干资质等级。施工劳务资质不分类别与等级。企业应当按照其拥有的资产、主要人员、已完成的工程业绩和技术装备等条件申请建筑业企业资质，经审查合格、取得建筑业企业资质证书后，方可在其资质许可的范围内从事建筑施工活动。不同的资质体现不同的能力，只有符合国家规定或招标文件规定的资格条件的，才具有投标人的资格。招标人一般在招标文件中对投标人的资格条件作出规定，投标人应当符合招标文件规定的条件。国家对投标人资格条件有规定的，应依照其规定。

（二）投标人的权利

根据《招标投标法》的有关规定，投标人主要享有以下权利：（1）有平等获得有关招标信息的权利；（2）有公平参与招标竞争、自愿组成联合体作为一个投标人参与招标竞争的权利；（3）在截止投标日期前补充、修改或者撤回自己提交的投标文件的权利；（4）有依法提出异议、投诉的权利等。

（三）投标人的义务

与上述权利相对应，投标人主要负有以下义务：（1）有按照国家或招标项目的要求依法如实编制投标文件的义务；（2）有不得相互串通投标报价、排挤其他投标人公平竞争或者与招标人串通投标、向招标人或者评标委员会成员行贿谋取中标的义务；（3）有不得以低于成本的报价竞标、以他人的名义投标或者以其他非法方式弄虚作假、骗取中标的义务；（4）有在截止投标日期前按照招标文件要求提交投标文件的义务；（5）有在中标并签订合同后全面适当履行合同的义务等。

三、招标代理机构的权利和义务

《招标投标法》规定的代理机构，是指依法设立、从事招标代理业务并提供相关服务的社会中介组织。

在20世纪80年代我国招标投标实践产生之初，招标代理机构便应运而生。我国第一家招标代理机构是1984年经国家批准成立的中国技术进出口总公司国际金融组织和外国政府贷款项目招标公司，由其承担世界银行等国外贷款项目的国际招标业务。经过十多年的发展，到《招标投标法》颁布之前，仅获准开展利用外资进行国际招标业务的招标代理机构就有近20家。随着我国招标投标活动的广泛开展，因招标代理机构暴露出的问题，如法律地位和权利范围不明确、无序竞争现象严重等亟待立法予以规范。《招标投标法》的颁布实施，明确了招标代理机构的法律地位，规范了招标代理机构的活动范围和程序方式，也对推动我国招标代理机构的发展起到了重要的保障作用。

根据《招标投标法》的规定，我国招标代理机构的性质属于社会中介组织。作为社会中介组织，招标代理机构与国家机关不得存在隶属关系或者其他利益关系，必须依法设立。招标活动特别是依法必须进行招标的项目常关系到国计民生，这就要求为其提供服务的招标代理机构应当具备相当的从业素质和资格条件。为此，《招标投标法》第十三条规定的招标代理机构应当具备的条件有：（1）有从事招标代理业务的营业场所和相应资金；（2）有能够编制招标文件和组织评标的相应专业力量。

2013年12月10日，国务院发布《关于取消和下放一批行政审批项目的决定》（国发〔2013〕44号），决定取消机电产品国际招标机构资格审批。2014年2月21日，商务部发布《机电产品国际招标投标实施办法（试行）》（商务部令2014年第1号），规定招标代理机构从事机电产品国际招标代理业务，应当在中国国际招标网免费注册，取消了审批。2016年11月16日，商务部发布《机电产品国际招标代理机构监督管理办法（试行）》（商务部令第2016年第5号），加强事中、事后监管。

2017年12月27日，全国人民代表大会常务委员会修改《招标投标法》，删除"从事工程建设项目招标代理业务的招标代理机构，其资格由国务院或者省、自治区、直辖市人民政府的建设行政主管部门认定。具体办法由国务院建设行政主管部门会同国务院有关部门制定。从事其他招标代理业务的招标代理机构，其资格认定的主管部门由国务院规定"。这意味着国家取消招标代理机构的资质认定。这是我国政府深化改革，行政机关推进简政放权，着力减少对市场干预的结果。资质的取消必然促进招标代理市场新陈代谢和转型升级。2018年3月8日，住房城乡建设部发布《关于废止〈工程建设项目招标代理机构资格认定办法〉的决定》，工程建设项目招标代理机构资格认定被取消。既然招标代理机构的性质为社会中介组织，就应当保证其完全独立于招标人、投标人，在代理招标活动中，保证客观、公正地履行职责，提供优质服务，特别是要注意不受政府有关行政部门的干预。当招标人不具备招标能力或虽然具备招标能力但却不愿意自行招标时，有权选择委托招标代理机构进行招标活动，任何单位和个人不得以任何方式为招标人指定招标代理机构。招标人与招标代理机构之间的关系是委托代理关系，按照我国有关委托代理的法律规定，招标代理机构的代理服务行为是基于招标人的授权委托而发生的，因此，招标代理机构应当在招标人委托的范围内办理招标事宜。但是，招标代理机构在组织招标过程中，应当接受招标人、投标人以及行政监督部门和社会的监督，既要执行招标人的委托权限，维护招标人的合法权益，也要依法进行招标活动，维护国家和社会的公共利益，尽力体现《招标投标法》规定的各项基本原则。相应地，招标代理机构应当享有一定的权利，履行一定的义务。从权利方面来看，除有权按照规定或者约定收取招标代理费外，其他在招标中享有的权利一般应视招标人的委托授权而定；从义务方面来看，招标代理机构代理招标业务，应当遵守《招标投标法》及其实施条例关于招标人的规定。招标代理机构不得在所代理的招标项目中投标或者代理投标，也不得为所代理的招标项目的投标人提供咨询，应接受国家招标投标主管部门和有关行业组织的指导、监督。

第四章　政府采购的方式和程序

【本章导读】

根据《政府采购法》第二十六条的规定，政府采购采用的方式为公开招标、邀请招标、竞争性谈判、单一来源采购、询价和国务院政府采购监督管理部门认定的其他采购方式。公开招标应当作为政府采购的主要采购方式。财政部通过行政规范性文件增加了竞争性磋商方式。2022年3月1日《政府采购框架协议采购方式管理暂行办法》实施，作为国务院政府采购监督管理部门的财政部增加了框架协议采购方式，因而目前政府采购的方式有七种。

本章主要介绍政府采购七种主要采购方式的适用条件和程序，以及政府采购实务中的常见问题、如何编制招标文件、供应商如何准备投标更易中标。

第一节　政府采购的方式

一、工程的政府采购方式

《政府采购法》第二条规定了政府采购的对象包括货物、服务和工程，第二十六条规定政府采购采用公开招标、邀请招标、竞争性谈判、单一来源采购、询价和国务院政府采购监督管理部门认定的其他采购方式，第四条规定了政府采购工程进行招标投标的适用招标投标法。从这些规定来看，政府采购工程可以采取的采购方式有公开招标、邀请招标、竞争性谈判、单一来源采购和询价等。

根据《政府采购法》第四条的规定，政府采购工程进行招标投标的，适用《招标投标法》。根据《招标投标法》第十条的规定，招标分为公开招标和邀请招标。因此，若政府采购工程采用公开招标和邀请招标方式的，应适用我国《招标投标法》及其配套的法规、规章的规定。

根据《招标投标法实施条例》第二条第一款的规定，工程建设项目是指工程以及与工程建设有关的货物、服务。因而采购与工程建设有关的货物、服务，也应适用《招标投标法》及其配套的法规、规章的规定。

《政府采购法实施条例》第二十五条规定，政府采购工程依法不进行招标的，应当依照政府采购法和本条例规定的竞争性谈判或者单一来源采购方式采购。但该条规定存在立法上的问题，因为《政府采购法》第三十条、第三十一条规定的竞争性谈判、单一来源方式适用的对象是货物或者服务，并不包括工程，作为下位法的行政法规无权扩大法律的适用对象。因而，政府采购工程如何适用非招标方式，笔者认为应在修改《政府采购法》时予以明确。

根据《财政部关于印发〈政府采购竞争性磋商采购方式管理暂行办法〉的通知》（财库〔2014〕214号）的规定，按照招标投标法及其实施条例必须进行招标的工程建设项目以外的工程建设项目可以采取竞争性磋商的采购方式。

综上，建设工程以及与工程建设有关的货物、服务可以采取公开招标、邀请招标、竞争性谈判、单一来源采购、询价和竞争性磋商等方式。

二、货物和服务的政府采购方式

政府采购货物和服务可以采用公开招标、邀请招标、竞争性谈判、单一来源方式、询价以及国务院政府采购监督管理部门认定的其他采购方式。其中，公开招标、邀请招标、竞争性谈判、单一来源方式和询价的具体条件和程序主要适用《政府采购法》及其有关规定。

国务院政府采购监督管理部门认定的其他采购方式，是为了适应政府采购各种项目不同情况的实际需要而做出的原则性规定。当根据政府采购项目的具体情况，其他采购方式比较适合时，经国务院政府采购监督管理部门认定，也可以适用。根据《财政部关于印发〈政府采购竞争性磋商采购方式管理暂行办法〉的通知》(财库〔2014〕214号)的规定,政府采购货物和服务可以采取竞争性磋商的采购方式。《政府采购框架协议采购方式管理暂行办法》(财政部令第110号)增加了框架协议采购方式。

三、采购文件的保存

政府采购活动无论采取哪种方式,均应制作采购活动的案卷。政府采购货物和服务的采购文件包括采购活动记录、采购预算、招标文件、投标文件、评标标准、评估报告、定标文件、合同文本、验收证明、质疑答复、投诉处理决定及其他有关文件、资料。采购文件可以保存纸质的也可以保存电子档案。采购人、采购代理机构对政府采购项目每项采购活动的采购文件应当妥善保存,不得伪造、变造、隐藏或者销毁。采购文件的保存期限从采购结束之日起至少保存十五年。

进行招标的工程项目的采购活动案卷,虽然招标投标法未要求采购文件的保存期限,但因是政府采购项目,故也应当至少保存十五年。

采购活动记录至少应当包括下列内容:(1)采购项目类别、名称;(2)采购项目预算、资金构成和合同价格;(3)采购方式,采用公开招标以外的采购方式的,应当载明原因;(4)邀请和选择供应商的条件及原因;(5)评标标准及确定中标人的原因;(6)废标的原因;(7)采用招标以外采购方式的相应记载。

第二节　招标适用的条件和程序

招标分为公开招标和邀请招标。公开招标是指采购人依法以招标公告的方式邀请非特定的供应商参加投标的采购方式;邀请招标是指采购人依法从符合相应资格条件的供应商中随机抽取三家以上供应商,并以投标邀请书的方式邀请其参加投标的采购方式。

一、政府采购货物和服务的公开招标的条件和程序

（一）公开招标的条件

根据《政府采购法》第二十七条的规定，货物、服务采购项目达到公开招标数额标准的，必须采用公开招标方式。公开招标的具体数额标准，属于中央预算的政府采购项目，由国务院规定；属于地方预算的政府采购项目，由省、自治区、直辖市人民政府规定；因特殊情况需要采用公开招标以外的采购方式的，应当在采购活动开始前获得设区的市、自治州以上人民政府采购监督管理部门的批准。根据2019年12月26日《国务院办公厅关于印发中央预算单位政府集中采购目录及标准（2020年版）的通知》（国办发〔2019〕55号），中央预算单位公开招标的限额标准，政府采购货物或服务项目为单项采购金额达到200万元以上。根据2022年12月8日《北京市财政局关于印发北京市政府采购集中采购目录及标准（2023年版）的通知》（京财采购〔2022〕2510号），采用公开招标的方式进行采购的限额标准，货物和服务类项目为400万元（含）以上。北京市各区共享本目录及标准。

公开招标是法律规定的政府采购的主要方式，通常情况下政府采购达到政府采购公开招标限额标准的项目应当选择这种方式。政府采购领域规范货物和服务招标的法律主要是《政府采购法》《政府采购法实施条例》《政府采购货物和服务招标投标管理办法》。

（二）公开招标的程序

有关公开招标的流程见下图。

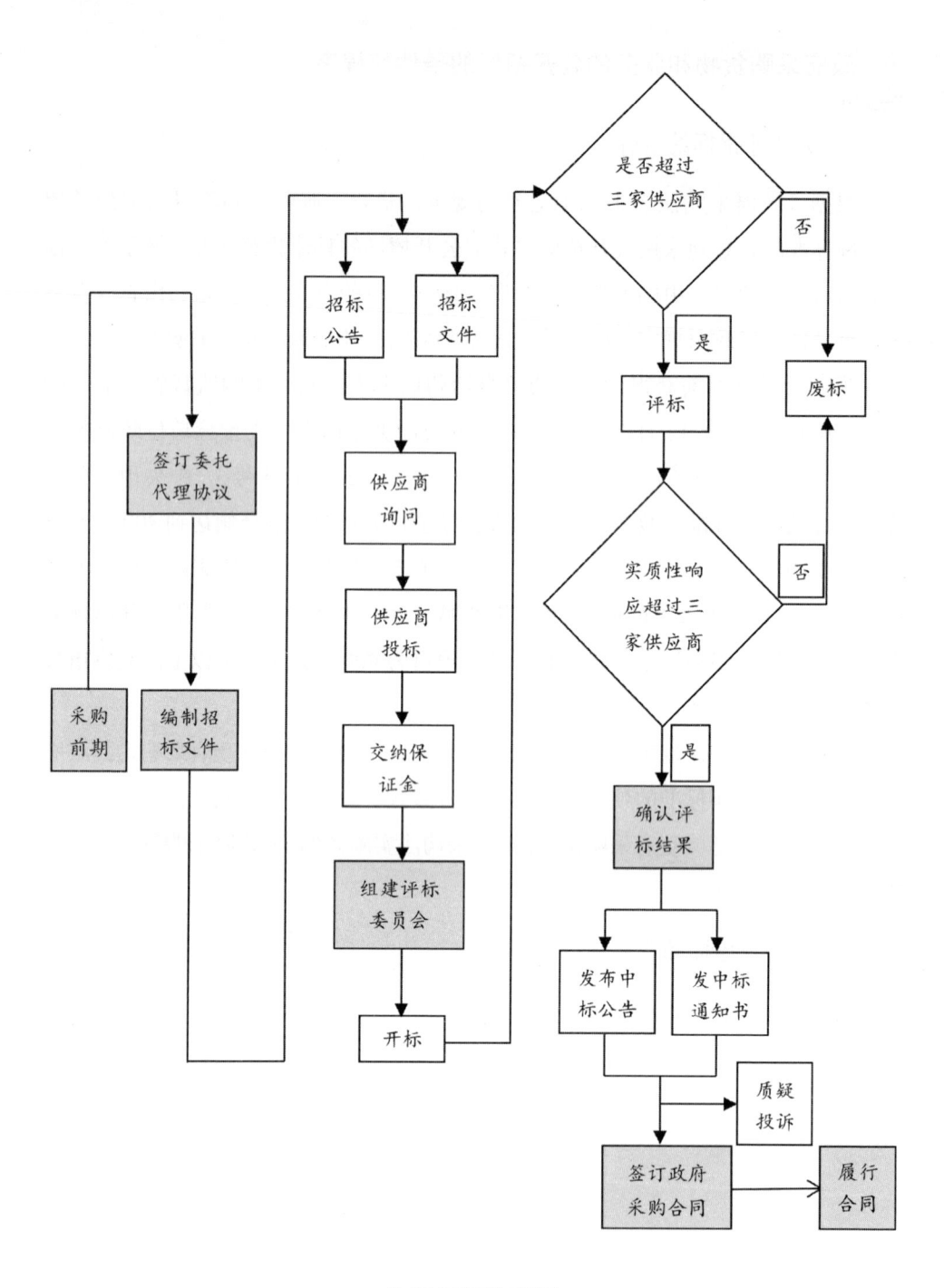

● 政府采购实务操作：常见问题与案例分析

公开招标流程图

116

1. 编制预算

负有编制部门预算职责的部门在编制下一财政年度部门预算时,应当将该财政年度政府采购的项目及资金预算列出,报本级财政部门汇总。部门预算的审批,按预算管理权限和程序进行。

采购人根据价格测算情况,可以在采购预算额度内合理设定最高限价,但不得设定最低限价。

2. 确定采购需求

根据《政府采购货物和服务招标投标管理办法》的相关规定,采购人应当对采购标的的市场技术或者服务水平、供应、价格等情况进行市场调查,根据调查情况、资产配置标准等科学、合理地确定采购需求,进行价格测算。

采购需求应当完整、明确,包括以下内容:(1)采购标的需实现的功能或者目标,以及为落实政府采购政策需满足的要求;(2)采购标的需执行的国家相关标准、行业标准、地方标准或者其他标准、规范;(3)采购标的需满足的质量、安全、技术规格、物理特性等要求;(4)采购标的的数量、采购项目交付或者实施的时间和地点;(5)采购标的需满足的服务标准、期限、效率等要求;(6)采购标的的验收标准;(7)采购标的的其他技术、服务等要求。

《政府采购需求管理办法》规定采购人对采购需求管理负有主体责任,按照该办法的规定开展采购需求管理各项工作,对采购需求和采购实施计划的合法性、合规性、合理性负责。主管预算单位负责指导本部门采购需求管理工作。

采购需求是指采购人为实现项目目标,拟采购的标的及其需要满足的技术、商务要求。技术要求是指对采购标的的功能和质量要求,包括性质、材料、结构、外观、安全,或者服务内容和标准等。商务要求是指取得采购标的的时间、地点、财务和服务要求,包括交付(实施)的时间(期限)和地点(范围),付款条件(进度和方式),包装和运输,售后服务,保险等。

采购需求应当符合法律法规、政府采购政策和国家有关规定,符合国家强制性标准,遵循预算、资产和财务等相关管理制度规定,符合采购项目特点和实际需要。采购需求应当依据部门预算(工程项目概预算)确定。

采购人确定采购需求应当明确实现项目目标的所有技术、商务要求,功能和质量指标的设置要充分考虑可能影响供应商报价和项目实施风险的因素。采购需求应清楚明了、表述规范、含义准确。技术要求和商务要求应当客观，量化指标应当明确相应等次，有连续区间的按照区间划分等次。需由供应商提供设计方案、解决方案或者组织方案的采购项目，应当说明采购标的的功能、应用场景、目标等基本要求，并尽可能明确其中的客观、量化指标。

采购需求可以直接引用相关国家标准、行业标准、地方标准等标准、规范，也可以根据项目目标提出更高的技术要求。

采购人可以在确定采购需求前，通过咨询、论证、问卷调查等方式开展需求调查，了解相关产业发展、市场供给、同类采购项目历史成交信息，可能涉及的运行维护、升级更新、备品备件、耗材等后续采购，以及其他相关情况。面向市场主体开展需求调查时，选择的调查对象一般不少于3个，并应当具有代表性。

对于下列采购项目，应当开展需求调查：（1）1000万元以上的货物、服务采购项目，3000万元以上的工程采购项目；（2）涉及公共利益、社会关注度较高的采购项目，包括政府向社会公众提供的公共服务项目等；（3）技术复杂、专业性较强的项目，包括需定制开发的信息化建设项目、采购进口产品的项目等；（4）主管预算单位或者采购人认为需要开展需求调查的其他采购项目。

编制采购需求前一年内，采购人已就相关采购标的开展过需求调查的可以不再重复开展。按照法律法规的规定，对采购项目开展可行性研究等前期工作，已包含本办法规定的需求调查内容的，可以不再重复调查；对在可行性研究等前期工作中未涉及的部分，应当按照本办法的规定开展需求调查。

采购人不按照《政府采购货物和服务招标投标管理办法》的规定编制采购需求的，财政部门将依法予以行政处罚（《政府采购货物和服务招标投标管理办法》第七十七条规定）。

3. 招标

（1）发布招标公告。

采购人或者采购代理机构应当在财政部门指定的政府采购信息发布媒体上发布招标公告。招标公告、资格预审公告的公告期限为5个工作日。公告内容应当以省级以上财政部门指定媒体发布的公告为准。公告期限自省级以上财政部门指定媒体最先发布公告之日起算。

公开招标公告内容应当包括：①采购人及其委托的采购代理机构的名称、地址和联系方法；②采购项目的名称、预算金额，设定最高限价的，还应当公开最高限价；③采购人的采购需求；④投标人的资格要求；⑤获取招标文件的时间期限、地点、方式及招标文件售价；⑥公告期限；⑦投标截止时间、开标时间及地点；⑧采购项目联系人姓名和电话。

采购人或者采购代理机构对供应商进行资格预审的，资格预审公告应当在省级以上人民政府财政部门指定的媒体上发布。资格预审公告应当包括以下主要内容：①采购人及其委托的采购代理机构的名称、地址和联系方法；②采购项目的名称、预算金额，设定最高限价的，还应当公开最高限价；③采购人的采购需求；④投标人的资格要求；⑤获取资格预审文件的时间期限、地点、方式；⑥提交资格预审申请文件的截止时间、地点及资格预审日期。公开招标进行资格预审的，招标公告和资格预审公告可以合并发布，招标文件应当向所有通过资格预审的供应商提供。已进行资格预审的，评审阶段可以不再对供应商资格进行审查。资格预审合格的供应商在评审阶段资格发生变化的，应当通知采购人和采购代理机构。提交资格预审申请文件的时间自公告发布之日起不得少于5个工作日。

（2）提供招标文件。

采购人或者采购代理机构应当根据采购项目的特点和采购需求编制招标文件。

采购人或者采购代理机构应当按照国务院财政部门制定的招标文件标准文本编制招标文件。招标文件应当包括以下主要内容：①投标邀请；②投标人须知（包括投标文件的密封、签署、盖章要求等）；③投标人应当提交的资格、资信证明文件；④为落实政府采购政策，采购标的需满足的要求，以及投标人须提供的证明材料；⑤投标文件编制要求、投标报价要求和投标保证金交纳、退还方式以及不予退还投标保证金的情形；⑥采购项目预算金额，设定最高限价的，还应当公开最高限价；⑦采购项目的技术规格、数量、服务标准、验收等要求，包括附件、图纸等；⑧拟签订的合同文本；⑨货物、服务提供的时间、地点、方式；⑩采购资金的支付方式、时间、条件；⑪评标方法、评标标准和投标无效情形；⑫投标有效期（投标有效期从提交投标文件的截止之日起算。投标文件中承诺的投标有效期应当不少于招标文件中载明的投标有效期。投标有效期内投标人撤销投标文件的，采购人或者采购代理机构可以不退还投标保证金）；⑬投标截止时间、开标时间及地点；⑭采购代理机构代理费用的收取标准和方式；⑮投标人信用信息查询渠道及截止时点、信用信息查询记录和证据留存的具体方式、信用信息的使用规则等；⑯省级以上财政部门规定的其他事项。对于不允许偏离的实质性要求和条件，采购人或者采购代理机构应当在招标文件中规定，并以醒目的方式标明。招标文件、资格预审文件的内容不得违反法律、行政法规、强制性标准、政府采购政策，或者违反公开透明、公平竞争、公正和诚实信用原则。招标文件有这些情形，影响潜在投标人投标或者资格预审结果的，采购人或者采购代理机构应当修改招标文件或者资格预审文件后重新招标。

根据《关于在政府采购活动中查询及使用信用记录有关问题的通知》（财库〔2016〕125号）要求，采购人或者采购代理机构应当在采购文件中明确信用信息查询的查询渠道及截止时点、信用信息查询记录和证据留存的具体方式、信用信息的使用规则等内容。

编制招标文件时应当注意，采购人、采购代理机构不得将投标人的注册资本、资产总额、营业收入、从业人员、利润、纳税额等规模条件作为资格要求或者评审因素，也不得通过将除进口货物以外的生产厂家授权、承诺、证明、背书等作为资格要求，对投标人实行差别待遇或者歧视待遇。

编制招标文件不得以不合理的条件对供应商实行差别待遇或者歧视待遇，不合理条件的具体情形有：①就同一采购项目向供应商提供有差别的项目信息；②设定的资格、技术、商务条件与采购项目的具体特点和实际需要不相适应或者与合同履行无关；③采购需求中的技术、服务等要求指向特定供应商、特定产品；④以特定行政区域或者特定行业的业绩、奖项作为加分条件或者中标、成交条件；⑤对供应商采取不同的资格审查或者评审标准；⑥限定或者指定特定的专利、商标、品牌或者供应商；⑦非法限定供应商的所有制形式、组织形式或者所在地；⑧以其他不合理条件限制或者排斥潜在供应商。

采购人或者采购代理机构应当按照招标公告、资格预审公告或者投标邀请书规定的时间、地点提供招标文件或者资格预审文件，提供期限自招标公告、资格预审公告发布之日起计算不得少于五个工作日。提供期限届满后，获取招标文件或者资格预审文件的潜在投标人不足三家的，可以顺延提供期限，并予公告。

采购人或者采购代理机构可以对已经发出的招标文件、资格预审文件、投标邀请书进行必要的澄清或者修改,但不得改变采购标的和资格条件。澄清或者修改应当在原公告发布媒体上发布澄清公告。澄清或者修改的内容为招标文件、资格预审文件、投标邀请书的组成部分。澄清或者修改的内容可能影响投标文件编制的,采购人或者采购代理机构应当在投标截止时间至少十五日前,以书面形式通知所有获取招标文件的潜在投标人;不足十五日的,采购人或者采购代理机构应当顺延提交投标文件的截止时间。澄清或者修改的内容可能影响资格预审申请文件编制的,采购人或者采购代理机构应当在提交资格预审申请文件截止时间至少三日前,以书面形式通知所有获取资格预审文件的潜在投标人;不足三日的,采购人或者采购代理机构应当顺延提交资格预审申请文件的截止时间。

采购人、采购代理机构一般不得要求投标人提供样品,仅凭书面方式不能准确描述采购需求或者需要对样品进行主观判断以确认是否满足采购需求等特殊情况除外。要求投标人提供样品的,应当在招标文件中明确规定样品制作的标准和要求、是否需要随样品提交相关检测报告、样品的评审方法以及评审标准。需要随样品提交检测报告的,还应当规定检测机构的要求、检测内容等。采购活动结束后,对于未中标人提供的样品,应当及时退还或者经未中标人同意后自行处理;对于中标人提供的样品,应当按照招标文件的规定进行保管、封存,并作为履约验收的参考。

招标文件售价应当按照弥补制作、邮寄成本的原则确定,不得以营利为目的,不得以招标采购金额作为确定招标文件售价的依据。实践中,有些采购代理机构为追求利润,招标文件的售价高得离谱,被供应商举报。

采购人或者采购代理机构可以在招标文件提供期限截止后,组织已获取招标文件的潜在投标人现场考察或者召开开标前答疑会。组织现场考察或者召开答疑会的,应当在招标文件中载明,或者在招标文件提供期限截止后以书面形式通知所有获取招标文件的潜在投标人。组织现场考察或者答疑会时,对参加的供应商人员,采购人或者采购代理机构应当要求其出具供应商的授权委托书,并进行人与身份证件对照,确保参加人是供应商的代理人,防止供应商之间串通投标。

投标截止时间前,采购人、采购代理机构和有关人员不得向他人透露已获取招标文件的潜在投标人的名称、数量以及可能影响公平竞争的有关招标投标的其他情况。

采购人、采购代理机构在发布招标公告、资格预审公告或者发出投标邀请书后，除因重大变故采购任务取消情况外，不得擅自终止招标活动。终止招标的，采购人或者采购代理机构应当及时在原公告发布媒体上发布终止公告，以书面形式通知已经获取招标文件、资格预审文件或者被邀请的潜在投标人，并将项目实施情况和采购任务取消原因报告本级财政部门。已经收取招标文件费用或者投标保证金的，采购人或者采购代理机构应当在终止采购活动后五个工作日内，退还所收取的招标文件费用和所收取的投标保证金及其在银行产生的孳息。终止招标与《政府采购法》第三十六条的废标有所区别。《政府采购货物和服务招标投标管理办法》规定终止招标只有一种情形，即因重大变故采购任务取消。而《政府采购法》第三十六条规定的废标情形除因重大变故，采购任务取消外，还有其他三种情形也应废标。

根据《政府采购法》第三十五条的规定，自招标文件开始发出之日起至投标人提交投标文件截止之日止，不得少于二十日。

4. 投标

投标人应当按照招标文件的要求编制投标文件。投标文件应当对招标文件提出的实质性要求和条件作出明确响应。

投标人应当在招标文件要求提交投标文件的截止时间前，将投标文件密封送达投标地点。采购人或者采购代理机构收到投标文件后，应当如实记载投标文件的送达时间和密封情况，签收保存，并向投标人出具签收回执。任何单位和个人不得在开标前开启投标文件。逾期送达或者未按照招标文件要求密封的投标文件，采购人、采购代理机构应当拒收。

《政府采购法实施条例》将投标保证金作为采购人的一项权利，由其决定是否需要供应商提交。采购人要求供应商提交投标保证金的，可以在招标文件中作出规定，投标保证金不得超过采购项目预算金额的2%。投标保证金应当以支票、汇票、本票或者金融机构、担保机构出具的保函等非现金形式提交。投标人未按照招标文件要求提交投标保证金的，投标无效。投标人在投标截止时间前撤回已提交的投标文件的，采购人或者采购代理机构应当自收到投标人书面撤回通知之日起五个工作日内，退还已收取的投标保证金，但因投标人自身原因导致无法及时退还的除外。采购人或者采购代理机构应当自中标通知书发出之日起五个工作

第四章 政府采购的方式和程序

日内主动退还未中标人的投标保证金,自政府采购合同签订之日起五个工作日内主动退还中标人的投标保证金或者转为中标人的履约保证金(此种方式为《政府采购货物和服务招标投标管理办法》2017年修订增加的内容)。采购人或者采购代理机构逾期退还投标保证金的,除应当退还投标保证金本金外,还应当按中国人民银行同期贷款基准利率上浮20%后的利率支付超期资金占用费,但因投标人自身原因导致无法及时退还的除外。

近年来,为营造良好的营商环境,减轻中小企业的负担,有的地方财政部门发布规范性文件取消投标保证金。笔者认为,基于以下理由,投标保证金不能随意被取消:(1)在政府采购活动中,是否在招标文件中规定投标保证金,是法律赋予采购人的权利。采购人与供应商是平等的民事主体,享有平等的民事权利,不能为了减轻企业负担,就损害采购人的权利。(2)在供应商违背诚信原则时,投标保证金可以保障采购人的合法权益。招标文件规定的没收投标保证金的情形,通常是开标后投标人撤销投标文件、提供虚假材料或者串通投标、中标后无正当理由不与采购人签订政府采购合同等情形。投标文件是投标人向采购人发出的要约,要约生效后,对投标人和采购人均有约束力。若投标人撤销要约,则应当承担相应的后果,即投标保证金被没收。特别是在投标人只有三家时,任何一家投标人随意撤销投标文件,均会导致项目废标而重招,给采购人造成损失。因此,为防止投标人随意撤销投标文件、损害采购人的权益,《政府采购货物和服务招标投标管理办法》第二十三条规定"投标有效期从提交投标文件的截止之日起算。投标文件中承诺的投标有效期应当不少于招标文件中载明的投标有效期。投标有效期内投标人撤销投标文件的,采购人或者采购代理机构可以不退还投标保证金"。对于后两种情形,虽然法律也规定了对中标人的行政处罚,但这是投标人因违法行为应承担的行政责任,而采购人的损失,则只能通过没收投标保证金来赔偿。目前,投标人提供虚假材料谋取中标、成交,恶意串通等行为屡禁不止,若禁止投标人收取投标保证金,则投标人更可能采取撤销投标文件等方法损害采购人的合法权益。这种做法在降低投标人投标成本的同时,也在降低违法成本。(3)法律在保障采购人权益的同时,也考虑了供应商权益的保护。《政府采购货物和服务招标投标管理办法》第七十八条对采购人、采购代理机构未按照规定退还投标保证金的行为规定了罚则,对采购人、采购代理机构的违法行为财政部门应当予以行政处罚。因此，各地财政部门可以倡导采购人不收取投标保证金，但无权剥夺采购人收取投标保证金的法定权利。

投标人在投标截止时间前，可以对所递交的投标文件进行补充、修改或者撤回，并书面通知采购人或者采购代理机构。补充、修改的内容应当按照招标文件要求签署、盖章、密封后，作为投标文件的组成部分。

《政府采购法实施条例》第十八条规定，单位负责人为同一人或者存在直接控股、管理关系的不同供应商，不得参加同一合同项下的政府采购活动。除单一来源采购项目外，为采购项目提供整体设计、规范编制或者项目管理、监理、检测等服务的供应商，不得再参加该采购项目的其他采购活动。该条与《招标投标法实施条例》第三十四条第二款相比，有以下特点：一是本条强调单位之间存在直接控股、管理关系，不包括间接控股、管理关系，如不是公司股东的单位通过投资关系、协议或者其他安排，能够实际支配公司行为的公司实际控制人，其与公司之间的关系不属于直接控股关系；二是本条增加了其他禁止投标的情形。为采购项目提供过整体设计、规范编制的供应商，为采购项目提供过项目管理、监理、检测等服务的供应商，因其参与过采购项目，因而在理解和把握采购需求方面比其他供应商更有优势，是不平等条件下的竞争。但《政府采购法实施条例》未吸收《招标投标法实施条例》第三十四条第一款"与招标人存在利害关系可能影响招标公正性的法人、其他组织或者个人，不得参加投标"的规定，因而政府采购领域不适用该规定。

视为串通投标、其投标无效的情形有：（1）不同投标人的投标文件由同一单位或者个人编制；（2）不同投标人委托同一单位或者个人办理投标事宜；（3）不同投标人的投标文件载明的项目管理成员或者联系人员为同一人；（4）不同投标人的投标文件异常一致或者投标报价呈规律性差异；（5）不同投标人的投标文件相互混装；（6）不同投标人的投标保证金从同一单位或者个人的账户转出。此为《政府采购货物和服务招标投标管理办法》借鉴《招标投标法实施条例》第四十条作出的规定，因此，在政府采购项目中只要有证据证明出现前述六种情形，即可认定为串通投标，相关投标均无效。

5. 开标

（1）开标的时间、地点。

开标应当在招标文件确定的提交投标文件截止时间的同一时间进行，开标地点应当为招标文件中预先确定的地点。采购人或者采购代理机构应当对开标、评标现场活动进行全程录音录像。录音录像应当清晰可辨，音像资料作为采购文件一并存档。录音录像最初是财政部要求中央级政府采购项目所做的要求，《政府采购货物和服务招标投标管理办法》作出规定后，适用于所有的政府采购项目。在该办法施行之前，财政部门向采购代理机构调取开标、评标录像，但采购代理机构却称因机器故障未能录像，或者调取的录像图像太小、不清晰，声音太小、嘈杂等问题，无法判断开标、评标现场等现象时有发生。《政府采购货物和服务招标投标管理办法》在法律层面作出规定后，采购代理机构不得出现不录像或者录音录像无法识别的情况，否则财政部门将予以行政处罚（《政府采购货物和服务招标投标管理办法》第七十八条）。

（2）开标参加人。

开标由采购人或者采购代理机构主持，邀请投标人参加。评标委员会成员不得参加开标活动。实践中，采购人要委派纪检监察等相关人员进入评审现场，对评审工作实施监督，《政府采购货物和服务招标投标管理办法》并未允许此种做法。现行法律要求评标现场全程录音录像，因而若评标过程中有违法行为，可以通过录音录像查明。

（3）唱标。

开标时，应当由投标人或者其推选的代表检查投标文件的密封情况；经确认无误后，由采购人或者采购代理机构工作人员当众拆封，宣读投标人名称、投标价格和招标文件规定的需要宣布的其他内容。投标人不足三家的，不得开标。

（4）对开标的异议。

开标过程应当由采购人或者采购代理机构负责记录，由参加开标的各投标人代表和相关工作人员签字确认后随采购文件一并存档。投标人代表对开标过程和开标记录有疑义，以及认为采购人、采购代理机构相关工作人员有需要回避的情形的，应当当场提出询问或者回避申请。采购人、采购代理机构对投标人代表提出的询问或者回避申请应当及时处理。投标人未参加开标的，视同认可开标结果。"视同认可开标结果",从文字含义理解,应是即使投标人事后从其他供应商处了解到开标现场的情形,也不能提出质疑。因此,如果投标人想监督开标情况,必须参加开标。

(5)投标截止后投标人或者通过资格审查或符合性审查的投标人不足三家的处理。

除采购任务取消情形外,按照以下方式处理:①招标文件存在不合理条款或者招标程序不符合规定的,采购人、采购代理机构改正后依法重新招标;②招标文件没有不合理条款、招标程序符合规定,需要采用其他采购方式采购的,采购人应当依法报财政部门批准。实践中经常出现的一个问题是,开标时发生投标供应商不足三家(往往是来了两家供应商)的情况时,采购人立即当场向同级财政部门电话请示变更采购方式,得到财政部门的口头答复同意后,便直接在开标现场将公开招标方式变为竞争性谈判方式,将招标文件变为竞争性谈判文件,将供应商的投标文件变为应答文件,评标委员会变为谈判小组。由谈判小组对两家供应商的应答文件进行评审,与供应商代表进行谈判,进而选择出成交供应商。这种做法虽然可以节省时间提高效率,但笔者认为,这种做法不符合《政府采购法》规定的竞争性谈判的程序。根据《政府采购法》第三十八条第三项规定,应当由竞争性谈判小组从符合相应资格条件的供应商名单中确定不少于三家的供应商参加谈判,而此种情况,只有两家供应商,达不到三家以上。财政部为解决这一问题,在《政府采购非招标采购方式管理办法》(财政部令第74号)第二十七条第二款规定,出现此种情况时,采购人、采购代理机构经本级财政部门批准后可以与这两家供应商进行竞争性谈判采购,采购人、采购代理机构应当根据招标文件中的采购需求编制谈判文件,成立谈判小组,由谈判小组对谈判文件进行确认。并且谈判结束后,提交最后报价的供应商可以为两家,谈判小组提出成交候选人可以是两名。但笔者认为,解决这一问题最根本的方法是在修改《政府采购法》时将上述规定内容上升为法律规定。

6.评标

(1)组成评标委员会。

根据2017年《政府采购货物和服务招标投标管理办法》的规定,评标委员会由采购人代表和评审专家组成,成员人数应当为5人以上单数。其中,评审专家不得少于成员总数的 2/3。与 2004 年的《政府采购货物和服务招标投标管理办法》第四十五条第一款相比，评审专家未再规定"技术、经济"专家的要求。实践中，不少政府采购项目采购代理机构还会抽取经济专家，从实际评审情况看，经济专家不能对投标文件的技术部分进行评分，导致项目出现评标委员会成员不能独立对各投标人的投标文件进行评审的违法行为。

采购项目符合下列情形之一的，评标委员会成员人数应当为七人以上单数：①采购预算金额在 1000 万元以上；②技术复杂；③社会影响较大。评审专家对本单位的采购项目只能作为采购人代表参与评标（采购人自行选定相应专业领域的评审专家的除外）。采购代理机构工作人员不得参加由本机构代理的政府采购项目的评标。

实践中，也有全部由评标专家组成的评标委员会，笔者认为，这种做法并不违反法律的规定。规章规定"评标委员会由采购人代表和评审专家组成"，采购人委派代表参加评审应理解为是其权利，而非义务。采购人可以行使该项权利，也可以放弃。当其放弃该权利时，评标委员会就全部由评标专家组成。

法律并未禁止采购人的工作人员，前期参加招标文件的论证，后期参加评标的情况。笔者认为，参加评标的采购人代表应当是了解采购人的采购需求的人，因而其事先参与招标文件的论证，能够更好地了解和把握采购人的需求，也更有利于评标，但采购人代表不得以专家身份参与本部门或者本单位采购项目的评标，也不能发表不当言论干预其他评标委员会成员评标。

评标委员会成员名单原则上应在开标前确定，并在招标结果公告前保密。实践中出现一些违法现象，比如有些专家在知道自己成为某项目的评标专家后，立刻联系其所认识的投标供应商，要求供应商给予其一定的好处并承诺在评标时给予照顾；还有些采购代理机构，在确定评标专家后，要求评标专家在评标时对特定供应商给予特殊照顾，等等。这些都是严重干扰公正评标的行为，各级财政部门应加大对此种行为的监督和制裁，严重的应当追究刑事责任。

关于评标专家的抽取方法，法律规定采购人或者采购代理机构应当从省级以上财政部门设立的政府采购评审专家库中，通过随机方式抽取评审专家。对技术复杂、专业性强的采购项目，通过随机方式难以确定合适评审专家的，经主管预算单位同意，采购人可以自行选定相应专业领域的评审专家。

关于评标委员会的职责，《政府采购货物和服务招标投标管理办法》规定评标委员会负责具体评标事务，并独立履行下列职责：

第一，审查、评价投标文件是否符合招标文件的商务、技术等实质性要求；

第二，要求投标人对投标文件有关事项作出澄清或者说明；

第三，对投标文件进行比较和评价；

第四，确定中标候选人名单，以及受采购人委托直接确定中标人；

第五，向采购人、采购代理机构或者有关部门报告评标中发现的违法行为。

在评标委员会履行的职责中，涉及评标委员会调查权力的问题。例如，某招标项目，投标人的法定代表人授权书授权的是非公司员工，评标委员会认为比较反常，就要求投标人提供公司章程。经审查，发现公司章程规定不允许法定代表人授权公司以外的自然人参加投标，因而评标委员会认为授权委托书无效进而否决投标。问题是，评标委员会能否对投标人进行调查，要求其提供相关证明材料？一种观点认为，在评标阶段，只要评标委员会怀疑投标文件有问题，就有权进行调查。但笔者认为，在评标阶段，评标委员会应依据招标文件和法律规定进行评标。《招标投标法实施条例》和《政府采购货物和服务招标投标管理办法》均只规定了评标委员会的澄清权力，即在投标文件中含义不明确、同类问题表述不一致或者有明显文字和计算错误的内容时，评标委员会有权要求投标人进行澄清。对于其他问题，评标委员会不能要求投标人澄清。评标委员会不同于行政监管部门，没有调查权。

关于评标专家的条件，2004年的《政府采购货物和服务招标投标管理办法》规定评标专家应当熟悉政府采购、招标投标的相关政策法规，熟悉市场行情，有良好的职业道德，遵守招标纪律，从事相关领域工作满八年并具有高级职称或者具有同等专业水平。该办法2017年修订时取消了这一规定。实践中，有时会出现评标专家的专业与所评项目不匹配的情况。由于目前对评标专家库的专业划分比较粗，有些项目很难选出适合的评标专家，导致评标专家不能胜任所评项目，而评标专家又很少明确表示评不了标，往往出现评标结果出来之后，要么采购人不满意，要么投标供应商不满意的情况，而这一问题的解决有待专家库的完善。

关于评标委员会成员的禁止性行为，《政府采购货物和服务招标投标管理办法》第六十二条规定,评标委员会及其成员不得有下列行为:第一,确定参与评标至评标结束前私自接触投标人;第二,接受投标人提出的与投标文件不一致的澄清或者说明,但对于投标文件中含义不明确、同类问题表述不一致或者有明显文字和计算错误的内容,评标委员会应当以书面形式要求投标人作出必要的澄清、说明或者补正的情形除外;第三,违反评标纪律发表倾向性意见或者征询采购人的倾向性意见;第四,对需要专业判断的主观评审因素协商评分;第五,在评标过程中擅离职守,影响评标程序正常进行;第六,记录、复制或者带走任何评标资料;第七,其他不遵守评标纪律的行为。

评标委员会成员有前述第一至五项行为之一的,其评审意见无效,并不得获取评审劳务报酬和报销异地评审差旅费。

有些评标委员会成员由于不了解自己的职责,在评标中出现违法问题。笔者曾经接触过一个案件,评标委员会在评标时发现招标文件设定的一项资格条件不合理,该项资格条件同时也是打分项(该招标文件要求投标人应当具备北京市的某项资格,而北京市的主管部门颁发此项资质的数量极少,招标文件要求此项资格确实对许多外地企业不公平),于是评标委员会在评标时将此项资格条件删除,将该项分值归入商务部分,并按此评标标准进行评审,最后得出评标结果。笔者认为,对于招标文件存在的问题,正确的做法是,修改招标文件重新进行招标,评标委员会在评标时擅自修改评标标准的做法违反了其法定职责。这种做法也反映出评标委员会成员法律知识的欠缺,而各级财政部门往往忽视对评标专家法律知识的培训。

(2)评标工作的组织。

评标工作由采购人或者采购代理机构负责组织。实践中,通常是由政府采购代理机构组织,履行下列职责:第一,核对评审专家身份和采购人代表授权函,对评审专家在政府采购活动中的职责履行情况予以记录,并及时将有关违法违规行为向财政部门报告;第二,宣布评标纪律;第三,公布投标人名单,告知评审专家应当回避的情形;第四,组织评标委员会推选评标组长,采购人代表不得担任组长;第五,在评标期间采取必要的通讯管理措施,保证评标活动不受外界干扰;第六,根据评标委员的要求介绍政府采购相关政策法规、招标文件;第七,维护评标秩序,监督评标委员会依照招标文件规定的评标程序、方法和标准进行独立评审，及时制止和纠正采购人代表、评审专家的倾向性言论或者违法违规行为；第八，核对评标结果，有本办法第六十四条规定情形（即分值汇总计算错误的；分项评分超出评分标准范围的；评标委员会成员对客观评审因素评分不一致的；经评标委员会认定评分畸高、畸低的情形）的，要求评标委员会复核或者书面说明理由，评标委员会拒绝的，应予记录并向本级财政部门报告；第九，评审工作完成后，按照规定向评审专家支付劳务报酬和异地评审差旅费，不得向评审专家以外的其他人员支付评审劳务报酬；第十，处理与评标有关的其他事项。

采购人可以在评标前说明项目背景和采购需求，说明内容不得含有歧视性、倾向性意见，不得超出招标文件所述范围。说明应当提交书面材料，并随采购文件一并存档。

在有些政府采购项目中，采购人代表在介绍项目的同时，发表有倾向性的意见，评标委员会按照其意见进行评标，最终评选出采购人中意的中标人。

实践中，有时会出现采购代理机构工具人员在评审开始前，要求评标委员会成员将手机等通讯工具或相关电子设备交由其统一保管，而个别评标委员会成员以各种理由，拒绝将手机等通讯工具交给采购代理机构统一保管。对于此种情况，采购代理机构工作人员可以按照《财政部关于进一步规范政府采购评审工作有关问题的通知》（财库〔2012〕69号）的规定，拒绝其参加评审工作并向财政部门报告。

采购人、采购代理机构应当采取必要措施，保证评标在严格保密的情况下进行。除采购人代表、评标现场组织人员外，采购人的其他工作人员以及与评标工作无关的人员不得进入评标现场。有关人员对评标情况以及在评标过程中获悉的国家秘密、商业秘密负有保密责任。

评标中因评标委员会成员缺席、回避或者健康等特殊原因导致评标委员会组成不符合《政府采购货物和服务招标投标管理办法》规定的，采购人或者采购代理机构应当依法补足后继续评标。被更换的评标委员会成员所作出的评标意见无效。无法及时补足评标委员会成员的，采购人或者采购代理机构应当停止评标活动，封存所有投标文件和开标、评标资料，依法重新组建评标委员会进行评标。原评标委员会所作出的评标意见无效。采购人或者采购代理机构应当将变更、重新组建评标委员会的情况予以记录，并随采购文件一并存档。

（3）资格审查。

公开招标采购项目开标结束后，采购人或者采购代理机构应当依法对投标人的资格进行审查。合格投标人不足三家的，不得评标。

投标文件的初审分为资格性检查和符合性检查。资格性检查，是依据法律法规和招标文件的规定，对投标文件中的资格证明、投标保证金等进行审查，以确定投标供应商是否具备投标资格。符合性检查，是依据招标文件的规定，从投标文件的有效性、完整性和对招标文件的响应程度进行审查，以确定是否对招标文件的实质性要求作出响应。《政府采购货物和服务招标投标管理办法》规定资格性审查在开标后由采购人或者采购代理机构完成，符合性审查由评标委员会完成，这一规定更符合《政府采购法》第二十三条规定的"采购人根据本法规定的供应商条件和采购项目对供应商的特定要求，对供应商的资格进行审查"。

《政府采购货物和服务招标投标管理办法》于2017年10月1日起施行，2017年11月30日，某采购代理机构代理的政府采购项目开标，仍然是由评标委员会对投标人的资格进行审查，在投诉中被财政部门发现并给予警告的行政处罚。

实践中，通常是由采购人、采购代理机构组成资格审查小组负责投标文件中的资格证明、投标保证金等进行审查，以确定投标人是否具备投标资格。审查的内容一般为：第一，是否符合《政府采购法》第二十二条规定。主要审查投标文件中提交的以下材料：有效的营业执照复印件；投标声明按招标文件规定格式完整提供；提供上年度经审计财务会计报告，或基本开户银行出具的资信证明；提供税务登记证复印件或依法缴纳税收证明；提供社会保险登记证明或社保机构出具的近半年内任一月社保缴纳证明等。根据《关于在政府采购活动中查询及使用信用记录有关问题的通知》（财库〔2016〕125号）的要求，采购人或者采购代理机构应当对供应商信用记录进行甄别，对列入失信被执行人、重大税收违法案件当事人名单、政府采购严重违法失信行为记录名单需要进一步甄别，是否符合《政府采购法》第二十二条规定条件。若不符合，则应当拒绝其参与政府采购活动。第二，投标人其他法定资质（行政许可）。第三，投标保证金的形式、金额

131

等是否符合招标文件的规定。

投标人通过审查的,将进入下一阶段评审。

(4)评标。

评标包括对投标文件的符合性审查、澄清有关问题、比较与评价、推荐中标候选供应商名单、编写评标报告等步骤。

评标前,采购人、采购代理机构可以向评标委员会介绍招标项目的情况,但不得向评标委员会、竞争性谈判小组或者询价小组的评审专家作倾向性、误导性的解释或者说明。

第一,对投标文件进行符合性审查。

评标委员会通常对投标文件的以下内容进行符合性审查:

1. 投标文件按照招标文件规定的内容、格式填写,字迹清晰可辨
2. 投标文件提供法定代表人授权委托书或提供法定代表人身份证明
3. 投标文件上法定代表人或其授权代理人的签字、投标人的单位章齐全符合招标文件规定
4. 投标货物参数满足招标参数"★"实质性要求条款全部响应,无偏离
5. 投标文件承诺投标有效期、交货期限、质保期满足招标文件要求、按规定交纳投标保证金
6. 投标报价具有唯一性,未超过采购项目预算
7. 未存在不符合国家、行业技术标准的要求
8. 投标文件未附有采购人不能接受的条件或不符合招标文件的其他要求
9. 符合法律、法规的规定

投标人通过审查的,将进入下一阶段评审。

符合性审查与资格性审查有所不同,可以归纳如下:

	资格性审查		符合性审查
	资格预审	资格后审	
审查时间	发售招标文件之前	评标阶段	评标阶段
审查主体	采购人或者采购代理机构	评标委员会	评标委员会
审查目的、法律后果	确定投标供应商是否具备投标资格，其法律后果将导致合同无效		确定投标供应商是否对招标文件的实质性要求作出响应，其后果将导致合同目的不能实现解除合同
审查内容	依据法律、法规和招标文件的规定，对投标文件中的资格证明、投标保证金等进行审查		依据招标文件，对投标文件的有效性、完整性和对招标文件的响应程度进行审查
审查后果	不得购买招标文件，不得参与投标	投标被否决，不能进入符合性审查	投标被否决，不能进入评审

第二，澄清有关问题。对投标文件中含义不明确、同类问题表述不一致或者有明显文字和计算错误的内容，评标委员会应当以书面形式（由评标委员会专家签字）要求投标人作出必要的澄清、说明或者补正。投标人的澄清、说明或者补正应当采用书面形式，并加盖公章或者法定代表人或者由其授权的代表签字。投标人的澄清、说明或者补正不得超出投标文件的范围或者改变投标文件的实质性内容。需要注意的是，评标委员会只能对前述三种情形要求投标人澄清、说明或者补正，而不能扩大到其他事项。

第三，比较与评价。评标委员会应当按照招标文件中规定的评标方法和标准，对符合性审查合格的投标文件进行商务和技术评估，综合比较与评价。评标时，评标委员会各成员应当独立对每个投标人的投标文件进行评价，并汇总每个投标人的得分。实践中，一些项目的评标不符合法律规定。例如，有的评标专家专门负责资质审查，有的负责商务部分，有的负责技术部分，最后每个人再将这几部分的打分汇总，这种做法不符合法律规定的评标委员会各成员应当"独立对每个投标人的投标文件进行评价"的规定。

《政府采购法实施条例》第三十四条规定政府采购招标评审方法为最低评标价法和综合评分法。

最低评标价法，是指投标文件满足招标文件全部实质性要求且投标报价最低的投标人为中标候选人的评标方法。最低评标价法适用于技术、服务等标准统一的货物和服务项目。采用这种方法评标时，除了算术修正和落实政府采购政策需进行的价格扣除外，不能对投标人的投标价格进行任何调整。《政府采购需求管理办法》规定，采购需求客观、明确且规模、标准统一的采购项目，如通用设备、物业管理等，一般采用招标或者询价方式采购，以价格作为授予合同的主要考虑因素，采用固定总价或者固定单价的定价方式。

综合评分法，是指投标文件满足招标文件全部实质性要求且按照评审因素的量化指标评审得分最高的投标人为中标候选人的评标方法。评审因素的设定应当与投标人所提供货物、服务的质量相关，包括投标报价、技术或者服务水平、履约能力、售后服务等。资格条件不得作为评审因素。评审因素应当在招标文件中规定。《政府采购需求管理办法》规定，采购需求客观、明确，且技术较复杂或者专业性较强的采购项目，如大型设备、咨询服务等，一般采用招标、谈判（磋商）方式采购，通过综合性评审选择性价比最优的产品，采用固定总价或者固定单价的定价方式。

评审因素应当细化和量化，且与相应的商务条件和采购需求对应。商务条件和采购需求指标有区间规定的，评审因素应当量化到相应区间，并设置各区间对应的不同分值。这个问题，目前在实践中财政部门掌握的尺度较为严格，财政部颁布的"指导案例9号：××仓库资格招标项目投诉案"[1]，就是有关这一问题的，一些采购人或者采购代理机构因此受到行政处罚。

评标时，评标委员会各成员应当独立对每个投标人的投标文件进行评价，并汇总每个投标人的得分。

采用综合评分法的，货物项目的价格分值占总分值的比重（即权值），不得低于30%；服务项目的价格分值占总分值的比重（即权值），不得低于10%。执行统一定价标准和采用固定价格采购的项目，其价格不列为评审因素。

价格分应当采用低价优先法计算，即满足招标文件要求且投标价格最低的投标报价为评标基准价，其价格分为满分。其他投标人的价格分统一按照下列公式计算：

---

[1] 案例全文参见 https://www.ccgp.gov.cn/aljd/201711/t20171120_9188199.htm，最后访问日期2024年5月6日。

投标报价得分 =（评标基准价 / 投标报价）× 100

评标总得分 =F1 × A1+F2 × A2+…+Fn × An

F1、F2……Fn 分别为各项评审因素的得分；

A1、A2……An 分别为各项评审因素所占的权重（A1+A2+…+An=1）。

评标过程中，不得去掉报价中的最高报价和最低报价。

因落实政府采购政策进行价格调整的，以调整后的价格计算评标基准价和投标报价。

采购人或者采购代理机构应当在招标文件中明确具体的评审方法、评审因素和评审标准，招标文件中没有规定的内容不得作为评审的依据。在实践中，采购人或者采购代理机构最常用的评分方法是综合评分法。主要原因是这种方法考虑的因素较多，主观性较强，特别是在计算价格分的分值时可采取变通的做法，使采购人能够控制评标结果。例如，2007 年以前的政府采购实践中经常采用的价格分的计算方法是，以全部有效投标报价的平均价作为基准，投标人的有效报价偏离平均价越远，则价格分越低，其结果是投标报价越接近平均值价格分越高，投标报价最低者反而价格分最低。这种方法实际上违背了政府采购法采购质优价廉的宗旨。为杜绝这种现象，2007 年 2 月，财政部下发了《关于加强政府采购货物和服务项目价格评审管理的通知》（财库〔2007〕2 号），明确要求综合评分法中的价格分统一采用低价优先法计算，即满足招标文件要求且投标价格最低的报价为评标基准价，其价格分为满分。其他投标人的价格分统一按照相应的公式计算。2021 年 7 月 1 日以后，应当根据《财政部关于印发〈政府采购需求管理办法〉的通知》（财库〔2021〕22 号）规定，针对不同的采购标的特点选择评审方法。

第四，推荐中标候选人。中标候选人的数量应当根据采购需要确定，但必须按顺序排列中标候选人。在只招一名供应商的情况下，最好能够推荐二名至三名候选人。如果仅推荐一名中标候选人，则万一该供应商撤销投标文件，因为没有推荐第二名供应商，就得重新招标。《招标投标法实施条例》要求推荐前三名。

《政府采购货物和服务招标投标管理办法》针对最低评标价法和综合评分法的采购项目，分别明确了投标人提供相同产品如何评审的问题。既包括提供相同品牌产品的供应商资格审查、符合性审查如何计算，也包括如何确定中标人的问题。

采用最低评标价法的采购项目，提供相同品牌产品的不同投标人参加同一合同项下投标的，以其中通过资格审查、符合性审查且报价最低的参加评标；报价相同的，由采购人或者采购人委托评标委员会按照招标文件规定的方式确定一个参加评标的投标人，招标文件未规定的采取随机抽取方式确定，其他投标无效。评标结果按投标报价由低到高顺序排列。投标报价相同的并列。投标文件满足招标文件全部实质性要求且投标报价最低的投标人为排名第一的中标候选人。评标委员会认为，投标人的报价明显低于其他通过符合性审查投标人的报价，有可能影响产品质量或者不能诚信履约的，应当要求其在评标现场合理的时间内提供书面说明，必要时提交相关证明材料；投标人不能证明其报价合理性的，评标委员会应当将其作为无效投标处理。《政府采购货物和服务招标投标管理办法》未采取投标报价低于成本价的说法，主要原因是"成本价"没有客观的评判标准，在实践中难以把握。

采用综合评分法的采购项目，提供相同品牌产品且通过资格性审查、符合性审查的不同投标人参加同一合同项下投标的，按一家投标人计算，评审后得分最高的同品牌投标人获得中标人推荐资格；评审得分相同的，由采购人或者采购人委托评标委员会按照招标文件规定的方式确定一个投标人获得中标人推荐资格，招标文件未规定的采取随机抽取方式确定，其他同品牌投标人不作为中标候选人。非单一产品采购项目，采购人应当根据采购项目技术构成、产品价格比重等合理确定核心产品，并在招标文件中载明。评标结果按评审后得分由高到低顺序排列。得分相同的，按投标报价由低到高顺序排列。得分且投标报价相同的并列。投标文件满足招标文件全部实质性要求，且按照评审因素的量化指标评审得分最高的投标人为排名第一的中标候选人。

第五，编写评标报告。评标完成后，评标委员会根据全体评标成员签字的原始评标记录和评标结果编写评标报告。评标报告应当包括以下内容：①招标公告刊登的媒体名称、开标日期和地点；②投标人名单和评标委员会成员名单；③评标方法和标准；④开标记录和评标情况及说明，包括无效投标人名单及原因；⑤评标结果，确定的中标候选人名单或者经采购人委托直接确定的中标人；⑥其他需要说明的情况，包括评标过程中投标人根据评标委员会要求进行的澄清、说明或者补正，评标委员会成员的更换等。

第四章　政府采购的方式和程序

根据《政府采购货物和服务招标投标管理办法》第六十一条的规定，评标委员会成员对需要共同认定的事项存在争议的，应当按照少数服从多数的原则作出结论。持不同意见的评标委员会成员应当在评标报告上签署不同意见及理由，否则视为同意评标报告。实践中，笔者曾经遇到过评标委员会中的采购人代表不接受其他评标专家的评标结果，拒绝在评标报告上签字，导致政府采购活动无法进行下去。《政府采购货物和服务招标投标管理办法》的规定解决了这一难题。

第六，评标过程中特殊问题的处理。

一是投标报价的修正规则。投标文件报价出现前后不一致的，除招标文件另有规定外，按照下列规定修正：①投标文件中开标一览表（报价表）内容与投标文件中相应内容不一致的，以开标一览表（报价表）为准；②大写金额和小写金额不一致的，以大写金额为准；③单价金额小数点或者百分比有明显错位的，以开标一览表的总价为准，并修改单价；④总价金额与按单价汇总金额不一致的，以单价金额计算结果为准。同时出现两种以上不一致的，按照前述规定的顺序修正。修正后的报价由投标人以书面形式确认（加盖公章，或者由法定代表人或者其授权代理人签字）后产生约束力，投标人不确认的，其投标无效。

二是对投标报价明显低于其他投标人报价的处理。评标委员会认为投标人的报价明显低于其他通过符合性审查投标人的报价，有可能影响产品质量或者不能诚信履约的，应当要求其在评标现场合理的时间内提供书面说明，必要时提交相关证明材料；投标人不能证明其报价合理性的，评标委员会应当将其作为无效投标处理。该条规定的目的是解决低价恶性竞争的问题。

三是投标无效的情形。投标人存在下列情况之一的，投标无效：①未按照招标文件的规定提交投标保证金的；②投标文件未按招标文件要求签署、盖章的；③不具备招标文件中规定的资格要求的；④报价超过招标文件中规定的预算金额或者最高限价的；⑤投标文件含有采购人不能接受的附加条件的；⑥法律、法规和招标文件规定的其他无效情形。与2004年的《政府采购货物和服务招标投标管理办法》相比，2017年《政府采购货物和服务招标投标管理办法》增加了第四、第五种两种情形，解决了实践中的突出问题。

四是可以修改评标结果或者重新评审的情形。《政府采购法实施条例》第四十四条规定国务院财政部门可以规定重新评审的情形。《政府采购货物和服务招标投标管理办法》第六十四条的规定就是落实条例的具体规定。评标结果汇总完成后，除下列情形外，任何人不得修改评标结果：①分值汇总计算错误的；②分项评分超出评分标准范围的；③评标委员会成员对客观评审因素评分不一致的；④经评标委员会认定评分畸高、畸低的。评标报告签署前，经复核发现存在以上情形之一的，评标委员会应当当场修改评标结果，并在评标报告中记载；评标报告签署后，采购人或者采购代理机构发现存在以上情形之一的，应当组织原评标委员会进行重新评审，重新评审改变评标结果的，书面报告本级财政部门。投标人对前述四种情形提出质疑的，采购人或者采购代理机构可以组织原评标委员会进行重新评审，重新评审改变评标结果的，应当书面报告本级财政部门。此为《政府采购货物和服务招标投标管理办法》的新规定，该规定吸收了《财政部关于进一步规范政府采购评审工作有关问题的通知》（财库〔2012〕69号）的相关规定。除前述情形外，采购人、采购代理机构违规组织重新评审的，财政部门将予以行政处罚（《政府采购货物和服务招标投标管理办法》第七十八条）。例如，评标结果汇总完成后，发现资格性审查、符合性审查不符合招标文件的规定，均不得组织重新评审。否则，将导致违法而受到财政部门的行政处罚。

五是对因招标文件的问题导致无法评标的处理。评标委员会发现招标文件存在歧义、重大缺陷导致评标工作无法进行，或者招标文件内容违反国家有关强制性规定的，应当停止评标工作，与采购人或者采购代理机构沟通并作书面记录。采购人或者采购代理机构确认后，应当修改招标文件，重新组织采购活动。

六是重新组建评标委员会进行评标的情形。评标委员会或者其成员存在下列情形导致评标结果无效的，采购人、采购代理机构可以重新组建评标委员会进行评标，并书面报告本级财政部门，但采购合同已经履行的除外：①评标委员会组成不符合本办法规定的；②有《政府采购货物和服务招标投标管理办法》第六十二条第一至五项情形的；[①]③评标委员会及其成员独立评标受到非法干预的；

[①] 《政府采购货物和服务招标投标管理办法》第六十二条规定："评标委员会及其成员不得有下列行为：（一）确定参与评标至评标结束前私自接触投标人；（二）接受投标人提出的与投标文件不一致的澄清或者说明，本办法第五十一条规定的情形除外；（三）违反评标纪律发表倾向性意见或者征询采购人的倾向性意见；（四）对需要专业判断的主观评审因素协商评分；（五）在评标过程中擅离职守，影响评标程序正常进行的；（六）记录、复制或者带走任何评标资料；（七）其他不遵守评标纪律的行为。评标委员会成员有前款第一至五项行为之一的，其评审意见无效，并不得获取评审劳务报酬和报销异地评审差旅费。"

④有《政府采购法实施条例》第七十五条规定的违法行为的①。有违法违规行为的原评标委员会成员不得参加重新组建的评标委员会。对违规重新组建评标委员会的，财政部门将予以行政处罚（《政府采购货物和服务招标投标管理办法》第七十八条）。

《政府采购货物和服务招标投标管理办法》规定了重新评标和重新组建评标委员会进行评标的情形，这些是以前的法律所没有规定的。采购人、采购代理机构应严格依据法律规定，视具体情况采取相应的纠正方式。

7. 定标

采购代理机构应当在评标结束后两个工作日内将评标报告送采购人。采购人应当在收到评标报告后五个工作日内，在评标报告确定的中标候选人名单中按顺序确定中标人。中标候选人并列的，由采购人或者采购人委托评标委员会按照招标文件规定的方式确定中标人；招标文件未规定的，采取随机抽取的方式确定。采购人自行组织招标的，应当在评标结束后五个工作日内确定中标人。采购人在收到评标报告五个工作日内未按评标报告推荐的中标候选人顺序确定中标人，又不能说明合法理由的，视同按评标报告推荐的顺序确定排名第一的中标候选人为中标人。逾期自动确认中标人的规定是《政府采购货物和服务招标投标管理办法》的新规定。

实践中，采购人在确认评标结果时，会查阅排名第一的中标候选人的投标文件、评标报告等，认为评标过程或者投标人可能存在问题（如涉嫌提交虚假材料、串通投标）等，在此种情况下，采购人怎么做才是合法的？采购人能否与排名第一的中标候选人面谈，或者直接确定排名第二的中标候选人为中标人？笔者认为，采购人在对评标报告进行审查时，根据审查中发现的不同问题依据相关法律规定进行处理。对属于《政府采购货物和服务招标投标管理办法》规定可以重

---

① 《政府采购法实施条例》第七十五条规定："政府采购评审专家未按照采购文件规定的评审程序、评审方法和评审标准进行独立评审或者泄露评审文件、评审情况的，由财政部门给予警告，并处2000元以上2万元以下的罚款；影响中标、成交结果的，处2万元以上5万元以下的罚款，禁止其参加政府采购评审活动。政府采购评审专家与供应商存在利害关系未回避的，处2万元以上5万元以下的罚款，禁止其参加政府采购评审活动。政府采购评审专家收受采购人、采购代理机构、供应商贿赂或者获取其他不正当利益，构成犯罪的，依法追究刑事责任；尚不构成犯罪的，处2万元以上5万元以下的罚款，禁止其参加政府采购评审活动。政府采购评审专家有上述违法行为的，其评审意见无效，不得获取评审费；有违法所得的，没收违法所得；给他人造成损失的，依法承担民事责任。"

新组建评标委员会进行评标的情形的，采购人、采购代理机构可以重新组建评标委员会进行评标，同时向本级财政部门报告。对法律未规定采购人、采购代理机构可以采取相应措施的，应当依据《政府采购法》第七十条规定向财政部门进行控告和检举，由财政部门对违法行为进行查处，并对政府采购项目作出处理。

采购人或者采购代理机构不得通过对样品进行检测、对供应商进行考察等方式改变评审结果。

8.发布中标结果公告及发出中标通知书

中标人确定后，采购人或者采购代理机构应当自中标人确定之日起两个工作日内在省级以上财政部门指定的媒体上公告中标结果。招标文件应当随中标结果同时公告。

中标结果公告内容应当包括采购人及其委托的采购代理机构的名称、地址、联系方式，项目名称和项目编号，中标人名称、地址和中标金额，主要中标标的的名称、规格型号、数量、单价、服务要求，中标公告期限以及评审专家名单。中标公告期限为一个工作日。

在公告中标结果的同时，采购人或者采购代理机构应当向中标人发出中标通知书；对未通过资格审查的投标人，应当告知其未通过的原因；采用综合评分法评审的，还应当告知未中标人本人的评审得分与排序。实践中，一些地方在中标公告发布后有七日左右的等候期，在七日内未出现质疑，采购代理机构才向中标人发出中标通知书，这种做法虽然有它的合理性，但不符合法律的规定。

中标通知书对采购人和中标供应商具有同等法律效力。中标通知书发出后，采购人不得违法改变中标结果，中标人无正当理由不得放弃中标。中标人中标后无正当理由拒不与采购人签订政府采购合同的，财政部门将追究其行政责任；采购人未按照采购文件确定的事项签订政府采购合同的，财政部门将追究其行政责任。同时，不签订政府采购合同的一方还应当承担缔约过失责任。

【案例】中标供应商中标后放弃中标项目，是否应当承担行政责任？

某政府采购项目已发布中标公告，中标供应商提出书面声明无法签订合同弃标，如何处理？对此问题，存在两种观点，一种观点认为应当依据《政府采购法实施条例》第七十二条第二项的规定对该中标供应商予以行政处罚，持该观点为多数人，且不少财政部门已经针对这种行为作出行政处罚；另一种观点认为，采购人应当依据《政府采购法》第四十六条第二款的规定追究中标供应商的民事责任，而中标供应商不应当受到行政处罚。

笔者同意第二种观点，理由如下：

首先，《政府采购法》规定采购人不签订政府采购合同应当承担行政责任，未规定供应商不签订政府采购合同应当承担行政责任。《政府采购法》第四十六第一款规定："采购人与中标、成交供应商应当在中标、成交通知书发出之日起三十日内，按照采购文件确定的事项签订政府采购合同。"第二款规定："中标、成交通知书对采购人和中标、成交供应商均具有法律效力。中标、成交通知书发出后，采购人改变中标、成交结果的，或者中标、成交供应商放弃中标、成交项目的，应当依法承担法律责任。"第一款规定的是中标供应商在中标通知书发出之日起三十日内与采购人签订政府采购合同的义务，强调的是中标供应商在法定期限内与采购人签订合同的义务。第二款规定的是中标通知书具有法律效力，中标通知书发出后，如果供应商不与采购人签订政府采购合同（放弃中标项目），应当承担法律责任。该款虽未明确是何种法律责任，但根据该条文字表述的前后内容，应理解为是合同法上的缔约过失责任。理由为：中标通知书是《民法典》规定的承诺，采购人一旦作出承诺合同就成立，在此情况下，采购人改变中标结果或者中标人放弃中标项目的，则应当承担民法上的缔约过失责任。从该条的文字表述看，并未明确规定"行政责任"，因而将该款解释为包含行政责任，没有法律依据。

《政府采购法》第七十一条第五项规定的是，中标通知书发出后采购人不与中标供应商签订采购合同的，将承担警告、罚款等行政责任。第七十七条有关中标供应商的违法行为中未规定中标供应商不签订政府采购合同的情形。

因此，《政府采购法》中仅规定中标通知书发出后采购人不签订政府采购合同应当承担行政责任，未规定中标供应商的行政责任。也就是说，《政府采购法》制定时未将中标供应商放弃中标项目规定为违法行为。

其次，《政府采购法实施条例》规定的是中标人无正当理由拒绝与采购人签订政府采购合同的行政责任,而非放弃中标项目的行政责任。《政府采购法实施条例》第四十九条规定:"中标或者成交供应商拒绝与采购人签订合同的,采购人可以按照评审报告推荐的中标或者成交候选人名单排序,确定下一候选人为中标或者成交供应商,也可以重新开展政府采购活动。"根据第七十二条第一款第二项规定,中标后无正当理由不与采购人签订政府采购合同的,依照政府采购法第七十七条第一款的规定追究法律责任,即供应商应承担罚款、在一至三年内禁止参加政府采购活动、没收违法所得等行政责任。

在《政府采购法》实施十多年后,《政府采购法实施条例》为解决实践中大量存在的中标供应商拒绝与采购人签订合同而导致政府采购项目无法推进的问题,条例第四十九条作出上述规定。同时,条例第七十二条第一款第二项规定了中标供应商中标后无正当理由不与采购人签订政府采购合同的行政责任。

最后,《政府采购法实施条例》第七十二条第一款第二项规定的违法行为不应包括中标人放弃中标项目的情形。

从意思表示的内容看,"放弃中标项目"与"拒绝与采购人签订政府采购合同"意思表示的内容不同。《民法典》第一百三十三条规定:"民事法律行为是民事主体通过意思表示设立、变更、终止民事法律关系的行为。"根据该条,"放弃中标项目"是中标供应商作出放弃中标项目的意思表示从而终止其所参与的招标投标法律关系的行为,"拒绝与采购人签订合同"是中标供应商作出不与采购人签订合同的意思表示从而终止合同法律关系的行为。因此,"放弃中标项目",供应商明确表示的意思是"放弃中标项目",即不再参与后续政府采购活动;"拒绝与采购人签订合同",供应商明确表示的意思是"不与采购人签订合同"。因而,"放弃中标项目"和"拒绝与采购人签订政府采购合同"是两种不同的民事行为。

从行为造成的法律后果看,"放弃中标项目",由于供应商明确放弃了中标项目(供应商放弃中标项目的理由可能有多种),其法律后果是,中标供应商否定了中标通知书的效力,不再参与后续政府采购活动;采购人可以不与其签订合同,确定排名第二的中标候选人中标或者重新招标,并不影响政府采购合同的签订和履行。"拒绝与采购人签订合同",中标供应商拒绝与采购人签订合同,有两种原因,一种是因采购人的原因(如签订合同时要求修改中标人的投标文件的内容）、不可抗力等，导致中标供应商因无法签订合同而拒绝签订合同，系《政府采购法实施条例》第七十二条第一款第二项规定的"正当理由"；另一种是因中标供应商的原因而拒绝签订合同，系无正当理由拒绝签订合同。在前一种情况下，拒绝签订合同的理由消失时，中标供应商仍然应当与采购人签订合同。在后一种情况下，其法律后果是，中标通知书仍然有效，供应商无正当理由不与采购人签订合同；在中标通知书有效的前提下，采购人不能与其他供应商签订合同或者重新招标（否则将承担《政府采购法》第四十六条规定的缔约过失责任），造成政府采购合同的签订和履行停滞，项目无法进行。"放弃中标项目"并不影响政府采购项目的进行，而"拒绝与采购人签订合同"将导致政府采购项目无法进行，不但损害采购人的利益还影响了政府采购的秩序，因而《政府采购法实施条例》第四十九条规定了中标供应商"拒绝与采购人签订合同"采购人解决僵局的办法，并在第七十二条规定了中标供应商的行政责任。

综上，政府采购活动既有民事行为，又有行政行为，对于通过民事意思自治能够解决的问题，行政权力不应不当介入和干涉，否则可能会影响市场的活力和营商环境。同时，对于政府采购活动中出现的违法行为，政府采购监管部门则应及时介入，并进行监督检查，对查明的违法行为进行查处。政府采购活动中对民事行为和行政行为判断的尺度非常重要，需要根据实践中出现的问题进行研判。

9.签订政府采购合同

采购人应当自中标通知书发出之日起三十日内，按照招标文件和中标人投标文件的规定，与中标人签订书面合同。国务院财政部门应当会同国务院有关部门制定政府采购合同标准文本。

政府采购合同类型按照《民法典》规定的有名合同类别，结合采购标的的实际情况确定。如买卖合同、租赁合同、建设工程合同、技术开发合同、技术服务合同、物业服务合同等。

政府采购合同的文本包含法定必备条款和采购需求的所有内容，包括但不限于采购人与中标人的名称和住所，标的名称、数量（规模）、质量，价款或者报酬、付款进度安排、资金支付方式，履行时间（期限）及地点和方式、包装方式、验收要求（包括履约验收方案）、交付标准和方法，质量保修范围和保修期，违约责任、解决争议的方法等内容。采购项目涉及采购标的的知识产权归属、处理的，如订购、设计、定制开发的信息化建设项目等，应当约定知识产权的归属和处理方式。采购人可以根据项目特点划分合同履行阶段，明确分期考核要求和对应的付款进度安排。对于长期运行的项目，要充分考虑成本、收益以及可能出现的重大市场风险，在合同中约定成本补偿、风险分担等事项。合同权利义务应围绕采购需求和合同履行设置。所签订的合同不得对招标文件和中标供应商投标文件作实质性修改。采购人不得向中标人提出任何不合理的要求作为签订合同的条件。对于1000万元以上的货物、服务采购项目，3000万元以上的工程采购项目；涉及公共利益、社会关注度较高的采购项目，包括政府向社会公众提供的公共服务项目等；技术复杂、专业性较强的项目，包括需定制开发的信息化建设项目、采购进口产品的项目等合同文本应当经过采购人聘请的法律顾问审定。

中标人拒绝与采购人签订合同的，采购人可以按照评审报告推荐的中标候选人名单排序，确定下一候选人为中标人，也可以重新开展政府采购活动。

采购文件要求中标人提交履约保证金的，供应商应当以支票、汇票、本票或者金融机构、担保机构出具的保函等非现金形式提交，或者将投标保证金转为履约保证金，不足部分应当补足。履约保证金的数额不得超过政府采购合同金额的10%。

采购人与中标人应当根据合同的约定依法履行合同义务。政府采购合同的履行、违约责任和解决争议的方法等适用《民法典》(《民法典》实施后，《合同法》已被废止）。

10. 合同履行中的管理

采购人应当加强对中标人的履约管理，并按照采购合同约定，及时向中标人支付采购资金。

政府采购合同中的履约验收方案要明确履约验收的主体、时间、方式、程序、内容和验收标准等事项。采购人应当及时对采购项目进行验收。采购人、采购代理机构可以邀请参加本项目的其他供应商或者第三方专业机构及专家参与验收，相关验收意见作为验收的参考资料一并存档。政府向社会公众提供的公共服务项目，验收时应当邀请服务对象参与并出具意见，验收结果应当向社会公告。验收内容要包括每一项技术和商务要求的履约情况，验收标准要包括所有客观、量化指标。不能明确客观标准、涉及主观判断的，可以通过在采购人、使用人中开展问卷调查等方式，转化为客观、量化的验收标准。分期实施的采购项目，应当结合分期考核的情况，明确分期验收要求。货物类项目可以根据需要设置出厂检验、到货检验、安装调试检验、配套服务检验等多重验收环节。工程类项目的验收方案应当符合行业管理部门规定的标准、方法和内容。

采购人、采购代理机构应当建立真实完整的招标采购档案，妥善保存每项采购活动的采购文件。特别是对于供应商的违约情形，应当及时制作和保存证据。

对于中标人违反采购合同约定的行为，采购人应当及时处理，依法追究其违约责任。不少采购人嫌麻烦或者怕声誉受到影响，不敢追究供应商的违约责任，这实际上也是未落实采购人主体责任的表现。

11. 备案和公告政府采购合同

政府采购合同签订之日起七个工作日内，采购人应当将合同副本报同级政府采购监督管理部门和有关部门备案。有些地方要求只接受线上备案。2017年12月20日，北京市财政局作出《关于印发北京市政府采购项目档案管理及合同备案实施办法的通知》（京财采购〔2017〕2787号），规定采购人应在政府采购合同签订之日起七个工作日内将政府采购合同原件扫描件上传至政府采购管理系统，原则上不再接受线下采购合同备案。

采购人应当自政府采购合同签订之日起两个工作日内，将政府采购合同在省级以上人民政府财政部门指定的媒体上公告，但政府采购合同中涉及国家秘密、商业秘密的内容除外。

二、政府采购货物和服务的邀请招标的条件和程序

邀请招标，是指采购人依法从符合相应资格条件的供应商中随机抽取三家以上供应商，并以投标邀请书的方式邀请其参加投标的采购方式。

（一）政府采购货物和服务邀请招标适用条件

《政府采购法》第二十九条规定了政府采购货物和服务可以采用邀请招标方式的条件为:（1）具有特殊性，只能从有限范围的供应商处采购的;（2）采用公开招标方式的费用占政府采购项目总价值的比例过大的。

（二）程序

1. 采购方式的批准

达到公开招标数额标准因特殊情况需要采用公开招标以外的采购方式的，应当在采购活动开始前获得设区的市、自治州以上人民政府采购监督管理部门的批准。

根据《政府采购法实施条例》第二十三条的规定，采购人采购公开招标数额标准以上的货物或者服务，符合政府采购法第二十九条规定的邀请招标、第三十条规定的竞争性谈判、第三十一条规定的单一来源采购方式、第三十二条规定的询价的情形或者有需要执行政府采购政策等特殊情况的，经设区的市级以上人民政府财政部门批准，可以依法采用公开招标以外的采购方式。

2. 邀请供应商的方式

采用邀请招标方式的，采购人或者采购代理机构应当通过以下方式产生符合资格条件的供应商名单，并从中随机抽取三家以上供应商向其发出投标邀请书：

（1）发布资格预审公告征集；

（2）从省级以上人民政府财政部门建立的供应商库中选取；

（3）采购人书面推荐。

采用第二种或者第三种方式产生符合资格条件供应商名单的，备选的符合资格条件供应商总数不得少于拟随机抽取供应商总数的两倍。随机抽取是指通过抽签等能够保证所有符合资格条件供应商机会均等的方式选定供应商。随机抽取供应商时，应当有不少于两名采购人工作人员在场监督，并形成书面记录，随采购文件一并存档。

3. 发布资格预审公告征集

（1）发布资格预审公告。

有关资格预审公告的相关内容见本章第二节第一部分的相关部分。

（2）编制和提供资格预审文件。

采购人或者采购代理机构应当根据采购项目的特点和采购需求编制资格预审文件。资格预审文件应当包括以下主要内容：

第一，资格预审邀请；

第二，申请人须知；

第三，申请人的资格要求；

第四，资格审核标准和方法；

第五，申请人应当提供的资格预审申请文件的内容和格式；

第六，提交资格预审申请文件的方式、截止时间、地点及资格审核日期；

第七，申请人信用信息查询渠道及截止时点、信用信息查询记录和证据留存的具体方式、信用信息的使用规则等内容；

第八，省级以上财政部门规定的其他事项。

资格预审文件的内容不得违反法律、行政法规、强制性标准、政府采购政策，或者违反公开透明、公平竞争、公正和诚实信用原则。出现这些情形影响潜在投标人投标或者资格预审结果的，采购人或者采购代理机构应当修改招标文件或者资格预审文件后重新招标。

资格预审文件应当免费提供。

（3）修改资格预审文件。

采购人或者采购代理机构可以对已发出的资格预审文件、投标邀请书进行必要的澄清或者修改，但不得改变采购标的和资格条件。澄清或者修改应当在原公告发布媒体上发布澄清公告。澄清或者修改的内容为资格预审文件、投标邀请书的组成部分。澄清或者修改的内容可能影响资格预审申请文件编制的，采购人或者采购代理机构应当在提交资格预审申请文件截止时间至少三日前，以书面形式通知所有获取资格预审文件的潜在投标人；不足三日的，采购人或者采购代理机构应当顺延提交资格预审申请文件的截止时间。

（4）供应商提交资格预审申请文件。

供应商应当按照资格预审公告要求提交资格预审申请文件。采购人或者采购代理机构应当按照资格预审文件载明的标准和方法，对潜在投标人进行资格预审。

4. 发出投标邀请书

对于依据法定方式选出的供应商，采购人或者采购代理机构应当同时向所有受邀请的供应商发出投标邀请书。

采购人或者采购代理机构在发布资格预审公告或者发出投标邀请书后，除因重大变故采购任务取消外，不得擅自终止招标活动。

5. 邀请招标的其他程序同公开招标

（三）招标采购中的废标

《招标投标法》未规定废标，因此政府采购工程的招标中并不存在废标的情况。在评标过程中，评标委员会经过评审，认为所有投标都不符合招标文件要求的，可以否决所有投标。依法必须进行招标的项目的所有投标被否决的，招标人应当依法重新招标。

《政府采购法》第三十六条规定了政府采购货物和服务中的废标，《政府采购货物和服务招标投标管理办法》还对废标的具体程序作出了规定。

1. 条件

废标因为涉及投标供应商的合法权益，因而在实践中应严格把握。《政府采购法》第三十六条规定的废标的情形为：(1) 符合专业条件的供应商或者对招标文件作实质响应的供应商不足三家的；(2) 出现影响采购公正的违法、违规行为的；(3) 投标人的报价均超过了采购预算，采购人不能支付的；(4) 因重大变故，采购任务取消的。

2. 程序

（1）公开招标数额标准以上的采购项目，投标截止后投标人不足三家或者通过资格审查或符合性审查的投标人不足三家的（即出现《政府采购法》第三十六条第一款第一项情形时），除采购任务取消情形外，按照以下方式处理：①招标文件存在不合理条款或者招标程序不符合规定的，采购人、采购代理机构改正后依法重新招标（废标后重新招标）；②招标文件没有不合理条款、招标程序符合规定，需要采用其他采购方式采购的，采购人应当依法报财政部门批准（经批准后可以变更采购方式）。

（2）当出现《政府采购法》第三十六条第一款第二至四项规定的情形时，采购人应当自行决定废标。

（3）废标后，采购人应当将废标理由通知所有投标人。实践中，往往是由采购代理机构将废标理由通知所有投标人。至于是否要发布废标公告，由于《政府采购信息发布管理办法》（财政部令第101号）没有强制性规定，因而，采购代理机构不发布废标公告也不违法。

三、政府采购工程项目招标的条件和程序

根据《招标投标法》第十条第二款规定，公开招标是指招标人以招标公告的方式邀请不特定的法人或者其他组织投标。这一定义包括两方面含义：一是招标人以招标公告的方式邀请投标；二是邀请投标的对象是不特定的法人或者其他组织。

根据《招标投标法》第十条第三款规定，邀请招标是指招标人以投标邀请书的方式邀请特定的法人或者其他组织投标。邀请招标也称选择性招标，同公开招标相比，两种招标方式主要存在以下不同：(1)邀请招标是以投标邀请书的方式邀请投标，而公开招标是以招标公告的方式邀请投标；(2)邀请投标的对象是特定的法人或者其他组织，而公开招标的对象是不特定的法人或者其他组织；(3)邀请招标的竞争范围只限于被邀请的投标人，招标人选择的范围相对较小，而公开招标的竞争者则是所有经审查资格合格的投标人，招标人选择的范围相对较大；(4)公开招标比邀请招标的公开程度要高；(5)邀请招标较公开招标花费的时间和费用较少，有利于节约招标投标费用，提高效率。

（一）政府采购工程项目招标的条件

1. 政府采购工程项目公开招标的条件

根据《政府采购法》的规定，各级国家机关、事业单位和团体组织，使用财政性资金采购依法制定的集中采购目录以内的或者采购限额标准以上的货物、工程和服务的行为是政府采购。其中工程是指建设工程，包括建筑物和构筑物的新建、改建、扩建、装修、拆除、修缮等。政府采购工程进行招标投标的，适用招标投标法。

《招标投标法》第三条规定了法定强制招标项目。根据该条规定，在我国境内进行下列工程建设项目包括项目的勘察、设计、施工、监理以及工程建设有关的重要设备、材料等的采购，必须进行招标：(1)大型基础设施、公用事业等关系社会公共利益、公共安全的项目；(2)全部或者部分使用国有资金投资或者国家融资的项目；(3)使用国际组织或者外国政府贷款、援助资金的项目。前款所列项目的具体范围和规模标准，由国务院发展计划部门（现为国家发展和改革委员会）会同国务院有关部门制订，报国务院批准。根据该条规定，依法必须进行

149

招标项目的判断标准，有两个要件，一是项目标准，二是规模标准。

（1）项目标准。

有关项目标准，国家发展和改革委员会通过规章和规范性文件予以明确：

第一，全部或者部分使用国有资金投资或者国家融资的项目。

根据《必须招标的工程项目规定》（国家发展和改革委员会令第16号）第二条规定，此类项目包括：①使用预算资金200万元人民币以上，并且该资金占投资额10%以上的项目；②使用国有企业事业单位资金，并且该资金占控股或者主导地位的项目。

国有资金投资项目包括使用预算资金项目和使用国有企业事业单位资金项目。使用预算资金的项目，只有预算资金超过200万元人民币且占比超过10%的项目才应当招标；使用国有企业事业单位资金的项目，当该资金占控股或者主导地位时应当招标。"控股或者主导地位"，是指国有资金占公司股权比例超过50%，或者虽然不超过50%，但其所享有的表决权已足以对股东会的决议产生重大影响，或者能够通过投资关系、协议或者其他安排，实际支配公司行为。[①]

由于2014年《预算法》修改时已将政府性基金纳入预算范围，故使用政府性专项建设基金的项目已被使用预算资金的项目所包含，无须单列。

第二，使用国际组织或者外国政府贷款、援助资金的项目。

根据《必须招标的工程项目规定》第三条，此类项目包括：①使用世界银行、亚洲开发银行等国际组织贷款、援助资金的项目；②使用外国政府及其机构贷款、援助资金的项目。

第三，不属于上述两种情形的大型基础设施、公用事业等关系社会公共利益、公众安全的项目，《国家发展和改革委员会关于印发〈必须招标的基础设施和公用事业项目范围规定〉的通知》（发改法规规〔2018〕843号），明确此类项目的范围为：①煤炭、石油、天然气、电力、新能源等能源基础设施项目；②铁路、公路、管道、水运，以及公共航空和A1级通用机场等交通运输基础设备项目；③电信枢纽、通信信息网络等通信基础设施项目；④防洪、灌溉、排涝、引（供）水等水利基础设施项目；⑤城市轨道交通等城建项目。

[①] 国家发展和改革委员会法规司、国务院法制办公室财金司、监察部执法监察司编著：《中华人民共和国招标投标法实施条例释义》，中国计划出版社2012年版。

第四章 政府采购的方式和程序

（2）规模标准。

上述范围内的项目，其勘察、设计、施工、监理以及与工程建设有关的重要设备、材料等的采购达到下列标准之一的，必须招标：①施工单项合同估算价在400万元人民币以上；②重要设备、材料等货物的采购，单项合同估算价在200万元人民币以上；③勘察、设计、监理等服务的采购，单项合同估算价在100万元人民币以上。同一项目中可以合并进行的勘察、设计、施工、监理以及与工程建设有关的重要设备、材料等的采购，合同估算价合计达到前述规定标准的，必须招标。

为便于理解，本书将《工程建设项目招标范围和规模标准规定》（国家发展计划委员会令第3号，已失效）与《必须招标的工程项目规定》、843号文的内容列表进行比较，相关内容的比较请见下表：

对比内容	《工程建设项目招标范围和规模标准规定》	《必须招标的工程项目规定》及《关于印发〈必须招标的基础设施和公用事业项目范围规定〉的通知》
国有资金投资项目和国家融资项目	第四条　使用国有资金投资项目的范围包括： （一）使用各级财政预算资金的项目； （二）使用纳入财政管理的各种政府性专项建设基金的项目； （三）使用国有企业事业单位自有资金，并且国有资产投资者实际拥有控制权的项目。	第二条　全部或者部分使用国有资金投资或者国家融资的项目包括： （一）使用预算资金200万元人民币以上，并且该资金占投资额10%以上的项目； （二）使用国有企业事业单位资金，并且该资金占控股或者主导地位的项目。 说明：国有资金投资项目包括使用预算资金项目和使用国有企业事业单位资金项目。使用预算资金的项目，只有预算资金超过200万元人民币且占比超过10%的项目才应当招标；使用国有企业事业单位资金的项目，当该资金占控股或者主导地位时应当招标。 2014年《预算法》修改时已将政府性基金纳入预算范围。
	第五条　国家融资项目的范围包括： （一）使用国家发行债券所筹资金的项目； （二）使用国家对外借款或者担保所筹资金的项目； （三）使用国家政策性贷款的项目； （四）国家授权投资主体融资的项目； （五）国家特许的融资项目。	

续表

对比内容	《工程建设项目招标范围和规模标准规定》	《必须招标的工程项目规定》及《关于印发〈必须招标的基础设施和公用事业项目范围规定〉的通知》
使用国际组织或者外国政府贷款、援助资金的项目	第六条　使用国际组织或者外国政府资金的项目的范围包括： （一）使用世界银行、亚洲开发银行等国际组织贷款资金的项目； （二）使用外国政府及其机构贷款资金的项目； （三）使用国际组织或者外国政府援助资金的项目。	第三条　使用国际组织或者外国政府贷款、援助资金的项目包括： （一）使用世界银行、亚洲开发银行等国际组织贷款、援助资金的项目； （二）使用外国政府及其机构贷款、援助资金的项目。
大型基础设施、公用事业等关系社会公共利益、公众安全的项目	第二条　关系社会公共利益、公众安全的基础设施项目的范围包括： （一）煤炭、石油、天然气、电力、新能源等能源项目； （二）铁路、公路、管道、水运、航空以及其他交通运输业等交通运输项目； （三）邮政、电信枢纽、通信、信息网络等邮电通讯项目； （四）防洪、灌溉、排涝、引（供）水、滩涂治理、水土保持、水利枢纽等水利项目； （五）道路、桥梁、地铁和轻轨交通、污水排放及处理、垃圾处理、地下管道、公共停车场等城市设施项目； （六）生态环境保护项目； （七）其他基础设施项目。 第三条　关系社会公共利益、公众安全的公用事业项目的范围包括： （一）供水、供电、供气、供热等市政工程项目； （二）科技、教育、文化等项目； （三）体育、旅游等项目； （四）卫生、社会福利等项目； （五）商品住宅，包括经济适用住房； （六）其他公用事业项目。	第二条　不属于《必须招标的工程项目规定》第二条、第三条规定情形的大型基础设施、公用事业等关系社会公共利益、公众安全的项目，必须招标的具体范围包括： （一）煤炭、石油、天然气、电力、新能源等能源基础设施项目； （二）铁路、公路、管道、水运，以及公共航空和A1级通用机场等交通运输基础设备项目； （三）电信枢纽、通信信息网络等通信基础设施项目； （四）防洪、灌溉、排涝、引（供）水等水利基础设施项目； （五）城市轨道交通等城建项目。

第四章 政府采购的方式和程序

续表

对比内容	《工程建设项目招标范围和规模标准规定》	《必须招标的工程项目规定》及《关于印发〈必须招标的基础设施和公用事业项目范围规定〉的通知》
应当招标的重要设备、材料和服务的范围	第七条 本规定第二条至第六条规定范围内的各类工程建设项目，包括项目的勘察、设计、施工、监理以及与工程建设有关的重要设备、材料等的采购，达到下列标准之一的，必须进行招标： （一）施工单项合同估算价在200万元人民币以上的； （二）重要设备、材料等货物的采购，单项合同估算价在100万元人民币以上的； （三）勘察、设计、监理等服务的采购，单项合同估算价在50万元人民币以上的； （四）单项合同估算价低于第（一）、（二）、（三）项规定的标准，但项目总投资额在3000万元人民币以上的。	第五条 本规定第二条至第四条规定范围内的项目，其勘察、设计、施工、监理以及与工程建设有关的重要设备、材料等的采购达到下列标准之一的，必须招标： （一）施工单项合同估算价在400万元人民币以上； （二）重要设备、材料等货物的采购，单项合同估算价在200万元人民币以上； （三）勘察、设计、监理等服务的采购，单项合同估算价在100万元人民币以上。 同一项目中可以合并进行的勘察、设计、施工、监理以及与工程建设有关的重要设备、材料等的采购，合同估算价合计达到前款规定标准的，必须招标。 说明：提高了应当招标的单项金额，取消了项目总投资额超过3000万元的要求
收回地方关于扩大必须招标范围的权限	第十条 省、自治区、直辖市人民政府根据实际情况，可以规定本地区必须进行招标的具体范围和规模标准，但不得缩小本规定确定的必须进行招标的范围。	无

另外，在政府采购工程项目的招标过程中，若出现招标失败的情形，根据《工程建设项目施工招标投标办法》（国家发展计划委员会、建设部、铁道部、交通部、信息产业部、水利部、中国民用航空总局令第30号）第三十八条第三款[①]须先由原审批机关批准不再进行招标，然后经政府采购监管部门批准后可采取其他采购方式。

2. 公开招标的例外情况

在上述应当招标的情况下，《招标投标法》第六十六条还规定了可以不进行招标的例外情形，即涉及国家安全、国家秘密、抢险救灾或者属于利用扶贫资金实行以工代赈、需要使用农民工等特殊情况，不适宜进行招标的项目，按照国家有关规定可以不进行招标。

《招标投标法实施条例》第九条规定："除招标投标法第六十六条规定的可以不进行招标的特殊情况外，有下列情形之一的，可以不进行招标：（一）需要采用不可替代的专利或者专有技术；（二）采购人依法能够自行建设、生产或者提供；（三）已通过招标方式选定的特许经营项目投资人依法能够自行建设、生产或者提供；（四）需要向原中标人采购工程、货物或者服务，否则将影响施工或者功能配套要求；（五）国家规定的其他特殊情形。招标人为适用前款规定弄虚作假的，属于招标投标法第四条规定的规避招标。"

根据上述规定，即使达到公开招标标准的工程项目，也可能因为上述事由而不进行招标。

3. 政府采购工程项目邀请招标的情形

《招标投标法》第十一条规定，国务院发展计划部门确定的国家重点项目和省、自治区、直辖市人民政府确定的地方重点项目不适宜公开招标的，经国务院发展计划部门或者省、自治区、直辖市人民政府批准，可以进行邀请招标。

《招标投标法实施条例》第八条规定，国有资金占控股或者主导地位的依法必须进行招标的项目，应当公开招标；但有下列情形之一的，可以邀请招标：（一）技术复杂、有特殊要求或者受自然环境限制，只有少量潜在投标人可供选

[①] 《工程建设项目施工招标投标办法》第三十八条第三款规定："提交投标文件的投标人少于三个的，招标人应当依法重新招标。重新招标后投标人仍少于三个的，属于必须审批、核准的工程建设项目，报经原审批、核准部门审批、核准后可以不再进行招标；其他工程建设项目，招标人可自行决定不再进行招标。"

择；（二）采用公开招标方式的费用占项目合同金额的比例过大。有前款第二项所列情形，属于按照国家有关规定需要履行项目审批、核准手续的依法必须进行招标的项目，其招标范围、招标方式、招标组织形式应当报项目审批、核准部门审批、核准。其他项目由招标人申请有关行政监督部门作出认定。

根据《工程建设项目施工招标投标办法》第十一条规定，依法必须进行公开招标的项目，有下列情形之一的，可以邀请招标：（1）项目技术复杂或有特殊要求，或者受自然地域环境限制，只有少量潜在投标人可供选择；（2）涉及国家安全、国家秘密或者抢险救灾，适用招标但不宜公开招标；（3）采用公开招标方式的费用占项目合同金额的比例过大。其中，第2项所列情形，属于按照国家有关规定需要履行项目审批、核准手续的依法必须进行施工招标的工程建设项目，其招标范围、招标方式、招标组织形式应当报项目审批部门审批、核准。其他项目由招标人申请有关行政监督部门作出认定。

因此，属于上述情形的政府采购工程项目，经法定程序审批可以采取邀请招标的方式采购。

（二）政府采购工程项目招标的程序

从广义上讲，招标程序一般包括招标前的准备、招标公告、招标邀请、资格审查、编制发送招标文件以及开标、评标、确定中标、签订合同等。招标形式不同，具体的招标程序亦有所区别。

1. 招标前的准备

根据《招标投标法实施条例》第七条的规定，按照国家有关规定需要履行项目审批、核准手续的依法必须进行招标的项目，其招标范围、招标方式、招标组织形式应当报项目审批、核准部门审批、核准。项目审批、核准部门应当及时将审批、核准确定的招标范围、招标方式、招标组织形式通报有关行政监督部门。

已纳入当年政府采购计划的续建设项目或新建设项目，项目单位需将项目建议书及批复、可行性研究报告及批复、初步设计概算及批复等文件的复印件一次性报财政部门的采购办备案。

国家重点建设项目的邀请招标，应当经国务院发展计划部门批准；地方重点建设项目的邀请招标，应当经各省、自治区、直辖市人民政府批准。

全部使用国有资金投资或者国有资金投资占控股或主导地位的并需要审批的工程建设项目的邀请招标，应当经项目审批部门批准，但项目审批部门只审批立项的，由有关行政监督部门审批。

招标人具有编制招标文件和组织评标能力的，即具有与招标项目规模和复杂程度相适应的技术、经济等方面的专业人员，可以自行办理招标事宜。依法必须进行招标的项目，招标人自行办理招标事宜的，应当向有关行政监督部门备案。招标人也有权自行选择招标代理机构，委托其办理招标事宜，任何单位和个人不得以任何方式为招标人指定招标代理机构。

2. 招标

招标分为公开招标与邀请招标，二者的程序略有不同。

（1）发布资格预审公告或者招标公告。

公开招标采取资格预审方式的，应发布资格预审公告。公告中规定的资格审查的要求和条件应当平等地适用于所有的潜在投标人。

公开招标采取资格后审方式的，招标人应当发布招标公告，邀请不特定的法人或其他组织投标。招标人采用资格预审方式对潜在投标人进行资格审查的，应当发布资格预审公告。依法必须招标的项目的招标公告和公示信息应当在"中国招标投标公共服务平台"或者项目所在地省级电子招标投标公共服务平台（以下统称"发布媒介"）发布。

2018年1月1日起施行的《招标公告和公示信息发布管理办法》（国家发展改革委员会令第10号），规定依法必须招标项目的资格预审公告的招标公告的内容应当包括：①招标项目名称、内容、范围、规模、资金来源；②投标资格能力要求，以及是否接受联合体投标；③获取资格预审文件或招标文件的时间、方式；④递交资格预审文件或投标文件的截止时间、方式；⑤招标人及其招标代理机构的名称、地址、联系人及联系方式；⑥采用电子招标投标方式的，潜在投标人访问电子招标投标交易平台的网址和方法；⑦其他依法应当载明的内容。

发布媒介应当免费提供依法必须招标项目的招标公告和公示信息发布服务。招标人或其招标代理机构应当对其提供的招标公告和公示信息的真实性、准确性、合法性负责。发布媒介和电子招标投标交易平台应当对所发布的招标公告和公示信息的及时性、完整性负责。发布媒介应当按照规定采取有效措施,确保发布招标公告和公示信息的数据电文不被篡改、不遗漏和至少十年内可追溯。

依法必须招标项目的招标公告和公示信息除在发布媒介发布外,招标人或其招标代理机构也可以在其他媒介公开,并确保内容一致。其他媒介可以依法全文转载依法必须招标项目的招标公告和公示信息,但不得改变其内容,同时必须注明信息来源。因此,政府采购工程项目的招标公告和公示信息还应在中国政府采购网等媒介发布,但不同媒介发布的内容应当保持一致。

拟发布的招标公告和公示信息文本应当由招标人或其招标代理机构盖章,并由主要负责人或其授权的项目负责人签名。采用数据电文形式的,应当按规定进行电子签名。

(2)资格审查。

根据《招标投标法实施条例》的规定,资格审查包括资格预审和资格后审。是否进行资格审查及资格审查的要求和标准一般应在招标公告中载明。

第一,资格预审。

资格预审是由招标人在开始投标前对申请参加投标的潜在投标人的资质条件、资金、技术、业绩以及信誉等各种情况进行审查,经招标人认定合格的投标人,才可以参与投标。国际上,资格预审又可分为定期资格预审和临时资格预审两种。前者是指招标人定期发布资格预审公告,在规定的起止期内集中对申请资格审查的供应商或企业进行全面的资格审查,并以此编制资格审查合格者名单,以备招标邀请之需;后者是指招标人在招标公告之后或开始招标之初、投标之前,由招标人对申请参与投标的潜在投标人进行资信等方面的审查,以确定可以参与本次投标的投标人。《招标投标法》规定的资格审查属于后者。在进行资格预审前,招标人也可以专门发布资格预审公告。

资格预审的内容主要包括基本资格审查和专业资格审查,前者是对申请人的合法地位和信誉等方面进行审查,主要包括申请人的名称、地址、电话、电传、注册国家及地址,申请人组织机构情况,申请人的专业人员、担任技术和行政职务人员的人数,申请人的资质等级、注册资金、所属公司或者集团、附属公司、联营公司,与招标项目有关的主要负责人的姓名、职务及授权的项目代表,等等。后者是对已经具备基本资格的申请人履行拟定招标项目的能力的审查，内容涉及其生产经营能力、专业技术水平、资信能力、财务状况等各个方面，如要调查了解申请人是否具有执行的经验和以往承担类似项目的业绩、为执行招标项目所配备的人员状况、为执行招标项目而配备的机械、设备以及施工方案、其资产负债表、损益表、现金流量表、近几年的营业额、往来银行以及由银行提供的信用状况资料、保险公司提供的保险证明信件、上一财政年度的平均营运资金、向银行抵押贷款的能力、售后维修服务的网点分布、人员结构，等等。招标人在规定的时间内，按照资格预审文件中规定的标准和方法，对提交资格审查申请书的潜在投标人资格进行审查后，要确认合格的申请人。只有资格预审合格的潜在投标人才有权参加投标。

资格预审结束后，招标人应当及时向资格预审合格的潜在投标人发出预审合格通知书，告知获取招标文件的时间、地点和方法，并同时向资格预审不合格的潜在投标人告知资格预审结果。未通过资格预审的潜在投标人不具有投标资格。通过资格预审的申请人少于三个的，应当重新招标。

第二，资格后审。

资格后审是在开标后，由评标委员会按照招标文件规定的标准和方法对投标人的资格进行审查。未通过资格后审的投标人的投标将被否决。

如果参加投标的潜在供应商数量较多，招标人往往采取资格预审的方式。反之，则往往采取资格后审的方式。

（3）发出投标邀请书或者招标文件。

招标人采用邀请招标方式的，应当向三个以上具备承担招标项目的能力、资信良好的特定的法人或者其他组织发出投标邀请书。

招标文件是招标投标当事人进行相应活动的行为依据和评标依据，是招标人与中标人签订合同的基础，因此，在招标投标过程中，编制好招标文件具有非常重要的意义。根据《招标投标法》的有关规定，招标人应当根据招标项目的特点和需要编制招标文件，其内容应当包括招标项目的技术要求、对投标人资格审查的标准、投标报价要求和评标标准等所有实质性要求和条件以及拟签订合同的主要条款。国家对招标项目的技术、标准有规定的，招标人应当按照其规定在招标文件中提出相应要求。招标项目需要划分标段确定工期的，招标人应当合理划分标段、确定工期，并在招标文件中载明。招标文件一般包括下列内容：投标邀请书；投标人须知；合同主要条款；投标文件格式；采用工程量清单招标的，应当提供工程量清单；技术条款；设计图纸；评标标准和方法；投标辅助材料；投标有效期（投标有效期从提交投标文件的截止之日起算）等。招标人应当在招标文件中规定实质性要求和条件，并用醒目的方式标明。

招标人在招标文件中要求投标人提交投标保证金的，投标保证金不得超过招标项目估算价的2%。投标保证金有效期应当与投标有效期一致。依法必须进行招标的项目的境内投标单位，以现金或者支票形式提交的投标保证金应当从其基本账户转出。招标人不得挪用投标保证金。

招标人可以自行决定是否编制标底。一个招标项目只能有一个标底。标底必须保密。接受委托编制标底的中介机构不得参加受托编制标底项目的投标，也不得为该项目的投标人编制投标文件或者提供咨询。

招标人设有最高投标限价的，应当在招标文件中明确最高投标限价或者最高投标限价的计算方法。招标人不得规定最低投标限价。

招标人对招标项目划分标段的，应当遵守《招标投标法》的有关规定，不得利用划分标段限制或者排斥潜在投标人。依法必须进行招标的项目的招标人不得利用划分标段规避招标。

编制依法必须进行招标的项目的资格预审文件和招标文件，应当使用国务院发展改革部门会同有关行政监督部门制定的标准文本。招标人发售资格预审文件、招标文件收取的费用应当限于补偿印刷、邮寄的成本支出，不得以营利为目的。

招标人可以根据招标项目本身的特点和需要，要求潜在的投标人或投标人提供满足其资格要求的文件，对潜在的投标人或者投标人进行资格审查。

招标人应当按招标公告或投标邀请书规定的时间、地点出售招标文件或资格预审文件。自招标文件或者资格预审文件出售之日起至停止出售之日止，最短不得少于五个工作日。

招标人应当确定投标人编制招标文件所需要的合理时间。但是，依法必须进行招标的项目，自招标文件开始发出之日起至投标人提交投标文件截止之日止，最短不得少于二十日。

招标人可以对已发出的资格预审文件或者招标文件进行必要的澄清或者修改。澄清或者修改的内容可能影响资格预审申请文件或者投标文件编制的，招标人应当在提交资格预审申请文件截止时间至少三日前，或者投标截止时间至少十五日前，以书面形式通知所有获取资格预审文件或者招标文件的潜在投标人；不足三日或者十五日的，招标人应当顺延提交资格预审申请文件或者投标文件的截止时间。

潜在投标人或者其他利害关系人对资格预审文件有异议的，应当在提交资格预审申请文件截止时间两日前提出；对招标文件有异议的，应当在投标截止时间十日前提出。招标人应当自收到异议之日起三日内作出答复；作出答复前，应当暂停招标投标活动。

招标人根据招标项目的具体情况，可以组织潜在的投标人踏勘项目现场，向其介绍工程场地和相关环境的有关情况，但不得组织单个或者部分潜在投标人踏勘项目现场。对于潜在投标人在阅读招标文件和现场踏勘中提出的疑问，招标人可以书面形式或召开投标预备会的方式解答，但需同时将解答以书面方式通知所有购买招标文件的潜在投标人。该解答的内容为招标文件的组成部分。

（4）两阶段招标。

对技术复杂或者无法精确拟定技术规格的项目，招标人可以分两阶段进行招标。

第一阶段，投标人按照招标公告或者投标邀请书的要求提交不带报价的技术建议，招标人根据投标人提交的技术建议确定技术标准和要求，编制招标文件。

第二阶段，招标人向在第一阶段提交技术建议的投标人提供招标文件，投标人按照招标文件的要求提交包括最终技术方案和投标报价的投标文件。

招标人要求投标人提交投标保证金的，应当在第二阶段提出。

（5）终止招标。

招标人终止招标的，应当及时发布公告，或者以书面形式通知被邀请的或者已经获取资格预审文件、招标文件的潜在投标人。已经发售资格预审文件、招标文件或者已经收取投标保证金的，招标人应当及时退还所收取的资格预审文件、招标文件的费用，以及所收取的投标保证金及银行同期存款利息。

（6）以不合理条件限制、排斥潜在投标人或者投标人的情形。

招标人不得以不合理的条件限制、排斥潜在投标人或者投标人。

《招标投标法实施条例》第三十二条规定了七种情形，具体为：①就同一招标项目向潜在投标人或者投标人提供有差别的项目信息；②设定的资格、技术、商务条件与招标项目的具体特点和实际需要不相适应或者与合同履行无关；③依法必须进行招标的项目以特定行政区域或者特定行业的业绩、奖项作为加分条件或者中标条件；④对潜在投标人或者投标人采取不同的资格审查或者评标标准；⑤限定或者指定特定的专利、商标、品牌、原产地或者供应商；⑥依法必须进行招标的项目非法限定潜在投标人或者投标人的所有制形式或者组织形式；⑦以其他不合理条件限制、排斥潜在投标人或者投标人。

3.投标

（1）投标人的概念和条件。

投标人是响应招标、参加投标竞争的法人或者其他组织。投标人应当具备承担招标项目的能力；国家有关规定对投标人资格条件或者招标文件对投标人资格条件有规定的，投标人应当具备规定的资格条件。

（2）不得投标的情形。

《招标投标法实施条例》第三十四条规定，与招标人存在利害关系可能影响招标公正性的法人、其他组织或者个人，不得参加投标。单位负责人为同一人或者存在控股、管理关系的不同单位，不得参加同一标段投标或者未划分标段的同一招标项目投标。违反前两款规定的，相关投标均无效。

该条规定了投标人与招标人有法定情形不能投标、投标人之间有法定情形不能投标两种情况。投标人与招标人有法定情形不能投标的，法律仅规定存在"利害关系"和"可能影响招标公正性"两个条件，但何为"利害关系"该条并未明确，因此，第二款规定的招标人与投标人"单位负责人为同一人"或者"存在控股、管理关系"属于利害关系外，可能还包括其他情形，具体包括哪些情形，由有权机关根据具体情形判断。同时，具有某种利害关系后，还需"可能影响招标公正性"，而此处用的是"可能影响招标公正性"而非"影响招标公正性"，因而是否"影响招标公正性"，有权机关具有较大的裁量权。从该条的表述来看，法律是严禁与招标人有利害关系可能影响招标公正性的法人、其他组织和个人来投标的。即使投标人与招标人存在某种"利害关系"，但如果招投标活动依法进行、程序规范,该"利害关系"并不影响其公正性,就可以参加投标。[①]由于《招标投标法实施条例》是国务院制定的行政法规,根据《立法法》规定,国务院有权解释条例的内容。因此,该观点还需国务院确认或者司法实践的检验。

投标人之间有法定情形不能投标的,主要有两种情形:一是单位负责人为同一人;二是投标人之间存在控股、管理关系。单位负责人,是指单位法定代表人或者法律、行政法规规定代表单位行使职权的主要负责人。控股关系,根据《公司法》第二百六十五条的规定,是指其出资额占有限责任公司资本总额超过百分之五十或者其持有的股份占股份有限公司股本总额超过百分之五十的股东;出资额或者持有股份的比例虽然低于百分之五十,但依其出资额或者持有的股份所享有的表决权已足以对股东会的决议产生重大影响的,或者通过投资关系、协议或者其他安排,能够实际支配公司行为的,也属于占控股地位。管理关系是指不具有出资持股关系的其他单位之间存在的管理与被管理的关系,如事业单位与下属企业的关系。存在这些情形的投标人,容易出现事先沟通、私下串通等现象,影响公平竞争。

如果投标人违反《招标投标法实施条例》第三十四条第一款、第二款的规定,其法律后果是相关投标均无效。无效是指自始无效。在评标时,评标委员会应否决相关投标;中标公示后,招标人应当取消中标资格;合同签订后,因投标无效将导致合同无效,应当恢复原状,不能恢复原状的中标人应当赔偿招标人的损失。

(3)投标文件的编制。

投标人应当按照招标文件的要求编制投标文件。投标文件是投标人参与投标竞争的要约,是投标人向招标人发出的书面报价,它代表并体现着投标人在招标项目的技术和质量方面的情况和竞争能力,因此,在投标准备工作中,投标人最为重要的活动就是要编制好投标文件。根据《招标投标法》的规定,投标人应当按照招标文件的要求编制投标文件,其主要内容应当对招标文件提出的实质性要求和条件作出响应。对属于建设施工的招标项目,投标文件的内容应当包括拟派出的项目负责人与主要技术人员的简历、业绩和拟用于完成招标项目的机械设备

[①] 国家发展和改革委员会法规司、国务院法制办公室财金司、监察部执法监察司编著:《中华人民共和国招标投标法实施条例释义》,中国计划出版社2012年版。

等。如果投标人根据招标文件载明的项目实际情况，拟在中标后将中标项目的部分非主体、非关键性工作进行分包的，也应当在投标文件中载明。

（4）投标文件的递交、补充、修改或者撤回。

投标人应当在招标文件要求提交投标文件的截止时间前，将投标文件送达投标地点。招标人收到投标文件后，应当签收保存，不得开启。未通过资格预审的申请人提交的投标文件，以及逾期送达或者不按照招标文件要求密封的投标文件，将被招标人拒收。

提交投标文件的投标人少于三家的，招标人应当依法重新招标。重新招标后投标人仍少于三个的，属于必须审批的工程建设项目，报经原审批部门批准后可以不再进行招标；其他工程建设项目，招标人可自行决定不再进行招标。

投标人在招标文件要求提交投标文件的截止时间前，可以补充、修改已提交的投标文件，并书面通知招标人。补充、修改的内容为投标文件的组成部分。

投标人撤回已提交的投标文件，应当在投标截止时间前书面通知招标人。招标人已收取投标保证金的，应当自收到投标人书面撤回通知之日起五日内退还。投标截止后投标人撤销投标文件的，招标人可以不退还投标保证金。

（5）联合体投标的问题。

联合体投标是指两个以上法人或者其他组织可以组成一个联合体，以一个投标人的身份共同投标。招标人应当在资格预审公告、招标公告或者投标邀请书中载明是否接受联合体投标。招标人接受联合体投标并进行资格预审的，联合体应当在提交资格预审申请文件前组成。资格预审后联合体增减、更换成员的，其投标无效。

联合体各方在同一招标项目中以自己名义单独投标或者参加其他联合体投标的，相关投标均无效。

联合体各方均应当具备承担招标项目的相应能力；国家有关规定或者招标文件对投标人的资格条件有规定的，联合体各方均应当具备规定的相应资格条件。同一专业的单位组成的联合体，按照资质等级较低的单位确定资质等级。联合体各方应当签订共同投标协议，明确约定各方拟承担的工作和责任，并将共同投标协议连同投标文件一并提交招标人。联合体中标的，联合体各方应当共同与招标人签订合同，就中标项目向招标人承担连带责任。

（6）投标人的通知义务。

投标人发生合并、分立、破产等重大变化的，应当及时书面告知招标人。投标人不再具备资格预审文件、招标文件规定的资格条件或者其投标影响招标公正性的，其投标无效。

（7）几种违法行为的认定。

《招标投标法实施条例》明确了以下几种禁止的违法行为：

①属于投标人相互串通投标的情形如下：

第一，投标人之间协商投标报价等投标文件的实质性内容。投标文件的实质性内容，除投标报价外，还包括技术条款、商务条件等。投标人之间对这些实质性内容进行协商，会在价格、技术和商务方面控制招标项目，导致招标人不得不购买投标人提供的货物、服务或者工程，增大这些投标人的中标概率。

第二，投标人之间约定中标人。实践中出现串通投标的一种情形，有的供应商为了增大中标概率，会找其他供应商陪标，共同进行围标，这是一种严重扰乱市场竞争的行为。

第三，投标人之间约定部分投标人放弃投标或者中标。放弃投标是在购买招标文件之后，有些供应商撤回投标或者提交投标文件后撤销投标；放弃中标是在发布中标公示后，排名第一的中标候选人提出放弃中标。因此，对于撤销投标或者放弃中标的情况，招标人应当多加注意，留意投标人之间是否存在串通投标的情形。

第四，属于同一集团、协会、商会等组织成员的投标人按照该组织要求协同投标。即该组织事先确定投标策略，确保其成员中标。例如，同一集团下属两个子公司按照集团的要求组织投标产品、协同投标等。如果同一集团下属的两个子公司没有在其集团组织下协同投标则不属于此种情形。

第五，投标人之间为谋取中标或者排斥特定投标人而采取的其他联合行动。该项为兜底性规定，由于现实中的违法行为是多样的，且随着形势的发展会出现新的违法行为，因而法律赋予有权机关一定的裁量权，由有权机关根据情况认定。

②视为投标人相互串通投标的情形如下：

第一，不同投标人的投标文件由同一单位或者个人编制。我国的民营企业有不少是家族企业，如父子、夫妻、兄弟等分别设立公司，有时成立集团公司，为最大可能地中标，容易出现串通投标。在制作投标文件时，由一家公司或者一个人先编写投标文件，其他公司以此为模板进行修改。笔者曾经见过，不同投标人投标文件的电子版文档"属性"中的"作者"是同一单位，最终评标委员会认定这几家投标人串通投标。

第二，不同投标人委托同一单位或者个人办理投标事宜。这种情形主要有：投标报名时，特别是在网上报名时，从 IP 地址可以查到不同投标人是由一家公司报名。开标现场，两家投标人的代理人是同一人，或者同一投标人为另一投标人递交投标文件等。笔者曾经遇到过，B、C 公司办理投标的两名代理人均是 A 公司的员工，A 公司也参加投标，B、C 公司实际均属同一单位办理投标事宜。

第三，不同投标人的投标文件载明的项目管理成员为同一人。这种情形比较常见于软件开发项目中，A 公司的项目管理成员同时又是 B 公司的项目管理成员，这种情形也会在建设工程项目中出现。

第四，不同投标人的投标文件异常一致或者投标报价呈规律性差异。例如，一个项目的三家投标人纸质投标文件、电子版投标方的第四章至第十一章的内容基本一样，从施工组织与施工部署、施工工艺及措施、质量保证体系及质量保证措施、安全保证体系及安全保证措施、文明施工体系及保证措施、环境保护体系及措施到季节的施工措施和施工技术组织内容、格式、版式相同，只是个别章节顺序略微有变。此种情况属于"不同投标人的投标文件异常一致"。另外，一个预算 400 万元的项目，四家供应商参与投标，其报价分别为 396 万元、395 万元、394 万元、393 万元，这种阶梯式的报价，没有明显的竞争因素，则很可能属于串通投标。

第五，不同投标人的投标文件相互混装。例如，A 公司投标文件中的投标人声明上加盖的是 B 公司的章，即属于投标文件混装。家族企业往往在同一家打印社制作投标文件，由一个人负责签署盖章装袋，然后一家人参与投标，容易出现混装。有的投标文件、技术文件是 A 公司的章，商务文件则是 B 公司的章，有的法定代表人授权书内容上写的 A 公司名称，然而盖的却是 B 公司的章，有的售后服务方案也存在此类问题。笔者还遇到过，两家投标人在同一家打印社制作投标文件，结果 A 公司投标文件封面上打印的是 B 公司的名称，但并未加盖 B

公司的公章，财政部门经调查，打印社承认是其将A公司的投标文件名称打印错误所致，仅以A公司投标文件封面打印的是B公司的名称不足以证明这两家公司串通投标。

第六，不同投标人的投标保证金从同一单位或者个人的账户转出。参与围标的企业由于并非真正的中标人，因而其不愿意付出任何成本，除投标文件制作时直接照搬其他投标人的投标文件外，也不愿意垫支投标保证金，因此其会要求其他投标人支付，这样就会出现不同投标人的投标保证金从同一单位或者个人账户转出的情况。自《招标投标法实施条例》和《政府采购法实施条例》明确规定此种情形是串通投标之后，实践中这种现象越来越少。

③招标人与投标人串通投标的情形如下：

第一，招标人在开标前开启投标文件并将有关信息泄露给其他投标人。根据《招标投标法》第三十六条规定，投标文件应当在开标时当众开启。若招标人利用其能够提前取得投标文件的优势，提前开启投标文件并将有关信息泄露给其他投标人。其他投标人就可以据此修改投标文件，以确保评标时超过该投标人，特别是在两家竞争激烈的供应商之间，将会对评标结果造成实质性影响。这种做法严重损害投标文件被提前开启的投标人的利益，也破坏了公开招标的公平公正。

第二，招标人直接或者间接向投标人泄露标底、评标委员会成员等信息。根据《招标投标法》第二十二条的规定，已获取招标文件的潜在投标人的名称、数量、标底均属于应当保密的信息。根据该法第三十七条的规定，评标委员会成员的名单在中标结果确定前应当保密。泄露标底后，得知标底的供应商会按照标底进行投标报价，影响公平竞争。得知其他供应商投标，该供应商可能会联系其他投标人串通投标。知道评标委员会成员，就有可能做评标专家的工作，争取评标专家对其倾向性打分。"间接"泄露是指招标人向第三人泄露，第三人再向投标人泄露；或者以投标人主动求证和招标人默认等方式泄露有关信息；或者故意将有关信息放置在投标人能够看得到的地方。这些做法，均会影响评标的公正性，为法律所不允许。

第三，招标人明示或者暗示投标人压低或者抬高投标报价。每个供应商均应根据招标文件的要求、其自身技术经济实力和市场竞争状况，同时考虑市场地位进行报价，是企业经营自主权的体现。招标人明示或者暗示投标压低或者抬高投标报价,实质上是和投标人串通投标,必然损害国家利益、社会公共利益或者其他投标人的利益。

第四,招标人授意投标人撤换、修改投标文件。根据《招标投标法》第二十九条的规定,投标人在招标文件要求提交投标文件的截止时间前,可以补充、修改或者撤回已提交的投标文件,并书面通知招标人。投标文件的撤换、修改是出于投标人的自愿,这种撤换、修改是合法的。但如果招标人授意投标人撤换、修改投标文件则是串通投标行为。此种情况下,往往是招标人将其所掌握的信息透露给投标人,要求投标人按照这些信息对投标文件进行撤换或者修改,这种做法对其他投标人不公平。

第五,招标人明示或者暗示投标人为特定投标人中标提供方便。为使特定投示人顺利中标,招标人可能会采取明示或者暗示投标人为特定投标人中标提供方便。例如,明示或者暗示投标人提交一个高报价,或者在技术、商务方面提供明显不如特定中标人的条件,以便让特定投标人顺利中标,使投标人成为围标者。

第六,招标人与投标人为谋求特定投标人中标而采取的其他串通行为。此项为兜底条款。在实践中,招标人与投标人串通投标的表现形式多样且不断变化,因此法律赋予有权机关一定的裁量权限,可以依据该项认定实践中新出现的串通投标的情形。

④使用通过受让或者租借等方式获取的资格、资质证书投标的,属于《招标投标法》第三十三条规定的以他人名义投标。

《建筑法》第二十六条规定:"承包建筑工程的单位应当持有依法取得的资质证书,并在其资质等级许可的业务范围内承揽工程。禁止建筑施工企业超越本企业资质等级许可的业务范围或者以任何形式用其他建筑施工企业的名义承揽工程。禁止建筑施工企业以任何形式允许其他单位或者个人使用本企业的资质证书、营业执照,以本企业的名义承揽工程。"该条规定禁止建筑施工企业以任何形式用其他建筑施工企业的名义承揽工程。

《行政许可法》第八十条明确规定倒卖、出租、出借行政许可证件是应当依法给予行政处罚的行为。本条款明确规定,无论是受让还是租借其他供应商的资格、资质证书投标,都是以他人名义投标。

⑤投标人以其他方式弄虚作假的行为如下:

第一，使用伪造、变造的许可证件。伪造是指根据真的许可证件整本造假而成。变造是将真的许可证件通过涂改、挖补等手段改变许可证件的真实内容，以满足行为人的需要。无论是伪造还是变造均不是依法获取的许可证件，均是弄虚作假的行为。

第二，提供虚假的财务状况或者业绩。为了考察投标人履约能力，资格预审文件或者招标文件往往会要求投标人提交能够证明其财务状况或者业绩的证明材料，并在资格审查办法或者评标标准中设置相应的评审因素和分值。投标人为获得投标资格或者中标，需要根据资格审查办法或者评标标准提供财务状况或者业绩的证明材料。有时，投标人的财务状况不好，或者业绩不佳，就会采取伪造或者变造审计报告等证明财务状况的材料，或者伪造合同以证明其业绩。这种行为属弄虚作假的行为。

第三，提供虚假的项目负责人或者主要技术人员简历、劳动关系证明。项目负责人或者主要技术人员是考察投标人履行合同能力的重要方面，投标人实力不强的时候，有可能出现伪造或者变造项目负责人或者主要技术人员的简历、劳动关系证明。

第四，提供虚假的信用状况。考察投标人的信用状况一般是考察投标人是否为诚信企业，因违法行为被行政机关予以行政处罚、违约以及出现安全事故等均能说明该企业的信用状况不善。招标文件要求投标人提供"信用中国"等网页查询情况的截图。有些投标人会提供虚假的信用状况的证明材料，实践中有供应商提供皮包公司的银行资信证明等情况。

第五，其他弄虚作假的行为。实践中出现检测报告等招标文件规定的材料弄虚作假的情况。

需要注意的是，弄虚作假的材料必须是招标文件规定的实质性要求的材料。若投标人投标文件中提交的非实质性要求的材料出现虚假，不属于弄虚作假。

4. 开标、评标、中标

（1）开标。

开标，就是在招标文件规定的时间、地点，由招标人当众拆封投标人提交的投标文件，公开宣读所有参与投标的投标人名称、投标价格以及投标文件的其他主要内容。

为了确保开标程序的公开透明,使所有投标人以及其他参与人了解投标情况,开标依法应当邀请所有投标人参加;并且招标人在招标文件要求提交投标文件的截止时间前收到所有投标文件,开标时都应当当众予以拆封、宣读,并依法将整个开标过程记录、存档备查,这样有利于投标人对招标投标活动是否合法进行监督。投标人少于三个的,不得开标;招标人应当重新招标。

开标时,由投标人或者其推选的代表检查投标文件的密封情况,或者由招标人委托的公证机关检查并公证;经确认无误后,再由工作人员当众拆封、宣读。要求投标密封完好,主要是为了防止出现投标文件内容被泄露的情况,以及避免因投标文件内容泄露而导致出现串通投标、影响投标公平竞争等情况,以保证招标投标活动公正、经济、有效地进行。

投标人对开标有异议的,应当在开标现场提出,招标人应当当场作出答复,并制作记录。

(2)评标。

评标,就是评标委员会根据招标文件的规定和要求,对投标文件所进行的审查和评比,以便确定中标人。评标是审查确定中标人的程序,是招标投标活动不可缺少的重要环节,为了确保评标结果的公开性和权威性,评标由评标委员会负责。

依法必须进行招标的项目的评标委员会由招标人的代表和有关技术、经济等方面的专家组成,成员人数为五人以上单数,其中技术、经济等方面的专家不得少于成员总数的2/3。为了保证进入评标委员会的专家素质,《招标投标法》对其资格做了限制性规定,要求其应当具有八年以上从事相关领域工作的经历并具有高级职称或者具有同等专业水平,由招标人从国务院有关部门或者省、自治区、直辖市人民政府有关部门提供的专家名册或者招标代理机构的专家库内相关专业的专家名单中确定。一般招标项目可以采取随机抽取的方式,特殊招标项目可以由招标人直接确定。任何单位和个人不得以明示、暗示等任何方式指定或者变相指定参加评标委员会的专家成员。与投标人有利害关系的人不得进入相关项目的评标委员会,已经进入的应当更换。评标委员会成员的名单在中标结果确定前应当保密。

依法必须进行招标的项目的招标人非因法定事由,不得更换依法确定的评标委员会成员。评标过程中，评标委员会成员有回避事由，撤离职守或者因健康等原因不能继续评标的，应当及时更换。按照上述规定重新随机抽取。被更换的评标委员会成员作出的评审结论无效，由更换后的评标委员会成员重新进行评审。

评标过程的结果关系到中标人的产生，是保证招标公开有效的重要环节，且该环节尤其容易受到地方保护主义和部门保护主义的行政干扰，因此，《招标投标法》作出特别规定，要求任何单位和个人不得非法干预、影响评标过程和结果，招标人有权利也有义务采取必要的措施，确保评标在严格保密的情况下进行。

评标时，招标人应当向评标委员会提供评标所必需的信息，但不得明示或者暗示其倾向或者排斥特定投标人。评标委员会应当按照招标文件确定的评标标准和方法，对投标文件进行评审和比较；设有标底的（招标人应当在开标时公布），应当参考标底。标底只能作为评标的参考，不得以投标报价是否接近标底作为中标条件，也不得以投标报价超过标底上下浮动范围作为否决投标的条件。招标文件没有规定的评标标准和方法不得作为评标的依据。

按照《招标投标法》规定，中标人的投标应当符合下列条件之一：一是能够最大限度地满足招标文件中规定的各项综合评价标准；二是能够满足招标文件的实质性要求，并且经评审的投标价格最低，但是投标价格低于成本的除外。这就是说，投标报价最低不是中标的唯一标准，特别是对于那些比较复杂的招标项目，或者招标人招标主要考虑的不是价格因素而是投标人的技术能力和专业水平等因素的，采用的评标方法必须考虑综合因素，否则，招标人的目的便难以实现。如果以投标价格最低为评标的标准时，必须注意投标人不得以低于其成本的价格投标。依法限制投标价格，是防止投标人为了达到中标的目的而以低于其个别成本的价格投标，构成不正当竞争，最终导致招标项目质量受到严重影响的后果。当然，如果投标人是以低于社会平均价格但不低于其个别成本价格投标，是应当允许并受到鼓励的。但社会平均价格往往很难认定，由于目前我国行业协会所起的作用尚不明显，因而认定低于社会平均价格投标往往难度较大。

投标文件中有含义不明确的内容、明显文字或者计算错误，评标委员会认为需要投标人作出必要澄清、说明的，应当书面通知该投标人。投标人的澄清、说明应当采用书面形式，并不得超出投标文件的范围或者改变投标文件的实质性内容。评标委员会不得暗示或者诱导投标人作出澄清、说明，不得接受投标人主动提出的澄清、说明。

以下情形的投标，评标委员会应当否决：①投标文件未经投标单位盖章和单位负责人签字；②投标联合体没有提交共同投标协议；③投标人不符合国家或者招标文件规定的资格条件；④同一投标人提交两个以上不同的投标文件或者投标报价，但招标文件要求提交备选投标的除外；⑤投标报价低于成本或者高于招标文件设定的最高投标限价；⑥投标文件没有对招标文件的实质性要求和条件作出响应；⑦投标人有串通投标、弄虚作假、行贿等违法行为。如果评标委员会认为所有投标都不符合招标文件要求的，如由于大部分投标文件不符合要求从而导致投标缺乏有效的竞争，或者所有的投标价格大大高于招标人的期望价格等，可以否决所有投标。在这种情况下，依法必须进行招标的项目招标人应当依法重新进行招标。在中标人未被最终确定之前，招标人与投标人不得就投标价格、投标方案等实质性内容进行谈判。

评标完成后，评标委员会应当向采购人提交书面评标报告和中标候选人名单。中标候选人应当不超过三个，并标明排序。评标报告应当由评标委员会全体成员签字。对评标结果有不同意见的评标委员会成员应当以书面形式说明其不同意见和理由，评标报告应当注明该不同意见。评标委员会成员拒绝在评标报告上签字又不以书面说明其不同意见和理由的，视为同意评标报告。

招标人应当根据项目规模和技术复杂程度等因素合理确定评标时间。超过 1/3 的评标委员会成员认为评标时间不够的，招标人应当适当延长。

评标委员会成员的纪律：不得私下接触投标人，不得收受投标人给予的财物或者其他好处，不得向招标人征询确定中标人的意向，不得接受任何单位或者个人明示或者暗示提出的倾向或者排斥特定投标人的要求，不得有其他不客观、不公正履行职务的行为。评标委员会成员和参与评标的有关工作人员不得透露对投标文件的评审和比较、中标候选人的推荐情况以及与评标有关的其他情况。

关于评标方法，特别是投标报价的计算方法，《招标投标法》及其实施条例、规章等未做规定。在建设工程招标领域，通常会沿用惯例，常见的价格计算方式为：投标价格得分 = 价格分值 − (投标价格 − 评标基准价)/评标基准价 × $100 \times E$，E 为减分系数，当报价大于评标基准价时 E 为 2，当报价小于评标基价时 E 为 –1。评标基准价的计算方法是：有效报价的投标报价去掉一个最低值和一个最高值后的算术平均值（如果参与投标价平均值计算的有效投标人少于或等于 5 家时，则计算投标价平均值时不去掉一个最低值和一个最高值）。

这种方法存在的一个问题是，《招标投标法》第四十一条规定："中标人的投标应当符合下列条件之一：……（二）能够满足招标文件的实质性要求，并且经评审的投标价格最低；但是投标价格低于成本的除外。"某旅游步道工程项目，中标人的报价是 13548846.83 元，而投标报价最低的是 12324414.46 元，出现不符合前述法律规定的情况。因此，在《招标投标法》对投标报价未做规定时，政府采购建设工程项目可以考虑采用《政府采购货物和服务招标投标管理办法》第五十五条规定的投标报价的计算方法。

（3）中标。

招标人应当自收到评标报告之日起三日内公示中标候选人，中标候选人公示应当载明以下内容：①中标候选人排序、名称、投标报价、质量、工期（交货期），以及评标情况；②中标候选人按照招标文件要求承诺的项目负责人姓名及相关证书名称和编号；③中标候选人响应投标文件要求的资格能力条件；④提出异议的渠道和方式；⑤招标文件规定公示的其他内容。

公示期不得少于三日（政府采购货物和服务的中标有所不同，《政府采购货物和服务招标投标管理办法》规定的是一个工作日）。投标人或者其他利害关系人对评标结果有异议的，应当在中标候选人公示期间提出。招标人应当自收到异议之日起三日内作出答复；作出答复前，应当暂停招标投标活动。

招标人根据评标委员会提出的书面评标报告和推荐的中标候选人确定中标人。招标人也可以授权评标委员会直接确定中标人。招标人应当确定排名第一的中标候选人为中标人。中标人产生后应当发布中标结果公示，公示应当载明中标人名称（政府采购项目只需发布中标公告，而无须发布中标候选人公示）。

排名第一的中标候选人放弃中标、因不可抗力不能履行合同、不按照招标文件要求提交履约保证金，或者被查实存在影响中标结果的违法行为等情形，不符合中标条件的，招标人可以按照评标委员会提出的中标候选人名单排序依次确定其他中标候选人为中标人，也可以重新招标。

在此阶段，如果中标候选人的经营、财务状况发生较大变化或者存在违法行为，招标人认为可能影响其履约能力的，应当在发出中标通知书前由原评标委员会按照招标文件规定的标准和方法审查确认。

中标人确定后，招标人应当向中标人发出中标通知书，并同时将中标结果通知所有未中标的投标人。中标通知书对招标人和中标人具有法律效力。中标通知书发出后，招标人改变中标结果的，或者中标人放弃中标项目的，应当依法承担法律责任。

招标人和中标人应当自中标通知书发出之日起三十日内，按照招标文件和中标人的投标文件订立书面合同。合同的标的、价款、质量、履行期限等主要条款应当与招标文件和中标人的投标文件内容一致。招标人和中标人不得再行订立背离合同实质性内容的其他协议。招标文件要求中标人提交履约保证金的，中标人应当按照招标文件的要求提交。履约保证金不得超过中标合同金额的10%。

中标人应当按照合同约定履行义务，完成中标项目。中标人不得向他人转让中标项目，也不得将中标项目肢解后分别向他人转让。中标人按照合同约定或者经招标人同意，可以将中标项目的部分非主体、非关键性工作分包给他人完成。接受分包的人应当具备相应的资格条件，并不得再次分包。中标人应当就分包项目向招标人负责，接受分包的人就分包项目承担连带责任。

根据《招标投标法》规定，招标人应当自确定中标人之日起十五日内，向有关行政监督部门提交招标投标情况的书面报告。法律之所以这样要求招标人，不是为了干预或者进行审查，而是为了使国家有关行政监督部门有效地履行对招标活动的监督职责。

纳入当年政府采购计划的续建项目，项目单位需将招标公告、招标文件（含评标办法）、评审专家名单、评标报告、中标通知书及合同等复印件报同级财政部门备案；纳入当年政府采购计划的新建项目，项目单位需在开标前将招标公告、招标文件（含评标办法）等复印件报同级财政部门备案，公开招标评标活动结束后，项目单位需将评审专家名单、评标报告、中标通知书及合同等复印件报同级财政部门备案。

采购活动结束后，项目单位持政府监管部门的批复、项目评审意见书、中标通知书、合同等有关手续到同级建设部门办理施工许可证等手续。

【案例】能以过去的串标行为取消现在项目的中标资格吗？

2019年8月，A公司在B项目中标后，突然被告知其中标资格被取消。A公司向招标代理机构发函要求说明理由，招标代理机构回函称，根据《招标投标法实施条例》第六十七条第二款第二项规定，投标人在3年内2次以上串通投标，由有关行政监督部门取消其一至两年内参加依法必须进行招标的项目的投标资格，A公司于2017年6月在某市某项目投标中存在严重的串标行为；2017年10月，某省住房和城乡建设厅发布通报，指出A公司有涉嫌串通投标的行为，A公司已构成两次串通投标。串标在招投标行业属于违法行为，故取消A公司的中标资格。

招标代理机构的回函，涉及以下三个问题：

1. A公司是否构成《招标投标法实施条例》第六十七条规定的"3年内2次以上串通投标"的行为？

首先，需要分析什么情况下构成"3年内2次以上串通投标"的行为。

《招标投标法》第五十三条规定："投标人相互串通投标或者与招标人串通投标的，投标人以向招标人或者评标委员会成员行贿的手段谋取中标的，中标无效，处中标项目金额千分之五以上千分之十以下的罚款，对单位直接负责的主管人员和其他直接责任人员处单位罚款数额百分之五以上百分之十以下的罚款；有违法所得的，并处没收违法所得；情节严重的，取消其一年至二年内参加依法必须进行招标的项目的投标资格并予以公告，直至由工商行政管理机关吊销营业执照；构成犯罪的，依法追究刑事责任。给他人造成损失的，依法承担赔偿责任。"

《招标投标法实施条例》)第六十七条第二款规定："投标人有下列行为之一的，属于招标投标法第五十三条规定的情节严重行为，由有关行政监督部门取消其1年至2年内参加依法必须进行招标的项目的投标资格：(一)以行贿谋取中标；(二)3年内2次以上串通投标；(三)串通投标行为损害招标人、其他投标人或者国家、集体、公民的合法利益，造成直接经济损失30万元以上；(四)其他串通投标情节严重的行为。"

上述法律规定中，《招标投标法》第五十三条规定了串通投标的违法行为及罚款、没收违法所得，情节严重的，取消其一年至二年内参加依法必须进行招

第四章 政府采购的方式和程序

的项目的投标资格的行政处罚。《招标投标法实施条例》第六十七条第二款明确了"情节严重"的四种情形,其中包括3年内2次以上串通投标。构成该种串通投标情节严重的,必须具备三个条件:一是时间段是在"3年内",二是"2次以上",三是"串通投标"。那么,"串通投标"如何认定?需要以什么样的法律文件证明?

关于投标人串通投标,《招标投标法实施条例》第三十九条、第四十条作出明确规定。第三十九条规定了投标人之间"属于串通投标"的五种情形,即投标人之间协商投标报价等投标文件的实质性内容;投标人之间约定中标人;投标人之间约定部分投标人放弃投标或者中标;属于同一集团、协会、商会等组织成员的投标人按照该组织要求协同投标;投标人之间为谋取中标或者排斥特定投标人而采取的其他联合行动。第四十条规定了"视为投标人相互串通投标"的六种情形,即不同投标人的投标文件由同一单位或者个人编制;不同投标人委托同一单位或者个人办理投标事宜;不同投标人的投标文件载明的项目管理成员为同一人;不同投标人的投标文件异常一致或者投标报价呈规律性差异;不同投标人的投标文件相互混装;不同投标人的投标保证金从同一单位或者个人的账户转出。

《招标投标法》第五十三条、《招标投标法实施条例》第六十七条,根据串通投标的严重程度,规定了构成刑事犯罪的串通投标罪和串通投标一般违法行为。对于犯罪行为,应当由人民法院定罪量刑;而对于尚不构成犯罪的一般违法行为,则应当由行政监督部门依据《招标投标法》第五十三条的规定进行行政处罚。因此,能够证明投标人串通投标行为的法律文件有人民法院的刑事判决书和行政监督部门作出的行政处罚决定书。

其次,需要分析A公司是否构成"3年内2次以上串通投标"的行为。

招标代理机构认为,A公司于2017年6月在某市某项目投标中存在严重的串标行为;2017年10月,某省住房和城乡建设厅发布通报,指出A公司有涉嫌串通投标的行为。至2019年B项目招标时,3年内A公司有2次串通投标行为,构成《招标投标法实施条例》规定的"3年内2次以上串通投标"的行为。笔者不同意这种观点,理由为:

第一,A公司在2017年6月的某市某项目中是否存在串通投标的行为,应当以人民法院的刑事判决书或者该项目行政监督部门作出的行政处罚决定书为准。如果没有刑事判决书或者相关行政监督部门作出的行政处罚决定书,则不能认定 A 公司存在串通投标行为。需要注意的一个问题是，评标委员会在评标时，根据投标人的投标文件等认定投标人有串通投标行为而否决相关投标，是否能够认为这些投标人存在串通投标行为？笔者认为，根据《招标投标法实施条例》第五十一条第七项规定，对投标人串通投标的违法行为，评标委员会应当否决其投标。也就是说，评标委员会有权对串通投标行为进行认定，并否决串通投标的投标人的投标。评标委员会认定的串通投标，应当是《招标投标法实施条例》第四十条规定的"视为串通投标"的情形，因为该条规定的串通投标的情形在评标时容易查明；而对于《招标投标法实施条例》第三十九条规定的"属于串通投标"的情形则应由司法机关经审判认定或者行政监督部门在调查后认定。此外，评标委员会如果认定投标人存在《招标投标法实施条例》第四十条规定的串通投标的行为，在否决其投标后，应当向行政监督部门举报，由行政监督部门进行行政处罚。

第二，2017 年 10 月某省住房和城乡建设厅发布通报，指出 A 公司有涉嫌串通投标的行为，该通报能否认定 A 公司有串通投标行为？笔者认为，需要根据通报的具体内容来判断。如果通报说明行政监督部门进行了调查，听取 A 公司的陈述申辩，认定 A 公司存在串通投标行为并给予罚款、没收违法所得等处罚后予以通报，则因通报内容中已经表述行政监督部门认定 A 公司有串通投标行为并予以行政处罚，故可以认为 A 公司有串通投标行为。当然，最准确的判断是行政监督部门对 A 公司的行政处罚决定书。如果通报只是说 A 公司涉嫌串通投标的行为，并未进行认定和行政处罚，则不能认为 A 公司有串通投标的行为。因为行政处罚必须依据《行政处罚法》等法律规定，在行政监督部门进行调查取证、听取当事人陈述和申辩后才能作出。在经过调查后，行政监督部门有可能会认为违法行为不成立而不予行政处罚，或者存在免予行政处罚的情形而不予处罚。

因此，招标代理机构的回复内容不能认定 A 公司构成《招标投标法实施条例》)第六十七条规定的"3 年内 2 次以上串通投标"的行为。

2. 对"3 年内 2 次以上串通投标取消其 1 年至 2 年内参加依法必须进行招标的项目的投标资格"由谁作出？

《招标投标法实施条例》第六十七条第二款规定了对投标人属于招标投标法第五十三条规定的情节严重的"3 年内 2 次以上串通投标"行为，由有关行政监督部门取消其 1 年至 2 年内参加依法必须进行招标的项目的投标资格。

因此，招标人或者招标代理机构无权认定投标人存在"3年内2次以上串通投标"的情形，并据此取消其1年至2年内参加依法必须进行招标的项目的投标资格。

故招标代理机构认定A公司存在"3年内2次以上串通投标"不合法。

3. 招标代理机构取消A公司中标资格的依据是什么？

从招标代理机构的回复内容看，虽然其认为A公司构成"3年内2次串通投标"，但由于没有行政监督部门针对"3年内2次串通投标"作出的取消其1年至2年内参加依法必须进行招标的项目的投标资格，故回复的结论为"串通投标是违法行为，故取消A公司的中标资格"。

问题是，假使A公司在2017年两个项目中存在串通投标行为，能否成为2019年B项目取消中标资格的理由？

如果A公司在2017年参加的两个项目中存在串通投标行为，且第二个项目的行政监督部门以"3年内2次串通投标"作出取消其2年内参加依法必须进行招标的项目的投标资格的处罚决定，而A公司在2年内参加依法必须进行招标的B项目的投标，则招标人、招标代理机构可以A公司无投标资格而取消其中标资格。而事实是，虽然A公司可能存在"3年内2次串通投标"的情形，但因行政监督部门没有作出限制A公司投标的行政处理决定，故招标人、招标代理机构不能以此为由取消A公司B项目的中标资格。

回复结论所称的"串通投标是违法行为，故取消A公司的中标资格"，所适用的似乎是《招标投标法》第五十三条的规定。但第五十三条规定的"投标人相互串通投标的，中标无效"，指的是投标人参加的本次招标项目存在串通投标，其中标无效。也就是说，如果A公司在B项目中有串通投标行为，其中标无效，而非A公司之前参加的招标项目存在串通投标。

因此，招标代理机构取消A公司的中标资格没有法律和招标文件的依据。

那么，对于此种情形，招标人、招标代理机构应如何正确处理呢？毫无疑问，应当是依据《招标投标法》及招标文件的规定，查找最准确的依据作出处理。例如，查明A公司在B项目中存在串通投标行为或者有其他可以取消中标资格的情形，再以此取消其中标资格。

四、机电产品国际招标的范围和程序

（一）机电产品国际招标的范围

机电产品国际招标主要适用的是《机电产品国际招标投标实施办法（试行）》，因而本部分内容主要依据该办法。《机电产品国际招标投标实施办法（试行）》依据的是《招标投标法》及其实施条例，因此对于与《招标投标法》及其实施条例有关招标的内容，本部分不再介绍，而是重点阐述《机电产品国际招标投标实施办法（试行）》中的特殊规定。

根据《机电产品国际招标投标实施办法（试行）》第六条的规定，政府采购项目中进行国际采购的机电产品，属于必须进行国际招标的情形。

必须通过国际招标方式采购的，任何单位和个人不得将前款项目化整为零或者以国内招标等其他任何方式规避国际招标。

同时，《机电产品国际招标投标实施办法（试行）》规定了可以不进行国际招标的七种情形：

第一，国（境）外赠送或无偿援助的机电产品；

第二，采购供生产企业及科研机构研究开发用的样品样机；

第三，单项合同估算价在国务院规定的必须进行招标的标准以下的；

第四，采购旧机电产品；

第五，采购供生产配套、维修用零件、部件；

第六，采购供生产企业生产需要的专用模具；

第七，根据法律、行政法规的规定，其他不适宜进行国际招标采购的机电产品。

招标人不得为适用前述规定弄虚作假规避招标。

（二）机电产品国际招标的程序

1. 机电产品国际招标公开招标和邀请招标的条件

凡是达到政府采购货物公开招标限额标准的项目，均应采取公开招标方式。

国有资金占控股或者主导地位的依法必须进行机电产品国际招标的项目，应当公开招标；但有下列情形之一的，可以邀请招标：

（1）技术复杂、有特殊要求或者受自然环境限制，只有少量潜在投标人可供选择；（2）采用公开招标方式的费用占项目合同金额的比例过大。

有前款第二项所列情形，属于"按照国家有关规定需要履行项目审批、核准手续的依法必须进行招标的项目，其招标范围、招标方式、招标组织形式应当先获得项目审批、核准部门的审批、核准"的项目，招标人应当在招标前向相应的主管部门提交项目审批、核准部门审批、核准邀请招标方式的文件；其他项目采用邀请招标方式应当由招标人申请相应的主管部门作出认定。

2. 招标

（1）机电产品国际招标指定的网站是招标网。

商务部委托专门网站为机电产品国际招标提供公共服务和行政监督的平台（即招标网）。机电产品国际招标应当在招标网上完成招标项目建档、招标过程文件存档和备案、资格预审公告发布、招标公告发布、评审专家抽取、评标结果公示、异议投诉、中标结果公告等招标投标活动的相关程序，但涉及国家秘密的招标项目除外。

（2）对采购代理机构的要求。

机电产品国际招标的采购代理机构（以下简称采购代理机构）应当具备从事招标代理业务的营业场所和相应资金；具备能够编制招标文件（中、英文）和组织评标的相应专业力量；拥有一定数量的取得招标职业资格的专业人员。

采购代理机构从事机电产品国际招标代理业务，应当在招标网免费注册，注册时应当在招标网在线填写机电产品国际招标机构登记表。

采购代理机构应当在招标人委托的范围内开展招标代理业务，任何单位和个人不得非法干涉。采购代理机构从事机电产品国际招标业务的人员应当为与本机构依法存在劳动合同关系的员工。采购代理机构可以依法跨区域开展业务，任何地区和部门不得以登记备案等方式加以限制。

采购代理机构不得接受招标人违法的委托内容和要求；不得在所代理的招标项目中投标或者代理投标，也不得为所代理的招标项目的投标人提供咨询。

发布资格预审公告、招标公告或发出投标邀请书前，招标人或采购代理机构应当在招标网上进行项目建档，建档内容包括项目名称、招标人名称及性质、招标方式、招标组织形式、招标机构名称、资金来源及性质、委托招标金额、项目审批或核准部门、主管部门等。

（3）资格预审公告、招标公告或者投标邀请书的内容。

资格预审公告、招标公告或者投标邀请书应当载明下列内容：

第一，招标项目名称、资金到位或资金来源落实情况；

第二，招标人或招标机构名称、地址和联系方式；

第三，招标产品名称、数量、简要技术规格；

第四，获取资格预审文件或者招标文件的地点、时间、方式和费用；

第五，提交资格预审申请文件或者投标文件的地点和截止时间；

第六，开标地点和时间；

第七，对资格预审申请人或者投标人的资格要求。

（4）招标文件的内容。

招标人根据所采购机电产品的特点和需要编制招标文件。招标文件主要包括下列内容：

第一，招标公告或投标邀请书；

第二，投标人须知及投标资料表；

第三，招标产品的名称、数量、技术要求及其他要求；

第四，评标方法和标准；

第五，合同条款；

第六，合同格式；

第七，投标文件格式及其他材料要求，具体包括：投标书；开标一览表；投标分项报价表；产品说明一览表；技术规格响应/偏离表；商务条款响应/偏离表；投标保证金银行保函；单位负责人授权书；资格证明文件；履约保证金银行保函；预付款银行保函；信用证样本；要求投标人提供的其他材料。

（5）评标方法和标准。

机电产品国际招标的评标一般采用最低评标价法。技术含量高、工艺或技术方案复杂的大型或成套设备招标项目可采用综合评价法进行评标。所有评标方法和标准应当作为招标文件不可分割的一部分并对潜在投标人公开。招标文件中没有规定的评标方法和标准不得作为评标依据。

最低评标价法，是指在投标满足招标文件商务、技术等实质性要求的前提下，按照招标文件中规定的价格评价因素和方法进行评价，确定各投标人的评标价格，并按投标人评标价格由低到高的顺序确定中标候选人的评标方法。

综合评价法，是指在投标满足招标文件实质性要求的前提下，按照招标文件中规定的各项评价因素和方法对投标进行综合评价后，按投标人综合评价的结果由优到劣的顺序确定中标候选人的评标方法。

综合评价法应当由评价内容、评价标准、评价程序及推荐中标候选人原则等组成。综合评价法应当根据招标项目的具体需求，设定商务、技术、价格、服务及其他评价内容的标准，并对每一项评价内容赋予相应的权重。

（6）招标方的编制要求。

招标文件的技术、商务等条款应当清晰、明确、无歧义，不得设立歧视性条款或不合理的要求排斥潜在投标人。招标文件编制内容原则上应当满足三个以上潜在投标人能够参与竞争。招标文件的编制应当符合下列规定：

第一，对招标文件中的重要条款（参数）应当加注星号（"*"），并注明如不满足任一带星号（"*"）的条款（参数）将被视为不满足招标文件实质性要求，并导致投标被否决。

构成投标被否决的评标依据除重要条款（参数）不满足外，还可以包括超过一般条款（参数）中允许偏离的最大范围、最多项数。

采用最低评标价法评标的，评标依据中应当包括：一般商务和技术条款（参数）在允许偏离范围和条款数内进行评标价格调整的计算方法，每个一般技术条款（参数）的偏离加价一般为该设备投标价格的0.5%，最高不得超过该设备投标价格的1%，投标文件中没有单独列出该设备分项报价的，评标价格调整时按投标总价计算；交货期、付款条件等商务条款的偏离加价计算方法在招标文件中可以另行规定。

采用综合评价法的，应当集中列明招标文件中所有加注星号（"*"）的重要条款（参数）。

第二，招标文件应当明确规定在实质性响应招标文件要求的前提下投标文件分项报价允许缺漏项的最大范围或比重，并注明如缺漏项超过允许的最大范围或比重，该投标将被视为实质性不满足招标文件要求，并将导致投标被否决。

第三，招标文件应当明确规定投标文件中投标人应当小签的相应内容，其中投标文件的报价部分、重要商务和技术条款（参数）响应等相应内容应当逐页小签。

第四，招标文件应当明确规定允许的投标货币和报价方式，并注明该条款是否为重要商务条款。招标文件应当明确规定不接受选择性报价或者附加条件的报价。

第五，招标人设有最高投标限价的，应当在招标文件中明确最高投标限价或者最高投标限价的计算方法。招标人不得规定最低投标限价。

第六，招标文件应当明确规定评标依据以及对投标人的业绩、财务、资信等商务条款和技术参数要求，不得使用模糊的、无明确界定的术语或指标作为重要商务或技术条款（参数）或以此作为价格调整的依据。招标文件对投标人资质提出要求的，应当列明所要求资质的名称及其认定机构和提交证明文件的形式，并要求相应资质在规定的期限内真实有效。

第七，招标人可以在招标文件中将有关行政监督部门公布的信用信息作为对投标人的资格要求的依据。

第八，招标文件内容应当符合国家有关安全、卫生、环保、质量、能耗、标准、社会责任等法律法规的规定。

第九，招标文件允许联合体投标的，应当明确规定对联合体牵头人和联合体各成员的资格条件及其他相应要求。

第十，招标文件允许投标人提供备选方案的，应当明确规定投标人在投标文件中只能提供一个备选方案并注明主选方案，且备选方案的投标价格不得高于主选方案。

第十一，招标文件应当明确计算评标总价时关境内、外产品的计算方法，并应当明确指定到货地点。除国外贷款、援助资金项目外，评标总价应当包含货物到达招标人指定到货地点之前的所有成本及费用。其中，关境外产品为：CIF 价+进口环节税+国内运输、保险费等（采用 CIP、DDP 等其他报价方式的，参照此方法计算评标总价）；其中投标截止时间前已经进口的产品为：销售价（含进口环节税、销售环节增值税）+国内运输、保险费等。关境内制造的产品为：出厂价（含增值税）+消费税（如适用）+国内运输、保险费等。有价格调整的，计算评标总价时，应当包含偏离加价。

第十二，招标文件应当明确投标文件的大写金额和小写金额不一致的，以大写金额为准；投标总价金额与按分项报价汇总金额不一致的，以分项报价金额计算结果为准；分项报价金额小数点有明显错位的，应以投标总价为准，并修改分项报价；应当明确招标文件、投标文件和评标报告使用语言的种类；使用两种以上语言的，应当明确当出现表述内容不一致时以何种语言文本为准。

（7）投标人应当在招标网上注册。

投标人在招标文件要求的投标截止时间前，应当在招标网免费注册，注册时应当在招标网在线填写招投标注册登记表，并将由投标人加盖公章的招投标注册登记表及工商营业执照（复印件）提交至招标网；境外投标人提交所在地登记证明材料（复印件），投标人无印章的，提交由单位负责人签字的招投标注册登记表。投标截止时间前，投标人未在招标网完成注册的不得参加投标，有特殊原因的除外。

（8）认定投标人数量及投标人不足三家的处理。

认定投标人数量时，两家以上投标人的投标产品为同一家制造商或集成商生产的，按一家投标人认定。对两家以上集成商或代理商使用相同制造商产品作为其项目包的一部分，且相同产品的价格总和均超过该项目包各自投标总价60%的，按一家投标人认定。

投标人少于三个的，不得开标，招标人应当依法重新招标；开标后认定投标人少于三个的应当停止评标，招标人应当依法重新招标。重新招标后投标人仍少于三个的，可以进入两家或一家开标评标（此为机电产品国际招标的特殊之处）；按国家有关规定需要履行审批、核准手续的依法必须进行招标的项目，报项目审批、核准部门审批、核准后可以不再进行招标。

招标公告规定未领购招标文件不得参加投标的，招标文件发售期截止后，购买招标文件的潜在投标人少于三个的，招标人可以依法重新招标。重新招标后潜在投标人或投标人仍少于三个的，可以进入两家或一家开标评标（此为机电产品国际招标的特殊之处）。

对于国外贷款、援助资金项目，资金提供方规定当投标截止时间到达时，投标人少于三个可直接进入开标程序的，可以适用其规定。

（9）评标专家的抽取。

依法必须进行招标的项目，机电产品国际招标评标所需专家原则上由招标人或招标机构在招标网上从国家、地方两级专家库内相关专业类别中采用随机抽取的方式产生。任何单位和个人不得以明示、暗示等任何方式指定或者变相指定参加评标委员会的专家成员。但技术复杂、专业性强或者国家有特殊要求，采取随机抽取方式确定的专家难以保证其胜任评标工作的特殊招标项目，报相应主管部门后，可以由招标人直接确定评标专家。

抽取评标所需的评标专家的时间不得早于开标时间三个工作日；同一项目包评标中，来自同一法人单位的评标专家不得超过评标委员会总人数的1/3。

随机抽取专家人数为实际所需专家人数。一次招标金额在1000万美元以上的国际招标项目包，所需专家的1/2以上应当从国家级专家库中抽取。

抽取工作应当使用招标网评标专家随机抽取自动通知系统。除专家不能参加和应当回避的情形外，不得废弃随机抽取的专家。

（10）评标。

评标委员会应当在开标当日开始进行评标。有特殊原因当天不能评标的，应当将投标文件封存，并在开标后四十八小时内开始进行评标。评标委员会成员应当依照《招标投标法》《招标投标法实施条例》和《机电产品国际招标投标实施办法（试行）》的规定，按照招标文件规定的评标方法和标准，独立、客观、公正地对投标文件提出评审意见。招标文件没有规定的评标方法和标准不得作为评标的依据。

采用最低评标价法评标的，在商务、技术条款均实质性满足招标文件要求时，评标价格最低者为排名第一的中标候选人；采用综合评价法评标的，在商务、技术条款均实质性满足招标文件要求时，综合评价最优者为排名第一的中标候选人。

在商务评议过程中，应予否决投标的情形：①投标人或其制造商与招标人有利害关系可能影响招标公正性的；②投标人参与项目前期咨询或招标文件编制的；③不同投标人单位负责人为同一人或者存在控股、管理关系的；④投标文件未按招标文件的要求签署的；⑤投标联合体没有提交共同投标协议的；⑥投标人的投标书、资格证明材料未提供，或不符合国家规定或者招标文件要求的；⑦同一投标人提交两个以上不同的投标方案或者投标报价的，但招标文件要求提交备选方案的除外；⑧投标人未按招标文件要求提交投标保证金或保证金金额不足、保函有效期不足、投标保证金形式或出具投标保函的银行不符合招标文件要求的；⑨投标文件不满足招标文件加注星号（"*"）的重要商务条款要求的；⑩投标报价高于招标文件设定的最高投标限价的；⑪投标有效期不足的；⑫投标人有串通投标、弄虚作假、行贿等违法行为的；⑬存在招标文件中规定的否决投标的其他商务条款的。前述所列材料在开标后不得澄清、后补；招标文件要求提供原件的，应当提供原件，否则将否决其投标。

对经资格预审合格且商务评议合格的投标人不能再因其资格不合格否决其投标，但在招标周期内该投标人的资格发生了实质性变化不再满足原有资格要求的除外。

技术评议过程中，应予否决投标的情形：①投标文件不满足招标文件技术规格中加注星号（"*"）的重要条款（参数）要求，或加注星号（"*"）的重要条款（参数）无符合招标文件要求的技术资料支持的；②投标文件技术规格中一般参数超出允许偏离的最大范围或最多项数的；③投标文件技术规格中的响应与事实不符或虚假投标的；④投标人复制招标文件的技术规格相关部分内容作为其投标文件中一部分的；⑤存在招标文件中规定的否决投标的其他技术条款的。

采用最低评标价法评标的，价格评议按下列原则进行：①按招标文件中的评标依据进行评标。计算评标价格时，对需要进行价格调整的部分，要依据招标文件和投标文件的内容加以调整并说明。投标总价中包含的招标文件要求以外的产品或服务，在评标时不予核减。②除国外贷款、援助资金项目外，计算评标总价时，以货物到达招标人指定到货地点为依据。③招标文件允许以多种货币投标的，在进行价格评标时，应当以开标当日中国银行总行首次发布的外币对人民币的现汇卖出价进行投标货币对评标货币的转换以计算评标价格。

采用综合评价法评标时，按下列原则进行：①评标办法应当充分考虑每个评价指标所有可能的投标响应，且每一种可能的投标响应应当对应一个明确的评价值，不得对应多个评价值或评价值区间，采用两步评价方法的除外。对于总体设计、总体方案等难以量化比较的评价内容，可以采取两步评价方法：第一步，评标委员会成员独立确定投标人该项评价内容的优劣等级，根据优劣等级对应的评价值算术平均后确定该投标人该项评价内容的平均等级；第二步，评标委员会成员根据投标人的平均等级，在对应的分值区间内给出评价值。②价格评价应当符合低价优先、经济节约的原则，并明确规定评议价格最低的有效投标人将获得价格评价的最高评价值，价格评价的最大可能评价值和最小可能评价值应当分别为价格最高评价值和零评价值。③评标委员会应当根据综合评价值对各投标人进行排名。综合评价值相同的，依照价格、技术、商务、服务及其他评价内容的优先次序，根据分项评价值进行排名。

招标文件允许备选方案的，评标委员会对有备选方案的投标人进行评审时，应当以主选方案为准进行评标。备选方案应当实质性响应招标文件要求。凡提供两个以上备选方案或者未按要求注明主选方案的，该投标应当被否决。凡备选方案的投标价格高于主选方案的，该备选方案将不予采纳。

投标人应当根据招标文件要求和产品技术要求列出供货产品清单和分项报价。投标人投标报价缺漏项超出招标文件允许的范围或比重的，为实质性偏离招标文件要求，评标委员会应当否决其投标。缺漏项在招标文件允许的范围或比重内的，评标时应当要求投标人确认缺漏项是否包含在投标价中，确认包含的，将其他有效投标中该项的最高价计入其评标总价，并依据此评标总价对其一般商务和技术条款（参数）偏离进行价格调整；确认不包含的，评标委员会应当否决其投标；签订合同时以投标价为准。

评标完成后，评标委员会应当向招标人提交书面评标报告和中标候选人名单。中标候选人应当不超过三个，并标明排序。

评标委员会的每位成员应当分别填写评标委员会成员评标意见表，评标意见表是评标报告必不可少的一部分。评标报告应当由评标委员会全体成员签字。对评标结果有不同意见的评标委员会成员应当以书面形式说明其不同意见和理由，评标报告应当注明该不同意见。评标委员会成员拒绝在评标报告上签字又不说明其不同意见和理由的，视为同意评标结果。

专家受聘承担的具体项目评审工作结束后，招标人或者招标机构应当在招标网对专家的能力、水平、履行职责等方面进行评价，评价结果分为优秀、称职和不称职。

（11）评标结果公示和中标。

依法必须进行招标的项目，招标人或招标机构应当依据评标报告填写《评标结果公示表》，并自收到评标委员会提交的书面评标报告之日起三日内在招标网上进行评标结果公示。评标结果应当一次性公示，公示期不得少于三日。

采用最低评标价法评标的,《评标结果公示表》中的内容包括"中标候选人排名"、"投标人及制造商名称"、"评标价格"和"评议情况"等。每个投标人的评议情况应当按商务、技术和价格评议三个方面在《评标结果公示表》中分别填写,填写的内容应当明确说明招标文件的要求和投标人的响应内容。对一般商务和技术条款(参数)偏离进行价格调整的,在评标结果公示时,招标人或招标机构应当明确公示价格调整的依据、计算方法、投标文件偏离内容及相应的调整金额。

采用综合评价法评标的,《评标结果公示表》中的内容包括"中标候选人排名"、"投标人及制造商名称"、"综合评价值"、"商务、技术、价格、服务及其他等大类评价项目的评价值"和"评议情况"等。每个投标人的评议情况应当明确说明招标文件的要求和投标人的响应内容。

使用国外贷款、援助资金的项目,招标人或招标机构应当自收到评标委员会提交的书面评标报告之日起三日内向资金提供方报送评标报告,并自获其出具不反对意见之日起三日内在招标网上进行评标结果公示。资金提供方对评标报告有反对意见的,招标人或招标机构应当及时将资金提供方的意见报相应的主管部门,并依照《机电产品国际招标投标实施办法(试行)》重新招标或者重新评标。

评标结果进行公示后,各方当事人可以通过招标网查看评标结果公示的内容。招标人或招标机构应当应投标人的要求解释公示内容。

投标人或者其他利害关系人对依法必须进行招标的项目的评标结果有异议的,应当于公示期内向招标人或招标机构提出,并将异议内容上传招标网。招标人或招标机构应当在收到异议之日起三日内作出答复,并将答复内容上传招标网;作出答复前,应当暂停招标投标活动。机电产品国际招标的异议函和答复均应上传招标网。异议答复应当对异议问题逐项说明,但不得涉及其他投标人的投标秘密。未在评标报告中体现的不满足招标文件要求的其他方面的偏离不能作为答复异议的依据。

经原评标委员会按照招标文件规定的方法和标准审查确认,变更原评标结果的,变更后的评标结果应当依法进行公示。

评标结果公示无异议的,公示期结束后该评标结果自动生效并进行中标结果公告;评标结果公示有异议,但是异议答复后十日内无投诉的,异议答复十日后按照异议处理结果进行公告；评标结果公示有投诉的，相应主管部门做出投诉处理决定后，按照投诉处理决定进行公告。

依法必须进行招标的项目，中标人确定后，招标人应当在中标结果公告后二十日内向中标人发出中标通知书（《政府采购法实施条例》规定的是发出中标通知书的同时在省级以上人民政府财政部门指定的媒体上公告中标结果），并在中标结果公告后十五日内将评标情况的报告提交至相应的主管部门。中标通知书也可以由招标人委托其招标代理机构发出。

使用国外贷款、援助资金的项目，异议或投诉的结果与报送资金提供方的评标报告不一致的，招标人或招标机构应当按照异议或投诉的结果修改评标报告，并将修改后的评标报告报送资金提供方，获其不反对意见后向中标人发出中标通知书。

中标结果公告后十五日内，招标人或招标机构应当在招标网完成该项目包招标投标情况及其相关数据的存档。存档的内容应当与招标投标实际情况一致。

招标人最迟应当在书面合同签订后五日内向中标人和未中标的投标人退还投标保证金及银行同期存款利息。

第三节 竞争性谈判的适用条件和程序

竞争性谈判是指谈判小组与符合资格条件的供应商就采购货物、工程和服务事宜进行谈判，供应商按照谈判文件的要求提交响应文件和最后报价，采购人从谈判小组提出的成交候选人中确定成交供应商的采购方式。

一、竞争性谈判的条件

（一）政府采购工程项目竞争性谈判的适用条件

《政府采购法》第四条规定，政府采购工程进行招标投标的，适用招标投标法。其含义是，政府采购工程采取招标方式的，应当适用《招标投标法》的相关规定；但政府采购工程采取非招标方式的，仍应适用该法。

第四章　政府采购的方式和程序

根据《政府采购法实施条例》第二十五条的规定，政府采购工程依法不进行招标的，应当依照政府采购法和条例规定的竞争性谈判或者单一来源采购方式采购。

《政府采购非招标采购方式管理办法》第三条规定："采购人、采购代理机构采购以下货物、工程和服务之一的，可以采用竞争性谈判、单一来源采购方式采购；采购货物的，还可以采用询价采购方式：……（四）按照招标投标法及其实施条例必须进行招标的工程建设项目以外的政府采购工程。"

《政府采购法》第三十条、第三十一条分别规定了政府采购货物和服务的竞争性谈判、单一来源方式的适用条件，但并非政府采购工程采取竞争性谈判或者单一来源采购方式的条件，因而法律并未明确政府采购工程项目非招标方式的适用条件。

因而，结合相关法律的规定，笔者认为，在出现以下情形时政府采购工程项目可以采用非招标方式：①

1. 采购金额在政府采购限额标准以上、公开招标限额标准以下的

按照《政府采购法》的规定，工程类的项目的预算在中央及省级政府公布的集中采购的公开招标的限额标准以上的，应按照《招标投标法》进行招标投标；在政府采购限额标准以上公开招标限额标准以下的，则可适用《政府采购法》第三十八条、第三十九条规定的竞争性谈判、单一来源方式的程序进行采购。

2. 应当采取招标方式但法律规定可以例外的

在应当招标的前提下，《招标投标法》和一些地方法律又规定了可以不进行招标的例外情形。《招标投标法》第六十六条规定，涉及国家安全、国家秘密、抢险救灾或者属于利用扶贫资金实行以工代赈、需要使用农民工等特殊情况，不适宜进行招标的项目，按照国家有关规定可以不进行招标。

《招标投标法实施条例》第九条第一款规定："除招标投标法第六十六条规定的可以不进行招标的特殊情况外，有下列情形之一的，可以不进行招标：（一）需要采用不可替代的专利或者专有技术；（二）采购人依法能够自行建设、生产或者提供；（三）已通过招标方式选定的特许经营项目投资人依法能够自行

---

① 本部分是政府采购工程非招标方式的适用条件，故单一来源、询价政府采购工程的适用条件也可适用，后文不再赘述，但单一来源、询价的程序适用于工程、货物和服务。

建设、生产或者提供;(四)需要向原中标人采购工程、货物或者服务,否则将影响施工或者功能配套要求;(五)国家规定的其他特殊情形。"

根据上述规定,即使达到公开招标标准的工程项目,也可以因为上述事由而不进行招标。

3.公开招标失败而采取非招标方式的

关于政府采购工程招标失败后如何处置,法律与规章有具体的规定:

根据《招标投标法》第四十二条第二款的规定,在所有投标文件被评标委员会否决后,依法必须进行招标的项目招标人应当依法重新招标。

根据《招标投标法实施条例》第十九条、第四十四条的规定,通过资格预审的申请人、开标时投标人少于三个的,招标人应当重新招标。

《工程建设项目施工招标投标办法》第三十八条、《工程建设项目勘察设计招标投标办法》第四十八条规定,重新招标后投标人仍少于三个的,属于必须审批的工程建设项目,报经原审批部门批准后可以不再进行招标;其他工程建设项目,招标人可自行决定不再进行招标。

根据上述规定,提交投标文件的投标人少于三个的,招标人应当依法重新招标。重新招标后投标人仍少于三个的,属于必须审批的工程建设项目,报经原审批部门批准后可以不再进行招标;其他工程建设项目,招标人可自行决定不再进行招标。

笔者认为,在上述项目不再进行招标的情况下,招标人应当按照《政府采购法》及实施条例的规定,采取竞争性谈判、单一来源等采购方式进行采购。但由于《政府采购法》有关竞争性谈判、单一来源采购的程序规定只是针对货物和服务,因而,需要在《政府采购法》修改时明确,政府采购工程项目可以适用非招标方式。

(二)政府采购货物和服务竞争性谈判的适用条件

竞争性谈判是指谈判小组与符合资格条件的供应商就采购货物、工程和服务事宜进行谈判,供应商按照谈判文件的要求提交响应文件和最后报价,采购人从谈判小组提出的成交候选人中确定成交供应商的采购方式。

根据《政府采购法》第三十条、《政府采购非招标采购方式管理办法》第三条的规定，符合下列情形之一的货物或者服务，可以采用竞争性谈判方式采购：

（1）依法制定的集中采购目录以内，且未达到公开招标数额标准的货物、服务。

（2）依法制定的集中采购目录以外、采购限额标准以上，且未达到公开招标数额标准的货物、服务。

（3）达到公开招标数额标准、经批准采用非公开招标方式的货物、服务。

此种情况下，又包含以下四种情况：第一，招标后没有供应商投标、没有合格标的或者重新招标未能成立的。招标失败的情况有：一是招标后没有供应商投标；二是开标后投标人没有达到法定的三家以上，或者是投标人达到了三家以上但合格者不足三家的；三是再进行重新招标也不会有结果，且重新招标不能成立的。第二，技术复杂或者性质特殊，不能确定详细规格或者具体要求的。这主要是指由采购对象的技术含量和特殊性质所决定的，采购人不能确定有关货物的详细规格，或者不能确定服务的具体要求的，如电子软件开发与设计等技术复杂的项目。第三，非采购人所能预见的原因或者非采购人拖延造成采用招标所需时间不能满足用户紧急需要的。由于公开招标采购周期较长，当采购人出现不可预见的因素急需采购时，无法按公开招标方式规定程序得到所需货物和服务的。第四，因艺术品采购、专利、专有技术或者服务的时间、数量事先不能确定等原因不能事先计算出价格总额的。这主要指采购对象独特而又复杂，以前不曾采购过且很少有成本信息，不能事先计算出价格总额的。

（4）按照招标投标法及其实施条例必须进行招标的工程建设项目以外的政府采购工程。

政府采购工程项目未达到公开招标限额标准的，应当采用竞争性谈判等非招标方式进行采购。

二、竞争性谈判的程序

《政府采购法》第三十八条规定了竞争性谈判的程序，《政府采购非招标采购方式管理办法》也有所规定。

（一）采购方式的批准

达到公开招标数额标准的货物、服务采购项目，拟采用非招标采购方式的，采购人应当在采购活动开始前，报经主管预算单位同意后，向设区的市、自治州以上人民政府财政部门申请批准。

申请采用非招标采购方式采购的，采购人应当向财政部门提交以下材料并对材料的真实性负责：

（1）采购人名称、采购项目名称、项目概况等项目基本情况说明；

（2）项目预算金额、预算批复文件或者资金来源证明；

（3）拟申请采用的采购方式和理由。

对属于"招标后没有供应商投标或者没有合格标的，或者重新招标未能成立"及"公开招标的货物、服务采购项目，实质性响应招标文件的供应商只有两家"的情形，采购人、采购代理机构向本级财政部门申请变更为竞争性谈判方式时，除上述材料外，还需要提交以下材料：

（1）在省级以上财政部门指定的媒体上发布招标公告的证明材料；

（2）采购人、采购代理机构出具的对招标文件和招标过程是否有供应商质疑及质疑处理情况的说明；

（3）评标委员会或者三名以上评审专家出具的招标文件没有不合理条款的论证意见。

达到政府采购数额标准但未达到公开招标数额标准的项目，只需要满足竞争性谈判适用的条件，就可实施竞争性谈判，不需要财政部门批准。

（二）成立谈判小组

符合竞争性谈判采购方式的采购项目，一般采购金额较大，具有技术复杂、性质特殊和不确定性等特点，需要由一支专业队伍组织采购活动。为此，法律规定要成立一个谈判小组。

1. 竞争性谈判小组的组成及选取

竞争性谈判小组由采购人代表和评审专家共三人以上单数组成，其中评审专家人数不得少于竞争性谈判小组成员总数的2/3。采购人不得以评审专家身份参加本部门或本单位采购项目的评审。采购代理机构人员不得参加本机构代理的采购项目的评审。

达到公开招标数额标准的货物或者服务采购项目，或者达到招标规模标准的政府采购工程，竞争性谈判小组或者询价小组应当由五人以上单数组成。

采用竞争性谈判采购的政府采购项目，评审专家应当从政府采购评审专家库内相关专业的专家名单中随机抽取。技术复杂、专业性强的竞争性谈判采购项目，通过随机方式难以确定合适的评审专家的，经主管预算单位同意，可以自行选定评审专家。技术复杂、专业性强的竞争性谈判采购项目，评审专家中应当包含一名法律专家。

2. 竞争性谈判小组在采购活动过程中的职责及义务

（1）竞争性谈判小组在采购活动过程中的职责：

①确认或者制定谈判文件；

②从符合相应资格条件的供应商名单中确定不少于三家的供应商参加谈判（在公开招标实质性响应只有两家供应商依法变更为竞争性谈判时，可以是两家供应商）；

③审查供应商的响应文件并作出评价；

④要求供应商解释或者澄清其响应文件；

⑤编写评审报告；

⑥告知采购人、采购代理机构在评审过程中发现的供应商的违法违规行为。

（2）竞争性谈判小组成员应当履行下列义务：

①遵纪守法，客观、公正、廉洁地履行职责；

②根据采购文件的规定独立进行评审，对个人的评审意见承担法律责任；

③参与评审报告的起草；

④配合采购人、采购代理机构答复供应商提出的质疑；

⑤配合财政部门的投诉处理和监督检查工作。

谈判小组成员以及与评审工作有关的人员不得泄露评审情况以及评审过程中获悉的国家秘密、商业秘密。

（三）制定谈判文件

竞争性谈判虽然与招标是两种不同的采购方式，但基本要求相同。采取招标采购方式的，要事先制定招标文件。同样，采取竞争性谈判采购方式的，也要在谈判活动开始前制定谈判文件。

谈判文件应当根据采购项目的特点和采购人的实际需求制定，并经采购人书面同意。采购人应当以满足实际需求为原则，不得擅自提高经费预算和资产配置等采购标准。谈判文件不得要求或者标明供应商名称或者特定货物的品牌，不得含有指向特定供应商的技术、服务等条件。谈判文件应当包括供应商资格条件、采购邀请、采购方式、采购预算、采购需求、采购程序、价格构成或者报价要求、响应文件编制要求、提交响应文件截止时间及地点、保证金交纳数额和形式、评定成交的标准等。还应当明确谈判小组根据与供应商谈判情况可能实质性变动的内容，包括采购需求中的技术、服务要求以及合同草案条款。

采购人、采购代理机构可以要求供应商在提交响应文件截止时间之前交纳保证金。保证金应当采用支票、汇票、本票、网上银行支付或者金融机构、担保机构出具的保函等非现金形式交纳。保证金数额应当不超过采购项目预算的2%。

供应商为联合体的，可以由联合体中的一方或者多方共同交纳保证金，其交纳的保证金对联合体各方均具有约束力。

从谈判文件发出之日起至供应商提交首次响应文件截止之日止不得少于三个工作日。

提交首次响应文件截止之日前，采购人、采购代理机构或者谈判小组可以对已发出的谈判文件进行必要的澄清或者修改，澄清或者修改的内容作为谈判文件的组成部分。澄清或者修改的内容可能影响响应文件编制的，采购人、采购代理机构或者谈判小组应当在提交首次响应文件截止之日三个工作日前，以书面形式通知所有接收谈判文件的供应商，不足三个工作日的，应当顺延提交首次响应文件截止之日。

（四）确定邀请参加谈判的供应商名单

确定邀请参加谈判供应商的方法有：通过发布公告、从省级以上财政部门建立的供应商库中随机抽取或者采购人和评审专家分别以书面推荐的方式邀请不少于三家符合相应资格条件的供应商参与竞争性谈判采购活动。

符合《政府采购法》第二十二条第一款规定条件的供应商可以在采购活动开始前加入供应商库。财政部门不得对供应商申请入库收取任何费用，不得利用供应商库进行地区和行业封锁。

采取采购人和评审专家书面推荐方式选择供应商的，采购人和评审专家应当各自出具书面推荐意见。采购人推荐供应商的比例不得高于推荐供应商总数的50%。

（五）进行谈判

1. 编制和递交响应文件

供应商应当按照谈判文件要求编制响应文件，并对其提交的响应文件的真实性、合法性承担法律责任。

供应商应当在谈判文件要求的截止时间前，将响应文件密封送达指定地点。在截止时间后送达的响应文件为无效文件，采购人、采购代理机构或者谈判小组应当拒收。

2. 谈判小组对响应文件进行评审

谈判小组应当对响应文件进行评审，并根据谈判文件规定的程序、评定成交的标准等事项与实质性响应谈判文件要求的供应商进行谈判。未实质性响应谈判文件的响应文件按无效处理，谈判小组应当告知有关供应商。

谈判小组在对响应文件的有效性、完整性和响应程度进行审查时，可以要求供应商对响应文件中含义不明确、同类问题表述不一致或者有明显文字和计算错误的内容等作出必要的澄清、说明或者更正。供应商的澄清、说明或者更正不得超出响应文件的范围或者改变响应文件的实质性内容。

谈判小组要求供应商澄清、说明或者更正响应文件应当以书面形式作出。供应商的澄清、说明或者更正应当由法定代表人或其授权代表签字或者加盖公章。由授权代表签字的，应当附法定代表人授权书。供应商为自然人的，应当由本人签字并附身份证明。

3. 谈判

谈判小组所有成员应当集中与单一供应商分别进行谈判，并给予所有参加谈判的供应商平等的谈判机会。在谈判中，谈判的任何一方不得透露与谈判有关的其他供应商的技术资料、价格和其他信息。

在谈判过程中，谈判小组可以根据谈判文件和谈判情况实质性变动采购需求中的技术、服务要求以及合同草案条款，但不得变动谈判文件中的其他内容。实质性变动的内容，须经采购人代表确认。

对谈判文件作出的实质性变动是谈判文件的有效组成部分，谈判小组应当及时以书面形式同时通知所有参加谈判的供应商。供应商应当按照谈判文件的变动情况和谈判小组的要求重新提交响应文件，并由其法定代表人或授权代表签字或者加盖公章。由授权代表签字的，应当附法定代表人授权书。供应商为自然人的，应当由本人签字并附身份证明。

（六）确定成交供应商

1. 最后报价

谈判结束后，谈判小组应当要求所有参加谈判的供应商在规定的时间内进行最后报价。

谈判文件能够详细列明采购标的的技术、服务要求的，谈判结束后，谈判小组应当要求所有继续参加谈判的供应商在规定时间内提交最后报价，提交最后报价的供应商不得少于三家，但公开招标的货物、服务采购项目出现实质性响应招标文件要求的供应商只有两家而批准变更为竞争性谈判方式的，最后报价的供应商可以是两家。

谈判文件不能详细列明采购标的的技术、服务要求，需经谈判由供应商提供最终设计方案或解决方案的，谈判结束后，谈判小组应当按照少数服从多数的原则投票推荐三家以上供应商的设计方案或者解决方案，并要求其在规定时间内提交最后报价。

最后报价是供应商响应文件的有效组成部分。已提交响应文件的供应商，在提交最后报价之前，可以根据谈判情况退出谈判。采购人、采购代理机构应当退还退出谈判的供应商的保证金。

2. 编写评审报告

谈判小组应当从质量和服务均能满足采购文件实质性响应要求的供应商中，按照最后报价由低到高的顺序提出三名以上成交候选人（但公开招标的货物、服务采购项目出现实质性响应招标文件要求的供应商只有两家而批准变更为竞争性谈判方式的，可以提出两名成交候选人），并编写评审报告。

评审报告的主要内容包括：

（1）邀请供应商参加采购活动的具体方式和相关情况，以及参加采购活动的供应商名单；

（2）评审日期和地点，谈判小组、询价小组成员名单；

（3）评审情况记录和说明，包括对供应商的资格审查情况、供应商响应文件评审情况、谈判情况、报价情况等；

（4）提出的成交候选人的名单及理由。

评审报告应当由谈判小组全体人员签字认可。谈判小组成员对评审报告有异议的，按照少数服从多数的原则推荐成交候选人，采购程序继续进行。对评审报告有异议的谈判小组成员，应当在报告上签署不同意见并说明理由，由谈判小组书面记录相关情况。谈判小组成员拒绝在报告上签字又不书面说明其不同意见和理由的，视为同意评审报告。

3. 确定成交供应商

采购代理机构应当在评审结束后两个工作日内将评审报告送采购人确认。

采购人应当在收到评审报告后五个工作日内，从评审报告提出的成交候选人中，根据质量和服务均能满足采购文件实质性响应要求且最后报价最低的原则确定成交供应商，也可以书面授权谈判小组直接确定成交供应商。采购人逾期未确定成交供应商且不提出异议的，视为确定评审报告提出的最后报价最低的供应商为成交供应商。

4. 发布成交公告

采购人或者采购代理机构应当在成交供应商确定后两个工作日内，在省级以上财政部门指定的媒体上公告成交结果，同时向成交供应商发出成交通知书，并将竞争性谈判文件随成交结果同时公告。成交结果公告应当包括以下内容：

（1）采购人和采购代理机构的名称、地址和联系方式；

（2）项目名称和项目编号；

（3）成交供应商名称、地址和成交金额；

（4）主要成交标的的名称、规格型号、数量、单价、服务要求；

（5）谈判小组、询价小组成员名单及单一来源采购人员名单。

采用书面推荐供应商参加采购活动的，还应当公告采购人和评审专家的推荐意见。

（七）采购人与成交供应商签订政府采购合同

1. 签订政府采购合同

采购人与成交供应商应当在成交通知书发出之日起三十日内，按照采购文件确定的合同文本以及采购标的、规格型号、采购金额、采购数量、技术和服务要求等事项签订政府采购合同。

采购人不得向成交供应商提出超出采购文件以外的任何要求作为签订合同的条件，不得与成交供应商订立背离采购文件确定的合同文本以及采购标的、规格型号、采购金额、采购数量、技术和服务要求等实质性内容的协议。

2. 退还保证金

采购人或者采购代理机构应当在采购活动结束后及时退还供应商的保证金，但因供应商自身原因导致无法及时退还的除外。未成交供应商的保证金应当在成交通知书发出后五个工作日内退还，成交供应商的保证金应当在采购合同签订后五个工作日内退还。

有下列情形之一的，保证金不予退还：

（1）供应商在提交响应文件截止时间后撤回响应文件的；

（2）供应商在响应文件中提供虚假材料的；

（3）除因不可抗力或谈判文件、询价通知书认可的情形以外，成交供应商不与采购人签订合同的；

（4）供应商与采购人、其他供应商或者采购代理机构恶意串通的；

（5）采购文件规定的其他情形。

（八）合同副本备案

政府采购合同签订之日起七个工作日内，采购人应当将合同副本报同级政府采购监督管理部门和有关部门备案。

（九）特殊问题的处理

1. 非法定情形不得重新评审，未按规定评审的采购人可以重新开展采购活动

除资格性审查认定错误和价格计算错误外，采购人或者采购代理机构不得以任何理由组织重新评审。采购人、采购代理机构发现谈判小组未按照采购文件规

定的评定成交的标准进行评审的，应当重新开展采购活动，并同时书面报告本级财政部门。

2. 采购人改变成交结果、供应商拒绝签订政府采购合同应承担相应的法律责任

除不可抗力等因素外，成交通知书发出后，采购人改变成交结果，或者成交供应商拒绝签订政府采购合同的，应当承担相应的法律责任。

成交供应商拒绝签订政府采购合同的，采购人可以从评审报告提出的成交候选人中，根据质量和服务均能满足采购文件实质性响应要求且最后报价最低的原则确定成交供应商，并签订政府采购合同，也可以重新开展采购活动。拒绝签订政府采购合同的成交供应商不得参加对该项目重新开展的采购活动。

3. 竞争性谈判的终止

出现下列情形之一的，采购人或者采购代理机构应当终止竞争性谈判采购活动，发布项目终止公告并说明原因，重新开展采购活动：

（1）因情况变化，不再符合规定的竞争性谈判采购方式适用情形的；

（2）出现影响采购公正的违法、违规行为的；

（3）在采购过程中符合竞争要求的供应商或者报价未超过采购预算的供应商不足三家的，但公开招标的货物、服务采购项目出现实质性响应招标文件要求的供应商只有两家而批准变更为竞争性谈判方式的情形除外。

在采购活动中因重大变故，采购任务取消的，采购人或者采购代理机构应当终止采购活动，通知所有参加采购活动的供应商，并将项目实施情况和采购任务取消原因报送本级财政部门。

4. 妥善保管采购文件（含询价、单一来源采购方式）

采购人、采购代理机构应当妥善保管每项采购活动的采购文件。采购文件包括采购活动记录、采购预算、谈判文件、询价通知书、响应文件、推荐供应商的意见、评审报告、成交供应商确定文件、单一来源采购协商情况记录、合同文本、验收证明、质疑答复、投诉处理决定以及其他有关文件、资料。采购文件可以电子档案方式保存。

采购活动记录至少应当包括下列内容：

（1）采购项目类别、名称；
（2）采购项目预算、资金构成和合同价格；
（3）采购方式，采用该方式的原因及相关说明材料；
（4）选择参加采购活动的供应商的方式及原因；
（5）评定成交的标准及确定成交供应商的原因；
（6）终止采购活动的，终止的原因。

三、实践中的常见问题

根据《政府采购法》的规定，应当先成立谈判小组，由谈判小组制定谈判文件，确定邀请参加谈判的供应商名单。由于这种做法成本比较高，谈判小组的成员又是由采购人代表和专家组成，不易操作，因而在实际操作中，政府采购代理机构往往是先自行编制谈判文件，在谈判前再组成谈判小组。还有的政府采购代理机构是借鉴《招标投标法》中的资格预审程序，先成立资格预审小组，由资格预审小组对参加谈判的供应商进行资格审查，之后再成立谈判小组，由谈判小组组织谈判。笔者认为，这两种做法虽然便于操作，但均与法律规定不相符。由于目前《政府采购法》规定的竞争性谈判的程序在实践中几乎无法操作，因此，无论政府采购代理机构采取上述哪种方式均不可能符合法律规定。唯一的做法是，在考虑效益、可操作的前提下，在修改《政府采购法》时解决这一问题。例如，可以参照公开招标的程序，先由政府采购代理机构与采购人制定谈判文件，发布竞争性谈判公告，政府采购代理机构或者采购人向潜在供应商发出谈判文件，之后成立谈判小组，由谈判小组根据供应商提供的应答文件审查其是否符合相应资格条件，再与符合资格条件的供应商进行谈判。与公开招标的程序相比，竞争性谈判中的期限可以适当缩短，非实质性的材料在谈判程序中供应商可以补充等，竞争性谈判应当更为快速、灵活。

第四节　单一来源采购适用的条件和程序

单一来源采购是指采购人从某一特定供应商处采购货物、工程和服务的采购方式。

一、政府采购货物和服务单一来源的条件

根据《政府采购法》第三十一条的规定，单一来源采购方式适用的情形主要有：

（1）只能从唯一供应商处采购的。此种情况是指因专利、专有技术等原因导致货物或者服务只能从某一特定供应商处采购。

（2）发生了不可预见的紧急情况不能从其他供应商处采购的。

（3）必须保证原有采购项目一致性或者服务配套的要求，需要继续从原供应商处添购，且添购资金总额不超过原合同采购金额10%的。这种情况主要是指就采购合同而言，在原供应商替换或者扩充服务的情况下，更换供应商会造成不兼容、不一致或者服务不配套的问题，不能保证与原有采购项目一致性或服务配套的要求，需要继续从原供应商处添购，且添购金额不超过原合同采购金额的10%。《政府采购法》第四十九条规定："政府采购合同履行中，采购人需追加与合同标的相同的货物、工程或者服务的，在不改变合同其他条款的前提下，可以与供应商协商签订补充合同，但所有补充合同的采购金额不得超过原合同采购金额的百分之十。"该条规定的是在合同履行中追加货物、工程或者服务的情形，而本项情形指的是政府采购合同已经履行完毕，采购人需要重新进行采购时，如果采购的货物或者服务需要考虑货物的一致性或者服务的配套性，就可以采取单一来源的采购方式。

二、单一来源采购的程序

（一）公示

达到公开招标数额标准且只能从唯一供应商处采购的货物、服务项目，拟采用单一来源采购方式的，采购人、采购代理机构应当将采购项目信息和唯一供应商名称在省级以上人民政府财政部门指定的媒体上公示，并将公示情况一并报财政部门。公示期不得少于五个工作日。

公示内容应当包括：

（1）采购人、采购项目名称和内容；

（2）拟采购的货物或者服务的说明；

（3）采用单一来源采购方式的原因及相关说明；

（4）拟定的唯一供应商名称、地址；

（5）专业人员对相关供应商因专利、专有技术等原因具有唯一性的具体论证意见，以及专业人员的姓名、工作单位和职称；

（6）公示的期限；

（7）采购人、采购代理机构、财政部门的联系地址、联系人和联系电话。

（二）对公示的异议及处理

任何供应商、单位或者个人对采用单一来源采购方式公示有异议的，可以在公示期内将书面意见反馈给采购人、采购代理机构，并同时抄送相关财政部门。

采购人、采购代理机构收到对采用单一来源采购方式公示的异议后，应当在公示期满后五个工作日内，组织补充论证，论证后认为异议成立的，应当依法采取其他采购方式。论证后认为异议不成立的，应当将异议意见、论证意见与公示情况一并报相关财政部门。

采购人、采购代理机构应当将补充论证的结论告知提出异议的供应商、单位或者个人。

（三）批准采购方式

达到公开招标数额标准的货物、服务采购项目，拟采用非招标采购方式的，采购人应当在采购活动开始前，报经主管预算单位同意后，向设区的市、自治州以上人民政府财政部门申请批准。若未达到公开招标数额标准的，则不需要财政部门批准。

（四）协商确定成交供应商

采购人、采购代理机构应当组织具有相关经验的专业人员与供应商商定合理的成交价格并保证采购项目质量。

单一来源采购人员应当编写协商情况记录，主要内容包括：

（1）依据《政府采购非招标采购方式管理办法》第三十八条进行公示的，公示情况说明；

（2）协商日期和地点，采购人员名单；

（3）供应商提供的采购标的成本、同类项目合同价格以及相关专利、专有技术等情况说明；

（4）合同主要条款及价格商定情况。

协商情况记录应当由采购全体人员签字认可。对记录有异议的采购人员，应当签署不同意见并说明理由。采购人员拒绝在记录上签字又不书面说明其不同意见和理由的，视为同意。

（五）签订政府采购合同及备案

采购人与成交供应商在谈妥之后，应尽快签订政府采购合同，并在政府采购合同签订之日起七个工作日内，采购人将合同副本报同级政府采购监督管理部门和有关部门备案。

（六）终止采购活动

出现下列情形之一的，采购人或者采购代理机构应当终止采购活动，发布项目终止公告并说明原因，重新开展采购活动：

（1）因情况变化，不再符合规定的单一来源采购方式适用情形的；

（2）出现影响采购公正的违法、违规行为的；

（3）报价超过采购预算的。

三、实践中的常见问题

从《政府采购法》的规定看，对单一来源方式几乎没有程序上的规定。但在实践中，一些地方财政部门要求政府采购代理机构将询价、单一来源采购方式都要求按照竞争性谈判的方式操作，甚至与公开招标的程序几乎无异。其结果是，竞争性谈判、询价、单一来源方式按同一种程序操作。笔者认为，这样做将几种不同的采购方式混同，忽略了几种采购方式的不同。相比较而言，从程序上看，公开招标方式是最公开、公平、公正的方式，但同时也是最费时间、成本较高的方式；非招标方式虽然不如公开招标的方式那样公开，但其能够节约时间、节省成本。法律之所以规定多种不同的采购方式，就是考虑到不同的采购方式各有特点，给予采购人更多的选择。这种将几种采购方式的程序同质化的做法，实际上是片面理解法律规定，也不利于更好地完成采购活动。

第五节 询价的适用条件和程序

询价是指询价小组向符合资格条件的供应商发出采购货物询价通知书，要求供应商一次报出不得更改的价格，采购人从询价小组提出的成交候选人中确定成交供应商的采购方式。

一、政府采购货物和服务询价适用的条件

根据《政府采购法》第三十二条规定，采购的货物规格、标准统一、现货货源充足且价格变化幅度小的政府采购项目，可以采用询价方式采购。此种方式在政府采购活动中使用得比较少。

二、询价的程序

（一）采购方式的批准

达到公开招标数额标准的货物、服务采购项目，拟采取询价方式采购的，应当在采购活动开始前获得设区的市、自治州以上人民政府采购监督管理部门的批准。

（二）成立询价小组

询价小组由采购人代表和评审专家共三人以上单数组成，其中评审专家人数不得少于询价小组成员总数的 2/3。采购人不得以评审专家身份参加本部门或本单位采购项目的评审。采购代理机构人员不得参加本机构代理的采购项目的评审。

达到公开招标数额标准的货物或者服务采购项目，或者达到招标规模标准的政府采购工程，询价小组应当由五人以上单数组成。

采用询价方式采购的政府采购项目，评审专家应当从政府采购评审专家库内相关专业的专家名单中随机抽取。技术复杂、专业性强的竞争性谈判采购项目，通过随机方式难以确定合适的评审专家的，经主管预算单位同意，可以自行选定评审专家。

询价小组在采购活动中的职责及义务与竞争性谈判小组相同，见本章相关部分。

（三）制定询价通知书

询价通知书应当根据采购项目的特点和采购人的实际需求制定，并经采购人书面同意。采购人应当以满足实际需求为原则，不得擅自提高经费预算和资产配置等采购标准。

询价通知书不得要求或者标明供应商名称或者特定货物的品牌，不得含有指向特定供应商的技术、服务等条件。

询价通知书应当包括供应商资格条件、采购邀请、采购方式、采购预算、采购需求、采购程序、价格构成或者报价要求、响应文件编制要求、提交响应文件截止时间及地点、保证金交纳数额和形式、评定成交的标准等。询价采购需求中的技术、服务等要求应当完整、明确，符合相关法律、行政法规和政府采购政策的规定。

提交响应文件截止之日前，采购人、采购代理机构或者询价小组可以对已发出的询价通知书进行必要的澄清或者修改，澄清或者修改的内容作为询价通知书的组成部分。澄清或者修改的内容可能影响响应文件编制的，采购人、采购代理机构或者询价小组应当在提交响应文件截止之日三个工作日前，以书面形式通知所有接收询价通知书的供应商，不足三个工作日的，应当顺延提交响应文件截止之日。

（四）确定邀请参与询价的供应商名单

确定邀请参与询价的供应商的方法有：通过发布公告、从省级以上财政部门建立的供应商库中随机抽取或者采购人和评审专家分别以书面推荐的方式邀请不少于三家符合相应资格条件的供应商参与询价采购活动。

符合《政府采购法》第二十二条第一款规定条件的供应商可以在采购活动开始前加入供应商库。财政部门不得对供应商申请入库收取任何费用，不得利用供应商库进行地区和行业封锁。

采取采购人和评审专家书面推荐方式选择供应商的，采购人和评审专家应当各自出具书面推荐意见。采购人推荐供应商的比例不得高于推荐供应商总数的50%。

（五）进行询价

询价小组根据采购需求，从符合相应资格条件的供应商名单中确定不少于三家供应商，并向其发出询价通知书让其报价。从询价通知书发出之日起至供应商提交响应文件截止之日止不得少于三个工作日。

供应商应当按照询价通知书的要求编制响应文件，并对其提交的响应文件的真实性、合法性承担法律责任。

采购人、采购代理机构可以要求供应商在提交响应文件截止时间之前交纳保证金。保证金应当采用支票、汇票、本票、网上银行支付或者金融机构、担保机构出具的保函等非现金形式交纳。保证金数额应当不超过采购项目预算的2%。供应商为联合体的，可以由联合体中的一方或者多方共同交纳保证金，其交纳的保证金对联合体各方均具有约束力。

供应商应当在询价通知书要求的截止时间前，将响应文件密封送达指定地点。在截止时间后送达的响应文件为无效文件，采购人、采购代理机构或者询价小组应当拒收。

供应商在提交询价响应文件截止时间前，可以对所提交的响应文件进行补充、修改或者撤回，并书面通知采购人、采购代理机构。补充、修改的内容作为响应文件的组成部分。补充、修改的内容与响应文件不一致的，以补充、修改的内容为准。

询价小组在对响应文件的有效性、完整性和响应程度进行审查时，可以要求供应商对响应文件中含义不明确、同类问题表述不一致或者有明显文字和计算错误的内容等作出必要的澄清、说明或者更正。供应商的澄清、说明或者更正不得超出响应文件的范围或者改变响应文件的实质性内容。

询价小组要求供应商澄清、说明或者更正响应文件应当以书面形式作出。供应商的澄清、说明或者更正应当由法定代表人或其授权代表签字或者加盖公章。由授权代表签字的，应当附法定代表人授权书。供应商为自然人的，应当由本人签字并附身份证明。

询价小组在询价过程中，不得改变询价通知书所确定的技术和服务等要求、评审程序、评定成交的标准和合同文本等事项。

参加询价采购活动的供应商，应当按照询价通知书的规定一次报出不得更改的价格。

询价小组应当从质量和服务均能满足采购文件实质性响应要求的供应商中，按照报价由低到高的顺序提出三名以上成交候选人，并编写评审报告。

询价小组应当根据评审记录和评审结果编写评审报告，其主要内容包括：

（1）邀请供应商参加采购活动的具体方式和相关情况，以及参加采购活动的供应商名单；

（2）评审日期和地点，谈判小组、询价小组成员名单；

（3）评审情况记录和说明，包括对供应商的资格审查情况、供应商响应文件评审情况、谈判情况、报价情况等；

（4）提出的成交候选人的名单及理由。

评审报告应当由询价小组全体人员签字认可。询价小组成员对评审报告有异议的，按照少数服从多数的原则推荐成交候选人，采购程序继续进行。对评审报告有异议的询价小组成员，应当在报告上签署不同意见并说明理由，由询价小组书面记录相关情况。询价小组成员拒绝在报告上签字又不书面说明其不同意见和理由的，视为同意评审报告。

(六）确定成交供应商

采购代理机构应当在评审结束后两个工作日内将评审报告送采购人确认。

采购人应当在收到评审报告后五个工作日内，从评审报告提出的成交候选人中，根据质量和服务均能满足采购文件实质性响应要求且报价最低的原则确定成交供应商，也可以书面授权询价小组直接确定成交供应商。采购人逾期未确定成交供应商且不提出异议的，视为确定评审报告提出的最后报价最低的供应商为成交供应商。

（七）终止采购活动

出现下列情形之一的，采购人或者采购代理机构应当终止询价采购活动，发布项目终止公告并说明原因，重新开展采购活动：

（1）因情况变化，不再符合规定的询价采购方式适用情形的；

（2）出现影响采购公正的违法、违规行为的；

（3）在采购过程中符合竞争要求的供应商或者报价未超过采购预算的供应商不足三家的。

第六节　竞争性磋商适用的条件和程序

竞争性磋商，是指采购人、政府采购代理机构通过组建竞争性磋商小组（以下简称磋商小组）与符合条件的供应商就采购货物、工程和服务事宜进行磋商，供应商按照磋商文件的要求提交响应文件和报价，采购人从磋商小组评审后提出的候选供应商名单中确定成交供应商的采购方式。此方式并非《政府采购法》直接规定的采购方式，是《政府采购法》第二十六条第一款第六项规定的"国务院政府采购监督管理部门认定的其他采购方式"。

2014年12月31日，财政部印发《政府采购竞争性磋商采购方式管理暂行办法》（财库〔2014〕214号）。2015年6月30日，财政部又印发《关于政府采购竞争性磋商采购方式管理暂行办法有关问题的补充通知》（财库〔2015〕124

号）。这两部规范性文件是竞争性磋商方式的主要依据。

一、竞争性磋商适用的条件

符合下列情形的项目，可以采用竞争性磋商方式开展采购：（1）政府购买服务项目；（2）技术复杂或者性质特殊，不能确定详细规格或者具体要求的；（3）因艺术品采购、专利、专有技术或者服务的时间、数量事先不能确定等原因不能事先计算出价格总额的；（4）市场竞争不充分的科研项目，以及需要扶持的科技成果转化项目；（5）按照招标投标法及其实施条例必须进行招标的工程建设项目以外的工程建设项目。

二、竞争性磋商的程序

（一）采购方式的批准

达到公开招标数额标准的货物、服务采购项目，拟采用竞争性磋商采购方式的，采购人应当在采购活动开始前，报经主管预算单位同意后，依法向设区的市、自治州以上人民政府财政部门申请批准。

（二）确定参加竞争性磋商的供应商

采购人、采购代理机构应当通过发布公告、从省级以上财政部门建立的供应商库中随机抽取或者采购人和评审专家分别以书面推荐的方式邀请不少于三家符合相应资格条件的供应商参与竞争性磋商采购活动。

符合《政府采购法》第二十二条第一款规定条件的供应商可以在采购活动开始前加入供应商库。财政部门不得对供应商申请入库收取任何费用，不得利用供应商库进行地区和行业封锁。

采取采购人和评审专家书面推荐方式选择供应商的，采购人和评审专家应当各自出具书面推荐意见。采购人推荐供应商的比例不得高于推荐供应商总数的50%。

采用公告方式邀请供应商的，采购人、采购代理机构应当在省级以上人民政府财政部门指定的政府采购信息发布媒体发布竞争性磋商公告。竞争性磋商公告应当包括以下主要内容：（1）采购人、采购代理机构的名称、地点和联系方法；

(2)采购项目的名称、数量、简要规格描述或项目基本概况介绍;(3)采购项目的预算;(4)供应商资格条件;(5)获取磋商文件的时间、地点、方式及磋商文件售价;(6)响应文件提交的截止时间、开启时间及地点;(7)采购项目联系人姓名和电话。

(三)竞争性磋商文件的编制、发出及澄清或者修改

竞争性磋商文件(以下简称磋商文件)应当根据采购项目的特点和采购人的实际需求制定,并经采购人书面同意。采购人应当以满足实际需求为原则,不得擅自提高经费预算和资产配置等采购标准。

磋商文件不得要求或者标明供应商名称或者特定货物的品牌,不得含有指向特定供应商的技术、服务等条件。

磋商文件应当包括供应商资格条件、采购邀请、采购方式、采购预算、采购需求、政府采购政策要求、评审程序、评审方法、评审标准、价格构成或者报价要求、响应文件编制要求、保证金交纳数额和形式以及不予退还保证金的情形、磋商过程中可能实质性变动的内容、响应文件提交的截止时间、开启时间及地点以及合同草案条款等。

采购人、采购代理机构可以要求供应商在提交响应文件截止时间之前交纳磋商保证金。磋商保证金应当采用支票、汇票、本票或者金融机构、担保机构出具的保函等非现金形式交纳。磋商保证金数额应当不超过采购项目预算的2%。供应商未按照磋商文件要求提交磋商保证金的,响应无效。

供应商为联合体的,可以由联合体中的一方或者多方共同交纳磋商保证金,其交纳的保证金对联合体各方均具有约束力。

从磋商文件发出之日起至供应商提交首次响应文件截止之日止不得少于十日。

磋商文件售价应当按照弥补磋商文件制作成本费用的原则确定,不得以营利为目的,不得以项目预算金额作为确定磋商文件售价依据。磋商文件的发售期限自开始之日起不得少于五个工作日。

提交首次响应文件截止之日前,采购人、采购代理机构或者磋商小组可以对已发出的磋商文件进行必要的澄清或者修改,澄清或者修改的内容作为磋商文件的组成部分。澄清或者修改的内容可能影响响应文件编制的,采购人、采购代理

机构应当在提交首次响应文件截止时间至少五日前，以书面形式通知所有获取磋商文件的供应商；不足五日的，采购人、采购代理机构应当顺延提交首次响应文件截止时间。

（四）响应文件的编制、送达及补充、修改或者撤回

供应商应当按照磋商文件的要求编制响应文件，并对其提交的响应文件的真实性、合法性承担法律责任。

供应商应当在磋商文件要求的截止时间前，将响应文件密封送达指定地点。在截止时间后送达的响应文件为无效文件，采购人、采购代理机构或者磋商小组应当拒收。

供应商在提交响应文件截止时间前，可以对所提交的响应文件进行补充、修改或者撤回，并书面通知采购人、采购代理机构。补充、修改的内容作为响应文件的组成部分。补充、修改的内容与响应文件不一致的，以补充、修改的内容为准。

（五）组成磋商小组

磋商小组由采购人代表和评审专家共三人以上单数组成，其中评审专家人数不得少于磋商小组成员总数的2/3。采购人代表不得以评审专家身份参加本部门或本单位采购项目的评审。采购代理机构人员不得参加本机构代理的采购项目的评审。

采用竞争性磋商方式的政府采购项目，评审专家应当从政府采购评审专家库内相关专业的专家名单中随机抽取。符合《政府采购竞争性磋商采购方式管理暂行办法》第三条第四项规定情形的项目，以及情况特殊、通过随机方式难以确定合适的评审专家的项目，经主管预算单位同意，可以自行选定评审专家。技术复杂、专业性强的采购项目，评审专家中应当包含一名法律专家。

评审专家应当遵守评审工作纪律，不得泄露评审情况和评审中获悉的商业秘密。

磋商小组在评审过程中发现供应商有行贿、提供虚假材料或者串通等违法行为的，应当及时向财政部门报告。

评审专家在评审过程中受到非法干涉的，应当及时向财政、监察等部门举报。

（六）磋商

磋商小组成员应当按照客观、公正、审慎的原则，根据磋商文件规定的评审程序、评审方法和评审标准进行独立评审。未实质性响应磋商文件的响应文件按无效响应处理，磋商小组应当告知提交响应文件的供应商。

磋商文件内容违反国家有关强制性规定的，磋商小组应当停止评审并向采购人或者采购代理机构说明情况。

采购人、采购代理机构不得向磋商小组中的评审专家作倾向性、误导性的解释或者说明。

采购人、采购代理机构可以视采购项目的具体情况，组织供应商进行现场考察或召开磋商前答疑会，但不得单独或分别组织只有一个供应商参加的现场考察和答疑会。

磋商小组在对响应文件的有效性、完整性和响应程度进行审查时，可以要求供应商对响应文件中含义不明确、同类问题表述不一致或者有明显文字和计算错误的内容等作出必要的澄清、说明或者更正。供应商的澄清、说明或者更正不得超出响应文件的范围或者改变响应文件的实质性内容。

磋商小组要求供应商澄清、说明或者更正响应文件应当以书面形式作出。供应商的澄清、说明或者更正应当由法定代表人或其授权代表签字或者加盖公章。由授权代表签字的，应当附法定代表人授权书。供应商为自然人的，应当由本人签字并附身份证明。

磋商小组所有成员应当集中与单一供应商分别进行磋商，并给予所有参加磋商的供应商平等的磋商机会。

在磋商过程中，磋商小组可以根据磋商文件和磋商情况实质性变动采购需求中的技术、服务要求以及合同草案条款，但不得变动磋商文件中的其他内容。实质性变动的内容，须经采购人代表确认。

对磋商文件作出的实质性变动是磋商文件的有效组成部分，磋商小组应当及时以书面形式同时通知所有参加磋商的供应商。

第四章 政府采购的方式和程序

供应商应当按照磋商文件的变动情况和磋商小组的要求重新提交响应文件，并由其法定代表人或授权代表签字或者加盖公章。由授权代表签字的，应当附法定代表人授权书。供应商为自然人的，应当由本人签字并附身份证明。

磋商文件能够详细列明采购标的的技术、服务要求的，磋商结束后，磋商小组应当要求所有实质性响应的供应商在规定时间内提交最后报价，提交最后报价的供应商不得少于三家。

磋商文件不能详细列明采购标的的技术、服务要求，需经磋商由供应商提供最终设计方案或解决方案的，磋商结束后，磋商小组应当按照少数服从多数的原则投票推荐三家以上供应商的设计方案或者解决方案，并要求其在规定时间内提交最后报价。

最后报价是供应商响应文件的有效组成部分。属于"市场竞争不充分的科研项目，以及需要扶持的科技成果转化项目"情形的，提交最后报价的供应商可以为两家。

已提交响应文件的供应商，在提交最后报价之前，可以根据磋商情况退出磋商。采购人、采购代理机构应当退还退出磋商的供应商的磋商保证金。

经磋商确定最终采购需求和提交最后报价的供应商后，由磋商小组采用综合评分法对提交最后报价的供应商的响应文件和最后报价进行综合评分。

综合评分法，是指响应文件满足磋商文件全部实质性要求且按评审因素的量化指标评审得分最高的供应商为成交候选供应商的评审方法。综合评分法评审标准中的分值设置应当与评审因素的量化指标相对应。磋商文件中没有规定的评审标准不得作为评审依据。

评审时，磋商小组各成员应当独立对每个有效响应的文件进行评价、打分，然后汇总每个供应商每项评分因素的得分。

综合评分法货物项目的价格分值占总分值的比重（即权值）为30%–60%，服务项目的价格分值占总分值的比重（即权值）为10%–30%。采购项目中含不同采购对象的，以占项目资金比例最高的采购对象确定其项目属性。符合《政府采购竞争性磋商采购方式管理暂行办法》第三条第三项的规定和执行统一价格标准的项目，其价格不列为评分因素。有特殊情况需要在上述规定范围外设定价格分权重的，应当经本级人民政府财政部门审核同意。

综合评分法中的价格分统一采用低价优先法计算,即满足磋商文件要求且最后报价最低的供应商的价格为磋商基准价,其价格分为满分。其他供应商的价格分统一按照下列公式计算:磋商报价得分=(磋商基准价/最后磋商报价)×价格权值×100。

项目评审过程中,不得去掉最后报价中的最高报价和最低报价。

磋商小组应当根据综合评分情况,按照评审得分由高到低顺序推荐三名以上成交候选供应商,并编写评审报告。符合《政府采购竞争性磋商采购方式管理暂行办法》第二十一条第三款情形的,可以推荐两家成交候选供应商。评审得分相同的,按照最后报价由低到高的顺序推荐。评审得分且最后报价相同的,按照技术指标优劣顺序推荐。

评审报告应当包括以下主要内容:(1)邀请供应商参加采购活动的具体方式和相关情况;(2)响应文件开启日期和地点;(3)获取磋商文件的供应商名单和磋商小组成员名单;(4)评审情况记录和说明,包括对供应商的资格审查情况、供应商响应文件评审情况、磋商情况、报价情况等;(5)提出的成交候选供应商的排序名单及理由。

评审报告应当由磋商小组全体人员签字认可。磋商小组成员对评审报告有异议的,磋商小组按照少数服从多数的原则推荐成交候选供应商,采购程序继续进行。对评审报告有异议的磋商小组成员,应当在报告上签署不同意见并说明理由,由磋商小组书面记录相关情况。磋商小组成员拒绝在报告上签字又不书面说明其不同意见和理由的,视为同意评审报告。

实践中,有的采购代理机构受磋商小组委托以电话(口头)方式要求供应商确认响应文件的报价是否是最后报价,采购代理机构又自行以电子邮件方式要求供应商提交最后报价。问题在于,哪一种最后报价是有效的?采购文件未规定应当以哪种方式提交最后报价,《政府采购竞争性磋商采购方式管理暂行办法》也未做规定。但《政府采购竞争性磋商采购方式管理暂行办法》第二十一条第一款规定:"磋商文件能够详细列明采购标的的技术、服务要求的,磋商结束后,磋商小组应当要求所有实质性响应的供应商在规定时间内提交最后报价,提交最后报价的供应商不得少于3家。"该条实际上授权磋商小组决定最后报价的形式。故应当以磋商小组要求采购代理机构与所有实质性响应的供应商电话确认的最后报价为有效的最后报价方式。

（七）确定成交供应商

采购代理机构应当在评审结束后两个工作日内将评审报告送采购人确认。

采购人应当在收到评审报告后五个工作日内，从评审报告提出的成交候选供应商中，按照排序由高到低的原则确定成交供应商，也可以书面授权磋商小组直接确定成交供应商。采购人逾期未确定成交供应商且不提出异议的，视为确定评审报告提出的排序第一的供应商为成交供应商。

采购人或者采购代理机构应当在成交供应商确定后两个工作日内，在省级以上财政部门指定的政府采购信息发布媒体上公告成交结果，同时向成交供应商发出成交通知书，并将磋商文件随成交结果同时公告。成交结果公告应当包括以下内容：（1）采购人和采购代理机构的名称、地址和联系方式；（2）项目名称和项目编号；（3）成交供应商名称、地址和成交金额；（4）主要成交标的的名称、规格型号、数量、单价、服务要求；（5）磋商小组成员名单。采用书面推荐供应商参加采购活动的，还应当公告采购人和评审专家的推荐意见。

（八）采购人与成交供应商签订政府采购合同

采购人或者采购代理机构不得通过对样品进行检测、对供应商进行考察等方式改变评审结果。

采购人与成交供应商应当在成交通知书发出之日起三十日内，按照磋商文件确定的合同文本以及采购标的、规格型号、采购金额、采购数量、技术和服务要求等事项签订政府采购合同。

采购人不得向成交供应商提出超出磋商文件以外的任何要求作为签订合同的条件，不得与成交供应商订立背离磋商文件确定的合同文本以及采购标的、规格型号、采购金额、采购数量、技术和服务要求等实质性内容的协议。

采购人或者采购代理机构应当在采购活动结束后及时退还供应商的磋商保证金，但因供应商自身原因导致无法及时退还的除外。未成交供应商的磋商保证金应当在成交通知书发出后五个工作日内退还，成交供应商的磋商保证金应当在采购合同签订后五个工作日内退还。

有下列情形之一的，磋商保证金不予退还：（1）供应商在提交响应文件截止时间后撤回响应文件的；（2）供应商在响应文件中提供虚假材料的；（3）除因不可抗力或磋商文件认可的情形以外，成交供应商不与采购人签订合同的；（4）供应商与采购人、其他供应商或者采购代理机构恶意串通的；（5）磋商文件规定的其他情形。

（九）特殊问题的处理

1. 重新评审与重新开展采购活动的情形

除资格性检查认定错误、分值汇总计算错误、分项评分超出评分标准范围、客观分评分不一致、经磋商小组一致认定评分畸高、畸低的情形外，采购人或者采购代理机构不得以任何理由组织重新评审。采购人、采购代理机构发现磋商小组未按照磋商文件规定的评审标准进行评审的，应当重新开展采购活动，并同时书面报告本级财政部门。

2. 成交供应商拒绝签订合同的处理

成交供应商拒绝签订政府采购合同的，采购人可以按照《政府采购竞争性磋商采购方式管理暂行办法》第二十八条第二款规定的原则确定其他供应商作为成交供应商并签订政府采购合同，也可以重新开展采购活动。拒绝签订政府采购合同的成交供应商不得参加对该项目重新开展的采购活动。

3. 竞争性磋商的终止

出现下列情形之一的，采购人或者采购代理机构应当终止竞争性磋商采购活动，发布项目终止公告并说明原因，重新开展采购活动：（1）因情况变化，不再符合规定的竞争性磋商采购方式适用情形的；（2）出现影响采购公正的违法、违规行为的；（3）除《政府采购竞争性磋商采购方式管理暂行办法》第二十一条第三款规定的情形外，在采购过程中符合要求的供应商或者报价未超过采购预算的供应商不足三家的。

在采购活动中因重大变故，采购任务取消的，采购人或者采购代理机构应当终止采购活动，通知所有参加采购活动的供应商，并将项目实施情况和采购任务取消原因报送本级财政部门。

采用竞争性磋商采购方式采购的政府购买服务项目（含政府和社会资本合作项目），在采购过程中符合要求的供应商（社会资本）只有两家的，竞争性磋商采购活动可以继续进行。采购过程中符合要求的供应商（社会资本）只有一家的，采购人（项目实施机构）或者采购代理机构应当终止竞争性磋商采购活动，发布项目终止公告并说明原因，重新开展采购活动。

三、竞争性谈判与竞争性磋商的主要区别

竞争性谈判与竞争性磋商在实践中容易混淆，现将主要的分别归纳如下表：

	竞争性谈判	竞争性磋商
适用情形	（一）招标后没有供应商投标、没有合格标的或者重新招标未能成立的； （二）技术复杂或者性质特殊，不能确定详细规格或者具体要求的； （三）采用招标所需时间不能满足用户紧急需要的； （四）不能事先计算出价格总额的； （五）企业内部集中采购管理办法列明的其他适用情形。	（一）购买服务项目； （二）技术复杂或者性质特殊，不能确定详细规格或者具体要求的； （三）因专利、专有技术或者服务的时间、数量事先不能确定等原因不能事先计算出价格总额的； （四）市场竞争不充分的科研项目； （五）按照招标投标法及其实施条例必须进行招标的工程建设项目以外的工程建设项目； （六）企业内部集中采购管理办法列明的其他适用情形。
谈判/磋商文件的发售期限	从谈判文件发出之日起至供应商提交首次响应文件截止之日止不得少于3个工作日。	从磋商文件发出之日起至供应商提交首次响应文件截止之日止不得少于10日。
澄清修改期限	在提交首次响应文件截止之日3个工作日前，以书面形式通知所有接收谈判文件的供应商；不足3个工作日，应当顺延供应商提交首次响应文件截止之日。	在提交首次响应文件截止之日至少5日前，以书面形式通知所有获取磋商文件的供应商；不足5日，应当顺延提交首次响应文件的截止时间。
评分方法	最低价法。	综合评分法。

第七节 框架协议采购适用的条件和程序

为规范多频次、小额度采购活动,提高政府采购项目绩效,财政部通过《政府采购框架协议采购方式管理暂行办法》(财政部令第110号,2022年3月1日)增加框架协议采购方式,是政府采购的第七种方式。框架协议采购并非《政府采购法》直接规定的采购方式,而是《政府采购法》第二十六条第一款第六项规定的"国务院政府采购监督管理部门认定的其他采购方式"。以前是定点、协议采购。

一、框架协议采购的含义及方式

(一)框架协议采购的含义

框架协议采购是指集中采购机构或者主管预算单位对技术、服务等标准明确、统一,需要多次重复采购的货物和服务,通过公开征集程序,确定第一阶段入围供应商并订立框架协议,采购人或者服务对象按照框架协议约定规则,在入围供应商范围内确定第二阶段成交供应商并订立采购合同的采购方式。此处的主管预算单位是指负有编制部门预算职责,向本级财政部门申报预算的国家机关、事业单位和团体组织。

框架协议采购遵循竞争择优、讲求绩效的原则,应当有明确的采购标的和定价机制,不得采用供应商符合资格条件即入围的方法。框架协议采购应当实行电子化采购。

框架协议采购包括封闭式框架协议采购和开放式框架协议采购。

(二)框架协议采购的征集人及职责

1. 集中采购机构、主管预算单位等作为征集人

集中采购目录以内品目以及与之配套的必要耗材、配件等,采用框架协议采

购的,由集中采购机构负责征集程序和订立框架协议。集中采购机构采用框架协议采购的,应当拟定采购方案,报本级财政部门审核后实施。

集中采购目录以外品目采用框架协议采购的,由主管预算单位负责征集程序和订立框架协议。主管预算单位采用框架协议采购的,应当在采购活动开始前将采购方案报本级财政部门备案。主管预算单位可以委托采购代理机构代理框架协议采购,采购代理机构应当在委托的范围内依法开展采购活动。

其他预算单位确有需要的,经其主管预算单位批准,可以采用框架协议采购方式采购,应当遵守关于主管预算单位的规定。

集中采购机构、主管预算单位及其委托的采购代理机构,统称征集人。

2.征集人应当根据框架协议约定,组织落实框架协议应履行的职责

(1)为第二阶段合同授予提供工作便利;(2)对第二阶段最高限价和需求标准执行情况进行管理;(3)对第二阶段确定成交供应商情况进行管理;(4)根据框架协议约定,在质量不降低、价格不提高的前提下,对入围供应商因产品升级换代、用新产品替代原入围产品的情形进行审核;(5)建立用户反馈和评价机制,接受采购人和服务对象对入围供应商履行框架协议和采购合同情况的反馈与评价,并将用户反馈和评价情况向采购人和服务对象公开,作为第二阶段直接选定成交供应商的参考;(6)公开封闭式框架协议的第二阶段成交结果;(7)办理入围供应商清退和补充相关事宜。

二、框架协议采购的程序

(一)一般程序

1.确定框架协议采购需求

集中采购机构或者主管预算单位应当确定框架协议采购需求。框架协议采购需求在框架协议有效期内不得变动。确定框架协议采购需求应当开展需求调查,听取采购人、供应商和专家等意见。面向采购人和供应商开展需求调查时,应当选择具有代表性的调查对象,调查对象一般各不少于三个。

框架协议采购需求应当符合以下规定:(1)满足采购人和服务对象实际需要,符合市场供应状况和市场公允标准,在确保功能、性能和必要采购要求的情

况下促进竞争；（2）符合预算标准、资产配置标准等有关规定，厉行节约，不得超标准采购；（3）按照《政府采购品目分类目录》，将采购标的细化到底级品目，并细分不同等次、规格或者标准的采购需求，合理设置采购包；（4）货物项目应当明确货物的技术和商务要求，包括功能、性能、材料、结构、外观、安全、包装、交货期限、交货的地域范围、售后服务等；（5）服务项目应当明确服务内容、服务标准、技术保障、服务人员组成、服务交付或者实施的地域范围，以及所涉及的货物的质量标准、服务工作量的计量方式等。

2. 征集文件或者征集公告中应当确定框架协议采购的最高限制单价

集中采购机构或者主管预算单位应当在征集公告和征集文件中确定框架协议采购的最高限制单价。征集文件中可以明确量价关系折扣，即达到一定采购数量，价格应当按照征集文件中明确的折扣降低。在开放式框架协议中，付费标准即为最高限制单价。最高限制单价是供应商第一阶段响应报价的最高限价。入围供应商第一阶段响应报价（有量价关系折扣的，包括量价关系折扣，以下统称协议价格）是采购人或者服务对象确定第二阶段成交供应商的最高限价。确定最高限制单价时，有政府定价的，执行政府定价；没有政府定价的，应当通过需求调查，并根据需求标准科学确定，属于"集中采购目录以外，采购限额标准以上，为本部门、本系统以外的服务对象提供服务的政府购买服务项目，需要确定两家以上供应商由服务对象自主选择的，能够确定统一付费标准，因地域等服务便利性要求，需要接纳所有愿意接受协议条件的供应商加入框架协议，以供服务对象自主选择的"情形，需要订立开放式框架协议的，与供应商协商确定。货物项目单价按照台（套）等计量单位确定，其中包含售后服务等相关服务费用。服务项目单价按照单位采购标的价格或者人工单价等确定。服务项目所涉及的货物的费用，能够折算入服务项目单价的应当折入，需要按实结算的应当明确结算规则。

3. 框架协议的内容

框架协议应当包括以下内容：（1）集中采购机构或者主管预算单位以及入围供应商的名称、地址和联系方式；（2）采购项目名称、编号；（3）采购需求以及最高限制单价；（4）封闭式框架协议第一阶段的入围产品详细技术规格或者服务内容、服务标准，协议价格；（5）入围产品升级换代规则；（6）确定第二阶段成交供应商的方式；（7）适用框架协议的采购人或者服务对象范围，以及履行合

第四章　政府采购的方式和程序

同的地域范围;(8)资金支付方式、时间和条件;(9)采购合同文本,包括根据需要约定适用的简式合同或者具有合同性质的凭单、订单;(10)框架协议期限;(11)入围供应商清退和补充规则;(12)协议方的权利和义务;(13)需要约定的其他事项。

集中采购机构或者主管预算单位应当根据工作需要和采购标的市场供应及价格变化情况,科学合理确定框架协议期限。货物项目框架协议有效期一般不超过1年,服务项目框架协议有效期一般不超过两年。

4.第二阶段的采购合同原则上应授予入围供应商,特殊情况除外

采购人或者服务对象采购框架协议约定的货物、服务,应当将第二阶段的采购合同授予入围供应商。但是,采购人证明能够以更低价格向非入围供应商采购相同货物,且入围供应商不同意将价格降至非入围供应商以下的,可以将采购合同授予非入围供应商。此种情形,征集人应当在征集文件中载明并在框架协议中约定。

同一框架协议采购应当使用统一的采购合同文本,采购人、服务对象和供应商不得擅自改变框架协议约定的合同实质性条款。

5.对入围供应商的要求

货物项目框架协议的入围供应商应当为入围产品生产厂家或者生产厂家唯一授权供应商。入围供应商可以委托一家或者多家代理商,按照框架协议约定接受采购人合同授予,并履行采购合同。入围供应商应当在框架协议中提供委托协议和委托的代理商名单。

入围供应商有下列情形之一,尚未签订框架协议的,取消其入围资格;已经签订框架协议的,解除与其签订的框架协议:(1)恶意串通谋取入围或者合同成交的;(2)提供虚假材料谋取入围或者合同成交的;(3)无正当理由拒不接受合同授予的;(4)不履行合同义务或者履行合同义务不符合约定,经采购人请求履行后仍不履行或者仍未按约定履行的;(5)框架协议有效期内,因违法行为被禁止或限制参加政府采购活动的;(6)框架协议约定的其他情形。被取消入围资格或者被解除框架协议的供应商不得参加同一封闭式框架协议补充征集,或者重新申请加入同一开放式框架协议。

封闭式框架协议入围供应商无正当理由,不得主动放弃入围资格或者退出

框架协议。开放式框架协议入围供应商可以随时申请退出框架协议。集中采购机构或者主管预算单位应当在收到退出申请两个工作日内，发布入围供应商退出公告。

（二）封闭式框架协议采购的特殊程序

1. 封闭式框架协议采购的含义及其适用条件

封闭式框架协议采购是指针对下述情形，通过公开竞争订立框架协议后，除经过框架协议约定的补充征集程序外，不得增加协议供应商的框架协议采购。

根据《政府采购框架协议采购方式管理暂行办法》第三条规定，符合下列情形之一的，可以采用框架协议采购方式采购：

（1）集中采购目录以内品目，以及与之配套的必要耗材、配件等，属于小额零星采购的；（2）集中采购目录以外，采购限额标准以上，本部门、本系统行政管理所需的法律、评估、会计、审计等鉴证咨询服务，属于小额零星采购的；（3）集中采购目录以外，采购限额标准以上，为本部门、本系统以外的服务对象提供服务的政府购买服务项目，需要确定两家以上供应商由服务对象自主选择的；（4）国务院财政部门规定的其他情形。

上述所称采购限额标准以上，是指同一品目或者同一类别的货物、服务年度采购预算达到采购限额标准以上。

上述第二种情形，主管预算单位能够归集需求形成单一项目进行采购，通过签订时间、地点、数量不确定的采购合同满足需求的，不得采用框架协议采购方式。

2. 封闭式框架协议采购的程序

封闭式框架协议的公开征集程序，按照政府采购公开招标的规定执行，本办法另有规定的，从其规定。

（1）征集人发布征集公告。征集公告应当包括以下主要内容：①征集人的名称、地址、联系人和联系方式；②采购项目名称、编号，采购需求以及最高限制单价，适用框架协议的采购人或者服务对象范围，能预估采购数量的，还应当明确预估采购数量；③供应商的资格条件；④框架协议的期限；⑤获取征集文件的时间、地点和方式；⑥响应文件的提交方式、提交截止时间和地点，开启方式、时间和地点；⑦公告期限；⑧省级以上财政部门规定的其他事项。

（2）征集人应当编制征集文件。征集文件应当包括以下主要内容：①参加征集活动的邀请；②供应商应当提交的资格材料；③资格审查方法和标准；④采购需求以及最高限制单价；⑤政府采购政策要求以及政策执行措施；⑥框架协议的期限；⑦报价要求；⑧确定第一阶段入围供应商的评审方法、评审标准、确定入围供应商的淘汰率或者入围供应商数量上限和响应文件无效情形；⑨响应文件的编制要求，提交方式、提交截止时间和地点，开启方式、时间和地点，以及响应文件有效期；⑩拟签订的框架协议文本和采购合同文本；⑪确定第二阶段成交供应商的方式；⑫采购资金的支付方式、时间和条件；⑬入围产品升级换代规则；⑭用户反馈和评价机制；⑮入围供应商的清退和补充规则；⑯供应商信用信息查询渠道及截止时点、信用信息查询记录和证据留存的具体方式、信用信息的使用规则等；⑰采购代理机构代理费用的收取标准和方式；⑱省级以上财政部门规定的其他事项。

（3）供应商应当按照征集文件要求编制响应文件，对响应文件的真实性和合法性承担法律责任。

供应商响应的货物和服务的技术、商务等条件不得低于采购需求，货物原则上应当是市场上已有销售的规格型号，不得是专供政府采购的产品。对货物项目每个采购包只能用一个产品进行响应，征集文件有要求的，应当同时对产品的选配件、耗材进行报价。服务项目包含货物的，响应文件中应当列明货物清单及质量标准。

（4）确定第一阶段入围供应商的评审方法包括价格优先法和质量优先法。

价格优先法是指对满足采购需求且响应报价不超过最高限制单价的货物、服务，按照响应报价从低到高排序，根据征集文件规定的淘汰率或者入围供应商数量上限，确定入围供应商的评审方法。

质量优先法是指对满足采购需求且响应报价不超过最高限制单价的货物、服务进行质量综合评分，按照质量评分从高到低排序，根据征集文件规定的淘汰率或者入围供应商数量上限，确定入围供应商的评审方法。货物项目质量因素包括采购标的的技术水平、产品配置、售后服务等，服务项目质量因素包括服务内容、服务水平、供应商的履约能力、服务经验等。质量因素中的可量化指标应当划分等次,作为评分项;质量因素中的其他指标可以作为实质性要求,不得作为评分项。

有政府定价、政府指导价的项目,以及对质量有特别要求的检测、实验等仪器设备,可以采用质量优先法,其他项目应当采用价格优先法。

对耗材使用量大的复印、打印、实验、医疗等仪器设备进行框架协议采购的,应当要求供应商同时对三年以上约定期限内的专用耗材进行报价。评审时应当考虑约定期限的专用耗材使用成本,修正仪器设备的响应报价或者质量评分。征集人应当在征集文件、框架协议和采购合同中规定,入围供应商在约定期限内,应当以不高于其报价的价格向适用框架协议的采购人供应专用耗材。

确定第一阶段入围供应商时,提交响应文件和符合资格条件、实质性要求的供应商应当均不少于两家,淘汰比例一般不得低于20%,且至少淘汰一家供应商。采用质量优先法的检测、实验等仪器设备采购,淘汰比例不得低于40%,且至少淘汰一家供应商。

(5)发布入围结果公告。入围结果公告应当包括以下主要内容:①采购项目名称、编号;②征集人的名称、地址、联系人和联系方式;③入围供应商名称、地址及排序;④最高入围价格或者最低入围分值;⑤入围产品名称、规格型号或者主要服务内容及服务标准,入围单价;⑥评审小组成员名单;⑦采购代理服务收费标准及金额;⑧公告期限;⑨省级以上财政部门规定的其他事项。

(6)签订框架协议并告知入围信息。集中采购机构或者主管预算单位应当在入围通知书发出之日起三十日内和入围供应商签订框架协议,并在框架协议签订后七个工作日内,将框架协议副本报本级财政部门备案。框架协议不得对征集文件确定的事项以及入围供应商的响应文件作实质性修改。

征集人应当在框架协议签订后三个工作日内通过电子化采购系统将入围信息告知适用框架协议的所有采购人或者服务对象。入围信息应当包括所有入围供应商的名称、地址、联系方式、入围产品信息和协议价格等内容。入围产品信息应当详细列明技术规格或者服务内容、服务标准等能反映产品质量特点的内容。征集人应当确保征集文件和入围信息在整个框架协议有效期内随时可供公众查阅。

(7)补充征集供应商。当剩余入围供应商不足入围供应商总数70%且影响框架协议执行的情形时,在框架协议有效期内,征集人可以补充征集供应商。征集人补充征集供应商的，补充征集规则应当在框架协议中约定，补充征集的条件、程序、评审方法和淘汰比例应当与初次征集相同。补充征集应当遵守原框架协议的有效期。补充征集期间，原框架协议继续履行。

（8）采购合同的授予。确定第二阶段成交供应商的方式包括直接选定、二次竞价和顺序轮候。

第一，直接选定方式是确定第二阶段成交供应商的主要方式。除征集人根据采购项目特点和提高绩效等要求，在征集文件中载明采用二次竞价或者顺序轮候方式外，确定第二阶段成交供应商应当由采购人或者服务对象依据入围产品价格、质量以及服务便利性、用户评价等因素，从第一阶段入围供应商中直接选定。

第二，二次竞价方式是指以框架协议约定的入围产品、采购合同文本等为依据，以协议价格为最高限价，采购人明确第二阶段竞价需求，从入围供应商中选择所有符合竞价需求的供应商参与二次竞价，确定报价最低的为成交供应商的方式。进行二次竞价应当给予供应商必要的响应时间。二次竞价一般适用于采用价格优先法的采购项目。

第三，顺序轮候方式是指根据征集文件中确定的轮候顺序规则，对所有入围供应商依次授予采购合同的方式。每个入围供应商在一个顺序轮候期内，只有一次获得合同授予的机会。合同授予顺序确定后，应当书面告知所有入围供应商。除清退入围供应商和补充征集外，框架协议有效期内不得调整合同授予顺序。顺序轮候一般适用于服务项目。

以二次竞价或者顺序轮候方式确定成交供应商的，征集人应当在确定成交供应商后两个工作日内逐笔发布成交结果公告。成交结果单笔公告可以在省级以上财政部门指定的媒体上发布，也可以在开展框架协议采购的电子化采购系统发布，发布成交结果公告的渠道应当在征集文件或者框架协议中告知供应商。单笔公告应当包括以下主要内容：①采购人的名称、地址和联系方式；②框架协议采购项目名称、编号；③成交供应商名称、地址和成交金额；④成交标的名称、规格型号或者主要服务内容及服务标准、数量、单价；⑤公告期限。征集人应当在框架协议有效期满后十个工作日内发布成交结果汇总公告。汇总公告应当包括上述第一项、第二项内容和所有成交供应商的名称、地址及其成交合同总数和总金额。

框架协议采购应当订立固定价格合同。根据实际采购数量和协议价格确定合同总价的，合同中应当列明实际采购数量或者计量方式，包括服务项目用于计算合同价的工日数、服务工作量等详细工作量清单。采购人应当要求供应商提供能证明其按照合同约定数量或者工作量清单履约的相关记录或者凭证，作为验收资料一并存档。

采购人证明能够以更低价格向非入围供应商采购相同货物，且入围供应商不同意将价格降至非入围供应商以下的，可以将合同授予非入围供应商。此种情况下，征集人应当在征集文件中载明并在框架协议中约定。采购人将合同授予非入围供应商的，应当在确定成交供应商后一个工作日内，将成交结果抄送征集人，由征集人按照单笔公告要求发布成交结果公告。采购人应当将相关证明材料和采购合同一并存档备查。

（三）开放式框架协议采购的特殊程序

1. 开放式框架协议采购的含义及适用条件

开放式框架协议采购是指下述情形，明确采购需求和付费标准等框架协议条件，愿意接受协议条件的供应商可以随时申请加入的框架协议采购。开放式框架协议的公开征集程序，按照《政府采购框架协议采购方式管理暂行办法》规定执行。

符合下列情形之一的，可以采用开放式框架协议采购：(1) 集中采购目录以内品目，以及与之配套的必要耗材、配件等，属于小额零星采购的，因执行政府采购政策不宜淘汰供应商的，或者受基础设施、行政许可、知识产权等限制，供应商数量在三家以下且不宜淘汰供应商的；(2) 集中采购目录以外，采购限额标准以上，为本部门、本系统以外的服务对象提供服务的政府购买服务项目，需要确定两家以上供应商由服务对象自主选择的，能够确定统一付费标准，因地域等服务便利性要求，需要接纳所有愿意接受协议条件的供应商加入框架协议，以供服务对象自主选择的。

2. 开放式框架协议采购的特殊程序

(1) 征集人应当发布征集公告，邀请供应商加入框架协议。征集公告应当包括以下主要内容：①征集人的名称、地址、联系人和联系方式；②采购项目名称、编号，采购需求以及最高限制单价，适用框架协议的采购人或者服务对象范围，能预估采购数量的，还应当明确预估采购数量；③供应商的资格条件；④框架协议的期限；⑤供应商应当提交的资格材料；⑥资格审查方法和标准；⑦入围产品升级换代规则；⑧用户反馈和评价机制；⑨入围供应商的清退和补充规则；⑩供应商信用信息查询渠道及截止时点、信用信息查询记录和证据留存的具体方式、信用信息的使用规则等；⑪订立开放式框架协议的邀请；⑫供应商提交加入框架协议申请的方式、地点，以及对申请文件的要求；⑬履行合同的地域范围、协议方的权利和义务、入围供应商的清退机制等框架协议内容；⑭采购合同文本；⑮付费标准、费用结算及支付方式；⑯省级以上财政部门规定的其他事项。

（2）征集公告发布后至框架协议期满前，供应商可以按照征集公告要求，随时提交加入框架协议的申请。征集人应当在收到供应商申请后七个工作日内完成审核，并将审核结果书面通知申请供应商。

（3）征集人应当在审核通过后两个工作日内，发布入围结果公告，公告入围供应商名称、地址、联系方式及付费标准，并动态更新入围供应商信息。征集人应当确保征集公告和入围结果公告在整个框架协议有效期内随时可供公众查阅。

征集人可以根据采购项目特点，在征集公告中申明是否与供应商另行签订书面框架协议。申明不再签订书面框架协议的，发布入围结果公告，视为签订框架协议。

（4）第二阶段成交供应商由采购人或者服务对象从第一阶段入围供应商中直接选定。供应商履行合同后，依据框架协议约定的凭单、订单以及结算方式，与采购人进行费用结算。

（四）框架协议采购档案的保存

征集人应当建立真实完整的框架协议采购档案，妥善保存每项采购活动的采购文件资料。除征集人和采购人另有约定外，合同授予的采购文件资料由采购人负责保存。采购档案可以采用电子形式保存，电子档案和纸质档案具有同等效力。

第八节　政府采购实务中的常见问题

一、政府采购各方当事人在政府采购活动中的突出问题

（一）采购人在政府采购活动中的突出问题

采购人是政府采购活动的需求方，通过政府采购获得物美价廉的工程、货物和服务。在政府采购活动中，采购人主要参与的活动有：提出采购需求，委托采购人代表参与评审、确认中标结果，与中标、成交供应商签订政府采购合同等。在这些活动中，采购人最突出的问题主要有：

1. 提出的采购需求有不合理条件

有些采购人向采购代理机构肆意提出采购需求，如果不采纳，要么反复、耐心地"做工作"，要么直接或间接地"权力干预"，甚至以更换采购代理机构相威胁。招标文件中的技术指标指向特定供应商，或者资格条件为某一供应商量身定做，或者评审因素和评审标准倾向于特定供应商等。

2. 与供应商串通投标

有的采购人的工作人员与供应商接触过于密切，向特定供应商泄露评标委员会成员名单、评标标准等，以帮助该供应商获得高分顺利中标。在特定供应商未中标时，向其提供中标人的投标文件，泄露评标情况，以供其质疑、投诉。有的甚至鼓动投标人质疑、投诉。

3. 干预评标委员会评标

参加评标委员会的采购人代表，在评标现场发表不适当的言论，表明其倾向于哪家供应商或者哪个品牌，甚至直接说明想要哪个供应商。还有的采购人代表评标时，引导其他评标专家打分。有的采购人现场监标的人员，发现评标结果不是其中意的供应商，就提出这家供应商存在的种种问题，要求评标委员会修改评标结果，等等。

4. 不认可评标、成交结果

评标报告送采购人后,有的采购人发现排名第一的中标人或者成交人不是其想要的供应商,就百般刁难采购代理机构,就是不确认中标、成交结果,甚至自行对供应商的投标文件进行审查。

5. 发出中标通知书后无正当理由不与中标人签订合同

中标通知书发出后,有的采购人突然发现中标人不是其中意的供应商,就故意拖延时间不与中标人签订合同,也有的提出新的条件和要求强迫中标人同意,还有的以曾经与中标人有过合同纠纷为由拒绝签订合同,等等。

(二)采购代理机构在政府采购活动中的突出问题

采购代理机构是政府采购活动的组织者,从招标文件的编制,到资格预审,再到组织评标,以及最终确定中标、成交结果签订政府采购合同,均由采购代理机构组织和参与。可以说,采购代理机构最了解某一采购活动的整个过程,最清楚采购活动的每个细节。采购代理机构最容易出现的问题主要有:

1. 编制招标文件中的问题

主要表现为招标文件中有不合理条件,指定或者限定品牌或者供应商。采购代理机构往往在主观上喜欢采购比较理想、比较熟悉的货物、服务,因此在制定技术规格要求时就有针对性、倾向性,在技术需求中规定了某些特定的技术指标,从而排斥了一些潜在的供应商,造成招标范围缩小、缺乏竞争力,带来招标困难以致失败的风险。

2. 与供应商恶意串通

有的采购代理机构与特定的供应商关系非常好,只要该供应商参加其代理的政府采购项目,就给予特殊的照顾。甚至有的采购代理机构向中标、成交供应商收取"好处费";还有极个别的采购代理机构可以操纵招标,确定中标供应商;有的代理机构向未中标的供应商提供中标人的投标文件,泄露评标情况,甚至撤换投标文件。

3. 干预评标委员会评标

为使与其关系好的供应商中标或者成交,采购代理机构的工作人员难免会干预评标委员会评标。有的在评标现场发表有倾向性的言论,有的提示评标委员会哪个投标人的投标文件存在不符合招标文件的情形等。

(三) 供应商在政府采购活动中的突出问题

供应商是政府采购活动中的供应方,其参加采购活动的主要目的是签订政府采购合同,最终获取利润。为获取商业利润,有些供应商甚至采取违法的做法,常见的有:

1. 提供虚假材料谋取中标或者成交

供应商的这个问题比较突出,实践中出现的提供虚假材料形式多样,如银行资信证明、团队成员的资格证书等。例如,在一个办公家具招标项目中,投标人为节省检测报告的成本,投标文件中十几份家具检测报告均是伪造的。有的供应商在经营活动中被行政机关作出较大数额的罚款等已经构成重大违法记录,却出具声明称无重大违法记录,还有的没有生产投标产品的能力却提交材料称可以生产。在投标人为代理商进行投标时,有的制造商提供虚假材料给代理商投标,从而导致投标人被行政处罚。

2. 供应商之间串通投标

这种违法行为实践中也比较突出。有的行业,个别供应商经常相互陪标,恶意抬高价格套标、轮流坐庄;有的供应商协商联手操纵投标报价,导致招标流于形式。有的家庭成员分别成立公司,相互陪标。

3. 与采购人、采购代理机构恶意串通

少数供应商与采购人或者采购代理机构串通,甚至向其行贿,提前获悉招标文件的内容,按照采购人的需求编制投标文件,甚至与评委串通等。

4. 发出中标通知书后无正当理由不与中标人签订合同

由于有的中标供应商是来陪标的,根本没有生产能力,因此拒绝与采购人签订合同,或者声明放弃中标。还有的由于投标报价太低,而无法履行合同故拒绝签订合同。

(四) 原因分析和对策

1. 原因分析

出现上述问题,其原因除目前我国有关政府采购的法律规范尚不够健全外,笔者认为还有以下因素。

第四章　政府采购的方式和程序

（1）部分政府采购当事人的法律观念淡薄，法律意识较差，法律知识欠缺，容易造成违法情况。

政府采购是一项法律性较强的活动，整个政府采购活动都必须遵守法律规范，特别是程序的规定。而我国开展政府采购的时间不长，有些采购人、采购代理机构的法律观念比较淡薄，法律意识较差，法律知识欠缺，加之工作不细心，容易导致政府采购活动中出现违法情况，而这种违法行为往往涉及面较大，出现频率较高。

（2）政府采购活动本身错综复杂，其原因在于法律主体、法律关系及法律行为的多样性。

参与政府采购的主要是政府采购的当事人和监督管理部门。前者主要包括采购人、采购代理机构、供应商，后者主要指财政部门。在这些法律主体所构成的法律关系中，往往涉及三边甚至四边的法律关系。采购人与供应商之间是双边的买卖货物、工程或者服务的法律关系，财政部门作为监督管理部门通过监督管理行为的介入构成三边法律关系。如果采购人不具备法定条件委托采购代理机构代理采购时，就会出现四边法律关系。从这些法律关系的性质来看，表现为民事法律关系和行政法律关系的交叉。这与发生于行政机关与行政相对人之间的双边的法律关系有较明显的区别。

政府采购参与者实施的行为也是多种法律行为，主要表现为行政法律行为和民事法律行为。财政部门的监督管理行为是行政行为，主要表现为行政处罚、投诉处理、监督检查、行政处理等，以及供应商、采购人、评标专家等行政相对人不服行政行为提起的行政复议、行政诉讼等行为。采购人、采购代理机构、供应商的行为往往表现为代理行为、订立合同行为等民事法律行为。

由于政府采购中法律主体、法律关系和法律行为的多样性，导致在发生政府采购纠纷时，往往表现出错综复杂、难以判断的特点。

2. 解决问题的对策

第一，健全政府采购相关法律法规。《政府采购法》自2003年1月1日实施以来已经二十多年，2014年修改了三条内容。目前，需要根据市场发展对其进行修改，构建适合我国国情的、完善的政府采购法律体系。从现实需要来看，需要根据法律、行政法规修改相关规章，对法律规范相互矛盾、冲突的地方进行清理。清理的基本原则是上位法优于下位法，新法优于旧法。2020年底至今，财政部对《政府采购法》修订草案已经经过两次公开征求意见，之后将提交国务院进入立法程序。

第二，在现阶段从以下几个方面采取措施：

（1）细化操作规程。针对目前法律规定过于笼统、不便于操作的问题，在对政府采购的具体工作程序方面，财政部一直根据法律的有关规定和法律的精神制定有关的规定，以及指导性案例，以满足政府采购实际工作的需要。

（2）完善制度，强化监督。从制度层面看，采购代理机构、监督管理部门均应建立完善的政府采购制度。采购代理机构必须加强有关政府采购的各项制度，如招标文件的编制制度、评标委员会的确定制度、政府采购活动记录、质疑处理制度，等等。

财政部门必须加强监督管理，尽可能监督政府采购活动的全过程。比如针对采购代理机构的监督考核评价制度，招标文件质量抽查制度等；建立政府采购专项执法情况检查制度，禁止领导干部干预和插手政府采购活动的规定等。

（3）加强培训。徒法不足以自行，政府采购法律规范主要是由供应商、采购人及采购代理机构来实施的，因此有针对性地加强对这些人员的培训，可以减少或者避免违法违规行为的出现。培训的内容，一是有关政府采购的业务内容，二是有关政府采购的法律规范。培训的方式可以灵活多样，既可以采取岗前培训和岗后教育相结合的方式，也可以采取临时培训和定期培训相结合的方式，还可以采取理论与实践相结合的方式。

二、评标中的常见问题

（一）关于实践中经常出现的第二次评审、第三次评审的问题

根据《政府采购法》的规定，政府采购货物和服务项目的公开招标程序主要包括招标、投标、开标、评标、定标等步骤。对于评标，法律法规（特别是《政府采购货物和服务招标投标管理办法》）并未规定可以进行第二次评审或者第三次评审。而实践中，往往有一些项目会进行第二次评审，甚至第三次评审。

第四章　政府采购的方式和程序

【案例】某公司诉某市财政局行政复议决定提起行政诉讼案[①]

基本案情

某医院（以下简称采购人）筹建办公室委托某市政府采购中心（以下简称采购中心）组织"××医院空调采购项目"（以下简称招标项目）公开招标，该项目共分为3个子包。其中子包2是"门诊楼变频多联空调器设备采购及安装"，包括室外机314台、室内机1198台，预算金额2220万元。

2008年9月28日，招标项目公开进行了招标。评审方法为综合评分法，评审标准有三项，即技术、商务、价格，各占总分的45%、15%、40%。参加子包2的投标的供应商有某空调销售有限公司（以下简称某公司）、某市水电设备安装有限公司、某石油化工建设集团公司等6家。

11月4日，经评标委员会按招标文件规定的评审方法和评审标准对各投标文件进行评审，参加子包2项目投标的某公司（投标报价1707.2997万元）被推荐为第一候选中标供应商。

11月5日，采购中心给某公司发送了书面的《关于提交有关投标资料原件予采购人核对的函》，称该公司"成为子包2的中标候选供应商"。某公司按采购中心及招标文件要求，提供投标文件中的商务文件原件供采购人核对。

11月10日，采购人向采购中心发函，并抄送某区财政局政府采购管理办公室，称某公司的投标文件不满足招标文件中某项★号条款要求。

11月18日，受某区财政局委托，采购中心组织原评审专家对所有投标文件进行核查，6名评审专家一致认为某公司投标文件不符合招标文件要求，评委会取消某公司中标候选人资格，推荐原第二中标候选人某石油化工建设集团公司为该子包中标人。

11月21日，采购中心根据复审结果发布中标通知，确定某石油化工建设集团公司为中标供应商，中标金额为2151.1887万元。

11月24日，某公司向采购中心提出质疑；11月27日，采购中心针对某公司提出的质疑作出答复。

12月22日，因对采购中心的质疑答复不满意，某公司向某区财政局提出投

[①] 本案例为笔者改编。

233

诉，认为投标文件完全响应招标文件要求；采购中心组织复审并无任何法律依据，要求恢复其中标候选人资格，取消某石油化工建设集团公司的中标资格。

2009年1月22日，依据2008年11月18日复审结果，某区财政局作出番财采〔2009〕1号政府采购投诉处理决定，认为某公司投标文件不满足招标文件要求，不符合中标条件，不予支持申请人投诉请求。

4月22日，某公司就该投诉处理决定向某市财政局提起行政复议。某市财政局作出行政复议决定，认为在该项目中，原评审专家参与了评审，已经与该项目形成了利害关系，某区财政局以原评审专家第二次核查结果作为投诉处理决定认定事实的最终依据，推翻了原评审结论，认定事实依据不足且有失公正。遂撤销某区财政局作出的投诉处理决定，并责令某区财政局重新作出处理决定。

6月8日，某区财政局根据某市财政局行政复议决定，在政府采购专家库中随机抽取7名专家组成核实小组，对招标文件要求和投标文件响应中有争议的技术问题予以核实。经核实，核实小组中6名专家认为某公司的投标文件不符合招标文件带★号指标要求，1名专家认为基本满足要求。按照少数服从多数的原则，核实小组认定某公司的投标文件不满足招标文件要求。据此，某区财政局重新作出政府采购投诉处理决定，驳回某公司投诉请求。

7月22日，某公司就再次作出的投诉处理决定，向某市财政局提起行政复议。

9月28日，某市财政局经调查认为某区财政局作出上述投诉处理决定是正常行使行政监管职权的行为，适用程序并无不当，事实认定的依据充分，维持了某区财政局再次作出的政府采购投诉处理决定。

10月12日，某公司不服某市财政局行政复议决定，以复议决定改变了原具体行政行为所认定的主要事实和依据，而且改变了原具体行政行为所使用的规范性依据且对定性产生影响为由提起行政诉讼。

11月2日在某市某区人民法院一审开庭审理，12月31日某区法院一审以某市财政局并不是该案的适格被告为由，裁定驳回某公司的起诉。某公司不服判决，将此案件上诉到某市中级人民法院。2010年5月，某公司撤诉。

2009年11月，某公司提起民事诉讼，状告采购人和采购中心共同承担违法招标的民事责任，连带赔偿某公司直接经济损失合计63862.3元。后某公司撤诉。

第四章　政府采购的方式和程序

案例评析

在本案中，可以看到，某公司为维护自己的权益，几乎用尽了《政府采购法》规定的所有救济途径，包括质疑、投诉、行政复议、行政诉讼、民事诉讼等。并且采取了两次质疑、两次投诉、两次行政复议，最终提起行政诉讼。在投诉处理中，该采购活动出现了复审、第三次评审的情况。

笔者认为，所谓的复审及第三次评审没有法律依据。根据本案当时有效的2004年《政府采购货物和服务招标投标管理办法》的规定，评标与定标是两个不同的阶段。评标、定标的程序中并未规定第二次评审、第三次评审。如果评标委员会是在评标过程中发现评审结果有问题，笔者认为，因为此时尚处于评审阶段因而评标委员会有权进行更改；但如果评标阶段结束，评标报告已经送采购人确定中标结果时，则评标委员会不能再次复审。因为此时的复审是没有法律依据的。从本案来看，根据报道，2008年11月5日，某市政府采购中心将评标报告送采购人确认。此时，评标过程已经结束，根据法律规定的流程，应当由采购人确认评标结果，然后发布中标公告、发出中标通知书等。因此，在评标结束后，2008年11月18日的复审程序没有法律依据。同时，2009年6月9日某区财政局组织的第三次评审也没有法律依据。此时，该案件已经进行投诉处理阶段，根据《政府采购供应商投诉处理办法》（财政部令第20号）的规定，投诉处理机关有调查权，并未规定可以组织专家进行再次评审。

笔者认为，《政府采购法》及有关的规章已经对政府采购的程序、投诉处理等问题作出明确规定，政府采购项目公开招标、投诉处理应严格依据相关规定进行，不能随意增加所谓的二次评审甚至三次评审的程序。在本案中，如果出现了评标委员会没有按照招标文件和法律规定进行评审的情形，属于《政府采购法》第三十六条规定的"出现影响采购公正的违法、违规行为的"情形，可以废标，重新进行公开招标，而不应在法律没有规定的情形下一次又一次地组织专家复审、评审。

这个问题在2017年的《政府采购货物和服务招标投标管理办法》中已经解决。该办法规定了修改评标结果的情形、重新评审、重新组建评标委员会进行评标等几种情形，区分不同阶段、不同情况对招标项目中出现的问题区别处理。

（二）关于评标委员会的回避问题

评标委员会是否依法承担具体的评标事务，是关系到评标是否公正的重要因素，因此与评标项目有利害关系的评标专家应当回避。在《政府采购法实施条例》实施之前，有关评标委员会组成中采购人代表是否应当回避在法律层面上没有明确规定，主要法律依据为《政府采购评审专家管理办法》（财库〔2003〕119号），现行适用依据是《政府采购评审专家管理办法》（财库〔2016〕198号）。

1. 有关评标专家的回避问题

【案例】[①]

基本案情

2009年8月17日，某市财政局受理A计算机系统有限公司对采购代理机构代理的某市运输管理局"某市交通运输行业综合管理信息系统建设项目"第一包、第二包的投诉。

A计算机系统有限公司的投诉事项之一，是在某市政府采购网上公示的中标公告中所示的评标专家名单中名为"程某"的评标专家原工作单位为C软件研究所，而本项目投标人之一为D软件科技股份有限公司。据D软件科技股份有限公司发布的财务报告显示，C软件研究所是D软件科技股份有限公司的第一大法人股东，持有该公司30.68%的股份。虽然目前该专家已从C软件研究所退休，但其仍与原工作单位保持密切关系（工资关系、人脉关系等），明显属于与本项目投标人之一的D软件科技股份有限公司有利害关系，应当在项目评标前予以回避和更换。投诉人认为此种情况明显违反了《招标投标法》第三十七条第四款"与投标人有利害关系的人不得进入相关项目的评标委员会；已经进入的应当更换"之规定。因此，该公司请求予以核实处理。

某市财政局经调查查明：程某为本项目评标委员会成员之一，现工作单位为C软件研究所，该单位没有参加本次投标活动。2009年7月3日在评标现场，评标工作正式开始前，采购代理机构向评标委员会成员之一的程某确认过其专家身份，程某声明与D软件科技股份有限公司无关系，且评标委员会其他成员对

---

① 本案例为笔者改编。

程某的专家身份无异议。经询问程某本人，程某声明其于2003年从C软件研究所退休，回聘在研究所做研究员和顾问，并不了解C软件研究所是D软件科技股份有限公司的股东情况。

某市财政局认为，根据财政部、监察部《政府采购评审专家管理办法》（财库〔2003〕119号）第二十六条第二款"有利害关系主要是指三年内曾在参加该采购项目供应商中任职（包括一般工作）或担任顾问，配偶或直系亲属在参加该采购项目的供应商中任职或担任顾问，与参加该采购项目供应商发生过法律纠纷，以及其他可能影响公正评标的情况"的规定，程某与投标人D软件科技股份有限公司之间的关系，不能认定存在利害关系。

案例评析

从上述投诉案件可以看出，供应商对评标专家要求回避的案例并不少见。有关评标专家的回避问题，在政府采购领域，现行适用依据是《政府采购法实施条例》第九条规定："在政府采购活动中，采购人员及相关人员与供应商有下列利害关系之一的，应当回避：（一）参加采购活动前3年内与供应商存在劳动关系；（二）参加采购活动前3年内担任供应商的董事、监事；（三）参加采购活动前3年内是供应商的控股股东或者实际控制人；（四）与供应商的法定代表人或者负责人有夫妻、直系血亲、三代以内旁系血亲或者近姻亲关系；（五）与供应商有其他可能影响政府采购活动公平、公正进行的关系。供应商认为采购人员及相关人员与其他供应商有利害关系的，可以向采购人或者采购代理机构书面提出回避申请，并说明理由。采购人或者采购代理机构应当及时询问被申请回避人员，有利害关系的被申请回避人员应当回避。"

2. 有关评标委员会中采购人代表回避的问题

根据《政府采购法》的相关规定，评标委员会由评标专家和采购人代表组成，却没有规定采购人代表回避。实践中，出现了对采购人代表的举报，认为采购人代表应当回避而没有回避的情形。

例如，某政府采购项目中标结果公示之后，有供应商向采购人举报，认为评标委员会中的采购人代表前期在招标文件论证过程中，多次参与论证会，后又参加评标，供应商认为该采购人代表属于法定的应当回避的情形而没有回避，要求采购人对此问题进行处理。

笔者认为，由于目前有关法律并未规定前期参加招标文件论证的采购人的工作人员，不得再作为采购人代表进入评标委员会，因此供应商的主张没有法律依据而不成立。

不少地方政府的财政部门制定的有关采购文件论证的规定明确："招标采购单位就招标文件征询过意见的专家，不得再作为评标专家参加评标。"但对前期参加招标文件论证的采购人的工作人员作为采购人代表进入评标委员会，却未作禁止性规定。笔者认为，这种做法是有一定道理的。评标委员会组成中的采购人代表与评标专家的身份有所不同。相关规定之所以允许采购人代表进入评标委员会，主要是考虑到采购人代表更能了解采购人的采购需求，其评标结果更符合采购人的需求。采购人的工作人员参加前期招标文件的论证，就能更好地了解采购人的采购需求，能够更好地评标。但对于《政府采购法实施条例》规定的应予回避的情形，采购人代表应当回避。

三、供应商常见的问题

供应商在政府采购活动中，经常出现的问题有，与采购人恶意串通，与其他供应商串通投标，提供虚假材料以谋取中标、成交，收到中标、成交通知书后拒绝与采购人签订合同等。

近年来，投标人提供虚假材料谋取中标、成交的违法行为出现复杂化，特别是制造商提供虚假材料给投标人，因投标人的核实能力有限，因而不存在提供虚假材料谋取中标的主观故意，但财政部门仍然固守着只要投标文件的复印件与原件不一致就认定为虚假材料的观念，简单化处理，不能与时俱进。

在实践中有争议的问题是，投标人在评标过程中撤销投标文件，项目应当如何处理。例如，评标结束后，在评标委员会签署评标报告、推荐中标候选人时，收到某一投标人撤销其投标文件的函件，该项目通过符合性、资格性审查进入评审的供应商只有三家，现其中一家撤销投标文件，该项目应如何处理？

对此问题，有观点认为，一家投标人撤销投标文件导致对招标文件作出实质性响应的供应商不足三家，因该情形发生在评标委员会评审并签署评标报告之后，且不属于《政府采购货物和服务招标投标管理办法》规定的应当组织原评标委员会重新评审的情形，故项目应予废标，且撤销投标文件的供应商的投标保证金不予退还。

笔者不同意这种观点，理由如下：

1. "符合专业条件的供应商或者对招标文件作实质响应的供应商不足三家"应理解为是在评标结果出现之前

根据《政府采购法》第三十六条，在招标采购中应予废标的情形有四种：（1）符合专业条件的供应商或者对招标文件作实质响应的供应商不足三家的；（2）出现影响采购公正的违法、违规行为的；（3）投标人的报价均超过了采购预算，采购人不能支付的；（4）因重大变故，采购任务取消的。

上述第一种情形"符合专业条件的供应商或者对招标文件作实质响应的供应商不足三家"虽然规定在"招标采购"中，但应理解为在评标结果出现之前，包括开标时投标人不足三家、评标时符合资格条件的供应商不足三家及技术、商务条件等实质性响应不足三家的情形。在此情况下，由于供应商家数太少缺乏竞争而应当废标重招。

评标委员会打分评审时有三家供应商，则这种评审结果是在有竞争性的情况下产生的。即使评审结果出来后，排名第一的中标候选人放弃中标，或者排名第二或者第三的供应商撤销投标文件，均不应影响中标结果。除非三名中标候选人全部放弃中标或者撤销投标文件，因没有中标人才会导致重新招标。

2. 此种观点造成的后果

如果在三家供应商进行评审、评标结果出现后，有一家供应商撤销投标文件就导致废标，则极端的后果是，只要排名第二或者第三的供应商在中标结果出现后撤销投标文件（根据《政府采购货物和服务招标投标管理办法》第二十六条的规定，投标人可以在投标有效期内撤销投标文件），则项目就重新招标，就可能出现供应商因没有中标而不断撤销投标文件，从而导致项目废标。

第九节　如何编制招标文件

一、招标文件的性质和作用

(一) 招标文件的性质

1. 招标文件是要约邀请

招标人应当根据招标项目的特点和需要，编制招标文件。招标文件是招标投标当事人进行招投标活动的行为依据和评标依据，是招标人与中标人签订合同的基础。因此，在招标投标过程中，编制好招标文件具有非常重要的意义。

招投标过程中的招标、投标和中标反映了订立合同的要约邀请、要约和承诺的不同阶段。招标公告和招标文件通常被认为是要约邀请；递交投标文件通常被认为是要约；发出中标通知书，一般视为承诺。

要约邀请，也称为要约引诱，是一方希望他人向自己发出要约的意思表示，其内容具有不完整性和不确定性，其对象具有不特定性，不以特定人为对象的缔约意思，只是一种宣传、推介，达不到要约目的，故通常不被认为是要约。从法律效力看，要约邀请只产生对方向其发出要约的可能，对方发出的要约，尚需受要约人承诺才能成立合同；从法律责任上看，由于其尚处于订约的准备阶段，不具有任何的约束性，它既不能因相对人的承诺而成立合同，也不能因自己的某种承诺而约束要约人。在发出要约邀请后，要约邀请人可以撤回其邀请，只要没有对善意相对人造成信赖利益的损失，要约邀请人一般不承担法律责任。

2. 招标要约邀请的特殊性

发出招标信息和招标文件是不以特定人为对象的缔约意思，只是一种信息公布、引诱潜在投标人发出要约，因此不是要约，而是要约邀请。但招标要约邀请却具有很大的特殊性，具有要约的某些特点，具体表现为：

（1）招标文件的内容相对明确、稳定。

根据财政部《政府采购货物和服务招标投标管理办法》第二十条的规定，招标文件应当具备法定的内容。

（2）招标文件具有一定的约束力。

第一，对招标人有约束力。根据法律规定，招标文件发出后，招标人不得随意修改；采购人、采购代理机构发布招标公告（包含发出招标文件）、资格预审公告或者发出投标邀请书后，不得擅自终止招标活动。

第二，对投标人有约束力。投标人应当按照招标文件的要求编制投标文件，对招标文件提出的实质性要求和条件作出响应，否则将作无效投标处理。

第三，对评标委员会有约束力。评标委员会只能依据招标文件中规定的评标方法和评标标准进行评审，招标文件中没有规定的评标方法和标准不得作为评审的依据。

第四，对政府采购合同有约束力。采购人和中标人应当按照招标文件和中标人的投标文件订立书面合同。

（二）招标文件的作用

1. 能够充分反映采购人的采购需求，实现采购人的采购目标

采购人与采购代理机构签订委托代理协议之后，应当向采购代理机构提供技术需求资料及项目的背景资料等，技术需求要能说明采购人采购的货物、服务或者工程的基本情况。并且，针对项目的特殊性，采购人可以对投标供应商提出特定的条件。同时，对于其中的实质性内容需要标明。但是，需要注意的是，这些技术条款或者特定条件不应构成歧视性或者差别性的待遇，不应构成指定品牌等。在采购人提供技术需要资料之后，采购代理机构应当编制招标文件。招标文件的内容应当完整、清楚，能够充分反映采购人的采购目标。

2. 规范政府采购公开招标整个过程

根据《政府采购法》的规定，政府采购公开招标方式主要分为招标、投标、开标、评标、定标等几个阶段。招标文件的内容应涵盖这些阶段。

在招标阶段，采购代理机构应当按照招标文件的规定发出或者发售招标文件。且招标文件的发出时间到投标文件截止时间应不少于二十日。

在开标阶段，明确开标的时间、地点、接收投标文件等内容，对于开标时唱标中遇到的问题，有所规定。并且，没有歧视性和差别待遇的招标文件能够减少开标时投标供应商不足三家而废标的情形。

在评标阶段，招标文件是评标委员会评标的基础和依据。评标委员会只能依据招标文件事先确定的评标方法和评标标准，对所有的投标文件进行比较和评价。不能在评标过程中，擅自改变评标的方法和标准。评标委员会的评标包括商务部分和技术部分的评审。对于评标中发现的问题，也应当按照招标文件的规定进行处理。如对投标人资质的认定、密封情况的审查、评标时出现实质性响应不足三家时的处理等，均应当按照招标文件的规定处理。

在定标阶段，采购代理机构应当按照招标文件的规定编制评标报告，并将评标报告送采购人；采购人应当按照招标文件规定的时间、方式确定中标人。

在供应商提起质疑、投诉时，对质疑事项、投诉事项的处理，招标文件也是一个重要的依据。

采购人与中标人签订政府采购合同时，也应当按照招标文件和中标人的投标文件签订，不能对招标文件和中标人的投标文件作实质性修改。

正因为招标文件有着上述重要作用，因此采购代理机构应当按照法律规定和财政部的相关规定编制招标文件。在政府采购活动中，采购人、采购代理机构、供应商、评标委员会均应当严格执行招标文件。

二、招标文件应当具备的具体内容

根据《政府采购货物和服务招标投标管理办法》第二十条的规定，招标文件应当包括以下内容：(1)投标邀请；(2)投标人须知(包括投标文件的密封、签署、盖章要求等)；(3)投标人应当提交的资格、资信证明文件；(4)为落实政府采购政策，采购标的需满足的要求，以及投标人须提供的证明材料；(5)投标文件编制要求、投标报价要求和投标保证金交纳、退还方式以及不予退还投标保证金的情形；(6)采购项目预算金额，设定最高限价的，还应当公开最高限价；(7)采购项目的技术规格、数量、服务标准、验收等要求，包括附件、图纸等；(8)拟签订的合同文本；(9)货物、服务提供的时间、地点、方式；(10)采购资金的支付方式、时间、条件;(11)评标方法、评标标准和投标无效情形;(12)投标有效期;(13)投标截止时间、开标时间及地点;(14)采购代理机构代理费用的收取标准和方式;(15)投标人信用信息查询渠道及截止时点、信用信息查询记录和证据留存的具体方式、信用信息的使用规则等;(16)省级以上财政部门规定的其他事项。

对于不允许偏离的实质性要求和条件,采购人或者采购代理机构应当在招标文件中规定,并以醒目的方式标明。

在上述内容中,以下内容是比较重要的,需要特别重视。

(一)关于投标人的资格及其应当提交的资信证明文件

投标供应商的条件有两种:一种是法律规定必须具备的条件,即《政府采购法》第二十二条第一款规定的条件,另一种是采购人针对项目的特殊性提出的特定条件,即该条第二款的规定。《政府采购法》第二十二条规定的条件必须在招标文件中明确规定。实践中,有观点认为,《政府采购法》第二十二条的规定未必都要在招标文件中作出要求。而笔者认为,《政府采购货物和服务招标投标管理办法》对招标文件内容的要求是"应当",而不是"可以","应当"意味着《政府采购货物和服务招标投标管理办法》第二十条规定的内容必须在招标文件中予以规定,而不是采购人或者采购代理机构可以随意取舍的。

1.法律规定供应商应当具备的条件

(1)具有独立承担民事责任的能力。

《政府采购法》虽然规定供应商可以是法人、其他组织和自然人,但实践中主要为营利法人。法人以其全部财产独立承担民事责任。在经济活动中发生纠纷或争议时,法人能以自己的名义起诉或者应诉,并以自己的全部财产承担民事责任。《政府采购法》规定供应商要具备独立承担民事责任的能力,是供应商参加政府采购活动必须具备的最基本条件,目的是保障采购人的合法权益。如果供应商不具备独立承担民事责任的能力,很难保证采购合同的履行,而且一旦出现违约等问题,无法采取补救措施,最终损害采购人的利益。

招标文件通常会要求投标人提交营业执照等,以证明其具有独立承担民事责任的能力；对自然人则要求提供身份证明；对其他组织可以要求提供组织机构代码证等。

投标时有几个特殊问题需要注意：

①有关分公司（分支机构）的投标问题。

第一，依法设立并领取营业执照的分公司（分支机构）属于《政府采购法》规定的供应商中的"其他组织"。

《政府采购法》第二十一条规定："供应商是指向采购人提供货物、工程或者服务的法人、其他组织或者自然人。"《民事诉讼法》第五十一条第一款规定："公民、法人和其他组织可以作为民事诉讼的当事人。"《最高人民法院关于适用〈中华人民共和国民事诉讼法〉的解释》第五十二条规定："民事诉讼法第五十一条规定的其他组织是指合法成立、有一定的组织机构和财产，但又不具备法人资格的组织，包括：……（五）依法设立并领取营业执照的法人的分支机构……"依法设立并领取营业执照的分公司属于"依法设立并领取营业执照的法人的分支机构"，是法定的其他组织，具备政府采购供应商资格。

第二，《民法典》规定了分支机构以自己名义从事民事活动的责任承担。

《民法典》第七十四条规定："法人可以依法设立分支机构。法律、行政法规规定分支机构应当登记的，依照其规定。分支机构以自己的名义从事民事活动，产生的民事责任由法人承担；也可以先以该分支机构管理的财产承担，不足以承担的，由法人承担。"根据该条，分公司可以以自己的名义参加政府采购活动，其参加政府采购活动所签订的合同所产生的民事责任可以由法人承担，也可以先由分公司以其管理的财产承担，不足部分由法人承担。

第三，《公司法》规定公司可以设立分公司，分公司应当领取营业执照。

根据《公司法》相关规定，公司可以设立分公司。分公司不具有法人资格，其民事责任由公司承担。公司设立分公司，应当向公司登记机关申请登记，领取营业执照。

根据上述规定，公司设立分公司，分公司应当领取营业执照。关于民事责任承担的问题，由于《民法典》是全国人民代表大会制定的基本法律，《公司法》是全国人民代表大会常务委员会制定的基本法律以外的其他法律，因此应当适用

《民法典》的上述规定。

实践中，分公司参加投标主要体现在石油石化、电力、通信、银行、金融、保险等特定采购项目，这些行业的分公司均具有较强的财产能力。因此，采购人、采购代理机构可在采购文件中作出规定，允许分公司以自己的名义参加投标。

②有关子公司、关联公司的投标问题。

《公司法》第十三条第一款规定："公司可以设立子公司。子公司具有法人资格，依法独立承担民事责任。"子公司与分公司的不同之处在于，子公司具有法人资格，依法独立承担民事责任。

需要注意的是，《招标投标法实施条例》第三十四条第二款规定："单位负责人为同一人或者存在控股、管理关系的不同单位，不得参加同一标段投标或者未划分标段的同一招标项目投标。"《政府采购法实施条例》第十八条第一款规定："单位负责人为同一人或者存在直接控股、管理关系的不同供应商，不得参加同一合同项下的政府采购活动。"因此，在母公司投标的前提下，子公司能否投标，要看母公司与子公司是否存在控股关系。如果存在控股关系，则母、子公司不能同时投标。否则，相关投标均无效。

实践中，还存在两家公司之间不存在控股关系，但存在参股关系。如A公司在B公司中占有50%以下的股权。对于此种情况，还需要审查两家公司的法定代表人是否为同一人。如果不是同一人，则不属于上述法律规定的不能投标的情形。但由于两家公司存在关联关系，关系密切，很有可能出现串通投标的情形，因而对于这种情况，应重点审查是否存在《政府采购法实施条例》第七十四条规定的七种恶意串通的情形和《政府采购货物和服务招标投标管理办法》第三十七条规定的视为串通投标的六种情形。如果存在恶意串通或者串通投标的情形，则可以以此为由对其投标作无效投标处理。

③有关联合体投标的问题。

根据《政府采购法》第二十四条的规定，允许不同的法人、自然人或者其他组织组成联合体投标。两个以上自然人、法人或者其他组织可以组成一个联合体，以一个供应商的身份共同参加政府采购。以联合体形式进行政府采购的，参加联合体的供应商应当具备《政府采购法》第二十二条规定的条件，并应当向采购人提交联合协议，载明联合体各方承担的工作和义务。联合体各方应当共同与采购人签订采购合同，就采购合同约定的事项对采购人承担连带责任。《政府采购法实施条例》第二十二条规定，联合体中有同类资质的供应商按照联合体分工承担相同工作的，应当按照资质等级较低的供应商确定资质等级。以联合体形式参加政府采购活动的，联合体各方不得再单独参加或者与其他供应商另外组成联合体参加同一合同项下的政府采购活动。

联合体投标应注意的问题主要有：

第一，联合体各方均应具备法律规定的供应商条件。

《政府采购法》第二十二条规定了供应商参加政府采购活动必须具备的有关条件，同样，联合体各方也应当具备该条规定的条件，否则不能成为联合体一方。如果采购项目有特殊要求的，联合体中至少有一方符合采购人规定的特定条件。联合体中有同类资质的供应商按照联合体分工承担相同工作的，应当按照资质等级较低的供应商确定资质等级。

第二，联合体应当向采购人提交联合协议。

为了规范政府采购联合体各方的权利和义务，联合体各方在参加政府采购活动时，应当以书面形式向采购人提交由各方签字的联合协议，明确联合体各方应承担的工作以及各自的权利和义务。如果签订采购合同后，联合体内部发生纠纷，可以依据共同签订的协议予以解决。

第三，联合体各方应当共同与采购人订立合同并履约。

以联合体中标或成交的，联合体各方应当共同与采购人签订采购合同，不能以联合体的一方代表其他各方与采购人签订合同。在履行合同时，联合体就合同约定的事项对采购人承担连带责任。也就是说，如果联合体的一方违反了合同约定，采购人有权要求其中的任何一方承担全部责任。

（2）具有良好的商业信誉和健全的财务会计制度。

良好的商业信誉是指供应商在参加政府采购活动以前，在生产经营活动中始终能做到遵纪守法，诚实守信，有良好的履约业绩，通俗地讲就是用户信得过的企业。健全的财务会计制度，简单地说，是指供应商能够严格执行现行的财务会计管理制度，财务管理制度健全，账务清晰，能够按规定真实、全面地反映企业的生产经营活动。

采购人通常会要求投标人提交资信证明，如会计师事务所出具的上一年度财务审计报告或银行出具的资信证明（银行存款无效）。

（3）具有履行合同所必需的设备和专业技术能力。

这是保质保量完成政府采购项目必备的物资和技术基础。根据《政府采购法》的规定，政府采购合同不能转包，虽然允许分包，但中标或者成交的供应商要全面承担履约责任，即使分包，也应当承担合同的主要部分或者关键部分。因此参加政府采购的供应商必须具备履行合同所必需的设备和专业技术能力，以保证采购人的采购需求。

采购人通常可以要求供应商提供代理商声明、制造商声明等。

（4）有依法缴纳税收和社会保障资金的良好记录。

作为供应商，依法纳税和缴纳社会保障资金是应尽义务，是起码的社会道德要求，也是证明供应商信誉的一种方式。《政府采购法》的这种规定，目的是抑制一些供应商依靠偷逃税款、逃避缴纳社会保障资金等手段降低成本的行为，是从源头上促进公平竞争的措施之一。

采购人通常会要求投标人提交社会保障资金缴纳记录、税务登记证明等。

（5）参加政府采购活动前三年内，在经营活动中没有重大违法记录。

在经营活动中没有重大违法纪录，根据《政府采购法实施条例》第十九条的规定，是指供应商因违法经营受到刑事处罚或者责令停产停业、吊销许可证或者执照、较大数额罚款等行政处罚。

参加政府采购活动前三年内这一时间要求，对此应理解为若供应商成立三年以上，则只看该供应商在参加政府采购活动前三年内有无重大违法记录；若供应商成立不足三年的，应看供应商成立至实施政府采购活动时有无重大违法记录。对于成立时间不足三年的供应商，若要求审查其前三年有无重大违法记录，则将会使许多新成立的企业无法参加政府采购活动，这与《政府采购法》规定的扶持中小企业的发展等政策导向是背道而驰的。

对于那些有违法记录的供应商，《政府采购法》也只是看这些供应商在参加政府采购活动前三年内有无重大违法记录，给予这些供应商重新参与政府采购活动的机会，并不是永远不能参加政府采购活动。《政府采购法实施条例》第十九条第二款规定，供应商在参加政府采购活动前三年内因违法经营被禁止在一定期限内参加政府采购活动，期限届满的，可以参加政府采购活动。

采购人通常要求投标供应商提供书面声明。

《关于在政府采购活动中查询及使用信用记录有关问题的通知》（财库〔2016〕125号）规定，采购人或者采购代理机构应当在采购文件中明确信用信息查询的查询渠道及截止时点、信用信息查询记录和证据留存的具体方式、信用信息的使用规则等内容。采购人或者采购代理机构应当对供应商信用记录进行甄别，对列入失信被执行人、重大税收违法案件当事人名单、政府采购严重违法失信行为记录名单及其他不符合《政府采购法》第二十二条规定条件的供应商，应当拒绝其参与政府采购活动。两个以上的自然人、法人或者其他组织组成一个联合体，以一个供应商的身份共同参加政府采购活动的，应当对所有联合体成员进行信用记录查询，联合体成员存在不良信用记录的，视同联合体存在不良信用记录。

（6）法律、行政法规规定的其他条件。

本项包含的内容较多，如应符合国家的产业政策，应履行环保义务，应保护妇女和残疾人利益等。凡是不符合国家规定和要求的供应商，一律不得参加政府采购活动。

《政府采购需求管理办法》规定，根据采购需求特点提出的供应商资格条件，要与采购标的的功能、质量和供应商履约能力直接相关，且属于履行合同必需的条件，包括特定的专业资格或者技术资格、设备设施、业绩情况、专业人才及其管理能力等。

对于特殊行业的供应商，国家还有特别要求。例如，建筑行业的供应商，应当取得建筑资质。至于这些特定条件，应根据采购项目的特殊性而定，有的项目对供应商有资质要求，有的项目有特种设备要求，有的项目有财务状况要求或者特殊专业人才要求等。本条虽然允许采购人对供应商提出特定条件，但采购人不得通过设定特定资格要求来妨碍充分竞争和公平竞争，制造人为的歧视

第四章 政府采购的方式和程序

政策。

业绩情况作为资格条件时，要求供应商提供的同类业务合同一般不超过2个，并明确同类业务的具体范围。

近年来，国务院不断取消行政审批或者行政许可事项，如计算机信息系统集成资质证书、物业服务企业一级资质核定、医疗器械临床试验机构资格，等等。采购人、采购代理机构应当及时关注政府采购项目资质的变化，对于已经取消的资质，不得在采购文件中再做要求，否则将出现以不合理条件限制或者歧视供应商的违法行为。

在有些复杂的项目中，应当将供应商的经营范围与相关行业主管部门的许可要求结合起来，才能判断供应商是否具有投标资质。

例如，2011年某全自动蛋白印迹分析仪采购项目的招标文件第1.1条规定："凡具有法人资格，有生产及供货能力的、具备下述资格的企事业单位方可参加投标：（1）如果投标货物实行生产、经营、进口许可证制度，应有相应许可证。如投标人非生产企业进行投标，则投标人不得超出经营范围进行投标……"

在上述招标文件中，仅规定如果投标货物实行生产、经营、进口许可证制度，应有相应许可证，而这些许可证指什么，招标文件并没有明确。根据当时有效的《医疗器械监督管理条例》（国务院令第276号）[①]的有关规定，我国对医疗器械产品实行产品生产注册制度、对生产和经营医疗器械的企业实施许可证制度。该条例第二十四条第二款规定："开办第二类、第三类医疗器械经营企业，应当经省、自治区、直辖市人民政府药品监督管理部门审查批准，并发给《医疗器械经营企业许可证》，无《医疗器械经营企业许可证》的，工商行政管理部门不得发给营业执照。"本项目的"全自动蛋白印迹分析仪"属于第二类医疗器械，依据规定经营该产品的企业应依法获得省级药品监督管理部门颁发的《医疗器械经营企业许可证》。

[①] 该条例于2000年1月4日中华人民共和国国务院令第276号公布，2014年2月12日国务院第39次常务会议修订通过，根据2017年5月4日《国务院关于修改〈医疗器械监督管理条例〉的决定》修订，2020年12月21日国务院第119次常务会议修订通过。

2.采购人针对项目提出的特定条件

采购人有时针对项目的特殊性提出一些特定条件，如业绩、售后服务等。采购人在提出这些条件时，需注意避免不合理条件对供应商实行差别待遇或者歧视待遇。

实践中比较常见的是规定注册资本金的问题。以前的一些政府采购项目中，采购人喜欢以注册资本金的多少作为评判供应商的实力以及履约能力等的标准，因此，在招标文件中往往对注册资本金提出明确的要求。如某工程管理公司在一个项目的招标公告、招标文件中规定制造商的注册资本金不少于2000万元，安装单位的注册资本金不少于800万元，设备生产厂家注册资本金不少于1000万元。但实际上，注册资本金只是公司在登记注册时的资本额，并不能真正反映公司的规模和实力，同时对注册资本金提出过高的要求，也与政府采购扶持中小企业的政策导向不一致。因此，2017年10月1日实施的《政府采购货物和服务招标投标管理办法》第十七条明确规定，采购人、采购代理机构不得将投标人的注册资本、资产总额、营业收入、从业人员、利润、纳税额等规模条件作为资格要求或者评审因素，也不得通过将除进口货物以外的生产厂家授权、承诺、证明、背书等作为资格要求，对投标人实行差别待遇或者歧视待遇。

笔者认为，由于《政府采购法》规定了政府采购扶持中小企业的政策，因而不仅是招标方式，而且竞争性谈判、单一来源、询价等采购方式均应贯彻这一政策。因此，《政府采购货物和服务招标投标管理办法》第十七条的规定应在《政府采购法实施条例》即行政法规层面规定，而不是在规章层面，建议修改《政府采购法实施条例》时将该内容吸收。

还有些政府采购项目比如文物单位根据文物修缮的要求，专门提出供应商必须有北京地区的文物修缮业绩才是合格的供应商。笔者认为，对于文物修缮来讲，判断供应商是否有能力主要应考虑招标项目文物修缮的难度与特点，只要供应商具备修缮此类文物的业绩与能力就应当是合格的供应商，而不论这些业绩是什么地方的。"以特定行政区域或者特定行业的业绩、奖项作为加分条件或者中标、成交条件"是《政府采购法实施条例》第二十条规定的一种以不合理条件对供应商实行差别待遇或者歧视待遇的情形。

还有些招标文件规定，如要求"注册及在本行业经营时间不低于一年"，"近三年以来在北京地区的医院完成类似项目三个以上（以合同复印件或中标通知书为准）"等，都是容易产生差别待遇或者歧视待遇的规定，需要注意。

（二）关于投标文件编制要求、投标报价要求和投标保证金交纳、退还方式及不予退还投标保证金的情形

（1）招标文件对投标文件的编制要求，必须明确，如应提供哪些材料，应以什么形式对招标文件进行签署、盖章及密封等，均应在招标文件中予以明确。同时对未按照招标文件规定要求密封、签署、签章等非实质性响应内容，在招标文件中明确，并规定非实质性响应的投标将被作为无效投标处理。

（2）投标报价的要求应予以明确。如果需要对分项进行报价，也应明确。

（3）投标保证金的交纳、退还方式及不予退还投标保证金的情形，均应将相关法律规定在招标文件中予以明确。

《政府采购法实施条例》第三十三条规定，招标文件要求投标人提交投标保证金的，投标保证金不得超过采购项目预算金额的2%。投标保证金应当以支票、汇票、本票或者金融机构、担保机构出具的保函等非现金形式提交。投标人未按照招标文件要求提交投标保证金的，投标无效。采购人或者采购代理机构应当自中标通知书发出之日起五个工作日内退还未中标供应商的投标保证金，自政府采购合同签订之日起五个工作日内退还中标供应商的投标保证金。竞争性谈判或者询价采购中要求参加谈判或者询价的供应商提交保证金的，参照前两款的规定执行。

【案例】

某项目《招标文件》第12.1条规定，"投标方应提交投标保证金人民币5000元"；第12.3条规定："未按12.1和12.2要求提交投标保证金的投标将被拒绝；以支票形式提交保证金的，因投标方原因支票被退票的，投标将被作为无效标。"第12.4条规定："中标方的投标保证金在与买方签订合同并提交履约保证金后无息退还。"第12.5条规定："未中标的投标方的投标保证金将在中标通知后5个工作日内无息退还。"而采购代理机构在开标现场要求供应商出示投标保证金，检验后退还给供应商，这种做法修改了《招标文件》第12.4条、12.5条的规定，是在招标过程中对招标文件这两条内容进行了修改。

《政府采购货物和服务招标投标管理办法》第二十七条规定，采购人或者采购代理机构可以对已发出的招标文件、资格预审文件、投标邀请书进行必要的澄清或者修改，但不得改变采购标的和资格条件。澄清或者修改应当在原公告发布媒体上发布澄清公告。澄清或者修改的内容为招标文件、资格预审文件、投标邀请书的组成部分。澄清或者修改的内容可能影响投标文件编制的，采购人或者采购代理机构应当在投标截止时间至少十五日前，以书面形式通知所有获取招标文件的潜在投标人；不足十五日的，采购人或者采购代理机构应当顺延提交投标文件的截止时间。即采购代理机构对已发出的招标文件进行必要澄清或者修改的，应当在投标截止时间至少十五日前，在财政部门指定的政府采购信息发布媒体上发布更正公告，并以书面形式通知所有招标文件收受人。因此，采购代理机构退还投标保证金的做法违反该条规定。

（三）技术要求和商务要求

根据《政府采购货物和服务招标投标管理办法》第二十五条的规定，招标文件、资格预审文件的内容不得违反法律、行政法规、强制性标准、政府采购政策，或者违反公开透明、公平竞争、公正和诚实信用原则。招标文件中最主要的核心之一是技术要求和服务要求等，即采购需求。

《政府采购需求管理办法》明确，采购需求是指采购人为实现项目目标，拟采购的标的及其需要满足的技术、商务要求。技术要求是指对采购标的的功能和质量要求，包括性能、材料、结构、外观、安全，或者服务内容和标准等。商务要求是指取得采购标的的时间、地点、财务和服务要求，包括交付（实施）的时间（期限）和地点（范围），付款条件（进度和方式），包装和运输，售后服务，保险等。采购需求应当符合法律法规、政府采购政策和国家有关规定，符合国家强制性标准，遵循预算、资产和财务等相关管理制度规定，符合采购项目特点和实际需要。确定采购需求应当明确实现项目目标的所有技术、商务要求，功能和质量指标的设置要充分考虑可能影响供应商和项目实施风险的因素。技术要求和商务要求应当客观，量化指标应当明确相应等次，有连续区间的按照区间划分等次。如果技术要求、商务要求有倾向性，则会让许多潜在投标人望而却步，将会

第四章　政府采购的方式和程序

导致招标范围狭小，缺乏竞争力，投标人往往少于法定的三家，造成招标失败。因此，技术、商务要求带有倾向性指标，实质上是带有歧视性，不利于开展招标活动。但是，技术要求制定得过低，看似扩大了竞争面，但为了采购到较好的货物，就给评标带来了很大困难，评标正确性很难体现，最后的选择可能还是带有倾向性，对招标活动也是不利的。招标文件编制过程需要妥善处理这一矛盾。为了减少这一矛盾的影响，可以考虑以下几个方法：

（1）专家评审法：招标文件制定后，请有关专家审定，排除倾向性指标，这是一个比较理想的办法。但是这一办法对专家的要求很高，专家需要既懂理论又懂实务。只懂实务的专家容易产生倾向性，而只懂理论的专家则可能对市场不够熟悉。因此，采取专家审核，需要有一支良好的专家队伍。这种方法一般适用于采购的货物专业性很强，单项金额比较大的招标采购。2004年《政府采购货物和服务招标投标管理办法》第二十二条规定，招标采购单位可以根据需要，就招标文件征询有关专家或者供应商的意见，2017年修订时未做规定。

（2）市场调查法：开展市场调查进行比较，制定档次相当的各同类货物中所具有的基本相同的技术指标，吸引竞争。采取这一方法在通用产品上是比较容易操作的，但在专业设备上操作比较困难，因为专业设备的专业特性很强，技术要求各有侧重，相同指标比较缺乏，而且开展市场调查需要较长时间。因此，这种方法一般适用于采购数量比较大，比较通用的货物的招标采购。

（3）基本指标法：制定一些必要（必须满足）的基本指标，通过对使用要求和运用目的以及货物档次的描述，使有兴趣参加投标的所有投标人都能清楚地知道提供什么样的货物才能满足采购需求。采取这种方法，关键是对货物档次的确定和档次的描述是否清晰。如果投标人对货物档次不能理解，将影响招标质量。这种方法一般适用于采购的货物有一定专业性，种类较多，单项价格不是很大的招标采购。

《政府采购货物和服务招标投标管理办法》明确规定，对于不允许偏离的实质性要求和条件，采购人或者采购代理机构应当在招标文件中规定，并以醒目的方式标明。实践中很多招标文件不重视这个问题，招标文件中也没有明确不允许偏离的实质性要求和条件。对此问题，应当在符合性审查时核实。若发现有不符合的，其投标应作无效投标处理。

（四）拟签订的合同文本

2004年《政府采购货物和服务招标投标管理办法》规定的是"合同主要条款"，2017年规章修订时修改为"拟签订的合同文本"。后者比前者的内容更严格，意即将采购人与中标人准备签订的合同文本全文附上。

《民法典》第四百七十条规定："合同的内容由当事人约定，一般包括下列条款：（一）当事人的姓名或者名称和住所；（二）标的；（三）数量；（四）质量；（五）价款或者报酬；（六）履行期限、地点和方式；（七）违约责任；（八）解决争议的办法。当事人可以参照各类合同的示范文本订立合同。"该条所列出的八项条款，是订立合同应当具备的条款。

采购项目涉及采购标的的知识产权归属、处理的，如订购、设计、定制开发的信息化建设项目等，应当约定知识产权的归属和处理方式。采购人可以根据项目特点划分合同履行阶段，明确分期考核要求和对应的付款进度安排。对于长期运行的项目，要充分考虑成本、收益以及可能出现的重大市场风险，在合同中约定成本补偿、风险分担等事项。合同权利义务要围绕采购需求和合同履行设置。国务院有关部门依法制定了政府采购合同标准文本的，应当使用标准文本。对于应当开展采购需求调查的项目，合同文本应当经过采购人聘请的法律顾问审定。

合同的主要条款，是指合同成立必须具备的最一般条款。欠缺主要条款，合同就不成立，它决定着合同的类型，确定了当事人各方的权利义务。其意义在于，合同的主要条款具备了，就可以认定合同已经成立，其他的条款可以在合同的履行过程中完善。因此，根据2004年《政府采购货物和服务招标投标管理办法》的规定，招标文件只要明确合同主要条款就可以，但却不满足2017年《政府采购货物和服务招标投标管理办法》的规定。实践中，在招标过程中，合同中的有些内容如交货时间、地点等尚无法确定，可能不能将合同的文本全部列入招标文件。对此问题，应如何处理？笔者认为，根据法律的规定，采购人与中标人应当按照招标文件和中标人的投标文件的规定签订书面合同，所签订的合同不得对招标文件确定的事项和中标人投标文件作实质性修改，该规定为法律的强制性规定。因此，只要采购人与中标人签订合同时不违反该强制性规定，且基本上按照招标文件中的合同文本签订即可，即使细节上有一些出入也不影响其合法性。

（五）评标方法、评标标准和投标无效的情形

2004年《政府采购货物和服务招标投标管理办法》规定招标文件应包括"评标方法、评标标准和废标条款"。在政府采购领域，废标是指整个项目因出现法定情形而被废掉，废标的具体情形规定在《政府采购法》第三十六条；而投标无效是指针对某一投标人的投标因不符合法律规定或者实质性未响应招标文件的规定，其投标被否决的情况，无效投标的具体情形规定在2017年的《政府采购货物和服务招标投标管理办法》第三十七条、第六十条、第六十三条。对投标人而言，投标无效是在编制投标文件时更应注意的问题，因而2017年《政府采购货物和服务招标投标管理办法》对此进行了修改。

1. 评标方法

2004年《政府采购货物和服务招标投标管理办法》规定了三种评标方法：最低评标价法、综合评分法和性价比法。政府采购的货物和服务的招标只能采取这三种评标方法中的一种。从实践中看，运用最多的是综合评分法，而性价比法几乎不用，因此，《政府采购法实施条例》第三十四条规定，政府采购招标评标方法分为最低评标价法和综合评分法，删除了性价比法。

最低评标价法，是指投标文件满足招标文件全部实质性要求且投标报价最低的供应商为中标候选人的评标方法。适用于技术、服务等标准统一的货物和服务项目。采用此种方法时，除了算术修正和落实政府采购政策需进行的价格扣除外，不能对投标人投标价格进行任何调整。

综合评分法，是指投标文件满足招标文件全部实质性要求且按照评审因素的量化指标评审得分最高的供应商为中标候选人的评标方法。除最低评标价法适用的项目，其他项目均可适用综合评分法。采用此种方法时，评审标准中的分值设置应当与评审因素的量化指标相对应。评审因素应当按照采购需求和与实现项目目标相关的其他因素确定。采购需求客观、明确的采购项目，采购需求中客观但不可量化的指标应当作为实质性要求，不得作为评分项；参与评分的指标应当是采购需求中的量化指标，评分项应当按照量化指标的等次，设置对应的不同分值。不能完全确定客观指标，需由供应商提供设计方案、解决方案或者组织方案的采购项目，可以结合需求调查的情况，尽可能明确不同技术路线、组织形式及相关指标的重要性和优先级，设定客观、量化的评审因素、分值和权重。价格因

素应当按照相关规定确定分值和权重。采购项目涉及后续采购的，如大型设备等，要考虑兼容性要求。可以要求供应商报出后续供应的价格，以及后续采购的可替代性、相关产品和估价，作为评审时考虑的因素。

针对实践中政府采购项目最常使用综合评分法，笔者认为，采购人或者采购代理机构应当针对不同项目、不同评标方法的特点，灵活运用评标方法，而不仅仅局限于综合评分法。

2. 评标标准

法律法规规定了综合评分法的概念及内容，但只是原则性规定，具体的评审标准，还需根据行业惯例和项目情况等，由采购人和采购代理机构加以细化。评审标准中的分值设置应当与评审因素的量化指标相对应，评标标准应该细化到什么程度，是一个需要认真考虑的问题。

评审标准是评标的一项非常重要的内容，是评标委员会在评标时依据的尺度。针对目前我国评标委员会成员裁量权力过大而自我约束不强的情况，科学、合理、细致的评审标准可以约束评标委员会在标准之内进行评标，防止权力的滥用，也可以使评标结果更加公平。

由于综合评分法中评标委员会具有一定的裁量权，因而法律对评审的因素和标准等均做了较为详细的规定。采用此种方法时，评审标准中的分值设置应当与评审因素的量化指标相对应。评审因素的设定应当与投标人所提供货物、服务的质量相关，包括投标报价、技术或者服务水平、履约能力、售后服务等。资格条件不得作为评审因素。评审因素应当在招标文件中规定。评审因素应当细化和量化，且与相应的商务条件和采购需求对应。商务条件和采购需求指标有区间规定的，评审因素应当量化到相应区间，并设置各区间对应的不同分值。实践中，笔者见到过某一评审因素，如果满足得20分，不满足得0分，这样的规定就不符合法律规定的分值设置应当与评审因素的量化指标相对应的要求。

3. 投标无效

投标无效主要规定在《政府采购货物和服务招标投标管理办法》第六十三条，同时在第三十一条、第三十六条、第三十七条、第五十九条、第六十条等也有所体现。

《政府采购货物和服务招标投标管理办法》第六十三条规定，投标人存在下列情况之一的，投标无效：(1)未按照招标文件的规定提交投标保证金的；(2)投标文件未按招标文件要求签署、盖章的；(3)不具备招标文件中规定的资格要求的；(4)报价超过招标文件中规定的预算金额或者最高限价的；(5)投标文件含有采购人不能接受的附加条件的；(6)法律、法规和招标文件规定的其他无效情形。与2004年《政府采购货物和服务招标投标管理办法》第五十六条的规定相比，本条增加了第四、五种情形。

根据《政府采购货物和服务招标投标管理办法》第六十三条的规定，无效投标分为法定情形和约定情形。其中第一、二、四、五项为法定情形，第三、六项为约定情形，该两项中的"招标文件规定资格要求"及"招标文件规定的其他无效情形"就是法律留下的操作空间，即除法定无效的情形外，招标文件可以根据情况约定其他无效投标的情形。实践中常见的约定情形有：投标报价高于采购预算金额，采购人无力支付的；所投产品的配置、性能、型号未对招标文件作实质性响应的，不符合招标要求的；所作出的供货时间承诺、服务承诺未能对招标文件作出响应的；等等。需要注意的是，约定情形不能违法，或者不具有客观评价标准。

【案例】

在一个实验室设备政府采购项目投诉案件中，招标文件规定"投标报价远远高于市场平均价的，其投标将被认为未实质性响应而被拒绝"。投诉供应商（以下简称投诉人）的投标正是因此被拒绝。

案例评析

招标文件的这一条款有两个关键点：一是市场平均价是多少；二是投标报价必须远远高于市场平均价。

为说明投诉人的投标不符合该条款，采购代理机构在质疑答复中，将2006年10月的采购价格与2007年9月投诉人的投标报价进行比较，以说明"投标人的报价高于市场平均价"。这种做法的错误在于：

（1）采购代理机构在质疑答复中并没有明确说明所谓的"市场平均价"的含义及判断标准。

（2）采购代理机构引用的2006年10月××元的价格是"成交价"，亦没有任何证据表明这个价格就是本次采购活动进行时即2007年9月的"市场平均价"。

（3）采购代理机构也未说明投诉人的投标报价如何"远远"高于市场平均价。在采购代理机构无法阐明市场平均价的前提下，当然无法判断投诉人的报价是否高于"市场平均价"，更无法判断是否"远远"高于市场平均价。

（4）投诉人的投标报价与2006年10月的××元的成交价不具有可比性。投诉人参加投标的报价是基于多种因素的权衡，随着原材料成本、劳动力成本的波动等市场因素的影响，投标人的报价也会随着变动，有时高有时低，具有不确定性，故成交价可能是39000元，也有可能是69000元。一年以前的成交价与本次投标投诉人的投标报价根本没有可比性。

因此，采购代理机构虽然声称是以"投诉人的投标报价高于市场平均价"拒绝投诉人的投标，而实质上是以投诉人的"投标报价高于另一个项目的成交价"为理由拒绝投诉人的投标。

从上述分析来看，以"投标报价远远高于市场平均价"作为无效投标情形，在目前对于货物、服务或者工程的市场平均价没有合理的评价标准和体系的情况下，实际上不具有可操作性，容易引发争议。

（六）投标有效期

《政府采购货物和服务招标投标管理办法》新增了投标有效期，而2004年《政府采购货物和服务招标投标管理办法》对此未做规定，但实践中招标文件往往会规定投标有效期。投标有效期有什么法律意义？《政府采购货物和服务招标投标管理办法》为何会对其作出明确规定？

通过招标方式订立合同的，招标公告是要约邀请，投标文件是要约。要约不是永久有效，而是有一定的期限。要约的有效期限就是投标有效期。如果超过投标有效期，要约便失去效力，投标文件的内容也便失去效力。在此情况下，中标人可以拒绝与采购人签订合同，这会对招标造成严重的后果。因此，招标文件中明确规定投标有效期就显得尤为重要。

第四章　政府采购的方式和程序

因采购项目可能出现质疑、投诉等情形导致政府采购活动暂停而使招标过程延长，因而招标文件在规定投标有效期时，通常应比预计的招标期限要长一些。同时，招标文件还应对投标有效期到期时如何延长做出规定。例如，有的招标文件规定，到期时会向投标人发出书面文件，要求投标人回应是否同意延长投标有效期，如果同意，延长的期限内投标文件的内容不变，如果不同意延长或者提出变更投标文件的内容，则其投标文件无效。有的招标文件规定，投标有效期到期时，若投标人不同意延长投标有效期，应以书面形式声明不同意，否则视为同意延长投标有效期。这种方式容易引起争议。例如，在一起机电产品国际招标的案件中，投标时只有两家供应商。在评标过程中，采购代理机构忘记通知其中一家投标人延长投标有效期而导致招标程序违法的后果。

（七）其他问题

1. 确定中标人的原则

招标文件中规定的确定中标人的原则，在法律有明确规定的情况下，应当按照法律规定写明，采购人和采购代理机构不得进行篡改。

根据法律规定，确定中标人的原则，2004年《政府采购货物和服务招标投标管理办法》的规定是"采购人应当确定排名第一的中标或成交候选供应商为中标、成交供应商，排名第一的中标或成交候选供应商因不可抗力或自身原因不能履行政府采购合同的，采购人才可以确定排名第二的中标或成交候选供应商为中标、成交供应商，以此类推"。实践中有这样的表述，"评标后如有必要，将进行资格复审，复审时将根据投标人按照本须知规定递交的资格证明文件和评标委员会认为其他必要的、合适的资料，对投标人的财务、技术和生产能力等进行审查；如果中标人审查未通过，招标方将拒绝其中标人资格，并按中标候选人排序下一位为中标人，依此类推"，或者在招标文件里设置最终审查程序，规定"最终审查的对象是招标项目的中标候选人。……最终审查的方式是：(1) 对中标候选人进行询问；(2) 对中标候选人进行实地考察。……如果审查结果第一个中标候选人不符合中标条件，按序考察下一个中标候选人……"这些规定均没有法律依据。

有些项目，由于最终确定的中标人不止一家，因此招标文件规定其他确定中标人的方法。例如，某项目的招标文件规定"根据评标委员会打分结果，如果总分前两名供应商的服务、价格相同，则确定总分的前两名为中标人，如果总分的前两名的服务、价格不相同（指总分排名第二的供应商和总分排名第一的供应商相比价格高和/或服务较差），则确定总分的第一名为中标人"。该条含义为：以评标委员会的打分为依据，如果总分前两名的供应商的服务、价格相同，则确定前两名为中标人；如果总分前两名的供应商的服务、价格不相同，则总分排名第二的供应商和总分排名第一的供应商相比，这有两种情况：一是价格高（即价格分低）并且服务较差（服务分低），二是价格高（即价格分低）或者服务较差（服务分低），则确定总分第一名为中标人。

2017年修订《政府采购货物和服务招标投标管理办法》时对此问题做了修改，现行规定为：采购人应当自收到评标报告之日起五个工作日内，在评标报告确定的中标候选人名单中按顺序确定中标人。中标候选人并列的，由采购人或者采购人委托评标委员会按照招标文件规定的方式确定中标人；招标文件未规定的，采取随机抽取的方式确定。采购人在收到评标报告五个工作日内未按评标报告推荐的中标候选人顺序确定中标人，又不能说明合法理由的，视同按评标报告推荐的顺序确定排名第一的中标候选人为中标人。该办法增加了采购人不按评标报告推荐的中标候选人顺序确定中标人，又不能说明合法理由时如何处理的规定。

2. 招标文件的澄清或者修改等规定

招标文件中规定对招标文件的澄清或者修改、延期投标截止时间和开标时间等内容时，这些规定必须符合《政府采购货物和服务招标投标管理办法》第二十七条的规定。该条规定："采购人或者采购代理机构可以对已发出的招标文件、资格预审文件、投标邀请书进行必要的澄清或者修改，但不得改变采购标的和资格条件。澄清或者修改应当在原公告发布媒体上发布澄清公告。澄清或者修改的内容为招标文件、资格预审文件、投标邀请书的组成部分。澄清或者修改的内容可能影响投标文件编制的，采购人或者采购代理机构应当在投标截止时间至少15日前，以书面形式通知所有获取招标文件的潜在投标人；不足15日的，采购人或者采购代理机构应当顺延提交投标文件的截止时间。澄清或者修改的内容可能影响资格预审申请文件编制的，采购人或者采购代理机构应当在提交资格预审申请文件截止时间至少3日前，以书面形式通知所有获取资格预审文件的潜在投标人；不足3日的，采购人或者采购代理机构应当顺延提交资格预审申请文件的截止时间。"

招标文件可以不完全按照上述规定表述，但不得与法律规定相矛盾。

实践中，一些招标文件这样规定，"招标文件的修改将以书面形式（包括邮寄、传真、电传和国家指定媒体网页）或在××政府采购网上公布，招标文件的修改将作为本招标文件的组成部分，具备与本招标文件相同的法律效力，请投标人务必注意网上信息，否则，后果自负"。"投标人若对招标文件有任何疑问，应按照本须知前附表第十一项规定的截止时间前以书面形式向招标人提出澄清要求。无论是招标人根据需要主动对招标文件进行必要的澄清，或是根据投标人的要求对招标文件做出澄清，招标人都将于投标截止时间十六日前以书面形式予以澄清，同时将书面澄清文件向所有投标人发送。投标人在收到该澄清文件后应于本须知前附表第十一项规定时间内，以书面形式给予确认，该澄清作为招标文件的组成部分，具有约束作用。"这些规定要么不符合法律规定的修改或者澄清招标文件的时间，要么不符合法律规定的形式（书面形式及变更公告）。

3. 招标文件中对质疑和投诉有规定的，也应符合相关法律规定

根据《政府采购质疑和投诉办法》第十条的规定，供应商认为采购文件、采购过程、中标或者成交结果使自己的权益受到损害的，可以在知道或者应知其权益受到损害之日起七个工作日内，以书面形式向采购人、采购代理机构提出质疑。根据本办法第十一条第二款规定，潜在供应商已依法获取其可质疑的采购文件的，可以对该文件提出质疑。对采购文件提出质疑的，应当在获取采购文件或者采购文件公告期限届满之日起七个工作日内提出。

实践中有些招标文件"投标人须知"规定该公司不受理投标人于公示期外即评标结果发布之日起五个工作日后提出的质疑。这种规定不符合法律规定，有时也会误导供应商。

三、编制招标文件应注意的几个问题

（一）招标文件不得有"不合理条件"

1. 《政府采购法实施条例》的规定

《政府采购法实施条例》第二十条规定了八种"以不合理条件对供应商实行

差别待遇和歧视待遇"的情形，表现为：（1）就同一采购项目向供应商提供有差别的项目信息；（2）设定的资格、技术、商务条件与采购项目的具体特点和实际需要不相适应或者与合同履行无关；（3）采购需求中的技术、服务等要求指向特定供应商、特定产品；（4）以特定行政区域或者特定行业的业绩、奖项作为加分条件或者中标、成交条件；（5）对供应商采取不同的资格审查或者评审标准；（6）限定或者指定特定的专利、商标、品牌或者供应商；（7）非法限定供应商的所有制形式、组织形式或者所在地；（8）以其他不合理条件限制或者排斥潜在供应商。①

需要特别注意的是，近几年来，国务院取消了不少行政许可和行政审批，对于已经取消的行政许可，招标时不得再作为资格，否则导致不合理条件限制、排斥潜在投标人或者投标人的情形。可以参考财政部"指导案例3号：××注册与备案系统项目投诉案"。②

2.《招标投标法实施条例》的规定

《招标投标法实施条例》第三十二条规定了七种"以不合理的条件限制、排斥潜在投标人或者投标人"的情形，具体内容为：

第一，就同一招标项目向潜在投标人或者投标人提供有差别的项目信息。

在招标过程中，包括发布招标公告、现场踏勘、投标预备会、招标文件的澄清修改或者投标文件的澄清说明等环节，均有可能发生这种情况。例如，招标人在两个以上媒介发布的同一招标项目的招标公告内容不一致；招标人单独或者分别组织潜在投标人中期项目现场和举行投标预备会；招标人向所有获取招标文件的潜在投标人提供的项目材料不一致，招标文件的澄清或者修改忘记给某些潜在供应商提供等，造成投标人之间不公平的竞争。

第二，设定的资格、技术、商务条件与招标项目的具体特点和实际需要不相适应或者与合同履行无关。

招标所设的资格、技术、商务条件不是越高越好，而是应与招标项目的具体特点和实际需要相适应或者与合同履行密切相关。实践中，招标人往往有一个误区，认为对供应商提出的条件或者要求越高越好，例如明明一个高级工程师即可

---

① 对这种情形的理解，财政部国库司、财政部政府采购管理办公室、财政部条法司、国务院法制办公室财金司编著的《〈中华人民共和国政府采购法实施条例〉释义》有所涉及，可参考借鉴。
② 见 http://www.ccgp.gov.cn/aljd/201711/t20171120_9187896.htm，最后访问日期 2024 年 2 月 25 日。

满足的项目却提出要求五个高级工程师，造成"杀鸡用牛刀"。

第三，依法必须进行招标的项目以特定行政区域或者特定行业的业绩、奖项作为加分条件或者中标条件。

以特定行政区域或者特定行业的业绩、奖项作为加分条件或者中标条件，会限制或者排斥本地区、本行业之外的潜在投标人，违反了《招标投标法》第六条规定："任何单位和个人不得违法限制或者排斥本地区、本系统以外的法人或者其他组织参加投标，不得以任何方式非法干涉招标投标活动。"该项规定的"加分"泛指评标中各种形式的优惠、倾斜等特殊待遇。例如，以北京市的装修业绩作为加分的标准，以招标项目拥有本行业奖项作为中标条件等。如果招标项目不是以特定行政区域而是以全国性的奖项，或者不是以特定行业而是从项目本身具有的技术管理特点需要和所处自然环境条件的角度对潜在投标人提出类似项目业绩要求或者评标加分标准，则不以此限。

第四，对潜在投标人或者投标人采取不同的资格审查或者评标标准。

这种情形往往发生在资格审查或者评标阶段。对潜在投标人或者投标人采取不同的审查标准，例如要求投标人必须在本地区的行业主管部门注册、登记、备案等，否则将扣分。

第五，限定或者指定特定的专利、商标、品牌、原产地或者供应商。

在货物招标中，可能出现限定或者指定特定的专利、商标、品牌、原产地或者供应商的情形；在工程和服务招标中，可能出现限定或者指定特定供应商的情形。实践中，有的招标文件会规定"参照或者相当于某某、某某品牌"，行政监管部门如果从严掌握执法标准，则这种做法属于限定或者指定品牌。法律没有规定直接或者间接限定或者指定品牌，这种做法涉嫌间接指定品牌，毕竟有了品牌范围，评标委员会评标时多少会受到这个范围的影响。

第六，依法必须进行招标的项目非法限定潜在投标人或者投标人的所有制形式或者组织形式。

所有制形式分为公有制和非公有制两种。其中公有制又分为国家所有制和集体所有制；非公有制分为个体、民营企业和外商投资企业。组织形式一般指公民、法人或者其他组织。招标人必须根据项目的具体特点和实际需要设定所有制形式和组织形式，否则就会出现违法情形。

第七，以其他不合理条件限制、排斥潜在投标人或者投标人。

实践中，可能出现的情形有：资格预审公告或者招标公告中获取资格预审文件或者招标文件的要求不合理的；以各种借口阻挠潜在投标人取得资格预审文件或者招标文件的；资格预审文件和招标文件发售期限、投标截止时间和招标文件澄清或者修改的通知时间不符合规定的；要求投标人递交超过比例的投标保证金等。

2019年8月20日，国家发展改革委办公厅、工业和信息化部办公厅、住房城乡建设部办公厅等发布《关于印发〈工程项目招投标领域营商环境专项整治工作方案〉的通知》（发改办法规〔2019〕862号），明确了在招投标法规政策文件、招标公告、投标邀请书、资格预审公告、资格预审文件、招标文件以及招投标实践操作中18种对不同所有制企业设置的各类不合理限制和壁垒。招标人、招标代理机构应当注意这些问题。

（二）编制招标文件应注意的问题

（1）招标文件的主要内容，在法律有规定的情况下应当符合法律规定。法律没有规定的，可以根据实际情况编制，内容要完整，不能有缺项。

（2）招标文件的内容应当清楚、明确，不能让人产生歧义。

（3）招标文件的前后内容应当逻辑清楚，不能有重复、矛盾的地方。特别是对同一问题的规定，前后要一致，否则将给投标人带来困惑，增加询问、澄清等工作量，也容易引起质疑、投诉等。

（4）采购代理机构根据工作需要，可以将招标文件分为通用文本和特殊文本。通用文本应当符合法律规定，具有通用性，通常比较稳定；特殊文本更突出项目的实际情况，根据每个项目的特殊性相应的条款会有所变动。对同一事项，二者规定不一致的，招标文件通常会规定以特殊文本为准。

第十节　供应商如何准备投标更易中标

近年来，由于公开招标所具有的公开、公平、公正的特点，以及各行各业反腐的要求，公开招标已经成为国家机关、事业单位、团体组织、国有企业甚至民营企业采购时最常用的方式。《招标投标法》《政府采购法》对公开招标的程序等作出明确规定。但由于不少供应商对公开招标的法律规定和相关规则不甚了解，出现屡投屡败的情况。现将供应商准备投标的要点归纳总结，供参与投标的供应商参考。

一、认真研究招标文件，确定是否参与投标

（一）关注招标公告，及时捕捉采购信息

供应商如果想通过公开招标签订合同，就需要经常关注招标公告，及时捕捉采购信息，但需要注意从法定的网站上查询招标信息，而不要从第三方获取信息。发布政府采购项目采购信息的法定网站是"中国政府采购网"和地方省级财政部门指定的政府采购网站，如"北京市政府采购网"。发布适用招标投标法的项目（以下简称招标投标项目）的招标信息的法定网站是"中国招标投标公共服务平台"或者项目所在地省级电子招标投标公共服务平台。

政府采购招标公告的内容通常有项目基本情况，包括项目编号、项目名称、预算金额、采购需求、合同履行期限等；投标人的资格要求；招标文件的获取时间期限、地点、方式及招标文件售价；公告期限；投标截止时间、开标时间及地点；采购人、采购代理机构的名称、地址和联系方法。招标投标项目公告相比较而言简单一些。供应商可以根据招标公告的相关信息判断是否需要参与投标。

（二）获取招标文件，取得投标资格

在初步判断准备投标的情况下，供应商需要在招标公告规定的获取或者购买招标文件的期限内，在规定的地点或者方式购买招标文件。集中采购代理机构（通常是各级政府采购中心）代理的项目，招标文件通常是免费下载，但需要办理相关的登记手续。社会采购代理机构代理的项目的招标文件通常是有偿取得，购买招标文件时需要进行登记。招标文件通常会将获取招标文件进行登记作为投标的资格条件，因此，如果供应商不通过指定的方式购买招标文件，就没有投标的资格。

（三）研究招标文件，确定是否满足招标文件要求

获取招标文件后，供应商应当对招标文件进行研究。政府采购项目的招标文件的内容，法律有明确规定，主要内容有：投标邀请；投标人须知（包括投标文件的密封、签署、盖章要求等）；投标人应当提交的资格、资信证明文件；为落实政府采购政策，采购标的需满足的要求，以及投标人须提供的证明材料；投标文件编制要求、投标报价要求和投标保证金交纳、退还方式以及不予退还投标保证金的情形；采购项目预算金额或者最高限价；采购项目的技术规格、数量、服务标准、验收等要求，包括附件、图纸等；拟签订的合同文本；货物、服务提供的时间、地点、方式；采购资金的支付方式、时间、条件；评标方法、评标标准和投标无效情形；投标有效期；投标人信用信息查询渠道及截止时点、信用信息查询记录和证据留存的具体方式、信用信息的使用规则等。

供应商需要认真阅读招标文件，了解招标项目的基本情况（特别是招标人的采购需求），重点需要关注资格条件、技术需求等实质性要求、评标方法和评审标准等。

关于资格条件，招标项目通常有普遍性的资格条件，如营业执照、信用中国的查询结果等。但有些招标项目，招标人提出特殊的资质，供应商可以根据情况判断该项目是否需要这些资质，是否具有这些资质，以判断能否有资格参加投标。

关于技术需求实质性要求，货物、服务、工程等不同项目，招标文件的重点亦有所不同。对于货物采购，需要根据招标文件的内容，研究招标人的采购需求，是希望采购性价比高的产品，还是意图采购性能特别好的产品。如果是生产商投标，需要根据市场产品的竞争情况等判断以哪个品牌、型号的产品投标，需

要准备相关产品的业绩、产品介绍等材料；如果是代理商投标，需要判断提供哪个生产商的产品投标，确定之后，需要与生产商联系办理授权手续以及投标产品的业绩、产品介绍等材料。对于服务采购，需要根据项目的具体要求，特别是评分标准，确定招标人需要采购什么样的服务团队以及团队的服务水平。团队负责人的业绩、能力、资格证书等能够反映采购人对服务团队的要求；供应商服务业绩及服务团队的业绩，通常是考察供应商的实力以及采购人希望中标人为其提供的服务团队的实力。服务方案的编写要求，可以分析出招标人对招标项目的熟悉情况，需要服务团队提供的服务情况。招标文件允许联合体投标、分包时，供应商还需要考虑是否组成联合体投标，是否需要分包。如果需要，还要联系联合体或者接受分包的另一方，按照招标文件的要求提供资格证明文件、产品介绍、业绩等材料。

关于评标方法和评审标准的问题，从投标报价、技术、商务等评审因素、分值权重、分值设置等情况，可以分析出采购人（招标人）的采购目的，根据拟提供的投标产品、服务团队等情况判断自己大致的得分情况，是否具有中标的优势。

（四）确定是否需要询问、质疑（异议）或者投诉

在研究招标文件时，如果发现招标文件的表述不太清楚，有可能影响投标，供应商可以通过书面询问的方式要求招标代理机构予以解释。

若供应商认为招标文件的内容存在不合理的条件，会影响招标的公正性，损害自己的权益，可以提出质疑（异议）甚至投诉。

《招标投标法实施条例》规定的不合理条件有：(1) 就同一招标项目向潜在投标人或者投标人提供有差别的项目信息；(2) 设定的资格、技术、商务条件与招标项目的具体特点和实际需要不相适应或者与合同履行无关；(3) 依法必须进行招标的项目以特定行政区域或者特定行业的业绩、奖项作为加分条件或者中标条件；(4) 对潜在投标人或者投标人采取不同的资格审查或者评标标准；(5) 限定或者指定特定的专利、商标、品牌、原产地或者供应商；(6) 依法必须进行招标的项目非法限定潜在投标人或者投标人的所有制形式或者组织形式；(7) 以其他不合理条件限制、排斥潜在投标人或者投标人。《政府采购法实施条例》规定

的不合理条件有:(1)就同一采购项目向供应商提供有差别的项目信息;(2)设定的资格、技术、商务条件与采购项目的具体特点和实际需要不相适应或者与合同履行无关;(3)采购需求中的技术、服务等要求指向特定供应商、特定产品;(4)以特定行政区域或者特定行业的业绩、奖项作为加分条件或者中标、成交条件;(5)对供应商采取不同的资格审查或者评审标准;(6)限定或者指定特定的专利、商标、品牌或者供应商;(7)非法限定供应商的所有制形式、组织形式或者所在地;(8)以其他不合理条件限制或者排斥潜在供应商。政府采购项目,比较容易出现的不合理条件,是上述(2)、(3)、(4)项情形。对于这些不合理条件,供应商可以通过向招标人、招标代理机构书面质疑(异议)的方式要求修改招标文件。若招标人、招标代理机构认为质疑(异议)事项成立,就会修改招标文件。对于拒绝修改的,供应商还可以向财政部门或者相关行政监督部门提出投诉,通过投诉解决招标文件存在的不合理条件的问题。

实践中,有些供应商在投标前,对招标文件的问题不进行询问或者提出质疑(异议),等发布中标公告自己未中标时,才开始对招标文件提出质疑(异议)、投诉,希望通过质疑(异议)、投诉处理推翻中标结果,重新开展采购活动,获得再次投标的机会。问题是,此种情况下,供应商对招标文件的质疑(异议)可能已经超过《政府采购法》《招标投标法实施条例》规定的针对招标文件提起质疑或者异议的期限,其质疑(异议)、投诉可能会被驳回,供应商的目的可能会落空。

二、根据招标文件的要求编制投标文件

在订立合同过程中,招标文件是要约邀请,投标文件是要约,中标通知书是承诺。招标文件、投标文件均是具有法律效力的文件。招标文件是采购需求的体现,采购人(招标人)应当重视招标文件的编制,尽可能地将采购需求以适当的方式在招标文件中体现,并设置能够实现采购需求的评标方法和评标标准。投标人应当根据招标文件的要求编制投标文件,对招标文件提出的要求和条件作出明确响应。投标文件通常分为商务标、技术标、综合标等部分。投标文件的编制大致可以区分为形式符合要求和实质内容符合要求。

（一）形式符合招标文件要求

形式符合要求主要是指资格条件、符合性审查要符合要求。

资格条件方面，投标文件中需要提交招标文件规定的所有证明资格的文件，如营业执照复印件、银行资信证明、审计报告、缴纳社保的证明、纳税证明、投标人情况证明、信用中国的查询结果、无重大违法记录的声明等。无重大违法记录，目前通常是投标人作出书面承诺。有的招标文件有无重大违法记录声明的固定格式，投标人只要打印后加盖公章即可；但有的招标文件的规定是格式自拟，实践中，出现过投标人所拟的声明没有按照《政府采购法实施条例》的规定拟制，即没有写明"供应商没有因违法经营受到刑事处罚或者责令停产停业、吊销许可证或者执照、较大数额罚款等行政处罚"。结果未通过资格审查而被做无效投标处理。

符合性审查的要求，如投标响应偏离表、法定代表人授权委托书、业绩证明材料、项目负责人或者主要技术人员的简历、劳动关系证明、投标产品的检测报告等材料，以及是否完全响应实质性要求的技术指标、是否按照招标文件要求进行签署、盖章、装订等。实践中，曾经有投标人未按照招标文件要求的装订顺序装订投标文件，结果评标委员会在评审时未找到投标产品的制造厂商授权书，而将投标人的投标作为无效投标，供应商后经质疑、投诉，被财政部门认定后果自负而驳回投诉。

（二）实质内容符合招标文件要求

资格性、符合性内容基本都是格式化的，负责编制投标文件的人员只要认真负责基本都可以满足招标文件的要求。但决定投标文件得分高低的是其核心内容，这些核心内容因招标项目标的不同而有所差异。

货物采购，需要根据确定的投标产品，按照招标文件的要求，从投标产品的响应情况、投标产品的业绩、售后服务、服务方案、合同条款以及对评标标准的响应程度等方面编制投标文件的内容。对于招标人而言，投标产品的质量、销售情况、售后服务等是关注的重点问题，投标文件应当在这些方面下功夫，向评标委员会充分展示投标产品、服务的优势。投标报价也是非常重要的内容，通常占有10%—30%的价格权重。报价是一项很有技巧的事，报高了，容易导致价格分偏低，而失去中标机会；报低了，供应商又可能亏损。因而要求供应商根据市场、公司的实力等准确判断。

服务采购，编制投标文件的重点主要体现在服务团队、服务方案，以及对评标标准的响应程度等方面。服务项目招标，最关键的因素是人，即服务团体负责人和服务团队成员的实力。需要根据项目的具体要求，特别是评分标准，确定项目服务团队人员，其中团队负责人的业绩、能力、资格证书等相对重要；根据服务团队成员的情况，确定团队成员的服务业绩情况；服务方案的编写，需要结合项目的采购需求，陈述投标人对采购需求的理解、投标人的优势并结合以往做过的类似项目的经验编写，尽可能地体现服务团队的优势，以争取更高的得分。

如果招标文件允许联合体投标且供应商准备组成联合体投标，则投标文件中还需要提交联合体投标协议、联合体各方的资质证书、业绩等。如果招标文件允许分包且供应商准备分包，需要在投标文件中说明哪些非主体、非关键性部分需要由哪个分包供应商承担，需要按招标文件要求提交相关的文件材料。

（三）编制投标文件需要注意的问题

第一，供应商应当重视投标文件的编制。有些供应商认为招标就是走形式，实际上要谁不要谁，招标人早已内定，因此，随便编一下投标文件，或者将以前的投标文件拿来直接用。笔者曾经见过投标文件中的银行资信证明是针对其他项目、其他招标人出具的。有的投标文件装订随意，薄薄的几页纸，显然是应付投标。这样的投标文件不但没有竞争力，反而有可能被怀疑是来围标的。

第二，供应商应当指定专人或者组成团队编制投标文件。编制投标文件至少需要两类人，一种是认真负责的人，保证投标文件中的资格证明文件、符合性材料及签署、装订等不出现任何问题，不会因资格审查、符合性审查不通过而被淘汰；另一种是撰写投标产品、服务方案等投标文件核心内容的业务骨干，只有真正懂技术、服务能力强的业务骨干才能充分理解采购需求，按照采购需求编制投标文件的核心内容。

第三，需要注意投标文件的形式。实践中，评标委员会通常希望在半天或者一天的时间内完成评审，若投标文件数量较多，评标委员会很难逐页审查投标文件，评标委员会更喜欢那些一目了然、重点突出的投标文件。如果投标文件太厚、太啰嗦，会导致评标委员会没有耐心认真评审。因此，投标文件的制作最好是易懂易查。

三、准时递交投标文件，参加开标，决定是否质疑（异议）、投诉

投标文件编制完成，按照招标文件的要求签署、装订、密封后，一定要按照招标文件指定的时间、地点送达。否则将前功尽弃。投标人是否一定要授权代表参加开标，法律并无强制性规定，但投标人若不授权代表参加开标，根据《政府采购货物和服务招标投标管理办法》的规定，视为认可开标结果，投标人不得再对开标提出质疑、投诉。

在评标过程中，有可能会出现因投标文件中含义不明确、同类问题表述不一致或者有明显文字和计算错误的内容，评标委员会以书面形式要求投标人作出必要的澄清、说明或者补正的情况，投标人的授权代表应当及时处理，以保证投标文件顺利评审。

中标结果公示后，投标人未中标时，若供应商认为开标、中标结果损害其权益，可以根据法律提出质疑、投诉。通过质疑、投诉可能会获取重新招标的机会，甚至有可能获得中标的机会。

上述内容是针对招标人没有任何倾向性的招标项目，如果招标人已经有倾向性，则供应商投标准备得再好都很难中标。此种情形，不属于本书研究的范围。

第五章　政府采购合同的订立及履行

【本章导读】

　　签订政府采购合同是政府采购过程的最终结果之一。2014年11月,《行政诉讼法》修改时,将"政府特许经营协议、土地房屋征收补偿协议等协议"纳入行政诉讼受案范围,此类协议为行政协议。2020年1月1日施行的《最高人民法院关于审理行政协议案件若干问题的规定》(法释〔2019〕17号)明确规定六种行政协议,即政府特许经营协议,土地、房屋等征收征用补偿协议,矿业权等国有自然资源使用权出让协议,政府投资的保障性住房的租赁、买卖等协议,符合法律规定的政府与社会资本合作协议和其他行政协议。政府采购合同因其合同的一方当事人是国家机关、事业单位、团体组织等,因而政府采购合同又不同于一般的民事合同,有其特殊性。

　　本章主要介绍政府采购合同概述、订立及内容以及合同履行中的常见问题。

第一节　政府采购合同概述

一、政府采购合同的含义及特点

(一)政府采购合同的含义

　　我国民商法中的合同,是平等民事主体之间设立、变更、终止民事法律关系的协议。签订合同的主体主要有自然人、法人和非法人组织。自然人包括中国人和外国人、无国籍人。法人是具有民事权利能力和民事行为能力，依法独立享有民事权利和承担民事义务的组织。法人分为营利法人（包括有限责任公司、股份有限公司和其他企业法人等）、非营利法人（包括事业单位、社会团体、基金会、社会服务机构等）、特别法人（包括机关法人、农村集体经济组织法人、城镇农村的合作经济组织法人、基层群众性自治组织法人）；非法人组织是不具有法人资格，但是能够依法以自己的名义从事民事活动的组织，包括个人独资企业、合伙企业、不具有法人资格的专业服务机构等。

《政府采购法》对政府采购合同的定义未作规定。结合民事合同的定义，可以理解为政府采购合同是采购人与供应商之间在平等、自愿的基础上，设立、变更、终止政府采购权利义务关系的协议。

（二）政府采购合同的特点

政府采购合同是政府采购活动的结果，是供求双方明确权利义务的协议，是双方据以履行合同义务，享受相应权利的法律文件，也是仲裁机关或者司法机关处理采购纠纷的主要依据。

虽然政府采购合同适用《民法典》，但与一般的民事合同相比，政府采购合同还是具有许多不同之处。政府采购合同主要有以下特点：

1. 政府采购合同的一方当事人是国家机关、事业单位、团体组织

由于政府采购合同体现的是国家机关、事业单位和团体组织与供应商之间的权利、义务关系，国家机关、事业单位、团体组织作为政府采购合同的发起人，根据政府采购计划自行或者通过政府采购代理机构向供应商发出要约邀请，供应商针对国家机关、事业单位和团体组织的要约邀请进行要约，经过国家机关、事业单位和团体组织的承诺，最终国家机关、事业单位和团体组织即采购人与供应商签订政府采购合同。因此，政府采购合同的一方当事人必须是国家机关、事业单位和团体组织。这也是政府采购合同与一般民事合同最明显的区别。

2. 政府采购合同中相当一部分是以维护公共利益、保障国家职权的正常运作为主要目的

政府采购长期以来一直被作为实现公共利益的工具，并在各国国内立法中得

到普遍体现。政府采购虽萌芽于早期的自由市场经济，但现代政府采购制度的最终确立，却是在政府适度干预市场的现代市场经济条件下完成的。因为国家可以通过政府采购行为，为实现其调整产业结构、扩大就业、抑制通货膨胀、增加社会公共福利、保障社会经济持续稳定发展等各项目标而进行有意识的财政支出安排，由此确保国家对社会经济生活进行宏观调控。因此政府采购合同应充分考虑社会公共利益目标对政府采购行为的约束，以确保政府宏观调控职能的实现。政府采购合同由国家机关（包括立法机关、监察机关、行政机关和司法机关）、事业单位和团体组织与供应商所签订，其内容涉及国家和社会的公共事务，国家机关、事业单位和团体组织是政府采购合同的发起者，通过与供应商签订政府采购合同以达到为国家机关、事业单位、团体组织创造物质条件，从而保障国家权力的正当行使，维护公共利益的目的。

3. 行政机关所签订的政府采购合同贯彻行政优益权原则

国家机关中的行政机关所签订的政府采购合同贯彻行政优益权原则。所谓行政优益权是指行政机关享有的优先处分的权益，也称为先导性权利。在政府采购合同中行政优益权表现在：行政机关在合同履行过程中享有监督权；政府采购合同继续履行将损害国家利益和社会公共利益的，双方当事人应变更、中止或者终止合同等。这些在《政府采购法》中有所体现。

二、政府采购合同的属性

行政机关具有两种身份。在民事法律关系中，根据《民法典》第九十六条、第九十七条规定，有独立经费的机关和承担行政职能的法定机构从成立之日起具有法人资格，可以从事为履行职能所需要的民事活动。在行政法律关系中，行政机关具有行政管理职权、享有行政优益权、居于优势地位，行政机关实施的是行政管理活动。因而行政机关以主体身份所订立的合同可以分为两类：一类是行政机关以机关法人的身份与其他主体之间订立的民事合同，此类合同的内容完全是民事权利义务关系。行政机关的身份与一般的民事主体并无差异，所签订的合同是为履行职能所需要的民事合同。另一类是行政机关以行政管理主体身份订立的、以行政权力行使为内容的合同，此类协议在性质上属于行政协议。行政协议是行政法上权利义务关系的协议，具有不同于民事合同的特殊性，是行政机关行使行政职权的一种方式。从救济途径看，民事合同应当由合同当事人提起民事诉讼或者合同仲裁；而行政协议则只能是供应商一方提起行政诉讼，行政机关一方通过申请法院强制执行。

政府采购合同是民事合同还是行政协议？我国《行政诉讼法》自2014年修订时将行政协议纳入行政诉讼的受案范围后，政府采购合同是民事合同还是行政协议，就成为一个需要考虑的问题。如果政府采购合同是行政协议，则当事人应提起行政诉讼；如果是民事合同，则当事人应提起民事诉讼。因此，政府采购合同的属性，是本章无法回避的一个问题。

（一）行政协议的概念及判断标准

根据《最高人民法院关于审理行政协议案件若干问题的规定》（2020年1月1日施行）规定，行政协议是指行政机关为了实现行政管理或者公共服务目标，与公民、法人或者其他组织协商订立的具体行政法上权利义务内容的协议。

依据上述规定，构成行政协议应包括以下要素：

（1）主体要素。《民法典》等民事法律规范规定民事合同的主体是平等主体的自然人、法人或者其他组织，而行政协议的主体则是行政机关和行政相对人，其中具有优势地位的行政机关是不可缺少的主体。据此，国家机关中立法机关、司法机关等所签订的政府采购合同不是行政协议。

（2）目的要素。与平等民事主体之间签订民事合同的目的是保护合同当事人的合法权益不同，行政机关与行政相对人签订行政协议是为了实现行政管理或者公共服务这一行政法上的目标。

（3）内容要素。内容要素是指行政机关与行政相对人之间签订合同的内容是行政法上的权利义务。

（4）意思要素。意思要素是指行政机关与行政相对人签订行政协议必须经过协商，意思表示一致。

因此，与民事合同相比，除协商一致与民事合同相同外，识别行政协议和民事合同的标准主要有二：一方面，形式标准。形式标准也就是主体标准，即行政协议是具有行政职权、履行行政职责的行政机关与行政职权作用的相对人的公民、法人或者其他组织之间签订。另一方面，实质标准。实质标准也就是行政协议的目的及内容标准。行政协议的目的是为实现行政管理或者公共服务目标，内容标准是看合同的内容是否是行政法上的权利义务，这一标准排除了行政机关基于自身民事权利义务而签订的协议。在行政协议司法解释出台之前，法院在诉讼中对行政法上的权利义务从以下三个方面进行判断：一是是否行使行政职权、履行行政职责；二是是否为实现公共利益或者行政管理目标；三是在协议里或者法律上是否规定了行政机关的优益权。其中，行使行政职权、履行行政职责及行政机关具有优益权构成了行政协议的标的及内容，而是否属于上述标的及内容无法判断时，还可以结合"实现公共利益或者行政管理目标"这一目的要素进行判断。从所起的作用看，是否行使行政职权、履行行政职责为本质要素，只要符合该要素，所涉协议即为行政协议，而实现公共利益或者行政管理目标及行政机关的优益权这两个要素为判断是否行使行政职权的辅助要素。[①]

（二）政府采购合同的属性分析

根据上述标准，可做如下分析：

1. 从形式标准来看

政府采购合同是由国家机关、事业单位和团体组织进行采购而签订的合同，其中国家机关包括各级人大及其常委会等立法机关、各级监察机关、各级行政机关和各级人民法院、人民检察院等司法机关。立法机关、监察机关和司法机关均不是行政机关，因而他们所签订的政府采购合同显然不可能是行政协议。

事业单位和团体组织在法律、法规授权的情况下，可以成为行政主体。因而，如果事业单位和团体组织未受法律、法规授权而实施某一行政管理职能，则其签订的政府采购合同不可能是行政协议。如果事业单位和团体组织受法律、法规授权而实施某一行政管理职能，则其所签订的政府采购合同有可能是行政协议。

行政机关、作为行政主体的事业单位及团体组织（以下统称行政主体）所签订的政府采购合同是否是行政协议还需要从实质标准进行判断。

---

① 大英县永佳纸业有限公司诉四川省大英县人民政府不履行行政协议案，见《行政协议案件典型案例》，https://www.court.gov.cn/zixun/xiangqing/208691.html，最后访问日期2024年2月25日。

2.从实质标准来看

行政主体签订的政府采购合同是否属于行政协议,需要从实质标准进行判断。主要看政府采购合同的目的及内容。如果签订合同的目的是为实现行政管理或者公共服务目标,合同内容是行政法上的权利义务,则该合同为行政协议;如果签订合同的目的是为履行职能所需要的采购,包括货物、服务和工程,则该合同为民事合同。行政主体所签订的合同基本上是基于履行职能所需要而签订的合同,如《国务院办公厅关于印发中央预算单位政府采购集中采购目录及标准(2020年版)的通知》(国办发〔2019〕55号)中"集中采购机构采购项目"中"货物类"的台式计算机、便携式计算机、计算机软件、服务器、计算机网络设备、复印机、视频会议系统及会议室音频系统等,"工程类"的限额内工程、装修工程、拆除工程、修缮工程,"服务类"的车辆维修保养及加油服务、机动车保险服务、印刷服务、工程造价咨询服务、工程监理服务、物业管理服务、云计算服务、互联网接入服务,基本上属于基于自身民事权利义务而签订合同实施采购;"部门集中采购项目"是指部门或系统有特殊要求,需要由部门或系统统一配置的货物、工程和服务类专用项目。部门集中采购目录未列入目录,由各中央预算单位按实际工作需要确定,报财政部备案后组织实施采购。部门集中采购项目中多数是基于部门民事权利义务签订合同实施的采购。从实践中大量签订的货物、服务或者工程的政府采购合同的内容看,也基本上是为履行职能需要而签订的合同。

政府购买服务领域,行政机关所签订的政府采购合同是否是行政协议?有些地方政府规章有所规定。例如,根据《山东省行政程序规定》(山东省人民政府令第238号)第一百条规定,行政合同是指行政机关为了维护公共利益,实现行政管理目的,与公民、法人和其他组织之间,经双方意思表示一致达成的协议。行政合同主要适用于下列事项:(1)政府特许经营;(2)国有自然资源使用权出让;(3)国有资产承包经营、出售或者租赁;(4)公用征收、征用补偿;(5)政府购买公共服务;(6)政策信贷;(7)行政机关委托的科研、咨询;(8)计划生育管理;(9)法律、法规、规章规定可以订立行政合同的其他事项。行政合同适用于政府购买公共服务。《政府购买服务管理办法》将政府购买服务的内容分为政府向社会公众提供的公共服务和政府履职所需辅助性服务两类。根据《财政部政府购买服务指导性目录》，政府履职所需辅助性服务包含财务会计审计服务（聘请专家或委托专业机构协助开展会计及审计工作）、课题研究和社会调查（聘请专家或委托专业机构协助开展财税改革相关课题研究工作、聘请专家或委托专业机构协助开展财税改革相关社会调查工作）、绩效评价（聘请专家或委托专业机构协助开展预算评价相关工作）、监督检查（聘请专家或委托专业机构协助财政预算监管工作）、机关信息系统建设与维护（聘请专家或委托机构协助各类财政信息系统的建设与维护）、后勤服务（办公设备维修保养服务、物业服务、安全服务、印刷服务、餐饮服务、其他）、项目评审评估（聘请专家或委托机构协助开展评审）、会议和展览（会务服务、展览服务）、工程服务（办公楼维修改造工程监理服务）、咨询（聘请专家或委托机构协助开展财税工作相关咨询服务、办公楼维修改造工程造价咨询服务）、技术业务培训（聘请专家或委托机构协助开展专业知识培训服务）、法律服务（聘请法律顾问、聘请律师事务所协助工作、诉讼业务服务、见证及公证服务）、其他（档案管理服务、翻译服务、国际组织在华项目办、秘书处运作服务、银行服务、宣传服务、场地租赁服务）。从目录内容看，政府履职所需辅助性服务基本属于"履行职能所需要的服务"，不具有行政协议的特征。但有些服务，如监督检查，目录里称"委托专业机构协助财政预算监管工作"，如果财政部门委托的第三方专业机构仅是进行书面审查，提交报告等，并不以财政部门的名义向行政相对人进行调查，则第三方专业机构是"协助"财政部门进行监督检查，这种政府采购合同属于民事合同；如果财政部门委托第三方专业机构实施监督检查，第三方专业机构以财政部门的名义执法，则这种合同的内容是行使行政法上的权利和义务，此种政府采购合同应为行政协议。

根据《国家税务总局全国税务系统政府购买服务指导性目录》，其购买服务目录分为社会管理性服务、行业管理与协调服务、技术性服务、政府履职所需辅助性服务四类。其中社会管理性服务又分为志愿服务运营管理（涉税志愿服务运营管理）、公共公益宣传（税收公益广告、税收宣传活动）；行业管理与协调服务又分为行业规划（涉税专业服务行业规划）、行业调查（涉税专业服务行业调查、税收执法相关行业调查）、行业统计分析（涉税专业服务行业统计分析、行业研究报告）、行业标准制修订（涉税专业服务行业标准制修订）；技术性服务包括技术评审鉴定评估（公平市场价格、公允价值的确定）。从内容看，基本上属于"履行职能所需要的服务"，而非"政府向公众提供的公共服务"。

可见，在政府购买服务领域，可能有部分政府采购合同是行政协议，但大部分应当是民事合同，将"政府购买服务合同"全部纳入行政协议的做法过于笼统，不符合实际情况。

此外，根据《政府采购法》第四十三条第一款规定，政府采购合同适用合同法（现为《民法典》）。采购人和供应商之间的权利和义务，应当按照平等、自愿的原则以合同方式约定。该条规定政府采购合同缔结时采购人与供应商应当按照平等、自愿的原则签订合同。实际上，通过各种政府采购方式确定中标、成交供应商后，采购人与中标、成交供应商是在等价交换、平等、自愿的原则上签订合同。第五十条第二款规定："政府采购合同继续履行将损害国家利益和社会公共利益的，双方当事人应当变更、中止或者终止合同。有过错的一方应当承担赔偿责任，双方都有过错的，各自承担相应的责任。"该条虽然规定政府采购合同因继续履行将损害国家利益和公共利益的，双方当事人应当变更、中止或者终止合同，但该条并非行政机关的优益权。所谓行政优益权，是指国家为维护公共利益，保障行政主体职权的行使而赋予其职权上的优益条件或者资格，如单方变更、解除协议的权利以及制裁权等。该条赋予合同当事人的变更、中止或者终止政府采购合同的权利。并且，如果行政机关以该条为由变更、中止或者终止政府采购合时，若是存在过错方还应当承担赔偿责任。因此，从这些法律规定，也可以看出《政府采购法》对政府采购合同采取的是认可其为民事合同的态度。

有观点将政府采购程序认定为行政程序，因而使政府采购合同作为一个整体具有了行政性。笔者认为，这种观点并没有真正了解《政府采购法》及政府采购的实务。通过本书第三章、第四章的介绍，可以看出，采购人只是政府采购的需求方，其权利主要是提出采购需求，编制采购文件等，也应当履行相应的义务，如采购文件不得有不合理条件，采购人不能干涉评审过程，并且在中标、成交通知书发出后无正当理由不得拒绝与中标、成交供应商签订政府采购合同等。采购人的权利和义务是民法上的权利和义务，而并非其本身具有的行政职权。财政部门作为行政监管部门，也并非是对政府采购活动进行全程监管，只是在投诉处理、监督检查、行政处罚过程中进行监管，因此，将整个采购程序认定为行政程序与法律和事实不符。

3. 结论

综上所述，政府采购合同的属性可以归纳如下几点：(1) 政府采购合同中，各级人民代表大会常务委员会等立法机关，各级监察机关、各级人民法院、各级人民检察院等，所签订的合同为民事合同；(2) 行政机关基于履行职能需要而签订的合同，为民事合同；为了实现行政管理或者公共服务目标，与公民、法人或者其他组织协商订立的具有行政法上权利义务内容的协议，为行政协议；(3) 事业单位、团体组织基于自身民事权利义务而签订的合同，为民事合同；由法律法规授权承担行政职能的事业单位、团体组织为了实现行政管理或者公共服务目标，与公民、法人或者其他组织协商订立的具有行政法上权利义务内容的协议，为行政协议。

本书下文将政府采购合同中的民事合同称为"政府采购民事合同"，将政府采购合同中的行政协议称为"政府采购行政协议"。

第二节　政府采购合同的订立及内容

一、《政府采购法》与《民法典》有关合同内容的关系

《政府采购法》第五章专章规定了"政府采购合同"，第四十三条第一款规定："政府采购合同适用合同法。采购人和供应商之间的权利和义务，应当按照平等、自愿的原则以合同方式约定。"因而，《政府采购法》与《民法典》是特别法与一般法的关系。在具体适用上，《政府采购法》对政府采购合同有规定的，适用该法；《政府采购法》没有规定的，适用《民法典》的规定。

从调整对象看，《政府采购法》调整的是国家机关、事业单位和团体组织采购工程、货物和服务的行为；《民法典》调整的是平等主体的自然人、法人、其他组织之间设立、变更、终止民事权利义务关系的协议。从调整范围来看，《政府采购法》调整的是政府采购方式的确定、采购程序的管理、签订合同、履行

合同的管理等;《民法典》的"合同编"调整的是合同,包括合同的订立、效力、履行、变更和转让、权利义务的终止、违约责任等。《政府采购法》调整的范围除政府采购合同之外,还涉及政府采购方式、政府采购程序、质疑与投诉、监督检查、法律责任等;《民法典》"合同编"调整的范围仅限于合同关系,包括买卖合同,供用电、水、气、热力合同,赠与合同,借款合同,租赁合同,融资租赁合同,承揽合同,建设工程合同,运输合同,技术合同,保管合同,仓储合同,委托合同,行纪合同,居间合同等平等民事主体之间的协议,但不包括婚姻、收养、监护等有关身份关系的协议。政府采购合同只是《民法典》规范的众多合同中的一部分,合同类型可以是买卖合同、建设工程合同、租赁合同,等等。

二、政府采购合同的订立

(一) 政府采购合同订立的时间

根据《政府采购法》第四十六条的规定,采购人与中标、成交供应商应当在中标、成交通知书发出之日起三十日内,按照采购文件确定的事项签订政府采购合同。因此,政府采购合同订立的时间应当是在中标、成交通知书发出之日起三十日内。实践中,经常遇到一些政府采购代理机构制作的政府采购项目的招标文件中规定"在收到中标通知书后三十日内,中标供应商与采购人签订政府采购合同",这种表述不符合前述法律规定。

政府采购合同的签订既可以是采购人自行与中标、成交的供应商签订,也可以是采购人委托采购代理机构代其签订政府采购合同。在采购人委托采购代理机构签订政府采购合同时,采购人应向采购代理机构出具授权委托书作为合同的附件,采购代理机构也应遵守法定的签订合同的期限。

(二) 政府采购合同订立的依据

采购人与中标、成交供应商应当按照采购文件确定的事项签订政府采购合同。采购文件确定的事项,通常包括采购文件确定的采购标的、规格型号、采购金额、采购数量、质量标准等。采购人与中标、成交供应商不得另行订立与采购文件无关的合同。多年前,笔者在承担财政部门对政府采购项目专项检查时,曾经发现有采购人与中标供应商签订两份内容不同的"阴阳合同",这种做法违反了《政府采购法》的规定。

（三）中标、成交通知书及法律责任

中标、成交通知书是采购人向中标、成交供应商发出的承诺，对采购人和中标、成交供应商均具有法律效力。

招标方式中，中标人的投标文件为要约，而中标通知书则为采购人的承诺。在采购人发出中标通知书后，采购人及中标人均应受到约束，应当在法定期间内订立书面的政府采购合同。非招标方式中，谈判、询价、单一来源均有要约、新要约的过程，而成交通知书为承诺。如果中标、成交通知书发出后，采购人改变中标、成交结果，或者中标、成交供应商放弃中标、成交项目，应当依法承担法律责任。那么，这种法律责任是什么责任？主流观点认为是缔约过失责任。有过错的一方应向无过错的一方赔偿经济损失。另一种观点认为是违约责任，违约方承担责任的范围包括可得利益损失。

中标、成交供应商拒绝与采购人签订合同的，除应承担法律责任外，其投标保证金将不予退还，该投标保证金将上缴同级国库，采购人可以按照评审报告提出的中标、成交候选人名单排序确定下一候选人为中标、成交供应商，也可以视情况重新采购。

（四）采购人不得向供应商索要或者接受其给予的赠品、回扣或者与采购无关的其他商品、服务

这种做法是实践中经常出现的，在签订政府采购合同时，采购人可能会向中标、成交供应商提出一些额外的要求，例如购买电脑搭配 U 盘等。《政府采购法实施条例》明确禁止这一行为。并且，根据《政府采购货物和服务招标投标管理办法》第七十七条的规定，财政部门将予以行政处罚。

（五）政府采购合同的公告及备案

采购人应当自政府采购合同签订之日起两个工作日内，将政府采购合同在省级以上人民政府财政部门指定的媒体上公告，但政府采购合同中涉及国家秘密、商业秘密的内容除外。

政府采购项目的采购合同自签订之日起七个工作日内，采购人应当将合同副

本报同级政府采购监督管理部门和有关部门备案。未依法进行备案的，财政部门将予以行政处罚(《政府采购法实施条例》第六十七条)。

三、政府采购合同的内容

在本书中，政府采购合同的内容就是指政府采购合同的条款。合同条款是合同条件的表现和固定化，是确定合同当事人权利和义务的依据。

根据《政府采购法》的规定，政府采购合同应当采取书面形式。《政府采购货物和服务招标投标管理办法》规定，政府采购合同应当包括采购人与中标人的名称和住所、标的、数量、质量、价款或者报酬、履行期限及地点和方式、验收要求、违约责任、解决争议的方法等内容。国务院财政部门应当会同国务院有关部门制定政府采购合同标准文本。

同时根据《民法典》第四百七十条的规定，政府采购合同的内容一般包括以下条款：

(1)当事人的姓名或者名称和住所。当事人是合同关系的主体，如果没有当事人，合同就不能成立。因此，采购人与供应商在订立政府采购合同时必须写明双方当事人的名称和住所。这里需要注意的是，如果是法人，当事人的名称应当是其法定名称，住所应当是营业执照等注明的法定地址；如果是自然人，当事人的名称应当是身份证上的姓名，住所为身份证上的住址，[①]还应注明身份证号码。实践中，不少政府采购合同只写当事人的名称，不写住所等信息，导致出现纠纷时找不到对方。

(2)标的。合同标的是合同法律关系的客体，是合同双方的权利和义务共同指向的对象。政府采购合同的标的包括货物、工程和服务。双方当事人必须在合同中明确采购的对象。货物还应根据投标文件注明品牌、型号等。

(3)数量和质量。一般来讲，政府采购的基本要求是：品质第一，服务第二，价格是最后考虑的因素。如果所购货物、工程或服务达不到采购需求，即使价格再低廉也达不到采购目的。因此，质量标准条款在政府采购合同中则显得

[①] 根据《最高人民法院关于适用〈中华人民共和国民事诉讼法〉的解释》第三条的规定，公民的住所地是指公民的户籍所在地，法人或者其他组织的住所地是指法人或者其他组织的主要办事机构所在地。法人或者其他组织的主要办事机构所在地不能确定的，法人或者其他组织的注册地或者登记地为住所地。但实践中，填写合同时需要填写的是身份证上的地址，当时可能无法确认公民的户籍所在地。

尤为重要。它是供应商履行合同的依据，同时也是使采购达到预定要求的重要保证。

质量包括品质和规格。品质是指材料成分、尺寸、形状、强度、黏度、颜色、整修等各种因素。品质的要件解析包括：机能，如实质机能、总体机能、装饰机能（个别机能）等；寿命，是指机械的使用寿命，药品的储藏时间等；保持性，是指使用后的维修补充的难易程度，保养费的多少及今后服务等。此外，还包括操作稳定性、安全性及外观等。规格是指清楚明晰地说明货物器材设备在技术方面所需的条件。它包括：主要规格，如型号性能、成分、用途、纯度、韧性等影响使用（作用）方面的规范；次要规格，如品牌、商标等补充说明。

数量是合同标的多少的尺度，是以数字和其他计量单位表示的尺度。数量条款是采购合同中的主要条款之一。按约定的数量交付货物是供应商的基本义务。根据《民法典》的规定，供应商交货数量必须与合同规定相符，否则采购人有权提出索赔，甚至拒收货物。政府采购合同的数量条件是采购人与供应商之间交接货物的依据，没有数量或者数量的规定不明确，当事人双方权利义务的多少，合同是否全面履行，都无法确定。正确掌握成交数量，在一定程度上可以起到促进交易，达到和争取有利价格的目的。因此，数量条款必须严格按照国家规定的度量衡制度确定标的物的计量单位，以免当事人产生不同的理解。

在某些大宗商品交易中，由于商品的特性、货源变化、包装等因素的影响，要求准确地按约定数量交货有时存在一定困难。为了使交货量具有一定范围内的灵活性和便于履行合同，采购人可以和供应商在合同中合理规定数量机动幅度。只要卖方交货数量在约定的增减幅度范围内，就等于按合同规定数量交货，采购人不得以交货数量不符为由拒收货物或提出索赔。

（4）价款或者报酬。价款或报酬是当事人一方向交付标的的另一方支付的货币。虽然在政府采购中最注重的是品质和服务，但是在品质和服务都能达到采购人要求的前提下，价格则上升为最值得考虑的因素。而且，随着商品同质化的日趋加强，越来越多的供应商所提供的商品都可以满足采购人的采购要求，如何制定价格条款直接关系到供应商能否最终中标。因此，价格条款很有可能成为中标的供应商击败其他竞争对手的武器。

根据《招标投标法》的规定，中标人的投标应当符合下列条件：（1）能够最大限度地满足招标文件中规定的各项综合评价标准；(2)能够满足招标文件的实质性要求，并且经评审的投标价格最低；但是投标价格低于成本的除外。按照我国目前通行的评标办法，在评标过程中，评标委员会发现投标人的报价明显低于其他投标报价或者在设有标底时明显低于标底，使得其投标报价可能低于其个别成本的，应当要求该投标人作出书面说明并提供相关证明材料。投标人不能合理说明或者不能提供相关证明材料的，由评标委员会认定该投标人以低于成本报价竞标，其投标应作废标处理。《政府采购货物和服务招标投标管理办法》也规定，评标委员会认为投标人的报价明显低于其他通过符合性审查投标人的报价，有可能影响产品质量或者不能诚信履约的，应当要求其在评标现场合理的时间内提供书面说明，必要时提交相关证明材料；投标人不能证明其报价合理性的，评标委员会应当将其作为无效投标处理。

（5）履行期限、地点和方式。履行期限是采购人与供应商双方依照政府采购合同约定全面完成自己合同的时间。履行期限不仅直接关系到政府采购任务完成的时间，也是确定违约与否的因素之一。履行地点是当事人依照政府采购合同规定完成自己义务所处的场所。履行地点是确定验收地点、运输费用由谁负担、风险由谁承受的依据，也是确定采购对象所有权是否转移以及何时转移的依据。

履行方式是合同双方当事人约定以何种形式来履行义务。合同的履行方式主要包括运输方式、交货方式、结算方式等。履行方式由法律或者合同约定或者是合同性质来确定，不同性质、内容的合同有不同的履行方式。根据合同法的基本要求，在履行方式上，履行义务人必须首先按照合同约定的方式进行履行。如果约定不明确的，当事人可以协议补充；协议不成的，可以根据合同的有关条款和交易习惯来确定；如果仍然无法确定的，按照有利于实现合同目的的方式履行。

（6）违约责任。违约责任是任何一方当事人不履行或者不适当履行合同约定的义务而应当承担的法律责任。为了保证因对方当事人违约而给自己造成的损失能够得到赔偿，同时也为了使双方当事人对自己的行为有所约束，采购人与供应商可以在政府采购合同中约定违约责任。根据《民法典》的规定，违约责任的形式可以是继续履行、采取补救措施或者赔偿损失等。实践中，许多采购人不太重视违约责任的约定，特别是违约金等的约定，其结果是一旦供应商出现违约情况，就会因没有合同规定很难追究违约方的责任。

（7）解决争议的方法。解决争议的方法是当事人解决政府采购合同纠纷的手段。当政府采购合同在履行中出现争议，首先应由合同缔约方通过协商解决。如果协商不成，则可以考虑法律途径。常见的解决争议的法律方式有两种：一是申请仲裁，二是提起诉讼。政府采购民事合同应当根据仲裁协议申请仲裁，在没有仲裁协议的情况下提起民事诉讼。政府采购行政协议只能提起行政诉讼。

我国仲裁采取的是或裁或审的原则，当事人达成仲裁协议，一方向人民法院起诉的，人民法院不予受理，但仲裁协议无效的除外。当事人选择仲裁方式的，应当达成仲裁协议，没有仲裁协议的，一方申请仲裁的，仲裁委员会不会受理。根据《仲裁法》的规定，仲裁协议包括合同中订立的仲裁条款和以其他书面方式在纠纷发生前或者纠纷发生后达成的请求仲裁的协议。仲裁协议的内容应当包括：（1）请求仲裁的意思表示；（2）仲裁事项；（3）选定的仲裁委员会。仲裁协议无效的情形：（1）约定的仲裁事项超出法律规定的仲裁范围的；（2）无民事行为能力人或者限制民事行为能力人订立的仲裁协议；（3）一方采取胁迫手段，迫使对方订立仲裁协议的。实践中，有时会遇到合同约定的是"或仲裁或起诉"，此种情况，属于仲裁约定不明确，只能通过诉讼解决争议。

如果不选择仲裁方式，选择诉讼的方式，则一方当事人可以约定自己所在地的法院为管辖法院。

此外，对于合同未约定的事项或者约定不明的事项，当事人可以通过签订补充协议的方式约定或者明确。同时，根据《政府采购法》第四十九条的规定，政府采购合同履行中，采购人需追加与合同标的相同的货物、工程或者服务的，在不改变合同其他条款的前提下，可以与供应商协商签订补充合同，但所有补充合同的采购金额不得超过原合同采购金额的10%。

第三节　政府采购合同的履行中常见问题

一、政府采购合同的分包与再分包、转包

（一）政府采购合同的分包与再分包

政府采购合同的履行允许分包。所谓分包，是指经采购人同意，将合同的非主体、非关键性工作转让他人完成。接受分包的人应当具备相应的资格条件。

《政府采购法》第四十八条规定："经采购人同意，中标、成交供应商可以依法采取分包方式履行合同。政府采购合同分包履行的，中标、成交供应商就采购项目和分包项目向采购人负责，分包供应商就分包项目承担责任。"《政府采购货物和服务招标投标管理办法》第三十五条规定："投标人根据招标文件的规定和采购项目的实际情况，拟在中标后将中标项目的非主体、非关键性工作分包的，应当在投标文件中载明分包承担主体，分包承担主体应当具备相应资质条件且不得再次分包。"

《招标投标法》第四十八条第二款、第三款规定，中标人按照合同约定或者经招标人同意，可以将中标项目的部分非主体、非关键性工作分包给他人完成。接受分包的人应当具备相应的资格条件，并不得再次分包。中标人应当就分包项目向招标人负责，接受分包的人就分包项目承担连带责任。第五十八条规定，中标人将中标项目转让给他人的，将中标项目肢解后分别转让给他人的，违反本法规定将中标项目的部分主体、关键性工作分包给他人的，或者分包人再次分包的，转让、分包无效，处转让、分包项目金额千分之五以上千分之十以下的罚款；有违法所得的，并处没收违法所得；可以责令停业整顿；情节严重的，由工商行政管理机关吊销营业执照。

根据上述法律规定，分包时应注意以下问题：（1）投标人投标就打算分包履行合同的，应当在投标文件中载明分包承担主体；在中标后分包的，须经采购

人同意；(2)分包人应具备承担分包项目相应的资格条件；(3)采购人、中标人、分包人签订三方协议，明确中标人对采购项目和分包项目承担全部责任，分包供应商就分包项目承担责任；(4)三方协议中应明确分包人不得再次分包；(5)在工程建设项目招标采购中，违法分包或者分包人再次分包的，分包无效，建设部门将对其予以行政处罚。政府采购法领域对于分包问题未规定行政责任，这是法律规定的漏洞，希望在修改法律时能够弥补这一不足。

（二）政府采购合同的转包

政府采购合同的履行禁止转包。

转包是指中标人将中标项目全部转让他人，或者将中标项目支解后分别转让他人的行为。

转包与分包的区别在于，转包是将合同的全部一次性或者将合同内容支解后转让给他人，中标人退出中标项目；分包是将合同的非主体、非关键性工作转让给他人，中标人承担主体、关键性工作。

《政府采购法实施条例》第七十二条规定："供应商有下列情形之一的，依照政府采购法第七十七条第一款的规定追究法律责任：……（四）将政府采购合同转包……"

《招标投标法》第四十八条第一款规定："中标人应当按照合同约定履行义务，完成中标项目。中标人不得向他人转让中标项目，也不得将中标项目肢解后分别向他人转让。"第五十八条规定："中标人将中标项目转让给他人的，将中标项目肢解后分别转让给他人的，违反本法规定将中标项目的部分主体、关键性工作分包给他人的，或者分包人再次分包的，转让、分包无效，处转让、分包项目金额千分之五以上千分之十以下的罚款；有违法所得的，并处没收违法所得；可以责令停业整顿；情节严重的，由工商行政管理机关吊销营业执照。"

法律不允许转包，原因是要坚持合同的相对性与亲自履行的原则。政府采购货物和服务项目转包的，将被财政部门予以行政处罚；工程建设项目经招标的，转包无效，转包人将由住房城乡建设部门予以行政处罚。

二、政府采购合同履行中签订补充协议

《政府采购法》第四十九条的规定："政府采购合同在履行过程中，采购人需追加与合同标的相同的货物、工程或者服务的，在不改变合同其他条款的前提下，可以与供应商协商签订补充合同，但所有补充合同的采购金额不得超过原合同采购金额的百分之十。"

根据上述规定，签订补充协议时，应注意以下几个问题：

（1）必须是在政府采购合同履行过程中，需要追加货物、服务或者工程的。如果是在政府采购合同履行完毕后，则需要重新履行采购程序。

（2）签订补充协议必须是追加与合同标的相同的货物、工程或者服务。如果追加的不是与合同标的相同的货物、工程或者服务，也需要重新履行采购程序。

（3）追加货物、服务或者工程不改变合同其他条款。如果需要更改货物、服务或者工程需要改变价格、付款条件等，则需要重新履行采购程序。

（4）所有补充合同的金额不得超过原合同采购金额的10%。从《政府采购法》该条规定来看，只要前三个条件满足，可以多次签订补充合同，但限制条件是所有签订的补充合同的金额不得超过原合同采购金额的10%。

实践中，由于采购人不太了解《政府采购法》的上述规定，对于符合上述条件的可以通过签订补充协议解决的问题，却偏偏要重新履行政府采购程序，既费时又费事。因此，了解《政府采购法》的上述规定并且灵活运用，采购人就可以合法地解决不少实际问题。

三、政府采购合同的验收

验收实际上是检验供应商是否完全按照合同的要求履行合同的一个重要环节，而在实践中，采购人可能因为不了解法律的规定或者过于相信供应商从而忽略这一环节。近年来，各级财政部门不断出台规范性文件督促采购人加强履约验收。

根据《政府采购法》第四十一条规定，采购人或者其委托的采购代理机构应当组织对供应商履约的验收。大型或者复杂的政府项目，应当邀请国家认可的质量检测机构参加验收工作。验收方成员应当在验收书上签字，并承担相应的法律

责任。

《政府采购法实施条例》第四十五条规定，采购人或者采购代理机构应当按照政府采购合同规定的技术、服务、安全标准组织对供应商履约情况进行验收，并出具验收书。验收书应当包括每一项技术、服务、安全标准的履约情况。政府向社会公众提供的公共服务项目，验收时应当邀请服务对象参与并出具意见，验收结果应当向社会公告。

《政府采购货物和服务招标投标管理办法》第七十四条规定，采购人应当及时对采购项目进行验收。采购人可以邀请参加本项目的其他投标人或者第三方机构参与验收。参与验收的投标人或者第三方机构的意见作为验收书的参考资料一并存档。

为更好地进行验收，《政府采购货物和服务招标投标管理办法》有关验收的规定主要体现在以下方面：（1）要求采购人在提出的采购需求中就应当有采购标的的验收标准。（2）招标文件中也应有验收的要求。（3）采购人要求投标人提供样品的，对于投标人提供的样品，应当按照招标文件的规定进行保管、封存，并作为履约验收的参考。（4）政府采购合同应当包括验收要求。（5）采购人或者委托采购代理机构进行验收，验收时可以邀请参加本项目的其他投标人或者第三方机构参与，政府向社会公众提供的公共服务项目，验收时应当邀请服务对象参与。（6）应当按照政府采购合同规定的技术、服务、安全标准组织对供应商履约情况进行验收，并出具验收书。验收书应当包括每一项技术、服务、安全标准的履约情况。政府向社会公众提供的公共服务项目，服务对象应出具意见。（7）验收材料应存档。政府向社会公众提供的公共服务项目验收结果应当向社会公告。

《政府采购需求管理办法》明确，履约验收方案要明确履约验收的主体、时间、方式、程序、内容和验收标准等事项。采购人、采购代理机构可以邀请参加本项目的其他供应商或者第三方专业机构及专家参与验收，相关验收意见作为验收的参考资料。政府向社会公众提供的公共服务项目，验收时应当邀请服务对象参与并出具意见，验收结果应当向社会公告。验收内容要包括每一项技术和商务要求的履约情况，验收标准要包括所有客观、量化指标。不能明确客观标准、涉及主观判断的，可以通过在采购人、使用人中开展问卷调查等方式，转化为客观、量化的验收标准。分期实施的采购项目，应当结合分期考核的情况，明确分期验收要求。货物类项目可以根据需要设置出厂检验、到货检验、安装调试检验、配套服务检验等多重验收环节。工程类项目的验收方案应当符合行业管理部门规定的标准、方法和内容。履约验收方案应当在合同中约定。

采购人、采购代理机构未依法进行验收的,由财政部门予以行政处罚(《政府采购法实施条例》第六十八条)。

四、政府采购合同的变更、中止和终止

由于政府采购合同不同于一般的民事合同,因而《政府采购法》第五十条规定:"政府采购合同的双方当事人不得擅自变更、中止或者终止合同。政府采购合同继续履行将损害国家利益和社会公共利益的,双方当事人应当变更、中止或者终止合同。有过错的一方应当承担赔偿责任,双方都有过错的,各自承担相应的责任。"即政府采购合同一旦签订,合同当事人不得擅自变更合同内容,也不能擅自中止或者终止。除非政府采购合同继续履行将会损害国家利益和社会公共利益的,政府采购合同才可以变更、中止或者终止,但过错方应当承担责任。

问题在于,该条中规定的"损害国家利益和社会公共利益",在实践操作中如何把握?什么情形属于"损害国家利益和社会公共利益"?对此,目前没有一个明确的标准。由于行政机关本身就是维护公共利益的机关,因而容易对"损害国家利益和社会公共利益"做扩大化的解释,有可能出现行政机关滥用这一理由而损害供应商权益的情况。因此,明确"损害国家利益和社会公共利益"的判断非常必要,希望具有可操作性的判断标准尽快出台。

例如,某地方财政部门为其所属的行政事业单位采购车辆定点维修供应商,依据当时的文件支付维修费用采取的是以《维修质量信息反馈表》进行结算,《维修质量信息反馈表》得分在 85(含)分以上的,拨付全额维修费用;得分在 70(含)—85(不含)分的,拨付维修费用的 90%;得分在 70(不含)分以下的,停拨费用,并责令限期修改,并据此签订合同。此种支付费用的维修费用不是以供应商实际维修车辆的情况付费,而是以维修质量打分表付费,这种付费方式损害国家和社会公共利益,这种合同就应当依法终止或者变更。

五、加强履约管理，及时追究供应商的违约责任

政府采购程序完成，采购人与中标人、成交人签订合同。在采购过程中，如果出现违法违规行为，财政部门等行政监管部门可以依法追究违法行为人的行政责任，但进入政府采购合同履行后，财政部门等行政监管部门不能追究任何一方不履行或者不依据合同履行的行政责任。在此阶段，采购人只能依据《民法典》以及合同，追究合同相对方的违约责任。

《政府采购货物和服务招标投标管理办法》第七十五条规定，采购人应当加强对中标人的履约管理，并按照采购合同约定，及时向中标人支付采购资金。对于中标人违反采购合同约定的行为，采购人应当及时处理，依法追究其违约责任。

实践中，采购人往往比较重视前期的采购过程，而忽略合同签订后的履行，特别是那些履行期限较长的合同。合同签订后，就束之高阁，不对合同整个履行过程进行监督。还有些项目，合同相对方已经出现违约，但采购人与合同相对方多次合作，彼此熟悉，碍于情面不愿意追究违约责任。甚至有些合同，根本不约定违约责任，其理由是过去从未发生过违约，所以不用签订违约条款，结果导致供应商出现违约时无法追究对方违约责任。这些做法均造成国家财产、公共利益的损失，依法应追究直接责任人的法律责任，包括行政责任（公务员的责任）、刑事责任。

采购人是采购的主体，应承担合同履行的主体责任。在采购合同签订后，应加强对合同履行情况的监督，及时发现合同履行中出现的问题，利用《民法典》规定的不安抗辩权、先履行抗辩权、同时履行抗辩权等法律规定，依据合同的约定及时解决问题。造成损失的情况下，还应通过协商追究违约责任；协商不成的，及时提起仲裁或者民事诉讼，追究对方的违约责任，以免给国家财产造成损失。

第六章　政府采购质疑（异议）与投诉

【本章导读】

在政府采购过程中，参加政府采购活动的供应商认为政府采购活动有违法行为侵害其合法权益的，依法应当先向采购人、采购代理机构提出质疑（异议），对质疑（异议）答复不满意可以向行政监管部门提出投诉。

2016年全国政府采购投诉举报案件达到5011起（该数字为财政部统计数字），分别是2015年、2014年的1.5倍、3倍。[①]

政府采购活动的质疑（异议）、投诉，根据适用的法律的不同，可以分为三种：①政府采购工程进行招标的项目；②政府采购工程非招标的项目及货物、服务项目；③机电产品国际招标项目。

本章主要介绍政府采购工程非招标的项目及货物、服务项目的质疑和投诉，政府采购工程招标的项目的异议和投诉，机电产品国际招标项目的异议和投诉。

第一节　政府采购工程非招标的项目及货物、服务项目的质疑和投诉

2018年3月1日施行的《政府采购质疑和投诉办法》对《政府采购供应商投诉处理办法》进行了修改。本节有关政府采购工程项目、货物和服务项目的质

[①] 见《刘伟：在全国政府采购工作会议上的讲话》，https://www.ccgp.gov.cn/ldjh/201712/t20171215_9346117.htm，最后访问日期2024年3月30日。

疑、投诉均是以《政府采购质疑和投诉办法》为依据。

一、政府采购工程非招标的项目及货物、服务项目的询问

根据《政府采购法》的规定，在政府采购过程中，供应商对政府采购活动事项有疑问的，可以向采购人或其采购代理机构提出询问。采购人或者采购代理机构应当在三个工作日内作出答复，但答复的内容不得涉及商业秘密。例如，供应商如果认为招标文件或者其他采购文件有不明白之处，可以通过询问的方式，要求采购人或其代理机构澄清。这种询问并非法律规定的质疑。

询问与质疑的区别为，询问是供应商对政府采购活动有疑问，即有不明白的地方，可以向采购人或者采购代理机构提出，由后者进行解释；而质疑则是供应商认为采购活动存在违法之处，侵害其权益，要求采购人或者采购代理机构予以纠正。

二、政府采购工程非招标的项目及货物、服务项目的质疑

《政府采购法》规定的质疑是，供应商认为采购文件、采购过程和中标、成交结果使自己的权益受到损害的，可以在知道或者应当知道其权益受到损害之日起七个工作日内，以书面形式向采购人或其采购代理提出质疑。采购人或其采购代理机构应当在收到供应商的书面质疑后七个工作日内做出答复，并以书面形式通知质疑供应商和其他有关供应商，但答复的内容不得涉及商业秘密。采购代理机构答复询问或者质疑的，应当在采购人委托的范围内进行答复。询问或者质疑事项超出采购人委托事项范围的，应当告知供应商向采购人质疑。质疑内容有可能影响合同履行的，采购人应当暂停签订合同，已经签订合同的，应当暂停履行合同。

《政府采购法》有关质疑的规定比较原则，《政府采购质疑和投诉办法》在法律层面第一次明确了有关质疑的具体内容。

（一）有权提出质疑的人

有权提出质疑的供应商应当是参与所质疑项目采购活动的供应商。以联合体形式参加政府采购活动的，其投诉应当由组成联合体的所有供应商共同提出。

关于货物制造商能否提起质疑的问题，存在两种观点：一种观点是对参加政府采购活动的供应商做广义解释，认为货物制造商应当有权提起质疑；另一种观点对供应商做狭义解释，认为仅是参加投标的代理商有权提起质疑。有些法院案例也认为制造商没有提起质疑的权利。笔者认为，由于政府采购活动是以代理商的名义参加，最终与采购人签订政府采购合同，其权益直接受政府采购活动是否合法的影响。而制造商虽提供货物，但并未以其自己的名义参加政府采购活动，也不签订政府采购合同，其权益并未直接受到政府采购活动的影响。因此，在现阶段，应仅赋予代理商救济的权利。在未来条件成熟时，也可扩大到制造商。

已依法获取采购文件的潜在供应商，无论是否参加后续的政府采购活动，都可以对该文件提出质疑。

实践中经常遇到的一个问题是，如果采购人认为政府采购活动出现违法行为，能否提起质疑（异议）、投诉？根据法律规定，采购人不能提起质疑（异议）、投诉，只能向行政监管部门举报，由行政监管部门对违法行为予以行政处罚，同时认定中标无效等。

（二）质疑的事项

《政府采购质疑和投诉办法》第十条规定，供应商认为采购文件、采购过程、中标或者成交结果使自己的权益受到损害的，可以提出质疑。具体而言，质疑事项主要包括：

1. 对采购文件质疑

采购文件，包括采购项目公告、招标文件、资格预审文件、竞争性谈判文件、竞争性磋商文件、询价文件、单一来源采购文件等，以及采购文件的澄清和修改等。

对采购文件的质疑，最主要的是采购文件存在以不合理条件对供应商实行差别待遇或者歧视待遇的问题。《政府采购法实施条例》第二十条规定了八种"以不合理条件对供应商实行差别待遇和歧视待遇"的情形，表现为：(1) 就同一采购项目向供应商提供有差别的项目信息；(2) 设定的资格、技术、商务条件与采购项目的具体特点和实际需要不相适应或者与合同履行无关；（3）采购需求中的技术、服务等要求指向特定供应商、特定产品；（4）以特定行政区域或者特定行业的业绩、奖项作为加分条件或者中标、成交条件；（5）对供应商采取不同的资格审查或者评审标准；（6）限定或者指定特定的专利、商标、品牌或者供应商；（7）非法限定供应商的所有制形式、组织形式或者所在地；（8）以其他不合理条件限制或者排斥潜在供应商。

2. 对采购过程质疑

采购过程，是指从发布采购项目信息公告起到发布中标、成交结果公告止，采购文件的发出、投标、开标、评标、澄清、谈判、询价等各程序环节。

对采购过程质疑，包括但不限于：采购文件的澄清或者修改违反规定；采购人员或者相关人员与其他供应商有利害关系，应当回避而不回避；采购程序违反规定；等等。

3. 对中标或者成交结果的质疑

中标或者成交结果公告后，供应商没有中标或者成交。其认为自己报价低、服务好，应当中标而没有中标；采购活动中存在串通行为；其他供应商提供虚假资料谋取中标、成交等，均属于此种情形。

供应商质疑其他供应商时，需要把握好"度"，对有些主张还需要提供相应的证据，否则其主张不会得到行政监管部门的支持。

【案例】西安 A 航空技术有限责任公司诉 B 省财政厅投诉处理决定、B 省人民政府行政复议案[①]（摘选）

基本案情

B 省招标代理有限公司（以下简称招标公司）受采购人某旅游职业学院的委托，就"某旅游职业学院乘务训练设备（重）"采购项目（以下简称案涉采购项目）进行公开招标。该项目于 2015 年 12 月 8 日首次开标时因供应商不足——仅有西安 A 航空技术有限责任公司（以下简称 A 公司）和西安 C 航空模拟有限公

---

① 详细内容请见中国裁判文书网：浙江省杭州市中级人民法院（2016）浙 01 行初 250 号行政判决书。

第六章 政府采购质疑（异议）与投诉

司投标（以下简称C公司）导致废标。2015年12月11日，招标公司就案涉采购项目重新招标，杭州D信息技术有限公司（以下简称D公司）、A公司和C公司投标。2015年12月23日，评标委员会经开标评审，推荐C公司为第一中标候选人，A公司为第二中标候选人。2015年12月25日，招标公司发布中标结果公示，确定C公司为中标人。

A公司不服，于2015年12月29日向招标公司质疑，质疑事项包括以下两个方面：一是认为D公司不是本项目的合格供应商。理由是，第一，D公司的经营范围为"一般经营项目：计算机软硬件、计算机网络的技术开发、技术咨询、技术服务、成果转让；图文设计、制作（除广告）；其他无须报经审批的一切合法项目"。其经营范围不涉及与乘务训练设备相关专业的设计、生产、制造，也不具有履行合同所必需的专业设备和专业技术能力，不符合《政府采购法》第二十二条第一款第三项的规定。第二，D公司注册资金少于本项目标的。案涉采购项目标的金额为123万元，而D公司的注册资金只有102万元，少于本项目标的，不符合《政府采购法》第二十二条第一款第一项的规定。二是认为C公司在多次多地政府采购中串通投标，《政府采购法实施条例》第十七条第一款第四项规定："参加政府采购活动的供应商应当具备政府采购法第二十二条第一款规定的条件，提供下列材料：（四）参加政府采购活动前3年内在经营活动中没有重大违法记录的书面声明。"C公司在某人社局"××专项设备采购"项目、某航空工业管理学院空乘实训模拟系统项目、某公共关系学校相关采购项目、B经济职业技术学院飞机安检模拟系统采购项目和客舱服务训练舱采购项目的招投标过程中串通投标，相关案件正在查处中，不符合前述规定。综上，A公司认为，案涉采购项目符合专业条件的供应商或者对招标文件作实质性响应的供应商不足三家，根据《政府采购法》第三十六条的规定，本次政府招标采购应予废标。

2016年1月8日，招标公司作出质疑回复函，函复A公司：1.贵方质疑D公司经营范围中不涉及乘务训练设备相关专业的设计、生产、制造，认为其不符合资格条件中，根据《政府采购法》第二十二条的规定，"（三）具有履行合同所必需的设备和专业技术能力"，D公司不符合本项目合格供应商的要求。根据对投标文件的审查，D公司取得了专业厂家的授权代理资格，符合"具有履行合同所必需的设备和专业技术能力"的要求。2.贵方质疑D公司注册资金少于本项目标的，《政府采购法》中没有相关的条款规定注册资金必须大于项目标的。3.贵方质疑C公司在多次多地政府采购中有串通投标行为。根据贵方提供的材料，没有相关的投诉、诉讼和法院受理的材料，案件还在调查审理阶段，并未结案。《政府采购法》第二十二条第一款第五项所称"重大违法记录"，是指供应商因违法经营受到刑事处罚或者责令停产停业、吊销许可证或者执照、较大数额罚款等行政处罚。从贵方提交的材料看，无法认定C公司有重大违法记录。据此，招标公司认为A公司的质疑不能成立。

A公司仍不服，于2016年1月10日向某市财政局投诉。某市财政局收件后，经审查，认为该项投诉不属于该部门管辖，按照投诉处理办法第十一条第二项规定，将有关材料转送财政厅处理。同时于1月13日把前述处理情况书面告知A公司。

财政厅于2016年1月19日收到某市财政局的转寄件，于1月21日收到A公司寄送的《质疑函》，并于当日受理该项投诉。财政厅经审查，于2016年3月4日作出浙财执法〔2016〕4号《行政处理决定书》，财政厅认为：1.根据财政部、工业和信息化部《关于印发〈政府采购促进中小企业发展暂行办法〉的通知》（财库〔2011〕181号）和财政厅《关于规范政府采购供应商资格设定及资格审查的通知》（浙财采监〔2013〕24号）的有关规定，任何单位和个人不得阻挠和限制中小企业自由进入本地区和本行业的政府采购市场，政府采购活动不得以注册资本金、资产总额、营业收入、从业人员、利润、纳税额等供应商的规模条件对中小企业实行差别待遇或者歧视待遇。除非采购文件有明确规定，采购组织机构在组织供应商资格审查过程中，不得仅以营业执照注明的经营范围中没有包括与采购项目相一致的内容而排除供应商参与该项目的政府采购竞争，但法律法规规定属于限制经营或需前置性经营许可的行业除外。本项目属于设备采购项目，没有证据显示相关设备属于限制经营或需前置性经营许可的行业，评标委员会根据本项目招标文件和D公司投标文件认定其符合本项目合格供应商的要求，并无不当。投诉人认为D公司不具有履行合同所必需的设备和技术能力或独立承担民事责任的能力的诉求，缺乏法律依据。投诉人根据本项目或有授权书推断相关供应商之间存在串通投标、转包、分包关系等，均缺乏依据。2. 投诉人提供的以 C 公司为核心张某某家庭公司结构图、有关 C 公司串通投标的文字说明材料等，只是投诉人对 C 公司涉及有关行政案件或刑事案件的认识，尚不足以证明 D 公司与 C 公司在本项目采购过程中进行了串通投标，亦不能证明 C 公司有《政府采购法实施条例》第十九条第一款所列的重大违法记录或被禁止参加政府采购活动的行政处罚记录。3. 本机关于 2016 年 2 月 22 日向投诉人发出《调查举证通知书》，要求投诉人提供 C 公司在某人社局、某航空工业管理学院、某市公共关系学校相关项目中经相关部门依法认定或作出处理的行政处罚决定书、判决书等法律文书，以对相关事实作出调查认定。截至规定时间，投诉人未向本机关补充举证。投诉人也未提供 C 公司在某经济职业技术学院安检模拟系统和客舱训练采购项目中串通投标的具体证据或被禁止参加政府采购活动的行政处罚记录证据，且此采购行为距现在已超过两年，按照《中华人民共和国行政处罚法》第二十九条第一款等规定，本机关已不能再给予其行政处罚。本机关也未发现 D 公司与 C 公司串通投标的有效证据。评标委员会根据 C 公司投标文件认定其符合本项目合格供应商的要求，并无不当。综上，关于案涉采购项目采购结果不合法损害自身合法权益的投诉缺乏事实依据，本机关不予采信。根据《政府采购法》第五十六条和《政府采购法实施条例》第十七条第二项的规定，决定驳回投诉。该《行政处理决定书》于当日寄送 A 公司。

案例评析

本案中，A 公司对案涉采购项目质疑、投诉事项有两个：一是认为 D 公司不是案涉采购项目的合格供应商。理由为，第一，D 公司的经营范围没有乘务训练设备相关专业的设计、生产、制造，也不具有履行合同所必需的专业设备和专业技术能力；第二，D 公司注册资金少于案涉采购项目标的。案涉采购项目标的金额为 123 万元，而 D 公司的注册资金只有 102 万元，少于案涉采购项目标的。二是认为 C 公司在多次多地政府采购中串通投标，C 公司在某人社局全民技能振兴工程专项设备采购项目、某航空工业管理学院空乘实训模拟系统项目、某市公共关系学校相关采购项目、某经济职业技术学院飞机安检模拟系统采购项目和客舱服务训练舱采购项目的招投标过程中串通投标,相关案件正在查处中。

针对A公司的投诉事项,财政厅认为:一是政府采购活动不得以注册资本金、资产总额、营业收入等供应商的规模条件对中小企业实行差别待遇或者歧视待遇。除非采购文件有明确规定,采购组织机构在组织供应商资格审查过程中,不得仅以营业执照注明的经营范围中没有包括与采购项目相一致的内容而排除供应商参与该项目的政府采购竞争,但法律法规规定属于限制经营或需前置性经营许可的行业除外。投诉人认为D公司不具有履行合同所必需的设备和技术能力或独立承担民事责任的能力的诉求,缺乏法律依据。投诉人根据本项目或有授权书推断相关供应商之间存在串通投标、转包、分包关系等,均缺乏依据。二是投诉人提供的以C公司为核心张某某家庭公司结构图、有关C公司串通投标的文字说明材料等,财政厅认为不能证明其投诉请求。并且,投诉程序中,财政厅要求A公司进一步提供行政处罚决定书、判决书等法律文书,但投诉人未能提供。因此,投诉人提出的C公司存在重大违法记录的主张没有获得财政厅的支持,在后续的行政复议、行政诉讼一审及二审中也未得到支持。

(三)提起质疑的期限

法律规定的是供应商在知道或者应当知道其权益受到损害之日起七个工作日内提出。供应商应当在七个工作日内以快递方式邮寄质疑函,或者将质疑函直接送达采购人或者采购代理机构。对超过法定质疑期限发出或者送达的质疑函,采购人、采购代理机构可以拒收。

所谓"知道"是指供应商实际知道的时间。

"应当知道损害之日"是指:(1)对采购文件提出质疑的,为收到采购文件之日或者采购文件公告期限届满之日;(2)对采购过程提出质疑的,为各采购程序环节结束之日;(3)对中标或者成交结果提出质疑的,为中标或者成交结果公告期限届满之日。

期间开始之日,不计算在期间内。期间届满的最后一日是节假日的,以节假日后的第一日为期间届满的日期。期间不包括在途时间，质疑和投诉文书在期满前交邮的，不算过期。

采购文件可以要求供应商在法定质疑期内一次性提出针对同一采购程序环节的质疑。

实践中有时会出现供应商第一次质疑、采购人或者采购代理机构答复后，供应商又第二次质疑甚至第三次质疑的情况，对于后两次质疑采购人、采购代理机构是否应当作出答复？笔者认为，法律仅规定供应商应在七个工作日内提出质疑，并未对质疑的次数进行限制，因此，如果采购文件未对质疑次数进行限制，则只要供应商的多次质疑均是在法定期限内提出，采购人或者采购代理机构就应当答复。如果采购文件要求供应商在法定质疑期内一次性提出针对同一采购程序的质疑，则供应商须一次性提出质疑；但针对质疑答复提出新的质疑应不受此限制。

（四）质疑的形式

法律要求是书面形式。供应商应当向采购人或者其代理机构提交书面的质疑函和必要的证明材料。

质疑函应当包括下列内容：

（1）供应商的姓名或者名称、地址、邮编、联系人及联系电话；

（2）质疑项目的名称、编号；

（3）具体、明确的质疑事项和与质疑事项相关的请求；

（4）事实依据；

（5）必要的法律依据；

（6）提出质疑的日期。

财政部公布的《政府采购质疑函》范本如下：

质疑函范本

一、质疑供应商基本信息

质疑供应商：

地址：　　　　　　　　　　　　邮编：

联系人：　　　　　　　　　　　联系电话：

授权代表：　　　　　　　　　　联系电话：

地址：　　　　　　　　　　　　邮编：

二、质疑项目基本情况

质疑项目的名称：

质疑项目的编号：　　　　　　　包号：

采购人名称：

采购文件获取日期：

三、质疑事项具体内容

质疑事项1

事实依据：

法律依据：

质疑事项2

……

四、与质疑事项相关的质疑请求

请求：

签字（签章）：　　　　　　　　公章：

日期：

质疑函制作说明：

1. 供应商提出质疑时，应提交质疑函和必要的证明材料。

2. 质疑供应商若委托代理人进行质疑的，质疑函应按要求列明"授权代表"的有关内容，并在附件中提交由质疑供应商签署的授权委托书。授权委托书应载明代理人的姓名或者名称、代理事项、具体权限、期限和相关事项。

3. 质疑供应商若对项目的某一分包进行质疑，质疑函中应列明具体分包号。

4. 质疑函的质疑事项应具体、明确，并有必要的事实依据和法律依据。

5. 质疑函的质疑请求应与质疑事项相关。

6. 质疑供应商为自然人的，质疑函应由本人签字；质疑供应商为法人或者其他组织的，质疑函应由法定代表人、主要负责人，或者其授权代表签字或者盖章，并加盖公章。

供应商为自然人的，应当由本人签字；供应商为法人或者其他组织的，应当由法定代表人、主要负责人或者其授权代表签字或者盖章，并加盖公章。

供应商可以委托代理人进行质疑。代理人提出质疑，应当提交供应商签署的授权委托书。授权委托书应当载明代理人的姓名或者名称、代理事项、具体权限、期限和相关事项。

供应商应当按照采购文件中载明接收质疑函的方式、联系部门、联系电话和通讯地址等信息提出质疑。采购人、采购代理机构不得拒收质疑供应商在法定质疑期内发出的质疑函。

（五）质疑答复

1. 被质疑人的确定及作出答复的主体

《政府采购质疑和投诉办法》第五条明确规定，采购人负责供应商质疑答复；采购人委托采购代理机构采购的，采购代理机构在委托授权范围内作出答复。根据采购人、采购代理机构在政府采购活动中所起的作用，质疑时，供应商可考虑按以下情况确定被质疑人：（1）对采购文件提出质疑的，通常向采购人提出质疑，由其进行解释或者答复；（2）对采购过程提出质疑的，通常向采购代理机构提出质疑，由采购代理机构根据采购活动记录及评审委员会的协助进行答复；（3）对中标、成交结果进行质疑的，视具体情况。如果供应商由于采购人未确定排名第一的中标候选人等采购人的原因向采购人提出质疑的，由采购人作出答复；如果认为自己应当中标而没有中标，其实质仍是对评标质疑，可以向采购代理机构提出质疑，由其作出答复。

2. 答复的期限

采购人、采购代理机构应当在收到质疑函后七个工作日内作出答复。

3. 质疑事项的处理及答复

供应商对评审过程、中标或者成交结果提出质疑的，采购人、采购代理机构可以组织原评标委员会、竞争性谈判小组、询价小组或者竞争性磋商小组协助答复质疑。

质疑答复应以书面形式，并通知质疑供应商和其他有关供应商。这里的"相关供应商"是指排名第一的中标候选人或者成交候选人。

质疑答复应当包括下列内容：

（1）质疑供应商的姓名或者名称；

（2）收到质疑函的日期、质疑项目名称及编号；

（3）质疑事项、质疑答复的具体内容、事实依据和法律依据；

（4）告知质疑供应商依法投诉的权利；

（5）质疑答复人名称；

（6）答复质疑的日期。

质疑答复的内容不得涉及供应商的商业秘密。

质疑答复的内容应当围绕质疑事项，不要做扩大答复。根据《政府采购质疑和投诉办法》的规定，即便供应商未提起质疑但质疑答复时提出的事项，供应商如果不服也可以投诉。

（六）质疑对政府采购项目的影响

（1）采购人、采购代理机构认为供应商质疑不成立，或者成立但未对中标、成交结果构成影响的，继续开展采购活动。

（2）采购人、采购代理机构认为供应商质疑成立且影响或者可能影响中标、成交结果的，按照下列情况处理：

①对采购文件提出的质疑，依法通过澄清或者修改可以继续开展采购活动的，澄清或者修改采购文件后继续开展采购活动；否则应当修改采购文件后重新开展采购活动。

②对采购过程、中标或者成交结果提出的质疑，合格供应商符合法定数量（即达到三家及三家以上）时，可以从合格的中标或者成交候选人中另行确定中标、成交供应商的，应当依法另行确定中标、成交供应商；否则应当重新开展采购活动。

质疑答复导致中标、成交结果改变的，采购人或者采购代理机构应当将有关情况书面报告本级财政部门。

（七）采购人、采购代理机构拒收质疑函或者超过法定期限未作出答复的救济

实践中，有时会出现供应商向采购人、采购代理机构当面递交质疑函而被拒收的情况，或者采购人、采购代理机构超过法定期限不予答复的情形。对于这些情况，供应商可以采取以下措施。

1. 对于拒收质疑函的救济

根据《政府采购质疑和投诉办法》的规定，如果供应商质疑超过法定质疑期限，采购人、采购代理机构拒收是合法的，但双方有可能对"是否超过法定质疑期限"有不同的认识。如果供应商是在法定质疑期限内提起的，则采购人、采购代理机构拒收非法。

对于上述情况，供应商可以采取以下任一种方式：

（1）邮寄质疑函，并保存相关凭证。

供应商可以当天以快递的方式向采购人、采购代理机构邮寄质疑函，并保存快递凭证。待质疑答复期满（采购人、采购代理机构收到质疑函的第二日起算七个工作日为质疑答复期），供应商可以向财政部门提起投诉。

（2）向财政部门举报，反映采购人、采购代理机构非法拒收质疑函的问题。

财政部门会依据《政府采购质疑和投诉办法》第三十六条的规定进行查处。若财政部门认定采购人、采购代理机构存在"拒收质疑供应商在法定质疑期内发出的质疑函"的违法行为，可以责令采购人、采购代理机构限期改正；情节严重的，给予警告，对直接负责的主管人员和其他直接责任人员，由其行政主管部门或者有关机关给予处分，并予通报。在这种情况下，采购人、采购代理机构就必须受理供应商的质疑。

2. 超过法定期限未予质疑答复的救济

（1）供应商可以提起投诉。

虽然法律规定质疑答复是采购人或者采购代理机构的义务，但该义务是否履行并不影响质疑供应商进行投诉，即采购人或者采购代理机构未在七个工作日内作出答复的，供应商仍然可以提起投诉，但供应商应当提交其在法定期限内进行过质疑的证据，如邮寄质疑材料的凭证。

（2）向财政部门举报，追究采购人、采购代理机构的行政责任。

根据《政府采购质疑和投诉办法》第三十六条的规定，财政部门查实采购人、采购代理机构存在"对质疑不予答复或者答复与事实明显不符，并不能作出合理说明"的违法行为，可以责令采购人、采购代理机构限期改正；情节严重的，给予警告，对直接负责的主管人员和其他直接责任人员，由其行政主管部门或者有关机关给予处分，并予通报。

三、政府采购工程非招标的项目及货物、服务项目的投诉与处理

（一）政府采购工程非招标的项目及货物、服务项目投诉处理的性质及必要性

1. 政府采购投诉处理是行政裁决行为

政府采购投诉处理，是财政部门应投诉人的申请，对政府采购活动进行审查并作出处理决定的一种行政行为，其性质属于行政行为中的行政裁决。

2019年6月，为落实党的十八届四中全会提出的"健全社会矛盾纠纷预防化解机制，完善调解、仲裁、行政裁决、行政复议、诉讼等有机衔接、相互协调的多元化纠纷解决机制"、"健全行政裁决制度，强化行政机关解决同行政管理活动密切相关的民事纠纷功能"及《法治政府建设实施纲要（2015—2020年）》要求"有关行政机关要依法开展行政调解、行政裁决工作，及时有效化解矛盾纠纷"，中共中央办公厅、国务院办公厅印发《关于健全行政裁决制度加强行政裁决工作的意见》。根据文件规定，行政裁决是行政机关根据当事人申请，根据法律法规授权，居中对与行政管理活动密切相关的民事纠纷进行裁决的行为。合同纠纷等一般民事争议不属于行政裁决的受理范围，合同纠纷依法由仲裁机关或者法院来解决。

行政裁决的特征如下。

（1）行政裁决的主体是行政机关。裁决主体是特定的，其特定性表现在两个方面：一是行使裁决权的主体是对与民事纠纷有关的行政事项具有管理职权的行政机关，二是对与民事纠纷有关的行政事项具有管理职权的行政机关只有经法律

授权后，才能对该类民事纠纷行使行政裁决权。

（2）行政裁决的对象是特定的民事纠纷。行政裁决的对象具有有限性，行政机关不能对所有的民事纠纷都进行行政裁决。这是因为，民事纠纷在传统上是由法院裁决处理的。只有在特定的情况下，即出现了民事纠纷与行政管理事项密切相关的情况时，并且法律有明确规定时，行政机关才能从行政管理的角度去裁决处理这些民事纠纷，以实现行政管理的目的。

（3）行政裁决是行政机关行使行政裁决权的活动，具有法律权威性。行政裁决权是国家行政权的组成部分，因此，行政裁决权的行使也是国家行政权的一种行使方式，行政裁决活动具有行政权行使的特征，无论民事纠纷的双方当事人是否接受或同意，都不影响行政裁决的进行和成立，也不影响行政裁决应有的法律效力。

（4）行政裁决行为是一种特殊的行政行为。行政裁决是行政行为，这是其基本属性。行政裁决是对已发生的特定民事纠纷在行政上予以法律确认，使处于不确定状态的法律关系被确认下来，其行为具有行政行为的性质和特征。与其他行政行为相比，其特殊性表现为，一是行政机关是以居间裁决的身份出现而非行政管理者的身份；二是适用的行政程序具有准司法性质，不同于一般行政行为的程序，要求行政机关客观公正地审查证据，调查事实，然后依法作出公正的裁决。

2. 投诉处理的必要性

在《政府采购法》实施后，各方对投诉有不同的看法。有的财政部门认为，财政部门由于处理政府采购投诉后往往被卷入行政复议和行政诉讼，并且该工作是居中裁决，与以往的行政处罚、行政许可等行政行为有明显的不同，不仅加大了财政部门的工作量，也增加了其被复议和被诉讼的风险，因而不愿意承担这一职责。投诉人也认为，投诉处理机关容易袒护被投诉方而不愿接受法律规定的这一制度。但财政部门的投诉处理虽然在程序、规则等方面还有许多不尽如人意之处，但投诉处理的时效性、专业性、有效性却是诉讼所不具备的。在政府采购争议发生后，财政部门尽早介入，可以尽快对政府采购活动的合法性作出判断，并责令重新开展采购活动；并且，由于财政部门熟悉和了解政府采购法律法规，因而投诉处理决定相对客观、公正;再者,财政部门掌握政府采购项目资金的拨付,与其他行政机关甚至法院相比,对政府采购的监督更有实质作用。财政部门关于投诉处理的这些优势是以事后性和中立性为特点的行政诉讼所不具备的。

(二)政府采购工程非招标的项目及货物、服务项目的投诉监督管理部门

根据《政府采购法》第十三条第一款的规定,各级人民政府财政部门是负责政府采购监督管理的部门,依法履行对政府采购活动的监督管理职责。

根据《政府采购质疑和投诉办法》的规定,供应商投诉按照采购人所属预算级次,由本级财政部门处理。跨区域联合采购项目的投诉,采购人所属预算级次相同的,由采购文件事先约定的财政部门负责处理,事先未约定的,由最先收到投诉的财政部门负责处理;采购人所属预算级次不同的,由预算级次最高的财政部门负责处理。这一规定解决了实践中的一些问题,例如,有些项目使用的是部级和省级两级财政性资金,或者市级和区级财政性资金,在《政府采购质疑和投诉办法》规定之前,其投诉由哪级财政部门处理并不明确,有的是上一级财政部门处理,也有的是下一级财政部门处理,根据《政府采购质疑和投诉办法》的规定,应由上一级财政部门处理。

投诉处理的管辖与投诉中发现的违法行为的行政处罚的管辖是两个问题。对于监督检查中发现的违法行为的行政处罚,根据《行政处罚法》的规定,应由违法行为发生地的县级以上财政部门管辖。例如,某项目使用的是财政部和天津市财政局两级财政性资金,在北京进行公开招标。如果是供应商针对项目进行投诉,应当由财政部处理;如果是财政部门监督检查发现存在违法行为,则应当由违法行为发生地北京市的财政部门管辖,而不能由天津市财政局管辖。

(三)投诉提起的前置程序和期限

1. 投诉以质疑为前置程序

根据法律的规定,供应商"认为采购文件、采购过程和中标、成交结果使自己的权益受到损害"时,应先向采购人或者采购代理机构进行质疑,对质疑答复不满意或者采购人、采购代理机构超过期限未答复的,供应商可以在答复期满后

十五个工作日内向同级财政部门提起投诉。未经质疑而直接向财政部门投诉的，财政部门不能受理。供应商投诉的事项不得超出已质疑事项的范围，但基于质疑答复内容提出的投诉事项除外。

2.投诉的法定期限为质疑答复期满后十五个工作日

质疑答复期，是指供应商认为采购文件、采购过程和中标、成交结果使自己的权益受到损害的，在知道或者应知其权益受到损害之日起七个工作日内以书面形式向采购人或者采购代理机构提出质疑，采购人或者采购代理机构在收到供应商的书面质疑后七个工作日内作出书面答复。自质疑答复期满后十五个工作日内，供应商可以向财政部门提出投诉。

（四）投诉的审查与受理

1.投诉必须有明确的请求，并提交必要的证明材料

根据《政府采购法实施条例》的规定，投诉人投诉时，应当有明确的请求和必要的证明材料。

根据《政府采购质疑和投诉办法》的规定，投诉人投诉时，应当提交投诉书和必要的证明材料，并按照被投诉采购人、采购代理机构（以下简称被投诉人）和与投诉事项有关的供应商数量提供投诉书的副本。

投诉书应当包括下列内容：

（1）投诉人和被投诉人的姓名或者名称、通讯地址、邮编、联系人及联系电话；

（2）质疑和质疑答复情况说明及相关证明材料；

（3）具体、明确的投诉事项和与投诉事项相关的投诉请求；

（4）事实依据；

（5）法律依据；

（6）提起投诉的日期。

财政部公布的《政府采购供应商投诉书范本》[1]如下：

---

[1] 见 http://www.mof.gov.cn/gp/xxgkml/gks/201802/t20180201_2804585.htm，最后访问日期2024年2月25日。

投诉书范本

一、投诉相关主体基本情况

投诉人：
地　　址：　　　　　　　　邮编：
法定代表人 / 主要负责人：
联系电话：
授权代表：　　　　　　　　联系电话：
地　　址：　　　　　　　　邮编：

被投诉人 1
地　　址：　　　　　　　　邮编：
联系人：　　　　　　　　　联系电话：

被投诉人 2
……

相关供应商：
地　　址：　　　　　　　　邮编：
联系人：　　　　　　　　　联系电话：

二、投诉项目基本情况

采购项目名称：
采购项目编号：　　　　　　包号：
采购人名称：
代理机构名称：
采购文件公告：是 / 否　公告期限：
采购结果公告：是 / 否　公告期限：

三、质疑基本情况

投诉人于＿＿＿年＿＿＿月＿＿＿日，向＿＿＿＿＿＿＿提出质疑，质疑事项为：＿＿＿＿＿＿＿

采购人 / 代理机构于＿＿＿年＿＿＿月＿＿＿日，就质疑事项作出了答复 / 没有在法定期限内作出答复。

四、投诉事项具体内容

投诉事项 1
事实依据：

法律依据：

投诉事项 2
……

续前范本

> **五、与投诉事项相关的投诉请求**
>   请求：
>
>   签字（签章）：   公章：
>   日期：
>
> **投诉书制作说明：**
>   1. 投诉人提起投诉时，应当提交投诉书和必要的证明材料，并按照被投诉人和与投诉事项有关的供应商数量提供投诉书副本。
>   2. 投诉人若委托代理人进行投诉的，投诉书应按照要求列明"授权代表"的有关内容，并在附件中提交由投诉人签署的授权委托书。授权委托书应当载明代理人的姓名或者名称、代理事项、具体权限、期限和相关事项。
>   3. 投诉人若对项目的某一分包进行投诉，投诉书应列明具体分包号。
>   4. 投诉书应简要列明质疑事项，质疑函、质疑答复等作为附件材料提供。
>   5. 投诉书的投诉事项应具体、明确，并有必要的事实依据和法律依据。
>   6. 投诉书的投诉请求应与投诉事项相关。
>   7. 投诉人为自然人的，投诉书应当由本人签字；投诉人为法人或者其他组织的，投诉书应当由法定代表人、主要负责人，或者其授权代表签字或者盖章，并加盖公章。

投诉人为自然人的，应当由本人签字；投诉人为法人或者其他组织的，应当由法定代表人、主要负责人，或者其授权代表签字或者盖章，并加盖公章。法律规定投诉书必须要有法定代表人或者负责人签字，实践中有一些供应商因投诉时忽略了这一点，而被财政部门要求补正。

供应商可以委托代理人进行投诉。代理人提出投诉，应当提交供应商签署的授权委托书。其授权委托书应当载明代理人的姓名或者名称、代理事项、具体权限、期限和相关事项。

供应商应当按照县级以上财政部门在省级以上财政部门指定的政府采购信息发布媒体公布的受理投诉的方式、联系部门、联系电话和通讯地址等信息进行投诉。

2. 投诉人提起投诉，必须符合法定的条件

投诉人提起投诉应当符合下列条件：

（1）提起投诉前已依法进行质疑（在法定期限内提出过质疑）；

（2）投诉书内容符合本办法的规定；

（3）在投诉有效期限内提起投诉；

（4）同一投诉事项未经财政部门投诉处理；

（5）财政部规定的其他条件。

前四个事项通常需要投诉人提供证据材料来证明，如果投诉人不能证明其符合相关投诉条件，或者财政部门认为投诉人不符合其他条件的，可以不受理投诉。

供应商应当根据财政部门在省级以上财政部门指定的政府采购信息发布媒体上公布的受理投诉的方式、联系部门、联系电话和通讯地址等信息内容，按照其规定的方式提起投诉。

3. 投诉的审查受理

财政部门在收到投诉书后，应当在五个工作日内进行审查，审查后分别作出如下处理：

（1）投诉书内容不符合规定的，应当在收到投诉书五个工作日内一次性书面通知投诉人补正。补正通知应当载明需要补正的事项和合理的补正期限。未按照补正期限进行补正或者补正后仍不符合规定的，不予受理。

（2）投诉不符合投诉条件的，应当在三个工作日内书面告知投诉人不予受理，并说明理由。

（3）投诉不属于本部门管辖的，应当在三个工作日内书面告知投诉人向有管辖权的部门提起投诉。

投诉的管辖是以采购人所属预算级次为标准来确定，与采购代理机构的隶属没有关系。在采购代理机构是集中采购机构时，有时会出现确定投诉处理机关判断失误的情况。例如，集中采购机构是一级人民政府设立的，因此从隶属关系来看，财政部门与集中采购机构属于同级，但判断政府采购投诉受理机关是以采购人所属预算级次为依据。例如，某区医院要购买一台医疗设备，委托市采购中心进行招标，在招标过程中有供应商不满政府采购活动欲提起投诉，那么该供应商是应向某区财政局提起投诉，还是向市财政局提起投诉呢？从某区购买医疗设备的项目预算来看是归属区财政局，但从采购中心的设立来看是市政府设立，在隶属上同级财政部门是市财政局。根据上述判断投诉管辖的规定，区财政局才是处理投诉的机关。

（4）投诉符合法律规定的，自收到投诉书之日起即为受理，并在收到投诉后八个工作日内向被投诉人和其他与投诉事项有关的当事人发出投诉答复通知书及投诉书副本。

（五）受理后的工作

1. 要求被投诉人和其他与投诉事项有关的当事人提出答复

财政部门经审查认为投诉应当受理的，自收到投诉书之日起即为受理，并在收到投诉后八个工作日内向被投诉人和其他与投诉事项有关的当事人发出投诉答复通知书及投诉书副本。此处的"其他与投诉事项有关的当事人"至少包括中标、成交供应商，因为投诉的结果（如确认采购活动违法、责令重新开展采购活动）与中标、成交供应商有直接的关系，应当给予中标、成交供应商参与投诉的机会，进行陈述、申辩，甚至针对投诉处理决定提起行政复议或者行政诉讼。

被投诉人和其他与投诉事项有关的当事人应当在收到投诉答复通知书及投诉书副本之日起五个工作日内，以书面形式向财政部门作出说明，并提交相关证据、依据和其他有关材料。

【案例】A公司诉财政部投诉处理决定案（第二次诉讼）[1]

基本案情

第一次诉讼后，财政部重新作出投诉处理决定。因机构改革，组建国家卫生和计划委员会（以下简称国家卫计委），不再保留卫生部。2014年3月，A公司根据财政部要求，确认被投诉人为原卫生部。3月27日，财政部向国家卫计委、招标公司作出《提出答复通知书》，并转送了投诉书副本，同时要求国家卫计委、招标公司就投诉事项和有关情况提交书面说明，并提供相关的证据材料和法律依据。4月，招标公司、国家卫计委先后向财政部提交书面答复意见。5月9日，财政部作出财库（2014）52号《投诉处理决定书》（以下简称投诉处理决定），

---

[1] 详细内容请见国家法官学院审判案例数据库，http://chncase.cn/case/case/2827392，最后访问日期2024年2月12日。

认定：2004年10月28日，招标公司受原卫生部委托，在中国采购与招标网发布招标公告，采购内容为286台干式血气分析仪，招标文件中规定采用综合打分法，规定了商务、技术和价格三部分的分值，但未规定具体评分因素及其分值比重。2004年11月19日，投标截止、开标、评标，共有三家供应商参与投标，评标委员会专家由多家采购代理机构提供的专家库汇总后随机抽取，评审后A公司综合排名第三。2004年12月21日，招标公司受原卫生部委托发布中标公告，其中未包括评标委员会成员名单。2004年12月22日，A公司向招标公司提出质疑。2004年12月29日，招标公司答复质疑，称"由于本项目属于国家医疗救治体系建设项目的一部分，应遵照《招标投标法》的相关规定"。财政部另查明，中标通知书发出后，被投诉项目政府采购合同已经履行。财政部认为，根据法院判决，被投诉项目属于货物采购，其采购方式和采购程序均应依照2004年项目启动前已实施的《政府采购法》及《政府采购货物和服务招标投标管理办法》规定执行，而被投诉项目未依照上述规定执行，违反了《政府采购法》第二条第一款和第六十四条第一款的规定。鉴于被投诉项目适用法律和采购程序错误，财政部不再对投诉事项逐一进行审查。综上，根据《政府采购法》第二条、第六十四条，《政府采购供应商投诉处理办法》第十九条第三项规定，认定采购活动违法。在此过程中，财政部对投诉进行处理，未通知广东B医疗科技有限公司（以下简称B公司）参加投诉处理程序，其后亦未向B公司送达投诉处理决定。

A公司不服财政部所作的投诉处理决定，以财政部未就其投诉事项进行审查、查处，未履行生效判决所确认的监管职责等为由，向北京市第一中级人民法院提起行政诉讼，请求法院撤销投诉处理决定，判令财政部重新作出行政行为。

一审审理情况：

1. 被诉处理决定的程序合法性

（1）财政部门在作出政府采购投诉处理决定前，应当保障与投诉事项有关的供应商参加投诉处理程序的权利，此为正当程序原则的应有之义，也是财政部门的法定义务。行政机关在作出行政行为前，应当通知利害关系人参加行政程序，并保障其陈述意见、提交证据等程序权利，避免利害关系人在未陈述申辩甚至毫不知情的情况下，受到行政行为的侵害，此为正当程序原则的重要内涵。而且，

第六章 政府采购质疑（异议）与投诉

对于政府采购投诉处理程序中的利害关系人参加问题，《政府采购供应商投诉处理办法》（被2017年《政府采购质疑和投诉办法》替代）亦有明确规定。参照该办法第十二条及第十三条规定，财政部门应当在受理投诉后三个工作日内向被投诉人和与投诉事项有关的供应商发送投诉书副本，而被投诉人和与投诉事项有关的供应商则应当在收到投诉书副本之日起五个工作日内，以书面形式向财政部门作出说明，并提交相关证据、依据和其他有关材料。上述规定之目的，即在于保障包括与投诉事项有关的供应商在内的利害关系人参加行政程序的权利，并对其行使该权利的行为加以规范。因此，在政府采购投诉处理程序中，财政部门通知与投诉事项有关的供应商参加投诉处理程序，既是正当程序原则的要求，也是财政部门的法定义务。

（2）关于"与投诉事项有关的供应商"的具体范围，相关法律规范并未予以明确列举，对于"与投诉事项有关"这一概念的判断标准，亦无明确界定。结合法理予以分析，在行政行为所涉及的行政法律关系中，如果公民、法人或者其他组织的权利义务将直接因行政行为而产生、变更或者终止，则通常属于应当参加行政程序的利害关系人。而参照《政府采购供应商投诉处理办法》第十七条规定，"财政部门经审查，对投诉事项分别作出下列处理决定：……"。因此，投诉处理决定系针对投诉事项作出，即可认为"与投诉处理决定"或"与投诉处理结果"有利害关系亦构成"与投诉事项有关"。对此，《政府采购供应商投诉处理办法》第二十条亦可佐证。该条规定，"财政部门……，对投诉事项作出处理决定，并以书面形式通知投诉人、被投诉人及其他与投诉处理结果有利害关系的政府采购当事人"，此处所称"其他与投诉处理结果有利害关系的政府采购当事人"，当然包括"与投诉事项有关的供应商"。因此，如果供应商的权利义务将直接因投诉处理决定而产生、变更或者终止，则该供应商与投诉处理决定即有利害关系，亦为"与投诉事项有关的供应商"。

（3）本案与通常情况下处理决定系针对投诉事项作出略有差异之处在于，被诉处理决定尚未直接针对投诉人（即A公司）的具体投诉事项进行审查，被诉处理决定对此特别予以说明："鉴于被投诉项目适用法律和采购程序错误，本机关不再对投诉事项逐一进行审查。"但由于被诉处理决定的逻辑实际上是将整个采购程序的合法性视作审查A公司具体投诉事项的先决问题，因此与被诉处理决定有利害关系的供应商,也应属于"与投诉事项有关的供应商"。

(4)一审第三人B公司在本案中与被诉处理决定有利害关系,应属于"与投诉事项有关的供应商"。财政部答辩认为,被诉处理决定考虑到合同已经履行,因此决定采购活动违法,对合同的履行并不会产生实际影响,因此B公司不构成"与投诉事项相关的供应商"。但是,被诉处理决定系根据《政府采购供应商投诉处理办法》第十九条第三项作出,而该项规定适用的前提即是财政部门"认定采购文件、采购过程影响或者可能影响中标、成交结果的,或者中标、成交结果的产生过程存在违法行为的"。在此前提下,财政部门再根据上述办法的规定进一步区分"政府采购合同尚未签订""政府采购合同已经签订但尚未履行"以及"政府采购合同已经履行"等三种不同情况分别作出不同的处理决定。因此,《政府采购供应商投诉处理办法》第十九条虽然针对不同情形规定的处理方式有所不同,但适用该条作出的处理决定从法律效力上会对中标、成交结果产生影响。而且参照《政府采购供应商投诉处理办法》第十九条第三项规定,"给采购人、投诉人造成损失的,由相关责任人承担赔偿责任"。因此,认定采购活动违法,是对采购活动合法性作出的具有法律效力的评价,会对采购人以及中标人的权利义务产生直接影响。本案中,B公司作为中标人,其在政府采购中的相关权利义务可能直接因被诉处理决定而受到影响,其当然构成与被诉处理决定有利害关系的供应商,亦即"与投诉事项有关的供应商"。

综上,本案中,财政部在投诉处理程序中既未通知与投诉事项有关的B公司参加行政程序,亦未向其送达被诉处理决定,对B公司的程序权利造成侵害,已经构成程序违法。

2. 被诉处理决定的实体合法性

被诉处理决定认定,"中标通知书发出后,被投诉项目政府采购合同已经履行"。这一事实是被诉处理决定适用《政府采购供应商投诉处理办法》第十九条第三项的要件性事实,该事实能否确认,将对最终的处理方式产生重大影响,属于本案关键事实之一。但综合现有证据,唯有国家卫计委在投诉处理程序中提交的答复意见中提及"该投诉所涉及的血气分析仪设备在2005年招标结束后已按照合同签约执行,并由中标厂商配送至相关传染病医院投入使用"。合同是否履行除了根据合同当事人的陈述,一般还应当有其他客观证据予以佐证。况且,国家卫计委只是合同的一方当事人,在作为合同对方当事人的 B 公司未参加投诉处理程序,又无其他证据能够佐证的情况下,被诉处理决定仅以合同一方当事人的单方陈述即确认上述事实,主要证据不足。

综上所述,财政部在投诉处理程序中未通知 B 公司参加行政程序,亦未向其送达被诉处理决定,构成程序违法。上述违法情节既侵害 B 公司的程序权利,亦可能影响被诉处理决定本身的公正性和正确性,被诉处理决定在被投诉项目合同是否履行等关键性事实的认定方面,也存在证据不足的问题。因此,被诉处理决定依法应予撤销。A 公司请求撤销被诉处理决定,并判令财政部重新作出行政行为的诉讼请求成立,应予支持。财政部应当针对 A 公司所提出的具体投诉事项,依法全面审查并作出处理。故依照《行政诉讼法》第七十条第一项、第三项规定,判决:(1)撤销财政部所作被诉处理决定;(2)财政部应当于法定期限内针对 A 公司的投诉重新作出处理决定。

二审审理情况:

财政部不服一审判决,向北京市高级人民法院提出上诉,请求二审法院撤销一审判决。

二审法院认为,本案存在两个争议焦点问题,即被诉处理决定的行政程序是否合法,以及被诉处理决定所认定的事实是否证据充分。

1. 关于被诉处理决定的行政程序是否合法的问题

行政机关作出影响行政相对人或利害关系人权益的行政行为前,应当听取其陈述、申辩意见。特别是行政机关作出对行政相对人或利害关系人不利的行政行为,必须给予其陈述意见、提交证据等程序权利,以避免产生行政相对人或利害关系人在缺乏相应程序保障的情况下,合法权益受到侵害的可能性。正当程序,已成为评判行政行为合法、正确与否的重要依据和基本原则。

《政府采购供应商投诉处理办法》第十二条规定,财政部门应当在受理投诉后三个工作日内向被投诉人和与投诉事项有关的供应商发送投诉书副本。《政府采购供应商投诉处理办法》第十三条规定,被投诉人和与投诉事项有关的供应商应当在收到投诉书副本之日起五个工作日内,以书面形式向财政部门作出说明,并提交相关证据、依据和其他有关材料。

本案中，A公司向财政部的投诉涉及四个事项，其中第四个投诉事项表述为"中标人在其他投标中相同产品的价格比本投标报价低"。因此，A公司的投诉事项内容包含了"中标人"的相关事宜。因本案所涉及的被投诉项目的中标人为B公司，其作为采购活动的供应商之一，B公司即属"与投诉事项有关的供应商"。财政部针对A公司的投诉进行处理，应依据《政府采购供应商投诉处理办法》的前述规定，在受理投诉后三个工作日内向B公司发送投诉书副本，B公司亦应在收到投诉书副本之日起五个工作日内，以书面形式向财政部作出说明，并提交相关证据、依据和其他有关材料。由于财政部在投诉处理行政程序中，未通知B公司参加行政程序，导致B公司无法进行举证、陈述及申辩。在此情况下，财政部径行作出处理决定，认定采购活动违法，同时，财政部亦未向B公司送达被诉处理决定，故一审法院认定财政部对B公司的程序权利已经造成侵害，构成行政程序违法，是正确的。

2. 关于被诉处理决定认定事实是否证据充分的问题

行政机关作出行政行为，认定事实应证据充分、确凿。本案中，被诉处理决定认定"中标通知书发出后，被投诉项目政府采购合同已经履行"。财政部作出上述事实认定的依据是，国家卫计委在投诉处理程序中提交的答复意见中提及"该投诉所涉及的血气分析仪设备在2005年招标结束后已按照合同签约执行，并由中标厂商配送至相关传染病医院投入使用"。作为本案的重要事实之一，即被投诉项目政府采购合同的履行，不仅要有当事人的陈述，更应有合同履行的客观证据加以佐证。因B公司未参加投诉处理程序，故对合同是否履行及相关情况亦未予以说明或举证。鉴于此，财政部在客观证据并不充分的情况下，仅以国家卫计委致其复函中载明的内容认定该关键事实，确系认定事实的证据不充分。另外，财政部不能以采购合同履行问题从未被提出过质疑为由，而怠于履行审查的职责。财政部亦不能基于对国家卫计委的信赖，在没有客观证据佐证的情况下，仅以函件表述内容作为审查及处理的事实依据。财政部认为依据《政府采购供应商投诉处理办法》第十四条的规定，"认为有必要时，可自行决定进行调查取证"。本院认为，如果存在证据不能充分证明客观事实的情况下，调取并获得客观事实的证据即应成为"必要"。故财政部的上述主张和理由不能成立，本院不予支持。

第六章 政府采购质疑（异议）与投诉

综上，财政部所作被诉处理决定，存在行政程序违法、认定事实证据不足等问题，一审法院判决撤销被诉处理决定，判令财政部应针对A公司的具体投诉事项依法全面审查并作出处理正确，本院应予维持。财政部的上诉请求缺乏事实及法律依据，本院不予支持。综上，依据《行政诉讼法》第八十九条第一款第一项的规定，判决如下：驳回上诉，维持一审判决。

案例评析

本案中，投诉处理决定存在程序和实体均违法的问题。程序违法中，最主要的原因是财政部在处理投诉时未追加"其他与投诉事项有关的当事人"即中标人B公司，关于追加B公司的原因两审法院的判决说理非常充分。由于未追加B公司作为第三人参加投诉，导致确认采购活动违法的前提条件"政府采购合同履行"的审查因证据不足（缺少B公司的证据）而被法院认定违法。因程序违法而导致实体违法。虽然财政部作出各种解释，但最终未能说服两级法院而败诉。此案例应引起各级财政部门的高度注意，在处理投诉时应注意程序合法，而且调查事实时证据应充分，不能仅凭一方当事人的证据认定政府采购合同的履行情况。

2.视情况暂停政府采购活动

一般来讲，财政部门在决定暂停政府采购活动时应当考虑两方面因素：一要考虑保护投诉人寻求救济的权利及其所要救济的利益，二要考虑保证采购过程按照经济有效的方式进行，既不能对公共利益造成不利影响，又不应使采购活动受到不法干扰或不当延误。

结合《政府采购质疑和投诉办法》对投诉处理的几种决定形式来看，暂停政府采购活动的措施对投诉人权利救济的实效性具有非常重要的意义。供应商提起投诉，往往是希望财政部门能够确认政府采购活动违法，重新开展采购活动，以期在新的采购活动中成为中标或者成交供应商，而在采购活动什么阶段提起投诉或者暂停政府采购活动，对财政部门的政府采购投诉处理决定起着较大的影响作用。在供应商投诉采购文件时，若采购活动尚未完成，财政部门可以责令修改采购文件，并按修改后的采购文件开展采购活动。此后，投诉人可以在对其较为公平的情况下参与政府采购活动，其投诉目的可以完全实现。对于采购活动已经完成但尚未签订政府采购合同的，财政部门可以决定采购活动违法，并责令重新开展采购活动。此时，政府采购活动重新组织，投诉人的投诉目的也可以实现。而一旦采购活动已经完成并且已经签订政府采购合同，则财政部门只能决定采购活动违法，而不能责令重新开展采购活动，投诉人参加本次采购活动所受的经济损失只能通过民事途径向采购人或者采购代理机构主张，但重新开展采购活动以期重新取得采购项目的目的却无法实现。因此，越早提起投诉对于投诉人来说越有利。

财政部门在处理投诉事项期间，可以视具体情况书面通知采购人和采购代理机构暂停采购活动，暂停采购活动时间最长不得超过三十日。

所谓"视具体情况"主要是看投诉事项是否可能影响政府采购活动的结果，如质疑事项是招标文件存在不合理条件限制供应商、评标方法不合法、评审过程不公正等均有可能影响中标、成交结果，此种情况应暂停政府采购活动，以免政府采购活动继续进行造成难以挽回的后果。

政府采购人和采购代理机构收到暂停采购活动通知后应当立即中止采购活动，在法定的暂停期限结束前或者财政部门发出恢复采购活动通知前，不得进行该项采购活动。

3. 收集证据

受理投诉后，财政部门应围绕投诉事项收集证据。收集证据涉及举证责任的问题，即谁应举证证明投诉事项存在或不存在等问题。《政府采购法》虽未明确规定谁负有举证责任，但《政府采购质疑和投诉办法》规定，财政部门应当在受理投诉后八个工作日内向被投诉人和与投诉事项有关的供应商发送投诉书副本；被投诉人和与投诉事项有关的供应商应当在收到投诉书副本之日起五个工作日内，以书面形式向财政部门作出说明，并提交相关证据、依据和其他有关材料。被投诉人通常是提供与投诉事项相关的材料，例如招标文件、相关供应商的投标文件、评标委员会的评标记录，以及证明采购活动程序合法的相关证据材料等。从这一规定来看，政府采购代理机构或者采购人负有证明采购活动合法的责任。被投诉人未按照投诉答复通知书要求提交相关证据、依据和其他有关材料的，视同其放弃说明权利，依法承担不利后果。但是，应当由投诉人承担举证责任的投诉事项，投诉人未提供相关证据、依据和其他有关材料的，视为该投诉事项不成立。例如，投诉人投诉评标委员会某评标专家与中标人串通，就应当提供相关证据，如果投诉人不提供证据，财政部门经调查不能查清该事实，则将认定投诉事项不成立。

（六）调查与审查

1. 投诉处理审查的方式

财政部门处理投诉事项原则上采用书面审查的方式。财政部门在对投诉书及投诉人提供的证据材料、被投诉人提交的有关说明及采购活动记录等证据材料等进行审查之后，若根据现有材料能够认定事实、适用法律，作出投诉处理决定的，可以直接作出投诉处理决定。若根据现有证据材料不能完全认定投诉人的投诉事项和投诉请求的，则应进行调查取证。财政部门既可以向投诉人调查取证，也可以向被投诉人调查取证。在双方提供的证据相互矛盾、冲突时还可以组织投诉人和被投诉人当面进行质证。质证应当通知相关当事人到场，并制作质证笔录。质证笔录应当由当事人签字确认。

财政部门在进行调查时，应有两名工作人员进行，同时应制作询问笔录。调查前，调查人员应详细审阅案卷材料，明确投诉人与被投诉人争议的焦点问题，并拟定调查提纲，使调查有的放矢，取得较好的效果。

财政部门可以根据法律、法规规定或者职责权限，委托相关单位或者第三方开展调查取证、检验、检测、鉴定。有关第三方检验、检测、鉴定等费用，由提出申请的供应商先行垫付。投诉处理决定明确双方责任后，按照"谁过错，谁负担"的原则由承担责任的一方负担；双方都有责任的，由双方合理分担。

由于政府采购活动涉及相关利害关系人的经济利益，在市场竞争日益激烈的情况下，有些被调查人员往往不配合调查工作。在回答调查人员的询问时，故意隐瞒事实，甚至编造虚假事实，还有的被调查人员事先串通说辞，因此要求调查人员具有较强的识别能力，并且善于发现问题、甄别真伪，具备一定的调查能力和调查技巧。

2. 组织质证

财政部门在调查过程中，发现投诉人与被投诉人对同一待证事实提供的证据有出入时，可以组织双方进行质证。质证应当通知相关当事人到场，并制作质证笔录。质证笔录应当由当事人签字确认。

3. 相关人员的义务及法律后果

财政部门依法进行调查取证时，投诉人、被投诉人以及与投诉事项有关的单位及人员等应当如实反映情况，并提供财政部门所需要的相关材料。

根据法律规定，应当由投诉人承担举证责任的投诉事项，投诉人未提供相关证据、依据和其他有关材料的，视为该投诉事项不成立；被投诉人未按照投诉答复通知书要求提交相关证据、依据和其他有关材料的，视同其放弃说明权利，依法承担不利后果。

（七）投诉处理的几种情形

财政部门在投诉案件审理过程中或者在查清投诉案件事实之后，依据《政府采购质疑和投诉办法》的相关规定，可以作出的处理决定有以下几种。

1. 驳回投诉

《政府采购供应商投诉处理办法》仅规定了"投诉缺乏事实依据的，驳回投诉"这一种情形，而《政府采购质疑和投诉办法》规定了四种情形可以驳回投诉：（1）受理后发现投诉不符合法定受理条件；（2）投诉事项缺乏事实依据，投诉事项不成立；（3）投诉人捏造事实或者提供虚假材料；（4）投诉人以非法手段取得证明材料。证据来源的合法性存在明显疑问，投诉人无法证明其取得方式合法的，视为以非法手段取得证明材料。

投诉人捏造事实或者提供虚假材料以及投诉人以非法手段取得证明材料这两种情形，若是在行政诉讼中，根据行政诉讼的证据规则，前者的证据不具备真实性，后者的证据不具备合法性，则这类证据将不被法院采信，负有举证责任的一方未完成举证责任，承担败诉后果。如果属于伪造证据，行为人应承担相应的法律责任。但《政府采购质疑和投诉办法》规定这两种情形直接驳回投诉，将诉讼法中否定证据规定为否定投诉，此种做法值得商榷。但此种规定反映了财政部门对投诉人有捏造事实或者提供虚假材料、以非法手段取得证明材料这类严重违反诚信的行为，采取的是驳回投诉、不保护其权利的态度。

2. 终止投诉

财政部门受理投诉后，投诉人书面申请撤回投诉的，财政部门应当终止投诉处理程序，并书面告知相关当事人。

3. 对采购文件投诉的处理决定

投诉人对采购文件提起的投诉事项，财政部门经查证属实的，应当认定投诉事项成立。经认定成立的投诉事项不影响采购结果的，继续开展采购活动；影响或者可能影响采购结果的，财政部门按照下列情况处理：

（1）未确定中标或者成交供应商的，责令重新开展采购活动。

（2）已确定中标或者成交供应商但尚未签订政府采购合同的，认定中标或者成交结果无效，责令重新开展采购活动。

（3）政府采购合同已经签订但尚未履行的，撤销合同，责令重新开展采购活动。

（4）政府采购合同已经履行，给他人造成损失的，相关当事人可依法提起诉讼，由责任人承担赔偿责任。

上述规定与《政府采购供应商投诉处理办法》第十八条相比，有以下变化：一是将投诉事项影响采购结果作为投诉处理决定的前提；二是将"采购活动是否完成"修改为"是否确定中标或者成交供应商"；三是将"政府采购合同已经签订"区分为"政府采购合同已经签订但尚未履行"和"政府采购合同已经履行"两种情形，分别规定处理结果。

4. 对采购过程投诉的处理决定

投诉人对采购过程或者采购结果提起的投诉事项，财政部门经查证属实的，应当认定投诉事项成立。经认定成立的投诉事项不影响采购结果的，继续开展采购活动；影响或者可能影响采购结果的，财政部门按照下列情况处理：

（1）未确定中标或者成交供应商的，责令重新开展采购活动。

（2）已确定中标或者成交供应商但尚未签订政府采购合同的，认定中标或者成交结果无效。合格供应商符合法定数量时，可以从合格的中标或者成交候选人中另行确定中标或者成交供应商的，应当要求采购人依法另行确定中标、成交供应商；否则责令重新开展采购活动。

（3）政府采购合同已经签订但尚未履行的，撤销合同。合格供应商符合法定数量时，可以从合格的中标或者成交候选人中另行确定中标或者成交供应商的，应当要求采购人依法另行确定中标、成交供应商；否则责令重新开展采购活动。

（4）政府采购合同已经履行，给他人造成损失的，相关当事人可依法提起诉讼，由责任人承担赔偿责任。

上述规定与《政府采购供应商投诉处理办法》第十九条相比，存在以下变化：一是明确了"经认定成立的投诉事项不影响采购结果的，继续开展采购活动"；二是将《政府采购供应商投诉处理办法》规定的"政府采购合同尚未签订""政府采购合同已经签订但尚未履行"和"政府采购合同已经履行"三种情况修改为"未确定中标或者成交供应商""已确定中标或者成交供应商但尚未签订政府采购合同""政府采购合同已经签订但尚未履行""政府采购合同已经履行"四种情况并分别规定处理结果；三是将原来"政府采购合同尚未签订""政府采购合同已经签订但尚未履行"情况下"责令重新开展采购活动"修改为"合格供应商符合法定数量时，可以从合格的中标或者成交候选人中另行确定中标或者成交供应商的，应当要求采购人依法另行确定中标、成交供应商；否则责令重新开展采购活动"。

5. 投诉人对废标行为提起的投诉事项成立的，财政部门应当认定废标行为无效

此种情形为《政府采购质疑和投诉办法》新增加的情形。

【案例】A公司不服投诉处理决定提起行政复议案[①]

基本案情

A公司于2016年参加某市政府采购中心（以下简称采购中心）组织的政府采购项目（以下简称本项目）的投标。3月11日，采购中心发布本项目的中标公告，A公司为中标供应商。3月25日，采购中心又发布本项目的废标公告，废标理由是"出现了影响采购公平公正的情形"。3月28日，A公司向采购中心提

---

① 本案例为笔者改编。

第六章 政府采购质疑（异议）与投诉

出质疑，采购中心于3月31日作出答复，称B公司对评标委员会认定其未提供授权书和售后服务承诺函原件，导致投标无效提出质疑，原评标委员会进行复核时发现B公司的投标文件中确有授权书和售后服务承诺函，因此其投标应为有效。若B公司的投标文件进入评审环节，评审结果将发生变化，故原评审结果有失客观公正，原评标委员会建议该项目废标重招。A公司不服答复，又于4月1日向采购中心提交质疑函，但采购中心的工作人员答复只能接受一次质疑，不接受质疑函且不出具签收回执，但同意转交领导。4月7日，采购中心当面答复A公司，A公司认为采购中心的工作人员及律师答复疑点很多，严重不合常规逻辑。鉴于此，A公司不服采购中心的质疑答复，向财政局提起投诉。财政局于5月26日作出《政府采购投诉处理决定书》（以下简称投诉处理决定）。A公司不服该投诉处理决定，向财政部提起行政复议。

财政部经审查，作出行政复议决定，认为：

1. 招标文件一经公布，即具有法律效力。招标文件不仅体现采购人对采购项目的具体需求，还是认定采购活动是否公平、公正进行的标准之一。评审委员会在评审时应公平、公正地对待每位投标人的投标文件，在判断投标文件是否符合或响应招标文件的要求时，应对每份投标文件形式上是否符合招标文件的要求，实质内容是否已符合或响应招标文件做相应的审查。形式上的符合性审查可以保障每份进入综合评分阶段的投标文件中的实质性响应内容均是严格按照招标文件的要求准备的，这也体现了政府采购活动的公平、公正。本案中，招标文件规定投标人应严格按照招标文件中对投标文件的格式要求准备投标文件的，并且对"未按照招标文件要求编制而导致的投标文件被误读或被视为无效投标等不利后果由投标人承担"作出了规定，投标人未按照招标文件要求准备投标文件，应当自行承担由此产生的投标文件被视为无效的不利后果。

2. 根据《政府采购法实施条例》第五十二条的规定，评审委员会应当配合采购人或者采购代理机构答复供应商的询问和质疑。在开展配合答复时，评审委员会仍应按照招标文件规定的相关标准进行配合答复工作。本案中，评审委员会在配合采购中心开展对质疑事项答复工作时，对于不符合招标文件要求的投标文件，应维持投标文件被视为无效的处理结果，评审委员会建议废标存在不妥。B公司未按照招标文件的要求准备投标文件，评审委员会根据招标文件的要求将不

325

符合招标文件要求的投标文件做投标无效处理，不存在影响采购公正的违法、违规行为。采购中心未作出正确判断进而答复B公司，并将采购项目做废标处理，不符合法律规定。财政局处理投诉时，未对前述事实作出正确认定，并依据《政府采购法》第三十六条第一款第二项的规定答复A公司，作出投诉处理决定，事实认定不清，适用法律错误。

3. 根据《政府采购供应商投诉处理办法》第十二条的规定，受理投诉后，财政部门应当向被投诉人和与投诉事项有关的供应商发送投诉书副本。财政局未向B公司发送投诉书副本，也未要求B公司提供相应的说明或证据材料，程序违法。

最终行政复议决定撤销投诉处理决定，重新作出处理决定。

案例评析

1. 投诉处理决定事实认定不清

投诉处理决定称："经调查查明，……评标委员会对所有投标商的投标文件进行资格性和符合性审查后，认定B公司的投标文件正本中第9项和第10项提供的授权书和售后服务承诺函均为复印件，据此判定其未提交原件，不符合《招标文件》的要求，属于无效投标，B公司未进入评审打分阶段……2016年3月15日，B公司向被投诉人提出书面质疑，提出授权书、售后服务承诺函原件在投标文件第三册第1722页至第1741页，要求重新核查。2016年3月18日，采购中心组织原评审委员会成员针对质疑事项对质疑人投标文件进行了复核。经认真核对，发现B公司的授权书、售后服务承诺函原件放置在投标文件第21项的位置。因此，其投标文件实质上响应了招标文件的要求，应属有效。……"

根据上述财政局查明的事实，在资格性符合性审查阶段，B公司未按照招标文件的要求将授权书和售后服务承诺函原件装订在投标文件第9项、第10项，而是装订在第21项，导致评标委员会在评标时未找到这些文件的原件，故认定其未实质性响应招标文件的要求，而作无效投标处理。中标公告发布后，B公司提出质疑，明确指出授权书、售后服务承诺函原件在投标文件第三册第1722页至第1741页，评标委员会复核时在投标文件第三册第21项中找到原件，因B公司报价最低，故建议废标。

第六章 政府采购质疑（异议）与投诉

申请人认为，评标委员会不应进行复议，更不应对项目进行废标，理由如下：

（1）B公司的质疑事项属于对应保密的事项的质疑，采购中心不应受理该质疑。

本项目的中标公告的内容包括采购人和采购代理机构的名称、地址、联系方式，项目名称和项目编号，中标供应商名称、地址和中标成交金额等内容，未公告B公司未通过资格性符合性检查及其原因，该事项属于尚处于保密阶段的事项。但在中标公告发布后，B公司显然已经知道其未通过资格性符合性审查而非得分不是最高，并且知道未通过资格性符合性审查的原因是评标委员会未找到授权书、售后服务承诺函原件，因而其在质疑函中明确指出其授权书、售后服务承诺函原件在投标文件第三册第1722页至第1741页。

《财政部关于加强政府采购供应商投诉受理审查工作的通知》（财库〔2007〕1号）规定："投诉事项属于有关法律、法规和规章规定处于保密阶段的事项，财政部门应当要求投诉人提供信息来源或有效证据，否则，应当认定为无效投诉事项。"该条规定实质上是为了打击非法泄露、非法获取评标信息而提起质疑、投诉的行为。

为了更好地打击非法获得评标信息的违法行为，在本案中，上述规定的适用，应包含两层意思：

第一，在质疑阶段，对于质疑事项属于保密阶段的事项，政府采购代理机构或者采购人应当要求质疑人提供信息来源或有效证据，否则应当认定为无效质疑事项。故采购中心应当要求B公司提供其知道未通过资格性符合性审查的信息来源或有效证据，不应针对B公司的质疑事项组织原评标委员会进行复核，所以应维持原中标结果。

评标委员会在复核时，也应当要求质疑人提供信息来源或有效证据，否则不应进行复核，更不应随意推翻原评标结果。

第二，在投诉阶段，财政局应当核查B公司知道其未通过资格性符合性检查的原因，要求其提供信息来源或有效证据，从而判断其所提质疑是否合法。若其质疑事项不合法，则评标委员会的复核结果亦不合法，即应维持原评标结果。

而从投诉决定内容看，财政局对此问题未做核实，属认定事实不清。

（2）根据招标文件的规定，本项目未出现违法违规行为，评标委员会不应否定原评标结果。

招标文件第10.2条规定："投标文件按统一格式填写，并按本须知第8款规定的顺序排列，统一编目编码装订成册，所有文件应编入页码，并列明目录，由于编排混乱导致招标文件被误读或查找不到，其责任应当由投标人承担。投标文件的规格尺寸为A4（29.7厘米×21厘米）纸型，采取双面打印，装订必须采用胶装形式，不得采用活页装订，单册厚度不超过4.5公分。"

根据投诉处理决定的认定，B公司未按照招标文件的要求装订投标文件，将本应装订在投标文件第9项、第10项的内容装订在第21项，属上述招标文件规定的编排混乱；根据上述规定因编排混乱而导致评标委员会查找不到的，其责任应当由投标人承担。评标委员会评标时将其作无效投标处理，完全符合招标文件的规定。相反，评标委员会复核时建议废标的做法是错误的，因为评标委员会的评标并没有出现未按照招标文件规定的评标标准和方法进行评审的违法行为。如果B公司的投标文件未出现装订错误，评标委员会没找到原件，则评标委员会未按照招标文件规定的评标方法和标准进行评标，将本项目进行废标是符合《政府采购法》第三十六条规定的；但事实是，B公司因自己的过错未按照招标文件规定装订投标文件，那么评标委员会将其作无效投标处理则是符合招标文件和法律的做法。在未出现违法违规行为的情况下，评标委员会建议废标处理是不符合法律规定的。将原本应由B公司承担的无效投标的后果，转变成废标，而该责任最终由A公司承担。这种违法行为严重损害A公司的合法权益。

2. 适用法律错误

投诉处理决定适用《政府采购法》第三十六条第一款第二项属适用法律错误，理由如下：

（1）本项目未出现影响采购结果公正的违法违规行为。

如前所述，评标委员会评标时，因B公司投标文件装订错误而未找到授权书、售后服务承诺函原件，将其作无效投标处理，符合招标文件的规定，也不违反法律规定，未出现《政府采购法》第三十六条第一款第二项规定的"违法违规行为"，适用该条属适用法律错误。

（2）采购中心无权直接适用《政府采购法》第三十六条第一款第二项的规定废标。

第六章 政府采购质疑（异议）与投诉

第一，采购中心的质疑答复未论述本项目废标是出现了何种违法违规行为。

第二，对招标采购中出现的"违法行为"，应以行政机关依据相关法律规定作出的行政处罚决定为判断的标准，即使质疑答复中所称的违法行为是指"评标委员会未按招标文件规定的评审标准审慎评审"，也应由财政部门依法作出行政处罚后，采购中心才能依据《政府采购法》第三十六条第一款第二项的规定废标。在财政部门没有对评标委员会的评标行为进行认定、处罚之前，采购中心以该条规定为由废标，实际上先行使了行政机关的行政处罚权认定本项目存在违法行为，再作出废标。采购中心作为政府采购的代理机构，无权直接认定招标采购活动中出现违法行为，更不能在行政监管部门未认定违法行为之前自行认定本项目存在违法行为而径行废标。

（3）投诉处理决定在未认定本项目的违法违规行为的情况下，适用《政府采购法》第三十六条第一款第二项规定，属于适用法律错误。

投诉处理决定称"我局认为：1.在本案中，被投诉人收到书面质疑后，组织原评审委员会对 B 公司投标文件进行复核。评审委员会认为投标文件实质上响应了招标文件的要求，应属有效，建议该项目废标重招。根据《中华人民共和国政府采购法》第三十六条第一款第二项的规定，在招标采购中，出现影响采购公正的违法、违规行为的，应予废标。因此，被投诉人作出的废标公告符合相关法律法规的规定。2.如采购过程中存在违法行为，将按照行政处罚程序另案处理。根据《中华人民共和国政府采购法》第三十六条第一款第二项、第五十六条……我局决定如下：……"

在上述第一点中，财政局仅是论述了复核过程，未论述本案中出现的违法违规行为具体是哪一种，而且说如存在违法行为，则另案处理。《政府采购法》第八章规定了十几种违法行为，本案中到底是哪一种？如果不明确本案中出现的具体的违法行为，则不具备适用《政府采购法》第三十六条第一款第二项的条件。并且，正如第一部分论述的，本案中，评标委员会并不存在未按照招标文件规定的评标方法和标准进行评审的违法行为，故投诉处理决定适用该条属适用法律错误。

3. 程序违法

《政府采购法》第三十六条第一款第二项在适用时，从时间顺序上来讲，应

329

先由政府采购监管部门认定本案中存在的违法行为,即作出行政处罚决定,再对政府采购项目进行废标。根据投诉处理决定的内容,被申请人未对本案中出现的违法行为进行认定、处罚,就认定废标合法,属程序违法。

最终,行政复议决定接受了行政复议申请书中的主要观点,认定投诉处理决定认定事实不清、适用法律错误、程序违法,撤销了投诉处理决定。

(八)投诉处理决定作出的期限及形式

1. 作出投诉处理决定的期限

财政部门应当自收到投诉之日起三十个工作日内,对投诉事项作出处理决定。《政府采购法》并未规定政府采购投诉处理期间可以延长,因而,财政部门只能在受理投诉后的三十个工作日内作出投诉处理决定。

财政部门处理投诉事项,需要检验、检测、鉴定、专家评审以及需要投诉人补正材料的,所需时间不计算在投诉处理期限内。此处的所需时间,是指财政部门向相关单位、第三方、投诉人发出相关文书、补正通知之日至收到相关反馈文书或材料之日。

财政部门向相关单位、第三方开展检验、检测、鉴定、专家评审的,应当将所需时间告知投诉人。

2. 作出投诉处理决定的形式

财政部门作出处理决定,应当制作投诉处理决定书,并加盖公章。投诉处理决定书应当包括下列内容:

(1)投诉人和被投诉人的姓名或者名称、通讯地址等;

(2)处理决定查明的事实和相关依据,具体处理决定和法律依据;

(3)告知相关当事人申请行政复议的权利、行政复议机关和行政复议申请期限,以及提起行政诉讼的权利和起诉期限;

(4)作出处理决定的日期。

实践中,财政部门往往担心投诉处理决定书过于详细容易让投诉人发现问题,因此经常简略上述投诉处理决定书应有的内容,特别是处理决定的具体内容及事实根据和法律依据部分写得过于简单。还有些财政部门认为《政府采购法》已经明确规定了供应商的行政复议和行政诉讼的权利,因而没有必要在投诉处理决定书中说明投诉人行政复议和行政诉讼的申请期限及复议机关、管辖的法院等内容。根据《行政复议法》的规定，提起行政复议的期限是以公民、法人或者其他组织知道或者应当知道该行政行为之日起算，自知道或者应当知道该行政行为之日起六十日内公民、法人或者其他组织可以提起行政复议。根据《行政复议法实施条例》的相关规定，行政机关作出具体行政行为时未告知公民、法人或者其他组织，事后补充告知的，自该公民、法人或者其他组织收到行政机关补充告知的通知之日起计算；行政机关作出具体行政行为，依法应当向有关公民、法人或者其他组织送达法律文书而未送达的，视为该公民、法人或者其他组织不知道该具体行政行为。根据《行政诉讼法》第四十六条第一款规定，公民、法人或者其他组织直接向人民法院提起诉讼的，应当自知道或者应当知道作出行政行为之日起六个月内提出。法律另有规定的除外。行政机关作出行政行为时，未告知公民、法人或者其他组织诉权或者起诉期限的，根据《行政诉讼法》的有关司法解释，起诉期限从公民、法人或者其他组织知道或者应当知道诉权或者起诉期限之日起计算，但从知道或者应当知道行政行为内容之日起最长不得超过一年。因而，申请行政复议的期限是从公民、法人或者其他组织知道投诉处理决定书的内容起六十日内，而行政诉讼的起诉在财政部门未告知诉权及起诉期限时从知道诉权或者起诉期限起一年内，因而财政部门不告知投诉处理决定的内容及行政复议、行政诉讼的权利和期限，可能会影响有关人员及时行使行政复议申请权、行政诉讼权，但这只是暂时性影响，并不会导致有关人员复议申请权和诉讼权利的丧失。

财政部门应当将投诉处理决定书送达投诉人和与投诉事项有关的当事人，并及时将投诉处理结果在省级以上财政部门指定的政府采购信息发布媒体上公告。投诉处理决定书的送达，参照《民事诉讼法》关于送达的规定执行。

（九）公告

财政部门应当将投诉处理结果在省级以上财政部门指定的政府采购信息发布媒体上公告。投诉处理决定应当公告的内容包括：(1) 采购人、采购代理机构名称；(2) 采购项目名称及采购日期；(3) 投诉人名称及投诉事项；(4) 投诉处理机关名称；(5) 处理决定的主要内容。

投诉处理的流程图如下：

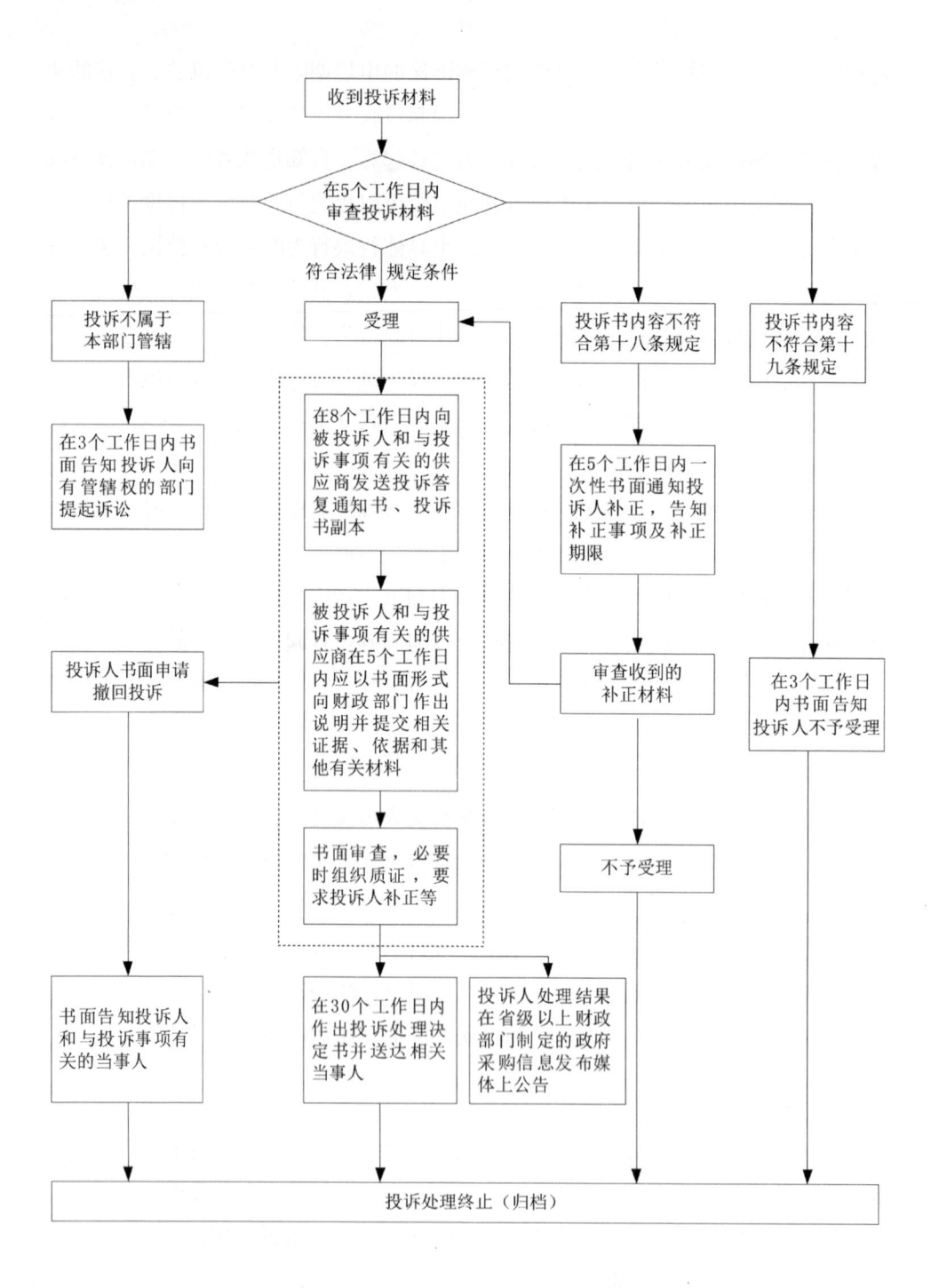

● 政府采购实务操作：常见问题与案例分析

```
                    收到投诉材料
                         │
                         ▼
                ┌─────────────────┐
                │ 在5个工作日内     │
        ┌───────│ 审查投诉材料      │──────┐────────────┐
        │       └─────────────────┘      │            │
        │         符合法律│规定条件        │            │
        │               ▼                │            │
        │   ┌──────→ 受理              │            │
        │   │         │                │            │
   ┌────┴───┐│   ┌─────┴─────────┐  ┌────┴─────┐ ┌─────┴─────┐
   │投诉不属于││   │              │  │投诉书内容不│ │投诉书内容  │
   │本部门管辖││   │              │  │符合第十八条│ │不符合第十  │
   │        ││   │              │  │规定       │ │九条规定    │
   └────┬───┘│   │              │  └────┬─────┘ └─────┬─────┘
        │    │   │              │        │              │
        ▼    │   ▼              │        ▼              │
   ┌────────┐│ ┌──────────────┐ │  ┌──────────┐         │
   │在3个工作││ │在8个工作日内向│ │  │在5个工作日│         │
   │日内书面 ││ │被投诉人和与投 │ │  │内一次性书 │         │
   │告知投诉 ││ │诉事项有关的供 │ │  │面通知投诉 │         │
   │人向有管 ││ │应商发送投诉答 │ │  │人补正，告 │         │
   │辖权的部 ││ │复通知书、投诉 │ │  │知补正事项 │         │
   │门提起诉讼││ │书副本        │ │  │及补正期限 │         │
   └────┬───┘│ └──────┬───────┘ │  └────┬─────┘         │
        │    │        ▼          │       │                │
        │    │ ┌──────────────┐ │       │                │
        │    │ │被投诉人和与投 │ │       │                │
        │    │ │诉事项有关的供 │ │       │                │
        │    │ │应商在5个工作日│ │       │                │
   ┌────┴───┐│ │内应以书面形式 │ │       ▼                │
   │投诉人书面││ │向财政部门作出 │ │  ┌──────────┐         │
   │申请撤回 │←┤ │说明并提交相关 │ │  │审查收到的 │         │
   │投诉    ││ │证据、依据和其 │ │  │补正材料   │         ▼
   └────┬───┘│ │他有关材料    │ │  └────┬─────┘    ┌──────────┐
        │    │ └──────┬───────┘ │       │           │在3个工作日│
        │    │        ▼          │       ▼           │内书面告知│
        │    │ ┌──────────────┐ │  ┌──────────┐    │投诉人不予│
        │    │ │书面审查，必要 │ │  │不予受理   │    │受理      │
        │    │ │时组织质证，要 │ │  └────┬─────┘    └─────┬────┘
        │    │ │求投诉人补正等 │ │       │                │
        │    │ └──────┬───────┘ │       │                │
        │    └────────┼─────────┘       │                │
        │             ▼                  │                │
        │   ┌──────────────┐ ┌─────────────┐             │
        │   │在30个工作日内│ │投诉人处理结果│             │
        │   │作出投诉处理决│ │在省级以上财政│             │
        │   │定书并送达相关│ │部门制定的政府│             │
        │   │当事人       │ │采购信息发布媒│             │
        │   └──────┬──────┘ │体上公告     │             │
        │          │         └──────┬─────┘             │
   ┌────┴────────┐│                  │                   │
   │书面告知投诉人││                  │                   │
   │和与投诉事项 ││                  │                   │
   │有关的当事人 ││                  │                   │
   └────┬────────┘│                  │                   │
        ▼         ▼                  ▼                   ▼
   ┌─────────────────────────────────────────────────────┐
   │              投诉处理终止（归档）                      │
   └─────────────────────────────────────────────────────┘
```

四、质疑、投诉中的法律责任

（一）采购人、采购代理机构的法律责任

采购人、采购代理机构有下列情形之一的，由财政部门责令限期改正；情节严重的，给予警告，对直接负责的主管人员和其他直接责任人员，由其行政主管部门或者有关机关给予处分，并予通报：（1）拒收质疑供应商在法定质疑期内发出的质疑函；（2）对质疑不予答复或者答复与事实明显不符，并不能作出合理说明；（3）拒绝配合财政部门处理投诉事宜。

（二）投诉人的法律责任

（1）投诉人在全国范围12个月内三次以上投诉查无实据的，由财政部门列入不良行为记录名单。

投诉是供应商的权利，只要供应商认为采购文件、中标及成交结果损害其权益，就可依法提起质疑、投诉。即使投诉人没有证据，财政部门经调查投诉事项不成立则驳回其投诉，《政府采购法》及其实施条例并未对此种情形进行限制。因此，如果某一供应商在全国范围内一年内三次以上投诉查无实据的，财政部门将其列入不良行为记录名单，实际上是对供应商投诉权利的一种限制，其合法性值得商榷。

（2）投诉人有下列行为之一的，属于虚假、恶意投诉，由财政部门列入不良行为记录名单，禁止其一至三年内参加政府采购活动：①捏造事实；②提供虚假材料；③以非法手段取得证明材料。证据来源的合法性存在明显疑问，投诉人无法证明其取得方式合法的，视为以非法手段取得证明材料。《政府采购法实施条例》第七十三条有同样的规定，这是对严重违背诚信原则行为的处罚。

● 政府采购实务操作：常见问题与案例分析

【案例】上海 A 信息技术有限公司诉中华人民共和国财政部行政处罚决定案[①]

基本案情：

采购人某市海关委托采购代理机构代理涉案采购项目。2015 年 9 月 2 日，采购代理机构发布涉案采购项目招标公告。10 月 8 日，涉案采购项目开标、评标，并于 10 月 10 日发布中标公告。10 月 11 日，上海 A 信息技术有限公司（以下简称 A 公司）认为涉案采购项目评标过程违法违规，向采购代理机构提出质疑后，于 11 月 10 日向财政部提出投诉，并提交涉案采购项目评标现场录音文件。

2016 年 1 月 20 日，财政部作出财库〔2016〕14 号投诉及监督检查处理决定，决定认为涉案采购项目中标结果的产生过程存在违法行为，责令重新开展采购活动，并责令采购代理机构进行整改。2 月 29 日，财政部收到采购代理机构的举报材料，举报 A 公司对涉案采购项目提出质疑和投诉时使用的证据材料是非法获取的，违反《政府采购法实施条例》第七十三条之规定，要求财政部予以处罚。收到举报后，财政部启动对涉案采购项目的监督检查程序。3 月 8 日，财政部向 A 公司和采购人发送《政府采购监督检查调取证据材料通知书》，要求两单位就举报事项提交书面说明，并提交相关材料。A 公司于 3 月 10 日签收该通知书。3 月 16 日，财政部收到 A 公司的回复函，其中称，A 公司投诉采购代理机构所涉现场录音光盘系某评标知情人士认为评标现场不公正，事后主动提供给 A 公司销售人员（已离职），在质疑函中 A 公司提供录音仅作为招标代理机构调查评标过程的线索。3 月 28 日，采购人作出《上海海关关于政府采购监督检查调取证据材料相关情况说明的函》，其中称，经自查采购项目招标、评标及质疑的整个过程，A 公司提供的相关质疑材料，在内容和形式上确实涉及评标现场的具体细节，相关的证据材料在采购项目投诉处理过程中已经提交给财政部。5 月 3 日，财政部向 A 公司发送《进一步调查取证通知书》，要求其进一步提供泄露招标信息的某产品供应商的相关信息、该产品供应商电话告知 A 公司技术人员相关招标信息时的电话记录以及涉案 A 公司技术人员的详细信息等涉及现场录

---

① 详细内容请见中国裁判文书网：北京市高级人民法院（2017）京行终 2805 号行政判决书。

音文件获取方式的细节证据材料。5月5日，A公司签收该通知书，并于同年5月9日进行回复，其中提供了涉案技术人员的相关信息，但对于某产品供应商及相关电话记录的信息，称因时间较长记不清楚，故无法提供。6月16日，A公司再次向财政部提交回复函，提供了收到涉案评标现场录音光盘的A公司销售人员的信息，并表示该销售人员已经离职。经电话沟通，该销售人员表示其系通过匿名邮件收到的涉案评标现场录音文件并交给A公司。对此，A公司表示请求财政部进行调查核实。

7月26日，财政部作出行政处罚事项告知书，告知A公司，其在投诉时使用了本应对A公司保密的现场录音材料，对员工获取该证明材料手段的合法性，A公司应当承担举证责任，A公司应对员工以非法手段获得证据材料的行为承担法律责任，拟依据《政府采购法实施条例》第七十三条之规定，作出将A公司列入不良行为记录名单，一年内禁止参加政府采购活动的行政处罚，并告知了A公司有权进行陈述和申辩。8月10日，财政部向A公司邮寄该告知书，A公司于8月12日签收，并于同日向财政部提交申辩书，不认可财政部拟作出的处罚决定。8月29日，财政部作出被诉处罚决定，并于9月5日邮寄A公司。A公司不服被诉处罚决定，起诉至一审法院。

一审审理情况：

一审法院经审理认为，《政府采购法实施条例》第七十三条规定，供应商捏造事实、提供虚假材料或者以非法手段取得证明材料进行投诉的，由财政部门列入不良行为记录名单，禁止其一至三年内参加政府采购活动。据此，供应商以非法手段取得证据材料进行投诉的，财政部门可以将其列入不良行为记录名单，禁止其一至三年内参加政府采购活动。本案中，A公司认为涉案采购项目评标过程违法违规，向财政部提出投诉，并提交涉案采购项目评标现场录音文件。从该录音文件记载的内容来看，其涉及评标现场的诸多细节，属于应当保密的材料，且A公司并不属于该保密材料的知情人范围。A公司以保密材料进行投诉，构成上述规定所指的以非法手段取得证明材料进行投诉之情形，财政部据此作出将A公司列入不良行为记录名单，一年内禁止参加政府采购活动的被诉处罚决定并无不当。A公司对此提出的异议理由不能成立，不予支持。此外，财政部在作出被诉处罚决定前，依法告知了 A 公司享有的陈述权和申辩权，并听取了 A 公司的陈述与申辩。在作出处罚决定后，于法定期限内向 A 公司送达，处罚程序符合法律规定，依法予以确认。依照《行政诉讼法》第六十九条的规定，判决驳回 A 公司的诉讼请求。

A 公司不服一审判决，提起上诉。

二审审理情况：

二审法院认为，本案的争议焦点是 A 公司的行为是否符合"以非法手段取得证明材料进行投诉"的情形，以及将 A 公司列入不良行为记录名单并禁止其一年内参加政府采购活动是否存在明显不当。

对此，法院从以下四个方面进行分析：

1. 涉案录音材料属于证明材料且 A 公司不属于合法知情人范围。A 公司是否是涉案录音材料的知情人范围，是判断被诉处罚决定是否合法的带有前提性的事实问题。《政府采购法实施条例》第四十条第一款规定，政府采购评审专家应当遵守评审工作纪律，不得泄露评审文件、评审情况和评审中获悉的商业秘密。《政府采购货物和服务招标投标管理办法》（财政部令第 18 号）第五十八条第一款规定，招标采购单位应当采取必要措施，保证评标在严格保密的情况下进行。这里的"遵守评审工作纪律"和"保证评标在严格保密的情况下进行"，不仅是针对政府采购评审专家和招标采购单位的要求，也是为所有政府采购评审活动参与人所确立的义务。本案中，A 公司作为投标供应商，未参与评审过程，不应当知悉采购项目的评审情况。涉案录音资料展现的是项目评审现场情况，对于 A 公司而言，属于"严格保密""不得泄露"的范围，即 A 公司不属于涉案录音资料的知情人范围。A 公司对此并不持有异议，本院也以此事实作为展开后续分析论证的事实基础。此外，A 公司还提出其投诉提供的录音材料是"线索"而非证明材料的主张。对此本院认为，从语义上看，证明材料是指据以佐证观点的物质或资料。A 公司在提出质疑和投诉时认为招标评标存在违纪违规的情形，侵害了其合法权益，并以涉案录音材料作为佐证，财政部认定其属于"证明材料"并无不当。而且，即使涉案录音材料是财政部进一步展开调查的"线索"，也并没有改变该录音材料作为 A 公司投诉"证明材料"使用的性质和地位。因此，对 A 公司认为涉案录音材料并非投诉证明材料的主张,本院不予支持。

2.A公司对涉案录音材料来源的合法性应当承担说明和证明责任。根据《行政诉讼法》第三十四条第一款的规定,被告对作出的行政行为负有举证责任,应当提供作出该行政行为的证据和所依据的规范性文件。行政诉讼之所以确立该规则,是因为行政机关作出行政行为应当遵循"先取证、后裁决"的法定程序,在诉讼程序中理当由行政机关对被诉行政行为合法性承担举证责任,而且相比较行政相对人,行政机关在诉讼程序中举证能力也更强。本案中,A公司据此认为财政部并无证据证明其以非法手段取得证明材料,并主张被诉处罚决定缺乏事实依据。但是,行政诉讼证据规则与行政程序证据规则虽有紧密联系,却也有质的区别。行政诉讼奉行被告负举证责任规则,并不意味着在行政程序中,行政机关不能让行政相对人就其涉嫌违法的行为承担说明责任并提供排除其涉嫌违法行为的相应证据。特别是对于本案而言,涉案录音材料依法属于需要严格保密的范围,A公司并非合法知情人,财政部门在调查A公司是否存在非法手段获取证明材料的时候,行政程序举证责任分配更具有一定的特殊性。应当说,A公司如何获取其依法不应知悉的证明材料以及获取渠道是否合法正当,无疑A公司本身最清楚、最了解,因而,不论在法理上,还是在事理抑或常识上,A公司对其涉嫌以非法手段获取证明材料的行为,既有合理说明和提供相应证据的能力,更有合理说明和提供相应证据的义务。财政部门在行政程序中告知A公司就其涉嫌以非法手段获取证明材料行为进行说明并要求其提供排除其涉嫌违法行为证据,A公司在有义务也有能力就此进行说明并提供相应证据的情况下,如果无正当理由拒不说明并提供相应证据或者提供的证据不足以排除其违法嫌疑的,应当作出对A公司不利的认定。本案中,财政部在行政程序中依法保障了A公司陈述、申辩和提交证据的权利,先后两次向A公司发送《调查取证通知书》,要求A公司就其获取涉案录音材料的渠道和方式进行说明并提供相应证据。A公司答复认为涉案证明材料系知情匿名人士通过匿名邮件的方式提供给其已离职的员工,具体情况需要财政部进行调查核实。A公司的该答复并不足以让人信服其系以合法手段获取涉案录音资料,且在行政程序中亦未向财政部提供可以进一步调查取证的有效线索。因此,财政部据此认定A公司以非法手段获取涉案录音资料并无不当。A公司认为其已对涉案录音材料来源进行合理说明并据此认为财政部认定其以非法手段获取证明材料缺乏事实依据的主张,依法不能成立,本院不予支持。

3.A 公司投诉事项成立与财政部对其违规投诉行为进行规制属于不同性质的法律关系。维护公平公正和诚实信用，既是财政部门履行政府采购活动监管职责的目标要求，也是政府采购招投标参与主体的基本遵循。当事人以非法手段获取证明材料并进行投诉，不论投诉事项最终成立与否，都是违背诚实信用的行为，也是对政府采购公平公正秩序的一种破坏，这也是法律对此加以规制的最直接原因。《政府采购法实施条例》第五十七条第一款规定，投诉人捏造事实、提供虚假材料或者以非法手段取得证明材料进行投诉的，财政部门应当予以驳回。之所以要禁止以非法手段取得证明材料进行投诉，是因为如果允许以非法手段获得的材料作为投诉的证据，尽管可能对财政部门查清案件事实有所助益，但却是以破坏法律秩序和社会诚信以及侵害其他主体合法权益为代价。而且，对于投诉人以非法手段取得证明材料进行恶意投诉的情形，在法律后果上不仅在于投诉被驳回，投诉人还需要接受法律的制裁，这既是义务与责任相匹配的必然要求，也是维护政府采购法律秩序的需要，更是塑造社会诚实信用所必须。对此，《政府采购法实施条例》第七十三条专门设置了相对应的法律责任，该条规定：供应商捏造事实、提供虚假材料或者以非法手段取得证明材料进行投诉的，由财政部门列入不良行为记录名单，禁止其一至三年内参加政府采购活动。由此可见，投诉人以非法手段取得证明材料进行投诉的，不论投诉事项成立与否，既要依法驳回其投诉，还要依法制裁其恶意投诉行为，两者性质并不相同，不可混淆。也就是说，财政部门对以非法手段取得证明材料进行投诉的行为进行规制，与投诉事项本身成立与否没有直接关系。本案中，A 公司以非法手段获取的涉案录音资料进行投诉，财政部门在对该投诉予以驳回的基础上，经过调查认定涉案采购项目中标结果的产生存在违法行为并决定责令重新开展采购活动，又基于他人举报对 A 公司恶意投诉的行为进行调查和处罚，二者并不矛盾，亦无不当。因此，A 公司认为其投诉行为成立且没有社会危害后果，因而不应予以处罚的主张，缺乏法律依据，本院不予支持。

4.被诉处罚决定对 A 公司的处罚并不存在明显不当的地方。《行政诉讼法》第七十条第六项规定，行政行为明显不当的，人民法院判决撤销或者部分撤销。具体到行政处罚领域，《行政诉讼法》第七十七条规定，行政处罚明显不当的，人民法院可以判决变更，但不得加重原告的义务或者减损原告的权益。由此可

第六章 政府采购质疑（异议）与投诉

见，人民法院审理行政案件，不仅要对被诉行政行为是否合法进行审查，还要对行政行为裁量是否存在明显不当进行审查；对行政处罚来说，如果经审查存在明显不当的还可以直接判决变更。但需要注意的是，立法在规定人民法院可以对被诉行政行为进行合理性审查的同时，还强调行政行为存在"明显不当"的才可以予以撤销或变更，由此也可以看出法律对行政裁量进行司法审查的定位，即人民法院既要履行对行政裁量的审查职责，不能怠于履行，也要秉持谦抑态度行使自己的审查权力，给予行政裁量必要的尊重。根据《行政处罚法》第四条第二款的规定，行政机关实施行政处罚，必须以事实为依据，与违法行为的事实、性质、情节以及社会危害程度相当。本案中，A公司不属于涉案录音材料的合法知情人范围，且A公司对其持有该材料并据此进行投诉不能进行合理说明，财政部认定其构成以非法手段取得证明材料进行投诉并将其列入不良行为记录名单，符合法律规定，并无不当。当然，A公司的投诉虽然被依法驳回，其恶意投诉行为本身也应当受到法律的否定性评价，但其在一定程度上毕竟为涉案政府采购项目的后续监管提供了线索，财政部也正是以A公司投诉为基础开展调查并作出了责令重新开展采购活动的决定，有效维护了政府采购法律秩序，因此，财政部对A公司进行行政处罚有必要考虑该因素。对此财政部陈述认为，正是鉴于上述情况，才在《政府采购法实施条例》第七十三条规定的"禁止其一至三年内参加政府采购活动"范围内，酌定禁止A公司一年内参加政府采购活动，并据此作出被诉处罚决定。综合考虑A公司违法行为的性质、情节以及社会危害程度，以及财政部作出裁量的考量因素，可以看出被诉处罚决定将A公司列入不良行为记录名单，并禁止其一年内参加政府采购活动，并不存在明显不当的情形，因此，对财政部作出被诉处罚决定中的合理裁量，本院依法应予支持。对于A公司认为自己存在立功行为并提出应当免予处罚的主张，本院不予支持。

最终，二审法院判决：驳回上诉，维持一审判决。

案例评析

本案例对我们的启示是多方面的：

1.投诉和举报是参加政府采购活动的供应商的权利，但权利的行使必须依据法律，否则将"偷鸡不成蚀把米"。《政府采购法实施条例》第七十三条规定，供应商捏造事实、提供虚假材料或者以非法手段取得证明材料进行投诉的，由财政部门列入不良行为记录名单，禁止其一至三年内参加政府采购活动。既然法律规定"以非法手段取得证明材料进行投诉"是一种违法行为，那么A公司就应当举证说明其提供的评标现场的录音资料的来源是合法的，由于A公司不能证明其录音资料来源的合法性，所以被财政部列入不良行为记录名单，并禁止其一年内参加政府采购活动。

2.投诉处理与行政处罚是两个行政行为。财政部门可以对政府采购项目是否合法作出投诉处理决定，同时，对于政府采购项目中（包括投诉过程中）出现的违法行为进行行政处罚。如果财政部门仅作出投诉处理决定，而不对违法行为予以行政处罚，就会出现行政不作为。

3.行政程序中的举证责任与行政诉讼中的举证责任是两个概念。行政诉讼中是被告承担举证责任，但行政程序中（包括投诉处理、行政处罚等），为查明事实，行政相对人有举证的义务。

4.关于禁止A公司一年内参加政府采购活动的处罚是否为明显不当的问题，财政部作出合理的解释。在《政府采购法实施条例》第七十三条规定的"禁止一至三年内参加政府采购活动"范围内，考虑到A公司为涉案政府采购项目的后续监管提供了线索，因此酌定处以禁止其一年内参加政府采购活动的处罚。

（三）财政部门及其工作人员的法律责任

财政部门及其工作人员在履行投诉处理职责中违反本办法规定及存在其他滥用职权、玩忽职守、徇私舞弊等违法违纪行为的，依照《政府采购法》《公务员法》《监察法》《政府采购法实施条例》等国家有关规定追究相应责任；涉嫌犯罪的，依法移送司法机关处理。

第二节 政府采购工程招标项目的异议和投诉

《招标投标法实施条例》《工程建设项目招标投标活动投诉处理办法》（2004年6月21日国家发展和改革委员会、工业和信息化部、财政部、住房和城乡建设部、交通运输部、铁道部、水利部、国家广播电影电视总局、中国民用航空总局令第23号发布，2013年3月11日修订）是建设工程项目投诉的主要依据，也是政府采购工程招标项目的主要依据。

一、政府采购工程招标项目的异议

（一）对资格预审文件和招标文件的异议

根据《招标投标法实施条例》第二十二条的规定，潜在投标人或者其他利害关系人对资格预审文件有异议的，应当在提交资格预审申请文件截止时间两日前提出；对招标文件有异议的，应当在投标截止时间十日前提出。招标人应当自收到异议之日起三日内作出答复；作出答复前，应当暂停招标投标活动。

根据上述规定，购买或者收受资格预审文件或招标文件的潜在投标人、其他利害关系人，对资格预审文件或招标文件的内容有异议的，应当在上述法律规定的时间内提出，潜在投标人或者投标人应以书面的形式提出。招标人收到异议函之日起应当在三日内作出答复（通常也应当是书面形式），在招标人作出答复前，招标投标活动应当暂停。

关于"利害关系人"的范围，《招标投标法实施条例释义》认为，包括潜在投标人、分包人、供应商、投标人的项目负责人。[①]

---

① 见《中华人民共和国招标投标法实施条例释义》第57页，国家发展和改革委员会法规司、国务院法制办公室财金司、监察部执法监察司编著，中国计划出版社2012年6月出版。

（二）对开标的异议

根据《招标投标法实施条例》第四十四条第三款的规定，投标人对开标有异议的，应当在开标现场提出，招标人应当当场作出答复，并制作记录。即，如果参与投标的供应商认为其他投标人的投标文件密封有问题、唱标存在问题等均应当在开标现场提出异议，招标人应当当场作出答复。对此答复不满意，可以向有关部门提出投诉。

（三）对中标候选人公示的异议

根据《招标投标法实施条例》第五十四条的规定，依法必须进行招标的项目，招标人应当自收到评标报告之日起三日内公示中标候选人，公示期不得少于三日。投标人或者其他利害关系人对依法必须进行招标的项目的评标结果有异议的，应当在中标候选人公示期间提出。招标人应当自收到异议之日起三日内作出答复；作出答复前，应当暂停招标投标活动。

上述法律规定的是"依法必须进行招标的项目"，政府采购工程项目属于此类项目。

二、政府采购工程招标项目的投诉与处理

（一）《招标投标法》规定的投诉处理的性质

根据《招标投标法实施条例》第六十条，投标人或者其他利害关系人认为招标投标活动不符合法律、行政法规规定的，可以自知道或者应当知道之日起十日内向有关行政监督部门投诉。就资格预审文件及招标文件、开标、评标结果投诉的，应当先向招标人提出异议。

根据《政府采购法》第五十二条、第五十五条，供应商认为采购文件、采购过程和中标、成交结果使自己的权益受到损害的，可以提出质疑和投诉。

从上述法律规定来看，招标投标法的投诉强调的是"投标人或者其他利害关系人认为招标投标活动不符合法律、行政法规规定的"，而政府采购法的投诉强调的是"供应商认为采购文件、采购过程和中标、成交结果使自己的权益受到损害的"，这种差异体现为前者重点是对招标投标活动中的违法行为进行查处，后

者是对供应商权利的救济。

根据《工程建设项目招标投标活动投诉处理办法》第二十条规定，行政监督部门应当根据调查和取证情况，对投诉事项进行审查，按照下列规定做出处理决定：（1）投诉缺乏事实根据或者法律依据的，或者投诉人捏造事实、伪造材料或者以非法手段取得证明材料进行投诉的，驳回投诉；（2）投诉情况属实，招标投标活动确实存在违法行为的，依据《招标投标法》《招标投标法实施条例》及其他有关法规、规章做出处罚。显然，招标投标法的投诉处理决定是针对投诉情况是否属实、招标投标活动是否存在对违法行为进行的认定及处罚。

根据《政府采购质疑和投诉办法》第三十一条、第三十二条的规定，财政部门经查证属实的，应当认定投诉事项成立。经认定成立的投诉事项不影响采购结果的，继续开展采购活动；影响或者可能影响采购结果的，财政部门根据不同情况，分别作出责令重新开展采购活动、认定中标或者成交结果无效责令重新开展采购活动、撤销合同责令重新开展采购活动等投诉处理决定。政府采购法规定的投诉处理是对政府采购项目是否应当重新开展作出认定，进而为投诉人提供重新参与政府采购活动的机会。

因此，《招标投标法》规定的投诉更类似于监督检查行为，即投诉人通过投诉向行政监督部门提供违法线索，行政监督部门经查证属实的，作出行政处罚；经查证不属实的，驳回投诉。《政府采购法》规定的投诉是行政裁决行为。笔者认为，参与招标投标活动的供应商进行投诉的目的主要是希望自己中标或者重新开展招标，追究违法行为人的法律责任并非其直接的目的。因此，《招标投标法》修订时应当回归到中共中央办公厅、国务院办公厅印发《关于健全行政裁决制度加强行政裁决工作的意见》，将投诉处理定性为行政裁决行为。

（二）政府采购工程招标的项目的监督管理部门

在《招标投标法实施条例》实施之前，有关政府采购工程进行招标投标的项目由谁监督管理，法律规定并不明确。

《政府采购法》第十三条第一款明确规定，各级人民政府财政部门是负责政府采购监督管理的部门，依法履行对政府采购活动的监督管理职责。同时，根据该法第二条的规定，政府采购的对象包括工程、货物和服务。第四条规定，政府采购工程进行招标投标的，适用《招标投标法》。从这些规定来看，《政府采购法》并未排除财政部门对招标投标的政府采购工程项目的监督管理。

政府采购工程招标投标中的投诉由哪个机关负责处理的问题，在实践中一直未曾解决。各地也出现不同的做法，有的地方由住房城乡建设部门监督，有的地方则由财政部门监督，还有的地方以先收到投诉的部门为投诉处理机关。

2012年2月1日起施行的《招标投标法实施条例》第四条规定，国务院工业和信息化、住房城乡建设、交通运输、铁道、水利、商务等部门，按照规定的职责分工对有关招标投标活动实施监督。财政部门依法对实行招标投标的政府采购工程建设项目的预算执行情况和政府采购政策执行情况实施监督。同时结合《关于国务院有关部门实施招标投标活动行政监督的职责分工的意见》（国办发〔2000〕34号），建设行政主管部门是各类房屋建筑及其附属设施的建造和与其配套的线路、管道、设备的安装项目和市政工程项目的招投标活动的监督执法部门，财政部门依法对实行招标投标的政府采购工程建设项目的预算执行情况和政府采购政策执行情况实施监督。

《招标投标法》第六十五条规定："投标人和其他利害关系人认为招标投标活动不符合本法有关规定的，有权向招标人提出异议或者依法向有关行政监督部门投诉。"

因此，对政府采购工程项目的投诉及违法行为的查处，应由住房城乡建设等部门处理。对实行招标投标的政府采购工程建设项目的预算执行情况和政府采购政策执行情况实施监督，由财政部门负责。

（三）投诉与处理的程序

1. 提起投诉的主体

根据《招标投标法实施条例》第六十条，投标人或者其他利害关系人认为招标投标活动不符合法律、行政法规规定的，可以自知道或者应当知道之日起十日内向有关行政监督部门投诉。就资格预审文件及招标文件、开标、评标结果投诉的，应当先向招标人提出异议。

与《政府采购法》只规定供应商可以提起投诉不同，招标投标法规定可以提起投诉的除投标人外还包括其他利害关系人。①《中华人民共和国招标投标法实施条例释义》认为，投诉人还包括招标人。这一点与政府采购法的投诉有明显区别。政府采购的投诉人不包括采购人，在投诉程序中，采购人可以作为被投诉人或者第三人。采购人认为政府采购活动有违法行为损害其权益的，只能通过向财政部门举报进行处理。之所以会有这样的区别，在于《政府采购法》规定的投诉是启动行政裁决的行为，投诉权利只赋予供应商；而《招标投标法》规定的投诉是启动监督检查的行为，任何人包括招标人均有投诉权。

2. 提起投诉的要求及期限

投诉应当有明确的请求和必要的证明材料。

投诉人投诉时，应当提交投诉书。投诉书应当包括下列内容：

（1）投诉人的名称、地址及有效联系方式；

（2）被投诉人的名称、地址及有效联系方式；

（3）投诉事项的基本事实；

（4）相关请求及主张；

（5）有效线索和相关证明材料。

投诉人是法人的，投诉书必须由其法定代表人或者授权代表签字并盖章；其他组织或者自然人投诉的，投诉书必须由其主要负责人或者投诉人本人签字，并附有效身份证明复印件。投诉书有关材料是外文的，投诉人应当同时提供其中文译本。

投诉人可以直接投诉，也可以委托代理人办理投诉事务。代理人办理投诉事务时，应将授权委托书连同投诉书一并提交给行政监督部门。授权委托书应当明确有关委托代理权限和事项。

投诉人认为招标投标活动不符合法律行政法规规定的，可以在知道或者应当知道其权益受到侵害之日起十日内向有关行政监督部门提出投诉。

3. 异议前置

对资格预审文件和招标文件、开标、评标结果公示提起投诉，应当先向招标人提出异议。异议答复期间不计算在前款规定的期限内。

---

① 见《中华人民共和国招标投标法实施条例释义》第149页，国家发展和改革委员会法规司、国务院法制办公室财金司、监察部执法监察司编著，中国计划出版社2012年6月出版。

4. 投诉的受理

对政府采购工程项目的投诉，应由住房城乡建设等部门受理。住房城乡建设等部门应当自收到投诉之日起三个工作日内决定是否受理投诉，视情况分别作出如下决定：

（1）不符合投诉处理条件的，决定不予受理，并将不予受理的理由书面告知投诉人；

（2）对符合投诉处理条件，但不属于本部门受理的投诉，书面告知投诉人向其他行政监督部门提出投诉；

（3）对于符合投诉处理条件并决定受理的，收到投诉书之日即为正式受理。

有下列情形之一的投诉，不予受理：

（1）投诉人不是所投诉的招标投标活动的参与者，或者与投诉项目无任何利害关系；

（2）投诉事项不具体，且未提供有效线索，难以查证的；

（3）投诉书未署具投诉人真实姓名、签字和有效联系方式的；以法人名义投诉的，投诉书未经法定代表人签字并加盖公章的；

（4）超过投诉时效的；

（5）已经作出处理决定，并且投诉人没有提出新的证据；

（6）投诉事项已进入行政复议或者行政诉讼程序的。

5. 投诉的调查及暂停招标投标活动

住房城乡建设等部门处理投诉，有权查阅、复制有关文件、资料，调查有关情况，相关单位和人员应当予以配合。调查取证时，应当由两名以上行政执法人员进行，并做笔录，交被调查人签字确认。对住房城乡建设等部门依法进行的调查，投诉人、被投诉人以及评标委员会成员等与投诉事项有关的当事人应当予以配合，如实提供有关资料及情况，不得拒绝、隐匿或者伪报。住房城乡建设等部门的工作人员对监督检查过程中知悉的国家秘密、商业秘密，应当依法予以保密。

在投诉处理过程中，住房城乡建设等部门应当听取被投诉人的陈述和申辩，必要时可通知投诉人和被投诉人进行质证。

必要时，住房城乡建设等部门可以责令暂停招标投标活动。

6.撤回投诉及作出投诉处理决定

投诉处理决定作出前，投诉人要求撤回投诉的，应当以书面形式提出并说明理由，由行政监督部门视以下情况，决定是否准予撤回：

（1）已经查实有明显违法行为的，应当不准撤回，并继续调查直至做出处理决定；

（2）撤回投诉不损害国家利益、社会公共利益或者其他当事人合法权益的，应当准予撤回，投诉处理过程终止。投诉人不得以同一事实和理由再提出投诉。

住房城乡建设等部门应当根据调查和取证情况，对投诉事项进行审查，按照下列规定做出处理决定：

（1）投诉缺乏事实根据或者法律依据的，或者投诉人捏造事实、伪造材料或者以非法手段取得证明材料进行投诉的，驳回投诉；

（2）投诉情况属实，招标投标活动确实存在违法行为的，依据《招标投标法》《招标投标法实施条例》及其他有关法规、规章做出处罚。

投诉处理决定应当包括下列主要内容：

（1）投诉人和被投诉人的名称、住址；

（2）投诉人的投诉事项及主张；

（3）被投诉人的答辩及请求；

（4）调查认定的基本事实；

（5）行政监督部门的处理意见及依据。

自受理投诉之日起三十个工作日内，住房城乡建设等部门应当对投诉事项作出书面处理决定；需要检验、检测、鉴定、专家评审的，所需时间不计算在内。

投诉人捏造事实、伪造材料或者以非法手段取得证明材料进行投诉的，住房城乡建设等部门应当予以驳回。

三、异议、投诉中的法律责任

行政监督部门在处理投诉过程中，发现被投诉人单位直接负责的主管人员和其他直接责任人员有违法、违规或者违纪行为的，应当建议其行政主管机关、纪检监察部门给予处分；情节严重构成犯罪的，移送司法机关处理。

投诉人故意捏造事实、伪造证明材料的，属于虚假恶意投诉，由行政监督部门驳回投诉,并给予警告;情节严重的,可以并处一万元以下罚款。

行政监督部门工作人员在处理投诉过程中徇私舞弊、滥用职权或者玩忽职守,对投诉人打击报复的,依法给予行政处分;构成犯罪的,依法追究刑事责任。

第三节　机电产品国际招标项目的异议和投诉

《招标投标法实施条例》《机电产品国际招标投标实施办法(试行)》是机电产品国际招标项目投诉的主要依据。

一、机电产品国际招标项目的异议

(一)对资格预审文件和招标文件的异议

潜在投标人或者其他利害关系人对资格预审文件有异议的,应当在提交资格预审申请文件截止时间两日前向招标人或招标机构提出,并将异议内容上传招标网;对招标文件有异议的,应当在投标截止时间十日前向招标人或招标机构提出,并将异议内容上传招标网。招标人或招标机构应当自收到异议之日起三日内作出答复,并将答复内容上传招标网;作出答复前,应当暂停招标投标活动。

(二)对开标的异议

投标人对开标有异议的,应当在开标现场提出,招标人或招标机构应当当场作出答复,并制作记录。

(三)对中标候选人公示的异议

投标人或者其他利害关系人对依法必须进行招标的项目的评标结果有异议的,应当于公示期内向招标人或招标机构提出,并将异议内容上传招标网。招标人或招标机构应当在收到异议之日起三日内作出答复,并将答复内容上传招标网;作出答复前,应当暂停招标投标活动。

异议答复应当对异议问题逐项说明，但不得涉及其他投标人的投标秘密。未在评标报告中体现的不满足招标文件要求的其他方面的偏离不能作为答复异议的依据。

经原评标委员会按照招标文件规定的方法和标准审查确认，变更原评标结果的，变更后的评标结果应当依照《机电产品国际招标投标实施办法（试行）》进行公示。

二、机电产品国际招标项目的投诉与处理

（一）机电产品招标项目的监督管理部门

商务部负责管理和协调全国机电产品的国际招标投标工作，制定相关规定；根据国家有关规定，负责调整、公布机电产品国际招标范围；负责监督管理全国机电产品国际招标代理机构；负责利用国际组织和外国政府贷款、援助资金项目机电产品国际招标投标活动的行政监督；负责组建和管理机电产品国际招标评标专家库；负责建设和管理机电产品国际招标投标电子公共服务和行政监督平台。

各省、自治区、直辖市、计划单列市、新疆生产建设兵团、沿海开放城市及经济特区商务主管部门、国务院有关部门机电产品进出口管理机构负责本地区、本部门的机电产品国际招标投标活动的行政监督和协调；负责本地区、本部门所属招标机构的监督和管理；负责本地区、本部门机电产品国际招标评标专家的日常管理。

（二）投诉与处理的程序

1. 提起投诉的主体

投标人或者其他利害关系人认为招标投标活动不符合法律、行政法规及规章规定的，可以提起投诉。

2. 提起投诉的期限及异议前置

自知道或者应当知道之日起十日内向有关行政监督部门投诉：（1）对资格预审文件或者招标文件进行投诉的，潜在投标人或者其他利害关系人应当在自领购资格预审文件或招标文件十日内向相应的主管部门提出；（2）对开标投诉的，投

标人或者其他利害关系人应当在自开标十日内向相应的主管部门提出；（3）对评标结果进行投诉的，投标人或者其他利害关系人应当在自评标结果公示结束十日内向相应的主管部门提出。

对上述事项投诉的，应当先向招标人提出异议，异议答复期间不计算在前款规定的期限内。就异议事项投诉的，招标人或招标机构应当在该项目被网上投诉后三日内，将异议相关材料提交相应的主管部门。

3. 提起投诉

投诉人应当于投诉期内在招标网上填写《投诉书》（就异议事项进行投诉的，应当提供异议和异议答复情况及相关证明材料），并将由投诉人法定代表人或授权代表签字并盖章的《投诉书》、法定代表人证明文件及相关材料在投诉期内送达相应的主管部门。境外投诉人所在企业无印章的，以法定代表人或授权代表签字为准。

投诉应当有明确的请求和必要的证明材料。投诉有关材料是外文的，投诉人应当同时提供其中文译本，并以中文译本为准。

投诉人应保证其提出投诉内容及相应证明材料的真实性及来源的合法性，并承担相应的法律责任。

4. 投诉的受理

主管部门应当自收到书面投诉书之日起三个工作日内决定是否受理投诉，并将是否受理的决定在招标网上告知投诉人。主管部门应当自受理投诉之日起三十个工作日内作出书面处理决定，并将书面处理决定在招标网上告知投诉人；需要检验、检测、鉴定、专家评审的，以及监察机关依法对与招标投标活动有关的监察对象实施调查并可能影响投诉处理决定的，所需时间不计算在内。使用国外贷款、援助资金的项目，需征求资金提供方意见的，所需时间不计算在内。

机电产品国际招标项目的质疑、投诉均应在招标网上完成，如果供应商超过法定期限内未通过招标网提起质疑、投诉，则会丧失通过质疑、投诉救济的权利。

5. 不予受理投诉的情形

有下列情形之一的投诉，不予受理：

（1）对资格预审文件或者招标文件、开标、评标结果的投诉，其投诉内容在

第六章　政府采购质疑（异议）与投诉

提起投诉前未依法提出异议的；

（2）投诉人不是投标人或者其他利害关系人的；

（3）《投诉书》未按规定签字或盖章，或者未提供法定代表人或授权代表证明文件的；

（4）没有明确请求的，或者未按规定提供相应证明材料的；

（5）涉及招标评标过程具体细节、其他投标人的商业秘密或其他投标人的投标文件具体内容但未能说明内容真实性和来源合法性的；

（6）未在规定期限内在招标网上提出的；

（7）未在规定期限内将《投诉书》及相关证明材料送达相应主管部门的。

6. 投诉评审

投诉评审是《机电产品国际招标投标实施办法（试行）》的独特规定。在处理投诉的过程中，必要时商务部门会组织专家进行评审。此种做法《政府采购质疑和投诉办法》未予规定，但实践中财政部也会邀请专家对投诉事项组织专家评审。

招标人对投诉的内容无法提供充分解释和说明的，主管部门可以自行组织或者责成招标人、招标机构组织专家就投诉的内容进行评审。

对资格预审文件或者招标文件进行投诉的，招标人或招标机构应当从专家库中随机抽取三人以上单数评审专家。评审专家不得作为同一项目包的评标专家。

对评标结果进行投诉的，招标人或招标机构应当从国家级专家库中随机抽取评审专家，国家级专家不足时，可由地方级专家库中补充，但国家级专家不得少于三分之二。评审专家不得包含参与该项目包评标的专家，并且专家人数不得少于评标专家人数。

商务部门的投诉评审，既有对招标文件的投诉评审，也有对中标结果的投诉评审。招标文件的投诉评审，主要是中、英文的招标文件对同一问题的表述不一致，如何理解和判断的问题。对某一投标人否决的投诉评审，主要是审查原评标委员会的否决理由是否成立，并作出说明。对中标的业绩等是否符合招标文件的规定进行审查，判断投诉人的理由是否成立等。

7. 投诉处理决定

主管部门经审查，对投诉事项可作出下列处理决定：

（1）投诉内容未经查实前，投诉人撤回投诉的，终止投诉处理。

投诉处理决定作出前，经主管部门同意，投诉人可以撤回投诉。投诉人申请撤回投诉的，应当以书面形式提交主管部门，并同时在网上提出撤回投诉申请。已经查实投诉内容成立的，投诉人撤回投诉的行为不影响投诉处理决定。投诉人撤回投诉的，不得以同一事实和理由再次进行投诉。

（2）投诉缺乏事实根据或者法律依据的，以及投诉人捏造事实、伪造材料或者以非法手段取得证明材料进行投诉的，驳回投诉。

（3）投诉情况属实，招标投标活动确实存在不符合法律、行政法规和本办法规定的，依法作出招标无效、投标无效、中标无效、修改资格预审文件或者招标文件等决定。

此外，在评标结果的投诉处理过程中，发现招标文件重要商务或技术条款（参数）出现内容错误、前后矛盾或与国家相关法律法规不一致的情形，影响评标结果公正性，当次招标无效，主管部门将在招标网上予以公布。这种做法不受投诉事项的限制，无论投诉事项是否涉及招标文件规定，主管部门发现招标文件存在前述问题均可依法决定招标无效。

三、异议、投诉处理中的法律责任

招标人不按照规定对异议作出答复，继续进行招标投标活动的，依照《招标投标法》《招标投标法实施条例》的有关规定处罚。对主管部门的投诉处理决定拒不执行的，给予警告，并处三万元以下罚款；该行为影响到评标结果的公正性的，当次招标无效。

投标人捏造事实、伪造材料或者以非法手段取得证明材料进行投诉的，依照《招标投标法》《招标投标法实施条例》的有关规定处罚。在投诉处理过程中，提供虚假证明材料的，当次投标无效，给予警告，并处三万元以下罚款。

招标代理机构不按照《机电产品国际招标投标实施办法（试行）》规定对异议作出答复的，或者在投诉处理的过程中未按照主管部门要求予以配合的，因招标机构的过失，投诉处理结果为招标无效或中标无效，六个月内累计两次，或一年内累计三次的，给予警告，并处三万元以下罚款；该行为影响到整个招标公正性的，当次招标无效。

主管部门不依法履行职责，对违反《招标投标法》《招标投标法实施条例》《机电产品国际招标投标实施办法（试行）》规定的行为不依法查处，或者不按照规定处理投诉、不依法公告对招标投标当事人违法行为的行政处理决定的，对直接负责的主管人员和其他直接责任人员依法给予处分。

第七章　政府采购执法检查

【本章导读】

　　《政府采购法》及其实施条例设有"监督检查"一章，但《招标投标法》及其实施条例、《机电产品国际招标投标实施办法（试行）》均未规定"监督检查"。在行政法学上，《政府采购法》的"监督检查"通常称为"执法检查"，故本章称为"政府采购执法检查"。

　　本章主要介绍了《政府采购法》及其实施条例的"监督检查"中财政部门监督检查的内容，不包括审计机关、监察机关对政府采购活动的监督，也不包括社会监督。在引用《政府采购法》及其实施条例法律原文时仍保留"监督检查"的表述。主要内容有政府采购执法检查的含义及内容、执法检查的对象、执法检查中的问题。

第一节　政府采购执法检查的含义及方式

一、政府采购执法检查的含义与内容

　　政府采购执法检查，是指行政监管部门依法对政府采购活动的当事人遵守法律、法规和规章的情况进行检查。检查的具体内容主要是公民、法人或者其他组织是否依法正当行使权利和履行义务。

执法检查有广义和狭义之分。广义上的执法检查，是指行政监管部门执法活动中的所有行为，包括行政处罚中的调查、对行政许可情况的检查等；狭义上的执法检查，仅指行政监管部门的日常检查，不包括行政处罚中的检查等，是行政行为的一种。本书采取广义上的执法检查概念。

各级人民政府财政部门和其他有关部门应当加强对政府采购活动及集中采购机构的执法检查。

根据法律规定，执法检查的主要内容包括：(1)有关政府采购的法律、行政法规和规章的执行情况；(2)采购范围、采购方式和采购程序的执行情况；(3)政府采购人员的职业素质和专业技能。

二、执法检查的方式

(一)日常检查与专项检查

1. 日常检查

日常检查是指财政部门在日常工作中对采购人、采购代理机构或者供应商等执行法律情况进行的检查。

2015年7月29日，国务院办公厅发布《国务院办公厅关于推广随机抽查规范事中事后监管的通知》，通知要求在全国全面推行"双随机、一公开"的监管模式，即在监管过程中随机抽取检查对象，随机选派执法检查人员，抽查情况及查处结果及时向社会公开。

2016年10月10日，财政部发布《关于政府采购监督检查实施"双随机一公开"工作细则的公告》。财政部依法实施政府采购执法检查时，采取随机抽取检查对象、随机选派执法检查人员，及时公开抽查情况和查处结果的方式。

建立执法检查人员名录库和检查对象名录库。执法检查人员以政府采购相关工作人员为主，检查对象为代理中央政府采购业务的社会代理机构，相关名录库信息应录入财政部统一的信息平台，并根据变动情况动态调整。

政府采购执法检查采取定向抽查和不定向抽查相结合的方式，对于重大问题或舆情反映的热点问题，可以采取定向抽取的方式，设定类别条件选择检查对象或执法检查人员。

检查实施前，财政部通过统一的信息平台随机选派执法检查人员和随机抽取检查对象，随机抽取过程全程记录。

代理机构抽取比例为检查对象名录库中代理机构数量的10%至30%，具体比例根据年度检查工作安排确定。近三年内检查过的代理机构，在抽取时可以排除。

随机抽取的检查对象名单和检查处理处罚等信息，经履行报批程序后，及时在财政部门户网站和指定政府采购信息发布媒体上公开，主动接受社会监督。

2. 专项检查

专项检查是指财政部门集中特定时间委托社会中介机构对特定的政府采购项目进行的检查。

全国范围内首次开始对政府采购代理机构专项检查的是北京市财政局，始于2007年。当时，为了全面掌握北京市政府采购代理机构代理政府采购项目情况，北京市财政局决定对政府采购项目进行专项检查。这种专项检查在全国尚属首次，需要先制定专项检查的相关制度，然后才能组织检查。由于财政局人员编制有限，而专项检查的政府采购项目数量比较大，财政局决定委托三家律师事务所开展这项工作。进行专项检查前先对政府采购的法律规定进行全面梳理，制定详细的专项检查表格，包括采购代理机构制度检查表、政府采购项目检查表、汇总表等。政府采购项目检查表主要采取百分制，对检查的各问题设定分值，不满足的扣分。之后，财政局组织北京几家大型采购代理机构的业务骨干对表格提出意见进行修改、定稿。在检查之前，三家律师事务所参与检查的人员参加了专业培训，培训内容主要是政府采购法律制度、检查表格的使用等。之后，三家律师事务所开始对每个政府采购项目进行书面审查，对于检查中发现的问题进行记录，再与政府采购项目负责人进行沟通，听取其陈述和申辩意见，必要时提供依据。在检查过程中，根据检查的需要，财政局多次组织沟通会，三家律师事务所将检查中发现的问题予以汇总，由财政局作出结论，同时统一评分的标准和分值，以保障检查的客观性和公正性。全部检查结束后，三家律师事务所提交检查报告，并将所有材料（包括检查表、认定问题的相关依据等）制作成检查案卷提交财政局。财政局根据检查报告，向各采购代理机构出具整改通知。然后，财政局组织对采购代理机构进行培训，将检查中发现的突出问题进行培训，以期之后的政府采购项目不再出现类似的问题。在此后的几年中，北京市财政局一直坚持政府采购专项检查。同时，根据形势的需要，还会调整每年检查的重点。①

2008年财政部联合监察部、审计署和国家预防腐败局开始对全国政府采购执行情况进行专项检查。检查分为自查自纠、重点检查、整改提高和验收总结四个阶段。检查的范围是2006年和2007年各级采购人、采购代理机构政府采购执行情况。

自2012年起，财政部联合监察部、审计署和国家预防腐败局开展对政府采购甲级代理机构的专项检查。财政部从全国政府采购甲级代理机构名录中随机抽取129家单位，对其执业资格符合性和2011年度代理中央本级政府采购项目依法合规性实施检查。检查工作采取自查与核查相结合的方式。

政府采购社会中介代理机构资格认定行政许可取消后，财政部专门制发文件，将审批制改为网上登记，不设任何条件和门槛，并按照国务院"加强事中事后监管"的要求，建立了对社会中介代理机构常态化的检查机制。

2014年，财政部组织开展了对7省市42家社会中介代理机构执业情况的执法检查，依法对其中37家作出了行政处理、24家作出了行政处罚。2015年，中央、省、市、县四级财政部门联动，对1337家社会中介代理机构进行检查，依法对其中1083家作出了行政处理、188家作出了行政处罚。②

2016年财政部对全国政府采购代理机构进行执法检查。本次检查由财政部牵头组织，中央、省、市、县四级财政部门共同参与，按照"纵向联动、统一标准、分级检查、依法处理"的原则，分级开展对代理机构2015年度执业情况的执法检查。本次检查涵盖政府采购活动的全过程，主要包括委托代理、文件编制、进口核准、方式变更、信息公告、保证金、评审过程、中标成交、合同管理、质疑答复等10个方面内容；分为自查阶段、书面审查阶段、现场检查阶段、处理处罚阶段、汇总报告阶段。

2017年8月至12月，财政部开展2017年全国政府采购代理机构监督检查工作。此次监督检查范围较往年进一步扩大，财政部抽查省市一级的代理机构数量增加了10个以上，省级财政部门抽查比例也由总量的10%上调至20%。各级

---

① 这次检查是笔者亲历，具体措施均是笔者参与。
② https://www.ccgp.gov.cn/ldjh/201711/t20171108_9124469.htm，最后访问日期2023年9月1日。

财政部门从完成网上登记的政府采购代理机构名单范围内，随机抽取代理本级采购业务的政府采购代理机构（包括本地注册及外地注册本地执业的机构）作为检查对象，原则上近三年已经检查过的政府采购代理机构不再抽取。本次检查针对2016年代理的政府采购项目，每家机构抽取的项目不少于5个。对于进入公共资源交易中心开展的政府采购活动，应随机抽取项目进行检查。财政部对随机抽取的北京、甘肃、贵州、福建4个省市的30家政府采购代理机构开展检查。各省（区、市）自行确定检查数量，但抽查比率不得低于本省（区、市）政府采购代理机构总数的20%，抽查数量原则上不得少于30家；政府采购代理机构总数不足30家的地区，应对本省（区、市）所有政府采购代理机构进行检查。各市、县检查数量由省级财政部门统筹分解。在检查内容及时间方面，本次检查涵盖政府采购活动的全过程，主要包括委托代理、文件编制、进口核准、方式变更、信息公告、评审过程、中标成交、保证金、合同管理、质疑答复等10个环节。检查依据包括《政府采购法》及其实施条例，以及有关规章和规范性文件等。检查时间从2017年8月开始，12月底结束，涉及自行检查阶段、书面审查阶段、现场检查阶段、处理处罚阶段、汇总报告阶段等5个阶段工作。其中，在处理处罚阶段，通知特别强调，财政部门对检查中发现的采购人、政府采购代理机构和评审专家的违法线索进行延伸检查，对查实的违法违规行为依法作出处理处罚，对国家公职人员涉嫌违纪的行为移交纪检监察部门处理。此外，《财政部关于2017年开展全国政府采购代理机构监督检查工作的通知》还明确了此次监督检查的工作要求，其中提出，本次检查由财政部牵头组织，中央、省、市、县四级财政部门共同参与，按照"纵向联动、统一标准、分级检查、依法处理"的原则，分级开展对政府采购代理机构2016年度执业情况的监督检查。各级财政部门要严格落实"双随机一公开"的要求，建立检查对象和执法人员名录库，随机抽取检查对象、随机选派执法检查人员，及时公开抽查情况和查处结果。各省（区、市）财政部门要统筹本地区检查工作安排，加强对市级、县级检查工作的指导，制定详细的检查计划，明确工作要求，确保检查工作顺利实施。检查过程中，要严格履行检查程序，遵守检查纪律，依法处理违法违规问题，切实做到依法行政、公正廉洁。

这是财政部连续三年以全国联动的方式开展针对代理机构的深度监督检查，

同时，也是财政部出台《政府采购监督检查实施"双随机一公开"工作细则》后首次开展代理机构监督检查。2018年，沿用了这种做法。

2019年10月，财政部启动全国政府采购代理机构监督检查工作。检查范围为财政部门从中国政府采购网和各省政府采购分网上完成网上登记的政府采购代理机构名单内，随机抽取代理本级采购业务的政府采购代理机构（包括本地注册及外地注册本地执业的机构）作为检查对象，原则上近三年已经检查过的政府采购代理机构不再抽取。本次检查针对2018年代理的政府采购项目，每家机构抽取的项目不少于5个。对于进入公共资源交易中心开展的政府采购活动，应随机抽取项目进行检查。财政部对抽取的北京、辽宁、山东、广东4个省市的25家政府采购代理机构开展检查。各省（区、市）自行确定检查数量，但抽查比率不得低于本省（区、市）政府采购代理机构总数的25%，抽查数量原则上不得少于30家；政府采购代理机构总数不足30家的地区，应对本省（区、市）所有政府采购代理机构进行检查。检查内容方面，本次检查结合《深化政府采购制度改革方案》，突出采购需求管理、绩效管理等改革要求。检查内容涵盖政府采购活动的全过程，包括委托代理、文件编制、进口核准、方式变更、信息公告、评审过程、中标成交、保证金、合同管理、质疑答复等10个环节。检查依据包括《中华人民共和国政府采购法》《中华人民共和国政府采购法实施条例》，以及有关制度办法和规范性文件等。检查时间从2019年10月开始，分为自行检查阶段（2019年10月15日至10月31日）、书面审查阶段（2019年11月1日至11月30日）、现场检查阶段（2019年12月1日至12月15日）、汇总报告阶段（2020年2月16日至2月29日）。

从2016年起，财政部门对政府采购代理机构的执法检查逐步形成了中央、省、市、县四级联动的局面，专项检查更为彻底。

（二）自行检查和委托检查

自行检查是指财政部门派出执法人员进行执法检查的方式。财政部组织的专项检查多采取自行检查的方式。

委托检查是指财政部门委托律师事务所、会计师事务所等社会中介机构对政府采购项目进行检查的方式。北京市、各区财政局组织的专项检查，因财政部门的人员编制有限，且检查的项目数量较大，财政部门不能及时完成检查工作，故委托律师事务所、会计师事务所等社会中介机构进行检查。委托检查的检查后果解释权归委托人所有，即财政部门。此种做法是政府购买服务的采购方式。

三、执法检查的最终形式

执法检查的目的是检查政府采购活动是否符合法律、规范性文件规定，由于政府采购项目涉及的面比较广，总会出现这样或那样的问题。检查结束后，总结所发现的问题的专项检查报告是执法检查的结果，有的专项检查会对政府采购项目进行打分，并对参加检查的采购代理机构的得分进行汇总、排名。

针对专项检查报告所指出的问题，财政部门还会作出责令整改通知等行政处理决定，有时还会将各采购代理机构的排名或者检查情况在网上公布，以指导采购人选择采购代理机构。对执法检查中发现的违法行为，财政部门会进一步立案调查作出行政处罚决定，对此问题本书将在第八章中进行介绍。但执法检查与行政处罚是两种不同的行政行为。

责令整改通知、检查情况的公布，如果对采购代理机构造成不利的影响，也属于可以提起行政复议或者行政诉讼的行政行为。

第二节 财政部门的执法检查的对象

财政部门作为政府采购活动的监管部门，有权对参与政府采购活动的各方当事人是否遵守法律的情况进行执法检查。参加政府采购活动的当事人主要包括采购人、采购代理机构、评标委员会、供应商等，财政部门有权对这些主体是否遵守法律的情况进行执法检查。

一、对采购人的执法检查

财政部门对采购人的执法检查，主要是检查采购人是否按照法律规定的采购方式和采购程序进行采购。

政府采购项目的采购标准应当公开。政府采购项目的采购标准,是指项目采购所依据的经费预算标准、资产配置标准和技术、服务标准等。

采用《政府采购法》规定的采购方式,采购人在采购活动完成后,应当将采购结果予以公布。

采购人必须按照《政府采购法》规定的采购方式和采购程序进行采购。任何单位和个人不得违反该法规定,要求采购人或者采购工作人员向其指定的供应商进行采购。

采购代理机构发现采购人的采购需求存在以不合理条件对供应商实行差别待遇、歧视待遇或者其他不符合法律、法规和政府采购政策规定内容,或者发现采购人有其他违法行为的,应当建议其改正。采购人拒不改正的,采购代理机构应当向采购项目所属预算级次的财政部门报告,财政部门应当依法处理。

二、对采购代理机构的执法检查

(一)对集中采购机构的执法检查

财政部门不得设置集中采购机构,不得参与政府采购项目的采购活动。《政府采购法》刚刚实施的前几年,集中采购机构是财政部门下属的事业单位,之后,逐渐剥离,隶属于其他行政机关。

财政部门应当对集中采购机构的采购价格、节约资金效果、服务质量、信誉状况、有无违法行为等事项进行考核,并定期如实公布考核结果。

财政部门对集中采购机构的考核事项还包括:(1)政府采购政策的执行情况;(2)采购文件的编制水平;(3)采购方式和采购程序的执行情况;(4)询问、质疑的答复情况;(5)内部监督管理制度建设及执行情况;(6)省级以上人民政府财政部门规定的其他事项。

财政部门应当制订考核计划,定期对集中采购机构进行考核,考核结果有重要情况的,应当向本级人民政府报告。

例如,北京市财政局于2019年4月23日发布《北京市2018年市级集中采购机构检查结果信息公告》。公告内容为:"为进一步规范政府采购行为,提高政府采购质量,北京市财政局根据《中华人民共和国政府采购法》《北京市市级协议供货和定点服务采购管理暂行办法》（京财采购〔2010〕362号）、《北京市市级协议供货和定点服务供应商监督考核暂行办法》（京财采购〔2010〕366号）的相关规定，对北京市政府采购中心及市级行政事业单位的协议采购供应商实施专项检查，现将检查情况及结果报告如下：

一、检查时间

2018年9月至2018年12月。

二、检查范围

（一）车辆购置、车辆维修、车辆保险、车辆加油、会议、展览、法律服务、会计审计及资产评估等8个协议项目及协议供应商；

（二）12个非定点的项目采购；

（三）平板式微型电脑、通用摄像机、空调机、扫描仪、显示设备等5个品目的价格。

三、检查考核结果

在检查考核中发现，北京市政府采购中心能够依法依规组织开展政府采购活动，落实政府采购政策，组织从业人员培训，完成协议定点供应商管理。其中也发现了一些问题，我们向北京市政府采购中心发出了检查考核意见，并要求中心反馈整改落实计划及情况。"[1]

（二）对采购代理机构的执法检查

采购代理机构与行政机关不得存在隶属关系或者其他利益关系。

采购人发现采购代理机构有违法违规行为的，应当要求其改正。采购代理机构拒不改正的，采购人应当向本级人民政府财政部门报告，财政部门应当依法处理。

财政部门对采购代理机构的执法检查，主要是检查政府采购项目的合法性以及采购代理机构的内控制度。

---

[1] 详细内容请见：http://www.ccgp-beijing.gov.cn/jdgl/jdjc/sjjdjc/t20190423_1104794.html，最后访问日期2020年1月29日。

三、对评标委员会的执法检查

各级人民政府财政部门应当加强对评审专家的监督管理。对评标委员会成员评标中的违法行为，行政监管部门有查处的职责。

采购人或者采购代理机构应当根据评审专家的专业水平、职业能力和职责履行情况，对评审专家参与政府采购活动情况进行记录，并及时向财政部门报告。

四、对供应商的执法检查

各级人民政府财政部门和其他有关部门应当加强对参加政府采购活动的供应商的执法检查，对供应商的不良行为进行记录并予以行政处罚。例如，北京市财政局对政府采购定点、协议供应商的履约情况进行过专项检查，并对检查中发现的问题进行了处理。

第三节 执法检查中的常见问题

自 2007 年以来，笔者所在律师事务所多次接受财政部门的委托，对北京市、区两级政府采购项目进行执法检查，现将检查中发现的采购人、采购代理机构、评标委员会等容易出现的问题归纳整理，以飨读者。

需要说明的是，修订后的《政府采购货物和服务招标投标管理办法》于 2017 年 10 月 1 日生效，本书修订时选用的问题仍然是修订以前的检查情况。因此，下文的常见问题是以当时有效的法律及规范性文件为依据，有些已经失效或者被新的规定所替代，但共性问题仍可资借鉴、学习。

一、采购人容易出现的问题

采购人作为政府采购活动的采购方，在政府采购活动中往往比较容易在签订委托代理协议、提供技术需求资料、评标、签订政府采购合同等方面出现问题。

（一）政府采购项目委托存在的问题

《政府采购法》第二十条规定："采购人依法委托采购代理机构办理采购事宜的，应当由采购人与采购代理机构签订委托代理协议，依法确定委托代理的事项，约定双方的权利义务。"

为落实该条规定，各级政府的财政部门往往根据行政管理的需要制定相应的管理规定。例如，《关于 2007 年北京市本级政府采购预算执行有关问题的通知》（京财采购〔2007〕125 号）要求，凡委托采购代理机构的项目，预算单位必须在 3 日内与采购代理机构签署《北京市政府采购项目委托代理协议》，并在委托代理协议签署之日起 7 日内，向采购代理机构提供市财政评审中心的项目评审报告和详细的技术需求资料。

在此情况下，采购人与采购代理机构首先应当满足法律的要求，同时还应符合行政管理的规定。而实践中经常出现的问题是：有些项目的委托代理协议对采购人、采购代理机构在政府采购过程中享有哪些权利，承担哪些义务没有约定或者约定不明确，这样，一旦政府采购活动出现问题往往很难分清责任主体。另一个常见的问题是，未在规定期限内办理项目委托手续或者委托代理协议无日期。采购人由于种种情况，如法定代表人出差，作为学校的采购人处于寒暑假而无法在规定期限内签订委托代理协议，导致委托代理协议不能及时签订。

（二）采购人未按规定提供技术需求资料

《北京市财政局关于 2006 年市本级政府采购预算执行有关事项的通知》（京财采购〔2006〕74 号）要求，预算单位在委托代理协议签署之日起的 7 日内，向采购代理机构提供详细的技术需求资料。采购代理机构出现的问题主要有：（1）技术需求资料无日期，无法确定是否在规定期限内提供；（2）采购文件中未见技术需求资料；（3）采购人未在规定的时间内提供技术需求资料。

（三）采购人对采购文件、采购结果的确认资料不符合规定

2004 年《政府采购货物和服务招标投标管理办法》第五十九条规定"采购代理机构应当在评标结束后五个工作日内将评标报告送采购人。采购人应当在收到评标报告后五个工作日内，按照评标报告中推荐的中标候选供应商顺序确定中

标供应商；也可以事先授权评标委员会直接确定中标供应商。"

实践中常见的问题有：（1）档案材料缺少采购人对采购文件的确认函；（2）采购人在收到评标报告后未在五个工作日内确定中标供应商；（3）确定中标供应商的材料上无签署日期，无法确定是否在法定期限内确认；（4）确认中标结果的时间早于采购代理机构发出中标结果确认通知书的时间。

（四）签订采购合同存在的问题

《政府采购法》第四十六条规定："采购人与中标、成交供应商应当在中标、成交通知书发出之日起三十日内，按照采购文件确定的事项签订政府采购合同。"

实践中经常出现的问题有：

（1）签订时间不符合规定。

①政府采购合同无签订日期，无法确定是否在法定的期限内签订；②按照法律规定，应当先发出中标通知书再签订合同，而有些项目在中标通知书发出前采购人即与中标人签订了政府采购合同；③未在法律规定的三十日内签订政府采购合同，这种情形比较普遍。

（2）政府采购合同金额与中标、成交金额不一致。

①政府采购合同金额低于中标金额。例如，某项目分 4 包招标，第 1 包中标价格 2885000 元，采购合同金额 2827300 元；第 4 包中标价格 1206350 元，采购合同金额 1185154 元，合同金额均少于中标金额。②政府采购合同金额高于成交金额。例如，某项目通过竞争性谈判确定的最后成交价格为 57.9033 万元，而最后合同签订金额为 63.6936 万元，合同签订金额高于成交价格 5.7903 万元。

（3）政府采购合同内容与采购文件内容不一致。

这主要表现在合同条款中的付款方式、付款期限、交货时间、保修期等与招标文件或者投标文件不一致。例如，某项目中标人为 A 公司，采购人和中标人对招标文件中的采购内容进行了增减，增加项目金额 77560 元，减少项目金额 72508 元，但仍以中标价格作为合同价格。

（4）政府采购合同未按照规定向财政部门备案。

（五）政府采购合同履行中存在的问题

政府采购合同一经签订，合同当事人就应按照合同约定全面履行自己的义务。根据《政府采购法》第五十条的规定，政府采购合同的双方当事人不得擅自变更、中止或者终止合同。

实践中发现的政府采购合同履行中出现的问题有：

（1）超预算支付资金。

极个别的项目中出现实际付款比合同金额高的现象，其原因在于高出金额是以采购人的自筹资金支付，而非预算资金。例如，某项目财政批复预算1973600元，中标金额1968712.37元，合同金额1968712.37元，实际付款2321069.18元（其中使用预算资金1973600元，自筹资金347469.18元），超出中标和合同金额352356.81元。自筹资金的使用没有经过审批。

（2）超过政府采购合同金额支付资金。

例如，某项目共有20个中标单位，采购合同金额198104300元，实际支付金额198707500元，多支付603200元。

（3）无验收材料。

《政府采购法》第四十一条规定："采购人或者其委托的采购代理机构应当组织对供应商履约的验收。大型或者复杂的政府采购项目，应当邀请国家认可的质量检测机构参加验收工作。验收方成员应当在验收书上签字，并承担相应的法律责任。"某些项目缺少验收证明文件，无法判断采购人是否进行了验收。

（4）中标供应商、成交供应商未按合同约定履行义务。

例如，合同约定采购人购买两台电梯，而验收资料显示只购买一台；原本合同要求供应商提供某品牌A型号的产品，结果供应商提供的是B型号的产品。

（六）存档材料不符合财政部门的规定

《政府采购法》第四十二条规定："采购人、采购代理机构对政府采购项目每项采购活动的采购文件应当妥善保存，不得伪造、变造、隐匿或者销毁。采购文件的保存期限为从采购结束之日起至少保存十五年。采购文件包括采购活动记录、采购预算、招标文件、投标文件、评标标准、评估报告、定标文件、合同文本、验收证明、质疑答复、投诉处理决定及其他有关文件、资料。"实践中，许多项目由于采购人不重视采购文件的保存或者因工作疏忽，造成存档的文件不全，甚至有些采购人根本不知道应该保存采购文件。

（七）其他问题

政府采购工程项目中，建设部门依据《政府采购法》及2004年《政府采购货物和服务招标投标管理办法》的规定变更采购方式。例如，某工程政府采购项目公开招标，开标时不足有效的投标家数，不能开标，某建设工程招标投标管理办公室批复采购方式变更为竞争性谈判。这种做法与《政府采购法》及2004年《政府采购货物和服务招标投标管理办法》规定的投标截止时间结束后参加投标的供应商不足三家的，应当报告设区的市、自治州以上人民政府财政部门，由财政部门处理的规定不符。

还有的问题是，公开招标过程中调整项目方案，导致项目预算发生变化，中标后按调整后的预算签署合同。如某工程项目，中标价为1600多万元，后因园林部门提出绿化保护要求，故在经有关部门批准将方案调减后，双方签订补充协议，将工程造价由中标价调整为700多万元。

二、政府采购代理机构容易出现的问题

（一）签订委托代理协议不符合规定

（1）签订委托代理协议的时间不符合规定。

《北京市财政局关于2006年市本级政府采购预算执行有关事项的通知》要求，预算单位必须在3日内与采购代理机构签署《北京市政府采购项目委托代理协议》。

存在问题的项目有：有些项目采购人未在规定的时间内与采购代理机构签订委托代理协议，有些项目委托代理协议原件上没有代理机构签章，复印件上没有签约日期，无法核实是否符合受理后3日内签定委托代理协议的规定。

（2）第一次招标失败后，第二次公开招标采购人与采购代理机构未重新签订委托代理协议。

（3）采购人授权代理人签订委托代理协议未附授权委托书。

（二）政府采购信息公告存在的问题

1. 未在指定媒体上发布信息公告

一些政府采购项目未在财政部、省级财政部门指定的媒体上发布政府采购信息公告或者仅在其中一个媒体上发布公告；有些项目未发布采购信息更正公告。

2. 公告内容不完整

2004年的《政府采购信息公告管理办法》（财政部令第19号，已失效）第十条至第十三条对公开招标公告、邀请招标资格预审公告、中标公告、采购信息更正公告等的具体内容作出明确规定。

公开招标公告应当包括下列内容：（1）采购人、采购代理机构的名称、地址和联系方式；（2）招标项目的名称、用途、数量、简要技术要求或者招标项目的性质；（3）供应商资格要求；（4）获取招标文件的时间、地点、方式及招标文件售价；（5）投标截止时间、开标时间及地点；（6）采购项目联系人姓名和电话。

中标公告应当包括下列内容：（1）采购人、采购代理机构的名称、地址和联系方式；（2）采购项目的名称、用途、数量、简要技术要求及合同履行日期；（3）定标日期（注明招标文件编号）；（4）本项目招标公告日期；（5）中标供应商名称、地址和中标金额；（6）评标委员会成员名单；（7）采购项目联系人姓名和电话。

采购信息更正公告应当包括下列内容：（1）采购人、采购代理机构的名称、地址和联系方式；（2）原公告的采购项目名称及首次公告日期；（3）更正事项、内容及日期；（4）采购项目联系人和电话。

实践中经常出现的问题是：一些项目的招标公告、中标公告、信息更正公告分别缺少内容。例如，公开招标公告常缺少采购人地址、联系方式，采购代理机构名称、地址和联系方式，招标项目的数量、简要的技术要求或者招标项目的性质等；中标公告常缺少采购人地址和联系方式，采购项目的用途、数量、简要技术要求、合同履行日期、定标日期（注明招标文件编号），招标公告日期和中标供应商地址、中标金额，评标委员会只公布了评标专家未公布采购人代表，定标日期未注明采购文件编号、合同履行期等；采购信息更正公告常缺少采购人、采购代理机构的名称、地址、联系方式及采购项目联系人姓名和电话、原公告的首次公告日期等。

3. 中标公告未在规定期限内发布

《关于北京市政府采购中标、成交结果确定有关问题的通知》（京财采购〔2004〕1664号，已失效）要求，中标、成交供应商确定后的一个工作日内，采购人或采购代理机构应当在北京市财政局指定的政府采购信息发布媒体上公告。

一些政府采购项目，采购代理机构没有在中标、成交供应商确定的一个工作日内，在北京市财政局指定的政府采购信息发布媒体上公告。

4. 非招标采购项目的公示期限不符合法律规定

《政府采购非招标采购方式管理办法》（财政部令第74号）规定，拟采用单一来源采购方式的项目在报批前，应在省级以上财政部门指定媒体上公示，且公示期不得少于五个工作日。某些政府采购项目采用单一来源方式采购，公示期不足五个工作日，不符合规定。

（三）招标文件存在的问题

1. 招标文件的内容不符合法律规定

2004年《政府采购货物和服务招标投标管理办法》第十八条第一款规定："招标采购单位应当根据招标项目的特点和需求编制招标文件。招标文件包括以下内容：（一）投标邀请；（二）投标人须知；（三）投标人应当提交的资格、资信证明文件；（四）投标报价要求、投标文件编制要求和投标保证金交纳方式；（五）招标项目的技术规格、要求和数量，包括附件、图纸等；（六）合同主要条款及合同签订方式；（七）交货和提供服务的时间；（八）评标方法、评标标准和废标条款；（九）投标截止时间、开标时间及地点；（十）省级以上财政部门规定的其他事项。"

实践中发现的问题有：有些项目的招标文件中规定开标地点另行通知，未确定具体开标地点，但采购活动记录中无书面通知书；有的项目的招标文件没有规定废标条款。另外，《关于北京市本级政府采购项目执行中公布政府采购预算有关问题的通知》（京财采购〔2007〕1530号）规定："政府采购项目预算和分项或分包的控制金额须在政府采购信息公告和政府采购文件中明确公布。"个别项目招标文件未公布项目预算和分项或分包的控制金额。

根据《政府采购法》第二十二条第二款规定，采购人可以根据采购项目的特殊要求，规定供应商的特定条件，但不得以不合理的条件对供应商实行差别待遇或者歧视待遇。2004年《政府采购货物和服务招标投标管理办法》第二十一条第二款亦规定，招标文件不得要求或者标明特定的投标人或者产品，以及含有倾向性或者排斥潜在投标人的其他内容。实践中存在的问题有：某项目的招标文件规定制造商的注册资本不少于2000万元，安装单位的注册资本不少于800万元，设备生产厂家注册资本不少于1000万元；有的项目的招标文件通过提高资质等级限制其他供应商投标。

2004年《政府采购货物和服务招标投标管理办法》第三十六条规定："招标采购单位应当在招标文件中明确投标保证金的数额及交纳办法。招标采购单位规定的投标保证金数额，不得超过采购项目概算的百分之一。投标人投标时，应当按招标文件要求交纳投标保证金。……"实践中存在的问题有：很多项目的招标文件要求"不少于投标报价总额的1%的投标保证金"，这种规定导致投标保证金有可能超过项目概算的1%；有些项目的招标文件要求"投标保证金应在投标人领取招标文件时递交到招标代理机构"。

《招标代理服务收费管理暂行办法》（计价格〔2002〕1980号，已失效）规定："招标代理服务收费采用差额定率累进计费方式。收费标准按本办法附件规定执行，上下浮动幅度不超过20%。"附件规定工程招标代理服务收费标准为"中标金额100万元以下的按1%收取；100万元—500万元部分按0.7%收取；500万元—1000万元部分按0.55%收取……"实践中，个别项目招标文件要求中标服务费为中标金额的1.5%。

根据2004年《政府采购货物和服务招标投标管理办法》第六十三条第一款的规定，投标供应商对中标公告有异议的，应当在中标公告发布之日起七个工作日内，以书面形式向招标采购单位提出质疑。招标采购单位应当在收到投标供应商书面质疑后七个工作日内，对质疑内容作出答复。实践中，个别项目的招标文件"投标人须知"规定该公司不受理投标人于公示期外即评标结果发布之日起五个工作日后提出的质疑。

2. 对招标文件的澄清或者修改不符合法律规定

2004年《政府采购货物和服务招标投标管理办法》第二十七条规定:"招标采购单位对已发出的招标文件进行必要澄清或者修改的,应当在招标文件要求提交投标文件截止时间十五日前,在财政部门指定的政府采购信息发布媒体上发布更正公告,并以书面形式通知所有招标文件收受人。该澄清或者修改的内容为招标文件的组成部分。"

实践中出现的问题主要有:

(1)未发布更正公告。

一些政府采购项目对招标文件进行补充、答疑文件未见澄清更正公告,也没有所有招标文件收受人收到该文件的相关资料;一些政府采购项目的实际投标截止时间及开标时间与招标公告上的时间不一致,招标文件上记载的开标时间也与开标记录表上记载的开标时间不一致,且未发布更正公告。

(2)发布公告的时间不符合法律规定。

一些政府采购项目发布招标更正公告时间距开标时间少于十五日。例如,某政府采购项目补充通知及澄清文件发布日期是2015年10月29日,而该项目的投标截止日期是2015年11月9日,期间不足十五日。

(3)澄清修改招标文件未以书面形式通知招标文件收受人。

3. 招标文件发出至投标截止期间不符合法律规定

《政府采购法》第三十五条规定:"货物和服务项目实行招标方式采购的,自招标文件开始发出之日起至投标人提交投标文件截止之日止,不得少于二十日。"有的政府采购项目的招标文件确定的提交投标文件的截止日期不符合前述规定。

4. 招标文件中记载的投标截止时间、开标时间与开标记录表上记载的时间不一致

2004年《政府采购货物和服务招标投标管理办法》第三十八条第一款规定:"开标应当在招标文件确定的提交投标文件截止时间的同一时间公开进行;开标地点应当为招标文件中预先确定的地点。"

有的政府采购项目招标文件中记载的投标截止时间、开标时间与开标记录表上记载的时间不一致;有些政府采购项目的实际投标截止时间及开标时间与招标公告上的时间不一致,招标文件上记载的开标时间也与开标记录表上记载的开标

时间不一致。

(四) 采购活动记录合法性存在的问题

1. 延长开标时间的程序或者形式不符合法律规定

2004年《政府采购货物和服务招标投标管理办法》第二十八条规定，招标采购单位延长投标截止时间和开标时间至少应当在招标文件要求提交投标文件的截止时间三日前，将变更时间书面通知所有招标文件收受人，并在财政部门指定的政府采购信息发布媒体上发布变更公告。该条规定了延长投标截止时间和开标时间时，时间要求是在招标文件要求提交投标文件的截止时间三日前，形式要求有二：一是将变更时间以书面形式通知所有招标文件收受人，二是在财政部门指定的媒体上发布变更公告。

实践中出现的问题表现为：有的项目延长开标不满足时间要求，有的项目不符合法定形式，有的项目时间和形式均不符合法律规定。例如，某项目的招标文件确定的投标截止时间为2007年5月16日，变更公告时间为2007年5月15日，不符合规定时限；同时，采购活动记录中缺少将变更时间书面通知所有招标文件收受人以及于指定媒体上发布变更公告的资料，形式不符合规定。

2. 评标委员会中采购人代表无授权委托书

采购人代表从事采购人的政府采购活动，需持有采购人合法、有效的授权委托书，并按照授权的范围从事政府采购活动。一些项目评标委员会中采购人代表无授权委托书。

3. 评标专家的组成、抽取等不符合规定

2004年《政府采购货物和服务招标投标管理办法》第四十五条规定了评标委员会的组成、第四十六条规定了评标专家的资格，第四十八条规定了抽取专家的方式。

实践中，有些项目的采购活动记录中欠缺评标专家库专家抽取登记表，无法判断评标委员会的组成是否合法；有些评标委员会成员不是在专家库名单中抽取，而是从采购代理机构自备专家库中抽取；有些项目的采购活动记录中，五人评标小组成员签字人员缺少一人；某政府采购项目不按顺序邀请抽取的备选专家，共抽取了四名正选专家和十一名备选专家，在三名正选专家不能参加的情况下，未按顺序邀请备选专家，越过备选专家六、七、八、九、十号，直接邀请备选十一号专家。

4. 备案材料中无备选专家名单

根据财政部、监察部《政府采购评审专家管理办法》（财库〔2003〕119号，已失效）第二十条第一款的规定，每次抽取所需评审专家时，应当根据情况多抽取两名以上候补评选专家，并按先后顺序排列递补。实践中，某项目的存档材料中没有评标委员会备选专家名单。

5. 废标程序不符合法律规定

《政府采购法》第三十六条第二款规定："废标后，采购人应当将废标理由通知所有投标人。"在采购人委托代理机构处理废标事宜时，一些项目的采购活动记录中缺少书面通知废标理由的记录。

6. 竞争性谈判推荐参加谈判的专家不合法

根据《政府采购法》第三十八条第三项的规定，应当由谈判小组确定参加谈判的供应商的名单。例如，某项目确定采购供应商《资格预审评审表》中签名的专家是该公司的一名自备专家，非组成的谈判小组成员或者资质小组的成员。

7. 评标期间出现符合专业条件的供应商不足三家的情形时未履行法定程序

2004年《政府采购货物和服务招标投标管理办法》第四十三条规定，在评标期间，出现符合专业条件的供应商或者对招标文件作出实质响应的供应商不足三家情形的，招标采购单位应当报告设区的市、自治州以上人民政府财政部门，由财政部门决定改变采购方式或者废标。

某项目分成四个包，其中01、03和04三个包在评标过程中出现只有两家供应商实质响应招标文件的情形，而评标活动记录显示这三个包仍然进行评标，不符合规定。

8. 采购活动记录中无政府采购合同，无法判断政府采购合同是否对招标文件和中标供应商的投标文件做实质性修改

2004年《政府采购货物和服务招标投标管理办法》第六十四条规定，采购人与中标供应商所签订的合同不得对招标文件和中标供应商投标文件做实质性修改。

有些项目的采购活动记录中欠缺政府采购合同，无法判断该合同是否符合该

条规定。

9. 实际评标标准与招标文件规定的评标标准不同

根据2004年《政府采购货物和服务招标投标管理办法》第五十四条的规定，评标委员会应当按招标文件中规定的评标方法和标准，对资格性检查和符合性检查合格的投标文件进行商务和技术评估，综合比较与评价。实践中，某项目招标文件的商务评分标准第四项规定：有银行的资信证明得1.5分，否则得0分，而实际的商务评审表显示：无银行资信证明文件的公司为不合格，即直接被排除，不能进入技术评审。

（五）中标通知书存在的问题

1. 发出中标通知书的时间不符合法律规定

根据2004年《政府采购货物和服务招标投标管理办法》第六十二条第一款、第二款的规定，中标供应商确定后，中标结果应当在财政部门指定的政府采购信息发布媒体上公告。在发布公告的同时，招标采购单位应当向中标供应商发出中标通知书，中标通知书对采购人和中标供应商具有同等法律效力。

实践中出现的问题表现为：未在发出招标公告的同时发出中标通知书；无发出中标通知书的记录材料或者中标通知书无签署日期，无法确定是否在发布中标公告的同时向中标供应商发出中标通知书。

2. 中标通知书的中标价格高于招标结果确认函的中标价格

根据法律的规定，中标通知书的内容应当与招标结果确认函的内容一致，但实践中出现某项目的中标通知书的中标价格高于采购人招标结果确认函中的中标价格。

3. 中标通知书的内容与相关规定不符

《政府采购法》第四十六条第一款规定："采购人与中标、成交供应商应当在中标、成交通知书发出之日起三十日内，按照采购文件确定的事项签订政府采购合同。"一些政府采购项目的中标通知书中，采购代理机构要求中标供应商在"收到中标通知书之日起30日内签订采购合同"。

（六）存档材料不符合规定

《政府采购法》及地方财政部门对应当存档的材料有明确的规定和要求。实践中，一些政府采购代理机构不按照规定执行，表现为：项目存档材料欠缺招标文件发售／下载记录、采购人技术需求资料、评标实施细则、供应商收到补充或者澄清文件确认资料、采购人对招标文件的确认资料、招标公告及中标公告（中国政府采购网）的打印网页、评标委员会组建资料、评委签到表、评委评标纪律承诺资料和政府采购合同等。

（七）未经相关工作程序，改变评标委员会评标结果

某项目分包较多，评标委员会出具的评标报告中误将未投第16包的某公司推荐为中标候选供应商，代理机构向采购人发出的中标结果确认书中也列明该公司为中标人，随后代理机构发现这一问题，未经评标委员会重新评定，便将该包的中标结果进行更改交采购人确认。

（八）采购合同副本未在法定期限内备案

2004年《政府采购货物和服务招标投标管理办法》第六十五条规定："采购人或采购代理机构应当自采购合同签订之日起七个工作日内，按照有关规定将采购合同副本报同级人民政府财政部门备案。"

实践中有不少项目政府采购合同未在规定期限内备案。

三、评标委员会容易出现的问题

（一）评分标准不符合规定

《财政部关于加强政府采购货物和服务项目价格评审管理的通知》（财库〔2007〕2号，已失效）对综合评分法价格分评审方法作出规定，即满足招标文件要求且投标价格最低的投标报价为评标基准价，其价格分为满分，其他投标人的价格分按照投标报价得分＝（评标基准价／投标报价）× 价格权值 ×100 计算。例如，某政府采购项目采用固定总价报价方式作为评分标准，不符合该规定。

（二）专家评标分数得分合计结果有误，导致中标结果错误

某政府采购项目评标专家王某某对投标人某公司的评分计算错误。评标专家王某某计算结果为66.90分，正确计算结果应为74.40分，误差为7.50分。由于该采购项目的评分标准和评标专家评分计算错误，导致应中标单位未中标。

（三）不按照招标文件规定的评标方法、评标标准评标

某政府采购项目资格预审招标文件中将"参加本次政府采购活动前三年内，本公司在经营活动中没有重大违法记录的声明"作为"资格预审必要合格条件评审标准"。但在"资格预审必要合格条件"评审时，评审表显示：一家供应商的"提交无违法记录的证明材料"一栏无"√"，但此家供应商并未做无效投标处理。

某政府采购项目资格预审招标文件中规定了"资格预审附加条件评审评分标准"，其中"制作场地及相关设备"占15分。但评审表显示："制作场地及相关设备"未作为打分项，供应商只要具有"制作场地及相关设备"即合格。代理机构解释为：原因在于"制作场地及相关设备"不好打分。

某政府采购项目招标文件第23.5条规定："实质上没有响应招标文件要求的投标将被拒绝。投标人不得通过修正或撤销不合要求的偏离或保留从而使其投标成为实质上响应的投标。如发现下列情况之一的，其投标将被拒绝：……（10）其他不满足招标文件中带星号的重要条款要求的。"在第五部分附件的附件7资格证明文件中"银行资信证明"及"投标人以往的类似业绩"均带星号，"银行资信证明"的要求是"应由投标人开立基本账户的银行提供原件，也可提供该银行在开标日前三个月内开具资信证明的复印件"，"投标人以往的类似业绩"对"投标人的具体类似业绩"要求"每个合同单独具表，必须附上有关合同的复印件/验收证明等（可不含涉及商业秘密的内容）"。但中标人提交的开户许可证不是银行的原件；投标人以往的类似业绩未附合同，只做描述。而在评标委员会《商务审核表》的"资格证明文件"中，中标人是"合格"。

第八章　政府采购中的行政处罚

【本章导读】

《政府采购法》第八章规定的"法律责任",包括民事责任、行政责任和刑事责任。其中的民事责任,本书将在第九章政府采购的法律救济中阐述,刑事责任限于本书篇幅不进行研究。本章主要介绍行政责任,行政责任包括行政处罚及行政处分。前者是政府采购监督部门对政府采购活动中发现的采购人、采购代理机构、供应商、评标委员会等的违法违规行为给予制裁的行为;后者是政府采购监督部门对其工作人员在政府采购活动中出现的违法违规行为给予制裁的行为。在行政法学上,前者是外部行政行为,后者是内部行政行为。

本章主要介绍政府采购行政处罚概述、政府采购中的各种违法行为及行政处罚、政府采购行政处罚的程序。

第一节　政府采购中的行政处罚概述

一、基本概念

(一)行政处罚与政府采购行政处罚

行政处罚是指行政机关依法对违反行政管理秩序的公民、法人或者其他组织,以减损权益或者增加义务的方式予以惩戒的行为。

政府采购行政处罚，是由财政部门等行政监管部门对采购人、采购代理机构、供应商、评标委员会在政府采购活动中出现的违反法律规定的行为，依法作出警告、罚款等予以惩戒的行为。

（二）行政处分与政府采购行政处罚

行政处分通常是指行政机关对其工作人员的违法违纪行为进行的惩戒，以起到制裁、教育的作用。根据《公务员法》的规定，行政处分通常分为警告、记过、记大过、降级、撤职、开除六种。

政府采购的行政处分，是由行政机关（包括财政部门及其他行政机关）对其工作人员在政府采购活动中出现的违法违规行为依法作出行政处分决定。

从上述概念可以看出，虽然政府采购行政处罚与行政处分都是财政部门或者其他行政机关作出的，但二者的根本区别在于，行政处罚是对政府采购活动中的行政管理相对人（即采购人、采购代理机构、供应商、评标委员会成员等）作出的，而行政处分是对行政机关的工作人员作出的。同时，二者在适用的法律、作出的处理方式以及法律救济等方面亦有所不同。当事人对行政处罚不服的，可以采取行政复议或者行政诉讼的方式救济；当事人对行政处分不服的，只能依据《公务员法》的有关规定进行申诉，而不能提起行政复议或者行政诉讼。

例如，《政府采购法》第七十一条规定："采购人、采购代理机构有下列情形之一的，责令限期改正，给予警告，可以并处罚款，对直接负责的主管人员和其他直接责任人员，由其行政主管部门或者有关机关给予处分，并予通报……"其中，"给予警告，可以并处罚款"为行政处罚，而"对直接负责的主管人员和其他直接责任人员，由其行政主管部门或者有关机关给予处分，并予通报"为行政处分。

（三）政府采购行政处罚与政府采购投诉处理的关系

1. 政府采购行政处罚与政府采购投诉处理是两种不同的行政行为

在政府采购中，法律规定了作为政府采购活动监管部门的行政机关两种职权：一种是对政府采购投诉的处理权，另一种是对政府采购中发现的违法违规行为的行政处罚权。两种权力行使的结果表现为作出投诉处理决定和行政处罚决定。投诉处理决定和行政处罚决定是两种不同的行政行为。

第八章　政府采购中的行政处罚

投诉处理决定是针对参加政府采购活动的供应商的投诉事项和投诉请求作出的，是行政监管部门基于对政府采购产生的争议的调查而作出的处理；行政处罚是政府采购活动监管部门对政府采购活动中出现的违法违规行为进行查处的行为。二者主要有以下区别：

（1）适用的法律依据不同。

政府采购投诉处理主要适用《政府采购法》《政府采购法实施条例》《政府采购质疑和投诉办法》等；政府采购行政处罚主要适用《行政处罚法》《政府采购法》《政府采购货物和服务招标投标管理办法》《政府采购信息公告管理办法》《政府采购质疑和投诉办法》中有关法律责任的部分。

（2）提起的主体不同。

政府采购投诉处理只能由参加政府采购项目的供应商提起，政府采购项目的采购人、采购代理机构及其他未参加政府采购活动的供应商不能提起投诉，行政法学上称为"依申请的行为"；政府采购行政处罚，可以是行政机关在履行职责的过程中主动发现违法违规行为从而启动行政处罚程序，也可以是因其他单位和个人的控告、检举而由财政部门启动行政处罚程序，行政法学上称为"依职责的行为"。

（3）适用的程序不同。

政府采购投诉处理的程序主要适用《政府采购法》《政府采购法实施条例》及《政府采购质疑和投诉办法》，法律、法规和规章对投诉的提起与受理、投诉处理与决定等内容作出规定；政府采购行政处罚的程序主要适用《行政处罚法》中规定的简易程序、一般程序、听证程序等内容。

（4）作出处理的内容不同。

政府采购投诉处理决定通常应当依据《政府采购质疑和投诉办法》第二十九条、第三十一条、第三十二条的规定作出，主要是针对政府采购项目作出处理决定；政府采购行政处罚通常是依据《政府采购法》《政府采购货物和服务招标投标管理办法》《政府采购信息发布管理办法》《政府采购质疑和投诉办法》等法律责任的规定，对采购人、采购代理机构、评标委员会、供应商等的违法违规行为作出警告、罚款等处罚措施。

2. 对政府采购投诉处理和行政处罚的运用、法律救济途径不同

正因为政府采购投诉处理与行政处罚是两种不同的行政行为，因而财政部门在作出这两种行为时应区别不同的情形进行处理，而不宜将这两种行为混淆。特别是财政部门在收到采购人的举报，同时又收到供应商的投诉时，应当作为两种情况分别处理，即分别启动执法检查程序和投诉处理程序。由于这两种程序针对的均是同一政府采购项目，为提高效率，可以采取同一调查程序收集证据。但实践中，经常会见到财政部门将这两种行为在一个行政行为中作出处理，对行政诉讼中法院的审查造成很大的困扰。

这两种行为的法律救济途径也适用不同的法律规定。根据我国目前的法律规定，对投诉处理决定不服，提起投诉的供应商可以提起行政复议或者行政诉讼；而能够对行政处罚提起行政复议或者行政诉讼的，是被处罚的相对人或者与行政处罚有法律上利害关系的人。对于未参加政府采购活动而只是举报违法行为的人，通常来说是不能对行政机关不予处罚或者行政处罚决定提起行政复议或者行政诉讼的。

二、政府采购行政处罚的主体和法律依据

（一）政府采购工程进行招标项目中违法行为的追责主体和法律依据

政府采购工程进行招标的项目中违法行为的追责主体是住房城乡建设部门，其实施行政处罚主要适用《招标投标法》《招标投标法实施条例》及部门规章、地方性法规、地方政府规章等。

（二）政府采购货物（不含机电产品国际招标的货物）和服务、非招标工程中违法行为的追责主体和法律依据

政府采购工程非招标项目及货物（不含机电产品国际招标的货物）、服务项目中发生的违法行为的追责主体是财政部门，其实施行政处罚主要适用《政府采购法》《政府采购法实施条例》《政府采购货物和服务招标投标管理办法》《政府采购质疑和投诉办法》《政府采购非招标方式管理办法》《政府采购信息发布管理办法》等，以及地方性法规、地方政府规章等。

（三）机电产品国际招标违法行为的追责主体及法律依据

政府采购货物中机电产品国际招标中的违法行为的追责主体是商务部门，其实施行政处罚主要适用的是《招标投标法》《招标投标法实施条例》《机电产品国际招标投标实施办法（试行）》及地方性法规和规章等。

三、政府采购行政处罚的种类

（一）政府采购行政处罚的种类

《行政处罚法》第九条规定了五类行政处罚：（一）警告、通报批评；（二）罚款、没收违法所得、没收非法财物；（三）暂扣许可证件、降低资质等级、吊销许可证件；（四）限制开展生产经营活动、责令停产停业、责令关闭、限制从业；（五）行政拘留；（六）法律、行政法规规定的其他行政处罚。

结合《招标投标法》《政府采购法》《机电产品国际招标投标实施办法（试行）》等规定，政府采购领域的行政处罚主要有：

（1）警告。

（2）罚款（一定数额或者一定幅度的罚款，或者处以项目合同金额、中标项目金额一定比例的罚款）。

（3）没收违法所得。

（4）责令停业整顿。

（5）列入不良行为记录名单，在一至三年内禁止参加政府采购活动（对供应商）。招标投标法领域一般是取消其一至二年内（或者一至三年内，或者二至五年内）参加依法必须进行招标的项目的投标资格。前述行政处罚以下简称"禁止参加政府采购活动"。

（6）在一至三年内禁止代理政府采购业务（对采购代理机构）。招标投标法领域为暂停一定期限内从事招标业务。受到财政部门禁止代理政府采购业务处罚的代理机构，应当及时停止代理业务，已经签订委托代理协议的项目，按下列情况分别处理：①尚未开始执行的项目，应当及时终止委托代理协议；②已经开始执行的项目，可以终止的应当及时终止，确因客观原因无法终止的应当妥善做好善后工作。前述行政处罚以下简称"禁止代理政府采购业务"。

（7）禁止参加政府采购评审活动（针对评标专家）。招标投标法领域为取消担任评标委员会成员的资格，不得再参加任何依法必须进行招标的项目的评标。前述行政处罚以下简称"禁止参加政府采购评审活动"。

（二）关于政府采购领域中"重大违法记录"的问题

1. 政府采购领域中哪些违法行为属于"重大违法记录"

政府采购领域的违法行为分为一般违法行为和重大违法行为。根据《政府采购法》第二十二条第一款第五项的规定，有重大违法记录的供应商是不能参加政府采购活动的。那么，哪些违法行为的处罚是重大违法记录，哪些不属于重大违法记录？

《政府采购法实施条例》第十九条第一款规定："政府采购法第二十二条第一款第五项所称重大违法记录，是指供应商因违法经营受到刑事处罚或者责令停产停业、吊销许可证或者执照、较大数额罚款等行政处罚。"该规定与《行政处罚法》第四十二条关于听证的情形相衔接（除较大数额罚款外）。行政处罚规定了简易程序、一般程序和听证三种程序，其中听证程序是针对重大违法行为设定的程序。

（1）违法经营受到的刑事处罚。

违法经营受到的刑事处罚是指供应商在经营活动中因犯罪行为而受到的处罚，如生产销售伪劣商品罪、走私罪、合同诈骗罪、行贿罪、串通投标罪等。但需要注意的是，供应商非经营活动的犯罪或者其员工的犯罪受到的刑事处罚不属于此种情形。例如，供应商的员工因行贿被判行贿罪，但并不影响供应商参加政府采购活动。

（2）责令停产停业、吊销许可证或者执照。

责令停产停业、吊销许可证或者执照是比较严重的行政处罚，如果供应商在参加政府采购活动前三年内被行政机关作出责令停产停业、吊销许可证或者执照的行政处罚，就属于不能参加政府采购活动的重大违法记录。

（3）较大数额的罚款的标准。

多大数额的罚款属于该种处罚？不同行政管理领域、不同地方对较大数额的认定均有所不同。2022年1月5日，财政部发布《财政部关于〈中华人民共

第八章　政府采购中的行政处罚

和国政府采购法实施条例〉第十九条第一款"较大数额罚款"具体适用问题的意见》(财库〔2022〕3号)明确,《政府采购法实施条例》第十九条第一款规定的"较大数额罚款"认定为200万元以上的罚款,法律、行政法规以及国务院有关部门明确规定相关领域"较大数额罚款"标准高于200万元的,从其规定。自此,政府采购领域不能参与政府采购活动的"较大数额罚款"的标准为200万元以上。

(4) 禁止参加政府采购活动、禁止代理政府采购业务是否属于"重大违法记录"。

对此问题,相关法律未做明确。笔者认为,此类行政处罚应属"重大违法记录"。理由为,《行政处罚法》第六十三条第一款规定:"行政机关拟作出下列行政处罚决定,应当告知当事人有要求听证的权利,当事人要求听证的,行政机关应当组织听证:(一)较大数额罚款;(二)没收较大数额违法所得、没收较大价值非法财物;(三)降低资质等级、吊销许可证件;(四)责令停产停业、责令关闭、限制从业;(五)其他较重的行政处罚;(六)法律、法规、规章规定的其他情形。"该条第(六)项规定法律、法规、规章规定的其他情形,禁止参加政府采购活动、禁止代理政府采购业务是禁止供应商在一至三年内参加政府采购活动、禁止采购代理机构在一至三年内代理政府采购业务,实际上是对供应商、采购代理机构经营行为的限制,是与责令停产停业相类似的对相对人权益产生较大影响的行政处罚,应当给予被处罚人听证的机会。此种处罚属于"重大违法记录"。

(5) 较大数额的没收违法所得。

没收违法所得是一种行政处罚。根据最高人民法院指导案例6号"黄泽富、何伯琼、何熠诉四川省成都市金堂工商行政管理局行政处罚案",违法所得应以当事人在违法行为中获取的收益来确定,没收较大数额违法所得属于财产处罚范畴,应当包含于应适用听证程序的行为,也属于"重大违法记录"的范围。

2. 关于禁止参加政府采购活动、禁止代理政府采购业务、禁止参加政府采购活动评审的适用问题

(1) 禁止参加政府采购活动、禁止代理政府采购业务、禁止参加政府采购活动评审的行政处罚的适用范围。

由于各地行政监管部门只能对本行政区域内监管范围内的违法行为进行处罚，不能对超过本行政区域的违法行为进行处罚，因而地方监管部门作出的禁止参加政府采购活动、禁止代理政府采购业务、禁止参加政府采购活动评审等往往只能禁止参加本行政区域的政府采购活动或者代理业务或者政府采购项目的评审。

那么，某一地方财政部门对供应商、采购代理机构、评审专家作出的禁止参加政府采购活动、禁止代理政府采购业务、禁止参加政府采购活动评审的行政处罚，是仅适用于该地方，还是在全国范围内适用？例如，福建省财政厅以某供应商提供虚假材料谋取中标为由对该供应商作出禁止其一年内在福建省参加政府采购活动的行政处罚，那么，该供应商在行政处罚决定生效后一年内不能再参加福建省政府采购活动，但它是否能够参加国家级或者其他省、市等地方的政府采购活动？

对此问题，在财政部未作出明确之前，实践中有两种做法：一种是认为该禁止决定是福建省财政厅作出，故仅适用于福建省，该供应商可以参加其他省市的政府采购活动。另一种是认为该禁止决定不仅适用于福建省，也适用于其他省市，故该供应商在全国范围内不得参加政府采购活动。

2015年8月20日，财政部发布《关于规范政府采购行政处罚有关问题的通知》（财库〔2015〕150号）明确："各级人民政府财政部门依法对参加政府采购活动的供应商、采购代理机构、评审专家作出的禁止参加政府采购活动、禁止代理政府采购业务、禁止参加政府采购评审活动等行政处罚决定，要严格按照相关法律法规条款的规定进行处罚，相关行政处罚决定在全国范围内生效。"因此，供应商、采购代理机构、评审专家一旦被地方财政部门处以禁止参加政府采购活动、禁止代理政府采购业务、禁止参加政府采购评审活动的行政处罚，则其在全国范围内均不能参加政府采购活动、代理政府采购业务或者评审，这对供应商、采购代理机构、评审专家产生重大影响，特别是对供应商、采购代理机构的经济利益产生重大影响。

（2）供应商、采购代理机构应重视财政部门拟作出的禁止参加政府采购活动、禁止代理政府采购业务的行政处罚。

由于禁止参加政府采购活动、禁止代理政府采购业务的行政处罚属于"重大违法记录",供应商或者采购代理机构将不满足《政府采购法》第二十二条规定的供应商的条件,不能再参加政府采购活动,对那些主要从事政府采购业务的供应商或者代理政府采购业务的采购代理机构将产生重大影响,甚至会影响企业的生存。因此,一旦供应商或者采购代理机构收到财政部门拟作出禁止参加政府采购活动或者代理政府采购业务的《行政处罚事先告知书》、《行政处罚听证告知书》或者《行政处罚事项告知书》,应充分重视,积极申请听证,充分准备证据及申辩,争取在行政程序中维护自己的权利。不少供应商或者采购代理机构因为没有认识到这个问题的严重性,在行政处罚程序中不重视财政部门的告知书,面对财政部门的调查不予配合,既不提供证据材料,也不作出合理的说明,浪费了陈述申辩甚至听证的机会。

同时,由于目前招标领域非常重视供应商的诚信,不少非政府采购的招标项目将未列入严重失信名单作为供应商投标的资格条件,要求供应商提供"信用中国"网站信用详情页面网页截图或者中国政府采购网政府采购严重违法失信行为信息记录查询结果的网页截图,不满足该条件的供应商的投标将被否决。对于此类项目,受到属于重大违法记录的行政处罚的供应商就没有投标资格,不能参加这些项目的投标。因此,会对供应商的财产权益产生重大影响。

第二节 政府采购中的各种违法行为及行政处罚

一、政府采购工程非招标项目、货物和服务项目中的违法行为及行政处罚

政府采购工程非招标项目、货物和服务项目中的违法行为,主要规定在《政府采购法》及其实施条例、《政府采购货物和服务招标投标管理办法》、《政府采购信息发布管理办法》、《政府采购非招标采购方式管理办法》中,分类整理如下:

(一)采购人、采购代理机构的违法行为及行政处罚

(1)采购人、采购代理机构有下列情形之一的,责令限期改正,给予警告,可以并处10万元以下罚款,对直接负责的主管人员和其他直接责任人员,由其

行政主管部门或者有关机关给予处分,并予通报(法律依据:《政府采购法》第七十一条):

①应当采用公开招标方式而擅自采用其他方式采购的。

要件解析:A.应当采用公开招标方式,应理解为《政府采购法》第二条规定的达到公开招标数额标准应当采取公开招标方式;B.采用其他方式,包括邀请招标、竞争性谈判、单一来源采购、询价、竞争性磋商的方式;C.擅自,应理解为应当采用公开招标方式,若采用其他方式应当由财政部门批准而未经批准。

②擅自提高采购标准的。

要件解析:A.采购标准,根据《政府采购法实施条例》第五十九条的规定,应理解为项目采购所依据的经费预算标准、资产配置标准和技术、服务标准等;B.擅自提高采购标准,采购人未经财政部门批准而提高采购标准。

③以不合理的条件对供应商实行差别待遇或者歧视待遇的。

要件解析:指的是《政府采购法实施条例》第二十条规定的"以不合理的条件对供应商实行差别待遇或者歧视待遇"的情形。

④在招标采购过程中与投标人进行协商谈判的。

要件解析:"在招标采购过程中与投标人进行协商谈判"应理解为在招标过程的任何环节,采购人与投标人私下进行协商谈判。

⑤中标、成交通知书发出后不与中标、成交供应商签订采购合同的。

要件解析:根据《政府采购法》第四十六条第一款的规定,采购人与中标、成交供应商应当在中标、成交通知书发出之日起三十日内,按照采购文件确定的事项签订政府采购合同。若采购人在中标、成交通知书发出后不与中标、成交供应商签订采购合同的,构成该违法行为。

⑥拒绝有关部门依法实施监督检查的。

要件解析:采购人、采购代理机构、供应商、评标专家等均有配合财政部门等有关部门依法实施的监督检查的义务,若拒绝则构成该违法行为。

(2)采购人、采购代理机构及其工作人员有下列情形之一,处以5万元以上25万元以下罚款,有违法所得的,并处没收违法所得,属于国家机关工作人员的,依法给予行政处分(法律依据:《政府采购法》第七十二条):

①与供应商或者采购代理机构恶意串通的。

第八章　政府采购中的行政处罚

要件解析：根据《政府采购法实施条例》第七十四条的规定，恶意串通是指以下情形：

第一，供应商直接或者间接从采购人或者采购代理机构处获得其他供应商的相关情况并修改其投标文件或者响应文件；

第二，供应商按照采购人或者采购代理机构的授意撤换、修改投标文件或者响应文件；

第三，供应商之间协商报价、技术方案等投标文件或者响应文件的实质性内容；

第四，属于同一集团、协会、商会等组织成员的供应商按照该组织要求协同参加政府采购活动；

第五，供应商之间事先约定由某一特定供应商中标、成交；

第六，供应商之间商定部分供应商放弃参加政府采购活动或者放弃中标、成交；

第七，供应商与采购人或者采购代理机构之间、供应商相互之间，为谋求特定供应商中标、成交或者排斥其他供应商的其他串通行为（《政府采购货物和服务招标投标管理办法》第三十七条规定了投标人串通投标的情形）。采购人有前述情形的，构成该违法行为。

②在采购过程中接受贿赂或者获取其他不正当利益的。

③在有关部门依法实施的监督检查中提供虚假情况的。

④开标前泄露标底的。

（3）采购人对应当实行集中采购的政府采购项目，不委托集中采购机构实行集中采购的，由财政部门责令改正；拒不改正的，停止按预算向其支付资金，由其上级行政主管部门或者有关机关依法给予其直接负责的主管人员和其他直接责任人员处分（法律依据：《政府采购法》第七十四条）。

要件解析：根据《政府采购法》第十八条规定，采购人采购纳入集中采购目录的政府采购项目，必须委托集中采购机构代理采购；采购未纳入集中采购目录的政府采购项目，可以自行采购，也可以委托集中采购机构在委托的范围内代理采购。纳入集中采购目录属于通用的政府采购项目的，应当委托集中采购机构代理采购；属于本部门、本系统有特殊要求的项目，应当实行部门集中采购；属于本单位有特殊要求的项目，经省级以上人民政府批准，可以自行采购。对应当委托集中采购机构代理采购而采购人未委托集中采购机构实行集中采购的，构成该违法行为。

（4）采购人未依法公布政府采购项目的采购标准和采购结果的，责令改正，对直接负责的主管人员依法给予处分（法律依据：《政府采购法》第七十五条）。

要件解析：根据《政府采购法》第六十三条规定，政府采购项目的采购标准应当公开。采用本法规定的采购方式的，采购人在采购活动完成后，应当将采购结果予以公布。采购人违反该条规定的，构成该违法行为。

（5）采购人、采购代理机构违反本法规定隐匿、销毁应当保存的采购文件或者伪造、变造采购文件的，由财政部门处以2万元以上10万元以下的罚款，对其直接负责的主管人员和其他直接责任人员依法给予处分（法律依据：《政府采购法》第七十六条）。

要件解析：根据《政府采购法》第四十二条第一款规定，采购人、采购代理机构对政府采购项目每项采购活动的采购文件应当妥善保存，不得伪造、变造、隐匿或者销毁。采购文件的保存期限为从采购结束之日起至少保存十五年。采购人、采购代理机构违反该条规定，隐匿、销毁应当保存的采购文件或者伪造、变造采购文件的，构成该违法行为。

（6）采购人有下列情形之一的，由财政部门限期改正，给予警告，对直接负责的主管人员和其他直接责任人员依法给予处分，并予以通报（法律依据：《政府采购法实施条例》第六十七条）：

①未按照规定编制政府采购实施计划或者未按照规定将政府采购实施计划报本级人民政府财政部门备案。

要件解析：根据《政府采购法实施条例》第二十九条规定，采购人应当根据集中采购目录、采购限额标准和已批复的部门预算编制政府采购实施计划，报本级人民政府财政部门备案。采购人违反该条规定的，构成该违法行为。

②将应当进行公开招标的项目化整为零或者以其他任何方式规避公开招标。

要件解析：根据《政府采购法实施条例》第二十八条规定，化整为零，应理解为"在一个财政年度内，采购人将一个预算项目下的同一品目或者类别的货物、服务采用公开招标以外的方式多次采购，累计资金数额超过公开招标数额标准的，属于以化整为零方式规避公开招标，但项目预算调整或者经批准采用公开招标以外方式采购除外"。以其他方式，应理解为邀请招标、竞争性谈判、单一来源、询价、竞争性磋商等方式。无论是化整为零还是以其他任何方式规避公开招标，均构成该违法行为。

③未按照规定在评标委员会、竞争性谈判小组或者询价小组推荐的中标或者成交候选人中确定中标或者成交供应商。

要件解析：根据《政府采购法实施条例》第四十三条规定，采购代理机构应当自评审结束之日起两个工作日内将评审报告送交采购人。采购人应当自收到评审报告之日起五个工作日内在评审报告推荐的中标或者成交候选人中按顺序确定中标或者成交供应商。采购人未按照评标委员会、竞争性谈判小组或者询价小组推荐的中标或者成交候选人中确定中标或者成交供应商的，构成该违法行为。

④未按照采购文件确定的事项签订政府采购合同。

要件解析：根据《政府采购法》第四十六条第一款规定，采购人与中标、成交供应商应当在中标、成交通知书发出之日起三十日内，按照采购文件确定的事项签订政府采购合同。采购人违反该条规定的，构成该违法行为。

⑤政府采购合同履行中追加与合同标的相同的货物、工程或者服务的采购金额超过原合同采购金额10%。

要件解析：根据《政府采购法》第四十九条规定，政府采购合同履行中，采购人需追加与合同标的相同的货物、工程或者服务的，在不改变合同其他条款的前提下，可以与供应商协商签订补充合同，但所有补充合同的采购金额不得超过原合同采购金额的10%。采购人违反该条规定的，构成该违法行为。

⑥擅自变更、中止或者终止政府采购合同。

要件解析：根据《政府采购法》第五十条规定，政府采购合同的双方当事人不得擅自变更、中止或者终止合同。政府采购合同继续履行将损害国家利益和社会公共利益的，双方当事人应当变更、中止或者终止合同。有过错的一方应当承担赔偿责任，双方都有过错的，各自承担相应的责任。采购人在不存在"政府采购合同继续履行将损害国家利益和社会公共利益的"情形时，擅自变更、中止或者终止政府采购合同的，构成该违法行为。关于"损害国家利益和社会公共利益"的判断，需要结合个案的具体情况判断，但不应当包括供应商低价抢标后无法履行合同而要求变更等情形。

⑦未按照规定公告政府采购合同。

要件解析：根据《政府采购法实施条例》第五十条规定，采购人应当自政府采购合同签订之日起两个工作日内，将政府采购合同在省级以上人民政府财政部门指定的媒体上公告，但政府采购合同中涉及国家秘密、商业秘密的内容除外。采购人违反该条规定的，构成该违法行为。

⑧未按照规定时间将政府采购合同副本报本级人民政府财政部门和有关部门备案。

要件解析：根据《政府采购法》第四十七条规定，政府采购项目的采购合同自签订之日起七个工作日内，采购人应当将合同副本报同级政府采购监督管理部门和有关部门备案。采购人违反该条规定的，构成该违法行为。

（7）采购人、采购代理机构有下列情形之一的，限期改正，给予警告，可以并处10万元以下罚款，对直接负责的主管人员和其他直接责任人员，由其行政主管部门或者有关机关给予处分，并予通报；对采购代理机构，可以在一至三年内禁止其代理政府采购业务（法律依据：《政府采购法实施条例》第六十八条）：

①未依照政府采购法和本条例规定的方式实施采购。

要件解析：对属于《政府采购法》第二条的项目，采购人应当依法采取公开招标、邀请招标、竞争性谈判、单一来源、询价或者竞争性磋商的方式进行采购，采购人、采购代理机构未准确选择采购方式的，构成该违法行为。

②未依法在指定的媒体上发布政府采购项目信息。

要件解析：根据《政府采购法实施条例》第八条规定，政府采购项目信息应当在省级以上人民政府财政部门指定的媒体上发布。采购项目预算金额达到国务院财政部门规定标准的，政府采购项目信息应当在国务院财政部门指定的媒体上发布。采购人、采购代理机构违反相关规定的，构成该违法行为。

③未按照规定执行政府采购政策。

要件解析：根据《政府采购法实施条例》第七条第三款规定，政府采购工程以及与工程建设有关的货物、服务，应当执行政府采购政策。根据第十一条规定，采购人在政府采购活动中应当维护国家利益和社会公共利益，公正廉洁，诚实守信，执行政府采购政策，建立政府采购内部管理制度，厉行节约，科学合理

第八章 政府采购中的行政处罚

确定采购需求。采购人、采购代理机构违反前述规定的，构成该违法行为。

④违反本条例第十五条的规定导致无法组织对供应商履约情况进行验收或者国家财产遭受损失。

要件解析：根据《政府采购法实施条例》第十五条规定，采购人、采购代理机构应当根据政府采购政策、采购预算、采购需求编制采购文件。采购需求应当符合法律法规以及政府采购政策规定的技术、服务、安全等要求。政府向社会公众提供的公共服务项目，应当就确定采购需求征求社会公众的意见。除因技术复杂或者性质特殊，不能确定详细规格或者具体要求外，采购需求应当完整、明确。必要时，应当就确定采购需求征求相关供应商、专家的意见。采购人、采购代理机构违反该条规定导致无法组织对供应商履约情况进行验收或者国家财产遭受损失的，构成该违法行为。

⑤未依法从政府采购评审专家库中抽取评审专家。

要件解析：根据《政府采购法实施条例》第三十九条规定，除国务院财政部门规定的情形外，采购人或者采购代理机构应当从政府采购评审专家库中随机抽取评审专家。采购人、采购代理机构违反相关规定的，构成该违法行为。

⑥非法干预采购评审活动。

要件解析：《政府采购法实施条例》第四十条第三款规定，政府采购评审专家在评审过程中受到非法干预的，应当及时向财政、监察等部门举报。采购人、采购代理机构非法干预评审活动的，构成该违法行为。实践中，有些采购代理机构为了迎合采购人，与评标组长或者评审小组沟通修改评分，评出采购人想要的供应商。还有些采购代理机构直接评审投标文件、响应文件等，并向评标委员会、评审小组等提出要求。

⑦采用综合评分法时评审标准中的分值设置未与评审因素的量化指标相对应。

要件解析：根据《政府采购法实施条例》第三十四条第四款规定，采用综合评分法的，评审标准中的分值设置应当与评审因素的量化指标相对应。采购人、采购代理机构违反相关规定的，构成该违法行为。

⑧对供应商的询问、质疑逾期未作处理。

要件解析：根据《政府采购法》第五十一条规定，供应商对政府采购活动事项有疑问的,可以向采购人提出询问,采购人应当及时作出答复,但答复的内容不得涉及商业秘密。根据《政府采购法实施条例》第五十二条规定,采购人或者采购代理机构应当在三个工作日内对供应商依法提出的询问作出答复。根据《政府采购法》第五十三条规定,采购人应当在收到供应商的书面质疑后七个工作日内作出答复,并以书面形式通知质疑供应商和其他有关供应商,但答复的内容不得涉及商业秘密。根据《政府采购法》第五十四条规定,采购人委托采购代理机构采购的,供应商可以向采购代理机构提出询问或者质疑,采购代理机构应当依照本法第五十一条、第五十三条的规定就采购人委托授权范围内的事项作出答复。采购人、采购代理机构未在法定期限内作出答复的,构成该违法行为。

⑨通过对样品进行检测、对供应商进行考察等方式改变评审结果。

要件解析:根据《政府采购法实施条例》第四十四条第二款规定,采购人或者采购代理机构不得通过对样品进行检测、对供应商进行考察等方式改变评审结果。采购人、采购代理机构违反前述规定的,构成该违法行为。

⑩未按照规定组织对供应商履约情况进行验收。

要件解析:根据《政府采购法实施条例》第四十五条规定,采购人或者采购代理机构应当按照政府采购合同规定的技术、服务、安全标准组织对供应商履约情况进行验收,并出具验收书。验收书应当包括每一项技术、服务、安全标准的履约情况。政府向社会公众提供的公共服务项目,验收时应当邀请服务对象参与并出具意见,验收结果应当向社会公告。采购人、采购代理机构违反相关规定的,构成该违法行为。

(8)采购人员与供应商有利害关系而不依法回避的,由财政部门给予警告,并处2000元以上2万元以下的罚款(法律依据:《政府采购法实施条例》第七十条)。

要件解析:根据《政府采购法实施条例》第九条第一款规定,在政府采购活动中,采购人员及相关人员与供应商有下列利害关系之一的,应当回避:(一)参加采购活动前三年内与供应商存在劳动关系;(二)参加采购活动前三年内担任供应商的董事、监事;(三)参加采购活动前三年内是供应商的控股股东或者实际控制人;(四)与供应商的法定代表人或者负责人有夫妻、直系血亲、三代以内旁系血亲或者近姻亲关系;(五)与供应商有其他可能影响政府采购活

第八章 政府采购中的行政处罚

动公平、公正进行的关系。采购人员与供应商有前述利害关系而不依法回避的，构成该违法行为。

（9）采购人有下列情形之一的，由财政部门责令限期改正；情节严重的，给予警告，对直接负责的主管人员和其他直接责任人员由其行政主管部门或者有关机关依法给予处分，并予以通报（法律依据：《政府采购货物和服务招标投标管理办法》第七十七条）：

①未按照本办法的规定编制采购需求的。

要件解析：根据《政府采购货物和服务招标投标管理办法》第十条规定，采购人应当对采购标的的市场技术或者服务水平、供应、价格等情况进行市场调查，根据调查情况、资产配置标准等科学、合理地确定采购需求，进行价格测算。采购人违反该规定的，构成该违法行为。

②违反本办法第六条第二款规定的。

要件解析：根据《政府采购货物和服务招标投标管理办法》第六条第二款规定，采购人不得向供应商索要或者接受其给予的赠品、回扣或者与采购无关的其他商品、服务。采购人违反该条规定的，构成该违法行为。

③未在规定时间内确定中标人的。

要件解析：根据《政府采购货物和服务招标投标管理办法》第六十八条第二款、第三款规定，采购人应当自收到评标报告之日起五个工作日内，在评标报告确定的中标候选人名单中按顺序确定中标人。中标候选人并列的，由采购人或者采购人委托评标委员会按照招标文件规定的方式确定中标人；招标文件未规定的，采取随机抽取的方式确定。采购人自行组织招标的，应当在评标结束后五个工作日内确定中标人。采购人违反相关规定的，构成该违法行为。

④向中标人提出不合理要求作为签订合同条件的。

要件解析：根据《政府采购货物和服务招标投标管理办法》第七十一条第二款规定，采购人不得向中标人提出任何不合理的要求作为签订合同的条件。采购人违反该条规定的，构成该违法行为。

（10）采购人、采购代理机构有下列情形之一的，由财政部门责令限期改正，情节严重的，给予警告，对直接负责的主管人员和其他直接责任人员，由其行政主管部门或者有关机关给予处分，并予通报；采购代理机构有违法所得的，没收违法所得,并可以处以不超过违法所得三倍、最高不超过三万元的罚款,没有违法所得的,可以处以一万元以下的罚款(法律依据:《政府采购货物和服务招标投标管理办法》第七十八条):

①违反本办法第八条第二款规定的。

要件解析:根据《政府采购货物和服务招标投标管理办法》第八条第二款规定,采购代理机构及其分支机构不得在所代理的采购项目中投标或者代理投标,不得为所代理的采购项目的投标人参加本项目提供投标咨询。采购代理机构违反该条规定的,构成该违法行为。

②设定最低限价的。

要件解析:根据《政府采购货物和服务招标投标管理办法》第十二条规定,采购人根据价格测算情况,可以在采购预算额度内合理设定最高限价,但不得设定最低限价。采购人违反该条规定的,构成该违法行为。

③未按照规定进行资格预审或者资格审查的。

要件解析:根据《政府采购货物和服务招标投标管理办法》第十四条第一款、第二款规定,采用邀请招标方式的,采购人或者采购代理机构应当通过以下方式产生符合资格条件的供应商名单,并从中随机抽取三家以上供应商向其发出投标邀请书:(一)发布资格预审公告征集;(二)从省级以上人民政府财政部门(以下简称财政部门)建立的供应商库中选取;(三)采购人书面推荐。采用前款第一项方式产生符合资格条件供应商名单的,采购人或者采购代理机构应当按照资格预审文件载明的标准和方法,对潜在投标人进行资格预审。根据《政府采购货物和服务招标投标管理办法》第四十四条第一款规定,公开招标采购项目开标结束后,采购人或者采购代理机构应当依法对投标人的资格进行审查。采购人、采购代理机构违反相关规定的,构成该违法行为。

④违反本办法规定确定招标文件售价的。

要件解析:根据《政府采购货物和服务招标投标管理办法》第二十四条规定,招标文件售价应当按照弥补制作、邮寄成本的原则确定,不得以营利为目的,不得以招标采购金额作为确定招标文件售价的依据。采购人、采购代理机构违反该条规定的,构成该违法行为。

⑤未按规定对开标、评标活动进行全程录音录像的。

第八章 政府采购中的行政处罚

要件解析：根据《政府采购货物和服务招标投标管理办法》第三十九条第二款规定，采购人或者采购代理机构应当对开标、评标现场活动进行全程录音录像。录音录像应当清晰可辨，音像资料作为采购文件一并存档。采购代理机构违反该条规定的，构成该违法行为。实践中，有的采购代理机构遇到财政部门要求调取录音录像时，称设备损坏没有录音录像。对此，财政部门可以在调查取证后进行认定、处罚。

⑥擅自终止招标活动的。

要件解析：根据《政府采购货物和服务招标投标管理办法》第二十九条规定，采购人、采购代理机构在发布招标公告、资格预审公告或者发出投标邀请书后，除因重大变故采购任务取消情况外，不得擅自终止招标活动。采购人、采购代理机构违反该条规定的，构成该违法行为。

⑦未按照规定进行开标和组织评标的。

要件解析：《政府采购货物和服务招标投标管理办法》第三十九条、第四十条、第四十一条、第四十二条对开标作出规定，第四十五条规定的是采购人或者采购代理机构组织评标的职责。采购人、采购代理机构违反相关规定的，构成该违法行为。

⑧未按照规定退还投标保证金的。

要件解析：《政府采购货物和服务招标投标管理办法》第二十九条第二款、第三十八条等对退还投标保证金进行规定，采购人、采购代理机构违反相关规定的，构成该违法行为。

⑨违反本办法规定进行重新评审或者重新组建评标委员会进行评标的。

要件解析：《政府采购货物和服务招标投标管理办法》第六十四条、第六十七对重新评审、重新组建评标委员会进行评标作出规定。采购人、采购代理机构违反相关规定的，构成该违法行为。需要特别注意，重新评审只有四种情形，采购人、采购代理机构超出这四种情形组织重新评审的，将构成该违法行为。

⑩开标前泄露已获取招标文件的潜在投标人的名称、数量或者其他可能影响公平竞争的有关招标投标情况的。

要件解析：根据《政府采购货物和服务招标投标管理办法》第二十八条规

定,投标截止时间前,采购人、采购代理机构和有关人员不得向他人透露已获取招标文件的潜在投标人的名称、数量以及可能影响公平竞争的有关招标投标的其他情况。采购人、采购代理机构违反该条规定的,构成该违法行为。

⑪未妥善保存采购文件的。

要件解析:根据《政府采购货物和服务招标投标管理办法》第七十六条规定,采购人、采购代理机构应当建立真实完整的招标采购档案,妥善保存每项采购活动的采购文件。采购人、采购代理机构违反该条规定的,构成该违法行为。

⑫其他违反本办法规定的情形。

(11)集中采购代理机构有下列情形之一的,由财政部门责令限期改正,给予警告,有违法所得的,并处没收违法所得,对直接负责的主管人员和其他直接责任人员依法给予处分(法律依据:《政府采购法实施条例》第六十九条):

①内部监督管理制度不健全,对依法应当分设、分离的岗位、人员未分设、分离;

②将集中采购项目委托其他采购代理机构采购;

③从事营利活动。

(二)供应商的违法行为及行政处罚

(1)供应商有下列情形之一的,处以采购金额千分之五以上千分之十以下的罚款,列入不良行为记录名单,在一至三年内禁止参加政府采购活动,有违法所得的,并处没收违法所得,情节严重的,由工商行政管理机关吊销营业执照(法律依据:《政府采购法》第七十七条):

①提供虚假材料谋取中标、成交的。

要件解析:该违法行为由提供虚假材料的客观行为和谋取中标、成交的主观要件构成。虚假材料应当是对评审有影响的行为,"虚假"不仅表现为供应商投标文件、响应文件等复印件与原件不一致,更重要的是该材料所构成的要约内容虚假。

②采取不正当手段诋毁、排挤其他供应商的。

③与采购人、其他供应商或者采购代理机构恶意串通的。

要件解析:根据《政府采购法实施条例》第七十四条规定,恶意串通的具体情形为:(一)供应商直接或者间接从采购人或者采购代理机构处获得其他供应商的相关情况并修改其投标文件或者响应文件;(二)供应商按照采购人或者采购代理机构的授意撤换、修改投标文件或者响应文件;(三)供应商之间协商报价、技术方案等投标文件或者响应文件的实质性内容;(四)属于同一集团、协会、商会等组织成员的供应商按照该组织要求协同参加政府采购活动;(五)供应商之间事先约定由某一特定供应商中标、成交;(六)供应商之间商定部分供应商放弃参加政府采购活动或者放弃中标、成交;(七)供应商与采购人或者采购代理机构之间、供应商相互之间,为谋求特定供应商中标、成交或者排斥其他供应商的其他串通行为。供应商与采购人、其他供应商或者采购代理机构有前述任一情形的,构成该违法行为。

根据《政府采购货物和服务招标投标管理办法》第三十七条规定,有下列情形之一的,视为投标人串通投标,其投标无效:(一)不同投标人的投标文件由同一单位或者个人编制;(二)不同投标人委托同一单位或者个人办理投标事宜;(三)不同投标人的投标文件载明的项目管理成员或者联系人员为同一人;(四)不同投标人的投标文件异常一致或者投标报价呈规律性差异;(五)不同投标人的投标文件相互混装;(六)不同投标人的投标保证金从同一单位或者个人的账户转出。供应商之间有前述行为之一的,构成该违法行为。

④向采购人、采购代理机构行贿或者提供其他不正当利益的。

要件解析:根据《政府采购法》第二十五条第二款规定,供应商不得以向采购人、采购代理机构、评标委员会的组成人员、竞争性谈判小组的组成人员、询价小组的组成人员行贿或者采取其他不正当手段谋取中标或者成交。供应商违反该条规定的,构成该违法行为。

⑤在招标采购过程中与采购人进行协商谈判的。

⑥拒绝有关部门监督检查或者提供虚假情况的。

该条规定中的"采购金额"指的是什么,如何理解?笔者认为,从财政预算管理的角度讲,可以将其理解为"项目预算"。

供应商的这类违法行为在实践中比较常见,如提供虚假材料谋取中标、成交,与采购人、其他供应商或者采购代理机构恶意串通(特别是串通投标),向采购人、采购代理机构行贿或者提供其他不正当利益等。

（2）供应商有下列情形之一的，处以采购金额千分之五以上千分之十以下的罚款，列入不良行为记录名单，在一至三年内禁止参加政府采购活动，有违法所得的，并处没收违法所得，情节严重的，由工商行政管理机关吊销营业执照（法律依据：《政府采购法实施条例》第七十二条第一款）：

①向评标委员会、竞争性谈判小组或者询价小组成员行贿或者提供其他不正当利益。

②中标或者成交后无正当理由拒不与采购人签订政府采购合同。

要件解析：根据《政府采购法实施条例》第四十九条规定，中标或者成交供应商拒绝与采购人签订合同的，采购人可以按照评审报告推荐的中标或者成交候选人名单排序，确定下一候选人为中标或者成交供应商，也可以重新开展政府采购活动。供应商拒绝与采购人签订合同，没有正当理由的，构成该违法行为。何为"正当理由"，涉及很多情形，采购人向供应商索要赠品、回扣或者与采购无关的其他商品、服务等均有可能构成供应商拒不签订政府采购合同的正当理由，需要结合个案具体问题具体分析。

③未按照采购文件确定的事项签订政府采购合同。

④将政府采购合同转包。

⑤提供假冒伪劣产品。

⑥擅自变更、中止或者终止政府采购合同。

（3）评审阶段资格发生变化，供应商未通知采购人和采购代理机构的，处以采购金额5‰的罚款，列入不良行为记录名单（法律依据：《政府采购法实施条例》第七十二条第二款）。

要件解析：根据《政府采购法实施条例》第二十一条第一款规定，资格预审合格的供应商在评审阶段资格发生变化的，应当通知采购人和采购代理机构。供应商违反该条规定的，构成该违法行为。

修法建议：该条仅规定资格预审合格的供应商在评审阶段资格发生变化未通知采购人和采购代理机构的，应当予以行政处罚，实际上，资格后审的供应商在中标公告前均有可能出现资格发生变化的情况，法律也应作出规定，希望政府采购法修改时对此问题予以明确。对此问题，《招标投标法实施条例》第三十八条规定："投标人发生合并、分立、破产等重大变化的，应当及时书面告知招标人。

投标人不再具备资格预审文件、招标文件规定的资格条件或者其投标影响招标公正性的,其投标无效。"

（4）供应商捏造事实、提供虚假材料或者以非法手段取得证明材料进行投诉的,由财政部门列入不良行为记录名单,禁止其一至三年内参加政府采购活动（法律依据:《政府采购法实施条例》第七十三条）

供应商提供虚假材料谋取中标、供应商恶意串通特别是串通投标,是比较常见的违法行为。近年来,财政部门加大了对供应商违法行为的打击力度。

【案例】北京A机房设备有限公司与财政部行政处罚决定案[1]

基本案情

2015年10月20日,财政部收到北京A机房设备有限公司（以下简称A公司）针对"某单位UPS购置采购项目"（以下简称涉案采购项目）的举报材料,遂向包括A公司在内的相关当事人进行调查。在对材料进行审核过程中,财政部发现沈阳B电子设备有限公司（以下简称B公司）上报的部分竞价文件中加盖有A公司的公章,遂于2015年12月16日向A公司和B公司调查。A公司和B公司向财政部提交了书面回复。2016年8月26日,财政部针对涉案采购项目作出《监督检查处理决定书》（财库〔2016〕142号,以下简称142号处理决定）,其中认定涉案采购项目的评审组成人员全部为某单位工作人员,违反了《政府采购非招标采购方式管理办法》第七条之规定。同时,在B公司提交的竞价文件中,法人代表授权委托书、技术指标应答书和报价单上加盖的是A公司的公章。虽然A公司称对此不知情,但公章具有代表公司意志的法律效力,A公司的申辩理由不足采信,应认定A公司与B公司存在恶意串通行为,故依据《政府采购法》第七十七条第二款之规定,决定本项目成交无效。同日,财政部对A公司作出《行政处罚事项告知书》（财库函〔2016〕23号,以下简称23号处罚告知书）,告知拟对其作出处罚的事实、证据、法律依据及结论。2016年9月22日,A公司向财政部提交申辩书,对此进行了陈述与申辩。财政部认为A公司的申辩主张不能成立,于同年11月23日作出行政处罚决定书,主要内容为:财政部在

---

[1] 详细内容请见中国裁判文书网:北京市高级人民法院（2017）京行终4824号行政判决书。

依法对涉案采购项目举报案监督检查中，发现B公司提交的竞价文件中，法人代表授权书、技术指标应答书和报价单上加盖的是A公司的公章，A公司存在与其他供应商恶意串通的行为。根据《政府采购法》第七十七条第一款的规定，决定对A公司处以采购金额千分之五（2790元）的罚款，并作出列入不良行为记录名单，在一年内禁止参加政府采购活动，没收违法所得（合同已支付金额16.74万元）的行政处罚。A公司不服，向一审法院提起行政诉讼，请求撤销被诉决定书。同年12月16日，A公司履行了行政处罚决定书。

此外，A公司以B公司为被告向沈阳市和平区人民法院（以下简称和平区法院）提起民事诉讼，认为B公司在涉案采购项目中错盖A公司的公章，恶意侵犯A公司合法权益，请求判令B公司赔偿其经济损失。在该案诉讼中，B公司认可A公司主张的事实，但不同意赔偿。2016年11月18日，和平区法院作出（2016）辽0102民初11970号民事判决，认定B公司的员工因疏忽大意错盖公章，导致A公司面临行政处罚。但鉴于处罚决定尚未实际执行，不能认定A公司已存在财产损失，故判决驳回A公司的诉讼请求，该判决现已生效。

2016年9月23日，某单位向A公司发出退款情况说明，要求A公司将已收合同首付款16.74万元退还至其指定账户。同年10月28日，A公司向某单位退还了上述合同款项。

一审审理情况：

一审法院认为，综合各方当事人的诉辩意见，本案的争议焦点在于：（1）财政部认定A公司存在与B公司恶意串通的行为是否具有事实根据；（2）财政部决定没收A公司违法所得（合同已支付金额16.74万元）是否具有事实根据；（3）被诉决定书的程序是否合法。

关于争议焦点一，《政府采购法》第十三条第一款规定，各级人民政府财政部门是负责政府采购监督管理的部门，依法履行对政府采购活动的监督管理职责。该法第七十七条第一款第三项规定，供应商与采购人、其他供应商或者采购代理机构恶意串通的，处以采购金额千分之五以上千分之十以下的罚款，列入不良行为记录名单，在一至三年内禁止参加政府采购活动，有违法所得的，并处没收违法所得。由上可知，财政部作为政府采购监督管理部门，有权对政府采购活

第八章 政府采购中的行政处罚

动中的违法行为进行查处,在此过程中有权对涉案事实作出相应的认定。本案中,结合在案证据及各方当事人的陈述,一审法院认为,财政部认定A公司存在与B公司恶意串通的行为具有事实根据。理由在于:(1)A公司与B公司系共同参加同一政府采购项目的供应商,彼此之间应各自独立制作投标文件,不得存在意思关联与交流。正常状态下,双方的投标文件应当分别提交,相互保密。但是,B公司竞价文件中的授权文书、技术方案、报价单等实质性内容上均加盖有A公司的公章,财政部据此认定双方涉嫌恶意串通,遂向双方发出调查通知,要求作出解释说明并无不当。(2)A公司称其对此事毫不知情,而B公司则称其员工因工作疏忽错盖公章。具体经过为双方在对账过程中,B公司员工因着急上传竞标文件,匆忙中错盖了A公司的公章。财政部认为A公司的申辩主张有违常理,决定不予采纳。A公司则认为财政部作出的认定仅依据合理怀疑,缺乏证据,难以成立。对此,一审法院认为,财政部作为执法机关,应当遵循职业道德,运用逻辑推理和生活经验,进行全面、客观和公正的分析判断,确定证据材料与案件事实之间的证明关系,准确认定案件事实。此外,根据日常生活经验法则推定的事实也可作为执法依据。本案中,财政部提交的加盖A公司公章的B公司的竞标文件即为其认定事实的证据。结合该证据及日常生活经验法则,可以初步认定A公司存在与B公司恶意串通的行为。在此情形下,应当由A公司提供反证来推翻上述认定。而A公司对此作出的解释并不符合常理,财政部不采纳其申辩主张并无不当。(3)A公司向法院提交了和平区法院作出的民事判决,以此来证明其在此事中并无责任。对此,一审法院认为,民事诉讼的双方当事人为A公司与B公司,法院所确认的事实也仅为双方所共同认可的事实。鉴于民事诉讼与行政执法案件中所采用的证据证明标准并不一致,民事案件中法院对于双方当事人无争议事实之确认效力并不当然及于行政执法机关。而且,事实认定并非判决主文,对于财政部的行政执法也不当然具有羁束力。此外,根据程序主导及责任原则,当行政机关依据法律的明确规定启动一个行政程序,其就具有将这一行政程序向前推进的主导权,有权对事实问题和法律适用作出认定,同时对其作出的处理决定承担法律责任。公权力的行使以法律规定为界,行政权如此,司法权亦应如此。在若干平行的行政执法或司法程序中,可能会涉及对于同一事实的认定,原则上行政机关或司法机关都有权在自己主导的行政程序或司法程序

401

中独立进行认定，进而作出处理决定，并承担相应法律责任。本案中，财政部作为政府采购监督管理部门，有权在调查取证的基础上，对政府采购活动中的违法事实独立进行认定。至于A公司所提交的民事判决，其系法院所主导的民事诉讼程序，审理案件的法院亦有权依据民事诉讼的证据规则对相关案件事实独立进行认定，其与财政部所主导的政府采购监督执法程序相互独立，各自在法定权限范围内行使事实认定权。综上，A公司提交的民事判决无法推翻财政部对其违法事实作出的认定，财政部认定A公司存在与B公司恶意串通的行为具有事实根据，应予支持。

关于争议焦点二，在案证据表明，在财政部作出被诉决定书前，A公司已将某单位支付的合同首付款予以退还。虽然财政部称A公司在行政程序中未申明此情形，且该退款程序违反相关财政资金收支政策，不得作为抗辩事由，但财政部在诉讼中未能提供反证推翻上述事实，且违法所得应以当事人在违法行为中获取的收益来确定。基于本案查明的事实，应当可以认定在被诉决定书作出前，A公司已无基于涉案采购项目取得的违法所得，故被诉决定书中关于没收违法所得之决定缺乏事实基础，依法应予撤销。

关于争议焦点三，A公司基于没收违法所得之决定提出程序违法之主张，财政部则基于对该项决定性质的分析进行抗辩，故解决本争议焦点前应首先明晰该项决定之性质。一审法院认为，被诉决定书中的没收违法所得决定应属行政处罚，理由在于：(1)没收违法所得是《行政处罚法》第八条所明确规定的行政处罚种类，被诉决定书中采用的决定名称与此并无区别；(2)被诉决定书所依据的《政府采购法》第七十七条位于"法律责任"这一章，且表述为"有违法所得的，并处没收违法所得"，与其他处罚种类并列，从体系解释的角度来看，此类决定应当属于行政处罚，且财政部在被诉决定书中也将其称之为行政处罚；(3)财政部称其在没收违法所得决定中特别强调了没收对象为合同首付款，此项决定仅为中央财政拨付资金的回收，不具有处罚性质。对此，一审法院认为，《政府采购法》第四十三条第一款规定，政府采购合同适用合同法。《合同法》第五十八条规定，合同无效或者被撤销后，因该合同取得的财产，应当予以返还。鉴于涉案采购项目被宣布中标无效，中标人基于政府采购合同取得的财产应当予以返还，但这种返还属于民事义务，而非行政违法责任，其不属于《政府采购法》第七十七条所指之情形。因此，财政部提出的上述主张不能成立，该项决定在性质上应属于行政处罚。在认定本案没收违法所得决定性质的基础上，依据《行政处罚法》第四十二条之规定，并参照《财政机关行政处罚听证实施办法》第六条之规定，可以认定该项决定属于行政机关作出的较大数额的没收违法所得之处罚决定，遵照相关指导案例的精神，没收较大数额违法所得属于财产处罚范畴，应当包含于《行政处罚法》第四十二条规定的范围之内，亦应适用听证程序。财政部在作出没收违法所得决定前未告知 A 公司有要求举行听证的权利，也未举行听证，构成程序违法。此外，被诉决定书中的其余各项决定因不属于必须举行听证之情形，且财政部在作出处罚决定前，已依法告知 A 公司所享有的陈述权与申辩权，A 公司亦进行了申辩，其作出程序符合行政处罚法的相关规定，对此依法予以确认。

综上，被诉决定书中的没收违法所得决定认定事实不清、程序违法，依法予以撤销。被诉决定书中的其他内容认定事实清楚、程序合法、结论正确，应予支持。A 公司提出的部分诉讼主张成立，予以支持。其余诉讼主张因缺乏事实及法律依据，不予支持。据此，依照《行政诉讼法》第六十九条和第七十条第一项、第三项之规定，判决：（1）撤销被诉决定书中没收违法所得的行政处罚决定；（2）驳回 A 公司的其他诉讼请求。

A 公司不服一审法院判决，提起上诉。

二审审理情况：

二审法院另查明，A 公司收到处罚告知书后向财政部提交的《申辩书》中，认为其是此次事件被牵连的受害者，B 公司是导致此事的直接责任单位，应受到财政部的处罚，A 公司保留对 B 公司的法律追诉权；B 公司错盖公章的行为不足以证明该公司与 A 公司存在恶意串通，财政部的认定理由并不充分；A 公司的实力没有和任何公司进行串通的必要，请财政部能够客观审视 A 公司这些年在国家项目中尽心竭力、兢兢业业的工作态度；A 公司收到的 16.74 万元为某单位支付给该公司的设备预付款，并非违法所得，请财政部重新进行核实。在本案一、二审期间，财政部未提交相应证据证明其在收到 A 公司《申辩书》后履行了复核的程序，财政部在被诉决定书中亦未就 A 公司的申辩理由予以回应。

本案二审过程中，经法院询问，A公司认可民事判决及裁定系基于B公司自认而确认了相关事实。

二审法院认为，依据《政府采购法》第十三条第一款规定、第七十七条第一款第三项的规定，对有证据证明行为人存在与其他供应商恶意串通行为的，财政部门具有进行行政处罚的法定职权。本案中，涉案采购项目的采购人系某单位，属于垂直管理的行政机关，其采购涉及中央财政资金的使用，故财政部对本案事项具有进行行政处罚的管辖权。

本案二审期间的主要争议焦点有：被诉决定书对于A公司存在与B公司恶意串通的事实认定是否清楚、主要证据是否充分；财政部作出被诉决定书所履行的处罚程序是否合法。

1. 关于A公司在涉案采购项目中是否存在与B公司恶意串通行为

本案财政部以其提供的证据2至7，尤其是B公司上报的、盖有A公司公章的竞价文件，用以证明A公司存在与B公司恶意串通的行为。对此，A公司不予认可。上述争议中涉及认定恶意串通事实的证明标准及财政部提供的本案证据是否符合该证明标准的问题。

（1）认定存在恶意串通事实的证明标准。

对于财政部提供的证明A公司和B公司存在恶意串通的证据，应首先确定法院认定存在恶意串通事实的证明标准事项。根据《行政诉讼法》第一百零一条规定，行政诉讼法没有规定的，适用《民事诉讼法》的相关规定。《最高人民法院关于适用〈中华人民共和国民事诉讼法〉的解释》第一百零九条规定，当事人对欺诈、胁迫、恶意串通事实的证明，以及对口头遗嘱或者赠与事实的证明，人民法院确信该待证事实存在的可能性能够排除合理怀疑的，应当认定该事实存在。鉴于政府采购合同属于民事合同，供应商参与政府采购活动亦具有较强的民事法律行为性质，法院认为，本案在审查财政部主张的A公司与B公司是否存在恶意串通事实的过程中，可参照适用《最高人民法院关于适用〈中华人民共和国民事诉讼法〉的解释》第一百零九条中规定的证明标准，即财政部对恶意串通事实的证明，法院确信该待证事实存在的可能性能够排除合理怀疑的，应当认定该事实存在。

（2）财政部提交的证据能否证明存在恶意串通的事实。

二审法院赞同一审判决中所言，A公司与B公司系共同参加涉案采购项目的供应商，彼此之间应各自独立制作投标文件或响应文件，不应存在意思关联与交流。正常状态下，双方的投标文件应当分别提交，相互保密。但B公司竞价文件中的授权文书、技术方案、报价单等实质性内容上均加盖有A公司公章的事实表明，双方存在恶意串通的可能性。上述盖章行为表明双方对于投标文件或者响应文件的实质性内容存在知晓、协商的可能性，存在对投标、中标等进行约定的可能性，而上述可能存在的情形均不被《政府采购法》及《政府采购法实施条例》所允许。

在行政处罚程序及本案诉讼过程中，A公司称其起初对B公司加盖其公章一事毫不知情，后经了解和B公司一道主张称，系双方在对账过程中，B公司员工因着急上传竞标文件，匆忙中错盖了A公司的公章；A公司又提供了民事判决及裁定，主张上述事实已被法院生效民事裁判确认。对此，法院认为，依据《最高人民法院关于适用〈中华人民共和国民事诉讼法〉的解释》第九十二条的规定，一方当事人在法庭审理中，或者在起诉状、答辩状、代理词等书面材料中，对于己不利的事实明确表示承认的，另一方当事人无须举证证明；对于涉及身份关系、国家利益、社会公共利益等应当由人民法院依职权调查的事实，不适用前款自认的规定；自认的事实与查明的事实不符的，人民法院不予确认。本案二审过程中，经法院询问，A公司认可上述民事判决及裁定系基于B公司自认而确认了相关事实。在民事诉讼中基于当事人自认而认定的事实，在当事人之间具有相应约束力，但不能当然及于案外人及主管行政机关或其他人民法院。民事判决及裁定基于B公司等自认所认定的事实，无法直接约束财政部及本案审判法院对于相关事实的认定。A公司单以上述民事裁判佐证存在B公司错盖公章的事实，无法认定其构成合理怀疑因素。

综上，A公司未提供充足、有效证据证明本案存在合理怀疑，而使本案存在恶意串通事实的可能性不能排除该合理怀疑，故财政部基于其提供的证据2至7认定A公司存在与B公司恶意串通的事实，本院应予支持。

2. 关于财政部作出被诉决定书是否存在程序违法

关于被诉决定书中"没收违法所得（合同已支付金额16.74万元）"的决定，一审判决以认定事实不清、程序违法而予以撤销，A公司对此未提出异议，财政部亦未就此提出上诉，经审查，法院同意一审判决对该部分事项进行判处的理由。在此需要提及的问题是，在一审法院认定财政部就没收违法所得决定应当告知A公司享有申请听证的权利时，是否应告知对其余决定也有一并申请听证的权利，换言之，在没收违法所得决定因程序违法等原因被撤销后，是否应该因财政部作出被诉决定书前未告知对其余决定亦享有听证权利而撤销被诉决定书。对此本院认为，《行政处罚法》第四十二条第一款中规定，行政机关作出责令停产停业、吊销许可证或者执照、较大数额罚款等行政处罚决定之前，应当告知当事人有要求举行听证的权利；当事人要求听证的，行政机关应当组织听证。依据上述法律规定，只有符合特定情形的行政处罚内容，行政机关才具有在处罚前告知听证及组织听证的法定义务。本案中，被诉决定书中确定的处罚内容，除没收违法所得外，相关法律规范并没有规定需要履行告知听证的程序，故财政部未予告知不违反法律规定。但同时需要指出的是，若在作出本案被诉决定书前，财政部针对没收违法所得决定履行了告知A公司享有申请听证的权利，而A公司又实际申请听证的情况下，基于本案各项拟处罚内容的相对人都是A公司、拟处罚的事实基础也均相同的情形，财政部在实际组织听证过程中，可以对其余决定一并进行听证。由于财政部在本案中并没有告知及组织听证，且没收违法所得决定因程序违法等原因被撤销后，A公司事实上确实丧失了若财政部遵守法定程序而带来的对其余决定一并组织听证的利益，但该事实上可能享有利益的丧失并不足以导致应认定被诉决定书的其余决定违法，或应予以撤销。

关于A公司提出的财政部在收到其陈述、申辩后未进行复核的问题。《行政处罚法》第六条中规定，公民、法人或者其他组织对行政机关所给予的行政处罚，享有陈述权、申辩权；第三十二条第一款规定，当事人有权进行陈述和申辩。行政机关必须充分听取当事人的意见，对当事人提出的事实、理由和证据，应当进行复核；当事人提出的事实、理由或者证据成立的，行政机关应当采纳。根据上述法律规定，本案在对A公司进行处罚的过程中，在该公司提出陈述、申辩的情况下，财政部应当对其陈述、申辩履行复核的程序，但财政部未提供有效证据证明其履行了复核程序。鉴于本案一、二审审理程序中，财政部通过提交答辩状、当庭陈述等方式，进一步说明了其未采纳A公司陈述、申辩的理由，结合本案已认定A公司存在恶意串通的事实等情况，财政部没有履行复核

第八章　政府采购中的行政处罚

程序，未对 A 公司的陈述、申辩权造成实质损害，对此应确认财政部作出除没收违法所得决定以外的其余决定程序轻微违法，但不撤销该部分处罚。而在此本院需要着重指出的是，行政相对人就拟将对其作出的行政处罚所进行的陈述和申辩，是行政相对人享有的法定的、重要的程序性权利。相对于陈述、申辩的程序性权利，处罚机关负有进行听取并复核的法定义务。复核过程中处罚机关应判断行政相对人的陈述和申辩能否成立，在必要情况下甚至可通过适当形式将是否采纳陈述和申辩意见的结果告知行政相对人，并根据情况说明理由。上述复核过程应当制作相应的载体，应诉时应作为履行行政处罚程序的证据向人民法院提交。因此，财政部在今后的行政处罚执法过程中，应正视行政相对人所享有的陈述权和申辩权，充分保障上述权利的行使和自身复核等义务的履行。

综上，行政处罚决定中没收违法所得的决定认定事实不清、程序违法，依法应予撤销；行政处罚决定中的其余决定认定事实清楚、结论正确，但处罚程序轻微违法。一审判决第一项正确，二审法院应予维持；第二项判决驳回 A 公司其他诉讼请求不当，二审法院予以纠正。A 公司部分上诉理由成立，二审法院予以采纳。依照《行政诉讼法》第八十九条第一款第一项、第二项，第七十四条第一款第二项，《最高人民法院关于适用〈中华人民共和国行政诉讼法〉的解释》第九十六条第三项的规定，判决如下：（1）维持一审判决第一项，即撤销行政处罚决定中没收违法所得的行政处罚决定；（2）撤销一审判决第二项；（3）确认行政处罚决定中处以人民币二千七百九十元的罚款、列入不良行为记录名单、在一年内禁止参加政府采购活动的行政处罚决定违法；（4）驳回 A 公司要求撤销行政处罚决定中处以人民币二千七百九十元的罚款、列入不良行为记录名单、在一年内禁止参加政府采购活动的行政处罚决定的诉讼请求。

案例评析

本案两审法院说理充分、透彻，是实践中出现的较为复杂的案例。现对其中的焦点问题进行分析：

1.行政处罚决定认定 A 公司存在与 B 公司恶意串通的事实认定是否清楚、主要证据是否充分一审法院的观点：(1) A公司与B公司系共同参加同一政府采购项目的供应商，本应各自独立制作投标文件，不得存在意思关联与交流。双方应当分别提交投标文件，相互保密。但是，B公司竞价文件中的授权文书、技术方案、报价单等实质性内容上均加盖有A公司的公章，财政部据此认定双方涉嫌恶意串通。(2) 在行政程序中，A公司称其对此事毫不知情，而B公司则称其员工因工作疏忽错盖公章。具体经过为双方在对账过程中，B公司员工因着急上传竞标文件，匆忙中错盖了A公司的公章。对此申辩，财政部认为A公司的申辩有违常理，不予采纳。A公司则认为财政部作出的认定仅依据合理怀疑，缺乏证据，难以成立。对此，一审法院认为，财政部对此问题的证明标准应是遵循职业道德，运用逻辑推理和生活经验，进行全面、客观和公正的分析判断，日常生活经验法则推定的事实也可作为执法依据。并据此认定，财政部提交的加盖A公司公章的B公司的竞标文件，结合该证据及日常生活经验法则，可以初步认定A公司存在与B公司恶意串通的行为。对于此认定，A公司作出的解释并不符合常理，财政部不采纳其申辩主张并无不当。(3) A公司在一审中提交的用以证明其没有责任的民事判决，一审法院认为，民事诉讼与行政执法案件中所采用的证据证明标准不一致，民事案件中法院对于双方当事人无争议事实之确认效力并不当然及于行政执法机关。而且，事实认定并非民事判决主文，对于财政部的行政执法也不当然具有羁束力。此外，对于同一事实的认定，原则上行政机关或司法机关都有权在自己主导的行政程序或司法程序中独立进行认定，进而作出处理决定，并承担相应法律责任。本案中，财政部的行政处罚是在调查取证的基础上，对政府采购活动中的违法事实独立进行的认定；民事判决系法院亦依据民事诉讼的证据规则对相关案件事实独立进行认定，其与财政部所主导的政府采购监督执法程序相互独立，各自在法定权限范围内行使事实认定权。综上，A公司提交的民事判决无法推翻财政部对其违法事实作出的认定。

二审法院的观点：(1) 法院需要明确判断恶意串通的行政诉讼的证明标准。因对此问题行政诉讼法没有规定，且行政诉讼法规定，没有规定的可适用民事诉讼法，法院认为政府采购合同属于民事合同，供应商参与政府采购活动具有较强的民事法律行为性质，故参照《最高人民法院关于适用〈中华人民共和国民事诉讼法〉的解释》第一百零九条有关欺诈、胁迫、恶意串通事实的证明标准认

第八章　政府采购中的行政处罚

为，认定"恶意串通"应适用排除合理怀疑的证明标准。这一标准不同于一审法院的认定标准。(2) 二审法院根据这一标准对财政部提交的证据能否证明恶意串通进行判定。二审法院赞同一审法院认为同为参加政府采购活动的供应商，B公司竞价文件中的授权文书、技术方案、报价单等实质性内容上均加盖有A公司公章的事实表明，双方存在恶意串通的可能性。对于A公司在行政处罚程序及本案诉讼过程中的辩解及在一审提交的民事判决，二审法院引用《最高人民法院关于适用〈中华人民共和国民事诉讼法〉的解释》第九十二条的规定，认为在民事诉讼中基于当事人自认而认定的事实，在当事人之间具有相应约束力，但不能当然及于案外人及主管行政机关或其他人民法院。民事判决及裁定基于B公司等自认所认定的事实，无法直接约束财政部及本案审判法院对于相关事实的认定。A公司单以上述民事裁判佐证存在B公司错盖公章的事实，无法认定其构成合理怀疑因素。

笔者认为，可以将二审法院的审理思路梳理为：首先，将串通投标的行政诉讼证明标准界定为"排除合理怀疑"；其次，认为财政部根据相关证据认定B公司竞价文件加盖A公司的公章构成合理怀疑，且A公司在行政处罚程序中的辩解不能排除合理怀疑；最后，在行政诉讼中，A公司提交的民事裁判中的自认只能约束当事人，而不能约束财政部及本案的审判法院，民事裁判的当事人的自认不能推翻合理怀疑。因此，财政部对恶意串通的认定成立。

无独有偶，笔者最近接触的一个案件是因能够排除合理怀疑而不予行政处罚。某一政府采购项目，评标时评标委员会发现A公司的投标文件的封面打印的是B公司的名称，但加盖的是A公司的公章，评标委员会认为两家投标人的投标文件混装，做无效投标处理，最终项目废标。采购代理机构将问题反映到财政局。财政局经过调查，发现两家投标人是在同一家印刷公司印制投标文件，因印刷公司的原因将B公司投标文件封面装错，但没有证据能够证明这两家投标人存在串通投标的情形，最终未认定投标人存在串通投标。

2. 财政部决定没收A公司违法所得（合同已支付金额16.74万元）是否具有事实根据及行政处罚决定的程序是否合法

一审法院的观点：由于财政部作出行政处罚决定前，A公司已将某单位支付的合同首付款予以退还，且违法所得应以当事人在违法行为中获取的收益来确定，故在A公司已无基于涉案采购项目取得的违法所得的情况下，行政处罚决定中关于没收违法所得之内容缺乏事实基础，依法应予撤销。

由于A公司基于没收违法所得之决定提出程序违法之主张，财政部则基于对该项决定性质的分析进行抗辩，所以引发对没收违法所得的性质的认定及其行政程序问题：如果认为没收的是违法所得，则应是行政处罚（A公司的观点），因没收金额16.74万元已经达到"较大数额"的罚款，应进行听证；如果认为没收违法所得没收的合同首付款即中央财政拨付资金的回收（财政部的观点），则不是行政处罚不需要进行听证。

一审法院认为，没收违法所得应为行政处罚，判决中阐述了三点理由。一是没收违法所得是《行政处罚法》第八条规定的行政处罚的种类；二是行政处罚决定依据《政府采购法》第七十七条位于"法律责任"一章，且"有违法所得的，并处没收违法所得"的表述与其他处罚种类并列，从体系解释的角度来看，此类决定应当属于行政处罚，且财政部在被诉决定书中也将其称为行政处罚；三是政府采购合同适用合同法，根据《合同法》第五十八条规定合同无效或者被撤销后，因该合同取得的财产应当予以返还。本项目被宣布中标无效，则中标人基于政府采购合同的财产应当予以返还，此种返还是中标人的民事责任，而非《政府采购法》第七十七条规定的行政责任。在此前提下，一审法院认为，依据《行政处罚法》第四十二条之规定，并参照《财政机关行政处罚听证实施办法》第六条之规定，可以认定该项决定属于行政机关作出的较大数额的没收违法所得之处罚决定，遵照相关指导案例的精神，没收较大数额违法所得属于财产处罚范畴，应当包含于《行政处罚法》第四十二条规定的范围之内，亦应适用听证程序。财政部在作出没收违法所得决定前未告知A公司有要求举行听证的权利，也未举行听证，构成程序违法。此外，被诉决定书中的其余各项决定因不属于必须举行听证之情形，且财政部在作出处罚决定前，已依法告知A公司所享有的陈述权与申辩权，A公司亦进行了申辩，其作出程序符合行政处罚法的相关规定，对此依法予以确认。

对此问题，二审法院在程序的认定上有所不同。二审法院认为，若在作出行政处罚决定前，财政部针对没收违法所得决定履行了告知A公司享有申请听证的权利，而A公司又实际申请听证的情况下，基于本案各项拟处罚内容的相对人都

第八章　政府采购中的行政处罚

是 A 公司、拟处罚的事实基础也均相同的情形，财政部在实际组织听证过程中，可以对其余决定一并进行听证。由于财政部在本案中并没有告知及组织听证，且没收违法所得决定因程序违法等原因被撤销后，A 公司事实上确实丧失了若财政部遵守法定程序而带来的对其余决定一并组织听证的利益，但该事实上可能享有利益的丧失并不足以导致应认定被诉决定书的其余决定违法，或应予以撤销。因而，行政处罚整个程序违法（一审法院认定的是部分违法）。

笔者认为，关于没收违法所得未告知听证的问题，法院的判决存在一个缺陷，即法院并未认定本案中的违法所得的数额是多少，在此前提下论述应当听证缺少事实依据。因为根据《行政处罚法》的规定，只有"较大数额"的违法所得才应进行听证，如果达不到"较大数额"的标准，则行政机关不需要告知相对人有听证权。根据判决书，16.74 万元是政府采购合同的第一笔合同款，那么有两个问题：第一个问题，合同款是不是违法所得？如果是，则第二个问题是 16.74 万元均是违法所得，还是其中一部分是违法所得，计算的标准是什么？如果不是，则第二个问题是违法所得如何计算？根据计算的结果违法所得有多少？在本案中，只有法院计算出供应商因履行合同的违法所得的具体金额，才能判断财政部是否存在应当告知听证而没有告知，进而程序违法的问题。

3. 二审中法院认定的程序违法的问题

二审中，A 公司提出财政部在收到其陈述、申辩后未进行复核的问题。二审法院认为，根据《行政处罚法》第六条、第三十二条第一款的规定，在对 A 公司进行处罚的过程中，在该公司提出陈述、申辩的情况下，财政部应当对其陈述、申辩履行复核的程序，但财政部未提供有效证据证明其履行了复核程序。因未复核未对 A 公司的陈述、申辩权造成实质损害，对此应确认财政部作出除没收违法所得决定以外的其余决定程序轻微违法，但不撤销该部分处罚。同时，二审法院强调了行政处罚程序中听取行政相对人陈述、申辩的重要性，相对于陈述、申辩的程序性权利，处罚机关负有听取并复核的法定义务。复核过程中处罚机关应判断行政相对人的陈述和申辩能否成立，在必要情况下甚至可通过适当形式将是否采纳陈述和申辩意见的结果告知行政相对人，并根据情况说明理由。复核过程应当制作相应的载体，应诉时应作为履行行政处罚程序的证据向人民法院提交。

综上所述，本案给予我们的启示主要有以下几点：

（1）行政机关在作出行政处罚时，在调查取证之后，需要确立该处罚的证明标准（该证明标准应与行政诉讼的证明标准一样），并根据证明标准进行认定。通常认为，行政诉讼的证明标准根据案件的不同，有占优势的盖然性标准、明显优势的证明标准、排除合理怀疑的标准。

（2）行政机关应当充分调查取证，特别是涉及法律适用的关键性证据必须收集齐全，例如政府采购合同履行的证据、是否有违法所得的证据（若有违法所得，还需要有证明数额的证据）。

（3）没收较大数额违法所得属于行政处罚中财产处罚范畴，应当属于适用听证程序的情形。对于没收违法所得还需要深入研究，例如如何认定违法所得。此外，本案中还涉及列入不良行为记录，此种行为属于行政处罚，还是行政处理，也是今后行政诉讼中可能会遇到的问题。

（4）行政机关在行政处罚程序中应当认真对待当事人的陈述和申辩，对其提交的证据应认真复核，重点是考虑能否推翻已经根据行政机关调查收集的证据认定的事实。复核过程应当制作相应的载体以便在行政复议或者行政诉讼中作为证据，是否听取陈述和申辩最好在行政处罚决定中体现。

（三）评审专家的违法行为及行政处罚

（1）政府采购评审专家未按照采购文件规定的评审程序、评审方法和评审标准进行独立评审或者泄露评审文件、评审情况的，由财政部门警告，并处2000元以上2万元以下的罚款；影响中标、成交结果的，处2万元以上5万元以下的罚款，禁止其参加政府采购评审活动（法律依据：《政府采购法实施条例》第七十五条）。

要件解析：该条需要特别注意"独立"评审，即在评审过程中，特别是主观部分的评审，评审专家应当独立完成，实践中出现的每个评审专家负责评分标准中某一部分的评审、之后再汇总的方式不属于独立评审。

（2）政府采购评审专家与供应商存在利害关系未回避的，处2万元以上5万元以下的罚款，禁止其参加政府采购评审活动（法律依据：《政府采购法实施条例》第七十五条）。

要件解析：根据《政府采购评审专家管理办法》(财库〔2016〕198号)第十六条第一款规定，评审专家与参加采购活动的供应商存在下列利害关系之一的，应当回避：（一）参加采购活动前三年内，与供应商存在劳动关系，或者担任过供应商的董事、监事，或者是供应商的控股股东或实际控制人；（二）与供应商的法定代表人或者负责人有夫妻、直系血亲、三代以内旁系血亲或者近姻亲关系；（三）与供应商有其他可能影响政府采购活动公平、公正进行的关系。评审专家违反该条规定，构成该违法行为。

（3）政府采购评审专家收受采购人、采购代理机构、供应商贿赂或者获取其他不正当利益的，处2万元以上5万元以下的罚款，禁止其参加政府采购评审活动（法律依据：《政府采购法实施条例》第七十五条）。

（4）评标委员会及其成员有下列行为之一的，由财政部门责令限期改正；情节严重的，给予警告，并对其不良行为予以记录（法律依据：《政府采购货物和服务招标投标管理办法》第八十一条）：

①确定参与评标至评标结束前私自接触投标人。

②接受投标人提出的与投标文件不一致的澄清或者说明，本办法第五十一条规定的情形除外。

要件解析：根据《政府采购货物和服务招标投标管理办法》第五十一条第一款规定，对于投标文件中含义不明确、同类问题表述不一致或者有明显文字和计算错误的内容，评标委员会应当以书面形式要求投标人作出必要的澄清、说明或者补正。评标委员会非因此种情形而接受投标人的澄清或者说明，构成该违法行为。

③违反评标纪律发表倾向性意见或者征询采购人的倾向性意见。

④对需要专业判断的主观评审因素协商评分。

⑤在评标过程中擅离职守，影响评标程序正常进行的。

⑥记录、复制或者带走任何评标资料。

⑦其他不遵守评标纪律的行为。

（四）《政府采购法》及实施条例规定的无效情形

（1）供应商提供虚假材料谋取中标、成交的，采取不正当手段诋毁、排挤其他供应商的，与采购人、其他供应商或者采购代理机构恶意串通的，向采购人、采购代理机构行贿或者提供其他不正当利益的，在招标采购过程中与采购人进行协商谈判的，中标、成交无效。

（2）投标人未按照招标文件要求提交投标保证金的，投标无效。

（3）供应商向评标委员会、竞争性谈判小组或者询价小组成员行贿或者提供其他不正当利益的，中标、成交无效。

（4）资格预审合格的供应商在评审阶段资格发生变化，未依法通知采购人和采购代理机构的，中标、成交无效。

（5）政府采购评审专家未按照采购文件规定的评审程序、评审方法和评审标准进行独立评审或者泄露评审文件、评审情况的，政府采购评审专家与供应商存在利害关系未回避的，政府采购评审专家收受采购人、采购代理机构、供应商贿赂或者获取其他不正当利益的，其评审意见无效。

（五）《政府采购货物和服务招标投标管理办法》规定的无效情形

《政府采购货物和服务招标投标管理办法》有关无效情形的规定，主要体现在以下条款：

第三十一条第一款规定，采用最低评标价法的采购项目，提供相同品牌产品的不同投标人参加同一合同项下投标的，以其中通过资格审查、符合性审查且报价最低的参加评标；报价相同的，由采购人或者采购人委托评标委员会按照招标文件规定的方式确定一个参加评标的投标人，招标文件未规定的采取随机抽取方式确定，其他投标无效。

第三十六条规定，投标人应当遵循公平竞争的原则，不得恶意串通，不得妨碍其他投标人的竞争行为，不得损害采购人或者其他投标人的合法权益。在评标过程中发现投标人有上述情形的，评标委员会应当认定其投标无效，并书面报告本级财政部门。

第三十七条规定的是视为投标人串通投标的情形，其投标无效。

第四十九条第一款、第二款规定，评标中因评标委员会成员缺席、回避或者健康等特殊原因导致评标委员会组成不符合本办法规定的，采购人或者采购代理机构应当依法补足后继续评标。被更换的评标委员会成员所作出的评标意见无效。无法及时补足评标委员会成员的，采购人或者采购代理机构应当停止评标活动，封存所有投标文件和开标、评标资料，依法重新组建评标委员会进行评标。原评标委员会所作出的评标意见无效。

第五十九条规定，投标文件报价出现前后不一致的，同时出现两种以上不一致的，按照规定的顺序修正。修正后的报价需投标人确认，投标人不确认的，其投标无效。

第六十条规定，评标委员会认为投标人的报价明显低于其他通过符合性审查投标人的报价，有可能影响产品质量或者不能诚信履约的，应当要求其在评标现场合理的时间内提供书面说明，必要时提交相关证明材料；投标人不能证明其报价合理性的，评标委员会应当将其作为无效投标处理。

修法建议：需要说明的是，根据《民法典》第一百五十三条的规定，违反法律、行政法规的强制性规定的民事法律行为无效，而《政府采购货物和服务招标投标管理办法》是部门规章，如果《政府采购法》（法律）及其实施条例（行政法规）对上述无效内容没有规定，而是《政府采购货物和服务招标投标管理办法》（规章）的规定，不符合《民法典》的规定。因而，如果财政部门或者采购人、采购代理机构直接适用没有法律、行政法规依据的规章的规定认定投标、评标无效，则有可能因适用法律错误而导致违法。建议《政府采购法》及实施条例修改时吸收《政府采购货物和服务招标投标管理办法》的相关规定。

【案例】A清洁服务有限公司诉某县财政局、某市财政局政府采购投诉处理决定、行政复议决定案[①]

基本案情

某"县城管局2016—2020年环卫清扫保洁市场化公开招标采购项目"由县交易中心招标。采购项目共分三包，即第一包城南、第二包河西、第三包城北，某市A清洁服务有限公司（以下简称A公司）报名投标了第二包河西和第三包城北项目。2016年2月24日，采购项目在县交易中心开标，经评标委员会评审，

[①] 详细内容请见中国裁判文书网：四川省攀枝花市中级人民法院（2017）川04行终6号行政判决书。

于 2016 年 2 月 25 日在四川政府采购网发布中标公告，A 公司为第二包成交供应商。2016 年 3 月 7 日，县交易中心向 A 公司送达了《政府采购中标通知书》。

2016 年 3 月 8 日，采购人县城管局为全面掌握各中标企业在投标方案中的承诺事项，进一步细化完善新一轮的合同，向县交易中心借取中标单位的投标文件，拷贝了 PPT 电子演示文档，在查阅上述投标文件过程中，发现 A 公司的 PPT 电子演示文档并非针对第二包所做，其演示文档内容为第三包城北标段内容。次日，县城管局书面向某县财政局（以下简称县财政局）报告，请求处理。经县财政局、县城管局、县交易中心共同核实后，县财政局于 2016 年 3 月 10 日作出处理回复，认为 A 公司的第二包投标文件中的 PPT 电子演示文档存在与实际不符的问题，该问题对合同的履约会产生影响，请县城管局按照相关程序组织原评标委员会全体成员进行核实，情况核实反馈后，再依法作出认定。其间，县城管局电话和当面告知 A 公司，因投标文件存在问题，停止机具购置，将组织专家进行复审。2016 年 3 月 11 日，经县财政局认定第二包原中标无效，同意县交易中心组织原评标委员会全体成员进行重新评审。经评审，A 公司未能中标。当日，县交易中心电话告知 A 公司并在四川政府采购网发布中标公告更正公告，公告备注原第二包中标结果无效（已发给 A 公司的中标通知书无效）。

2016 年 3 月 22 日，A 公司致函县财政局，要求县财政局督促第三人县城管局与其签订承包合同。2016 年 3 月 25 日县财政局复函，阐明 A 公司原中标无效，重新评审前后的相关情况，县城管局均已告知了 A 公司，履行了告知义务；复审程序合法，复审结果具有法律效力，无违规行为。2016 年 3 月 28 日，A 公司书面向县城管局提出《质疑函》，县城管局于 3 月 30 日作出答复，由于 A 公司未对招标文件做出实质性响应，根据评审委员会的复议结果，A 公司排名未进入中标候选人之列，该结果已于当日公告，并及时电话告知了 A 公司。

A 公司于 2016 年 4 月 21 日向县财政局提出投诉，县财政局于 2016 年 6 月 3 日作出《投诉处理决定书》，驳回投诉。A 公司不服决定，于 2016 年 6 月 29 日向市财政局申请行政复议。市财政局于 2016 年 8 月 18 日作出《行政复议决定书》，决定维持县财政局作出的《投诉处理决定书》。

A 公司不服，向法院起诉。

第八章　政府采购中的行政处罚

一审审理情况：

一审法院认为，财政部门有权依法对本行政区域内实行招标投标的政府采购活动实施监督。采购人对评审活动结束后发现评审过程和结果存在违法违规行为的，应当书面报告财政部门处理。本案中，县城管局在评审后发现，原评审过程中，A公司的第二包投标文件中的PPT电子演示文档存在与招标文件要求不符的问题，书面报告给县财政局。经县财政局、第三人县城管局、县交易中心共同核实，确实存在评标委员会没有按照招标文件规定的评标标准进行评标的情况，已影响中标结果，导致中标结果无效，县财政局据此认定A公司此次中标无效，并依法同意第三人县城管局组织重新评审。县财政局对县城管局、县交易中心此次的政府采购招标投标活动实施监督的行为，符合法律、法规的规定。A公司提出的县财政局实施监督适用法律、法规错误、违反法定程序、滥用职权、超越职权等主张不成立，一审法院不予采纳。根据相关法律法规的规定，评标委员会成员名单在开标前确定，并在招标结果确定前保密。县交易中心组织原评标委员会全体成员进行重新评审，并不影响A公司在保密期限外行使回避权。另外，A公司的第三项诉讼请求，依法是财政部门监督职责，人民法院不能代为行使。综上，县财政局在政府采购招标投标活动中依法正确地履行了监督管理职责，并对A公司的投诉于2016年6月3日作出《投诉处理决定书》，市财政局也于2016年8月18日依法作出《行政复议决定书》，县财政局、市财政局履行法定职责的行政行为证据确凿，适用法律、法规正确，符合法定程序。A公司的诉讼请求，一审法院不予支持。依照《中华人民共和国行政诉讼法》第六十九条之规定，判决驳回A公司的诉讼请求。

二审审理情况：

二审法院认为，依据《政府采购法》第十三条第一款规定，县财政局依法具有对"县城管局2016—2020年环卫清扫保洁市场化公开招标采购项目"进行监督管理的职责。

《招标投标法》第二十七条第一款规定，"投标人应当按照招标文件的要求编制投标文件。投标文件应当对招标文件提出的实质性要求和条件作出响应。"同时，《政府采购货物和服务招标投标管理办法》第三十条第一款规定："投标人应当按照招标文件的要求编制投标文件。投标文件应对招标文件提出的要求和条件作出实质性响应。"根据本案审理查明的事实，2016年2月A公司第二标段河西片区投标文件中，未对招标文件提出的实质性要求和条件作出响应，A公司提交的第二标段河西片区投标文件中的PPT电子演示文档中的项目概况分析、环卫作业实施方案、机构设置及职责分工、人员配置方案均出现错误。对此，A公司并无异议。故A公司提交的投标文件违反了《招标投标法》和《政府采购货物和服务招标投标管理办法》的规定。A公司上诉称一审法院对于县财政局同意第三人县交易中心组织重新评审的事实依据认定错误的上诉理由不能成立，本院依法不予支持。

《政府采购法实施条例》第四十四条第一款规定："除国务院财政部门规定的情形外，采购人、采购代理机构不得以任何理由组织重新评审。采购人、采购代理机构按照国务院财政部门的规定组织重新评审的，应当书面报告本级人民政府财政部门。"《招标投标法实施条例》第八十一条规定："依法必须进行招标的项目的招标投标活动违反招标投标法和本条例的规定，对中标结果造成实质性影响，且不能采取补救措施予以纠正的，招标、投标、中标无效，应当依法重新招标或者评标。"同时，《政府采购货物和服务招标投标管理办法》（2004年）第七十七条第五项规定，"评标委员会成员有下列行为之一的，责令改正，给予警告，可以并处一千元以下的罚款：……（五）未按招标文件规定的评标方法和标准进行评标的。上述行为影响中标结果的，中标结果无效。"四川省财政厅《关于贯彻落实〈中华人民共和国政府采购法实施条例〉的若干规定》（川财采〔2015〕37号）第二十二条规定："除国务院财政部门规定的情形外，采购人、采购代理机构不得在现场评审活动结束后以任何理由组织重新评审，改变评审结果。违规重新评审的，重新评审结果无效，并承担给他人造成损失的责任。对评审活动结束后发现评审过程和结果存在违法违规行为的，应当书面报告财政部门处理。"本案中，县城管局在发现上诉人A公司的投标文件PPT电子演示文档不符合招标文件的规定和要求后，书面报告县财政局处理。经县财政局、县城管局、县交易中心调查核实，评标委员会存在没有按照招标文件规定的评标标准和方法评标，直接影响中标结果和合同的履行。据此，县财政局根据法律法规规定履行对政府采购活动的监督管理职责，作出由原评标委员会全体成员重新进行评

第八章　政府采购中的行政处罚

标的行政行为，符合法律法规和规章的规定。A 公司上诉称一审法院以及二被上诉人适用《政府采购法实施条例》第四十四条第一款以及《关于贯彻落实〈中华人民共和国政府采购法实施条例〉的若干规定》第二十二条第一款的法律依据错误的上诉理由不能成立，本院依法不予支持。

关于 A 公司上诉称县财政局在确定组织重新评审之前，没有进行公示，没有通知投标人，违反了法定程序；对于重新评审的评标委员会成员没有实行回避原则，作出的行政行为明显不当的上诉理由。《招标投标法》《招标投标法实施条例》《政府采购法》《政府采购法实施条例》等相关法律法规均未规定组织原评标委员会成员重新评标必须进行公示，以及原参加评审的评标委员会成员必须回避。因此，A 公司的该上诉理由不能成立，本院依法不予支持。

综上所述，二审法院判决如下：驳回上诉，维持原判。

案例评析

笔者认为，上述判决值得商榷，最主要的原因是县财政局的做法不符合 2004 年《政府采购货物和服务招标投标管理办法》的相关规定，分析如下：

1. 县财政局的处理情况

根据案情介绍，采购人认为 A 公司投标文件中存在与招标文件要求不符的问题，向县财政局举报。县财政局收到举报后，做了下列工作：

（1）与县城管局、县交易中心共同核实后，县财政局于 2016 年 3 月 10 日向采购人作出处理回复，认为 A 公司的第二包投标文件中的 PPT 电子演示文档存在与实际不符的问题，该问题对合同的履约会产生影响，请县城管局按照相关程序组织原评标委员会全体成员进行核实，情况核实反馈后，再依法作出认定。

（2）2016 年 3 月 11 日，经县财政局认定第二包原中标无效，同意县交易中心组织原评标委员会全体成员进行重新评审。

（3）经评审，A 公司未能中标。当日，县交易中心电话告知 A 公司并在四川政府采购网发布招标结果公告的更正公告，公告备注原第二包中标结果无效（已发给 A 公司的中标通知书无效）。

2. 县财政局应采取的做法

2004 年《政府采购货物和服务招标投标管理办法》第七十七条规定："评标

委员会成员有下列行为之一的，责令改正，给予警告，可以并处一千元以下的罚款：……（五）未按招标文件规定的评标方法和标准进行评标的。上述行为影响中标结果的，中标结果无效。"本案中出现的问题是 A 公司第二包的投标文件不满足招标文件的规定，按照招标文件的要求其投标应做无效投标处理，但评标委员会未发现该问题，还推荐其中标，因此，属于上述法律规定的"评标委员会未按招标文件规定的评标方法和标准进行评标"的违法行为，县财政局应主动进行调查，并对评标委员会的违法行为进行处罚。2004 年《政府采购货物和服务招标投标管理办法》第八十二条规定："有本办法规定的中标无效情形的，由同级或其上级财政部门认定中标无效。中标无效的，应当依照本办法规定从其他中标人或者中标候选人中重新确定，或者依照本办法重新进行招标。"根据该办法第七十七条、第八十二条的规定，若该违法行为影响中标结果的，由财政部门认定中标无效。

因此，县财政局收到采购人的举报后，应启动行政处罚程序，对评标委员会的违法行为进行行政处罚，对 A 公司的中标认定无效，故县财政局要求采购人、采购代理机构组织原评标委员会全体成员进行重新评审的做法是错误的。

现行的《政府采购货物和服务招标投标管理办法》第六十四条明确规定了重新评审的四种情形，并不包括本案中的情形，今后重新评审必须严格依据 2017 年《政府采购货物和服务招标投标管理办法》的规定。

二、政府采购工程招标项目中的违法行为及行政处罚

（一）《招标投标法》及其实施条例规定的违法行为及行政处罚

《招标投标法》《招标投标法实施条例》以及各种规章均规定了不少违法行为，由于篇幅所限，本节主要列举《招标投标法》及其实施条例规定的违法行为。

1.《招标投标法》规定的违法行为及行政处罚

《招标投标法》第五章"法律责任"规定了 13 种违法行为，具体为：

（1）必须进行招标的项目而不招标的，将必须进行招标的项目化整为零或者

以其他任何方式规避招标的，责令限期改正，可以处项目合同金额千分之五以上千分之十以下的罚款；对全部或者部分使用国有资金的项目，可以暂停项目执行或者暂停资金拨付；对单位直接负责的主管人员和其他直接责任人员依法给予处分（法律依据：第四十九条）。

（2）招标代理机构泄露应当保密的与招标投标活动有关的情况和资料的，或者与招标人、投标人串通损害国家利益、社会公共利益或者他人合法权益的，处五万元以上二十五万元以下的罚款，对单位直接负责的主管人员和其他直接责任人员处单位罚款数额百分之五以上百分之十以下的罚款；有违法所得的，并处没收违法所得；情节严重的，禁止其一年至二年内代理依法必须进行招标的项目并予以公告，直至由工商行政管理机关吊销营业执照（法律依据：第五十条）。

（3）招标人以不合理的条件限制或者排斥潜在投标人的，对潜在投标人实行歧视待遇的，强制要求投标人组成联合体共同投标的，或者限制投标人之间竞争的，责令改正，可以处一万元以上五万元以下的罚款（法律依据：第五十一条）。

要件解析：根据《招标投标法实施条例》第三十二条第二款规定，招标人有下列行为之一的，属于以不合理条件限制、排斥潜在投标人或者投标人：①就同一招标项目向潜在投标人或者投标人提供有差别的项目信息；②设定的资格、技术、商务条件与招标项目的具体特点和实际需要不相适应或者与合同履行无关；③依法必须进行招标的项目以特定行政区域或者特定行业的业绩、奖项作为加分条件或者中标条件；④对潜在投标人或者投标人采取不同的资格审查或者评标标准；⑤限定或者指定特定的专利、商标、品牌、原产地或者供应商；⑥依法必须进行招标的项目非法限定潜在投标人或者投标人的所有制形式或者组织形式；⑦以其他不合理条件限制、排斥潜在投标人或者投标人。

（4）依法必须进行招标的项目的招标人向他人透露已获取招标文件的潜在投标人的名称、数量或者可能影响公平竞争的有关招标投标的其他情况的，或者泄露标底的，给予警告，可以并处一万元以上十万元以下的罚款；对单位直接负责的主管人员和其他直接责任人员依法给予处分（法律依据：第五十二条）。

（5）投标人相互串通投标或者与招标人串通投标的，投标人以向招标人或者评标委员会成员行贿的手段谋取中标的，中标无效，处中标项目金额千分之五以上千分之十以下的罚款，对单位直接负责的主管人员和其他直接责任人员处单位罚款数额百分之五以上百分之十以下的罚款；有违法所得的，并处没收违法所得；情节严重的，取消其一年至二年内参加依法必须进行招标的项目的投标资格并予以公告，直至由工商行政管理机关吊销营业执照（法律依据：第五十三条）。

要件解析：根据《招标投标法实施条例》第三十九条第二款规定，有下列情形之一的，属于投标人相互串通投标：（1）投标人之间协商投标报价等投标文件的实质性内容；（2）投标人之间约定中标人；（3）投标人之间约定部分投标人放弃投标或者中标；（4）属于同一集团、协会、商会等组织成员的投标人按照该组织要求协同投标；（5）投标人之间为谋取中标或者排斥特定投标人而采取的其他联合行动。根据《招标投标法实施条例》第四十条规定，有下列情形之一的，视为投标人相互串通投标：（1）不同投标人的投标文件由同一单位或者个人编制；（2）不同投标人委托同一单位或者个人办理投标事宜；（3）不同投标人的投标文件载明的项目管理成员为同一人；（4）不同投标人的投标文件异常一致或者投标报价呈规律性差异；（5）不同投标人的投标文件相互混装；（6）不同投标人的投标保证金从同一单位或者个人的账户转出。根据《招标投标法实施条例》第四十一条第二款规定，有下列情形之一的，属于招标人与投标人串通投标：（1）招标人在开标前开启投标文件并将有关信息泄露给其他投标人；（2）招标人直接或者间接向投标人泄露标底、评标委员会成员等信息；（3）招标人明示或者暗示投标人压低或者抬高投标报价；（4）招标人授意投标人撤换、修改投标文件；（5）招标人明示或者暗示投标人为特定投标人中标提供方便；（6）招标人与投标人为谋求特定投标人中标而采取的其他串通行为。

（6）依法必须进行招标的项目的投标人以他人名义投标或者以其他方式弄虚作假，骗取中标的，中标无效，依法必须进行招标的项目，处中标项目金额千分之五以上千分之十以下的罚款，对单位直接负责的主管人员和其他直接责任人员处单位罚款数额百分之五以上百分之十以下的罚款；有违法所得的，并处没收违法所得；情节严重的，取消其一年至三年内参加依法必须进行招标的项目的投标资格并予以公告，直至由工商行政管理机关吊销营业执照（法律依据：第五十四条）。

要件解析：根据《招标投标法》第三十三条规定，投标人不得以低于成本的报价竞标，也不得以他人名义投标或者以其他方式弄虚作假，骗取中标。根据

《招标投标法实施条例》第四十二条规定，使用通过受让或者租借等方式获取的资格、资质证书投标的，属于招标投标法第三十三条规定的以他人名义投标。投标人有下列情形之一的，属于招标投标法第三十三条规定的以其他方式弄虚作假的行为：（1）使用伪造、变造的许可证件；（2）提供虚假的财务状况或者业绩；（3）提供虚假的项目负责人或者主要技术人员简历、劳动关系证明；（4）提供虚假的信用状况；（5）其他弄虚作假的行为。

（7）依法必须进行招标的项目，招标人违反本法规定，与投标人就投标价格、投标方案等实质性内容进行谈判的，给予警告，对单位直接负责的主管人员和其他直接责任人员依法给予处分（法律依据：五十五条）。

（8）评标委员会成员收受投标人的财物或者其他好处的，评标委员会成员或者参加评标的有关工作人员向他人透露对投标文件的评审和比较、中标候选人的推荐以及与评标有关的其他情况的，给予警告，没收收受的财物，可以并处三千元以上五万元以下的罚款，对有所列违法行为的评标委员会成员取消担任评标委员会成员的资格，不得再参加任何依法必须进行招标的项目的评标（法律依据：第五十六条）。

（9）招标人在评标委员会依法推荐的中标候选人以外确定中标人的，依法必须进行招标的项目在所有投标被评标委员会否决后自行确定中标人的，中标无效，责令改正，可以处中标项目金额千分之五以上千分之十以下的罚款；对单位直接负责的主管人员和其他直接责任人员依法给予处分（法律依据：第五十七条）。

（10）中标人将中标项目转让给他人的，将中标项目肢解后分别转让给他人的，违反本法规定将中标项目的部分主体、关键性工作分包给他人的，或者分包人再次分包的，转让、分包无效，处转让、分包项目金额千分之五以上千分之十以下的罚款；有违法所得的，并处没收违法所得；可以责令停业整顿；情节严重的，由工商行政管理机关吊销营业执照（法律依据：第五十八条）。

（11）招标人与中标人不按照招标文件和中标人的投标文件订立合同的，或者招标人、中标人订立背离合同实质性内容的协议的，责令改正；可以处中标项目金额千分之五以上千分之十以下的罚款（法律依据：第五十九条）。

（12）中标人不按照与招标人订立的合同履行义务，情节严重的，取消其二年至五年内参加依法必须进行招标的项目的投标资格并予以公告，直至由工商行政管理机关吊销营业执照（法律依据：第六十条）。

（13）任何单位（或者个人）违反本法规定，限制或者排斥本地区、本系统以外的法人或者其他组织参加投标的，为招标人指定招标代理机构的，强制招标人委托招标代理机构办理招标事宜的，或者以其他方式干涉招标投标活动的，责令改正；对单位直接负责的主管人员和其他直接责任人员依法给予警告、记过、记大过的处分，情节较重的，依法给予降级、撤职、开除的处分（法律依据：第六十二条）。

2.《招标投标法实施条例》规定的违法行为

《招标投标法实施条例》规定了18种违法行为，具体为：

（1）招标人限制或者排斥潜在投标人行为，责令改正，可以处一万元以上五万元以下的罚款（法律依据：第六十三条）：

①依法应当公开招标的项目不按照规定在指定媒介发布资格预审公告或者招标公告；②在不同媒介发布的同一招标项目的资格预审公告或者招标公告的内容不一致，影响潜在投标人申请资格预审或者投标。

（2）依法必须进行招标的项目的招标人不按照规定发布资格预审公告或者招标公告，构成规避招标的，必须进行招标的项目而不招标的，责令限期改正，可以处项目合同金额千分之五以上千分之十以下的罚款；对全部或者部分使用国有资金的项目，可以暂停项目执行或者暂停资金拨付；对单位直接负责的主管人员和其他直接责任人员依法给予处分（法律依据：第六十三条）。

（3）招标人有下列情形之一的，由有关行政监督部门责令改正，可以处10万元以下的罚款（法律依据：第六十四条）：

①依法应当公开招标而采用邀请招标；②招标文件、资格预审文件的发售、澄清、修改的时限，或者确定的提交资格预审申请文件、投标文件的时限不符合招标投标法和本条例规定；③接受未通过资格预审的单位或者个人参加投标；④接受应当拒收的投标文件。

（4）招标代理机构在所代理的招标项目中投标、代理投标或者向该项目投标人提供咨询的，接受委托编制标底的中介机构参加受托编制标底项目的投标或者为该项目的投标人编制投标文件、提供咨询的，处五万元以上二十五万元以下的

第八章　政府采购中的行政处罚

罚款，对单位直接负责的主管人员和其他直接责任人员处单位罚款数额百分之五以上百分之十以下的罚款；有违法所得的，并处没收违法所得；情节严重的，禁止其一年至二年内代理依法必须进行招标的项目并予以公告，直至由工商行政管理机关吊销营业执照（法律依据：第六十五条）。

（5）招标人超过本条例规定的比例收取投标保证金、履约保证金或者不按照规定退还投标保证金及银行同期存款利息的，由有关行政监督部门责令改正，可以处5万元以下的罚款（法律依据：第六十六条）。

（6）投标人相互串通投标或者与招标人串通投标的，投标人向招标人或者评标委员会成员行贿谋取中标的，中标无效；尚不构成犯罪的处中标项目金额千分之五以上千分之十以下的罚款。投标人未中标的，对单位的罚款金额按照招标项目合同金额依照招标投标法规定的比例计算（法律依据：第六十七条）。

（7）投标人有下列行为之一的，属于投标人相互串通投标或者与招标人串通投标，投标人以向招标人或者评标委员会成员行贿的手段谋取中标的情节严重行为，由有关行政监督部门取消其1年至2年内参加依法必须进行招标的项目的投标资格（法律依据：第六十七条）：

①以行贿谋取中标；②3年内2次以上串通投标；③串通投标行为损害招标人、其他投标人或者国家、集体、公民的合法利益，造成直接经济损失30万元以上；④其他串通投标情节严重的行为。

（8）投标人以他人名义投标或者以其他方式弄虚作假骗取中标的，中标无效；尚不构成犯罪的，处中标项目金额千分之五以上千分之十以下的罚款，依法必须进行招标的项目的投标人未中标的，对单位的罚款金额按照招标项目合同金额依照招标投标法规定的比例计算，对单位直接负责的主管人员和其他直接责任人员处单位罚款数额百分之五以上百分之十以下的罚款；有违法所得的，并处没收违法所得；情节严重的，取消其一年至三年内参加依法必须进行招标的项目的投标资格并予以公告，直至由工商行政管理机关吊销营业执照（法律依据：第六十八条第一款）。

（9）投标人以他人名义投标或者以其他方式弄虚作假的情节严重行为，由有关行政监督部门取消其1年至3年内参加依法必须进行招标的项目的投标资格（法律依据：第六十八条）：

①伪造、变造资格、资质证书或者其他许可证件骗取中标；②3年内2次以上使用他人名义投标；③弄虚作假骗取中标给招标人造成直接经济损失30万元以上；④其他弄虚作假骗取中标情节严重的行为。

（10）出让或者出租资格、资质证书供他人投标的，依照法律、行政法规的规定给予行政处罚（法律依据：第六十九条）。

（11）依法必须进行招标的项目的招标人不按照规定组建评标委员会，或者确定、更换评标委员会成员违反招标投标法和本条例规定的，由有关行政监督部门责令改正，可以处10万元以下的罚款，对单位直接负责的主管人员和其他直接责任人员依法给予处分（法律依据：第七十条）。

（12）评标委员会成员有下列行为之一的，由有关行政监督部门责令改正；情节严重的，禁止其在一定期限内参加依法必须进行招标的项目的评标；情节特别严重的，取消其担任评标委员会成员的资格（法律依据：第七十一条）：

①应当回避而不回避；②擅离职守；③不按照招标文件规定的评标标准和方法评标；④私下接触投标人；⑤向招标人征询确定中标人的意向或者接受任何单位或者个人明示或者暗示提出的倾向或者排斥特定投标人的要求；⑥对依法应当否决的投标不提出否决意见；⑦暗示或者诱导投标人作出澄清、说明或者接受投标人主动提出的澄清、说明；⑧其他不客观、不公正履行职务的行为。

（13）评标委员会成员收受投标人的财物或者其他好处的，没收收受的财物，处3000元以上5万元以下的罚款，取消担任评标委员会成员的资格，不得再参加依法必须进行招标的项目的评标（法律依据：第七十二条）。

（14）依法必须进行招标的项目的招标人有下列情形之一的，由有关行政监督部门责令改正，可以处中标项目金额10‰以下的罚款；对单位直接负责的主管人员和其他直接责任人员依法给予处分（法律依据：第七十三条）：

①无正当理由不发出中标通知书；②不按照规定确定中标人；③中标通知书发出后无正当理由改变中标结果；④无正当理由不与中标人订立合同；⑤在订立合同时向中标人提出附加条件。

（15）中标人无正当理由不与招标人订立合同，在签订合同时向招标人提出附加条件，或者不按照招标文件要求提交履约保证金的，对依法必须进行招标的项目的中标人，由有关行政监督部门责令改正，可以处中标项目金额10‰以下的罚款（法律依据：第七十四条）。

（16）招标人和中标人不按照招标文件和中标人的投标文件订立合同，合同的主要条款与招标文件、中标人的投标文件的内容不一致，或者招标人、中标人订立背离合同实质性内容的协议的，由有关行政监督部门责令改正，可以处中标项目金额5‰以上10‰以下的罚款（法律依据：第七十五条）。

（17）中标人将中标项目转让给他人的，将中标项目肢解后分别转让给他人的，违反招标投标法和本条例规定将中标项目的部分主体、关键性工作分包给他人的，或者分包人再次分包的，转让、分包无效，处转让、分包项目金额5‰以上10‰以下的罚款；有违法所得的，并处没收违法所得；可以责令停业整顿；情节严重的，由工商行政管理机关吊销营业执照（法律依据：第七十六条）。

（18）招标人不按照规定对异议作出答复，继续进行招标投标活动的，由有关行政监督部门责令改正（法律依据：第七十七条）。

（二）违法行为与招标、投标、中标无效

1. 民事法律行为及其效力

《民法典》第一百三十三条规定，民事法律行为是民事主体通过意思表示设立、变更、终止民事法律关系的行为。

根据《民法典》第一百四十三条规定，具备下列条件的民事法律行为有效：（1）行为人具有相应的民事行为能力；（2）意思表示真实；（3）不违反法律、行政法规的强制性规定，不违背公序良俗。

根据《民法典》第一百五十三条规定，违反法律、行政法规的强制性规定的民事法律行为无效。但是，该强制性规定不导致该民事法律行为无效的除外。违背公序良俗的民事法律行为无效。

根据《民法典》第一百五十五条规定，无效的民事法律行为自始没有法律约束力。

根据《民法典》第一百五十七条规定，民事法律行为无效后，行为人因该行为取得的财产，应当予以返还；不能返还或者没有必要返还的，应当折价补偿。有过错的一方应当赔偿对方由此所受到的损失；各方都有过错的，应当各自承担相应的责任。法律另有规定的，依照其规定。

2. 招标投标法领域的无效行为

根据《招标投标法》的规定，以下行为无效：

（1）招标代理机构违反本法规定，泄露应当保密的与招标投标活动有关的情况和资料的，或者与招标人、投标人串通损害国家利益、社会公共利益或者他人合法权益影响中标结果的，中标无效。（2）依法必须进行招标的项目的招标人向他人透露已获取招标文件的潜在投标人的名称、数量或者可能影响公平竞争的有关招标投标的其他情况的，或者泄露标底影响中标结果的，中标无效。（3）投标人相互串通投标或者与招标人串通投标的，投标人以向招标人或者评标委员会成员行贿的手段谋取中标的，中标无效。（4）投标人以他人名义投标或者以其他方式弄虚作假，骗取中标的，中标无效。（5）依法必须进行招标的项目，招标人违反本法规定，与投标人就投标价格、投标方案等实质性内容进行谈判影响中标结果的，中标无效。（6）招标人在评标委员会依法推荐的中标候选人以外确定中标人的，依法必须进行招标的项目在所有投标被评标委员会否决后自行确定中标人的，中标无效。（7）中标人将中标项目转让给他人的，将中标项目肢解后分别转让给他人的，违反本法规定将中标项目的部分主体、关键性工作分包给他人的，或者分包人再次分包的，转让、分包无效。

《招标投标法实施条例》规定的无效行为的情形如下：

（1）与招标人存在利害关系可能影响招标公正性的法人、其他组织或者个人，参加投标的；单位负责人为同一人或者存在控股、管理关系的不同单位，参加同一标段投标或者未划分标段的同一招标项目投标的，相关投标均无效。（2）联合体各方在同一招标项目中以自己名义单独投标或者参加其他联合体投标的，相关投标均无效。（3）投标人不再具备资格预审文件、招标文件规定的资格条件或者其投标影响招标公正性的，其投标无效。（4）评标过程中，评标委员会成员有回避事由、擅离职守或者因健康等原因不能继续评标的，应当及时更换。被更换的评标委员会成员作出的评审结论无效，由更换后的评标委员会成员重新进行评审。（5）依法必须进行招标的项目的招标人不按照规定组建评标委员会，或者确定、更换评标委员会成员违反招标投标法和本条例规定的，违法确定或者更换的评标委员会成员作出的评审结论无效，依法重新进行评审。

此外，《招标投标法实施条例》第八十一条规定："依法必须进行招标的项目的招标投标活动违反招标投标法和本条例的规定，对中标结果造成实质性影响，且不能采取补救措施予以纠正的，招标、投标、中标无效，应当依法重新招标或者评标。"该条是对招标、投标、中标无效做了概括性规定。适用该条应具备四个条件：一是依法必须进行招标的项目；二是出现违反招标投标法及其实施条例的行为，即法律规定的违法行为；三是对中标结果造成实质性影响，即由于该违法行为的发生，未能实现采购目的；四是不能采取措施予以纠正。同时具备这四个条件时，招标、投标、中标无效。

三、机电产品国际招标项目中的违法行为及行政处罚

《机电产品国际招标投标实施办法（试行）》主要规定了以下违法行为。

1. 招标人的违法行为

（1）招标人对依法必须进行招标的项目不招标或化整为零以及以其他任何方式规避国际招标的，由相应主管部门责令限期改正，可以处项目合同金额0.5%以上1%以下的罚款；对全部或者部分使用国有资金的项目，可以通告项目主管机构暂停项目执行或者暂停资金拨付；对单位直接负责的主管人员和其他直接责任人员依法给予处分（法律依据：第九十三条）。

（2）招标人有下列行为之一的，依照招标投标法、招标投标法实施条例的有关规定处罚（法律依据：第九十四条）：

①依法应当公开招标而采用邀请招标的；②以不合理的条件限制、排斥潜在投标人的，对潜在投标人实行歧视待遇的，强制要求投标人组成联合体共同投标的，或者限制投标人之间竞争的；③招标文件、资格预审文件的发售、澄清、修改的时限，或者确定的提交资格预审申请文件、投标文件的时限不符合规定的；④不按照规定组建评标委员会，或者确定、更换评标委员会成员违反规定的；⑤接受未通过资格预审的单位或者个人参加投标，或者接受应当拒收的投标文件的；⑥违反规定，在确定中标人前与投标人就投标价格、投标方案等实质性内容进行谈判的；⑦不按照规定确定中标人的；⑧不按照规定对异议作出答复，继续进行招标投标活动的；⑨无正当理由不发出中标通知书，或者中标通知书发出后无正当理由改变中标结果的；⑩无正当理由不与中标人订立合同，或者在订立合同时向中标人提出附加条件的；⑪不按照招标文件和中标人的投标文件与中标

人订立合同，或者与中标人订立背离合同实质性内容的协议的；⑫向他人透露已获取招标文件的潜在投标人的名称、数量或者可能影响公平竞争的有关招标投标的其他情况的，或者泄露标底的。

（3）招标人有下列行为之一的，给予警告，并处3万元以下罚款（法律依据：第九十五条）：

①与投标人相互串通、虚假招标投标的；②以不正当手段干扰招标投标活动的；③不履行与中标人订立的合同的；④除本办法第九十四条第十二项所列行为外，其他泄露应当保密的与招标投标活动有关的情况、材料或信息的；⑤对主管部门的投诉处理决定拒不执行的；⑥其他违反招标投标法、招标投标法实施条例和本办法的行为。

2. 投标人的违法行为

（1）投标人有下列行为之一的，依照招标投标法、招标投标法实施条例的有关规定处罚（法律依据：第九十六条）：

①与其他投标人或者与招标人相互串通投标的；②以向招标人或者评标委员会成员行贿的手段谋取中标的；③以他人名义投标或者以其他方式弄虚作假，骗取中标的；④捏造事实、伪造材料或者以非法手段取得证明材料进行投诉的。

（2）投标人有下列行为之一的，当次投标无效，给予警告，并处3万元以下罚款（法律依据：第九十七条）：

①虚假招标投标的；②以不正当手段干扰招标、评标工作的；③投标文件及澄清资料与事实不符，弄虚作假的；④在投诉处理过程中，提供虚假证明材料的；⑤中标通知书发出之前与招标人签订合同的；⑥中标的投标人不按照其投标文件和招标文件与招标人签订合同的或提供的产品不符合投标文件的；⑦其他违反招标投标法、招标投标法实施条例和本办法的行为。

（3）中标人有下列行为之一的，依照招标投标法、招标投标法实施条例的有关规定处罚（法律依据：第九十八条）：

①无正当理由不与招标人订立合同的，或者在签订合同时向招标人提出附加条件的；②不按照招标文件要求提交履约保证金的；③不履行与招标人订立的合同的。

3. 招标代理机构的违法行为

第八章　政府采购中的行政处罚

（1）招标机构有下列行为之一的，依照招标投标法、招标投标法实施条例的有关规定处罚（法律依据：第九十九条）：

①与招标人、投标人串通损害国家利益、社会公共利益或者他人合法权益的；②在所代理的招标项目中投标、代理投标或者向该项目投标人提供咨询的；③参加受托编制标底项目的投标或者为该项目的投标人编制投标文件、提供咨询的；④泄露应当保密的与招标投标活动有关的情况和资料的。

（2）招标机构有下列行为之一的，给予警告，并处3万元以下罚款（法律依据：第一百条）：

①与招标人、投标人相互串通、搞虚假招标投标的；②在进行机电产品国际招标机构登记时填写虚假信息或提供虚假证明材料的；③无故废弃随机抽取的评审专家的；④不按照规定及时向主管部门报送材料或者向主管部门提供虚假材料的；⑤未在规定的时间内将招标投标情况及其相关数据上传招标网，或者在招标网上发布、公示或存档的内容与招标公告、招标文件、投标文件、评标报告等相应书面内容存在实质性不符的；⑥不按照本办法规定对异议作出答复的，或者在投诉处理的过程中未按照主管部门要求予以配合的；⑦因招标机构的过失，投诉处理结果为招标无效或中标无效，6个月内累计2次，或一年内累计3次的；⑧不按照本办法规定发出中标通知书或者擅自变更中标结果的；⑨其他违反招标投标法、招标投标法实施条例和本办法的行为。

4. 评标委员会的违法行为

（1）评标委员会成员有下列行为之一的，依照招标投标法、招标投标法实施条例的有关规定处罚（法律依据：第一百零一条）：

①应当回避而不回避的；②擅离职守的；③不按照招标文件规定的评标方法和标准评标的；④私下接触投标人的；⑤向招标人征询确定中标人的意向或者接受任何单位或者个人明示或者暗示提出的倾向或者排斥特定投标人的要求的；⑥暗示或者诱导投标人作出澄清、说明或者接受投标人主动提出的澄清、说明的；⑦对依法应当否决的投标不提出否决意见的；⑧向他人透露对投标文件的评审和比较、中标候选人的推荐以及与评标有关的其他情况的。

（2）评标委员会成员有下列行为之一的，将被从专家库名单中除名，同时在招标网上予以公告（法律依据：第一百零二条）：

①弄虚作假，谋取私利的；②在评标时拒绝出具明确书面意见的；③除本办法第一百零一条第八项所列行为外，其他泄露应当保密的与招标投标活动有关的情况和资料的；④与投标人、招标人、招标机构串通的；⑤专家1年内2次被评价为不称职的；⑥专家无正当理由拒绝参加评标的；⑦其他不客观公正地履行职责的行为，或违反招标投标法、招标投标法实施条例和本办法的行为。

第三节　政府采购行政处罚的程序

一、对政府采购违法行为的监管由县级以上行政机关实施

《招标投标法实施条例》第四条规定，县级以上人民政府住房城乡建设部门、商务部门按照规定的职责分工对有关招标投标活动实施监督。《政府采购法》第十三条第一款规定，各级人民政府财政部门依法履行对政府采购活动的监督管理职责。

根据《宪法》的相关规定，我国的各级人民政府，在中央是国务院，在地方包括省、直辖市、市、县、市辖区、乡、民族乡、镇，民族自治地方为自治区、自治州、自治县。那么，《招标投标法实施条例》第四条、《政府采购法》第十三条第一款规定的各级人民政府是否包括镇政府？

《行政处罚法》第二十二条规定："行政处罚由违法行为发生地的行政机关管辖。法律、行政法规、部门规章另有规定的，从其规定。"第二十三条规定："行政处罚由县级以上地方人民政府具有行政处罚权的行政机关管辖。法律、行政法规另有规定的，从其规定。"

根据上述规定，政府采购违法行为应由违法行为发生地的县级以上的住房城乡建设部门、财政部门、商务部门负责管辖，镇政府没有政府采购违法行为的处罚权。

这里需要说明的是，政府采购行政处罚的主体与投诉处理决定的主体，判断的标准有所不同。《政府采购质疑和投诉办法》第五条第二款也规定县级以上各

级人民政府财政部门负责依法处理供应商投诉，但第六条规定的管辖标准是"按照采购人所属预算级次，由本级财政部门处理"。即政府采购项目投诉处理是按政府采购项目采购人所属的预算级次来判断由哪个财政部门管辖，而行政处罚是由违法行为发生地的县级以上财政部门管辖。例如，某市财政局在政府采购专项检查时，其所属预算单位的项目在北京进行公开招标，财政局发现所检查的项目中招标文件涉嫌违反《政府采购法》的相关规定，拟作出处罚。由于是对政府采购活动中的违法行为进行行政处罚，因而根据《行政处罚法》的规定，应由违法行为发生地即政府采购项目公开招标所在地北京市某区财政局进行管辖，某市财政局进行处罚不符合《行政处罚法》的规定。

二、政府采购行政处罚的程序

《行政处罚法》规定了三种程序：简易程序、一般程序和听证程序。

（一）简易程序

违法事实确凿并有法定依据，对公民处以二百元以下、对法人或者其他组织处以三千元以下罚款或者警告的行政处罚的，住房城乡建设部门、财政部门及商务部门（以下简称监管部门）可以当场作出行政处罚决定。

执法人员当场作出行政处罚决定的，应当向当事人出示执法身份证件，填写预定格式、编有号码的行政处罚决定书，并当场交付当事人。行政处罚决定书应当载明当事人的违法行为、行政处罚的种类和依据、罚款数额、时间、地点，申请行政复议、提起行政诉讼的途径和期限以及行政机关名称，并由执法人员签名或者盖章。

执法人员当场作出的行政处罚决定，应当报所属行政机关备案。

被处罚人对当场作出的行政处罚决定不服的，可以依法申请行政复议或者提起行政诉讼。

（二）一般程序

除可以当场作出行政处罚外，监管部门发现公民、法人或者其他组织有依法应当给予行政处罚的行为的，必须全面、客观、公正地调查，收集有关证据；必要时，依照法律、法规的规定，可以进行检查。符合立案标准的，监管部门应当及时立案。

行政处罚应当由具有行政执法资格的执法人员实施。在调查或者进行检查时，执法人员不得少于两人，并应当主动向当事人或者有关人员出示证件。当事人或者有关人员应当如实回答询问，并协助调查或者检查，不得拒绝或者阻挠。询问或者检查应当制作笔录。执法人员与当事人有直接利害关系的，应当回避。

有下列情形之一，在监督部门负责人作出行政处罚的决定之前，应当由从事行政处罚决定法制审核的人员进行法制审核；未经法制审核或者审核未通过的，不得作出决定：(1)涉及重大公共利益的；(2)直接关系当事人或者第三人重大权益，经过听证程序的；(3)案件情况疑难复杂、涉及多个法律关系的；(4)法律、法规规定应当进行法制审核的其他情形。监督部门中初次从事行政处罚决定法制审核的人员，应当通过国家统一法律职业资格考试取得法律职业资格。

(三)听证程序

1. 听证适用的情形

《行政处罚法》第六十三条第一款规定，行政机关拟作出下列行政处罚决定，应当告知当事人有要求听证的权利，当事人要求听证的，行政机关应当组织听证：(1)较大数额罚款；(2)没收较大数额违法所得、没收较大价值非法财物；(3)降低资质等级、吊销许可证件；(4)责令停产停业、责令关闭、限制从业；(5)其他较重的行政处罚；(6)法律、法规、规章规定的其他情形。

结合《招标投标法》《政府采购法》《机电产品国际招标投标实施办法(试行)》的相关规定，在政府采购领域，应当举行听证的行政处罚主要有：(1)较大数额的罚款(具体数额应由国务院不同部委、不同地方性法规或者地方政府规章规定)，此处的较大数额罚款与《政府采购法》第二十二条第一款第五项"重大违法记录"中的200万元以上的较大数额罚款有所不同，不要混淆；(2)较大数额的没收违法所得；(3)责令停业整顿；(4)在一至三年内禁止参加政府采购活动(对供应商)，招标投标法领域一般是取消其一年至二年内(或者一至三年内或者二至五年内)参加依法必须进行招标的项目的投标资格；(5)在一至三年内禁止代理政府采购业务(对采购代理机构)，招标投标法领域为暂停一定期限内从事招标业务；(6)禁止参加政府采购评审活动(对评标专家)，招标投标法

第八章　政府采购中的行政处罚

领域为取消担任评标委员会成员的资格,不得再参加任何依法必须进行招标的项目的评标。

2. 听证的程序

听证依照以下程序组织:(1)当事人要求听证的,应当在监管部门告知后五日内提出;(2)监管部门应当在举行听证的七日前,通知当事人及有关人员听证的时间、地点;(3)除涉及国家秘密、商业秘密或者个人隐私依法予以保密外,听证公开举行;(4)听证由监管部门指定的非本案调查人员主持;当事人认为主持人与本案有直接利害关系的,有权申请回避;(5)当事人可以亲自参加听证,也可以委托一至二人代理;(6)当事人及其代理人无正当理由拒不出席听证或者未经许可中途退出听证的,视为放弃听证权利,监督部门终止听证;(7)举行听证时,调查人员提出当事人违法的事实、证据和行政处罚建议,当事人进行申辩和质证;(8)听证应当制作笔录。笔录应当交当事人或者其代理人核对无误后签字或者盖章。当事人或者其代理人拒绝签字或者盖章的,由听证主持人在笔录中注明。听证结束后,监管部门应当根据听证笔录,依法作出决定。

(四)行政处罚决定

1. 作出行政处罚决定

无论是一般程序的调查终结,还是听证程序结束后,监管部门负责人都应当对调查结果进行审查,根据不同情况,分别作出如下决定:(1)确有应受行政处罚的违法行为的,根据情节轻重及具体情况,作出行政处罚决定;(2)违法行为轻微,依法可以不予行政处罚的,不予行政处罚;(3)违法事实不能成立的,不得给予行政处罚;(4)违法行为涉嫌犯罪的,移送司法机关。

对情节复杂或者重大违法行为给予行政处罚,监管部门的负责人应当集体讨论决定。

监督部门应当自行政处罚案件立案之日起九十日内作出行政处罚决定。法律、法规、规章另有规定的,从其规定。

2. 行政处罚决定书的内容

监督部门依法给予行政处罚的,应当制作行政处罚决定书。行政处罚决定书应当载明下列事项:(1)当事人的姓名或者名称、地址;(2)违反法律、法规或者规章的事实和证据；(3)行政处罚的种类和依据；(4)行政处罚的履行方式和期限；(5)申请行政复议、提起行政诉讼的途径和期限；(6)作出行政处罚决定的行政机关名称和作出决定的日期。行政处罚决定书必须盖有作出行政处罚决定的监管部门的印章。

行政处罚决定书应当在宣告后当场交付当事人；当事人不在场的，监管部门应当在七日内依照《民事诉讼法》的有关规定，将行政处罚决定书送达当事人。

监管部门及其执法人员在作出行政处罚决定之前，不向当事人告知拟作出的行政处罚内容及事实、理由、依据，或者拒绝听取当事人的陈述、申辩，不得作出行政处罚决定；当事人明确放弃陈述或者申辩权利的除外。

三、行政处罚的执行和供应商信用管理

(一)行政处罚的执行

行政处罚决定依法作出后，当事人应当在行政处罚决定载明的期限内，予以履行。当事人对行政处罚决定不服，申请行政复议或者提起行政诉讼的，行政处罚不停止执行，法律另有规定的除外。对于罚款的行政处罚，当事人应当自收到行政处罚决定书之日起十五日内，到指定的银行或者电子支付系统缴纳罚款。银行应当收受罚款，并将罚款直接上缴国库。

当事人逾期不履行行政处罚决定的，作出行政处罚决定的监督部门可以采取下列措施：(1)到期不缴纳罚款的，每日按罚款数额的百分之三加处罚款，加处罚款的数额不得超出罚款的数额；(2)根据法律规定，将查封、扣押的财物拍卖、依法处理或者将冻结的存款、汇款划拨抵缴罚款；(3)根据法律规定，采取其他行政强制执行方式；(4)依照《行政强制法》的规定申请人民法院强制执行。

当事人申请行政复议或者提起行政诉讼的，加处罚款的数额在行政复议或者行政诉讼期间不予计算。

当事人确有经济困难，需要延期或者分期缴纳罚款的，经当事人申请和监督部门批准，可以暂缓或者分期缴纳。

罚款、没收违法所得或者没收非法财物拍卖的款项，必须全部上缴国库，任

何行政机关或者个人不得以任何形式截留、私分或者变相私分。除依法应当退还、退赔的外，财政部门不得以任何形式向作出行政处罚决定的行政机关返还罚款、没收的违法所得或者返还没收非法财物拍卖的款项。

（二）供应商的信用管理

2014年12月19日，财政部办公厅发布《关于报送政府采购严重违法失信行为信息记录的通知》（财办库〔2014〕526号），决定参与中央多部委开展的不良信用记录联合发布活动，启动建设"政府采购严重违法失信行为记录名单"专栏，在中国政府采购网上集中发布全国政府采购严重失信行为信息记录。

1. 政府采购严重违法失信行为的适用情形

根据该通知的规定，供应商、采购代理机构在三年内受到财政部门作出下列情形之一的行政处罚，列入政府采购严重违法失信行为记录名单：

（1）三万元以上罚款；

（2）在一至三年内禁止参加政府采购活动（处罚期限届满的除外）；

（3）在一至三年内禁止代理政府采购业务（处罚期限届满的除外）；

（4）撤销政府采购代理机构资格（仅针对《政府采购法》第七十八条修改前作出的处罚决定）。

2. 政府采购严重违法失信行为信息记录的主要内容

政府采购严重违法失信行为信息记录应包括以下主要内容：企业名称、企业地址、严重违法失信行为的具体情形、处罚结果、处罚依据、处罚日期和执法单位等。

3. 政府采购严重违法失信行为信息记录的报送要求

地方各级财政部门应认真梳理近三年内本级作出上述行政处罚类的案件信息，按照附件格式整理形成本级的政府采购严重违法失信行为信息记录，随处罚文件一并以电子版形式报送上级财政部门。省级财政部门负责汇总本省三年内有效的政府采购严重违法失信行为信息记录，收集相应的处罚文件，于2014年12月30日前以电子版形式一并报送财政部。

自2015年1月1日起，省级财政部门负责本省政府采购严重违法失信行为信息记录的发布管理工作，及时汇总相关信息，确保自行政处罚决定形成或变更之日起 20 个工作日内，在中国政府采购网"政府采购严重违法失信行为记录名单"的专栏中完成信息发布工作。信息公布期限一般为 3 年，处罚期限届满的，相关信息记录从专栏中予以删除。

2015 年 8 月 20 日，财政部发布《关于规范政府采购行政处罚有关问题的通知》（财库〔2015〕150 号），要求各级人民政府财政部门依法对参加政府采购活动的供应商、采购代理机构、评审专家作出的禁止参加政府采购活动、禁止代理政府采购业务、禁止参加政府采购评审活动等行政处罚决定，要严格按照相关法律法规条款的规定进行处罚，相关行政处罚决定在全国范围内生效。各级人民政府财政部门要依法公开对政府采购供应商、采购代理机构、评审专家的行政处罚决定，并按规定将相关信息上传至中国政府采购网开设的"政府采购严重违法失信行为记录名单"，推动建立政府采购供应商、采购代理机构、评审专家不良行为记录制度，加强对政府采购违法失信行为的曝光和惩戒。

2016 年 8 月 1 日，财政部发布《关于在政府采购活动中查询及使用信用记录有关问题的通知》（财库〔2016〕125 号）要求各级财政部门和有关部门应当根据政府采购法及其实施条例相关规定，对参加政府采购活动的供应商、采购代理机构、评审专家的不良行为予以记录，并纳入统一的信用信息平台。

2018 年 2 月 13 日，财政部发布《关于做好政府采购代理机构名录登记有关工作的通知》（财办库〔2018〕28 号），规定政府采购代理机构名录登记系统将与中央主网"政府采购严重违法失信行为记录名单"进行关联。对被禁止参加政府采购活动的代理机构，各省级财政部门应当及时将其从名录中删除，并停止其信息发布和专家抽取等操作权限；处罚期满后，及时恢复。

4. 公示期限及信用修复

根据《国家发展改革委办公厅关于进一步完善"信用中国"网站及地方信用门户网站行政处罚信息信用修复机制的通知》（发改办财金〔2019〕527 号）的相关规定，行政处罚信息划分为涉及严重失信行为的行政处罚信息和涉及一般失信行为的行政处罚信息。

（1）涉及严重失信行为的行政处罚信息的范围及公示期限。

涉及严重失信行为的行政处罚信息主要是指对性质恶劣、情节严重、社会危害程度较大的违法失信行为的行政处罚信息。主要包括，一是因严重损害自然人

第八章 政府采购中的行政处罚

身体健康和生命安全的行为被处以行政处罚的信息;因严重破坏市场公平竞争秩序和社会正常秩序的行为被处以行政处罚的信息;在司法机关、行政机关作出裁判或者决定后,因有履行能力但拒不履行、逃避执行,且情节严重的行为被处以行政处罚的信息;因拒不履行国防义务、危害国防利益、破坏国防设施的行为被处以行政处罚的信息。二是法律、法规、规章明确规定构成情节严重的行政处罚信息。三是经行政处罚决定部门认定的涉及严重失信行为的行政处罚信息。

涉及严重失信行为的行政处罚信息自行政处罚决定之日起,在信用网站最短公示期限为六个月,最长公示期限为三年。最长公示期限届满的,信用网站将撤下相关信息,不再对外公示。法律、法规、规章另有规定的从其规定。

(2)涉及一般失信行为的行政处罚信息的范围及公示期限。

涉及一般失信行为的行政处罚信息主要是指对性质较轻、情节轻微、社会危害程度较小的违法失信行为的行政处罚信息。按前款规定认定为涉及严重失信行为的行政处罚信息以外,除去按简易程序做出的行政处罚信息,原则上明确为涉及一般失信行为的行政处罚信息。

涉及一般失信行为的行政处罚信息自行政处罚决定之日起,在信用网站最短公示期限为三个月,最长公示期限为一年。

(3)信用修复。

涉及一般失信行为的行政处罚信息信用修复申请人须向信用网站提供相关身份材料和已履行行政处罚材料,公开做出信用修复承诺,并经信用网站核实后,在最短公示期期满后撤下相关公示信息。行政相对人主动向行政处罚决定机关提请开展信用修复的,应参照信用网站修复要求,公开做出信用修复承诺,行政处罚决定机关通过相关信息系统报送信用修复完成情况,经信用信息公示的责任部门核实后,在最短公示期期满后撤下相关公示信息。

涉及严重失信行为的行政处罚信息信用修复申请人除参照一般失信行为行政处罚信息信用修复要求外,应按照《国家发展改革委办公厅、人民银行办公厅关于对失信主体加强信用监管的通知》(发改办财金〔2018〕893号)要求,主动参加信用修复专题培训,并向信用网站提交信用报告,经信用网站核实后,在最短公示期期满后撤下相关公示信息。各级社会信用体系建设牵头部门可与行政处罚决定部门联合举办信用修复专题培训,也可引入公共信用评价在"优"级以上的综合信用服务机构试点单位和征信机构或经授权的行业协会商会举办信用修复专题培训。信用报告由公共信用评价在"良"级以上的综合信用服务机构试点单位和征信机构出具，并共享至全国信用信息共享平台。

在食品药品、生态环境、工程质量、安全生产、消防安全、强制性产品认证等领域被处以责令停产停业，或吊销许可证、吊销执照的行政处罚信息；因贿赂、逃税骗税、恶意逃废债务、恶意拖欠货款或服务费、恶意欠薪、非法集资、合同欺诈、传销、无证照经营、制售假冒伪劣产品和故意侵犯知识产权、出借和借用资质投标、围标串标、虚假广告、侵害消费者或证券期货投资者合法权益、严重破坏网络空间传播秩序、聚众扰乱社会秩序等行为被处以责令停产停业，或吊销许可证、吊销执照的行政处罚信息；以及法律、法规、规章另有规定不可修复的行政处罚信息，均按最长公示期限予以公示，公示期间不予修复。

因此，对于"信用中国"网站上发布的信息，在处罚期满后，供应商可以及时检索"信用中国"网站上的处罚信息是否及时删除。对应删除而未删除的，可以依据上述规定进行信用修复。信用网站坚持公益性原则，及时提供"公共信用信息概况"服务，满足信用主体信用修复需求，不收取任何费用。

【案例】苏州 A 动物实验设备科技有限公司与中华人民共和国财政部行政复议决定案[①]

基本案情

2013 年 12 月 26 日，B 大学对气相色谱自动进样吹扫捕集器、聚焦电子枪蒸发设备、便携式光合荧光土壤呼吸测量系统、中央排气通风笼盒系统、小鼠独立通风式饲养系统项目进行竞争性谈判采购，并发布了公告。该项目资金来源为中央财政性资金。在 B 大学发布的采购文件"竞争性谈判须知"中"9.2 商务技术响应文件"第 6 项为相关项目实施业绩一览表。在附件六的《相关项目实施业绩一览表》中具体包括项目名称、项目类型、简要描述、项目金额、实施时间、项目单位联系人及电话。苏州 A 动物实验设备科技有限公司（以下简称 A 公司）

---

① 详细内容请见中国裁判文书网：北京市高级人民法院（2017）京行终 1027 号行政判决书。

第八章 政府采购中的行政处罚

参与了上述采购项目中的标项四,即"B大学中央排气通风笼盒系统"采购项目的采购活动。在A公司提交的投标响应文件(标项四)中《相关项目实施业绩一览表》共列明了八个EVC鼠笼项目。其中,第四项的项目名称为EVC鼠笼,项目类型为新建,项目金额为500万元,实施时间为2013年12月13日,项目单位为南京医科大学。后A公司取得预成交资格。

2014年6月11日,上海C科技有限公司(以下简称C公司)以A公司提供虚假材料谋取成交为由,向财政部提交了举报材料。2015年4月2日,财政部作出《行政处罚决定书》(财库〔2015〕78号,以下简称78号处罚决定),认定A公司存在提供虚假材料谋取成交的违法情形,违反了《政府采购法》第七十七条第一项的规定,决定对A公司处以采购金额千分之五(人民币2000元)的罚款。

C公司不服该处罚决定,认为:(1)在行政处罚告知书中载明财政部拟作出的行政处罚为对A公司处以罚款2000元,列入不良行为记录名单,并作出一年内禁止参加政府采购活动的行政处罚。但78号处罚决定遗漏了部分处罚内容。(2)行政处罚均应信息公开,故78号处罚决定的信息公开选项应为"公开"。(3)A公司提交虚假材料属于数额特别巨大,情节严重,应由工商行政管理机关吊销营业执照,并依法追究该公司的刑事责任。故C公司于2015年6月3日向财政部提出行政复议申请,请求:依照《政府采购法》第七十七条,将78号处罚决定变更为采购金额千分之五(人民币2000元)的罚款,列入不良行为记录名单,并作出一年内禁止参加政府采购活动的行政处罚;将信息公开选项修改为公开信息;由工商行政管理机关吊销营业执照,追究A公司的刑事责任。2015年6月9日,财政部受理了C公司的复议申请。同年7月28日,财政部作出《关于第七十七条适用问题的函》(财办法〔2015〕35号,以下简称35号函),就《政府采购法》第七十七条规定的"处以采购金额千分之五以上千分之十以下的罚款"、"列入不良行为记录名单"和"在一至三年内禁止参加政府采购活动"三者之间是并处关系还是可选择关系的问题,请求全国人民代表大会常务委员会法制工作委员会(以下简称全国人大常委会法工委)作出解释。同年8月27日,全国人大常委会法工委电话回复财政部,《政府采购法》第七十七条规定的上述三者之间属于并处关系,应同时适用。同年9月7日,财政部作出《行政复议决定书》(财复议〔2015〕76号,以下简称76号复议决定)。A公司不服,向一审法院提起行政诉讼。

2016年5月31日,一审法院作出(2016)京01行初139号行政判决(以下简称139号行政判决),认定财政部在受理C公司针对78号处罚决定提出的行政复议申请后,并未通知A公司作为第三人参加行政复议程序。在此情况下,财政部最终作出对A公司不利的行政复议决定,有违正当程序原则的内在要求,应属程序违法。故判决撤销76号复议决定,并责令财政部针对C公司的复议申请重新作出处理。

同年6月29日,财政部条法司(以下简称条法司)向财政部国库司(以下简称国库司)发出行政复议答复通知书,要求该司重新作出答复。同日,财政部通知A公司作为第三人参加行政复议程序。同年7月11日,国库司函复条法司,表明坚持前次复议程序的答复意见。同年7月11日,A公司提交了陈述意见及证据。同年8月16日,财政部作出《行政复议决定书》(财复议〔2016〕118号,以下简称被诉复议决定),主要内容为:78号处罚决定关于"'南京医科大学EVC鼠笼500万元项目,实施时间2013年12月13日'的业绩尚未实现,不是真实业绩,存在提供虚假材料谋取成交的违法情形"的事实认定清楚,证据确凿。《政府采购法》第七十七条关于"处以采购金额千分之五以上千分之十以下的罚款,列入不良行为记录名单,在一至三年内禁止参加政府采购活动"的规定属于并处关系,财政部认定A公司在采购项目中存在提供虚假材料谋取成交的违法情形,但仅对其处以罚款,属于适用法律错误。行政处罚决定不属于《政府信息公开条例》第九条规定的主动公开范围,C公司要求将78号处罚决定政府信息公开选项修改为"公开信息"于法无据。A公司不具有需吊销营业执照及追究刑事责任的情形,C公司提出的第三项复议请求不予支持。根据《行政复议法》第二十八条第一款第三项的规定,决定撤销78号处罚决定,财政部应在接到本行政复议决定书后依法重新作出决定。

A公司不服被诉行政复议决定,向北京市第一中级人民法院起诉。

一审审理情况:

一审法院另查明,2013年12月20日,A公司与南京医科大学签订了《EVC

试用协议书》，约定：A公司自愿给南京医科大学提供大鼠EVC22套，小鼠EVC36套进行试用……在试用期间产生的所有费用由A公司承担。在一审法院庭审中，A公司对财政部作出被诉决定书的程序没有异议。

　　一审法院认为，公平竞争、诚实信用是政府采购所应遵循的基本原则之一。《政府采购法》第七十七条第一项规定的宗旨就是防止供应商在政府采购中弄虚作假，破坏公平竞争秩序。本案中，A公司在投标响应文件的《相关项目实施业绩一览表》中列举了八个项目的业绩。根据该公司与南京医科大学签订的协议，上述业绩中第四个项目实际是由A公司提供EVC鼠笼供南京医科大学试用，并由该公司承担试用期间的相关费用。虽然该项目所涉鼠笼实际提供给南京医科大学使用，但就该项目而言，A公司并未实际取得收入，与上述响应文件中所列项目金额500万元不一致。因此，A公司在投标响应文件中填报的该项业绩尚未实现，不是真实的业绩。A公司投标响应文件中存在的上述不实之处，属于《政府采购法》第七十七条第一项规定的"提供虚假材料谋取中标、成交"的情形，依法应当受到处罚。A公司关于其提供EVC鼠笼给南京医科大学试用属于真实业绩的诉讼理由，依据不足，不予采纳。A公司关于该业绩与其中标并不具有因果关系，不属于《政府采购法》第七十七条第一项规定情形的诉讼理由，缺乏法律依据，亦不予采纳。

　　财政部在78号处罚决定中，仅给予A公司罚款的处罚，不符合《政府采购法》第七十七条的规定。财政部在被诉决定书中认定78号处罚决定适用法律错误，处罚不当，并决定撤销上述处罚决定，责令财政部重新处理正确，应予支持。A公司关于《政府采购法》第七十七条规定的处罚种类并非并列适用的诉讼理由，因立法机关已经明确上述法律规定的处罚系并列适用，故对A公司的该项诉讼理由，不予采纳。

　　财政部在复议过程中，履行了受理、通知第三人参加复议、通知作出78号处罚决定的机关提出答复意见等程序，作出被诉决定书后亦依法向A公司以及C公司送达，复议程序符合《行政复议法》的规定。

　　综上所述，A公司的诉讼请求缺乏事实和法律依据，法院不予支持。依照《行政诉讼法》第六十九条的规定，判决驳回A公司的全部诉讼请求。

二审审理情况：

A公司不服一审判决，向北京市高级人民法院提起上诉，主要理由为：第一，一审法院认定A公司在投标响应文件中填报的该项业绩尚未实现、不是真实业绩，属于认定事实错误。A公司向南京医科大学提供了共计65套EVC鼠笼，按照市场价值计算，于2013年12月20日提供的58套鼠笼的市场价值远不止500万元，但因A公司自愿承担由此产生的所有费用，故南京医科大学无须向A公司支付任何费用。尽管南京医科大学无须向A公司支付任何费用，但A公司已经完成了向南京医科大学提供价值超过500万元的58套EVC鼠笼，就A公司而言就是实施业绩。一审法院以"未实际取得收入"为由否定A公司的真实业绩，过于片面，属于认定事实错误。第二，一审法院以"A公司关于该业绩与其中标并不具有因果关系，不属于《政府采购法》第七十七条第一项规定的情形的诉讼理由，缺乏法律依据"为由不予采纳A公司的观点，属于理解及适用法律错误。根据《政府采购法》第七十七条的规定，供应商在投标过程中提供虚假材料应当是具有目的性的，其提供虚假材料的目的就是为了取得中标、成交。由此可见，最终取得中标、成交与提供虚假材料有因果关系的才应被处罚。本案中，A公司在投标文件中列举南京医科大学的项目并不具有任何目的性，更不是为了取得中标、成交才列举该项目，B大学的招标文件对投标人需要列举的项目事实上没有任何数量上的要求，A公司列举的南京医科大学项目与A公司能否取得中标、成交没有任何的关系。况且，A公司在取得预成交资格后，B大学的采购项目就因被投诉而被撤销，A公司最终并没有取得中标、成交。故一审法院对于《政府采购法》第七十七条的规定属于理解及适用法律错误。第三，一审法院以"立法机关已经明确《政府采购法》第七十七条的处罚系并列适用"为由支持财政部作出的被诉决定书系证据审查不清，违反法律规定。财政部在一审庭审过程中提供的证据8电话记录系由财政部单方制作，不符合作为证据使用的要求，且A公司在一审过程中明确表示对该证据的真实性不予认可，一审法院仍以该证据作为定案的依据显然违反了法律规定。综上，A公司在经营过程中一直诚实守信，在B大学采购项目中没有弄虚作假，更没有破坏公平竞争的市场秩序，一审法院认定事实错误，理解及适用法律不当，对证据的审查不符合法律规定，故

第八章　政府采购中的行政处罚

请求二审法院撤销一审判决，依法改判。

二审期间，A公司另向法院提交了《江苏省政府采购合同》《中标通知书》，用以证明被财政部质疑为虚假业绩的试用项目是真实的业绩，前期试用和后期购买是不可分割的，数量和价值都是真实的，A公司对已经实施的商业业绩的估值也是正确的。

二审法院另查明，一审法院开庭审理本案之后，江苏省政府采购中心于2016年11月28日向A公司发出《中标通知书》，称经评标委员会综合评审并经采购人确认，A公司已成为JSZC-G2016-407号南京医科大学小鼠独立通风笼具项目的中标供应商，中标金额5057600元。2017年1月14日，南京医科大学与A公司签订了《江苏省政府采购合同（货物）》，合同中约定货物名称为小鼠独立通风笼具，其中包括小鼠中央排气通风笼盒系统（EVC）58套、备用配套笼盒1740套、备用笼盒过滤器30160个，合同金额为5057600元。

二审法院认为，本案的争议焦点之一是A公司存在的在投标响应文件中所列项目金额为500万元的涉案填报行为，是否构成《政府采购法》第七十七条第一项中规定的"供应商提供虚假材料谋取中标、成交的"行为。在A公司与南京医科大学于2013年12月20日签订的《EVC试用协议书》中，虽约定了A公司自愿给南京医科大学提供大鼠EVC22套、小鼠EVC36套进行试用，且在试用期间产生的所有费用由A公司承担，但该协议并未出现项目金额500万元的约定。在78号处罚决定作出前，A公司亦未提供其他证据证明其在《相关项目实施业绩一览表》中填写的南京医科大学EVC鼠笼项目500万元的项目金额具有相应的事实根据。据此，78号处罚决定、被诉决定书、一审法院判决均认定500万元项目金额的业绩尚未实现，不是真实业绩，从而认定A公司的行为构成提供虚假材料谋取中标、成交的行为，上述事实认定和定性并无不当。关于A公司提出的其提供南京医科大学EVC鼠笼项目相关信息并不具有任何目的性等意见，法院认为，因谈判响应方提供的相关项目实施业绩能够反映其财务状况以及履行合同的记录等情况，体现了其履行合同的能力，是采购人最终确定成交供应商的因素之一。因此，提供数量可观的实施业绩情况，客观上将有助于提高谈判响应方最终成交的可能性。故A公司关于其主观目的方面的辩解，法院不予采纳。

本案中，财政部系认为78号处罚决定适用法律错误，而根据《行政复议法》第二十八条第三项规定决定撤销该处罚决定，并责令财政部重新作出决定。法院认为，78号处罚决定适用法律是否错误，是本案的另一争议焦点。《政府采购法》第七十七条第一项规定，供应商提供虚假材料谋取中标、成交的，处以采购金额千分之五以上千分之十以下的罚款，列入不良行为记录名单，在一至三年内禁止参加政府采购活动，有违法所得的，并处没收违法所得，情节严重的，由工商行政管理机关吊销营业执照；构成犯罪的，依法追究刑事责任。上述法律条款中"处以采购金额千分之五以上千分之十以下的罚款，列入不良行为记录名单，在一至三年内禁止参加政府采购活动"的部分，从法律条文所使用的文字词句的含义而言，并未赋予执法者选择适用处理措施的权限，故应当为并处的关系。财政部在本次行政复议中，因不能确定该部分内容是并处关系还是可选择关系，就此向全国人大常委会法工委致函，在得到该委工作人员称应为并处关系的电话答复后，认为78号处罚决定仅对A公司予以罚款系适用法律错误，从而决定撤销78号处罚决定。财政部理解、适用上述法律规定正确，法院予以支持。A公司对财政部适用法律所提出的相关质疑，没有法律依据，法院不予支持。

本案中，财政部因法律适用错误而撤销78号处罚决定，对于A公司存在的涉案行为如何处理，尚需要财政部重新作出决定。法院建议财政部在重新作出处理时可结合A公司涉案行为的事实、性质、情节以及社会危害程度等相关因素确定处理结果。同时，建议财政部可向社会公众进一步明确政府采购相关文件关键用词的含义。

综上，财政部受理C公司提出的行政复议申请，经一审法院作出139号行政判决责令重新作出处理后，履行了通知A公司参加复议等程序，并在法定期限内作出了被诉决定书，且所作决定认定事实清楚、适用法律正确。依照《行政诉讼法》第八十九条第一款第一项的规定，判决如下：驳回上诉，维持一审判决。

第八章 政府采购中的行政处罚

案例评析

本案是因 C 公司举报 A 公司提交虚假材料谋取成交，财政部作出行政处罚决定，认定"'南京医科大学 EVC 鼠笼 500 万元项目，实施时间 2013 年 12 月 13 日'的业绩尚未实现，不是真实业绩，存在提供虚假材料谋取成交的违法情形"，决定依据《政府采购法》第七十七条第一项的规定对 A 公司处以采购金额千分之五的罚款（2000 元）。经两审法院审理，该处罚决定事实认定正确，但适用法律错误。理由是根据全国人大常委会法工委的解释，《政府采购法》第七十七条关于"处以采购金额千分之五以上千分之十以下的罚款，列入不良行为记录名单，在一至三年内禁止参加政府采购活动"的规定属于并处关系，行政处罚决定仅处以罚款错误。

76 号复议决定因未通知 A 公司作为第三人参加行政复议程序，有违正当程序原则的内在要求，应属程序违法，被一审中院判决撤销。重新作出的被诉复议决定，因实体、程序等均合法被法院支持。

第九章　政府采购当事人的权利保障

【本章导读】

政府采购当事人的权利保障是指政府采购当事人对政府采购活动中出现的侵犯其合法权益的行为，采取什么救济方式寻求保障。

在政府采购领域，政府采购当事人主要会遇到两种行为。一种是政府采购监管部门作出的行政行为，如行政处罚、投诉处理决定、行政处理等；另一种是其他民事主体的民事行为，如政府采购合同、侵权行为等。对于前者，当事人能够采取的救济途径主要有行政复议、行政诉讼、行政赔偿等；对于后者，当事人能够采取的是民事诉讼或合同仲裁（针对政府采购民事合同）或者行政诉讼（针对政府采购行政协议）的救济方式。

本章主要介绍政府采购行政复议、行政诉讼、行政赔偿、民事诉讼，及律师在政府采购活动中能够提供的法律服务。

第一节　政府采购行政复议

一、政府采购行政复议

行政复议是行政系统内部解决行政争议的一种机制，其与行政诉讼最大的不同，在于审查的范围和审查的力度有所区别。由于复议机关通常为作出原行政行为的同级人民政府，因而在审查范围上既可以对行政行为作出审查，同时也可以对作出行政行为所依据的一定范围内的规范性文件进行审查；在审查力度上，既可以审查行政行为的合法性，也可以审查合理性。政府采购行政复议也同样如此。

《政府采购法》第五十八条规定，投诉人对政府采购监督管理部门的投诉处理决定不服或者政府采购监督管理部门逾期未作处理的，可以依法申请行政复议或者向人民法院提起行政诉讼。根据这一规定，《政府采购法》赋予了政府采购投诉人行政复议的权利，即如果投诉人对政府采购监督管理部门的投诉处理决定不服或者在法定的期限内未收到政府采购监督管理部门的投诉处理决定，可以向作出该投诉处理决定的同级人民政府提出申请，由行政复议机关对投诉处理决定的合法性和适当性进行全面审查并作出行政复议决定。

根据《行政复议法》和《行政诉讼法》的相关规定，投诉人对于财政部门的不予受理的书面决定，也可以提起行政复议或者行政诉讼。

另外，根据《行政复议法》的规定，采购人或者采购代理机构对政府采购投诉处理决定不服也可以提起行政复议。只是这种情况在实践中非常少见。

二、政府采购行政复议的范围

（一）可以申请行政复议的范围

在政府采购领域，有下列情形之一的，政府采购当事人可以申请行政复议（以下简称政府采购行政行为）：（1）对行政监督部门作出的投诉处理决定、不予受理决定等不服的；（2）对行政监督部门作出的警告、罚款、没收违法所得、禁止1至3年内参加政府采购活动等行政处罚决定不服的；（3）对行政监督部门作出的责令限期改正、列入不良行为记录名单等行政处理决定不服的；（4）认为行政监管部门的其他行政行为侵犯其合法权益的。

根据2023年9月修订的《行政复议法》，政府特许经营协议、土地房屋征收补偿协议等行政协议属于行政复议范围。因此，政府采购行政协议引起的争议，如认为采购人不依法履行、未按照约定履行或者违法变更、解除政府采购行政协议等自2024年1月1日起可以提起行政复议。

（二）对行政行为申请行政复议时可以一并提出审查申请的规范性文件

政府采购当事人在对行政行为申请行政复议时，可以一并向行政复议机关提出审查申请的规范性文件有：

（1）国务院部门的规范性文件，如财政部财库××号文，住房城乡建设部、商务部等的文件；

（2）县级以上地方各级人民政府及其工作部门的规范性文件，后者如财政部门、住房城乡建设部门、商务部门的规范性文件。

三、政府采购行政复议的申请

（一）申请行政复议的期限

1. 申请行政复议的期限

《政府采购法》并未对政府采购当事人申请行政复议的期限作出特别规定，因此，参与政府采购的公民、法人或者其他组织认为政府采购中的行政行为侵犯其合法权益的，通常情况下，可以自知道或者应当知道该行政行为之日起六十日内提出行政复议。如果政府采购监督部门作出行政行为时，未告知公民、法人或者其他组织申请行政复议的权利、行政复议机关和申请期限的，申请期限自公民、法人或者其他组织知道或者应当知道申请行政复议的权利、行政复议机关和申请期限之日起计算，但是自知道或者应当知道行政行为内容之日起最长不超过一年。政府采购行政行为自作出之日起超过五年的，行政复议机关不予受理。

2. 行政复议申请期限的计算规则

（1）载明行政行为的法律文书直接送达的，自受送达人签收之日起计算；

（2）载明行政行为的法律文书邮寄送达的，自受送达人在邮件签收单上签收之日起计算；没有邮件签收单的，自受送达人在送达回执上签名之日起计算；

（3）行政行为依法通过公告形式告知受送达人的，自公告规定的期限届满之日起计算；

（4）被申请人能够证明公民、法人或者其他组织知道行政行为的，自证据材料证明其知道行政行为之日起计算。

（二）政府采购行政复议当事人

政府采购行政复议的申请人通常为不服投诉处理决定的供应商或者采购人、采购代理机构，不服行政处罚决定的供应商或者采购人、采购代理机构、评标委员会成员等。

被申请人通常为作出投诉处理决定的行政监管部门，如财政部门、住房城乡建设部门、商务部门。

行政复议机关是被申请人所属的同级人民政府，自 2024 年 1 月 1 日起，公民、法人或者其他组织不能再向行政监督部门的上一级行政机关申请行政复议。但财政部作出的行政行为，仍由财政部受理行政复议。例如，对北京市财政局作出的投诉处理决定不服的，当事人只能向北京市人民政府申请行政复议，具体承办单位是北京市司法局，而不能再向财政部申请行政复议。

与投诉处理决定有利害关系的人也可以成为行政复议的第三人。例如，投诉人是未中标人，则中标人可以成为行政复议的第三人，因为中标人与行政复议的结果有法律上的利害关系。

申请人、第三人可以委托 1 至 2 名律师、基层法律服务工作者或者其他代理人参加行政复议。申请人、第三人委托代理人的，应当向行政复议机关提交授权委托书、委托人及被委托人的身份证明文件。授权委托书应当载明委托事项、权限和期限。申请人、第三人变更或者解除代理人权限的，应当书面告知行政复议机构。

（三）行政复议申请的提出方式

1. 申请行政复议的方式

根据《行政复议法》的规定，申请人申请行政复议，可以书面申请；书面申请有困难的，也可以口头申请。

书面申请的，可以通过邮寄或者行政复议机关指定的互联网渠道等方式提交行政复议申请书，也可以当面提交行政复议申请书。根据《行政复议法实施条例》的规定，行政复议申请书中应当载明：申请人的基本情况，包括自然人的姓名、性别、年龄、身份证号码、工作单位、住所、邮政编码，法人或者其他组织的名称、住所、邮政编码和法定代表人或者主要负责人的姓名、职务；被申请人的名称；行政复议请求、申请行政复议的主要事实和理由；申请人的签名或者盖章；申请行政复议的日期。

口头申请的，行政复议机关应当当场记录申请人的基本情况、行政复议请求、申请行政复议的主要事实、理由和时间。

申请人对两个以上行政行为不服的，应当分别申请行政复议。例如，供应商对投诉处理决定、行政处罚决定或者两个行政处罚决定不服申请行政复议的，应当分别就投诉处理决定、行政处罚决定或者两个行政处罚决定分别申请行政复议，而不能一起申请行政复议。

2. 先提起行政复议才能提起行政诉讼（行政复议前置）的情形

根据《行政复议法》的规定，在政府采购领域，认为行政机关存在未履行法定职责的情形（申请政府采购监督部门履行保护财产权利等合法权益的法定职责，政府采购监督部门拒绝履行、未依法履行或者不予答复）、向政府采购监督部门申请政府信息公开而政府采购监督部门不予公开的，需要先申请行政复议，之后才可以提起行政诉讼。

四、政府采购行政复议的受理和决定

（一）行政复议的受理

行政复议机关收到行政复议申请后，应当在5日内进行审查，并分别作出如下处理：

（1）经审查，对符合行政复议受理条件的应当受理。

行政复议的条件包括：有明确的申请人和符合法律规定的被申请人；申请人与被申请行政复议的行政行为有利害关系；有具体的行政复议请求和理由；在法定申请期限内提出；属于行政复议法规定的行政复议范围；属于收到行政复议申请的行政复议机关的管辖范围；行政复议机关未受理过该申请人就同一行政行为提出的行政复议申请，并且人民法院尚未受理过该申请人就同一行政行为提起的行政诉讼。

（2）对不符合行政复议条件的，行政复议机关应当在审查期限内决定不予受理并说明理由；不属于本机关管辖的，还应当在不予受理决定中告知申请人有管辖权的行政复议机关。

行政复议申请的审查期限届满，行政复议机关未作出不予受理决定的，审查期限届满之日起视为受理。

（3）行政复议申请材料不齐全或者表述不清楚，无法判断行政复议申请是否符合行政复议条件的，行政复议机关应当自收到申请之日起5日内书面通知申请人补正。补正通知应当一次性载明需要补正的事项。申请人应当自收到补正通知之日起10日内提交补正材料。有正当理由不能按期补正的，行政复议机关可以延长合理的补正期限。无正当理由逾期不补正的，视为申请人放弃行政复议申请，并记录在案。行政复议机关收到补正材料后，判断是否应当受理（即是否符合行政复议的受理条件）。

（4）公民、法人或者其他组织依法提出行政复议申请，行政复议机关无正当理由不予受理、驳回申请或者受理后超过行政复议期限不作答复的，申请人有权向上级行政机关反映，上级行政机关应当责令其纠正；必要时，上级行政复议机关可以直接受理。

（二）行政复议的审理

1. 一般规定

行政复议机关受理行政复议申请后，适用简易程序或者普通程序进行审查。行政复议机构应当指定行政复议人员负责办理行政复议案件。

被申请人对其作出的行政行为的合法性、适当性负有举证责任。

行政复议机关有权向有关单位和个人调查取证，查阅、复制、调取有关文件和资料，向有关人员进行询问。调查取证时，行政复议人员不得少于2人，并应当出示行政复议工作证件。被调查取证的单位和个人应当积极配合行政复议人员的工作，不得拒绝或者阻挠。

行政复议期间，申请人、第三人及其委托代理人可以按照规定查阅、复制被申请人提出的书面答复，作出行政行为的证据、依据和其他有关材料，除涉及国家秘密、商业秘密、个人隐私或者可能危及国家安全、公共安全、社会稳定的情形外，行政复议机构应当同意。

2. 简易程序

政府采购领域适用简易程序的行政案件大致有：被申请行政复议的行政行为是警告或者通报批评、案件涉及款额 3000 元以下。除此之外，当事人各方同意适用简易程序的，可以适用简易程序。

适用简易程序审理的行政复议案件，行政复议机构应当自受理行政复议申请之日起 3 日内，将行政复议申请书副本或者行政复议申请笔录复印件发送被申请人。被申请人应当自收到行政复议申请书副本或者行政复议申请笔录复印件之日起 5 日内，提出书面答复，并提交作出行政行为的证据、依据和其他有关材料。

适用简易程序审理的行政复议案件，可以书面审理。

行政复议机构认为不宜适用简易程序的，经行政复议机构的负责人批准，可以转为普通程序审理。

3. 普通程序

除可以适用简易程序以外的行政复议案件，适用普通程序审理。

行政复议机构应当自行政复议申请受理之日起 7 日内，将行政复议申请书副本或者行政复议申请笔录复印件发送被申请人。被申请人应当自收到行政复议申请书副本或者行政复议申请笔录复印件之日起 10 日内，提出书面答复，并提交作出行政行为的证据、依据和其他有关材料。

行政复议机构应当当面或者通过互联网、电话等方式听取当事人的意见，并将听取的意见记录在案。因当事人原因不能听取意见的，可以书面审理。

审理重大、疑难、复杂的行政复议案件，行政复议机构应当组织听证。行政复议机构认为有必要听证，或者申请人请求听证的，行政复议机构可以组织听证。听证由一名行政复议人员任主持人，两名以上行政复议人员任听证员，一名记录员制作听证笔录。但由于《行政复议法》未规定"重大、疑难、复杂的行政复议案件"的具体标准，有待于《行政复议法实施条例》修订时明确，或者各部委、省级人民政府部门通过规章予以明确。否则，若授权行政复议机关自行决定，则"应当组织听证"有可能不会得到充分的贯彻执行。

行政复议机构组织听证的，应当于举行听证的 5 日前将听证的时间、地点和拟听证事项书面通知当事人。申请人无正当理由拒不参加听证的，视为放弃听证权利。被申请人的负责人应当参加听证。不能参加的，应当说明理由并委托相应的工作人员参加听证。

县级以上各级人民政府应当建立相关政府部门、专家、学者等参与的行政复议委员会,为办理行政复议案件提供咨询意见,并就行政复议工作中的重大事项和共性问题研究提出意见。审理行政复议案件涉及下列情形之一的,行政复议机构应当提请行政复议委员会提出咨询意见:(1)案情重大、疑难、复杂;(2)专业性、技术性较强;(3)《行政复议法》第24条第2款规定的行政复议案件;(4)行政复议机构认为有必要。行政复议机构应当记录行政复议委员会的咨询意见。

(三)行政复议的决定

经过听证的行政复议案件,行政复议机关应当根据听证笔录、审查认定的事实和证据,依照《行政复议法》作出行政复议决定。提请行政复议委员会提出咨询意见的行政复议案件,行政复议机关应当将咨询意见作为作出行政复议决定的重要参考依据。

适用普通程序审理的行政复议案件,行政复议机关应当自受理申请之日起60日内作出行政复议决定;但是法律规定的行政复议期限少于60日的除外。情况复杂,不能在规定期限内作出行政复议决定的,经行政复议机构的负责人批准,可以适当延长,并书面告知当事人;但是延长期限最多不得超过30日。适用简易程序审理的行政复议案件,行政复议机关应当自受理申请之日起30日内作出行政复议决定。

行政复议期间,申请人撤回行政复议申请,行政复议机构准予撤回。

行政复议期间被申请人改变原行政行为的,不影响行政复议案件的审理。但是,申请人依法撤回行政复议申请的除外。

政府采购当事人对财政部门行使法律、法规规定的自由裁量权作出的行政行为不服申请行政复议,申请人与被申请人在行政复议决定作出前自愿达成和解,和解内容不得损害国家利益、社会公共利益和他人合法权益,不得违反法律、法规的强制性规定。当事人达成和解后,由申请人向行政复议机构撤回行政复议申请。行政复议机构准予撤回行政复议申请、行政复议机关决定终止行政复议的,申请人不得再以同一事实和理由提出行政复议申请。但是,申请人能够证明撤回行政复议申请违背其真实意愿的除外。

针对被申请人行使法律法规规定的自由裁量权作出的行政行为不服提起行政复议的、当事人之间的行政赔偿或者行政补偿纠纷而提起行政复议的，行政复议机关可以依法进行调解。当事人经调解达成协议的，行政复议机关应当制作行政复议调解书。调解书应当载明行政复议请求、事实、理由和调解结果，并加盖行政复议机关印章。行政复议调解书经各方当事人签字或者盖章，并加盖行政复议机关印章，即具有法律效力。调解未达成协议或者调解书生效前一方反悔的，行政复议机关应当依法审查或者及时作出行政复议决定。

申请人依照《行政复议法》第十三条的规定提出对有关规范性文件的附带审查申请，行政复议机关有权处理的，应当在三十日内依法处理；无权处理的，应当在七日内转送有权处理的行政机关依法处理。依法接受转送的行政机关、国家机关应当自收到转送之日起六十日内，将处理意见回复转送的行政复议机关。处理期间，中止行政复议。

行政复议机关在对被申请人作出的行政行为进行审查时，认为其依据不合法，本机关有权处理的，应当在三十日内依法处理；无权处理的，应当在七日内转送有权处理的国家机关依法处理。处理期间，中止行政复议。

行政复议的审查遵循全面审查的原则，即行政复议机关对申请复议的行政行为的合法性、适当性及其有关依据的合法性进行全面审查。

行政复议机关调查、审查终结后，应当在自受理申请之日起六十日内作出行政复议决定。情况复杂，不能在规定期限内作出行政复议决定的，经行政复议机构的负责人批准，可以适当延长，并书面告知当事人；但是延长期限最多不得超过三十日。

针对行政复议请求，行政复议机关可以作出的行政复议决定有：

（1）维持行政行为。行政行为认定事实清楚、证据确凿、适用依据正确、程序合法、内容适当的，行政复议机关决定维持该行政行为。

（2）决定撤销或者部分撤销行政行为，并可以责令被申请人在一定期限内重新作出行政行为。撤销或者部分撤销行政行为的情形有：主要事实不清、证据不足，违反法定程序，适用的依据不合法，超越职权或者滥用职权。行政复议机关责令被申请人重新作出行政行为的，被申请人不得以同一事实和理由作出与被申请行政复议的行政行为相同或者基本相同的行政行为，但是行政复议机关以违反法定程序为由决定撤销或者部分撤销的除外。

（3）变更行政行为。行政复议机关在行政行为有下列情形之一的，行政复议机关决定变更该行政行为：事实清楚，证据确凿，适用依据正确，程序合法，但是内容不适当；事实清楚，证据确凿，程序合法，但是未正确适用依据；事实不清、证据不足，经行政复议机关查清事实和证据。行政复议机关不得作出对申请人更为不利的变更决定，但是第三人提出相反请求的除外。

（4）确认行政行为违法。分为两种情况：一是不撤销行政行为，但是确认行政行为违法。具体情形有：依法应予撤销，但是撤销会给国家利益、社会公共利益造成重大损害；程序轻微违法，但是对申请人权利不产生实际影响。二是不需要撤销或者责令履行的，确认该行政行为违法，具体情形有：行政行为违法，但是不具有可撤销内容；被申请人改变原违法行政行为，申请人仍要求撤销或者确认该行政行为违法；被申请人不履行或者拖延履行法定职责，责令履行没有意义。

（5）责令履行法定职责。被申请人不履行法定职责的，行政复议机关决定其在一定期限内履行。

（6）确认行政行为无效。行政行为有实施主体不具有行政主体资格或者没有依据等重大且明显违法情形，申请人申请确认行政行为无效的，行政复议机关确认该行政行为无效。

（7）驳回申请人的行政复议请求。行政复议机关受理申请人认为被申请人不履行法定职责的行政复议申请后，发现被申请人没有相应法定职责或者在受理前已经履行法定职责的。

（8）被申请人不依法订立、不依法履行、未按照约定履行或者违法变更、解除行政协议的，行政复议机关决定被申请人承担依法订立、继续履行、采取补救措施或者赔偿损失等责任。被申请人变更、解除行政协议合法，但是未依法给予补偿或者补偿不合理的，行政复议机关决定被申请人依法给予合理补偿。

行政复议机关在申请人的行政复议请求范围内，不得作出对申请人更为不利的行政复议决定，但是第三人提出相反请求的除外。

行政复议机关作出行政复议决定，应当制作行政复议决定书，并加盖行政复

457

议机关印章。行政复议决定书一经送达,即发生法律效力。

被申请人应当履行行政复议决定书、调解书、意见书。被申请人不履行或者无正当理由拖延履行行政复议决定书、调解书、意见书的,行政复议机关或者有关上级行政机关应当责令其限期履行,并可以约谈被申请人的有关负责人或者予以通报批评。

申请人、第三人逾期不起诉又不履行行政复议决定书、调解书的,或者不履行最终裁决的行政复议决定的,按照下列规定分别处理:(1)维持行政行为的行政复议决定书,由作出行政行为的行政机关依法强制执行,或者申请人民法院强制执行;(2)变更行政行为的行政复议决定书,由行政复议机关依法强制执行,或者申请人民法院强制执行;(3)行政复议调解书,由行政复议机关依法强制执行,或者申请人民法院强制执行。

【案例】A 公司不服政府采购投诉处理决定行政复议案[①]

基本案情

2017 年 3 月 9 日,采购代理机构受采购人委托,发布《B 市住房公积金管理中心业务用房智能化工程项目招标文件》,对 B 市住房公积金管理中心业务用房智能化工程项目以公开招标方式进行采购。2017 年 3 月 30 日,A 公司参加投标。4 月 5 日,采购代理机构发布中标公告,A 公司为中标人,各方如对中标结果有异议,请在 2017 年 4 月 17 日 16:30 前以书面形式与采购代理机构联系。

4 月 17 日,C 公司向采购代理机构以传真发送质疑函,质疑 A 公司提供的投标产品资料作假,请求公开中标人投标产品的参数并请专家复审等。上述传真自动生成的时间显示,接收传真时间为 2017 年 4 月 17 日 17 时 12 分,质疑函有 C 公司盖章但没有负责人签名或盖章,并注明"原件随后寄到"。4 月 27 日,采购代理机构和采购人向 A 公司投标产品的制造商发出《征询函》,征询招标文件中的会议室系统部分设备品牌型号及技术参数是否匹配,是否真实有效。5 月 2 日,制造商作出回复称,征询函中所列会议系统产品的型号和参数并不匹配;

---

① 本案例为笔者改编。

第九章　政府采购当事人的权利保障

部分产品型号是该公司的广播系统产品型号；另外部分产品型号不是该公司生产的，与该公司无关；该公司对外宣传资料没有类似的内容。5月15日，采购代理机构向C公司作出回复函，称经核查发现有影响采购公正的违规行为，涉案项目做废标处理。同日，采购代理机构发布废标公告，同时告知各方可以在2017年5月18日16：30前以书面形式提出异议。

5月19日，A公司向采购代理机构提交质疑函，质疑事项包括：1.撤销对涉案项目的废标处理，并向A公司发出中标通知书；2.明确废标原因；3.其他供应商的质疑没有依据，应予驳回。同时，A公司在质疑函"事实依据"部分称：1.C公司的质疑为无效质疑；2.A公司投标前向相关单位索要了投标资料（附聊天记录）；3.制造商复函错误，A公司所投产品型号为厂家官网可查产品；4.涉案项目会议系统设备清单中推荐的三个品牌均不能满足招标文件中相关技术参数要求，技术参数要求与实际需求不相适应，且技术要求指向特定供应商，存在误导供应商嫌疑，给供应商造成损失，造成不良影响等问题。

5月24日，采购代理机构向A公司作出回复函，称：1.采购代理机构受理及处理C公司质疑的过程未违反法律法规规定；2.原评标委员会对采购代理机构处理质疑事项出具意见，并非重新评审，不违反《政府采购法实施条例》第四十四条规定；3.A公司提出的"采购人及采购机构推荐的三个品牌均不能满足招标文件相关参数要求"属于对招标文件的质疑，根据《B省政府采购供应商质疑处理办法》（浙财采监〔2012〕18号）第八条规定，采购代理机构不予接受……。采购代理机构认为，A公司提出的质疑没有事实和法律依据，不能成立。

6月8日，A公司向B市财政局提交投诉书，对采购代理机构进行投诉。主要投诉事项有6项：1.采购代理机构未按照《B省政府采购供应商质疑处理办法》第二十一条规定逐项回复申请人提出的质疑，且回复不详尽；2.撤销采购代理机构就涉案项目作出的废标处理决定，向A公司发出中标通知书；3.采购人、采购代理机构在原评标委员会对采购代理机构处理C公司质疑进行配合协助答复过程中出现可能影响公正性的行为；4.采购代理机构作出的质疑回复错误；5.采购代理机构工作人员某某拒绝接受A公司的质疑函，违反《B省政府采购供应商质疑处理办法》第十六条、第三十八条规定；6.涉案项目中会议系统推荐品

459

● 政府采购实务操作：常见问题与案例分析

牌无法满足招标文件对产品参数的要求，技术参数要求和实际需求不相适应，且技术要求指向特定供应商，存在误导供应商投标的嫌疑，给供应商造成损失，造成不良影响。

6月12日，B市财政局受理投诉。经过调查，7月20日，B市财政局作出行政处理决定书，认为"一、被投诉人安排独立、固定的工作人员接收投诉人质疑并在法定期限内答复投诉人，以上行为符合《B省政府采购供应商质疑处理办法》第十五条规定，且根据《政府采购法实施条例》第五十五条'供应商投诉的事项不得超出已质疑事项的范围'的规定，对于投诉事项一、事项五本机关不予受理。二、被投诉人于4月5日发布此项目中标公告，相关供应商C公司于4月17日针对此项目中标结果向被投诉人提出质疑，根据《政府采购法》第五十二条、《政府采购法实施条例》第五十三条第三款规定，相关供应商对中标结果的质疑已超过法定期限，且质疑函未经法定代表人或主要负责人署名。本机关认为被投诉人受理相关供应商C公司质疑无效，因而组织原评标委员会配合协助答复，答复C公司质疑以及作出的废标行为无效。因此，基于无效行为而提起的投诉事项三和事项四本机关不予支持。三、根据采购人情况说明、投诉人提交投诉补充材料相关推荐品牌生产商复函等，证实本项目中会议系统三个推荐品牌无法满足采购文件中对产品参数的要求，本机关认为本项目采购文件存在重大瑕疵，根据《政府采购法》第三十六条第二项，应予以废标处理。对于投诉事项二，不予支持；对于投诉事项六，本机关予以支持"。B市财政局根据《政府采购法》第五十六条、《政府采购供应商投诉处理办法》（财政部令第20号）第十九条第一项规定，决定采购活动违法，责令重新开展采购活动。7月21日，B市财政局将上述行政处理决定书邮寄送达A公司。A公司不服，向B省财政厅提起行政复议。

案例评析

本案的争议焦点为：(1) B市财政局不予支持A公司的投诉事项是否合法；(2) 涉案项目是否应当予以废标处理。

笔者接受A公司的委托，作为其代理人参加了本案的行政复议审理。

针对第一个争议焦点，律师认可B市财政局对C公司质疑无效的认定，但指

第九章　政府采购当事人的权利保障

出B市财政局决定书的逻辑错误,并指出B市财政局的行为实质上属于未履行政府采购监管职责。一方面,B市财政局在决定书中认定"基于无效行为提起的投诉事项三和事项四本机关不予支持",但律师指出,A公司的投诉事项三和事项四并非基于无效的质疑,而是针对该质疑,因此不能由质疑无效推断出投诉事项无效。另一方面,B市财政局提出的"基于无效行为提起的投诉事项三和事项四本机关不予支持"并非履行法定职责的行为,正确的做法应当是认定投诉成立或者认定投诉不成立,B市财政局的做法实质上并未对投诉作出认定,属于未履行政府采购监管职责。

针对第二个争议焦点,律师明确指出了B市财政局的法律适用错误。B市财政局将重大瑕疵等同于违法行为,并由采购文件三个推荐品牌无法满足产品参数的要求推导出采购文件存在重大瑕疵,构成违法、违规行为,进而适用《政府采购法》第三十六条第二项有关出现影响采购公正的违法、违规行为的规定决定本项目废标。针对此认定,律师区分了"瑕疵"与"重大瑕疵"的概念与适用情形,明确瑕疵不等同于违法、违规行为,并明确指出对违法、违规行为的认定应以法律、行政法规和规章"法律责任"一章中明确规定的行为,且需要政府采购监管部门依法以行政处罚决定书的形式予以认定。因此,本案在无明确法律规定、无合法形式认定的情况下,仅基于采购文件的瑕疵而适用《政府采购法》第三十六条第二项的规定属于法律适用错误。

具体而言,本案是由于政府采购活动投诉处理决定产生的争议,主要争议焦点在于采购文件的瑕疵是否会导致项目废标。

本案申请人A公司与被申请人B市财政局就采购文件的瑕疵问题及其法律后果存在争议。被申请人认为采购文件推荐品牌无法完全满足产品参数的要求属于重大瑕疵,构成了违法行为,进而适用《政府采购法》第三十六条第一款第二项的规定对本项目予以废标。笔者认为,一方面,在行政法上,行政行为的瑕疵不能等同于违法,重大瑕疵也未达到违法的程度。一行为若构成违法行为,必须有相应的法律依据。一般而言,法律法规规章的"法律责任"一章中会列明违法行为及罚则。本案中,推荐品牌无法满足产品参数这一问题并未被任何法律法规规章列为违法行为,因此将其认定为《政府采购法》第三十六条第一款第二项规定的"出现影响采购公正的违法、违规行为"属于适用法律错误。另一方面,从采购文件的表述"除采购文件明确的品牌外，欢迎其他能满足及高于本项目技术需求且性能与所明确品牌相当的产品参加"上看，采购文件也并未排斥非推荐品牌，因此不构成"以不合理的条件对供应商实行差别待遇或者歧视待遇"的违法行为。因此，即使采购文件存在上述瑕疵，也不应当在无法律依据的情况下被认定为违法、违规行为，进而对本项目予以废标。

本案中，律师代理申请人参加行政复议程序。律师在听证的3个多小时中，与被申请人一方的代理律师辩论了本案中存在的问题。听证之后，针对投诉处理决定存在的实体、程序等方面的法律问题笔者撰写了详细的代理词，充分陈述了被申请人存在的问题，最终说服复议机关接受申请人的观点，作出支持申请人行政复议请求的决定，维护了申请人的合法权益。在代理本案的过程中，律师认为，以下问题是政府采购项目今后应当注意的问题：

1. 采购人及采购代理机构应当依法编制采购文件，尽量不要采取推荐品牌的做法，以免出现违法行为；

2. 采购活动的开展应当遵守法定期限，包括对采购活动提出质疑或者投诉，对于超过法定期限提出的质疑，采购代理机构不应予以受理；

3. 政府采购监管部门应当依法履行政府采购监管职责，严格依据财政部的规章对投诉事项作出处理。

第二节 政府采购行政诉讼

一、政府采购行政诉讼

行政诉讼是指公民、法人或者其他组织认为行政机关及其工作人员所实施的行政行为，侵犯了其合法权益，依法向人民法院起诉，人民法院在当事人及其他诉讼参与人的参加下，依法对被诉行政行为进行审查并做出裁判，从而解决行政争议的制度。

政府采购行政处罚的被处罚人、行政处理决定的相对人、与投诉处理决定有利害关系的人以及其他与这些行政行为有利害关系的人,包括评标委员会成员、供应商、采购人、采购代理机构等认为行政处罚决定、投诉处理决定、不予受理决定等侵害了其合法权益,既可以选择以行政复议的方式,也可以选择以行政诉讼的方式寻求法律救济,还可以在行政复议之后再提起行政诉讼。

二、政府采购行政诉讼的受案范围

在政府采购领域,政府采购当事人可以提起行政诉讼的行政行为(以下简称政府采购行政行为)有:(1)对投诉处理决定、不予受理决定等不服的;(2)对警告、罚款、没收违法所得、禁止一至三年内参加政府采购活动等行政处罚不服的;(3)对责令限期改正、列入不良行为记录名单等行政处理决定不服的;(4)认为行政机关不依法履行、未按照约定履行或者违法变更、解除政府采购行政协议的(就争议类型而言,除前述四种行政协议争议外,还包括协议订立时的缔约过失,协议是否成立,协议是否有效,撤销、终止行政协议,请求继续履行行政协议、采取相应的补救措施、承担赔偿和补偿责任以及行政机关监督、指挥、解释等行为产生的行政争议);(5)认为财政部门的其他行政行为侵犯其合法权益的。

三、政府采购行政诉讼的管辖

行政案件由最初作出行政行为的行政机关所在地人民法院管辖。经复议的案件,也可以由复议机关所在地人民法院管辖。

复议机关为共同被告的案件,以作出原行政行为的行政机关确定案件的级别管辖。例如,天津市财政局作出行政处罚决定,被处罚人不服向财政部申请行政复议,财政部作出维持行政处罚决定的行政复议决定,被处罚人提起行政诉讼时,应以天津市财政局和财政部为共同被告。根据法律规定,被处罚人既可以向天津市财政局所在地的区人民法院起诉,也可以向财政部所在地的区人民法院起诉。具体向哪个人民法院起诉,由被处罚人选择。

四、政府采购行政诉讼的诉讼参加人

(一)政府采购行政诉讼原告

政府采购行政诉讼的原告通常是政府采购的供应商,或者采购人、采购代理机构，实践中后者提起行政诉讼的情况比较少。

能够提起政府采购行政诉讼的人，应当是与政府采购行政行为有利害关系的人。没有利害关系的人，则不能提起行政诉讼。笔者曾经看到这样一个案例：一出租车司机被歹徒诱骗至郊区抢劫杀害，在整个过程中负责接收报警信号的某公司（该出租车报警设备由某公司在2004年政府采购中标后提供并维护）和110报警中心始终未获得该出租车的报警信号。出租车司机之妻王女士认为出租车的车载报警系统失灵是导致其丈夫受伤后未能及时报警，结果失血过多死亡的重要原因。故其向财政部门举报，要求财政部门对该公司进行处罚。财政局认为行政处罚已过时限（根据1996年《行政处罚法》的规定，违法行为的追责期限是违法行为发生之日起两年内），并且举报事项不成立而未予处罚。王女士以财政部门未履行法定职责为由提起行政诉讼。该案中，王女士因与财政部门不予处罚行为没有法律上的利害关系而不具备原告资格被法院裁定驳回起诉。

（二）政府采购行政诉讼被告

被告通常是作出行政行为的监管部门。经过行政复议的，分为两种情况：一是复议机关维持原行政行为的（包括复议机关驳回复议申请或者复议请求的情形，但以复议申请不符合受理条件为由驳回的除外），或者复议决定既有维持原行政行为内容，又有改变原行政行为内容或者不予受理申请内容的，复议机关与作出原行政行为的监管部门是共同被告。二是复议机关改变原行政行为的，包括复议机关改变原行政行为的处理结果、确认原行政行为无效、确认原行政行为违法（但复议机关以违反法定程序为由确认原行政行为违法的除外），复议机关为被告。复议机关改变原行政行为所认定的主要事实和证据、改变原行政行为所适用的规范依据，但未改变原行政行为处理结果的，视为复议机关维持原行政行为。复议机关在法定期限内未作出复议决定，公民、法人或者其他组织起诉政府采购行政行为的，作出行政行为的监管部门是被告；起诉复议机关不作为的，复议机关是被告。

确定被告是非常重要的事。《政府采购法》第十三条第一款规定各级人民政府的财政部门是政府采购活动的监管部门，因而通常是以财政部门为被告。但实践中，也有政府采购管理办公室的称谓，那么政府采购管理办公室能否直接作为被告？下面举一案例说明。

【案例】福建 A 信息技术有限公司与 B 县人民政府采购委员会管理办公室财政行政处理案[①]

基本案情

1999 年 8 月 28 日，B 县人民政府发文成立 B 县政府采购委员会，下设政府采购管理办公室（以下简称采购办），办公室地点设在县财政局。2015 年 6 月 10 日，中共 B 县委办公室、B 县人民政府办公室发出的《关于印发 B 县财政局主要职责、内设机构和人员编制规定的通知》中规定，"三、内设机构……（十七）行政审批股（加挂 B 县人民政府采购委员会管理办公室、B 县人民政府控制社会集团购买办公室牌子）"。

2015 年 7 月 13 日，采购办对 B 县教育局作出了《关于终止 B 县 2014 年"全面改薄"设备（班班通多媒体）项目本次采购活动的函》（以下简称 5 号函），内容为："经调查，你单位政府采购项目——B 县 2014 年'全面改薄'（班班通多媒体）设备招标文件部分条款不合理、技术参数设置存在一定倾向性。该采购项目尚未确定中标、成交供应商。根据《政府采购法》第七十一条、第七十三条，《政府采购法实施条例》第七十一条的规定，本次采购活动终止，重新开展政府采购活动。"

2015 年 8 月 10 日，福建 A 信息技术有限公司（以下简称 A 公司）向法院提起诉讼，要求撤销采购办作出的 5 号函。

2015 年 10 月 8 日，采购办对教育局发出《关于撤销〈关于终止 B 县 2014 年"全面改薄"设备（班班通多媒体）项目本次采购活动的函〉[武采办〔2015〕5 号]的函》〔武采办〔2015〕6 号〕，撤销了其于 2015 年 7 月 13 日对 B 县教育局发出的函。A 公司于 2015 年 10 月 10 日庭审时明确提出要求确认采购办 5 号函违法，且拒绝变更被告。

---

① 详细内容请见中国裁判文书网：福建省龙岩市中级人民法院（2015）岩行终字第 112 号《行政裁定书》。

一审审理情况:

一审法院认为,行政机关组建并赋予行政管理职能但不具有独立承担法律责任能力的机构,以自己的名义作出行政行为,当事人不服提起诉讼的,应当以组建该机构的行政机关为被告。因此,本案应当以组建采购办的行政机关为被告。经法院释明,A公司不同意变更被告,坚持以采购办为被告,应属所诉主体不适格。依照《最高人民法院关于适用〈中华人民共和国行政诉讼法〉若干问题的解释》第三条第一款第三项之规定,遂裁定驳回A公司的起诉。

二审审理情况:

A公司不服,提起上诉,称:一、原审裁定认定被上诉人不具有独立承担法律责任能力,认定上诉人所诉主体不适格,是没有任何证据证明的。二、被上诉人采购办是本案所诉适格的主体。1.根据《地方各级人民代表大会和地方各级人民政府组织法》第六十四条的规定:"地方各级人民政府根据工作需要和精干的原则,设立必要的工作部门。"B县人民政府设立B县人民政府采购委员会管理办公室,说明该委员会是B县人民政府设立的一个工作部门,这一工作部门与政府其他工作部门一样,具有法人资格,与政府其他工作部门只是职能、分工不同而已。2.根据国务院颁发的《地方各级人民政府机构设置和编制管理条例》第十九条的规定:"地方各级人民政府议事协调机构不单独确定编制,所需要的编制由承担具体工作的行政机构解决。"B县人民政府采购委员会管理办公室依法不需单独确定编制,其所需要的编制由承担具体工作的行政机构解决。因此,不能因为B县人民政府采购委员会管理办公室没有单独确定编制,就否认其独立承担法律责任的能力。3.本案所诉的具体行政行为是被上诉人B县人民政府采购委员会管理办公室作出的,该行为侵犯了上诉人的合法权益。4.《行政诉讼法》对被告的规定中,只有委托的行政机关是被告的规定,而没有组建的行政机关是被告的规定。5.被上诉人的牌子加挂在B县财政局的行政审批股,说明被上诉人是B县人民政府成立的与B县财政局合署办公的常设部门,完全具有独立承担法律责任的能力,尚且被上诉人在本案所涉的政府采购中也具体参与了整个过程的管理监督。6.超越职权、滥用职权作出行政行为的行政机关,在行政诉讼中可以直接作为被告。三、根据《政府采购法》第十三条第一款的规定:"各级人民政府财政部门是负责政府采购监督管理的部门,依法履行对政府采购活动的监督管理职责。"财政部门才是政府采购的监督管理部门,而被上诉人 B 县人民政府采购委员会管理办公室不是政府采购的监督管理部门,其依法无权对政府采购活动作出处理决定,其作出本案所诉的具体行政行为没有法律规定的职权依据。四、被上诉人在原审诉讼中自行撤销其作出的本案被诉的具体行政行为,在上诉人不同意撤诉的情况下,人民法院应当作出确认被上诉人原作出的本案被诉的行政行为违法的判决。五、原审裁定违反法定程序且适用法律错误。《最高人民法院关于执行〈中华人民共和国行政诉讼法〉若干问题的解释》第二十三条规定:"原告所起诉的被告不适格,人民法院应当告知原告变更被告;原告不同意变更的,裁定驳回起诉。"可是,原审法院并没有告知上诉人应当变更原审被告,而只是在原审庭审中询问上诉人是否要变更被告,并没有对上诉人需要变更被告作出释明。在这种情况下,原审法院作出裁定驳回上诉人的起诉,明显违反法定程序,且适用法律错误。综上,请求:撤销原审裁定,指令 B 县人民法院继续审理。

被上诉人采购办答辩称:1.本案所起诉的被告不适格。答辩人系 B 县人民政府于 1999 年 8 月 28 日成立的议事协调机构,没有单独确定编制,不具备法定行政主体资格,没有组织机构代码证,对外不能独立承担法律责任,根据《最高人民法院关于执行〈中华人民共和国行政诉讼法〉若干问题的解释》第二十条第一款之规定,行政机关组建并赋予行政管理职能但不具有独立承担法律责任能力的机构,以自己的名义作出具体行政行为,当事人不服提起诉讼的,应当以组建该机构的行政机关为被告。此外,采购办是 B 县人民政府采购委员会下设的办公室,并非行政机关。因此,上诉人起诉答辩人没有法律依据。2.答辩人已撤销原具体行政行为。在本案审理期间,答辩人已撤销了本案被诉的具体行政行为,B 县财政局于 2015 年 10 月 8 日作出了处理决定。目前,原告已经向 B 县人民法院起诉 B 县财政局,事实上已变更了被告。综上,请求:驳回上诉,维持原裁定。

二审法院认为,《最高人民法院关于执行〈中华人民共和国行政诉讼法〉若干问题的解释》第二十条第一款规定:"行政机关组建并赋予行政管理职能但不具有独立承担法律责任能力的机构,以自己的名义作出具体行政行为,当事人不服提起诉讼的,应当以组建该机构的行政机关为被告。"本案中,被上诉人采购办于 1999 年经 B 县人民政府发文成立,其作为 B 县政府采购委员会的下设部门,不具有独立承担法律责任的能力,根据上述规定,当事人对以采购办名义作出的具体行政行为不服提起诉讼的,应当以组建的行政机关为被告;在庭审中,上诉人拒绝变更被告,仍坚持以采购办为被告;《最高人民法院关于适用〈中华人民共和国行政诉讼法〉若干问题的解释》第三条第一款第三项规定:"有下列情形之一的,已经立案的,应当裁定驳回起诉:……(三)错列被告且拒绝变更的",原审据此作出驳回上诉人起诉的裁定,符合法律规定。上诉人关于本案被告主体适格,原审在未释明具体被告的情况下作出驳回起诉的裁定错误的上诉理由不成立,本院依法不予支持。依照《中华人民共和国行政诉讼法》第八十九条第一款第一项之规定,裁定如下:驳回上诉,维持原裁定。

案例评析

本案的焦点问题是被告的确定问题,通俗地讲,是原告起诉时应当告谁。根据相关文件,B 县人民政府发文成立 B 县政府采购委员会,下设政府采购管理办公室,办公地点设在县财政局。原告起诉时,以采购办为被告。诉讼中,一、二审法院均向原告释明应以县政府采购委员会为被告,而原告却坚持自己的观点,结果一、二审均以被告不适格驳回起诉、上诉,导致案件根本未进入实体审理。如果因这两次诉讼耽误时间,导致重新起诉超过法定的起诉期限,那案件最终就不能进入实体审理。对原告一方而言,造成很大的损失。

此外,《政府采购法》第十三条第一款明确规定,财政部门是政府采购活动的监管部门,因此,原告直接起诉县财政局也是正确的。

(三)政府采购行政诉讼第三人

与行政行为有利害关系、没有起诉的人(如中标供应商、采购人),或者同案件处理结果有利害关系的人,可以作为第三人申请参加诉讼,也可以由人民法院通知参加诉讼。

(四)当事人有权委托代理人参与行政诉讼

当事人可以委托一至二人作为诉讼代理人。可以被委托为诉讼代理人的,应当是律师、基层法律服务工作者，当事人的近亲属或者工作人员，当事人所在社区、单位以及有关社会团体推荐的公民。代理诉讼的律师，有权按照规定查阅、复制本案有关材料，有权向有关组织和公民调查，收集与本案有关的证据。对涉及国家秘密、商业秘密和个人隐私的材料，应当依照法律规定保密。当事人和其他诉讼代理人有权按照规定查阅、复制本案庭审材料，但涉及国家秘密、商业秘密和个人隐私的内容除外。

五、政府采购行政诉讼的起诉和受理

（一）起诉期限

供应商或者采购人、采购代理机构对政府采购行政行为不服，可以在收到行政行为的六个月内直接向作出行政行为的监管部门所在地的人民法院提起行政诉讼，也可以在经行政复议后、在收到行政复议决定书后十五日内向作出行政行为的监管部门或者作出行政复议决定的行政复议机关所在地的人民法院提起行政诉讼。

行政监管部门作出行政行为或者复议机关作出复议决定时，未告知公民、法人或者其他组织起诉期限的，起诉期限从公民、法人或者其他组织知道或者应当知道起诉期限之日起计算，但从知道或者应当知道行政行为内容之日起最长不得超过一年。

公民、法人或者其他组织不知道行政监管部门作出的行政行为内容的，其起诉期限从知道或者应当知道该行政行为内容之日起计算，但因不动产提起诉讼的案件自行政行为作出之日起最长不得超过二十年，其他案件自行政行为作出之日起最长不得超过五年。

公民、法人或者其他组织因不可抗力或者其他不属于其自身的原因耽误起诉期限的，被耽误的时间不计算在起诉期限内。公民、法人或者其他组织因前款规定以外的其他特殊情况耽误起诉期限的，在障碍消除后十日内，可以申请延长期限，是否准许由人民法院决定。

（二）起诉条件

根据《行政诉讼法》的相关规定，原告起诉应符合下列条件：（1）原告是政

府采购行政行为的相对人以及其他与行政行为有利害关系的公民、法人或者其他组织；（2）有明确的被告；（3）有具体的诉讼请求和事实根据；（4）属于人民法院受案范围和受诉人民法院管辖。

起诉应当向人民法院递交起诉状，并按照被告人数提出副本。书写起诉状确有困难的，可以口头起诉，由人民法院记入笔录，出具注明日期的书面凭证，并告知对方当事人。

（三）其他

人民法院既不立案，又不作出不予立案裁定的，当事人可以向上一级人民法院起诉。上一级人民法院认为符合起诉条件的，应当立案、审理，也可以指定其他下级人民法院立案、审理。

公民、法人或者其他组织认为行政行为所依据的国务院部门和地方人民政府及其部门制定的规范性文件（不含规章）不合法，在对行政行为提起诉讼时，可以一并请求对该规范性文件进行审查。

六、政府采购行政诉讼的审理与判决

（一）政府采购行政案件的举证责任

人民法院对政府采购行政行为的审理与行政复议的不同在于，根据我国行政诉讼法的相关规定，法院只能对行政监管部门作出的行政行为的合法性进行审查，不能对其合理性进行审查，因而法院的司法审查的广度和深度都不及行政复议。

根据我国《行政诉讼法》的相关规定，政府采购行政案件由被告即行政监管部门承担举证责任；若行政监管部门不能证明其所作出的投诉处理决定合法，则将可能承担败诉的风险。

政府采购投诉案件的举证责任与政府采购行政案件中的举证责任有所不同。政府采购投诉案件的举证责任，是指在财政部门调查处理政府采购投诉案件中，当事人双方的举证责任的问题；政府采购行政案件的举证责任，是指在供应商或者采购人、采购代理机构不服政府采购投诉处理决定，向人民法院提起行政诉讼时，行政诉讼中谁承担举证责任的问题。前者是行政程序中的举证责任，而后者是行政诉讼中的举证责任。

政府采购投诉处理是行政裁决行为，是由行政机关对供应商与采购人或者采购代理机构之间产生的有关政府采购活动的争议进行裁决的行为。在政府采购投诉中，《政府采购质疑和投诉办法》第二十五条对举证责任的规定为："应当由投诉人承担举证责任的投诉事项，投诉人未提供相关证据、依据和其他有关材料的，视为该投诉事项不成立；被投诉人未按照投诉答复通知书要求提交相关证据、依据和其他有关材料的，视同其放弃说明权利，依法承担不利后果。"通常情况下，被投诉人（包括采购人或者采购代理机构）应当证明采购活动或者自己的行为合法。这是因为，在政府采购过程中，采购代理机构是政府采购活动的组织者，掌握着政府采购活动的各种材料和证据，有能力提供证据，能够证明采购活动合法。但有些情况下，则应当由投诉人举证，例如，投诉人认为采购代理机构或者采购人的工作人员有收受贿赂的行为、中标供应商与其他投标人串通投标等，则应由其举证，因为该投诉事项并非政府采购活动记录中的事项，被投诉人无法证明这些行为是否存在，应适用"谁主张谁举证"的原则，由投诉人举证。因此，在政府采购投诉中，应由政府采购争议的双方——投诉人或者被投诉人来承担举证责任。但是，法律将政府采购投诉处理的职权赋予财政部门，因而与行政诉讼中法院相对中立不同，在被投诉事实不清的情况下，财政部门应当依职权调查取证，进而作出投诉处理决定。

而进入行政诉讼之后，由于作出投诉处理决定的财政部门是被告，根据行政诉讼法的规定，行政诉讼中由被告负举证责任。因此，在政府采购行政诉讼中，财政部门负有举证责任，应当证明作出的投诉处理决定实体和程序合法，否则，将承担不利的法律后果。因此，财政部门在处理投诉案件时，就应当注意收集证据；在收集不能且投诉人也没有提供证据的情况下，才能认定投诉事实不存在。该规则同样适用于住房城乡建设部门、商务部门。

（二）法院对政府采购行政诉讼的审理

根据行政诉讼法的相关规定，法院在审查行政行为合法性时，重点审查以下六个方面：

1. 主要证据是否充足

在北京现代沃尔公司诉财政部投诉处理决定案（第二次诉讼）中，法院判决财政部败诉的一个理由是投诉处理决定适用《政府采购供应商投诉处理办法》第十九条第三项规定决定采购活动违法，而《政府采购供应商投诉处理办法》第十九条规定"财政部门经审查，认定采购文件、采购过程影响或者可能影响中标、成交结果的，或者中标、成交结果的产生过程存在违法行为的，按下列情况分别处理：……（三）政府采购合同已经履行的，决定采购活动违法，给采购人、投诉人造成损失的，由相关责任人承担赔偿责任"。适用第三项的前提条件是"政府采购合同已经履行"，因此财政部应当收集证据证明该项目的政府采购合同已经履行。由于合同是否履行是合同当事人双方的事，因此，应当收集合同当事人双方的证据才能证明合同是否已经履行，而财政部仅收集了采购人的证明未收集供应商的证据，法院认为证据不充分，故认为投诉处理决定事实认定不清。

在苏州 A 动物实验设备科技有限公司与中华人民共和国财政部行政复议决定案中，财政部提供的证据能够证明 A 公司投标文件中的业绩不满足招标文件的规定，故法院认定行政处罚决定对违法行为的认定正确。

2. 适用法律、法规是否正确

在苏州 A 动物实验设备科技有限公司与中华人民共和国财政部行政复议决定案中，财政部的行政复议决定及法院判决均认为行政处罚决定适用法律错误，理由是《政府采购法》第七十七条第一款规定的罚款、列入不良行为记录名单、在一至三年内禁止参加政府采购活动应同时作出处罚，而行政处罚决定仅仅处以罚款，系适用法律错误。

3. 程序是否合法

由于实践中普遍存在的"重实体轻程序"的观念，因而行政监管部门在作出行政处罚、投诉处理决定、行政复议决定等时，往往忽略程序的重要性。例如，投诉处理、行政复议时相关行政机关忘记追加第三人。此外，程序问题还有是否在法定期限内（投诉处理决定是受理后三十个工作日内）作出行政行为，相关法律文书是否送达行政相对人等。

4.是否超越职权

超越职权主要是考虑行政监管部门有没有作出某一行政行为的职权，既包括行政监管部门有没有对某一事项作出某一行政行为的职权，也包括同一行政监管部门系统内由哪一级行政机关作出行政行为的问题。例如，对政府采购机电产品国际招标项目的投诉、处罚，应由商务部门处理，如果财政部门作出，则属于超越职权。对属于天津市财政局预算的项目，如果北京市财政局作出投诉处理决定；或者对属于北京市财政局预算的项目，门头沟区财政局作出投诉处理决定，均属于超越职权。

【案例】A 活性炭科技有限公司与 C 市财政局财政行政管理案[1]

基本案情

A 活性炭科技有限公司（以下简称 A 公司）参加 C 市垃圾发电厂（以下简称垃圾发电厂）2013 年 7 月的活性炭政府采购项目投标后，认为采购活动损害其利益，向垃圾发电厂及其采购代理机构提出质疑未获答复，遂于 2013 年 8 月 6 日向 C 市财政局提出书面投诉，要求 C 市财政局对广州市 B 实业有限公司（以下简称 B 公司）没有履行合同所必需的设备和专业技术能力，违约交付的货物存在严重质量问题，垃圾发电厂却让其再次中标，存在相互串通中标等违法行为进行查处，还举报了 B 公司活性炭造成大气污染的行为。A 公司在处理期间即 2013 年 9 月 3 日撤回了投诉，C 市财政局未再针对此项投诉作出书面处理决定。C 市财政局对垃圾发电厂和 B 公司在 2011 年 12 月的政府采购活动中存在的违法行为进行了查处，分别给予警告和罚款的行政处罚。A 公司向法院提起一审、二审和再审。

再审法院认为，《政府采购法》第十三条第一款规定："各级人民政府财政部门是负责政府采购监督管理的部门，依法履行对政府采购活动的监督管理职责。"第五十五条规定："质疑供应商对采购人、采购代理机构的答复不满意或者采购人、采购代理机构未在规定的时间内作出答复的，可以在答复期满后十五个工作

---

[1] 详细内容请见中国裁判文书网：广东省高级人民法院（2015）粤高法行申字第 481 号行政裁定书。

日内向同级政府采购监督管理部门投诉。"第五十六条规定:"政府采购监督管理部门应当在收到投诉后三十个工作日内,对投诉事项作出处理决定,并以书面形式通知投诉人和与投诉事项有关的当事人。"《广东省实施〈中华人民共和国政府采购法〉办法》第九条规定:"各级人民政府财政部门是负责政府采购监督管理的部门,依法履行下列政府采购监督管理职责:……(五)处理供应商投诉,查处政府采购违法行为;……"《政府采购货物和服务招标投标管理办法》(财政部令第18号)第十条规定:"县级以上各级人民政府财政部门应当依法履行对货物服务招标投标活动的监督管理职责。"以上规定表明,各级人民政府财政部门对政府采购活动负有监督管理职责,具体职责包括处理供应商的投诉、查处政府采购违法行为等。本案中,由于A公司在处理期间即2013年9月3日撤回了投诉,所以C市财政局未再针对此项投诉作出书面处理决定,并无不当。事实上,C市财政局对垃圾发电厂和B公司在2011年12月的政府采购活动中存在的违法行为也进行了查处,分别给予警告和罚款的行政处罚,履行了监督管理职责。因此,A公司主张C市财政局对该项投诉未依法履行查处职责的理由不能成立。

关于A公司主张C市财政局对B公司供应的活性炭造成大气污染的行为没有按照《大气污染防治法》的相关规定进行处理,属于行政不作为的问题。依据《大气污染防治法》第五十六条的规定,对"未采取有效污染防治措施,向大气排放粉尘、恶臭气体或者其他含有有毒物质气体"等环境违法行为,由县级以上地方人民政府环境保护行政主管部门或者其他依法行使监督管理权的部门责令停止违法行为,限期改正,可以处五万元以下罚款。因此,对环境违法行为的查处并不属于C市财政局的法定职责,A公司主张C市财政局该项行政不作为的理由不能成立。一、二审判决驳回A公司的诉讼请求并无不妥。A公司认为原审判决错误的再审申请意见,理由不成立。

案例评析

本案中,A公司向C市财政局针对政府采购项目提起投诉、举报垃圾发电厂和B公司的政府采购的违法行为以及B公司环境污染违法行为。

政府采购投诉,因A公司撤回投诉,C市财政局无须作出投诉处理决定。对政府采购违法行为的举报,因属于财政局的职责范围,故财政局对违法行为进行了行政处罚。对B公司环境污染行为，因对该行为的查处是环境保护部门的职责，不是财政部门的职责，故财政局无权作出行政处罚。故广东省高院裁定驳回A公司的再审申请。

5. 是否滥用职权

行政法上的滥用职权，是指行政机关及其工作人员行使职权作出行政行为时，违背法定目的，背离基本法理，造成后果显失公正。其表现形式主要有：违背法定宗旨，不一致的解释和反复无常，违反比例原则等。滥用职权与超越职权的区别在于，滥用职权是在法律规定的职权范围内不正当地行使权力，超越职权是超过法律赋予的职权范围行使权力。

行政机关在作出行政行为时如果违反法律规定的目的，对同种情况不同对待，则往往容易出现滥用职权的情形，这也是人民法院审查的一个重要方面。

6. 是否明显不当

明显不当主要是指行政行为的合理性问题，适用裁量行政行为，不适用羁束行政行为。政府采购领域主要是行政处罚。判断标准通常是行政行为明显违背了常识、常理、常情，违背正当程序原则，手段与结果明显违反比例原则，违反诚信原则等。法院对行政行为合理性的审查是有限的，一是度的限制，只有行政行为明显不当时，法院才能审查，如果行政行为虽然不当但不构成"明显"，法院应当尊重行政机关的判断；二是特殊行为的排除，主要涉及专业技术的判断等不能以法官的判断取代专家的判断。

（三）政府采购行政诉讼的判决

通常来讲，法院针对原告的诉讼请求，依法能够作出的判决有：[①]

1. 驳回原告的诉讼请求。法院经审查，认为政府采购行政行为证据确凿，适用法律、法规正确，符合法定程序的，或者原告申请被告履行法定职责或者给付义务理由不成立的，判决驳回原告的诉讼请求。

2. 撤销或者部分撤销判决。法院认为政府采购行政行为存在主要证据不足，适用法律、法规错误，违反法定程序，超越职权，滥用职权，明显不当的情形之

---

① 政府采购行政协议的行政判决比较复杂，且政府采购领域此类案件较少，限于篇幅所限，本书不予研究。

一时,可以判决撤销或者部分撤销政府采购行政行为。

3. 履行判决。查明被告不履行法定职责的,法院可以作出履行判决。

4. 确认违法的判决。

分为两种情况。(1)有下列情形之一的,人民法院判决确认政府采购行政行为违法,但不撤销行政行为:行政行为依法应当撤销,但撤销会给国家利益、社会公共利益造成重大损害的;行政行为程序轻微违法,但对原告权利不产生实际影响的。(2)行政行为有下列情形之一的,不需要撤销或者判决履行的,人民法院判决确认违法:行政行为违法,但不具有可撤销内容的;被告改变原违法行政行为,原告仍要求确认原行政行为违法的;被告不履行或者拖延履行法定职责,判决履行没有意义的。

5. 确认行政行为无效的判决。行政行为有实施主体不具有行政主体资格或者没有依据等重大且明显违法情形,原告申请确认行政行为无效的,人民法院判决确认无效。

6. 判决变更。行政处罚明显不当,或者其他行政行为涉及对款额的确定、认定确有错误的,人民法院可以判决变更。人民法院判决变更,不得加重原告的义务或者减损原告的权益。但利害关系人同为原告,且诉讼请求相反的除外。

复议机关与作出原政府采购行政行为为共同被告的案件,人民法院应当对复议决定和原行政行为一并作出裁判。

第三节 政府采购行政赔偿

一、政府采购行政赔偿

行政赔偿是指行政机关及其工作人员违法行使行政职权作出行政行为,侵犯公民、法人或者其他组织的合法权益造成损害时由国家承担赔偿的制度。

政府采购行政赔偿是指行政监管部门作出的政府采购行政行为等被确认为违法,行政相对人因违法行政行为造成的损失依法获得国家赔偿的制度。

行政赔偿是因行政行为违法给行政相对人合法权益造成损害，因此，必须是以行政行为违法为前提。

政府采购领域，涉及行政赔偿的行政行为主要有投诉处理决定、行政处罚、行政处理等。其中，行政处罚、行政处理是行政机关依职权主动作出的行政行为，而投诉处理决定却是因供应商提起才作出。并且，投诉处理决定还以质疑为前提。因此，参加政府采购活动的供应商，如果认为采购文件、采购结果损害其合法权益，应当根据政府采购法的相关规定，先向采购人、采购代理机构提出质疑，对质疑不服的向政府采购人所属预算级次的财政部门进行投诉。对投诉处理决定不服的，再提起行政复议或者行政诉讼。供应商必须先提出质疑、投诉，之后才能针对投诉处理决定向财政部门主张赔偿或者在提起行政复议、行政诉讼时一并主张行政赔偿。实践中，曾有供应商未经质疑、投诉，直接向法院提起行政赔偿诉讼，被法院驳回的案例。[1]

二、政府采购行政赔偿的当事人

政府采购行政赔偿的申请人通常是合法权益受到侵害的政府采购活动的供应商，采购人、采购代理机构也可以成为申请人（以下简称赔偿请求人）。

政府采购行政赔偿的赔偿义务机关通常是作出行政行为的行政监管部门。经复议的，原行政行为被撤销、确认违法或者无效，给原告造成损失的，应当由作出原行政行为的行政机关承担赔偿责任；因复议决定加重损害的，由复议机关对加重部分承担赔偿责任。

三、政府采购行政赔偿程序

赔偿请求人要求赔偿，应当先向赔偿义务机关提出，也可以在申请行政复议或者提起行政诉讼时一并提出。

（一）向赔偿义务机关提出行政赔偿请求

赔偿请求人向赔偿义务机关提出赔偿请求，根据受到的不同损害，可以同时提出数项赔偿要求。

---

[1] 详细内容请见中国裁判文书网：江西省高级人民法院（2017）赣行申261号行政裁定书。

赔偿请求人应当自知道或者应当知道行政行为侵犯其合法权益之日起两年内，向赔偿义务机关申请行政赔偿。赔偿义务机关在收到赔偿申请之日起两个月内未作出赔偿决定的，赔偿请求人可以依照行政诉讼法规定提起行政赔偿诉讼。赔偿申请人对行政复议决定中的行政赔偿部分有异议，自复议决定书送达之日起十五日内提起行政赔偿诉讼。行政机关作出有赔偿内容的行政复议决定时，未告知公民、法人或者其他组织起诉期限的，起诉期限从公民、法人或者其他组织知道或者应当知道起诉期限之日起计算，但从知道或者应当知道行政复议决定内容之日起最长不得超过一年。

要求赔偿应当递交申请书，申请书应当载明下列事项：

（1）受害人的姓名、性别、年龄、工作单位和住所，法人或者其他组织的名称、住所和法定代表人或者主要负责人的姓名、职务；

（2）具体的要求、事实根据和理由；

（3）申请的年、月、日。

赔偿请求人书写申请书确有困难的，可以委托他人代书；也可以口头申请，由赔偿义务机关记入笔录。

赔偿请求人当面递交申请书的，赔偿义务机关应当当场出具加盖本行政机关专用印章并注明收讫日期的书面凭证。申请材料不齐全的，赔偿义务机关应当当场或者在五日内一次性告知赔偿请求人需要补正的全部内容。

赔偿义务机关应当自收到申请之日起两个月内，作出是否赔偿的决定。赔偿义务机关作出赔偿决定，应当充分听取赔偿请求人的意见，并可以与赔偿请求人就赔偿方式、赔偿项目和赔偿数额进行协商。

赔偿义务机关决定赔偿的，应当制作赔偿决定书，并自作出决定之日起十日内送达赔偿请求人。

赔偿义务机关决定不予赔偿的，应当自作出决定之日起十日内书面通知赔偿请求人，并说明不予赔偿的理由。

赔偿义务机关在规定期限内未作出是否赔偿的决定，赔偿请求人可以自期限届满之日起三个月内，向人民法院提起诉讼。

赔偿请求人对赔偿的方式、项目、数额有异议的，或者赔偿义务机关作出不予赔偿决定的，赔偿请求人可以自赔偿义务机关作出赔偿或者不予赔偿决定之日起三个月内，向人民法院提起诉讼。

当事人单独或者一并提起行政赔偿诉讼的，应当有具体的赔偿、补偿事项以及数额。

行政赔偿诉讼以行政行为被确认违法为前提。行政行为被确认违法指的是行政行为被有权机关依照法定程序撤销、变更、确认违法或无效，或者实施行政行为的行政机关工作人员因该行为被生效法律文书或监察机关政务处分确认为渎职、滥用职权的情形。

赔偿请求人不服赔偿义务机关下列行为的，可以依法提起行政赔偿诉讼：（1）确定赔偿方式、项目、数额的行政赔偿决定；（2）不予赔偿决定；（3）逾期不作出赔偿决定；（4）其他有关行政赔偿的行为。法律规定由行政机关最终裁决的行政行为被确认违法后，赔偿请求人可以单独提起行政赔偿诉讼。例如，财政部国库司作出的投诉处理决定，经过财政部条法司的行政复议，行政复议决定是维持投诉处理决定。当事人对行政复议决定向国务院申请裁决，国务院的裁决是最终裁决。若国务院裁决撤销投诉处理决定、行政复议决定，则当事人可以单独提起行政赔偿诉讼。

对未在法定期限内作出赔偿决定等行为不服的，可以单独提起行政赔偿诉讼。单独提起行政赔偿诉讼，可以在向赔偿义务机关递交赔偿申请后的两个月届满之日起三个月内提出。赔偿义务机关作出赔偿决定时，未告知赔偿请求人的诉权或者起诉期限，致使赔偿请求人逾期向人民法院起诉的，其起诉期限从赔偿请求人实际知道诉权或者起诉期限时计算，但逾期的期间自赔偿请求人收到赔偿决定之日起不得超过一年。

行政行为已被确认为违法，并符合下列条件的，赔偿请求人可以单独提起行政赔偿诉讼：（1）原告具有行政赔偿请求资格；（2）有明确的被告；（3）有具体的赔偿请求和受损害的事实根据；（4）赔偿义务机关已先行处理或者超过法定期限不予处理；（5）属于人民法院行政赔偿诉讼的受案范围和受诉人民法院管辖；（6）在法律规定的起诉期限内提起诉讼。

人民法院接到原告单独提起的行政赔偿起诉状，应当进行审查，并在七日内立案或者作出不予受理的裁定。在七日内不能确定可否受理的，应当先予受理。

审理中发现不符合受理条件的,裁定驳回起诉。当事人对不予受理或者驳回起诉的裁定不服的,可以在裁定书送达之日起十日内向上一级人民法院提起上诉。

(二)在行政复议、行政诉讼中一并提出行政赔偿请求

政府采购当事人可以在针对政府采购行政行为提起行政复议、行政诉讼时,一并提出行政赔偿请求。在申请行政复议或者提起行政诉讼时一并提出赔偿请求的,赔偿请求时效适用行政复议法、行政诉讼法有关时效的规定。

1. 行政复议审查行政赔偿

申请人在申请行政复议时可以一并提出行政赔偿请求,须提供受具体行政行为侵害而造成损害的证明材料,行政复议机关对符合国家赔偿法的有关规定应当给予赔偿的,在决定撤销、变更具体行政行为或者确认具体行政行为违法时,应当同时决定对被申请人依法给予赔偿。

申请人在申请行政复议时没有提出行政赔偿请求的,行政复议机关在依法决定撤销或者变更罚款,撤销没收财物等具体行政行为时,应当同时责令被申请人返还财产,或者赔偿相应的价款。

行政复议机关可以按照自愿、合法的原则进行调解,当事人经调解达成协议的,行政复议机关应当制作行政复议调解书。调解书应当载明行政复议请求、事实、理由和调解结果,并加盖行政复议机关印章。行政复议调解书经双方当事人签字,即具有法律效力。

调解未达成协议或者调解书生效前一方反悔的,行政复议机关应当及时作出行政复议决定。

2. 人民法院审理行政赔偿

行政行为未被确认为违法,公民、法人或者其他组织提起行政赔偿诉讼的,人民法院应当视为提起行政诉讼时一并提起行政赔偿诉讼。原告提起行政诉讼时未一并提起行政赔偿诉讼,人民法院审查认为可能存在行政赔偿的,应当告知原告可以一并提起行政赔偿诉讼。原告在第一审庭审终结前也可以提起行政赔偿诉讼,符合起诉条件的,人民法院应当依法受理;原告在第一审庭审终结后、宣判前提起行政赔偿诉讼的,是否准许由人民法院决定。原告在第二审程序或者再审程序中提出行政赔偿请求的,人民法院可以组织各方调解;调解不成的,告知其

另行起诉。

行政赔偿诉讼中,赔偿请求人和赔偿义务机关对自己提出的主张,应当提供证据。原告应当对行政行为造成的损害提供证据;因被告的原因导致原告无法举证的,由被告承担举证责任。人民法院对于原告主张的生产和生活所必需的合理损失,应当予以支持;对于原告提出的超出生产和生活所必需的其他贵重物品、现金损失,可以结合案件相关证据予以认定。

由于第三人提供虚假材料,导致行政机关作出的行政行为违法,造成公民、法人或者其他组织损害的,人民法院应当根据违法行政行为在损害发生和结果中的作用大小,确定行政机关承担相应的行政赔偿责任;行政机关已经尽到审慎审查义务的,不承担行政赔偿责任。

人民法院审理行政案件,不适用调解。但是,行政赔偿案件可以调解。

(三)行政赔偿的方式和计算标准

国家赔偿以支付赔偿金为主要方式。

能够返还财产或者恢复原状的,予以返还财产或者恢复原状。

侵犯公民、法人和其他组织的财产权造成损害的,按照下列规定处理:

(1)处罚款、没收财产的,返还财产;

(2)查封、扣押、冻结财产的,解除对财产的查封、扣押、冻结,造成财产损坏或者灭失的,依法给予赔偿;

(3)应当返还的财产损坏的,能够恢复原状的恢复原状,不能恢复原状的,按照损害程度给付相应的赔偿金;

(4)应当返还的财产灭失的,给付相应的赔偿金;

(5)财产已经拍卖或者变卖的,给付拍卖或者变卖所得的价款;变卖的价款明显低于财产价值的,应当支付相应的赔偿金;

(6)吊销许可证和执照、责令停产停业的,赔偿停产停业期间必要的经常性费用开支;

(7)返还执行的罚款、追缴或者没收的金钱,解除冻结的存款或者汇款的,应当支付银行同期存款利息;

(8)对财产权造成其他损害的,按照直接损失给予赔偿。

赔偿请求人凭生效的判决书、复议决定书、赔偿决定书或者调解书，向赔偿义务机关申请支付赔偿金。

赔偿义务机关应当自收到支付赔偿金申请之日起七日内，依照预算管理权限向有关的财政部门提出支付申请。财政部门应当自收到支付申请之日起十五日内支付赔偿金。

【案例】C 食品销售有限公司诉 D 县财政局投诉处理决定及行政赔偿案 [①]

基本案情

2015 年 8 月，D 县教育局委托河北中机咨询有限公司对 D 县 2015 年（2015—2016 学年）农村中小学营养餐采购项目进行公开招标。采购内容分为 A 包和 B 包，A 包为浦阳镇等 5 乡镇农村中小学营养餐，B 包为台鱼乡等 5 乡镇农村中小学营养餐。招标公告于 2015 年 8 月 10 日在中国政府采购网、河北省政府采购网同时发布。原告公司按照招标公告的要求购买了招标文件，交纳了 8 万元投标保证金。2015 年 8 月 31 日下午，招标项目在 D 县公共资源交易中心三楼进行开标，三家公司参加了 A 包的投标活动，包括原告公司在内的 8 家公司参加了 B 包的投标活动。经评标委员会当场评定，原告公司以综合得分 88.6 分被推荐为 B 包第一中标候选人。2015 年 9 月 2 日，D 县 2015—2016 学年度农村中小学营养餐采购项目预中标公告在河北省政府采购网发布，B 包预中标单位：C 食品销售有限公司，预中标金额：4 元 / 人 / 天。原告提供的投标书中开标一览表注明：投标总报价为 8430400 元。

参加 A 包投标的保定市 E 商贸有限公司因对开标过程存在疑义，于 2015 年 9 月 2 日向招标代理公司提出书面质疑，于 9 月 8 日得到招标代理公司认为不构成重大偏差的回复函。保定市 E 商贸有限公司认为招标代理公司存在严重错误，向 D 县财政局发函，请求 D 县财政局给予监督和督办。2015 年 9 月 22 日，保定市公共资源交易管理委员会办公室向 D 县公共资源交易管理委员会办公室、交易中心发出保公管办转（2015）1 号转办函，经对保定市某商贸有限公司等 5

[①] 详细内容请见中国裁判文书网：河北省唐县人民法院（2017）冀 0627 行初 8 号行政赔偿判决书。

第九章 政府采购当事人的权利保障

家公司关于"D县2015—2016学年度农村中小学营养餐采购项目"质疑的问题进行初步审查,认为"D县2015—2016学年度农村中小学营养餐采购项目"的招标文件编制和执行、B包评委打分环节存在一定问题,请严格按照相关的法律规定和程序作出处理。

2015年10月28日,D县财政局向D县公共资源交易管理委员会办公室发出《关于〈政府采购监督检查处理决定书〉的函》(顺财函[2015]1号),将《政府采购监督检查处理决定书》一并送达。该决定书以D县教育局、河北中机咨询有限公司、C食品销售有限公司等11家投标单位为政府采购当事人,作出处理意见:依据《政府采购法》《政府采购法实施条例》《政府采购货物和服务招标投标管理办法》等法律、法规规定,决定终止本次采购活动,依法追究相关当事人的责任。C食品销售有限公司不服该决定,向D县人民政府申请行政复议,D县人民政府于2016年2月6日作出顺政复字(2015)1号行政复议决定书,认为原具体行政行为违反了《政府采购供应商投诉处理办法》第三条、第十二条、第二十条、第二十一条等规定,属于违反法定程序,决定:D县财政局2015年10月28日作出《政府采购监督检查处理决定书》的具体行政行为违法。该复议决定书作出后,没有相关当事人提起诉讼的记录。

原告公司于2016年3月15日向D县财政局申请行政赔偿,要求被告赔偿损失300多万元。被告D县财政局在收到原告申请后两个月内未予以答复。

法院认为,一、被告D县财政局作为政府采购监督检查责任单位,作出的《政府采购监督检查处理决定书》已被行政复议机关确认为违法。违法行政行为如对当事人造成损失,被告应当承担赔偿责任。二、该违法行政行为终止了涉案政府采购活动,给原告公司造成的直接后果是公布预中标后中标资格被违法剥夺,不能与采购方签订采购供货合同,从而不能进行该采购项目的供货经营。所以因不能进行该项目经营所受到的可得利润损失,应视为违法行政行为给原告公司造成的直接经济损失。原告开标一览表载明,原告公司投标的项目投标总报价为8430400元。根据《国家税务总局关于调整核定征收企业所得税应税所得率的通知》(国税发[2007]104号)的规定,批发和零售贸易业应税所得率为4%—15%。依此推算,原告公司如果正常经营投标项目,最低可得利润应评定为337216元。被告应按照上述数额予以赔偿。三、原告公司主张的报名费、标书制作费、交通费等费用，共计 22550 元，是原告公司为投标活动及维护自身权益已经直接支出的费用，应由被告予以赔偿。原告主张的工人工资及律师代理费用不在赔偿范围之内。综上，根据《国家赔偿法》第四条第四项、第三十六条第八项之规定，判决如下：被告 D 县财政局赔偿原告 C 食品销售有限公司财产损失 359766 元，在本判决生效后三十日内付清。

案例评析

本案是因参加 A 包投标的供应商的举报，财政局作出终止项目的决定，导致 B 包中标人权益受到损害的案例。

财政局作出终止项目决定后，B 包中标人提起行政复议，行政复议决定以终止项目的决定违反法定程序为由确认该决定违法。财政局未对行政复议决定提起诉讼。因此，B 包中标人单独提起行政赔偿诉讼，法院判决财政局赔偿中标人的利润、报名费、标书制作费、交通费等费用，但对工人工资及律师代理费未予支持。笔者认为，供应商参加投标的工人的工资也应属于直接损失，应予赔偿。

实践中，也有法院认为供应商提出赔偿投标损失的诉求，因无法律依据而不予支持的案例。[1]

第四节　政府采购民事诉讼

一、合同之诉

因政府采购民事合同所产生争议，当事人可以通过提起民事诉讼寻求救济。如果合同约定的解决争议的方式是仲裁，当事人应当向约定的仲裁委员会提起仲

---

[1] 详细内容请见中国裁判文书网：黑龙江省农垦中级法院（2017）黑 81 行终 14 号行政赔偿判决书。

裁，因本书篇幅所限，有关合同仲裁问题本书不涉及。

民事诉讼时主要适用的是《民法典》(《合同法》已经废止)、《政府采购法》及其实施条例等相关规定。民事合同之诉，会涉及缔约过失、合同成立与否，合同是否有效，撤销、终止民事合同，请求继续履行合同等。由于本书的内容主要涉及的是订立政府采购合同的问题，在此过程中出现的有关合同缔结的民事责任主要是缔约过失责任，故本节重点介绍缔约过失涉及的合同之诉。

（一）发出中标、成交通知书后，采购人或者中标、成交供应商不签订合同的，无过错方可追究过错方缔约过失责任

1. 中标、成交通知书发出后，承诺生效

《民法典》第四百七十一条规定："当事人订立合同，可以采取要约、承诺方式或者其他方式。"第四百七十二条规定："要约是希望与他人订立合同的意思表示，该意思表示应当符合下列条件：（一）内容具体确定；（二）表明经受要约人承诺，要约人即受该意思表示约束。"第四百七十三条第一款规定："要约邀请是希望他人向自己发出要约的表示。拍卖公告、招标公告、招股说明书、债券募集办法、基金招募说明书、商业广告和宣传、寄送的价目表等为要约邀请。"第四百七十九条规定："承诺是受要约人同意要约的意思表示。"第四百八十三条规定："承诺生效时合同成立，但是法律另有规定或者当事人另有约定的除外。"第四百九十条规定："当事人采用合同书形式订立合同的，自当事人均签名、盖章或者按指印时合同成立。在签名、盖章或者按指印之前，当事人一方已经履行主要义务，对方接受的，该合同成立。法律、行政法规规定或者当事人约定合同应当采用书面形式订立，当事人未采用书面形式但是一方已经履行主要义务，对方接受时，该合同成立。"第六百四十四条规定："招标投标买卖的当事人的权利和义务以及招标投标程序等，依照有关法律、行政法规的规定。"

《政府采购法》第四十六条第二款规定："中标、成交通知书对采购人和中标、成交供应商均具有法律效力。中标、成交通知书发出后，采购人改变中标、成交结果的，或者中标、成交供应商放弃中标、成交项目的，应当依法承担法律责任。"

根据上述法律规定，以招标方式进行采购的，招标公告是要约邀请，投标人的投标文件是要约,中标通知书为承诺。以竞争性谈判、单一来源采购、询价、竞争性磋商等采购的,参加采购活动的供应商提交的响应文件是要约,成交通知书是承诺。采购人与中标、成交供应商在政府采购合同上均签字、盖章时合同成立。

2. 中标、成交通知书发出后,采购人或者中标人、成交人不签订合同的,应承担缔约过失责任

《民法典》第五百条规定:"当事人在订立合同过程中有下列情形之一,造成对方损失的,应当承担赔偿责任:(一)假借订立合同,恶意进行磋商;(二)故意隐瞒与订立合同有关的重要事实或者提供虚假情况;(三)有其他违背诚信原则的行为。"

缔约过失责任是指在合同订立过程中,一方当事人因违背其依据诚实信用原则所产生的义务,而导致另一方的信赖利益的损失,应承担的赔偿责任。这种责任只能产生于缔约过程之中,是对依诚实信用原则所负的先合同义务的违反,是造成他人信赖利益损失所负的损害赔偿责任,是一种弥补性的民事责任。

所谓先合同义务,又称先契约义务,是当事人在缔约过程中依诚实信用原则所应承担的必要的注意义务。在当事人为缔约而进行磋商的过程中,双方当事人已由一般的业务关系变成了具有特定信赖成分的特殊关系。这种关系虽不以给付为内容,但依据诚实信用原则,当事人应负有相互协力、通知、说明、照顾、保护等附随义务。缔约过失责任的理论基础,是建立在诚实信用原则基础之上的先契约义务。正是由于缔约当事人在缔约过程中违反了诚实信用原则所应负的先合同义务,才导致既不同于违约责任,又不同于侵权责任的新的责任形态即缔约过失责任的产生,并使它取得独立的地位。

当中标、成交通知书发出后,即供应商作出要约、采购人作出承诺后,采购人改变中标、成交结果的,或者中标、成交供应商放弃中标、成交项目的,均是对先合同义务的违反,属于《民法典》第五百条第三款规定的"其他违背诚信原则的行为"。在此情况下,有违背诚信原则行为的一方应对另一方的损失承担赔偿责任。

3. 缔约过失责任的赔偿范围

根据"无损失,无责任"原则,缔约过失责任也必须有损失,此种损失应为

信赖利益的损失。

在政府采购领域,缔约过失责任的赔偿范围主要体现在信赖利益的损失,包括直接损失和间接损失。

(1)直接损失

直接损失包括:①缔约费用,如为了投标而赴实地考察所支付的合理费用、参加开标的费用等;②准备履约和实际履约所支付的费用,如运送标的物至购买方所支付的合理费用等;③因缔约过失导致合同无效、被变更或被撤销所造成的实际损失,如编制投标文件、响应文件所付出的人力成本等;④因身体受到伤害所支付的医疗费等合同费用;⑤因支出缔约费用或准备履约和实际履行支出费用所失去的利息等。

(2)间接损失

间接损失主要包括:①因信赖合同有效成立而放弃的获利机会损失,亦即丧失与第三人签订合同机会所蒙受的损失;②利润损失,即无过错方在现有条件下从事正常经营活动所获得的利润损失;③身体受到伤害而导致的误工收入;④其他可得利益损失。

通常来讲,对损失赔偿的上限一般不超过缔约非过错方在订立合同时应当预见的因合同不成立或被撤销可能给对方造成的损失,同时也不超过合同成立及履行后所能获得的利益。

【案例】A家具有限公司诉南京市B医院、江苏C国际集团机械进出口有限公司缔约过失责任纠纷案[①]

基本案情

2016年11月1日,B医院委托江苏C国际集团机械进出口有限公司(以下简称C公司)对《财政预算管理资金采购目录》项下货物采购(以下简称本项目)进行公开招标。A家具有限公司(以下简称A公司)投标,经评审被推荐为第一中标候选供应商。2016年12月15日,C公司发出流标公告,对该次招标采

---

① 详细内容请见中国裁判文书网:江苏省南京市中级人民法院(2018)苏01民终225号民事判决书。

购项目作流标处理。流标情况说明称，经采购人审查，推荐的中标候选人在以往合同履行过程中存在诸多问题，造成合同买方很大的经济损失，并有推诿逃避合同责任之事实。根据招标文件规定，认为推荐的中标供应商商业信誉、履约能力均不能满足要求，故本项目作流标处理，择日按流程重新招标。

2016年12月17日，A公司致函C公司，对流标事宜提出质疑，希望C公司维持评标结果，并收回流标公告。

2016年12月29日，C公司回复称，在确定中标供应商阶段，B医院向C公司递交书面公函称，A公司在B医院南院病房楼装修改造家具服务中标后的履约期间，产品质量存在诸多问题，不能响应投标文件要求，造成B医院损失，且多次协商无果，使该合同至今未完成履约，据此B医院认为A公司缺乏良好商业信誉，已不具备《政府采购法》第二十二条规定的供应商参加采购活动应当具备的条件，决定拒绝任何投标，并重新公开招标。

B医院所称的合同纠纷情况为，2015年1月7日，A公司与B医院签订《家具销售合同》。B医院作为需方向供方A公司订购一批家具，双方在履行合同过程中，A公司提交的家具产品存在一些瑕疵，同时存在延迟交货情况，B医院对A公司产品质量、交付期限提出意见后，双方未能协商达成一致意见。2017年4月7日，A公司向南京仲裁委提起仲裁申请，请求裁决B医院支付合同价款39635.90元并支付违约金，经该委仲裁审理，对于A公司货物已经全部交付的主张未予支持，裁决B医院支付A公司货款27334.9元及相应违约金。

一审审理情况：

A公司2017年1月18日向一审法院提起诉讼。经审理，一审法院认为B医院作为差额拨款的事业单位法人，对本项目进行采购应当适用《政府采购法》的相关规定，A公司不满B医院、C公司在招投标过程的行为，可以提起行政复议或者提起行政诉讼，遂裁定驳回A公司的诉讼请求。A公司不服一审裁定，上诉于江苏省南京市中级人民法院，经该院审理后认为，A公司作为供应商参与投标，有权依据《政府采购法》第六章质疑与投诉的相关规定来维护自己的权利，但该章规定并未限制供应商通过民事诉讼的途径主张权利，结合《政府采购法》第四十三条第一款的规定，双方当事人之间的权利义务关系可以适用合同法进行调整，故 A 公司提起本案诉讼主张缔约过失赔偿责任，属于民事诉讼案件受理范围，人民法院应予受理，遂裁定撤销一审民事裁定，指令一审法院审理。

一审法院认为，本案双方争议焦点为 B 医院、C 公司是否构成缔约过失。A 公司认为，根据《招标投标法》及《政府采购法》的规定，中标人确定后，招标人应当向中标人发出中标通知书。根据《政府采购法》规定，对于招标人未向投标人发出中标通知书的行为，投标人有权向相关部门提出质疑与投诉以维护自己权利。《政府采购法》第四十三条规定，政府采购合同适用合同法。采购人和供应商之间的权利和义务，应当按照平等、自愿的原则以合同方式约定。A 公司主张缔约过失责任，应适用《合同法》相关规定，遵循平等、自愿、诚实信用原则。

缔约过失责任是指缔结合同过程中，缔约人故意或者过失地违反依据诚实信用原则所应负的先契约义务，致使另一方的信赖利益受到损失，而应承担的民事责任。本案中，B 医院发出招标公告属于要约邀请行为，A 公司投标行为属于要约行为，A 公司被评审为第一中标候选人后，B 医院未向 A 公司发出中标通知书，是否违反了招投标预约合同的法律义务。在本案纠纷之前，A 公司参加 B 医院其他采购项目的招投标，双方因此签订买卖合同，但在该合同的履行过程中，A 公司与 B 医院存在纠纷，A 公司交付产品质量、交付产品时间有瑕疵，双方均存在未能全部履行合同义务情况，在进行本案招投标项目时，双方的前期合同尚未履行完毕，矛盾纠纷亦未处理完毕，在此情况下，B 医院未作出要约承诺的理由合理正当，不违反诚实信用原则。A 公司主张 B 医院、C 公司承担缔约过失责任的诉请不能成立，故不予支持。依照《政府采购法》第二条、第四十三条，《合同法》第四条、第六条、第十五条、第四十二条之规定，判决：驳回 A 家具有限公司的诉讼请求。一审案件受理费 2094 元，由 A 家具有限公司承担。

二审审理情况：

二审法院查明 A 公司制作投标文件的费用是 3850 元，A 公司主张其提交的样品合计金额为 3867.44 元，运输金额为 300 元，C 公司认可收到上述样品。C 公司及 B 医院均认可购买标书费 800 元。A 公司制作的投标报价表中记载案涉项目投标利润为 82950 元，对 A 公司估算的利润，C 公司及 B 医院均不持异议。

本项目评标报告载明，评标委员会由采购人代表以及评标专家组成。在"企业评价"评分栏中，关于"如果投标人在B医院之前的家具采购项目中中标，所提供的家具和服务得到采购人差评的按0分计"，采购人代表打分0分，其他评委依次给A公司4分、3分、4分、4.5分。最终A公司得分为88.92分，高于第二名4.03分。

本案二审争议焦点为：1.B医院是否应当向A公司承担缔约过失责任；2.损失数额应当如何计算；3.C公司是否应当承担连带责任。

二审法院认为，B医院作为差额拨款事业单位法人，其采购行为应当适用《政府采购法》的相关规定。该法第四十三条第一款规定："政府采购合同适用合同法。采购人和供应商之间的权利与义务，应当按照平等、自愿的原则以合同方式约定。"故B医院与A公司之间因政府采购产生的权利义务关系，应受《合同法》调整。《招标投标法实施条例》第五十五条规定："国有资金占控股或者主导地位的依法必须进行招标的项目，招标人应当确定排名第一的中标候选人为中标人。排名第一的中标候选人放弃中标、因不可抗力不能履行合同、不按照招标文件要求提交履约保证金，或者被查实存在影响中标结果的违法行为等情形，不符合中标条件的，招标人可以按照评标委员会提出的中标候选人名单排序依次确定其他中标候选人为中标人，也可以重新招标。"本案中，A公司参加B医院发起的公开招标活动，通过资格审查并在评标过程中排名第一，且其并无中标候选人放弃中标、因不可抗力不能履行合同、不按照招标文件要求提交履约保证金，或者被查实存在影响中标结果的违法行为等情形，故A公司应在案涉招投标中被选为中标人。B医院称A公司在2015年的合同履行过程中存在产品质量瑕疵问题，不符合中标条件，但南京仲裁委的裁决书并未认定A公司向B医院提供的产品存在质量瑕疵问题，故B医院的该项理由缺乏事实和法律依据。同时，根据评标报告，在2015年的合同中，B医院给予A公司差评的，该项得分应作0分计，但除采购人代表给予0分外，其他评委均未给0分，说明B医院未采取公正形式给予差评的评价。在该项理由已作为后次采购评分标准前提下，A公司得分第一，B医院仍以此为由不确定A公司为中标人，理由亦不充分。依据《合同法》第四十二条规定，A公司被评审为排名第一的中标候选人后，B医院拒绝确定A公司为中标人，致双方未达成合同，B医院违反依据诚实信用原则所应负的先契约义务，致使A公司的信赖利益受到损失，应当承担缔约过失赔偿责任。

关于损失数额，缔约过失责任是违反先合同义务而造成对方信赖利益损失而应承担的民事责任，其仅限于赔偿对方实际利益损失，不包括基于合同成立后的可得利益损失。《江苏省高级人民法院关于适用〈中华人民共和国合同法〉若干问题的讨论纪要（一）》第三十二条亦规定："当事人依据合同法第四十二条的规定要求赔偿可得利益损失的，人民法院不应支持。"对A公司所主张可得利润82950元，不予支持。A公司主张的其他损失费用，B医院、C公司虽不予认可，但未能提交相反证据，且C公司认可实际收到A公司提交的样品，亦确认购买标书费用为800元，故本院确认投标出样样品费3867.44元、标书制作费3850元、购买标书费800元、样品运输费300元均系A公司为参与案涉投标项目实际产生费用，应由B医院承担赔偿责任。

原《民法总则》第一百六十七条规定："代理人知道或者应当知道代理事项违法仍然实施代理行为，或者被代理人知道或者应当知道代理人的代理行为违法未作反对表示的，被代理人和代理人应当承担连带责任。"C公司受B医院委托组织案涉招投标活动，该代理事项并不违反法律规定，且其依照委托人B医院意思表示作出民事行为，亦不违反法律规定，故A公司主张C公司承担连带责任无事实与法律依据，本院依法不予支持。

综上所述，二审判决如下：一、撤销一审判决；二、B医院于判决生效后十日内给付A公司项目投标出样样品费用3867.44元、标书制作费3850元、样品运输费300元、购买标书费800元，合计8817.44元；三、驳回A公司其他诉讼请求。

案例评析

本案给我们以下启示：

1. 中标公告发出后，采购人不发出中标通知书的，供应商可以向采购人提出质疑，之后向财政部门投诉，财政部门可依法处理。同时，供应商也可以提起民事诉讼。比较而言，财政部门的投诉处理比民事诉讼更快。

2.本案中，B医院不发出中标通知书的理由是A公司与其之前有过合同纠纷，不符合招标文件规定的投标人的条件。但该合同纠纷经仲裁，裁决书并未认定A公司向B医院提供的产品存在质量瑕疵问题，故B医院的该项理由缺乏事实和法律依据。

3.缔约过失责任的赔偿范围为实际利益损失，不包括基于合同成立后的可得利益损失。

本案二审判决引用的是《招标投标法实施条例》，笔者认为引用法律错误。本项目是政府采购的货物采购，应当适用《政府采购法》及其实施条例、当时施行的《政府采购货物和服务招标投标管理办法》(财政部第18号令)。

（二）因政府采购合同履行中一方违约，另一方可追究违约责任

政府采购合同签订并生效后，当事人应当按照约定全面履行自己的义务。在合同履行过程中，可能出现许多问题，例如数量不足、质量不满足合同约定、供货期延长等。

任何一方未按照政府采购合同的约定履行合同义务的，另一方可以通过协商解决，协商不成的，在没有约定仲裁的情况下，可以向法院提起民事诉讼。

民事诉讼中，法院主要针对原告的诉讼请求，根据各方所举的证据、主张的理由，依据合同的约定及《民法典》的规定，进行审理和判决。一审作出裁判后，当事人不服的，还可以提起二审，直到生效判决作出。

对于违约之诉，法院在审查违约行为是否成立之前，首先会审查合同的效力。只有合同有效的情况下，才会进一步审查合同当事人是否存在违约行为；只有在违约成立的情况下，才会考虑赔偿责任的范围和赔偿金额的多少。

第九章 政府采购当事人的权利保障

【案例】侯某祥诉陕西省A工程建设公司、官某平、周某建设工程施工合同纠纷一案[①]

基本案情

2010年，官某平借用陕西省A工程建设公司（以下简称A公司）的资质投标某工程项目，11月5日，恩施悦达工程招标代理有限责任公司向A公司发出《中标通知书》，通知书载明A公司被确定为中标人，中标价为4915465.85元。2010年12月1日，案外人恩施市交通运输局（建设单位，以下简称交通局）与A公司（承包单位）签订了某工程项目的《建设工程施工合同》。2011年1月26日，A公司（甲方）与官某平（乙方）签订了《内部施工协议》，协议约定：某工程项目由乙方施工；乙方向甲方按总价的1.8%上交利润，乙方在本协议签订之日起向甲方支付管理费50000元，余款待工程竣工后一并结算；本工程由乙方自负盈亏，如出现项目亏损与甲方无关；本合同由乙方负责实施，乙方不准转包给第三方。此后，官某平向A公司交纳了管理费57000元。2011年3月，官某平并未对案涉工程进行施工，而是将全部工程转包给周某，并由A公司书面聘任周某为项目经理，《聘书》落款时间提前为2011年1月1日。此后，周某对洋伞坝大桥桥基进行了施工。因桥基被水淹没，洋伞坝大桥于2011年10月被迫停工。2011年3月23日，经案外人孙庭胜介绍，侯某祥（乙方）承包了某工程项目建设，并与周某（甲方）签订了《工程项目施工管理协议》，协议约定：乙方负责恩施市崔坝镇洋伞坝至肖家坪公路及洋伞坝大桥工程项目的公路工程建设施工，工期30日，本项工程包干价400000元；甲方在乙方所有工程设备进入施工现场且开工3天后，付给乙方现金100000元。2011年8月10日、10月20日，官某平给A公司出具领条领取了建设单位所支付的工程款500000元和300000元，共计800000元。此后，官某平在800000元工程款中扣留质保金150000元、招标代理费及服务费40000余元等费用后，将剩余工程款交付给周某。后因合同履行出现纠纷，侯某祥将相关当事人诉至法院。

一审法院认为，关于案涉中标效力及案涉所有合同效力问题，A公司为收取管理费将其资质证书借给官某平（即官某平挂靠A公司）进行招投标，中标

[①] 详细内容请见中国裁判文书网：湖北省高级人民法院（2017）鄂民再129号民事判决书。

了某工程项目，并与案外人交通局签订了《建设工程施工合同》，A公司和官某平均认可该挂靠事实。《招标投标法》第三十三条规定："投标人不得以低于成本的报价竞标，也不得以他人名义投标或者以其他方式弄虚作假，骗取中标。"第五十四条第一款规定："投标人以他人名义投标或者以其他方式弄虚作假，骗取中标的，中标无效。"《招标投标法实施条例》第四十二条第一款规定："使用通过受让或者租借等方式获取的资格、资质证书投标的，属于招投标法第三十三条规定的以他人名义投标。"故案涉工程中标违反了法律、行政法规的禁止性规定，中标无效。《最高人民法院关于审理建设工程施工合同纠纷案件适用法律问题的解释》第一条规定："建设工程施工合同具有下列情形之一的，应当根据合同法第五十二条第（五）项的规定，认定无效：……（三）建设工程必须进行招标而未招标或者中标无效的。"因此，A公司与案外人交通局于2010年12月1日签订的《建设工程施工合同》无效。A公司与官某平于2011年1月26日签订的《内部施工协议》，实际就是以内部施工协议来掩盖官某平挂靠A公司而获得工程项目之目的，该协议当属无效。根据官某平、周某在公安机关的陈述来看，官某平获得案涉工程后并未进行施工，而是将案涉全部工程转包给周某。A公司向周某出具《聘书》，是为了掩盖转包的事实。因案涉工程中标无效，加之官某平、周某均无相应资质，故官某平与周某之间的转包行为无效。官某平与侯某祥签订的《工程项目施工管理协议》，周某与侯某祥签订的《工程项目施工管理协议》，根据其内容来看，实际上也就是转包合同，依据前述理由，该两份协议无效。

案例评析

《合同法》第五十二条规定："有下列情形之一的，合同无效：（一）一方以欺诈、胁迫的手段订立合同，损害国家利益；（二）恶意串通，损害国家、集体或者第三人利益；（三）以合法形式掩盖非法目的；（四）损害社会公共利益；（五）违反法律、行政法规的强制性规定。"本案中，人民法院以案涉合同属于该条第五项规定的"违反法律、行政法规的强制性规定"而认定合同无效。

根据法院审理查明的事实，官某平借用A公司的资质投标，A公司中标涉案项目，招标人与A公司签订合同。A公司将项目转包官某平，官某平又转包周某，后转至侯某祥。

法院认定，官某平借用 A 公司资质投标，属于《招标投标法实施条例》第四十二条规定的"以他人名义投标"，违反《招标投标法》第三十三条规定的"投标人不得以他人名义投标，骗取中标"的规定，其法律后果是该法第五十四条第一款规定的"以他人名义投标骗取中标的，中标无效"，进而根据《最高人民法院关于审理建设工程施工合同纠纷案件适用法律问题的解释》第一条规定，建设工程施工合同必须进行招标而中标无效的，应根据《合同法》第五十二条第五项规定认定合同无效。A 公司与官某平签订的《内部施工协议》无效，官某平转包周某的行为也无效，官某平与侯某祥签订的《工程项目施工管理协议》、周某与侯某祥签订的《工程项目施工管理协议》系转包合同，均无效。

二、侵权之诉

（一）侵权责任的构成要件

《民法典》第一千一百六十五条第一款规定："行为人因过错侵害他人民事权益造成损害的，应当承担侵权责任。"

根据上述规定，行为人承担侵权责任的条件有：

（1）行为的违法性。即行为人实施的行为违反了法律的规定，包括作为和不作为。

（2）损害事实。既包括对财产权利的损害，也包括对非财产权利的损害。对财产的损害可分为直接损害和间接损害。直接损害是指现有财产的减少，间接损害是指可得利益的减少。

（3）因果关系。即违法行为与损害结果之间存在客观联系。

（4）行为人具有主观过错。过错分为故意和过失。

行为人的行为具备上述条件的，构成侵权责任。

（二）政府采购侵权责任的构成

1. 几种具体的侵权行为

《政府采购法》第七十九条规定，采购人、采购代理机构及其工作人员、供应商在采购活动中有第七十一条、第七十二条、第七十七条违法行为之一，给他人造成损失的，应依照民事法律规定承担民事责任。

《政府采购货物和服务招标投标管理办法》第八十条规定，政府采购当事人违反本办法规定，给他人造成损失的，依法承担民事责任。

上述法律规定的民事责任，就是因行为人的违法行为（侵权行为）给他人造成损失，他人有权请求行为人承担侵权赔偿责任。

（1）《政府采购法》第七十一条规定的侵权行为。

《政府采购法》第七十一条规定的采购人、采购代理机构的违法行为：①应当采用公开招标方式而擅自采用其他方式采购的；②擅自提高采购标准的；③以不合理的条件对供应商实行差别待遇或者歧视待遇的；④在招标采购过程中与投标人进行协商谈判的；⑤中标、成交通知书发出后不与中标、成交供应商签订采购合同的；⑥拒绝有关部门依法实施监督检查的。

（2）《政府采购法》第七十二条规定的侵权行为。

《政府采购法》第七十二条规定的采购人、采购代理机构的违法行为：①与供应商或者采购代理机构恶意串通的；②在采购过程中接受贿赂或者获取其他不正当利益的；③在有关部门依法实施的监督检查中提供虚假情况的；④开标前泄露标底的。

（3）《政府采购法》第七十七条规定的侵权行为。

根据《政府采购法》第七十七条的规定，供应商的违法行为有：①提供虚假材料谋取中标、成交的；②采取不正当手段诋毁、排挤其他供应商的；③与采购人、其他供应商或者采购代理机构恶意串通的；④向采购人、采购代理机构行贿或者提供其他不正当利益的；⑤在招标采购过程中与采购人进行协商谈判的；⑥拒绝有关部门监督检查或者提供虚假情况的。

上述违法行为中，中标、成交通知书发出后，采购人、采购代理机构（在采购人委托的情况下）不与中标、成交供应商签订采购合同的情形，供应商既可以追究采购人或者采购代理机构的缔约过失责任，也可以追究侵权责任。当这两种责任竞合时，法律规定供应商只能选择追究其中一种责任。

除上述法律规定外，《政府采购法实施条例》《政府采购货物和服务招标投标管理办法》《政府采购质疑和投诉办法》等也规定了不同的违法行为。对于这些违法行为，如果给政府采购当事人造成损害，政府采购当事人也可以通过侵权之诉主张权利。

《招标投标法》第五十四条第一款规定："投标人以他人名义投标或者以其他方式弄虚作假，骗取中标的，中标无效，给招标人造成损失的，依法承担赔偿责任；构成犯罪的，依法追究刑事责任。"对于弄虚作假骗取中标给招标人造成损失的，招标人可以追究投标人的侵权责任。

2. 造成损害

因侵权行为造成损害，受害人才有权请求赔偿。这种损害可以是供应商因参加政府采购活动的直接损失，也可以是供应商因参加本次采购活动而导致的缔约机会丧失而造成的损失。对采购人而言，是因供应商的侵权行为导致政府采购项目延期所造成的损失等。

3. 因果关系

受害人的损失是因侵权行为所造成，若非侵权行为造成，则不能获得赔偿。

4. 主观过错

侵权人主观上应具有过错，如采购人故意与某一供应商串通，而损害其他供应商的权益。

（三）承担侵权责任的方式

《民法典》第一百七十九条第一款规定："承担民事责任的方式主要有：（一）停止侵害；（二）排除妨碍；（三）消除危险；（四）返还财产；（五）恢复原状；（六）修理、重作、更换；（七）继续履行；（八）赔偿损失；（九）支付违约金；（十）消除影响、恢复名誉；（十一）赔礼道歉。"

原告可以根据受到损失的实际情况，要求被告承担上述赔偿责任的一项或者多项。

当被侵权人向法院提起民事诉讼时，法院将依据民事诉讼法的有关规定进行审理。民事诉讼的举证规则是"谁主张谁举证"，无论是原告还是被告均应对其主张提交相应的证据。对于原告而言，重点围绕侵权行为的存在、损害的大小、损害与侵权行为之间存在因果关系、侵权人存在过错等方面举证，而被告则要举出相反的证据予以反驳。法院在综合审查各方证据，听取各方意见的基础上，作出裁判。诉讼的结果可能是和解、调解，也可能是法院作出判决，从而弥补受害人的损失。

【案例】天津市A电子科技有限公司诉上海B实业有限公司、上海C集团股份有限公司等串通投标不正当竞争案[①]

基本案情

天津市A电子科技有限公司（以下简称A公司）与上海B实业有限公司（以下简称B公司）同为涉案项目"E项目机电系统分包工程浪涌保护器智能监控系统专业供应"的投标人，上海C集团股份有限公司（以下简称C集团公司）、上海市D工程集团有限公司（以下简称D工程公司）、E建设发展有限公司（以下简称E公司）为该项目的招标人，F公司为该项目的招标代理单位。

2012年8月21日，该项目开标。评标委员会经初审和详细评审，将B公司（第一名）和A公司（第二名）推荐为中标候选单位。后招标方公示中标候选人信息，公示B公司为第一中标候选人，未公示第二中标候选人。

A公司对上述评标结果不服，向招标方提出异议，并向上海市机电设备招投标工作领导小组办公室进行投诉。评标委员会经评议出具会议纪要，对A公司异议的处理结果为"维持原评标结果不变"，对A公司所提异议进行了具体回应。2013年7月11日，上海市机电设备招投标工作领导小组办公室对A公司投诉作出处理意见：1.E机电系统分包工程浪涌保护器智能监控系统专业供应项目的招投标过程符合法定程序。2.招标文件存在表述不够严密等问题，但不影响评标委员会作出的评审和评标结果。A公司对此提起行政诉讼，后撤诉。

2013年7月1日，C集团公司、D工程公司、E公司向B公司发出中标（交易成交）通知书，并向A公司发出未中标通知书。

A公司不服，向法院起诉。A公司诉称，经调查得知，B公司存在以下不符合招标文件要求的情况：一是不具备投标资格，二是投标文件未实质响应招标文件要求、投标产品未达到招标文件技术要求。此外，B公司投标时注册资金远

[①] 详细内容请见中国裁判文书网：上海知识产权法院（2015）沪知民终字第182号民事判决书。

低于 A 公司注册资金和本次项目金额，防雷资质低于 A 公司，第一级产品没有任何工程业绩，在这些项目上得分应比 A 公司低，打分不合理。C 集团公司、D 工程公司、E 公司等未进行资格预审，违反了《招标投标法》第十八条、《招标投标法实施条例》第十八条的规定；仅公示一位中标候选人，违反了《招标投标法实施条例》第五十四条的规定；配合 B 公司延后开标时间，以使其取得产品检测报告和进行强制备案。根据上述情形可推断五被上诉人间存在串通投标的不正当竞争行为。E 公司不是一般高层建筑，招标文件提出的防雷要求高于国标，虽然 B 公司的产品符合国标要求，但不能以此替代招标要求。E 公司作为公众场所，其安全与否决定了未来人民群众和公共财产的安全，若不揭露本案真相将可能产生豆腐渣工程，A 公司提起本案诉讼是承担了社会责任。据此，A 公司认为五被上诉人之间存在恶意串通投标的不正当竞争行为，请求判令：确认本次 E 项目机电系统分包工程浪涌保护器智能监控系统专业供应项目招标活动中的中标结果无效。

一审法院认为：

《反不正当竞争法》第十五条第二款规定，投标者和招标者不得相互勾结，以排挤竞争对手的公平竞争。根据《招标投标法实施条例》第四十一条的规定，招标人与投标人串通投标的情形包括：(1) 招标人在开标前开启投标文件并将有关信息泄露给其他投标人；(2) 招标人直接或者间接向投标人泄露标底、评标委员会成员等信息；(3) 招标人明示或者暗示投标人压低或者抬高投标报价；(4) 招标人授意投标人撤换、修改投标文件；(5) 招标人明示或者暗示投标人为特定投标人中标提供方便；(6) 招标人与投标人为谋求特定投标人中标而采取的其他串通行为。现 A 公司并未提交证据直接证明各被上诉人之间存在串通投标的情形，而系以 B 公司不具备投标资格、投标产品不满足招标文件技术要求，其余四被上诉人明知上述情况仍让其参与投标、配合延迟开标时间并确认其中标，招标程序不符合法律规定为由，推定各被上诉人之间存在串通投标的不正当竞争行为。故本案审查的重点在于 A 公司主张的上述情形是否属实；若属实，是否属于《招标投标法实施条例》规定的串通投标的情形。

一审法院经审查，认为 A 公司并无证据证明各被上诉人实施了相互勾结、排挤竞争对手的不正当竞争行为,其指控的情形也不足以推断各被上诉人之间存在串通投标的不正当竞争行为,A公司的诉讼请求缺乏事实依据。据此,一审法院判决驳回A公司的诉讼请求。

二审法院维持一审判决。

> **案例评析**

《招标投标法实施条例》第四十一条规定了具体的串通投标的情形,A公司若以相关当事人串通投标损害其权益为由提起侵权之诉,就应当举证证明这些当事人存在法律规定的某一种串通投标行为。而A公司未能举证证明这些当事人存在哪一种串通投标行为,而是以B公司存在不符合招标文件要求的情形、B公司投标时注册资金远低于A公司注册资金和本次项目金额、防雷资质低于A公司、打分不合理以及C集团公司、D工程公司、E公司等未进行资格预审、仅公示一位中标候选人等违反招标文件或者法律的情形,推断五名当事人存在串通投标的不正当竞争行为。在A公司未完成举证责任的情况下,其诉讼请求不能得到法院的支持,从而败诉。

第五节 律师在政府采购中的法律服务

政府采购有成熟的法律体系作为依据,是法律性很强的活动。由于行政监管部门、采购代理机构和供应商的人员未必是从事法律工作的专业人士,因而对一些法律性强的问题往往感到力不从心。律师是掌握法律知识、具有丰富实践经验的专业人士,可以凭借其专业知识、经验和能力,从立法目的、法律条文本身的含义等方面出发,综合考量,最终找出解决问题的办法,以更好地维护政府采购各方当事人的合法权益,保障政府采购活动的顺利进行。

一、律师为行政监管部门提供法律服务

（一）行政监管部门聘请律师的必要性

1. 保障行政监管部门能够依法行政，保持行政执法标准的一致性

针对目前我国政府采购活动错综复杂、政府采购法律规范专业性强的现状，笔者认为，律师参与政府采购活动更有利于政府采购的顺利进行以及出现问题后的处理。这样做可以利用律师队伍的专业水平与专业素质，及时应对随时出现的法律风险。

对一些法律问题的理解，律师可以运用其专业知识来解释。例如，笔者在2007年接受北京市财政局的委托对政府采购项目进行专项检查，在设计专项检查表时，规定了一些要求，如对采购人代表担任评标成员的，要核实采购人的法定代表人给采购人代表出具的授权委托书，并且明确授权范围包括评标。再如，对招标文件中以注册资本金的多少作为资格条件的，认为不符合《政府采购法》"促进中小企业发展"的原则，进行扣分。当时的《政府采购货物和服务招标投标管理办法》（财政部令第18号）对这些问题并没有明确的规定，因此，有些采购代理机构认为这些要求没有法律依据。实际上，采购人代表参加评标或者替法定代表人签署委托代理协议，根据当时的《民法通则》的规定，应当由采购人的法定代表人出具授权委托书。对于注册资本，当时进行扣分的依据是《政府采购法》第九条规定的"促进中小企业发展"，《政府采购货物和服务招标投标管理办法》（财政部令第18号）对此亦未规定。律师运用民法知识以及对《政府采购法》相关规定的理解处理政府采购中的问题。后来，财政部的规范性文件规定了授权委托书。现行有效的《政府采购货物和服务招标投标管理办法》已经明确注册资本不得作为供应商的资格要求或者评审因素。

再如，2005年，笔者开始从事政府采购法律服务，当时政府采购货物和服务项目公开招标多采用综合评分法，其中价格分的计算方式用的是当时非常普遍的行业惯例——建设工程项目中价格分的计算公式，即去掉所有有效投标的投标报价的最低分和最高分，剩余的报价取平均值，然后以此为基准，用有效投标报价/基准价×价格权重。笔者认为这种价格分的计算方法不符合政府采购法的

立法目的，政府采购是为了采购质优价廉的货物和服务，因而投标报价最低的供应商价格分应为满分，后来财政部于2007年发布《财政部关于加强政府采购货物和服务项目价格评审管理的通知》（财库〔2007〕2号），统一了综合评分法价格分评审方法。明确规定统一采用低价优先法计算，即满足招标文件要求且投标价格最低的投标报价为评标基准价，其价格分为满分。其他投标人的价格分统一按照公式计算，确立了政府采购货物和服务招标项目的价格分计算方法。

笔者在多年的政府采购法律服务过程中，运用法律知识，为财政部门解决了一个又一个法律难题，为其依法行政保驾护航。

为防止腐败，公务员经常进行轮岗，因而各级财政部门政府采购办公室的工作人员处于流动状态，经常轮换。而政府采购的法律性较强，每换一位采购办的工作人员，都要学习政府采购法律及相关制度，而作为财政部门法律顾问的律师较为固定，且对政府采购法的理解及对尺度的把握能保持一致性，因而能够防止因执法人员流动造成监管质量和标准的不一，避免出现违法行政。律师可以利用政府采购的法律经验，预测将会出现的风险情况，提前制定防范对策，并做好前期准备工作，尽可能降低风险概率。

2. 能够解决执法人员不足造成的监管不到位的问题

2007年，按照北京市监察局的要求，北京市财政局对政府采购项目开展专项检查。监察局认为财政局作为政府采购活动的监管部门，必须掌握全市政府采购项目执行法律的情况，否则就是执法不到位。因此，市财政局决定对政府采购项目组织专项检查。但在当时，北京市有七八十家采购代理机构，每年几百个政府采购项目，而政府采购办公室只有10名左右公务员，根本不可能承担此项工作。并且，对政府采购项目进行专项检查，在全国尚属首次，没有经验可以借鉴。时任市财政局政府采购办公室副主任找到笔者，委托笔者所在的观韬律师事务所承担政府采购专项检查的前期准备工作。笔者对政府采购的所有法律法规进行梳理，设计出专项检查制度检查表、项目检查表、汇总表等，这些检查表后来被继续沿用，并且因其详细、全面地反映出法律制度和项目的合法、合理性而成为采购代理机构对照自查政府采购项目的依据。检查时，财政局委托三家律师事务所，对几十家采购代理机构代理的五种采购方式的政府采购项目进行检查。第一年的检查完成后,财政局基本掌握了政府采购项目各种采购方式存在的普遍性问题;通过连续三年的检查,财政局对全市采购代理机构进行了一遍排查,全面了解和掌握了全市政府采购项目的基本情况。对检查中发现的问题,如"阴阳合同"、招标文件中的违法之处等及时处理。对检查中发现的普遍问题,市财政局委托笔者对全市采购代理机构进行培训,培训后各采购代理机构自行对照检查,包括制度和项目两个方面的检查。两年后,财政部开始对全国政府采购项目进行专项检查。

3. 更有利于保障行政监管部门行政行为的合法性,有利于行政纠纷的妥善解决

从法律地位上看,律师的地位比较中立,并且由于其专门从事法律服务工作,具有较高的专业素质和专业水平,因而具有较强的应对风险的能力。

政府采购投诉处理,是一项法律性很强的工作。对政府采购项目投诉中出现的形形色色的问题,财政部门在把握不准确的情况下,会征求专家的意见,包括法律专家的意见。笔者曾经多次参加政府采购投诉的专家研讨会,参加机电产品国际招标的投诉评审,为投诉项目的处理提供法律意见。在准确理解投诉事项的前提下,执法人员向投诉人解释、说明,化解其对投诉事项的误解。在有些投诉案件中,律师可以耐心、细致地为投诉人解答有关法律问题,加之其中立的地位,更容易使投诉人产生信任感,从而尽可能地将矛盾化解。即使在矛盾进一步发展的行政复议、行政诉讼阶段,律师也能够利用其专业特长,帮助行政机关维护合法的行政行为,最大限度地降低败诉的风险。

在行政处罚时,律师参与调查,能够帮助执法人员在调查中按照证据规则收集证据,查明案件事实,保障整个行政处罚程序合法、证据确实充分、适用法律正确,以防止行政处罚决定在后续的行政复议或者行政诉讼中被复议机关和人民法院认定违法。对于政府采购项目的举报、信访等的处理,律师也能发挥重要作用。

(二)律师提供法律服务的方式及范围

1. 常年法律服务

律师担任行政监管部门的常年法律顾问,可以在事前、事中和事后各个阶段

防范风险，保障行政监管部门依法行政。在行政监管部门制定规范性文件时，律师可以根据政府采购的上位法的基本原理、基本精神以及具体的法律规定，在《政府采购法》规定的基本原则的指导下，提出有针对性的建议，在合法性上进行把关。在行政监管过程中，律师可以及时提供日常法律咨询服务，以便行政监管部门准确执行法律。在投诉处理、行政处罚等过程中，律师可以协助行政监管部门进行调查，审查证据的真实性、合法性、关联性及证明力，准确适用法律，严格遵守程序，保障行政行为的合法性。

律师可以受财政部门的委托，对采购代理机构、采购人等进行培训。特别是政府采购代理机构的资质取消后，对采购代理机构的培训就更为重要。律师能够运用大量的案例解释《政府采购法》的内容，帮助参加培训人员理解法律条文。采购人、采购代理机构严格依照《政府采购法》的规定开展采购活动，就会大大减少政府采购项目的投诉、举报等，就能抓出政府采购监管的成效。

2. 专项法律服务

律师为行政监管部门提供专项法律服务，主要体现在对政府采购项目的专项检查和代理行政诉讼案件。专项检查主要是对采购代理机构所做政府采购项目进行合法性检查，发现问题，提出建议，并在后续的行政处罚中提供法律服务。代理行政诉讼案件，主要是因政府采购当事人不服政府采购投诉处理决定或者行政处罚决定等政府采购行政行为，而向人民法院提起行政诉讼。律师作为代理人参加行政诉讼，主要工作是起草答辩状，整理和提交证据，参加庭审，进行举证、质证，发表辩论意见，撰写代理词等。由于行政复议法未规定被申请人可以委托律师参加复议，因此，在行政复议案件中，律师能够做的通常是除参加听证会等以外的其他工作，如起草行政复议答复书、证据目录，整理证据等。

2021年底，笔者代理某财政局处理一个重要的政府采购项目的投诉、举报等。案件基本情况是，某政府采购项目发布中标公告后，有个投标人经质疑向财政局提起投诉。财政局经调查作出投诉处理决定，确认采购活动违法，责令重新开展采购活动。该项目重新公开招标。原中标人不服投诉处理决定，提起行政诉讼。结果法院判决撤销投诉处理决定，责令财政局重新作出投诉处理决定。而此时，重新招标的项目中标结果已经产生，造成一个项目出现前后两个中标人。这期间，各投标人互相举报，案件极其复杂。面对如此复杂的局面，财政局迫切需要寻找一位极其专业的律师来处理。然后财政局辗转找到笔者委托笔者专项处理。接受委托后，时间紧、任务重，笔者带领团队重新翻阅了厚厚几大摞的政府采购案卷材料，梳理其中的法律问题，最终在法定期限内以合法的理由重新作出确认第一次中标结果无效的处理决定，鉴于本项目已经重新招标并确定中标结果，故本项目无须重新开展采购活动。投诉处理决定重新作出后，投诉人、中标人均未提起行政诉讼。笔者又协助财政局对本项目中出现的违法行为进行了行政处罚，圆满解决了项目中出现的各种问题。

二、律师为采购代理机构提供法律服务

（一）采购代理机构聘请律师的必要性

1. 保障政府采购活动依法组织

政府采购有一套完整的法律体系，并且行政监管部门特别是财政部门对政府采购活动的监管力度比较大，经常开展政府采购专项检查。因供应商提起投诉而作出投诉处理决定，对政府采购违法行为进行行政处罚，都需要采购代理机构配合甚至成为被处罚的对象，因而要求采购代理机构严格按照政府采购法律规定组织采购活动。

采购代理机构擅长的是招标而非法律，并且一些专门从事建设工程项目招标的采购代理机构也开始代理政府采购项目，它们熟悉《招标投标法》而不太了解《政府采购法》，也不了解财政部门的监管要求，因而其所代理的政府采购项目非常容易出现法律问题。特别是采购代理机构的资质许可取消，任何一家公司都可以从事政府采购代理业务，因而为使政府采购项目的代理活动合法，采购代理机构有必要聘请专业的律师。根据笔者的经验，国有招标公司聘请法律顾问并且尊重法律顾问意见的相对多一些，而民营招标公司往往因成本的原因不太愿意聘请法律顾问。

2. 降低采购代理机构被行政处罚的风险

2015年5月，国务院召开全国推进简政放权放管结合职能转变工作电视电话会议，首次提出了"放管服"改革的概念。2019年9月，国务院发布《关于加强和规范事中事后监管的指导意见》（国发〔2019〕18号）。各级政府降低市

场准入门槛，加强了行政管理和行政处罚。在政府采购领域，行政监管部门特别是财政部门一直都非常重视对政府采购项目的监督检查，加大对政府采购活动违法行为的惩处力度，这一点从各级财政部门网页上公开的行政处罚决定就可以看出。有些采购代理机构甚至被财政部门处以禁止一年内代理政府采购业务，导致采购代理机构的业务活动受到很大的影响，对其声誉也带来负面影响。

3. 与采购人有效沟通，化解采购人、采购代理机构之间的矛盾

与采购代理机构相比，采购人往往处于强势地位。有的政府采购项目专业性较强，采购人担心采购过程中技术不过关，对采购项目主导性太强，容易导致招标文件出现不合理条件。无论采购代理机构怎么解释，采购人也不愿意接受。此时，采购代理机构可以委托律师出面沟通，律师的解释更容易说服采购人，使其认识到行为的违法性并主动纠正。遇到一些复杂项目，或者遇到质疑时，采购人会点名要求采购代理机构的律师参加会议讨论问题。此外，采购代理机构可以请法律顾问为采购人培训在政府采购过程中应注意的法律问题，或者对采购中出现的问题答疑解惑，以便采购人了解其法律地位、权利和应注意的问题，也提升了采购代理机构在采购人心目中的地位。

4. 提升采购代理机构的品牌形象

不少政府采购项目采取公开招标或者其他采购方式选择采购代理机构，采购代理机构需要参加投标，服务团队中列出专门的法律顾问，会让采购人对采购代理机构更加信任。有些政府采购项目，采购人明确要求采购代理机构的律师必须参与。法律顾问无形中为采购代理机构降低了风险，提升了品牌形象。

（二）律师提供法律服务的方式及范围

1. 常年法律服务

律师担任采购代理机构的常年法律顾问，可以为其提供涉及政府采购的全方位的法律服务。协助采购代理机构建立政府采购的相关制度，如制定代理政府采购项目的工作制度、流程，制定供应商询问、质疑制度等。审查政府采购过程中的各项协议，如委托代理协议。制定不同采购方式的采购文件的范本，对重要的政府采购项目的招标文件进行审查，在资格方面进行把关，防止招标文件技术需求、商务部分、评标标准等出现不合理的条件，防止招标文件内容不明确，出

现前后内容不一致，文字含义模糊等问题。在招标、竞争性谈判等过程中出现问题，律师可以随时解答评标委员会或者采购代理机构提出的问题。在中标、成交结果公示后，针对供应商的质疑，律师可以审查相关材料，修改采购代理机构的质疑回复，进入投诉后协助处理投诉。同时，律师可以协助采购代理机构向质疑人解释法律问题，尽可能地将矛盾化解在萌芽状态。

2. 专项法律服务

主要是代理行政复议或者行政诉讼案件。采购代理机构参加行政复议或者行政诉讼，主要是作为第三人。第三人在行政诉讼中有独特的作用。采购代理机构作为政府采购案件的第三人，往往是与作为被告的财政部门处于同一地位，因而有时可以弥补财政部门工作人员行政诉讼经验的不足。

【案例】A 医疗股份有限公司诉 B 市 C 区财政局投诉处理决定行政诉讼案[1]

基本案情

受采购人 B 市 C 区李桥镇卫生院委托，某国际招标有限公司（以下简称招标公司）于 2014 年 1 月 3 日针对 "B 市 C 区部分乡镇卫生院购置医用 X 射线摄影系统政府采购项目"（以下简称本项目）进行招标。

本项目招标文件（第 1、2、3、4 包）的主要内容为：第一章 "投标人须知" 第 1.2.5 条："如经财政主管部门批准可以采购进口产品，将在投标人须知资料表中写明。但投标人应保证所投产品已在中国关境内并已履行合法报通关手续。若投标人须知资料表中未写明允许采购进口产品，如投标人所投产品为进口产品，其投标将作为无效投标被拒绝。" 第一章第 8.1 条："投标人可对招标文件中'货物需求一览表'所列的所有货物进行投标，也可只对其中一包或几包货物进行投标，除非在投标人须知资料表中另有规定。但无论如何，均不得将一包中的内容拆开投标。" 第四章 "投标邀请" 第 3 条："包设备名称：医用 X 射线摄影系统；数量：1。" 第五章 "投标人须知资料表" 中第 1.2.5 条："是否允许采购进口产品：（否）。" 第八章 "货物需求一览表及技术规格要求" 第三部分 "技术规格

---

[1] 详细内容请见中国裁判文书网：北京市第三中级人民法院（2015）三中行终字第 91 号行政判决书。

及要求"中第1条至第6条分别对医用X射线摄影系统中数字化平板探测器、X线球管、高频逆变高压发生器、镰刀臂支撑装置、活动担架床、采集工作站的技术规格及要求进行了明确。该部分第7条"其他配置要求"中第7.2条载明:"随投标货物主机配置中文报告工作站壹套,合格的医用多介质干式打印机壹台。"

A医疗股份有限公司(以下简称A公司)参与投标。其投标文件中包含数字化医用X射线摄影系统的医疗器械注册证及医疗器械产品生产制造认可表、医用多介质干式打印机的医疗器械注册证。其中,医用多介质干式打印机的医疗器械注册证中显示该打印机的注册号为国食药监械(进)字2011第1313899号,生产公司为美国Codonics, Inc。经评标委员会初步审核,因A公司所投产品部分为进口产品,不符合招标文件的规定,初审未通过。2014年1月24日,招标公司发布中标公告,A公司未中标。另因第5包仁和镇卫生院的投标人不足3家,该包废标。

2014年1月28日,A公司向招标公司质疑,以其所投产品符合招标文件要求为由请求招标公司对本次投标文件重新进行评测。2014年2月10日,招标公司向A公司发出质疑答复,告知A公司,其投标被评标委员会评审为无效投标的原因是A公司所投多介质干式打印机为进口产品,不符合招标文件规定;其他投标人的投标货物均有制造厂商授权书和注册证,满足招标文件及政府采购有关法律法规的要求。A公司对招标公司的答复不满,于2014年2月25日向C区财政局提交《政府采购投诉书》,请求C区财政局对本次投标单位的投标文件重新进行评测。A公司在投诉书中陈述的主要理由为:1.此次招标采购设备的主体是医用X射线摄影系统,其所投产品完全符合招标文件要求。2.医用多介质干式打印机只是出现在其他配置中,只要求是合格的,没有任何其他要求,更没有是否允许选用进口部件的条款。打印机不是独立于数字化医用X射线摄影系统以外的产品,只是设备配置要求中的一个部件,其所投产品完全符合招标要求。3.A公司本身就是制造厂商,其投标文件中均有投标货物的制造厂商授权书和注册证,不应该认定为无效投标。同日,C区财政局作出《政府采购投诉受理通知书》及《政府采购投诉投诉人举证通知书》,对A公司的投诉予以受理,并将举证有关事项向A公司告知。2014年2月28日,A公司向C区财政局提交调取证据申请书,申请C区财政局调取评标委员会的评标打分原始记录及所有参加此次投标厂商的原始投标文件。C区财政局未明确答复A公司。2014年4月3日，C区财政局作出并向A公司送达被诉决定书。A公司不服，于2014年4月28日向B市财政局申请行政复议。2014年7月1日，B市财政局作出京财复字（2014）第3号行政复议决定书，维持了C区财政局作出的被诉决定书。A公司当日收到后仍不服，向一审法院提起行政诉讼。

审理情况：

一审法院认为，虽然本项目招标的包设备名称为"医用X射线摄影系统"，但根据招标文件不难看出，本次招标产品除了与包设备名称基本相同的数字化医用X射线摄影系统外，还包括中文报告工作站、医用多介质干式打印机。又因招标文件明确禁止采购进口产品，且投标人不得将1包内的产品拆开投标，故投标人所投的数字化医用X射线摄影系统、中文报告工作站、医用多介质干式打印机均应当为国产产品。A公司以拥有独立医疗器械注册证的进口产品——医用多介质干式打印机进行投标明显不符合招标文件要求。因此，C区财政局作出的投诉处理决定认定事实清楚。C区财政局对A公司提出的质疑在法定期限内对案件进行受理、调查、作出处理决定，其主要执法程序合法，驳回A公司投诉的处理方式亦符合前述规章的规定，故判决驳回A公司的全部诉讼请求。

二审法院判决驳回上诉，维持一审判决。

案例评析

本案中，笔者代理第三人参加行政诉讼。由于本案的焦点主要是A公司的投标产品是否满足招标文件要求的问题，审理此问题时，主要涉及招标文件关于进口产品范围的理解，以及A公司的投标产品是否为进口产品等问题，均是对招标以及投标问题的解释，因而作为第三人的招标公司可以向法院提交相关证据，并在庭审中将这些问题解释清楚，以便法院能够查明案情。因此，采购代理机构作为第三人聘请律师代理参加诉讼，能够帮助法院查清案情，准确适用法律，作出判决。

三、律师为供应商提供法律服务

（一）供应商聘请律师的必要性

1. 能够准确了解政府采购活动的合法性

由于政府采购的法律性强，而供应商不甚了解法律。因而，供应商有必要聘请专业的律师。在律师的帮助下，供应商可以准确了解采购文件的含义，是否存在不合理条件；对采购程序中出现的问题，能够及时判断是否合法；对采购结果，根据质疑答复等判断采购活动是否合法。

2. 能够更好地维护供应商的合法权益

在招标文件出现问题时，及时提出质疑，要求采购代理机构修改招标文件重新进行招标。认为中标、成交结果损害其合法权益时，及时提出质疑、投诉，最终通过重新采购以争取再次参加政府采购活动的机会。对投诉处理决定不服，依法提起行政复议、行政诉讼，以更好地维护供应商的合法权益。在行政处罚过程中，律师介入，可以配合行政监管部门的调查，提交相关证据、有针对性地进行陈述和申辩，从而促使行政监管部门不予处罚或者从轻处罚。

（二）律师提供法律服务的方式及范围

1. 常年法律服务

律师担任供应商的常年法律顾问时，可以对拟参与的政府采购项目的招标文件、竞争性谈判文件进行审查，以确定是否存在不合理条件、是否对采购文件提出质疑、投诉，在政府采购一开始就保障供应商的权益。在政府采购过程中，可以针对项目中出现的问题随时提供法律咨询服务，以判断是否应当进行质疑、投诉。在政府采购的投诉处理过程中，律师能够熟练运用法律知识，在有关当事人的协助下查清事实，分析和查找政府采购活动中的违法之处。同时，在整个过程中，可以不断提示供应商哪些是违法行为，防止供应商因违法行为而受到行政监管部门的行政处罚。在行政监管部门拟对供应商进行行政处罚时，可以参加听证、提交证据、进行陈述和申辩。律师还可以代理供应商对投诉处理决定、行政处罚决定提起行政复议、行政诉讼，以维护供应商的合法权益。

第九章　政府采购当事人的权利保障

【案例】中标后帮助中标人解决签订合同中遇到的问题

"A市畜牧保险征集1家保险机构"项目（以下简称本项目）以竞争性谈判方式采购10个险种，《竞争性谈判文件》要求按照市农委、市财政局制定的保费标准和实际投保头数，核算出当年财政承担的总费用下浮比例进行报价。B公司报价为10.16%，《成交通知书》为18%。B公司已收到《成交通知书》，但双方未签订合同。保监局提出有三四个险种不符合保监会的相关文件，实行中央补贴，不能下浮。采购人不敢签订合同，B公司咨询笔者，要求律师从法律的角度说服采购人和相关部门维持B公司的成交结果，促使采购人与B公司签订《政府采购购销合同》。

笔者分析了相关证据材料，向B公司出具法律意见，主要内容如下。

1. 根据法律规定，成交通知书发出后，采购人与成交供应商应按照采购标的等内容签订政府采购合同

《政府采购非招标采购方式管理办法》（财政部令第74号）第十九条规定："采购人与成交供应商应当在成交通知书发出之日起30日内，按照采购文件确定的合同文本以及采购标的、规格型号、采购金额、采购数量、技术和服务要求等事项签订政府采购合同。采购人不得向成交供应商提出超出采购文件以外的任何要求作为签订合同的条件，不得与成交供应商订立背离采购文件确定的合同文本以及采购标的、规格型号、采购金额、采购数量、技术和服务要求等实质性内容的协议。"

根据《竞争性谈判文件》，本项目的主要险种有10项，即能繁母猪险、仔猪险、生猪险、生猪收益险、牛养殖保险、羊养殖保险、鹅养殖保险、蛋鸡养殖保险、肉兔养殖保险、蜜蜂运输保险。B公司是对10个险种进行的报价。根据上述规定，采购人与B公司应按采购标的的10个险种签订合同。

2. 本项目出现的问题及解决方案

经与B公司工作人员沟通，上述10个险种中有3个是中央或者市级财政补贴的，即能繁母猪险、生猪险和生猪收益险，竞争性谈判将这3个险种纳入谈判不符合中国保险监督管理委员会C监管局、市财政局、市农委联合发布的《关于进一步完善中央财政保费补贴型农业保险产品条款的通知》中"各级财政承担

511

比例保持不变,各保险承办机构不得擅自调整保险金额及费率"的规定。

《政府采购非招标采购方式管理办法》第三十七条规定:"出现下列情形之一的,采购人或者采购代理机构应当终止竞争性谈判采购活动,发布项目终止公告并说明原因,重新开展采购活动:(一)因情况变化,不再符合规定的竞争性谈判采购方式适用情形的;(二)出现影响采购公正的违法、违规行为的;(三)在采购过程中符合竞争要求的供应商或者报价未超过采购预算的供应商不足3家的,但本办法第二十七条第二款规定的情形除外。"

根据上述法律规定,出现上述三种情况时,应当发布项目终止公告并说明原因,重新开展采购活动。第一、三种情形不适用于本项目。第二种情形是出现影响采购公正的违法、违规行为,本项目中,(1)由于24号文是规范性文件,不是法律法规和规章,违反24号文不能称为违法、违规;(2)由于所有参加谈判的供应商均对10个险种进行报价,因而这种做法并不影响采购公正。因而,本项目可以不适用上述规定,不必重新开展采购活动。

律师建议:B公司可以与采购人进行沟通,可以考虑7个险种按照B公司报价、3个险种按保监局要求签订合同。由采购人将此方案与财政部门沟通,如果财政部门认可,则可按此签订合同。

3.专项法律服务

代理政府采购质疑、投诉。

代理政府采购质疑、投诉是律师为供应商提供服务的主要工作,律师的工作主要是提供法律咨询,与采购代理机构沟通,参加听证,发表法律意见,撰写法律文件。

【案例】代理质疑

A公司是某国某公司生产的试剂在中国的总代理商,参加了采购代理机构组织的某省卫生厅某采购项目(以下简称本项目)A2包产品的投标。2012年2月21日公示的中标结果,A公司认为其权益受到损害,对此提出质疑。

笔者受A公司的委托撰写质疑函,主要内容是质疑中标人B公司所投产品重要技术参数不符合招标要求,质疑函的主要内容为:

1. 中标人投标文件重要技术参数不满足招标文件的要求

……

投标产品技术参数性能等各方面均低于招标要求的A试剂。按照招标文件对招标项目采购需求的说明："1.本需求中的品牌型号、技术参数及其性能（配置）仅起参考作用，投标人可选用其他品牌型号替代，但这些替代的品牌型号要实质上相当于或优于参考品牌型号及其技术参数性能（配置）要求。"（详见招标文件第4页）。

我公司认为中标品牌型号的试剂是实质上低于参考品牌型号及其技术参数性能（配置）要求的产品，是明显不符合招标文件要求的规格型号、质量标准的产品，无法达到替代参考品牌的标准。

根据招标文件第三章投标人须知总则第（八）："投标无效的情形：……2.在技术评审时，如发现下列情形之一的，投标文件将被视为无效：……（2）：明显不符合招标文件要求的规格型号、质量标准，或者与招标文件中标'▲'的技术指标、主要功能项目发生实质性偏离的"规定（详见招标文件第19页），我公司认为中标人的中标资格无效。

2. 中标人前后两次报价价格悬殊

本次招标拟中标产品，本项目在2011年7月7日采购人第一次组织招标时，中标人报价为4.3元/人份，后因实质性响应招标文件要求的投标人不足三家的原因废标，本次对上次流标项目再次组织本次招标采购，中标人的投标报价为4.68元/人份。同一产品，中标价较第一次招标报价高出0.38元/人份，两家公司在两次招标过程中先是独立的投标人，后又联合，势必存在围标嫌疑，严重不符合政府采购的招标宗旨，扰乱政府采购秩序，这其中的原因，请释疑，我司请求相关领导重新调看评审现场录像，以示评标过程的公平、公开、公正。

3. 中标公告时间超出投标有效期，招标无效

招标文件第17页"（四）投标文件的有效期"第1条规定，自投标截止日起60天投标文件应保持有效。《招标投标法实施条例》第二十五条规定，投标有效期从提交投标文件的截止之日起算。《评标委员会和评标方法暂行规定》第四十条规定，评标和定标应当在投标有效期结束日30个工作日前完成。不能在投标有效期结束日30个工作日前完成评标和定标的，招标人应当通知所有投标人延

长投标有效期。自投标截止日 2011 年 9 月 14 日起至中标公告发布之日 2012 年 2 月 21 日止已有 157 天，逾期 97 天。在此期间投标方并未收到招标方延长投标书有效期的通知，因此至中标公告之日，投标有效期失效。投标有效期作为投标人的投标条件之一，各投标人的原有各项投标承诺到期，只有采用重新招标，才是公正地对待所有投标人，并保证招标人利益。

采购代理机构收到质疑函后，要求 A 公司面谈。笔者和 A 公司工作人员与采购代理机构负责人面谈 2 个多小时后，采购代理机构当面回复，经与采购人沟通后将废标。之后，A 公司收到采购代理机构废标的质疑回复。

【案例】代理投诉

2011 年 12 月 1 日，A 省政府采购中心（以下简称采购中心）组织"A 省卫生厅精神卫生和核酸检测医疗设备"（以下简称本项目）公开招标，B 公司参加本项目的投标。12 月 2 日发布中标公告，预中标人为 C 公司。2011 年 12 月 5 日，B 公司向采购中心提出质疑，采购中心于 2011 年 12 月 7 日发布"关于对 A 省卫生厅精神卫生和核酸检测医疗设备采购项目预中标企业名称更正的通知"（将"C 公司"名称进行更正），并于同日向 B 公司作出质疑答复。B 公司针对该答复，又于 12 月 12 日向采购中心第二次提出质疑，采购中心未作出答复。

B 公司第一次质疑的事项为：1. 拟中标人 C 公司不具有法人资格；2. 拟中标人 C 公司不具有医疗器械经营资格；3. 拟中标人 C 公司不满足合格的投标人的资格要求；4. 对拟中标人 C 公司得分第一的质疑。被投诉人的答复为：1. 关于预中标单位名称的问题。省政府采购中心已在省政府采购网上予以更正。2. 关于预中标单位得分的问题。此次评标采用综合评分法，评议时根据商务、技术等方面综合评审打分得出了评标意见。

B 公司第二次质疑的事项为：1. 本项目的招标文件将投标人的资格条件列为评分因素，不符合规定；2. 本项目的中标人 C 公司的投标应作为无效投标被拒绝。

B 公司不服采购中心第一次质疑答复，且第二次质疑采购中心在法定期限内未作出答复，故 B 公司依法提起投诉。笔者受 B 公司委托，撰写的投诉书的主要内容如下：

第九章　政府采购当事人的权利保障

1. 本项目的招标文件将投标人的资格条件列为评分因素，不符合规定

《政府采购货物和服务招标投标管理办法》（财政部令第 18 号）第五十二条第二款规定："综合评分的主要因素是：价格、技术、财务状况、信誉、业绩、服务、对招标文件的响应程度，以及相应的比重或者权值等。上述因素应当在招标文件中事先规定。"根据该规定，综合评分法中的主要因素不包括投标人的资格条件。《财政部关于加强政府采购货物和服务项目价格评审管理的通知》（财库〔2007〕2 号）中"四、公开评审方法和评审因素"规定："采购人或其委托的采购代理机构采用综合评分法的，应当根据采购项目情况，在招标文件中明确合理设置各项评审因素及其分值，并明确具体评分标准。投标人的资格条件，不得列为评分因素……"

本项目招标文件"第二部分投标人须知"中有如下规定。

12. 相关资格证明文件

……

12.2　投标人应填写并提交招标文件所附的"资格证明文件"（凡复印件均须加盖公章），包括：

……

（4）投标人有效的法人营业执照复印件、国地税登记证复印件、组织机构代码证复印件（全部加盖公章，并经年审合格）；

……

招标文件第 22 条规定了评标办法，第 22.3 条规定的是商务部分的评分标准，其中"（2）商务评价（满分为 10 分）"的规定为：对商务要求的响应程度（满分 2 分）（包括：企业有效的法人营业执照复印件、国地税登记证复印件、组织机构代码证复印件），同时规定"完全符合"得 2 分，"基本符合"得 1 分，"不符合"得 0 分。

根据《政府采购货物和服务招标投标管理办法》（财政部令第 18 号）及财库〔2007〕2 号文的上述规定，投标人的资格条件（包括证明资格条件的法人营业执照、国地税登记证、组织机构代码证）不能作为综合评分法的评分因素，而本项目的招标文件却明确将其作为评审因素，并设置了分值，违反了上述规定。

2. 本项目的中标人 C 公司的投标应作为无效投标被拒绝

（1）根据招标文件的规定，C 公司的投标应作为无效投标而被拒绝。

① C 公司不满足招标文件对注册资本金的要求。[①]

招标文件"2.2 合格的投标人"中第 2.2.9 条规定："投标人注册资金额要求达到足以承担投标项目经济责任的额度及以上，其他要求详见每包具体要求。"该条规定的"足以承担投标项目经济责任的额度及以上"，有两种判断基准：一是投标人的投标报价（若中标则为中标价），二是项目的预算金额。

根据本项目的中标公告，中标金额为人民币 320 万元，因此，根据招标文件第 2.2.9 条规定的"投标人注册资金额要求达到足以承担投标项目经济责任的额度及以上"，中标人的注册资金必须是在 320 万元（含 320 万元）以上。经查询，C 公司的注册资本金为 200 万元，不满足招标文件的要求。如果按照招标文件公布的第 7 包的预算控制额度 400 万元认定"投标人注册资金额应达到足以承担投标项目经济责任的额度及以上"，则 C 公司的注册资本金更是不可能达到。

② C 公司不满足招标文件规定的"已在 A 省政府采购中心登记备案"的要求。

招标文件"2.2 合格的投标人"中第 2.8.8 条规定合格的投标人应"已在 A 省政府采购中心登记备案"，根据更正公告，C 公司是以"D 公司"的名称备案，且未在开标（2011 年 12 月 1 日）前办理更正手续，因此，评标时 C 公司未经备案，不符合招标文件规定的合格投标人的要求。

③根据招标文件及相关法律的规定，C 公司的投标应作为无效投标被拒绝。

招标文件第 21.2.1 条规定："实质性偏离是指投标书未能实质性响应招标文件的要求，以下情况属于实质性偏离，投标书有下列情况之一的，按无效投标处理：……7. 不符合招标文件规定的其他实质性要求"。《政府采购货物和服务招标投标管理办法》（财政部令第 18 号）第五十六条规定"投标文件属下列情况之一的，应当在资格性、符合性检查时按照无效投标处理：……（四）不符合法律、法规和招标文件中规定的其他实质性要求的"。

C 公司存在的上述问题属于"不符合招标文件规定的其他实质性要求"，根

[①] 2011 年时，财政部并未明确注册资本不能作为对投标人的要求。

第九章　政府采购当事人的权利保障

据上述规定，只要存在任何一种情形，C公司的投标在资格性、符合性检查时就应按照无效投标处理。

（2）在发出中标公告后，A省政府采购中心已经不能再对投诉人名称进行变更。

根据2011年12月7日的更正公告，导致中标人C公司名称错误的原因是，该公司在A省政府采购中心网上注册备案时填写错误，同时该中心未进行认真核对。

根据本项目招标文件第2.8.8条的规定，合格投标人的条件是"已在A省政府采购中心登记备案"，那么如果C公司确实属于名称登记错误，也应该在开标前向A省政府采购中心更正。由于程序的不可逆性，在本项目经过开标、评标、定标、发布中标公告之后，再更正名称已经不可能。在此情况下，由于名称登记错误是因C公司自己的原因造成的，就应当由其承担相应的法律后果；同时考虑到对参加政府采购项目的其他供应商的公平、公正，该公司的投标应以没有实质性响应招标文件而被作无效投标处理，该公司根本不可能中标。而A省政府采购中心却擅自将供应商名称注册错误的责任揽下，并在发布中标公告后再次发布变更公告将中标人名称更正，此种做法明显偏袒C公司，对其他投标人不公。

综上所述，B公司认为本项目的招标文件不符合相关规定，C公司的投标应作为无效投标而被拒绝，故依据《政府采购供应商投诉处理办法》（财政部令第20号）第十九条第一项之规定，请求投诉处理机关决定本项目采购活动违法、责令重新开展采购活动。

同时，笔者作为B公司的代理人，与A省财政厅的调查人员当面进行沟通。最终，A省财政厅的投诉处理决定认为，关于预中标人不满足招标文件对注册资本金的要求的问题，经对招标文件相关内容进行核查，本项目招标文件存在前后不一致的情况，前期发出的招标文件2.2.9规定，投标人注册资金额要求达到足以承担投标项目经济责任的额度及以上；后期投标供应商较多加印的招标文件2.2.9规定：投标企业的经济实力足以承担所投标项目经济责任的能力，存在前后表述不一致的情况；而预中标人C公司的注册资本为200万元，明显低于中标价320万元。鉴于此，投诉人投诉"C公司的投标应作为无效投标而被拒绝"的事项成立。依据《政府采购供应商投诉处理办法》（财政部令第20号）第十九条第（一）项的规定，决定该项目采购活动违法，责令采购中心重新开展采购活动。

2. 代理行政复议或者行政诉讼案件。

政府采购行政行为作出后，供应商不服可以提起行政复议或者行政诉讼。行政复议、行政诉讼是法律性更强的救济途径。律师代理这类案件，除需要熟悉《政府采购法》《行政处罚法》等的相关规定外，还需要了解《行政复议法》《行政诉讼法》等法律规定。

笔者多次代理政府采购投诉的行政复议和行政诉讼案件。有的案件，在提交行政复议申请书后，复议机关经书面审查，直接作出撤销投诉处理决定的行政复议决定；有的是经过召开听证会，行政复议机关作出撤销投诉处理决定的行政复议决定，或者行政复议申请人决定撤回行政复议申请；也有的是行政复议机关维持投诉处理决定。

笔者代理的行政诉讼案件，涉及投诉处理决定、行政处罚决定、行政复议决定等，均在不同程度上维护了各方当事人的利益。

图书在版编目（ＣＩＰ）数据

政府采购实务操作：常见问题与案例分析 / 吴华著. -- 2版. -- 北京：中国法制出版社，2024.5
ISBN 978-7-5216-4259-9

Ⅰ．①政… Ⅱ．①吴… Ⅲ．①政府采购法－中国 Ⅳ．①D922.2

中国国家版本馆CIP数据核字(2024)第044077号

责任编辑　王林林　　　　　　　　　　　　封面设计　李　宁

政府采购实务操作：常见问题与案例分析
ZHENGFU CAIGOU SHIWU CAOZUO：CHANGJIAN WENTI YU ANLI FENXI

著者/吴华
经销/新华书店
印刷/三河市华润印刷有限公司
开本/710毫米×1000毫米　16开　　　　印张/33.25　字数/503千
版次/2024年5月第2版　　　　　　　　　2024年5月第1次印刷

中国法制出版社出版
书号 ISBN 978-7-5216-4259-9　　　　　　　定价：118.00元

北京市西城区西便门西里甲16号西便门办公区
邮政编码100053　　　　　　　　　　　　　传真：010-63141600
网址：http://www.zgfzs.com　　　　　　　编辑部电话：010-63141672
市场营销部电话：010-63141612　　　　　　印务部电话：010-63141606

（如有印装质量问题，请与本社印务部联系。）